倭国の遣隋使
倭王多利思比孤は筑紫国王である

久保英範

海鳥社

はじめに

　私が初めて日本古代史に興味を持ったのは，ずいぶん前の学生・大学院生時代で，唐の歴史を書いた中国の史書である「旧唐書」（倭国伝・日本国伝）の文庫本を読んだのがきっかけである．旧唐書は7世紀の日本について，「倭国」と「日本国（大和国）」が別の国として併存していたと書いている．一般に信憑性が高いと言われる中国史書の中に，はっきりと倭国と日本国を別の国と明記しているのは，私にとって驚くべきことで，7世紀，大和政権の大和国以外の倭国が本当に日本に存在したのだろうかと興味を持った．

　それ以来，ずっと"事実なのかなあ"という問題意識がどこかにあって，定年になって時間ができたら日本古代史を勉強し，考えてみたいと思ってきた．

　7世紀までの日本古代史において，いろいろな史料が充実しているのはやはり7世紀である．それ以前は判断材料はふじゅうぶんであって，どうしても推定に推定を重ねることになる．7世紀の中でも，特に遣隋使に関しては，重要史料として，日本書紀の推古紀に加えて隋書倭国伝がある．隋書倭国伝は，魏志倭人伝ほどではないが，古代の日本に関する重要な記録である．さらに，日本書紀と隋書倭国伝だけでなく，当時，関係が深かった朝鮮3国についても，中国史書の百済伝などや朝鮮の史書である三国史記もあり，重要史料がかなり豊富である．

　遣隋使に関する日本書紀と隋書倭国伝の記述には重要な問題点がたくさんあり，しかも多くの重要な不整合・矛盾が存在する．そのもっとも典型的で分かりやすい不整合が，隋書倭国伝に掲載されている有名な「日出ずる処の天子，書を日没する処の天子に致す」という国書が日本書紀には載っていないことである．日本外交史上，画期的なこの国書が日本書紀に載っていない点に「遣隋使」問題の本質が反映されている．

　私は，現役時代には物理学（物性物理学）の実験的研究を専門としていたが，物理学ではあくまで客観的な実験事実に基づいて実証していく．物理学と歴史学の研究を同一視できないことはもちろんよく分かっているが，あくまで基本的な史料である日本書紀や中国の史書の記述・考古学的成果などに基づいて，実証的に歴史的事実を構築する点では物理学も歴史学も同じである．判断材料が実験事実か，日本書紀などの記述や考古学の成果などであるか，という差があるだけである．私は，7

世紀の「遣隋使」について，日本書紀推古紀と隋書倭国伝を中心的な史料とし，他の古典的な史料をも加えて，それらの記述を，私にとっては物理学の「実験結果・実験事実」に相当するものと見立てて，実証的に，「遣隋使」に関する諸問題を合理的に理解したいと思った．

　本拙論では,「遣隋使」に関する主要な諸記述，たくさんの問題点・不整合・諸矛盾を首尾一貫した観点で合理的に理解し，7世紀初頭の日本の実態を明らかにする．そして，それを通じて旧唐書が指摘する倭国と日本国の併存が事実なのかどうかを検証する．

　本拙論は，日本古代史に関心がある非専門家にも分かりやすく伝えることを念頭に置きつつ書いた．そのため，常に問題点は何かをはっきりさせて議論・検討し，重複や繰り返しもあえて気にせず，日本書紀と隋書倭国伝を中心とする重要史料に基づけば，どのような"7世紀初めの日本"を描くことができるのか，分かりやすいことを意識しつつ書いた．

　「遣隋使」は単純な問題ではなく，多岐にわたる諸問題が複雑に関係しあう問題である．非専門家の素人には必要にしてじゅうぶんな関係文献を調べてそれらを入手し，議論に取り入れることはかなり困難であって，本拙論は，今までの研究成果をじゅうぶんに反映した結果とは言えないだろう．当然引用すべき論文に気づかない議論も多いかと思うが，どうぞご容赦いただきたい．

倭国の遣隋使
倭王多利思比孤は筑紫国王である

目　次

はじめに 3

序章　日本古代史における「遣隋使」の重要性 …………………… 11

第1章　第一次遣隋使：隋書倭国伝の倭王多利思比孤 ………… 31

第一次遣隋使が提起する重要な問題点　32
倭国伝の「阿毎多利思比孤」は倭王の名前か，天皇の通称・一般名称か　38
倭国伝の倭王多利思比孤は女王か　48
倭王の号「阿輩雞弥」と「利歌弥多弗利」という名の太子　54
日本書紀はなぜ第一次遣隋使に一言も触れないのか　60
重大過ぎる「多利思比孤≠推古天皇」という第一次遣隋使の結論　68

第2章　隋書倭国伝が示す「倭国」という国家の実態 ………… 71

大和政権ではあり得ない郡県制の「軍尼制」による国内統治　73
倭国では「兵ありといえども征戦なし」　99
倭国の先進的な裁判制度　103
倭国国内に阿蘇山がある　105
要約・結論：隋書倭国伝が書く倭国は確固とした国家である　105

第3章　第二次遣隋使：自主独立・対等の倭王多利思比孤 ……… 107

自主独立・対等の立場を明示した「日出ずる処」国書　108
隋皇帝は多利思比孤を「宣諭」するために裴世清を派遣した　117
多利思比孤が「朝貢」を認めるという変節　122
隋の使者裴世清に対する多利思比孤の熟慮の対応　127
矛盾を残したまま決着した「日出ずる処」国書の問題　144
要約・結論：あいまいに黙認された倭国の自主独立・準対等の立場　161

改めて第一次遣隋使に関する諸問題点を考える　163

第4章　日本書紀が提起する遣隋使の諸問題 ･････････････ 171

　　第二次遣隋使が提起する全体的な問題点　172
　　隋皇帝の使者裴世清の出迎え・歓迎　177
　　奇妙な事件，百済での国書盗難事件　182
　　日本書紀によって造作された隋皇帝国書提出儀式　186
　　隋皇帝国書は多利思比孤の「日出ずる処」国書への返書　204
　　隋皇帝国書と日本書紀の「朝貢」に関する矛盾　222
　　多利思比孤の遣隋使蘇因高は小野妹子か　228
　　「日出ずる処」国書に酷似する「東天皇」国書　235
　　日本書紀はなぜ「日出ずる処」国書を載せないのか　246
　　実際には提出されなかった「東天皇」国書　254
　　「天皇」の称号が示す「東天皇」国書のもう1つの目的　261
　　倭国伝と日本書紀が書く隋への留学生の矛盾　266
　　第三次（608年3月）および，第五次（610年）遣隋使　276
　　隋書倭国伝と日本書紀の整合と不整合　277
　　総括：造作された日本書紀の「遣隋使」　286
　　「倭王」多利思比孤と日本書紀の編纂方針　290

第5章　隋書倭国伝の倭王多利思比孤は推古天皇ではない ･･････ 299

　　「多利思比孤≠推古天皇」を示唆する隋書倭国伝と日本書紀の主要な内容　300
　　「多利思比孤≠推古天皇」を示唆する隋書倭国伝の主な具体的事項　304
　　「多利思比孤≠推古天皇」を示唆する日本書紀の主な具体的事項　309
　　「多利思比孤＝推古天皇」を示唆する日本書紀の事項　315
　　結論：隋書倭国伝の倭王多利思比孤は推古天皇ではない　321
　　古田武彦氏の「九州王朝説」と安本美典氏による批判　323

第6章　隋書倭国伝の倭国は筑紫政権の筑紫国である ………… 351

6世紀前半，筑紫君磐井の筑紫国　353
隋書倭国伝の倭国に無理なくつながる筑紫政権の筑紫国　359
倭国の地理：隋書倭国伝の倭国は筑紫にあった国である　372
要約・結論：隋書倭国伝の倭国は筑紫政権の筑紫国である　378
7世紀，筑紫国と大和国の併存を示す旧唐書　379
筑紫政権の実像と大和政権との友好的関係　381

結論　倭国の遣隋使 …………………………………………………… 387

別章　冠位十二階は大和政権の冠位制度ではない ……………… 393

第1節　倭国の官位・冠位制度と大和政権の冠位十二階　394
倭国の官位・冠位制度に関する隋書と唐書の記述とその問題点　394
隋書と唐書が示す倭国の官位・冠位制度　398
大和政権の冠位十二階制定とその問題点　409
隋書倭国伝に対する研究者の批判　412
冠位十二階と官位十二等の制定年次の不一致　428
解決できない倭国伝と日本書紀の官位・冠位制度に関する矛盾　437

第2節　大和政権の冠位十二階の実態と倭国の官位・冠位制度　440
前半と後半で異なる大和政権の冠位十二階の問題　441
冠位十二階制定から聖徳太子の死までの約20年間の問題点　442
議論A：大和政権の冠位十二階の機能不全：冠位授与は3人だけ　446
議論B：冠位十二階の機能不全を合理的に理解できない研究者の見解　465
議論C：大和政権はなぜ冠位十二階を制定できたのか　485
議論D：大臣馬子はなぜ冠位十二階制定を認めたのか－推古朝の権力構造－　494
仮説A：大和政権には官位・冠位制度は存在しなかった　507
仮説B：推古天皇は倭国の多利思比孤に遣隋使の冠位授与を要請した　522

  大和政権の冠位十二階を支える日本書紀の記事と仮説 A 533
  前半期の要約・結論：日本書紀は大和政権の冠位十二階を造作した 556
第 3 節 大臣蘇我馬子の深謀遠慮の対策，将軍たちへの大量の徳冠 559
  後半期：推古 29 年（621 年）の聖徳太子の死以後の問題点 559
  推古 31 年（623 年）の新羅征討軍の将軍への大量の徳冠 564
  議論 E：新羅征討軍の将軍 9 人への徳冠がもたらした異様な矛盾 569
  議論 F：大臣馬子が冠位授与を推し進めるという矛盾 575
  新羅征討軍の将軍たちへの大量の徳冠と仮説 C 580
  推古天皇の冠位授与権を骨抜きにした馬子の深謀遠慮の対策 587
  推古 31 年（623 年）の大量の徳冠に関する要約と結論 598
  大和政権の冠位十二階施行の正常化 600
  後半期の要約・結論：大量の徳冠と大和政権の冠位制度の正常化 615
結論 倭国と大和政権の官位・冠位制度 616

参考文献 619
おわりに 629

凡例

① 本拙論においては，日本書紀と隋書倭国伝がもっとも重要な基本文献である．どちらも引用は本拙論全般にわたり，何度も引用するので，いちいち引用文献として明記していないが，本拙論で引用する日本書紀の原文，読み下し文，現代語訳，書紀註はすべて，

　　小島憲之・直木孝次郎・西宮一民・蔵中進・毛利正守校注・訳「日本書紀」1・2・3（「新編日本古典文学全集」2・3・4，小学館，1994・1996・1998年），

による．また隋書倭国伝は，

　　石原道博編訳「新訂 魏志倭人伝・後漢書倭伝・宋書倭国伝・隋書倭国伝」（「中国正史日本伝」1，岩波文庫，岩波書店，1985年），

による．上記以外の日本書紀・隋書倭国伝の引用はその都度引用文献を明記する．

② 参考・引用文献は［　　］で表示する．なお本文中には著者名のみを記し，文献の正式名称は巻末の「参考文献」に明記する．

③ 研究者の論文などからの引用文中の旧字体の漢字は新字体に，歴史的仮名遣いは現代仮名遣いに改めた．ただし，日本書紀や隋書倭国伝などの史書については，引用元の表記に従った．

④ 引用文中の「……」は引用者（久保）による省略を表す．

⑤ 引用文中の（　　）は現代語訳や引用者（久保）による補足・注記を表す．

序章

日本古代史における「遣隋使」の重要性

1 7世紀の日本と「遣隋使」という課題の意義
2 隋書倭国伝が提起する重要な問題点
3 「遣隋使」に関する研究の現状
4 本拙論の目的
5 本拙論の概要：「遣隋使」に関する主要な問題点の検討
6 本拙論の結論：隋書倭国伝が書く倭国は筑紫政権の筑紫国である
7 日本書紀と隋書倭国伝の「遣隋使」の全体の俯瞰
8 日本書紀と隋書倭国伝の信憑性
9 日本書紀と隋書倭国伝の「遣隋使」に関する全般的な問題

1 7世紀の日本と「遣隋使」という課題の意義

　7世紀の日本は，推古朝に始まり，遣隋使・遣唐使，乙巳の変，大化の改新，王権の確立，唐・新羅による百済滅亡，日本による百済復活支援，白村江の戦いでの敗戦，壬申の乱，律令国家への進展という古代日本の激動の世紀である．激動の7世紀を経て，8世紀，大宝律令によって律令国家が確立する．

　そういう7世紀寸前の600年に第一次遣隋使が派遣される．それまでの朝鮮3国との外交が，超大国となった隋をも含む外交へと発展・拡大した第一歩である．第一次遣隋使派遣の結果，隋・唐との交流が始まり，律令国家への歩みが始まる．同時に，中華王朝をも含めた朝鮮半島の激動に倭国が一員として加わったということであり，百済復活支援の結果，663年の白村江の敗戦に至る第一歩でもある．あるいは，遣隋使から約半世紀後，皇極4年（645年）の乙巳の変で，それまで実権を握っていた蘇我氏が倒され，大化の改新が次々に実施され，大和政権の君主の権威・権力が確立していく．そういう日本古代国家形成が一気に進む7世紀の先駆を為すのが推古朝である．7世紀初頭の推古朝では，推古天皇・聖徳太子（*1）と大臣の蘇我馬子が中心となって，仏教興隆，冠位十二階制定，十七条憲法，遣隋使派遣などが推し進められ，それまでの氏姓制度の世界は大きく変わっていく．

　以上のような背景をもとに，本拙論では具体的な課題として7世紀初頭の「遣隋使」を検討する．遣隋使を課題として取り上げるのは，以下の2つの理由による．

　第1に，遣隋使は日本古代国家形成の重要な出発点ということである．それは次の2つの点である．

　1つは，日本古代の統治体制である律令制の出発点という点である．600年の第一次遣隋使がその後の遣唐使へとつながり，中華王朝への留学生が派遣され，日本は隋で整備され唐に引き継がれた律令制度を取り入れ，8世紀の律令国家へと発展していく．その第一歩が遣隋使である．日本が，遣隋使を通じて当時の圧倒的な先進国である中国とどのような関係を結び，どのような外交を行ったのかは，その後の日本に大きい影響を与えている．

　もう1つは，百済救援から，白村江の敗戦に至る激動の7世紀の出発点である．遣隋使を通した隋との外交で，倭国は「自主独立・準対等」の関係を結ぶが，それは矛盾をはらんだものであり，結局，白村江の敗戦という重大な事態の重要な背景となった．

　第2に，隋書倭国伝（*2）の存在である．

　日本古代の歴史については，日本書紀が圧倒的に重要な史料であって，日本側の

史料は，神話時代を除けば，ほぼ日本書紀に限られると言っても過言ではない．次いで，中国の歴史書の中の倭国に関する記述が重要である．有名な魏志倭人伝はかなり詳細できわめて重要であるが，3世紀の日本については逆に日本書紀の記述があいまいで，いわゆる邪馬台国については，いまだにどこに都があったのかはっきりせず，まさに百家争鳴で，周知のように研究者の見解の一致に至っていない．

一方，「遣隋使」については，日本書紀の推古紀だけでなく，隋の歴史書として隋書倭国伝があることが重要である（以下，隋書倭国伝を単に「倭国伝」と略記する場合がある．隋書の「倭国伝」ではなく「帝紀」からの引用はその旨を明記する）．6世紀までの古代日本について，日本の史料は日本書紀にほぼ限定され，それと並立するような重要史料は存在しないと言っても過言ではない．日本書紀はたくさんの史料を引用しているが，それらはすべて残されていない．

しかし，それは困った事態である．日本書紀はあくまで大和政権が書いた歴史書である．大和政権の立場で書かれた正史であるため，必ずしも客観的事実が記されているとは限らないからである．それなのに，日本書紀のほとんどの記述については，その記述をチェックできる史料が事実上存在しない．

ところが「遣隋使」に関しては中国の隋書倭国伝がある．7世紀以前の日本については，日本書紀がほぼ唯一の文献史料であって，日本書紀に匹敵する史料は残されていないが，遣隋使に関しては，隋書倭国伝という日本書紀とは異なる視点で書かれた重要史料がある．日本書紀と比較検討できるのはきわめて重要なことである．倭国伝がなければ，倭王多利思比孤も，有名な「日出ずる処の天子……」という国書も存在しないのである．倭国伝は7世紀初頭の倭国の実態も書いており，大化の改新以前の日本の実態を知るためにもきわめて重要である．「遣隋使」は日本書紀とは異なる立場から見た7世紀初めの日本，それも古代としては日本書紀に匹敵する，あるいはそれ以上の豊富な記述があるという稀有な（というか，ほぼ唯一の）場合である．

このように日本書紀と隋書倭国伝という2つの異なる基本史料によって，7世紀初頭の日本の実態と外交を知ることができるのが「遣隋使」の重要な特徴である．

以上2点から，「遣隋使」という課題を取り上げることは，日本の古代国家形成を明らかにするために重要であると考える．

*1 皇太子の厩戸豊聡耳皇子（ウマヤトノトヨトミミノミコ）であるが，本拙論では一般になじみ深い「聖徳太子」と書くことにする．
*2 隋書倭国伝は「倭」や「倭国」ではなく，「俀」，「俀国」と書く．「倭国伝」ではなく，「俀

国伝」である．どうして「倭」でなく「俀」なのか，理由ははっきりしない．しかし，倭国伝の「俀」・「俀国」は，魏志倭人伝，後漢書や隋書の後の旧唐書が書く「倭」・「倭国」であることは明らかなので，本拙論では「倭」・「倭国」で統一する．

2 隋書倭国伝が提起する重要な問題点

ところが，同じ「遣隋使」について書かれているはずなのに，日本書紀推古紀と隋書倭国伝の記述にはたくさんの重要な不一致・不整合があり，整合する部分と整合しない部分が奇妙に交ざり合っている．しかも合理的な理解が容易でない個々の重要問題がたくさんあり，それらの全体を一貫した観点から矛盾なく合理的に理解することはよりいっそう困難な課題である．

(a) 隋書倭国伝と日本書紀推古紀のたくさんの重要な問題点

隋書倭国伝が書く遣隋使と日本書紀推古紀が書く遣隋使にはさまざまな問題点があるが，主要な問題点を列記すると以下のようになる．

① 第一次遣隋使（600年）
- 倭国の倭王阿毎多利思比孤という名前が当時の大和政権の君主である推古天皇の名前と一致しない．
- 隋書倭国伝は多利思比孤を男王と書くが，推古天皇は女王である．
- 朝鮮3国と異なり，倭王阿毎多利思比孤は隋に対して倭国王などの官爵承認を求めていない．
- 隋書倭国伝には第一次遣隋使派遣が明記されているが，日本書紀にはまったく書かれていない．

② 倭国の風俗
- 倭国伝はすでに600年時点で官位十二等があったと書くが，日本書紀の冠位十二階制定は603年である．
- 倭国伝は画期的な郡県制の倭王－軍尼－伊尼翼－戸という国内統治体制を書くが，これは当時の大和政権の国内統治なのか．
- 倭国伝は新羅が倭国を敬仰していると書くが，日本書紀が書く大和政権と新羅の関係はむしろ険悪である．

③ 第二次遣隋使（607年）
- 倭国伝は有名な「日出ずる処の天子，書を日没する処の天子に致す」という倭王阿毎多利思比孤の自主独立・対等の立場の国書を掲載するが，日本書紀はこの国書のことはまったく触れない．

④ 隋皇帝の裴世清派遣（608 年）
- 倭国伝は裴世清と倭王多利思比孤との対談を書き，多利思比孤は「我は夷人」，「朝貢せしむ」と発言する．多利思比孤の「日出ずる処」国書の自主独立・対等の立場とは正反対の立場への転換をどう理解するのか．
- 多利思比孤と裴世清の対談の結果，どういう結論になったのかがはっきりしない．
- 日本書紀は，推古天皇への国書提出儀式を，あたかも隋皇帝が推古天皇へ朝貢してきたかのように描く．これは事実なのか．日本書紀の造作なのか．
- 倭国伝は多利思比孤と裴世清の対談だけを書き，日本書紀は隋皇帝国書提出儀式を書く．この不整合をどう理解するか．

⑤「東天皇」国書
- 推古天皇は裴世清の帰国に際して「東天皇敬みて西皇帝に白す」という「東天皇」国書を送る．この文章は「日出ずる処」国書の文章の文言を変えただけという奇妙なものである．「東天皇」国書は「日出ずる処」国書そのものなのか，それとも別の国書なのか．
- 607 年に「日出ずる処」国書，翌年に酷似した「東天皇」国書を送ったことをどう理解するのか．
- 「東天皇」国書が倭国伝にはまったく登場しないのはなぜか．

⑥ 留学生の矛盾
- 倭国伝は 607 年に「沙門（僧）数十人」，日本書紀は 608 年に学問僧・学生 8 人の留学生派遣を書く．この不整合をどう理解するのか．

⑦ 倭国伝と日本書紀の全体的な整合と不整合
- 倭国伝と日本書紀は同じことを書いているはずなのに，きっちり一致する点とまったく一致しない点が交ざっている．この極端な整合・不整合をどのように理解するのか．

⑧ 冠位十二階の機能不全
- 日本書紀は冠位十二階が制定されたと書くが，制定後の約 20 年間，実際に冠位を授与されたのはわずか 3 人だけである．この冠位十二階の機能不全をどう理解するのか．
- 有力な諸臣である大夫には冠位が授与されていないことをどう理解すべきか．

以上のような「遣隋使」が提起する諸問題は，単に遣隋使によって再開された中

華王朝との外交という枠にとどまらず，7世紀初めの日本の実態と深く関係しており，これらをどのように合理的に理解するかは，大化の改新前の日本の実態としてきわめて重要である．

「日出ずる処の天子」という画期的な国書を日本書紀が載せないという不可解な事実をどう理解するのか，隋皇帝が推古天皇へ"朝貢"してきたかのような奇妙な隋皇帝国書提出儀式や，「東天皇」国書を事実と見るか，日本書紀の造作と見るか，などは，当時の天皇・大和政権の実態をどう考えるかということである．さらに，裴世清訪日の結果がどうなったのかは，その後の日中関係にきわめて大きい影響を与えており，その後に展開する遣唐使，大化の改新，百済支援と白村江での敗北，律令制度の導入という日本古代国家形成に，その第一歩として大きい影響を与えている．

以上のように，「遣隋使」が提起する諸問題を合理的に理解することは，7世紀初頭の日本とその後の「日本」という古代国家形成を理解する上で重要な課題である．

(b) 隋書倭国伝が呼び起こす重大な疑問：倭王多利思比孤は推古天皇か

以上のような矛盾・不整合とともに，隋書倭国伝の記述全体が，ある重大な疑問を提起する．それは，隋書倭国伝が書く倭国の倭王阿毎多利思比孤は推古天皇なのかという疑問である．倭国伝が書く倭王の「阿毎多利思比孤」という名前が推古天皇の名前と一致せず，男王と女王という矛盾もある．

もしも隋書倭国伝が書く倭王阿毎多利思比孤が日本書紀の推古天皇でなければ，日本古代における国家形成に根本的な問題を提起することになる．それは7世紀初頭の日本には大和国とは別に倭国があり，両国が併存していたことを意味するからである．これは大和政権が唯一の日本統治政権であるという日本書紀の記述とは根本的に対立する．従って，日本書紀推古紀と隋書倭国伝をどのように理解するかによって，日本の古代国家形成に対する見方に根本的な差が生じることになる．

この疑問は旧唐書の記述に直結している．中国の唐の時代を書いた歴史書「旧唐書」は中国歴史の28の正史の1つであり，信憑性の高い重要な歴史書である．その旧唐書（本拙論では旧唐書の引用はすべて，石原道博編訳「新訂 旧唐書倭国日本伝・宋史日本伝・元史日本伝」，「中国正史日本伝」2，岩波文庫，1986年による）は，7世紀の日本について，倭国と日本国を区別して，まず「倭国は古の倭奴国なり……」と倭国伝を書き，次に，「日本国は倭国の別種なり……」と日本国伝を書く．そして，両国の関係として「日本は旧小国，倭国の地を併せたり」という日本の遣唐使の発言を引用している．すなわち，7世紀の日本では「倭国」と「日本国」が併存していたと述べ，日本国

が倭国を併合したと示唆している．

　もしも旧唐書の記述が正しければ，7世紀前半，大和国とは異なる「倭国」が日本のどこかに存在したことになる（*1）．しかし，日本書紀には大和国以外の「倭国」の存在を示すことは何も書かれていない．

　7世紀の日本に大和国以外の倭国が併存していたかどうかは，日本古代国家形成に関する重大問題であり，旧唐書の指摘が正しいかどうか明らかにすることはきわめて重要な課題である．

　*1　ここでは詳細は省くが，旧唐書の記述から「日本国」が大和政権の大和国であることは疑問の余地がない．

3　「遣隋使」に関する研究の現状

　「遣隋使」に関しては，上記のようにたくさんの重要な問題点がある．実際に多くの研究者の見解が論文として発表されており，説得力のある重要な見解がたくさん提示されている．ではあるが，全体として見れば，以下のような問題点があると思う．

　第1に，遣隋使に関する重要な諸問題点については，いまだに多くの研究者の見解が一致する"通説"という状態ではないという点である．

　個々の問題についてはそれぞれに説得力がある見解が提示されていて，教えられることが多いのだが，氣賀澤保規氏が指摘されるように［氣賀澤①］（以下，参考・引用文献はこのように［　］の形で示す），遣隋使に関するたくさんの諸問題については，重要な問題点も含めて，いまだに一致した見解には至っていないのが現状である．

　また，「遣隋使」に関するたくさんの問題点は相互に関係しており，個々の問題点の理解にとどまらず，問題点全体を矛盾することなく合理的に理解することがきわめて重要である．しかし，日本書紀と隋書倭国伝が書く「遣隋使」の諸問題の全体を矛盾なく合理的に理解しようとした見解は意外に少ないのが現実であろう．

　皇国史観から解放された戦後の日本歴史学界において，遣隋使に関する諸問題について，初めて全体的・系統的に問題点を指摘され，全体的な見解を示されたのは，高橋善太郎氏であろう［高橋①②］．氏は矛盾する諸問題を理解するために，遣隋使派遣については，隋書倭国伝でも日本書紀でもなく，隋書煬帝紀を重視され，3回の遣隋使だけとし，さまざまな問題点の理解を提示された．氏の先駆的な論文は高く評価されるべきと考えるが，結局，全体を合理的に理解できる説得力のある見解としてはじゅうぶんではなかったと思われる．その後，増村宏氏［増村①②］が詳細

に包括的見解を提起された．しかし，主要な問題点に対する検討はじゅうぶんではなかったのではないだろうか．遣隋使に関する知見は強化されたが，多くの研究者が支持・賛成する"通説"にはなっていないようだ．

　要するに，現段階でも「遣隋使」の諸問題，特にその中でも重要な個々の諸問題においても，「遣隋使」全体についても，「通説」と言ってもいいような理解は確立されていないのが現実ではないだろうか［氣賀澤①］．

　第2に，倭国伝の倭王阿毎多利思比孤は日本書紀の推古天皇である（「多利思比孤＝推古天皇」）という前提である．

　本拙論で示すように，遣隋使に関するたくさんの矛盾・問題点のすべてを「多利思比孤＝推古天皇」という観点から，矛盾なく合理的に理解することは難しいと思う．しかし，ほとんどの研究者は，倭国伝が書く倭王阿毎多利思比孤は日本書紀の推古天皇であり（「多利思比孤＝推古天皇」），「倭国＝大和国」であることが疑問の余地のない前提となっているようで，倭国と日本国という異なる国が併存していた可能性は考えないようだ．すなわち，旧唐書が提起する倭国と日本国という異なる国の併存という問題そのものがないという認識である．

　実際に，「遣隋使」に限定しなくても，倭国と日本国の併存という旧唐書の指摘を取り上げた論文を見かけることはほぼない．石原道博氏の［石原①］，新唐書は「（旧唐書のように）倭国と日本を併記するような不体裁なこともなく，記事もととのっている」という記述が，私の読んだ唯一のものである．ほとんどすべての研究者は，「倭国＝大和国」であり，「倭王阿毎多利思比孤＝推古天皇」であって，旧唐書の指摘そのものが間違っているという認識で，石原氏のように，論証するまでもなく，倭国と日本国の併存はなかったとしておられるようだ．しかし，日本書紀と隋書倭国伝が書く「遣隋使」の主要な記述や諸問題を「多利思比孤＝推古天皇」という観点から合理的に理解することは容易ではない．

　一方，古田武彦氏は［古田①］，他の研究者と異なり，隋書倭国伝の阿毎多利思比孤の王朝は，日本書紀の推古天皇の王朝ではない，換言すれば，倭王阿毎多利思比孤は推古天皇ではない（「多利思比孤≠推古天皇」），と指摘される．氏の指摘は氏の「九州王朝説」の一環であろう．しかし，古田氏の九州王朝説は他の研究者の賛成・支持を得ていないのが現実である．その理由は分かりにくいのだが，遣隋使に関して言えば，主要な原因は，古田氏の見解が遣隋使の主要な記述や重要な問題点の合理的な理解に基づいて提示されていない点にあるように思われる．多利思比孤の王朝は推古天皇の王朝ではないという氏の見解について，氏はたくさんの根拠を指摘さ

れ，本拙論と一致する点も多いのだが，「遣隋使」に関する主要な記述や重要問題の理解とは遊離しており，また，多くの指摘は局所的・部分的な問題点であるように見受けられる．

　以上のように，「遣隋使」に関する主要な記述やさまざまな重要問題について，多くの研究者に支持される統一的で包括的な見解は見当たらないというのが実態ではないだろうか．私見では，日本書紀と隋書倭国伝が書く「遣隋使」の主要な記述や諸問題点を，「多利思比孤＝推古天皇」なのか，「多利思比孤≠推古天皇」なのか，という視点をも考慮しつつ，分析することが必要ではないかと考える．

4 本拙論の目的

　以上のような「遣隋使」の重要性と研究の現状を考慮し，以下の点が本拙論の主要な目的である．

① 「遣隋使」に関する日本書紀と隋書倭国伝の主要記述・重要問題を，個別的にも，全体としても，矛盾なく合理的に理解することによって，7世紀初めの日本の実態を明らかにする．

② 「遣隋使」に関する主要な記述と重要な諸問題点は，倭国伝が書く倭王阿毎多利思比孤は日本書紀の推古天皇ではない（「多利思比孤≠推古天皇」．換言すれば「倭国≠大和国」）という観点から合理的に理解できることを明らかにする．

　あくまで「遣隋使」に関わる主要な記述と重要な諸問題を合理的に矛盾することなく理解することによって，7世紀初頭の日本の実態を明らかにすることが本拙論の主要な目的であり，そのためには，「多利思比孤＝推古天皇」ではなく，「多利思比孤≠推古天皇」という観点が必要であることを明らかにする点に本拙論の新しさと意義がある．

5 本拙論の概要：「遣隋使」に関する主要な問題点の検討

　本拙論の概要は以下のようになる．基本的に隋書倭国伝と日本書紀の記述に沿って，以下のような順で分析・検討した．

第1章：「第一次遣隋使：隋書倭国伝の倭王多利思比孤」

　第一次遣隋使に関する倭国伝の記述は，①倭王多利思比孤は推古天皇なのかという問題を提起しており，②倭王多利思比孤は推古天皇ではない（「多利思比孤≠推古天皇」）可能性が高いことを示し，③これは重要な問題点であることを示す．

第2章：「隋書倭国伝が示す『倭国』という国家の実態」

倭国伝が書く7世紀初頭の倭国の実態について，画期的な郡県制の軍尼制による統治，新羅との友好関係などを検討し，倭国が確固とした国家であることを明らかにする．なお，官位十二等（官位・冠位制度）については長くなるので別章で議論する．

第3章：「第二次遣隋使：自主独立・対等の倭王多利思比孤」

倭王多利思比孤は隋皇帝に「日出ずる処」国書を提出し，自主独立・対等の立場を明示する．それに対して，隋皇帝煬帝は中華思想の宣諭のために裴世清を派遣してくる．多利思比孤は隋に対する朝貢を認めることによって一歩後退した．しかし，「天子」の称号は撤回せず，隋に対する自主独立・準対等の立場を堅持した．しかし，結果は，あいまいさを残すものであって，矛盾を残す決着であったことを示す．

第4章：「日本書紀が提起する遣隋使の諸問題」

隋皇帝国書提出儀式，隋皇帝の国書，「日出ずる処」国書が日本書紀に載っていないこと，「東天皇」国書，留学生派遣の矛盾など，日本書紀の主要な記述に関するたくさんの問題点を，倭王多利思比孤は推古天皇なのかという視点を加えつつ分析する．その結果，以下の点を明らかにする

① 日本書紀の主要な記述（隋皇帝国書提出儀式，隋皇帝国書，「東天皇」国書）には日本書紀による造作がある，
② 日本書紀の諸問題は，「多利思比孤≠推古天皇」という観点で，合理的に理解できる．

第5章：「隋書倭国伝の倭王多利思比孤は推古天皇ではない」

倭国伝の倭王多利思比孤は日本書紀の推古天皇なのかという観点から検討結果全体を集約し，隋書倭国伝の倭王多利思比孤は推古天皇ではないことを結論する．

第6章：「隋書倭国伝の倭国は筑紫政権の筑紫国である」

倭王多利思比孤が推古天皇でなければ，倭国はどこにあった国なのかが問題となる．倭国伝が書く倭国という成熟・発展した国家は突然生まれたわけではない．大和国以外では，6世紀前半の筑紫に，筑紫君磐井の筑紫国があった．この点を考慮し，隋書倭国伝や旧唐書などが書く倭国の地理を加味して，隋書倭国伝が書く倭国は筑紫国であることを示す．

結論：「倭国（筑紫国）の遣隋使」

全体の主要な結論を要約する．

別章：「冠位十二階は大和政権の冠位制度ではない」

倭国伝は倭国の官位十二等を書き，日本書紀は大和政権の冠位十二階を書く．大

和政権の冠位十二階には制定直後からの機能不全，有力諸臣の大夫に官位が授与されていない，などの問題点がある．それらを分析し，冠位十二階の制定は日本書紀の造作であって，大和政権には冠位制度はなく，倭国の官位・冠位制度の借用であったことを示す．

6 本拙論の結論：隋書倭国伝が書く倭国は筑紫政権の筑紫国である

(a) 主要な具体的結論は以下のようになる．

① 「日出ずる処」国書で提示した倭王多利思比孤の隋に対する自主独立・準対等の立場は，隋皇帝によって黙認された．

② 7世紀初頭の「倭国」は確固とした国家である．

③ 日本書紀の主要な記事（隋皇帝国書提出儀式，隋皇帝国書，「東天皇」国書）には日本書紀による造作がある．

④ 第一次遣隋使は多利思比孤の派遣であり，第二次（607年）・第四次（608年9月）遣隋使は倭王多利思比孤と推古天皇の共同派遣である．

⑤ 隋書倭国伝は隋と倭国の外交だけを書き，日本書紀は，大和政権の君主ではない「倭王」多利思比孤と「倭国」に関する事項は削除した．

⑥ 大和政権の冠位十二階は日本書紀による造作であって，大和政権には官位・冠位制度はなかった．

(b) 「遣隋使」全体の結論．

① 日本書紀と隋書倭国伝が書く「遣隋使」の主要な記述・主要な問題点は，「多利思比孤≠推古天皇」という観点で合理的に理解できる（「多利思比孤＝推古天皇」ではなく「多利思比孤≠推古天皇」である）．

② 7世紀初め，日本には倭国と大和国という2つの異なる国が併存していた．

③ 隋書倭国伝が書く倭国は筑紫政権の筑紫国であり，6世紀前半に，磐井－継体戦争で姿を現した筑紫君磐井の筑紫国の後継国である．

7 日本書紀と隋書倭国伝の「遣隋使」の全体の俯瞰

本拙論「倭国の遣隋使」の序論は以上であるが，本論に入る前に，全体に関わる点をいくつか指摘する．

まず，「遣隋使」に関する全体の俯瞰である．たくさんある「遣隋使」の諸問題はそれぞれの問題点そのものの理解が容易ではない上に，諸問題全体が相互に関係しあい，複雑である．この後の議論で示すように，「遣隋使」の理解が容易ではない原

因は日本書紀にも隋書倭国伝にもある．

　日本書紀には主要な記述に8世紀の大和政権の歴史観に基づく造作があって，どこまで事実なのか判断が難しい．一方，倭国伝は肝心の点で記述があいまいで全体を分かりにくくしている．さらに隋皇帝国書が本来掲載されるべき倭国伝では一言も触れられず，日本書紀に全文が掲載されていることが事態を複雑にしている．

　このように，倭国伝の記述にも日本書紀の記述にも問題があって，全体が混乱し，「遺隋使」全体の合理的理解は困難を窮めると言っても過言ではない．

　そこでまず，倭国伝と日本書紀の記述全体の流れを時系列で，図1に示す．倭国伝と日本書紀の記述は複雑に関係しているが，私見では，特に，隋皇帝国書が全体を混乱させた重要な要因ではないかと思う．遺隋使全体で，「日出ずる処」国書→隋皇帝国書→「東天皇」国書という3つの国書が重要である．後述するように，「日出ずる処」国書への返書が隋皇帝国書で，隋皇帝国書への返書が「東天皇」国書である．隋皇帝国書は，本来，図1に点線で示したように，「日出ずる処」国書の次に位置づけられるものであって，倭国伝に書かれるべきものである．しかし，実際には倭国伝には書かれず，日本書紀が引用しているために，全体の流れがかなり分かりにくくなっている．

8 日本書紀と隋書倭国伝の信憑性

　次に，遺隋使に関する2つの基本史料である日本書紀と隋書倭国伝の信憑性について述べる．

　600年の第一次遺隋使に始まり，614年の第六次遺隋使に至る日本書紀と隋書倭国伝の記述には，重要な不整合がたくさんある．その際，日本書紀と隋書（帝紀と倭国伝）の信憑性が問題となる．そこで，具体的に議論する前に，日本書紀と隋書倭国伝全体の信憑性について基本的な点をメモしておきたい．

(a) 日本書紀の信憑性：「偽を削り実を定め」られた日本書紀の記述

　日本書紀は言うまでもなく養老4年（720年）大和政権によって編纂された日本初の正史である．日本書紀が日本古代の歴史に関して，最重要の基本史料であることに疑いはない．

　注意が必要なのは，日本書紀の記述の背後にある日本書紀の基本的な編纂方針である．日本書紀はあくまで大和政権が書いた歴史書である．すなわち，日本書紀が書かれた8世紀初めの大和政権の歴史観に基づいて書かれている．

　さらに日本書紀の編纂方針に関してはもう1つの重要な点がある．日本書紀は

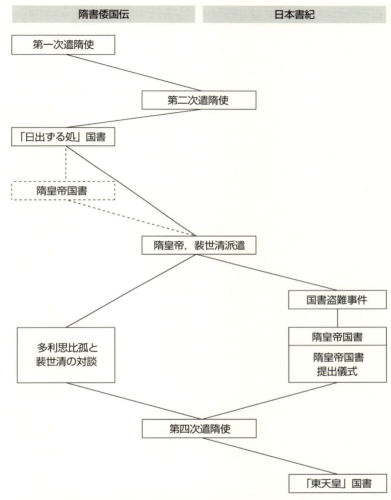

図1：隋書倭国伝と日本書紀の「遣隋使」に関する主要な記述
（点線で示した隋皇帝国書は本来あるべきと考えられる位置）

その編纂方針を明示していないが，日本書紀と同じ頃に完成された古事記の序文には，古事記編纂の基本方針として天武天皇が提示した史書編纂の方針が書かれている．

古事記序文は天武天皇の詔を以下のように引用する．

「諸の家の齎てる帝紀と本辞と，既に正実に違ひ（真実と違い），多く虚偽を加えた

り，今の時に当たりて其の失（誤り）を改めずは……其の旨滅びなむと欲（本旨は滅びる），……斯れ乃ち（すなわち），邦家の経緯（国家組織の根本）にして，王化の鴻基（天皇の政治の基礎）なり」，
と指摘され，
「偽を削り実を定めて（偽りを削り真実を定めて選録し），後葉に流へむ（後世に伝える）」，
と書く（本拙論では古事記の引用はすべて，山口佳紀・神野志隆光校註・訳「古事記」，「新編日本古典文学全集」1，小学館，1997年による）．

この天武天皇の詔は古事記編纂の基本方針である．古事記編纂の出発点に，「諸の家のもてる帝紀と本辞と，既に正実に違ひ（真実と違い），多く嘘偽を加えたり」というはっきりした認識があり，「今の時に当たりて，其の失（誤り）を改めずは……其の旨滅びなむ（本旨は滅びる）」という強い危機意識があり，「偽を削り実を定めて（偽りを削り真実を定めて選録し），後葉に流へむ（後世に伝える）」という強い決意がある．

日本書紀は，天武10年（681年）3月，天武天皇が川島皇子などに「帝紀と上古の諸事を記定めしめたまふ」と，天武天皇の命令で編纂された史書である．従って，日本書紀もまた天武天皇の上記方針が基本となったと推定できる．

とすれば，日本書紀は8世紀初めの大和政権の歴史観によって「今の時に当たりて，其の失（誤り）を改めずは……其の旨滅びなむ（本旨は滅びる）……」から，「旧辞を討ね竅め（きわめ）」，「偽を削り実を定めて」書かれた歴史書であると考えなければならない．すなわち，「邦家の経緯（国家組織の根本）にして，王化の鴻基（天皇の政治の基礎）」という根本的な点で「偽」と判断されたことは削られた歴史書なのである．我々には，客観的事実に基づいて書かれているのが歴史書というイメージがあるが，日本書紀はそうではない．あくまで，8世紀の大和政権の歴史観から見て，「偽」と判断された事項は「削」られた歴史書である．この点ははっきりさせておかなければならない．

では8世紀の大和政権の史観から見た「偽を削り実を定め」られた「邦家（国家，我が国）の経緯（骨子となるもの）」にして，「王化（君主の徳の感化）」，すなわち，天皇による政治の「鴻基（大きく強い根本・根拠）」［以上，新漢語林］とは何だろうか．明記されているわけではないからはっきりしないが，「遣隋使」が関わるもっとも重要な点は，「日本の唯一の統治者は大和政権の君主である」という点であると推定される．この原則に基づき，大和政権の君主以外の「倭王」，あるいは，大和国以外の「倭国」は「誤り」とされ，日本書紀からは削られた可能性がある．

以下に指摘していくように，「遣隋使」の全体的な背景として，倭国伝が書く「倭

王」多利思比孤は大和政権の推古天皇なのかという重大な問題・疑問が存在する．もしも「多利思比孤＝推古天皇」であれば，基本的には日本書紀による「誤り」，「削除」という問題は起こらない．しかし，もしも「多利思比孤≠推古天皇」であれば，「倭王」多利思比孤や大和国ではない「倭国」という統治国に関する事項は，日本書紀では「誤り」として削除された可能性がある．

以下に，日本書紀の記述の諸問題点に関して検討していくが，「多利思比孤≠推古天皇」の可能性があって，「倭王」多利思比孤と「倭国」に関する事項は，日本書紀によって「偽」として削除された可能性がある．遣隋使に関する日本書紀の記述の信憑性については慎重な検討が必要である．

(b) **隋書倭国伝とその信憑性**

唐の時代になって，前政権である隋の時代の歴史が書かれた．それが隋書である．中国人は歴史の記録にきわめて熱心な民族である．司馬遷の「史記」以後，新しい政権は前政権の歴史を記録するという習慣を持つ．隋書倭国伝も唐の時代に前政権である隋政権が残した諸書類をもとに唐政権によって書かれたものである．榎本淳一氏の「『隋書』倭国伝について」によって要点を書けば以下のようになる［榎本①］．

隋が滅びた618年のわずか4年後の622年，唐の高祖の時代に，皇帝の命によって隋の歴史編纂は開始された．数年では完成せず，改めて629年から史書編纂が進められ，唐王朝の重臣である魏徴を総裁として当時の一流の学者・文人などによって，636年に帝紀5巻と列伝50巻が完成された（隋書はこれに十志30巻を加えた全85巻からなる）．帝紀（本紀）というのは皇帝の事績や国家的なできごとを記したものであり，列伝は臣下や諸外国のことを記したものである．隋書倭国伝は列伝第46巻の「東夷」の中の一部である．

すなわち，隋書倭国伝は，唐皇帝の命によって隋が滅びた618年からわずか4年で編纂が始まり，20年もたたない636年に完成された史書である．このことは，隋書倭国伝が，ほぼ同時代に書かれた歴史書であることを意味する．また，倭国伝のもととなった史料は隋の公式文書が基本となっている点も重要である．特に隋書倭国伝においては，倭国からの使者や倭国への使者派遣に関する基本史料だけでなく，倭国の使者から聞いた倭国の風俗に関する報告書，隋皇帝によって倭国へ派遣された裴世清の報告書などをもとに書かれていることは明らかだ．さらに，唐初に存命した倭国への使者裴世清に取材したとも伝えられている．一般に中国の史書の信憑性は高いが，これらの点で，隋書倭国伝は中国史書の中でも史料としての信憑性はよりいっそう高いと判断される．

ただし，榎本氏は［榎本①］，「隋書も注意が必要」として，2点を挙げられる．1つは隋書もまた唐政権の意図が反映されていることである．「煬帝が悪逆非道の皇帝として描かれている」点が典型である．もう1つは，煬帝の時代の「大業起居注」という基本史料は唐初には失われていたとされ，特に煬帝紀には「遺漏や過誤が存する可能性が高い」と指摘される．

以上，榎本氏の論文に基づいて隋書倭国伝の概略を書いたが，他にも，隋書倭国伝はもちろん中国の立場と視点で書かれており，意図的でないとしても，内容の取捨選択・改変・強調・無視などの可能性は念頭に置かなければならない．また，隋書倭国伝はあくまで外国である倭国を記録したものであるから，誤解や誤りが生じる危険性は否定できない．しかし，隋書倭国伝については，隋王朝と倭国の交流について，唐王朝が政治的意図を持って書き換えたり強調したりする理由が少ないことは重要であり，隋書倭国伝の全体的な信憑性は高いと考えられる．

以上のように，全体的な信憑性が高いのは隋書倭国伝であって，日本書紀ではない．そのことを念頭に置きつつ，それぞれの記述に関する信憑性については，各項で個別に検討する．

9 日本書紀と隋書倭国伝の「遣隋使」に関する全般的な問題

以下，隋書倭国伝と日本書紀の「遣隋使」の記述を検討するが，本論に入る前に，指摘しておく事項がいくつかある．それらの点をまず述べる．

(a) 日本書紀の編著者は隋書倭国伝を読んだのか

日本書紀の編著者は隋書倭国伝を読んだ上で書いたのか，それとも読んでいないのかという問題がある．これは倭国伝と日本書記の記述にあるたくさんの重要な不整合を考える際にはっきりさせておかなければならない重要な点である．

隋書倭国伝が完成したのは636年である．遣隋使の後，大和政権は何度も遣唐使を派遣しており，隋書も入手し，720年に完成した日本書紀の編著者は倭国伝の記述を読んでいたと考えられる．実際に新唐書日本伝は「開元（713〜741年）の初め」の遣唐使（717年〔開元5年〕の第九次遣唐使）の際，

「賞物を悉く書に貿えて以って帰る（唐朝から贈られた物をすべて書物に換えて持ち帰った）」，

と書いている（本拙論では新唐書の引用はすべて，藤堂明保・竹田晃・影山輝國訳註「倭国伝－中国正史に描かれた日本－」，講談社学術文庫，2010年による）．遣唐使が隋書を持ち帰ったことは確実だろう．であれば，日本書紀は倭国伝を読んだ上で書かれていることは

ほぼ間違いないだろう．

　そのことを示すのは隋書の文章に基づいて書かれている日本書紀の箇所があることである．日本書紀の雄略23年（479年）8月の項に，雄略天皇の死に際した遺詔が書かれている．この遺詔が隋書文帝紀を転用しつつ書かれたことは間違いないとされる［高橋①］．すなわち，日本書紀を書く際の参考資料の1つが隋書であったことは明らかである．

　であれば，推古紀の遣隋使に関して書く際に，日本書紀の編著者が隋書倭国伝を読んだことはじゅうぶん推定できる．研究者の多くもそのように考えている．例えば，高橋善太郎氏は，「編者が隋書倭国伝の記事を見落す筈がない」［高橋①］，「倭に関する列伝は殆ど全く利用されていないかに見えるが，然しこれを詳細に吟味してみると，隋書倭国伝が驚くべき程多くの場合に利用されていることに気付く」［高橋②］と指摘される．また，氣賀澤保規氏は［氣賀澤②］，「当然のことながら，『書紀』の執筆者とされる舎人親王らはこれに目を通していた，と推定できる」と述べておられる．

　ところが，津田左右吉氏は［津田①］，「此れの書（隋書）を参考したらしい形跡がみえない」と指摘され，坂本太郎氏は［坂本①］，「推古紀の編者が『隋書』倭国伝を見なかったということについては，一点疑いをいれる余地はない」と断言される．坂本氏がこのように断言される根拠は以下の3点である．

　① 日本書紀の雄略紀（第14巻）の執筆者と推古紀（第22巻）の執筆者は別人である．
　② 遣隋使や裴世清の日本への派遣の「年代の点だけは符合するが，遣隋使派遣の目的や，国書の文辞や，その扱い方などは書紀のまったく記さないところである」．
　③ 隋書が載せる国書の「日本を日出処としたような書法は，書紀の編者がこれを知っていれば，当然記載すべき性格のものである」．

　氏の主張はきわめて明快でもっともな指摘である．津田，坂本氏の指摘を考慮し，坂元義種氏は［坂元①］，「従来，『推古紀』の日隋交渉に編者の意識的作為を認めてきた論者は，すべてその論拠の見直しを迫られている」と指摘される．

　私自身も日本書紀の編著者による日本書紀の「意識的作為」を認める1人であるが，坂本氏の「推古記の編者が『隋書』倭国伝を見なかった」という結論には賛成しない．それは以下の理由による．

　第①点の執筆者が異なる点はどうだろうか．むしろ，逆に，推古紀を書いた執筆者は倭国伝を読んでいたことを示すのではなかろうか．同僚である雄略紀（第14巻）

［序章］日本古代史における「遣隋使」の重要性　　27

の執筆者の手元に隋書の文帝紀があるのに，隋書の中でもっとも興味があるはずの隋書の東夷伝（倭国伝はこの東夷伝の1つ）を推古紀（第22巻）の執筆者が読んでいないことは不自然であろう．万一，もしも倭国伝を読んでいなかったとすれば，雄略紀を書いた執筆者は推古紀を書く執筆者に隋書倭国伝の記述への注意を促したはずである．すなわち，坂本氏の指摘とは逆に，推古紀の執筆者は隋書倭国伝を読んでいたというのが素直な理解であると考えられる．

坂本氏の第②，第③点の指摘そのものは説得力があるが，私見では倭国伝を読んでいないからではなく，読んでいたが別の理由でそうしなかったと考える．これらの点については，関連する事項の検討の中で議論する．

以上から，本拙論では日本書紀の編者者は隋書倭国伝は読んだものとして検討する．

(b) **遣隋使は何回派遣されたか**

議論の前に処理しておくべき点がもう1つある．そもそも遣隋使はいつ何回派遣されたのかという点である．実はこの点がはっきりしているとは言えないのが現実である［坂元①，氣賀澤②］．

日本書紀は607年7月，608年9月，614年6月の3回の遣隋使派遣を記すが，隋書倭国伝は600年，607年，608年の倭国からの遣隋使を記す．607年と608年の遣隋使派遣については日本書紀と隋書倭国伝は一致しており，同一の遣隋使と見ることができるが，600年の遣隋使は倭国伝だけ，614年の遣隋使は日本書紀にだけしか載っていない．ところが，隋書煬帝紀には，さらに，

大業4年（608年）3月19日：「百済・倭・赤土・迦羅舎国，並びに使いを遣して方物を献ず」，

大業6年（610年）正月：「倭国，使を遣わして方物を貢ず」，

と記されていて，これらを加えると合計6回の遣隋使派遣があったことになる．

これらの6回の遣隋使派遣記事は，すべて実際に派遣されたことを示すのか，そうではないのか，実際には何回の遣隋使が派遣されたのかについては，研究者の間でも見解は一致せず，多様な見解があって，最終的な通説にはなっていないようだ［坂元①，氣賀澤②］．

本拙論では遣隋使派遣回数については深入りせず，表1に示すように，年代順に第一次・第二次……遣隋使として，議論・検討する．

(c) **遣隋使について本拙論で提起する「問題点」**

私が本拙論で提起する「問題点」について一言断っておきたい．

表 1：日本書紀と隋書（帝紀，倭国伝）が記す遣隋使

	年次	派遣	記載史料
第一次	600 年（開皇 20 年）	多利思比孤	隋書倭国伝
第二次	607 年（大業 3 年） 607 年 7 月（推古 15 年）	多利思比孤 推古天皇	隋書倭国伝 日本書紀
第三次	608 年（大業 4 年）3 月 19 日	倭	隋書煬帝紀
第四次	608 年（大業 4 年） 608 年 9 月（推古 16 年）	多利思比孤 推古天皇	隋書倭国伝 日本書紀
第五次	610 年（大業 6 年）	倭国	隋書煬帝紀
第六次	614 年 6 月（推古 22 年）	推古天皇	日本書紀

　遣隋使に関する諸問題は複雑で多岐にわたる．隋書倭国伝の記述と日本書紀推古紀の記述は矛盾する点がたくさんある．というか，矛盾だらけという状態にある．しかも，それぞれの問題はお互いに関係し，議論は複雑で長くなる．決して分かりやすくはない．そこで，少しでも分かりやすくするために，どのような問題点があるのかをはっきりさせつつ検討する．そのために，氣賀澤保規氏にならって［氣賀澤①］，私なりの観点からたくさんの問題点を提起し，それらの問題点を念頭に議論していく形で検討する．多くの問題点は氣賀澤氏の指摘された問題点であり，今まで多くの研究者が提起・検討してこられた問題点である．それらの問題点を私が素直に感じる形で整理しているだけで，私が初めて提起する問題点というわけではない．

第1章

第一次遣隋使：隋書倭国伝の倭王多利思比孤

- ■第一次遣隋使が提起する重要な問題点
- ■倭国伝の「阿毎多利思比孤」は倭王の名前か，天皇の通称・一般名称か
- ■倭国伝の倭王多利思比孤は女王か
- ■倭王の号「阿輩雞弥」と「利歌弥多弗利」という名の太子
- ■日本書紀はなぜ第一次遣隋使に一言も触れないのか
- ■重大過ぎる「多利思比孤≠推古天皇」という第一次遣隋使の結論

隋書倭国伝は，大きく5つの部分で構成されている．

第1部分：それまでの倭国と中国王朝との関係，および，倭国の地理について，主にそれまでに書かれた中国の歴史書である魏志倭人伝と後漢書による認識を要約する．

第2部分：「開皇二十年，倭王あり，姓は阿毎，字は多利思比孤……」と始め，開皇二十年（600年），倭王阿毎多利思比孤が全中国を統一した隋へ第一次遣隋使を派遣したと書く．第一次遣隋使派遣と倭王に関する隋の認識を述べ，倭王，その妻，太子などに関する事項を述べる．

第3部分：「内官に十二等あり」と始め，倭国の風俗について述べる．

第4部分：「大業三年（607年），その王多利思比孤，使を遣わして朝貢す」と始め，第二次遣隋使について述べる．

第5部分：翌年（608年），隋皇帝煬帝が派遣した使者裴世清と倭王阿毎多利思比孤の対談などについて述べる．中国皇帝による倭国への使者派遣は，魏による247年の張政の派遣以来であって，実に360年ぶりのことである（日本書紀によれば，加えて，呉国による雄略14年〔470年〕の使者派遣があるが，宋書には記されていない）．

倭国伝の記述の順に従って，第2部分の第一次遣隋使派遣の事項から以下に議論する．また，第3部分の中の官位十二等に関する議論は長くなるので別章として議論する．

第一次遣隋使が提起する重要な問題点

1 隋の中国全土の統一と朝鮮3国の対応
2 倭国の第一次遣隋使の問題点

隋書倭国伝は，開皇20年（600年），倭王阿毎多利思比孤が使者を遣わしてきたと以下のように書く．

「開皇二十年（600年），倭王あり，姓は阿毎，字は多利思比孤，阿輩雞弥と号す．使を遣わして闕（都の門，隋都，長安）に詣る」．

これが倭王阿毎多利思比孤が派遣した第一次遣隋使である．この後に続けて，

「上（隋皇帝），所司をしてその風俗を訪わしむ．使者言う，『倭王は天を以て兄となし，日を以て弟となす．天未だ明けざる時，出でて政を聴き跏趺して（あぐらをかいて）坐し，日出ずれば便ち理務を停め，いう我が弟に委ねんと』と．高祖

いわく，『これ大いに義理なし』と．ここにおいて訓えて（おしえて）これを改めしむ．王の妻は雞弥と号す．後宮に女六，七百人あり．太子を名づけて利歌弥多弗利となす．城郭なし」．

以上が冒頭文の全文であり，第一次遣隋使に関する記事は以上ですべてである．

■1 隋の中国全土の統一と朝鮮3国の対応

　第一次遣隋使の具体的な諸問題を考える前に，その背景について認識しておく必要がある．それが，隋王朝による中国全土の統一である．

　長い間，中国国内は南朝と北朝に分裂していたが，6世紀後半，北朝の北周が中国北部を制し，華北全域に勢力を拡大した．581年に禅譲によって隋が北周を引き継ぎ，さらに589年には南朝の陳を滅ぼし中国全土を統一した．3世紀以上に及ぶ，五胡十六国，南北朝の両立，という長い間の中国の分裂・混乱は収拾され，589年，巨大な統一王朝，隋帝国が出現した．

　倭国もこの東アジアにおける状況の激変と無関係ではあり得ない．倭の五王以来，1世紀以上，倭国は中華王朝との直接的な関わりはなく，朝鮮3国との関係が倭国の主要な外交であったが，いやおうなく，統一され強大になった中華王朝と向き合うことが必要になった．それが倭国の遣隋使派遣の背景であることは明らかであろう．

　倭国の「遣隋使」を考える際，関係が深かった朝鮮3国が，登場した強大な隋王朝とどのような関係を結んだかは認識しておく必要がある．隋と朝鮮3国の関係を簡単に記すと以下のようになる．

　隋王朝が華北を支配下に収めたのが581年で，中国全土を統一したのは589年である．誕生した巨大な大帝国に対して，周辺の蛮夷の国々はそれぞれの国益に基づいて一斉に動いた．隋書東夷伝と朝鮮の史書である三国史記は，百済・高句麗・新羅3国の動きとそれに対する隋の対応について以下のように記す．

　当時の朝鮮3国の中で変化にすばやく反応したのは，百済と高句麗である．お互いに対立関係にあったから中国の動きに余計に敏感だったのだろう．

　百済の動きについて，三国史記百済本紀（本拙論では三国史記新羅本紀・高句麗本紀・百済本紀の引用はすべて，林英樹訳「三国史記」上・中，三一書房，1974・1975年による）は，中国北部を隋が制覇した581年，

「王は使者を隋に派遣して，朝貢すると，隋の高祖は詔して，王を上開府儀同三司帯方郡公に冊封した」．

と，百済は，隋が華北を制覇した段階で，隋にさっと接近して冊封関係を結び，国王とその領土を承認されたと書く．さらに，隋が全国を統一した589年，

> 「(百済が) 使者を派遣して，書を奉呈して，陳を平らげたことを祝賀した．隋の高祖はこれを喜び……」，

と，百済がよりいっそう隋に密着したことを記している．

勃興してきた隋に接近した点では高句麗も同じである．隋書高麗伝は(高麗＝高句麗であり，以後，「高句麗」で統一する．また，本拙論では隋書高麗伝・百済伝・新羅伝の引用はすべて，井上秀雄他訳注「東アジア民族史 正史東夷伝」1・2，東洋文庫，平凡社，1974年による)，

> 「(隋の) 高祖(文帝，楊堅) が (581年に周帝の) 禅譲を受けると，湯 (高句麗の平原王) はまた使者を (隋の) 宮廷へ派遣して，(号を) 大将軍に進められ，あらためて高麗王に冊封された」，

と書く．高句麗も，隋が中国北部を平定した段階で，さっそく隋に使者を派遣し，隋によって当時の官爵を維持，確認され，冊封関係を結んでいる．しかし，その後の隋と高句麗の関係は素直には進展していない．

隋が南朝の陳を征服して，中国全土を支配すると，高句麗はその力が自己に及ぶのを恐れたのか，

> 「(隋が) 陳を平定 (589年) してから，湯 (高句麗王) は (隋を) 大いに恐れ，武器を整え，穀物を蓄え，防戦の準備をした」，

と，隋書高麗伝は書いている．

このように勃興してきた隋にすり寄った点では百済と高句麗は同じであるが，隋が全国制覇した後の対応は百済と高句麗では正反対である．隋と高句麗の関係は悪化し，598年の隋による高句麗遠征という結果をもたらす．

一方，新羅はかなり出遅れる．隋の勃興期には接近した様子はない．むしろ，隋に滅ぼされた南朝の陳との交流が多い．隋に接近するのは隋による全国統一の5年後の594年で，隋書新羅伝は，

> 「(隋の) 高祖は (金) 真平 (新羅王) に，上開府 (開府儀同三司)・楽浪郡公・新羅王の官爵を授けた」，

と書く．新羅も，少し遅れたが，百済や高句麗と同じように新羅王や上開府などの官爵を授与され，冊封関係を結んでいる．

以上のように，当時の朝鮮半島の3国は，隋の勃興から全国統一という中国の激変に対応して隋に朝貢し，冊封関係を結び，それぞれの国王と上開府 (開府儀同三司)，領土 (帯方郡公など) を承認してもらい，自国の利益確保を図っている．朝鮮3

国はすべて冊封され，王は隋皇帝の臣下となり，隋へはっきりと臣従することによって，何よりも自らの国際的地位を隋に認めてもらうことを基本的な要求として使者を派遣している．隋の皇帝から見ると，全国を統一した大帝国隋に対して，周囲の蛮夷諸国がいっせいに朝貢してきて，それぞれの国王の地位と国土の承認を求め，君臣関係を結ぶことは，中華思想・王化思想による蛮夷との関係から考えても当然のことである．

以上のように，朝鮮3国の中で，百済と高句麗は中国北部に隋が勃興し，北部を統一するとさっと隋に対して使者を送り，新羅はかなり遅れたが，それでも隋の中国全土統一の5年後の594年に，同じく冊封関係を結び，自己の利益を確立しようとした．

以上が朝鮮3国の隋への対応である．3国はすべて隋王朝と冊封関係を結んでいる．

今後も「冊封」は重要な役割を果たすので，「冊封」とはどういうことかを簡単に確認しておきたい．

「冊封」とは何か

「冊封」とは官爵などを任命する「冊書」（中華皇帝の詔・命令書）によって，中華皇帝が蛮夷の王に「王」などの爵位を授与し，君臣の関係を結ぶことである．

蛮夷の王を中華皇帝が任命することによって，蛮夷の王は中国皇帝の臣下となり，蛮夷の国は「藩国」（王室の守りとなる諸侯の国［新漢語林］）となる．当然，臣下として「忠誠の節義」を尽くさなければならない．そして，民は「（隋）朝廷の正朔を奉じる」，すなわち隋の臣民となる［新漢語林］．一言で言えば，冊封関係とは，中華皇帝によって国王などの官爵を授与してもらい，蛮夷の王が中華皇帝の臣下となり，蛮夷の国は中国の属国となり，中国皇帝の支配下になることである．換言すれば，中華思想に基づく華夷秩序体制の中に蛮夷の国を組み込むことである．

中国皇帝と冊封関係を結べば，蛮夷の王は，原則として毎年の中国への朝貢が義務となる．また中華皇帝の派兵要求に応える義務も生じる．中華皇帝から「忠誠の節義」を疑われれば，懲罰として王を交代させられることもあれば，懲罰の大軍を派遣されることもある．隋皇帝文帝は璽書の中で高句麗王の交代を示唆しており，後に，実際に大軍を高句麗に送っている．

［第1章］第一次遣隋使：隋書倭国伝の倭王多利思比孤

2 倭国の第一次遣隋使の問題点

　以上のように，朝鮮3国が隋による中国全土の統一に敏感に反応し，みな冊封関係を結んで自国の利益確保を図ったのに比べて，倭王多利思比孤の動きはきわめて特異である．第一次遣隋使に関しては以下の問題点がある．

　まず，第一次遣隋使派遣は600年である．これは百済・高句麗の581年はもちろん，新羅の594年よりもかなり遅い．隋が南朝の陳王朝を滅ぼして全土を統一したのが589年であることを考えれば，非常に遅いと言うべきである．なぜ遣隋使派遣がこのように遅くなったのだろうか．

　また，倭国伝は600年の第一次遣隋使派遣に関して，「多利思比孤……使を遣わして闕（隋都，長安）に詣る」とだけ記して，その目的を書かない．朝鮮3国と異なり，第一次遣隋使派遣で多利思比孤は冊封関係を望まず，「倭国王」などの承認を求めていない．第二次遣隋使（607年）でも同じく倭国王などの承認は求めていない．このことは倭国の遣隋使の目立つ特徴であって，隋に倭国王などの承認を求めることは多利思比孤の遣隋使派遣の目的でないことは明らかだ．この点で朝鮮3国とは明らかに異なっている．

　すなわち，倭国の第一次遣隋使派遣に関して，

〈問題点1〉そもそも倭王阿毎多利思比孤が第一次遣隋使を送った目的は何か．

〈問題点2〉倭王阿毎多利思比孤は隋に対してなぜ「倭国王」などの官爵の承認を
　　　　　　求めなかったのか．

という問題点があることが分かる．

　さらに，これは問題点と言うべきかどうか分からないが，遣隋使が倭王の言葉と言ったという「倭王は天を以て兄となし……」という言葉である．この言葉はかなり特異な内容であり，どのように理解すべきなのだろうか．すなわち，以下の問題点がある．

〈問題点3〉第一次遣隋使の「天を以て兄となし，日を以て弟となす……」という
　　　　　　言葉をどのように理解するか．

　次に，隋書倭国伝が書く倭王などの名前と号である．「開皇二十年（600年），倭王あり，姓は阿毎，字は多利思比孤，阿輩雞弥と号す．王の妻は雞弥と号す」という倭国伝の文から分かることは，600年当時の倭国には「阿毎多利思比孤」という名の倭王がいて（隋書は姓と名を分けているが，当時の倭王に姓があったのかどうかはっきりしない），「阿輩雞弥」と号し，王の妻（王后）は「雞弥」と号したというのである．「号」

というのは，名，名称，呼び名，別名であるから［新漢語林］，倭王は「阿輩雞弥」，王后は「雞弥」という"名，名称，呼び名，別名"を持っていたことが分かる．

以上は，一見，何の問題もない記述に見えるが，重大な問題点を含んでいる．

第1に，倭王の名前である．

第一次遣隋使が派遣された開皇20年（600年）は推古8年にあたり，大和政権の君主は推古天皇である．もしも遣隋使を送ったのが大和政権であれば，倭王阿毎多利思比孤は推古天皇である．しかし，隋書が書く倭王の名前「阿毎多利思比孤（アマタリシヒコ）」は，推古天皇の名前である「豊御食炊屋姫（トヨミケカシキヤヒメ）」と一致しない．

第2に，推古天皇は女性であって，男性ではない．

倭国伝は「王の妻は雞弥と号す」と書くのだから，倭王「阿毎多利思比孤」は明らかに男性である．しかし，推古天皇は女姓である．推古天皇が女性であることは日本書紀に明記してあることであって，それを疑う人はいない．

これらの2点から，隋書倭国伝が述べる倭王阿毎多利思比孤は大和政権の推古天皇なのか，という単純ではあるが，きわめて重大な疑問が生じるのである．すなわち，

〈問題点4〉隋書倭国伝が書く倭王阿毎多利思比孤は大和政権の推古天皇なのか，それとも別人か．

という問題点がある．

第一次遣隋使を派遣した倭王阿毎多利思比孤が大和政権の推古天皇であるか，別人であるかということは，換言すれば，隋書倭国伝全体が記す「倭国」とは大和政権の大和国なのか，別の国なのかということである．しかし，日本書紀には大和国以外の「倭国」の存在は書かれていない．600年当時，大和政権が唯一の日本統治政権であるというのが日本書紀の原則であり，ほとんどの研究者の見解でもある．従って，もしも，600年の第一次遣隋使を派遣した倭王阿毎多利思比孤が大和政権の推古天皇ではないとすれば，7世紀初頭，阿毎多利思比孤の倭国という大和政権の大和国とは異なる別の国が日本のどこかに存在していたことになり，日本古代史は根本的な再検討を求められることになる．問題点4は，問題そのものは単純であるが，実は，きわめて根本的で重大な問題点なのである．

さらに，「太子を名づけて利歌弥多弗利となす」というのも問題である．なぜならば，当時の皇太子は聖徳太子である．聖徳太子の名前は厩戸豊聡耳皇子（ウマヤトノトヨトミミノミコ）であって，「利歌弥多弗利（リカミタフリ）」とはまったく一致しない．

すなわち，倭国伝が書く倭国の太子利歌弥多弗利は大和政権の皇太子厩戸豊聡耳皇子なのかという以下の疑問がある．

〈問題点5〉倭国伝は「太子」の名を「利歌弥多弗利」と書くが，当時の皇太子である聖徳太子と名前が一致せず，別人ではないか．

これは問題点4とともに，倭国伝が書く倭国は日本書紀の大和国なのかという疑問へつながっている．

以上のように，第一次遣隋使に関する倭国伝の記述はたくさんの重要な問題点を提起している．

倭国伝の「阿毎多利思比孤」は倭王の名前か，天皇の通称・一般名称か

1 「阿毎多利思比孤」は名前ではなく通称であるという研究者の見解
2 倭国伝は日本の固有名詞の音を正確に反映している
3 「阿毎多利思比孤」を「アメタラシヒコ」と読めるのだろうか
4 7世紀初頭，「アメタラシヒコ」が天皇の通称・一般名称であったという根拠は何か
5 「阿毎多利思比孤」が倭王の名前ではないことは論証されていない
6 「阿毎多利思比孤」は倭王の名前であって，天皇の通称・一般名称ではない
7 要約・結論：「阿毎多利思比孤」という倭王の名前は推古天皇の名前と一致しない

問題点1〜3は，第一次遣隋使というよりも倭国の遣隋使派遣全体に関わる問題点であり，ここでは保留し，他の問題点を検討した後で考えることにして，まず，問題点4と5について以下に検討する．

1 「阿毎多利思比孤」は名前ではなく通称であるという研究者の見解

遣隋使に関してはたくさんの問題点があって，研究者の間でも一致していない点が多い．しかし，隋書倭国伝の倭王阿毎多利思比孤は大和政権の推古天皇である（「多利思比孤＝推古天皇」）という点については，多くの研究者の見解は一致している．しかし，

〈問題点4〉隋書倭国伝が書く倭王阿毎多利思比孤は大和政権の推古天皇なのか，

それとも別人か,

という疑問は，研究者の「多利思比孤＝推古天皇」という一致した見解に対して，正面から問題を提起している．これは，単純ではあるが，日本古代国家形成の根本に関わる重要な問題点であって，きちんと検討しなければならない問題である．そこでまず問題点4について考える．

問題点4は，具体的には以下の2点の問題提起をしている．

第1に，倭王の名前である．隋書倭国伝は「開皇二十年（600年），倭王あり，姓は阿毎，字は多利思比孤」と明記する．「阿毎多利思比孤」という倭王の名前は推古天皇の名前と一致しないのではないか．

第2に，倭王阿毎多利思比孤は男性である．女性の推古天皇とは別人ではないか．

以下に，まず「阿毎多利思比孤」という倭王の名前が推古天皇の名前と一致しないのではないかという問題について考える．核となるのは，隋書倭国伝の「倭王あり，姓は阿毎，字は多利思比孤．阿輩雞弥と号す」という記述である．この「阿毎多利思比孤」は倭国伝が書くように「名前」なのか，それとも名前ではないのかという問題である．どちらであるかによって，事態はまったく変わる．

倭国伝の「姓は阿毎，字は多利思比孤」については研究者による多くの見解があるが，多数の研究者の見解は基本的に一致しており，通説と言える状態である．古田武彦氏だけがかなり異なる見解［古田①②］というのが実態であるようだ．

多数の研究者の見解は，細かくみれば研究者ごとに異なるが，基本的には同じである．そこで，代表として井上光貞氏の見解を取り上げる［井上①］．氏は倭国伝の「倭王あり，姓は阿毎，字は多利思比孤」という記述について，以下のように述べる．

「阿毎と多利思比孤を姓と字ととったのはむりもないあやまりで，じつは一語の『アメタラシヒコ』であり，これは天皇の通称である．その意味は，タラシはタラス，すなわち足るの敬語からきたもの，ヒコは男子の尊称であり，アメは天であるから，全体で『天の高貴なる男子』というような意味をあらわすものである．推古は女帝であるから，この称号と矛盾するという人もあるが，称号は通称であるからこれでよい」．

これに対して，古田武彦氏はかなり異なる見解で，以下のように指摘される［古田①］．

- 「(「日出ずる処の……」の) 国書には当然，俀（倭）王の名前が署名されているはず

だ」．「『隋書』俀（倭）国伝に『姓は阿毎，字は多利思北孤』と記したとき，右の俀（倭）王側の国書にもとづいて正確に記録しているのである」．その証拠として，字面が「卑字」ではなくむしろ「貴字」であり，「隋の側がわざわざ選んであてたとは到底考えられない」．「この名前とこの字面は，俀（倭）王の国書の自署名とみるほかない」．

- 「『俀（倭）王あり．姓は阿毎』と記してある……が，天皇家で，代々一貫した姓を『天の……』と名乗った形跡はない」．
- 「多利思北孤」の字面について，多利思比孤の「比」は「北」の間違いである．氏は，同じ隋書の中の「他の『北』や『比』にくらべてみたが，明らかに『北』だ．『比』ではない」．「これは『タリシホコ』であって『タリシヒコ』ではない」．「……ホコ」というような「名称は天皇家にはない」．

以上のように，古田武彦氏は他の研究者とはかなり異なる見解で，倭国伝の倭王阿毎多利思比孤は日本書紀の推古天皇ではないと主張される．ただ，議論はかみ合っていないようで，双方の見解を批判しあい，統一見解に達しようという動きは見えない．私が読んだ諸研究者の論文では，古田氏の見解が紹介・議論されることはない．

細かい相違はあるが，井上氏の論旨と結論はほとんどの研究者の見解と一致し，通説に近いと思われるので，井上氏の見解について立ち入って検討することにしたい．古田氏の見解については検討の中でてきぎ触れることとする（*1）．

井上氏が指摘される「阿毎と多利思比孤を姓と字ととったのはむりもないあやまりで」というのは，①「阿毎多利思比孤」は一続きである，②名前ではない，という2通りの内容を持つ．氏は「あやまり」と判断される理由・根拠を書かれていないが，「阿毎多利思比孤」が通称・一般名称であるから，名前ではないと主張しておられると推定できる．その点を考慮して，井上氏の見解を私なりに整理すれば以下のようになると思う．

① 倭国伝の倭王の名前「阿毎多利思比孤」は一語であって，「アメタラシヒコ」である．
② 「アメタラシヒコ」は「天の高貴なる男子」という意味の天皇の通称・一般名称である．
③ 「アメタラシヒコ」は通称・一般名称であって，倭王の名前としたのは倭国伝の誤りである．
④ 結論：「阿毎多利思比孤」は，名前ではなく倭王の通称・一般名称であるから，

推古天皇と名前が一致しない点も，女帝である点も矛盾ではない．

井上氏の見解は，①②③が成立しなければ，④の倭王阿毎多利思比孤は日本書紀の推古天皇であるとしても矛盾ではないという結論には至らない．すなわち，結論④が成立するための条件は，①②③がすべて成立することである．

そこで，以下，研究者が「多利思比孤＝推古天皇」とする根拠となっている①②③の見解が成立するかどうか，という点を検討したい．細かい議論になるが，事は倭国の倭王阿毎多利思比孤が推古天皇なのかという重大な問題に直結しているので，避けては通れない議論なのである．

＊1 ただし，当時，国書に署名があったのかどうか，また，漢字の「貴字」・「卑字」については，私の能力では手に負えない．

2 倭国伝は日本の固有名詞の音を正確に反映している

議論の前に，隋書倭国伝が書く日本の固有名詞の音はかなり正確であるという点［古田①］を指摘する必要がある．隋書倭国伝が書く日本の地名は表2に示した4例である．

比較できる地名が4例だけと少ないが，この表から分かることは3点ある．

第1に阿蘇を除いて字は一致しない．

第2に音（読み）は一致している．しかもかなり正確である．9文字の中で8文字はきわめて正確に日本語の音が漢字で表現されている．壱岐の「一支」の「支（シ）」だけは一致しないが，当時の日本では「キ」の音は「支」の文字が当てられており［木下］，倭国伝は，「キ」として日本人が示す「支」を転用したと理解できる．すなわち，倭国伝が書く日本の地名については，きわめて正確に日本の地名の「音」が反映されている．

第3に「竹斯（チクシ，筑紫）」の「竹（チク）」を除いて，日本語の1音に漢字1語が原則である．

表2：隋書倭国伝が書く倭国の地名

	日本語表記	倭国伝の表記	一致状況
開皇20年（600年）	阿蘇	阿蘇（アソ）	字も音も一致
大業4年（608年）	対馬	都斯麻（ツシマ）	音が一致
大業4年（608年）	壱岐	一支（イキ．当時，支はキ）	音が一致
大業4年（608年）	筑紫	竹斯（チクシ）	音が一致

一方，人名については，残念ながら倭国伝には日本人名と比較できる例はないのだが（日本書紀は小野妹子は隋皇帝の国書の蘇因高と書くが，私見では小野妹子は蘇因高ではないと考える〔後述〕のでここでは除外する），日本書紀の「吉士雄成」がある．吉士雄成は4月に筑紫に到着した隋の使者裴世清たちを迎えるために筑紫へ派遣され，難波に着くまでの約2カ月間，接待役として彼等と密接に交わっていた．日本書紀は，推古16年（608年）9月，第四次遣隋使について「吉士雄成を小使とし……」と書き，持たせた国書（「東天皇」国書）に「大礼乎那利を遣わして往かしむ」と書く．中国人の場合，「雄成」を「オナリ」と読むことは難しいから，「乎那利（ヲナリ）」と表記したと推定できる（当時の日本では「ヲ」の音に「乎（コ）」の漢字を当てた〔木下〕）．すなわち，「乎那利（ヲナリ）」は裴世清たちが「雄成」という名前を読みやすいように書いたものであろう．表2の3つの地名と同じく，字は一致しないが音は正確に一致している．

以上の5例だけではあるが，倭国伝は日本語の固有名詞の「音」を正確に反映していると結論できる〔古田①〕．この点は重要であり，はっきりと確認しておかなければならない．

3 「阿毎多利思比孤」を「アメタラシヒコ」と読めるのだろうか

まず①「阿毎多利思比孤」を「アメタラシヒコ」と読めるのかという点について検討する．

「阿毎多利思比孤」の「阿毎」の「阿」は「ア」であることに問題はないが，「毎」は「メ」という音はなく，「マイ」または「バイ」である．従って，「阿毎」は「アメ」ではなく，「アマ（イ）」あるいは「アバ（イ）」である．また「多利思比孤」については，「利」は「リ」であって「ラ」という読みはない．「利」は太子の名「利歌弥多弗利」にもある．さらに，「雄成」では「乎那利（ヲナリ）」と「利」はあくまではっきりと「リ」である．要するに，「利」は「リ」であって，「ラ」ではない．従って，「多利思」は「タリシ」であって「タラシ」ではない．もしも「タラシ」と読むのであれば，太子の「利歌弥多弗利」は「ラカミタフラ」，「乎那利」は「オナラ」でないと一貫性を欠く．

しかし，研究者は「阿毎」の「アマ」を「アメ」，「多利思」の「タリシ」を「タラシ」と読み替える根拠を示していない．おそらく，本居宣長の「多利思比孤とは足彦（タラシヒコ）と申すことと聞こえたり」という見解〔本居〕が金科玉条となっていて，研究者は何の根拠も示すことなく「阿毎多利思比孤（アマタリシヒコ）」を「ア

メタラシヒコ」と読み替えているようだ．

　要するに，研究者は「阿毎多利思比孤」について「アマタリシヒコ」を「アメタラシヒコ」と読み替えられる根拠を提示しておられない．

　加えて問題となるのが，隋書倭国伝の「比弧」の「比」は「北」ではないかという古田氏の指摘である［古田①］．確かに，石原道博氏の隋書倭国伝（岩波文庫）所収の原文では［石原①］，「比」とも「北」とも部分的に異なる字である．しかし，「東西五月行，南北三月行」という部分の「北」でも同じ字が書かれているから，「比」でなく「北」とすべきであろう．また，井上光貞氏の「飛鳥の朝廷」に掲載されている別の隋書俀（倭）国伝の写本では，はっきりと「北」である．もしも阿毎多利思比孤の「比」が「北」であれば，「比弧」は「ヒコ」ではなく「北弧」，つまり「ホコ」となり，天の高貴な「男子」とは言えなくなる．

　この「比」・「北」について，研究者の見解を見かけることはほとんどないが，坂元義種氏［坂元②］によれば，隋書は「北」で，「北史」と「通典」の倭国伝は「『比』と記している」という．しかし，いずれも写本であって（原本は失われている），「北」か「比」かはすっきりと決められないということらしい．この点は私の手には負えないので，この項以外，本拙論では石原道博氏の「隋書倭国伝」の読み下し文に従って［石原①］，「比」として議論することとするが，「タリシヒコ」なのか，「タリシホコ」なのかという問題点があることは指摘しておく必要がある．

　以上から①の「阿毎多利思比孤」の読み方は「アマタリシヒ（ホ）コ」であって，「アメタラシヒコ」ではないと結論される．

　以上は細か過ぎる議論と思えるかもしれない．確かに細かい議論であるが，やむをえない．なぜならば，研究者は「アマタリシヒ（ホ）コ」を「アメタラシヒコ」と読み替えることによって初めて，「阿毎多利思比孤」を「天の高貴な男子」という通称・称号・一般名称であるという結論へ結びつけることができるからである．研究者の重要な論拠となっている「アメ」・「タラシ」を含む名前の天皇はいても「アマ」・「タリシ」の天皇はほとんどいないのである．また「ホコ」ならば，男子（「ヒコ」）とも言えないのである．

　要するに，研究者は倭王の名前「阿毎多利思比孤」を「アメタラシヒコ」と読まれるが，「アマタリシヒ（ホ）コ」である．研究者の読みには，7音の中で，3音も，問題があるのであり，研究者の見解の出発点である「アメタラシヒコ」という読みそのものが確固としたものでないことは明らかである．

4　7世紀初頭,「アメタラシヒコ」が天皇の通称・一般名称であったという根拠は何か

　次に②「アメタラシヒコ」は「天の高貴なる男子」という意味の天皇の通称・一般名称である,という点について検討する.

　研究者の多くは,「アメタラシヒコ」は「天 (アメ) の高貴なる (タラシ) 男子 (ヒコ)」で,「天皇」を表す当時の通称・称号であると主張されるのだが [本居],私見では,以下の諸点から,その主張には疑問がある.

　第1点は,上述のように,「阿毎」は「アメ」ではなく「アマ」,「多利思比弧」は「タラシヒコ」ではなくて,「タリシヒコ」(あるいは「タリシホコ」) である.従って,「天 (アメ) の高貴なる (タラシ)」とは言えない.また男子 (「ヒコ」) も「ホコ」の可能性がある.

　第2点は,研究者が挙げる他の天皇の名前との関係である.

　研究者が「アメタラシヒコ」を当時の天皇の通称・一般名称とする根拠として挙げるのが,「アメ」や「タラシ」を含む名前の天皇がたくさんいるという点である.

　直木孝次郎氏 [直木①] や熊谷公男氏 [熊谷] が挙げられるのは,欽明天皇と舒明,皇極,孝徳,天智,天武天皇の名前である.しかし,推古天皇よりも後に即位した舒明天皇以下の天皇に「アメ」や「タラシ」が含まれていることが,600年当時,「アメ」や「タラシ」が「天皇を意味する語」であったことの証拠にはならないはずである [古田①].なぜならば,当時,推古天皇の後継天皇は聖徳太子と考えられていたことはほぼ確実であるからである.もしも聖徳太子が10年長生きしていれば,少なくとも舒明天皇とその妻の皇極天皇はなかったはずである.その後の天皇もどうなったかは分からない.また,欽明天皇については,当時,重要な天皇であったことは確かだろうが,欽明−敏達−用命−崇峻−推古となっているのだから,欽明天皇の例だけで,推古天皇の時代に,「アメタラシヒコ」が天皇の尊称・通称・名称であったというのは強引過ぎるのではないだろうか.

　また,栗原朋信氏は [栗原①],「タラシ」の名を持つ天皇として,実在とは思われていない孝安天皇も含め,景行天皇,成務天皇,仲哀天皇,神功皇后の5代の天皇,皇后を挙げられる.しかし,その後は「タラシ」の名を持つ天皇はいなくなり,推古天皇までの17代の天皇には「タラシ」という名前の天皇はいない.17代もの間,天皇に「タラシ」がないのに,推古天皇の時代に「タラシ」が天皇の名称・一般名称・通称であったというのは説得力に欠ける.

　なお,念のために付け加えれば,遣隋使派遣の600年時点の天皇である推古天

皇も，推古天皇を継ぐだろうと期待されていたであろう聖徳太子も，名前には「アメ」も「タラシ」もない．

　第3点は，「アメタラシヒコ」が通称・称号・一般名称として使われていたことの実例が示されていないことである．研究者が言うように，もしも「アメタラシヒコ」が当時の大和政権の君主である天皇の通称・一般名称なのであれば，広く使われていたはずである．従って，当時，「アメタラシヒコ」が実際に使われていた通称・一般名称であることを示す明確な実例を挙げるべきであろう．しかし，天皇を「アメタラシヒコ」と呼んだ例は見当たらないのではないだろうか．使者が，普通は使わない通称・一般名称を隋に対して使ったというのは考えにくい．少なくとも根拠としては説得力に乏しい．

　以上の3点から，研究者の②「アメタラシヒコ」は「天の高貴なる男子」という意味の天皇の通称・称号であるとする見解は説得力に欠けるのではないだろうか．

5 「阿毎多利思比孤」が倭王の名前ではないことは論証されていない

　次に，③「阿毎多利思比孤」は通称・一般名称であって，倭王の名前としたのは倭国伝の誤りである，という点について考える．

　問題は，「阿毎多利思比孤」が名前であるかどうか，にある．諸研究者が主張されるように「阿毎多利思比孤」が「天の高貴な男子」という意味であるとしても，そのことは「阿毎多利思比孤」が名前でないことを意味するものではない．

　そもそも，名前にはいろいろな意味がこめられているのが普通である．「馬飼」であれ，「飯粒」であれ，「国」であれ，その意味がどのようなものであろうと，そのことは「馬飼」（皇極元年，大伴連馬飼），「飯粒」（安閑元年），「国」（推古31年，中臣連国）が，名前であることを否定するものではない．「厩戸豊聡耳」（推古元年4月，聖徳太子）がどういう意味であれ，「名前ではない」ことにはならないのと同じである．

　すなわち，「阿毎多利思比孤」が「天の高貴な男性」と解釈できるとしても，そのことは「阿毎多利思比孤」が名前ではないことを意味しない（むしろ，倭王にふさわしい名前であろう）．従って，「阿毎多利思比孤」を名前としたのは倭国伝の誤りであると結論するには，「阿毎多利思比孤」が名前ではないという別の根拠・証拠が必要なのである．しかし，研究者は，「阿毎多利思比孤」が天の高貴な男子という意味であると指摘されるだけで，名前ではないことを論証されてはいないのである．すなわち，研究者が指摘される「隋書の誤り」は根拠が提示されていない単なる推定なのである．

要するに，③「阿毎多利思比孤」は通称・一般名称であって，倭王の名前としたのは倭国伝の誤り，については，「阿毎多利思比孤」が「天の高貴な男子」という意味であると解釈しただけであって，名前でないことは研究者によって実証されておらず，根拠を示されていない単なる推定であるというのが結論である．

以上のように①②③はいずれも問題があって，④の研究者の最終的な結論：「阿毎多利思比孤」は，名前ではなく倭王の通称・一般名称であるから，推古天皇と名前が一致しない点も，女帝である点も矛盾ではない，は成立しないのではないか，というのが結論である．

6 「阿毎多利思比孤」は倭王の名前であって，天皇の通称・一般名称ではない

以上のように，「阿毎多利思比孤」は研究者が指摘されるような一般名称・通称とは言えないのであるが，倭王の名前が「阿毎多利思比孤」であるかどうかは重要な点である．そこで倭王の名前に関して以下の2点を指摘したい．

第1に，隋書倭国伝が「阿毎多利思比孤」をはっきりと倭王の名前と明記していることである．

隋の役人は第一次遣隋使に倭王の名前を聞いて，遣隋使は「阿毎多利思比孤」と答えたのである．隋が名前と理解したことは明らかである．従って，倭王の名前は「阿毎多利思比孤」である．これが単純明快な事実ではないだろうか．

そもそも，倭国伝は「阿毎」という「姓」，「多利思比孤」という「字」，「阿輩雞弥」という「号」，（そして，太子の「利歌弥多弗利」という「名」）を明瞭に区別して明記している．

「姓」と「名」の意味は明白である．では「字」はどういう意味だろうか．「新漢語林」によれば「中国で元服の時に，実名の他につける名」である．要するに，「字」は実名以外の名前である（「通典」は，姓は阿毎，名は多利思比孤と記している）．倭国伝は「阿毎多利思比孤」を「姓」・「字」，要するに名前と書いているのであって，「号」は別にはっきりと書き分けている（倭王の「号」は「阿輩雞弥」である）．

すなわち，「阿毎多利思比孤」はあくまで隋が第一次遣隋使から聞いた「倭王の名前」であって（倭国伝が「姓」と「字」を区別したことは，本質ではない．また古田氏は天皇家に「天」という姓はないとされるが，「阿毎」が姓かどうかは，今の場合は重要な問題ではない），研究者が主張されるような通称や一般名称ではない．

第2に，裴世清の訪日である．倭国伝の「姓は阿毎，字は多利思比孤」というのは，隋の役人が第一次遣隋使に聞いた倭王の名前であろう．しかし，その後，隋皇

帝が派遣した裴世清が実際に倭国を訪問している．このことは重視されなければならない．井上氏の見解に基づけば，裴世清は「阿毎多利思比孤」が倭王の名前ではなく通称・一般名称であることに気づかなかったことになる．しかし，裴世清ら12名が筑紫到着後，約5カ月間も（第二次遣隋使の小野妹子といっしょに隋を出発しているから，実質的にはもっと長期間），たくさんの倭国の関係者と接触していたのに，そのことに気づかなかったということがあり得るだろうか．

　隋側は，倭王の名前は「阿毎多利思比孤」で，号は「阿輩雞弥」と受け取っている．であれば，裴世清たちは，出発から小野妹子と同道して日本にやってくる途中や，日本訪問中，何度も「王・阿毎多利思比孤」，「阿輩雞弥・阿毎多利思比孤」という言葉を発したはずである．もしも「阿毎多利思比孤」が通称・一般名称ならば，号・通称を重ねて言ったことになる．そうすれば，日本側は，号・通称が重なっていると指摘したはずである．「阿毎多利思比孤」が通称・一般名称と分かった上で，名前として書くことは考えられない．

　以上の2点を考えれば，隋が600年当時の倭王の姓名は「阿毎（姓）多利思比孤（字）」と認識していたことは確かであって，一般名称・通称を名前と誤解した可能性は低いと考えられる．

　以上のように，倭国伝は倭王の「姓」・「字」（要するに，倭王の名前）を「阿毎多利思比孤」と明記しており，研究者が主張するように倭王の通称・一般名称ではなく，あくまで倭王の名前である（姓と字〔名〕かどうかは別として）というのが素直な結論である．

　一方，推古天皇の名前は「豊御食炊屋姫（トヨミケカシキヤヒメ）」である．倭国伝の倭王の名前である「阿毎多利思比孤（アマタリシヒコ）」をどう読んでも推古天皇の名前とまったく一致しないし，一致すると主張する研究者もいない．

　倭国伝の「阿毎多利思比孤」という名前が推古天皇の名前と一致しないことは，倭国伝の倭王，阿毎多利思比孤は推古天皇ではないこと（「多利思比孤≠推古天皇」）を強く示唆している．まさに，坂本太郎氏が［坂本①］，「時の天皇推古天皇ではタリシヒコは差支える．これは時の天皇ではない」と指摘される通りである．

　この結果は，隋書倭国伝が書く，「倭王あり，姓は阿毎，字は多利思比孤，阿輩雞弥と号す」という記述を素直に読めばむしろ当然であって，少しも驚く結果ではない．

［第1章］第一次遣隋使：隋書倭国伝の倭王多利思比孤　　47

7 要約・結論：「阿毎多利思比孤」という倭王の名前は推古天皇の名前と一致しない

以上の議論を要約すれば以下のようになる．

(a) 隋書倭国伝が書く倭王の名前「阿毎多利思比孤」は推古天皇の名前と一致しないという問題がある．

(b)「阿毎多利思比孤」は名前ではなく通称・一般名称であるというのが研究者の通説と言える状態である．その根拠は以下の3点である．

　①「阿毎多利思比孤」は一語であって，「アメタラシヒコ」である．

　②「アメタラシヒコ」は「天の高貴なる男子」という意味の天皇の通称・一般名称である．

　③「アメタラシヒコ」は通称・一般名称であって，倭王の名前としたのは倭国伝の誤りである．

(c) 検討の結果，以上の3点の研究者の見解はいずれも問題点があり，説得力に欠ける．

(d) 結局，「阿毎多利思比孤」は，名前ではなく倭王の通称・一般名称であるから，推古天皇と名前が一致しない点も，女帝である点も矛盾ではないという研究者の見解は成立しないのではないか．

(e) 倭国伝は「阿毎多利思比孤」をはっきりと倭王の名前（姓・字）と明記しており，その後の裴世清訪日を考慮すると，「阿毎多利思比孤」は倭王の通称・一般名称ではなく，600年当時の倭王の名前である．

(f) 結論

　① 倭国伝が書く「阿毎多利思比孤」は通称・一般名称ではなく，あくまで倭王の名前である．

　② 倭国伝が書く阿毎多利思比孤という倭王の名前は，推古天皇の名前「豊御食炊屋姫」と一致しない．

　③ このことは「多利思比孤≠推古天皇」であることを強く示唆している．

倭国伝の倭王多利思比孤は女王か

1 倭王多利思比孤が女王（推古天皇）ではないことを示す点
2 多利思比孤が女王でない点に関する研究者の見解
3 研究者の見解は無理な推定である
4 裴世清たちは推古天皇が女王であることに気づかなかったのか

5 要約・結論：隋書倭国伝の倭王多利思比孤は男性であって，女性の推古天皇ではない

1 倭王多利思比孤が女王（推古天皇）ではないことを示す点

次に問題となるのは，隋書の倭王阿毎多利思比孤は男性であり，女性の推古天皇とは別人ではないかという問題である．具体的に倭国伝の阿毎多利思比孤が女性ではなく男性であることを示しているのは以下の諸点である．

① 倭王の名前の姓は「阿毎」，字は「多利思比孤」である．字の最後の「比孤（ヒコ）」はあくまで男性の名前である［井上①，栗原①］．

② 倭国伝が記述する「王の妻は雞弥と号す」という文を素直に読めば，あくまで「王の妻」は倭王阿毎多利思比孤の妻である．600年当時，女帝である推古天皇にはもちろん「妻」はいない．すなわち，阿毎多利思比孤は男性であり，女性である推古天皇ではない．これが素直な理解である［古田①②］．

③ 倭国伝は「後宮に女六，七百人あり」と書く．「後宮」というのは，「后妃や女官の住む宮殿，皇后などの総称［新漢語林］」であるから，この記述は素直に読めば，皇后の存在を示唆している．

④ 倭国伝は，来日した裴世清が多利思比孤の都に入る際に「既に彼の都に至る」と書いている．倭王阿毎多利思比孤は「彼」であり「彼女」ではない．

以上の4点は直接的に倭王阿毎多利思比孤が男性であることを示唆している．さらに，間接的に男性であることを示唆する点がある［古田①］．隋皇帝が倭国へ派遣した裴世清は「彼の都」に着いた後，「その王，清（裴世清）と相見え，大いに悦んでいわく……」と，隋の使者裴世清は実際に多利思比孤に会って対談したと明記している．この倭国伝の記述を否定することはできない．もしも多利思比孤が女性であれば，対談した裴世清は自らの誤解に驚いただろう．

裴世清にとって倭王が女王であることは珍しいことだったはずである．当然，帰国した裴世清は多利思比孤が女王だったことを報告書に明記しただろう［古田①，上野］．倭国伝も「彼の都」とは書かなかっただろう．しかし，倭国伝には倭王多利思比孤が女王であったことをうかがわせる記述は何もない．このことは裴世清が対談した倭王多利思比孤が男性だったことを意味する．裴世清は「彼」の都を訪れ，「彼」と対談したのである．裴世清が対談した倭王多利思比孤は男性であって，女性ではない［古田①，上野］．すなわち，

⑤ 多利思比孤と対談した裴世清は，多利思比孤を男性と認識している．

という点は多利思比孤が女王ではないことの根拠となる．結局，以上の①〜⑤の5点が阿毎多利思比孤は男性で，女性の推古天皇ではないことの根拠である．

2 多利思比孤が女王でない点に関する研究者の見解

しかし，ほとんどの研究者は「多利思比孤＝推古天皇」と考えている．すなわち，倭国伝が書く倭王阿毎多利思比孤は女性の推古天皇であると主張される．そうすると，その観点から，多利思比孤が男性であることを示す諸点，①「比孤」，②「王の妻」，③「後宮」，④「彼の都」，⑤対談，という5点の根拠についてどのように合理的に理解するかが問題となる．

この点に関して多くの研究者は，推古天皇に代わって，皇太子の聖徳太子が天皇であるかのように装って，裴世清に対応したのではないかと理解される．

坂元義種氏は［坂元②］，「聖徳太子を前面に立てて，彼があたかも日本の君主であるかのように接したもの」と推定され，高寛敏氏は［高寛敏］，「最初の遣使のときからそれ（推古天皇が女性であること）を隠し，この度はピンチヒッターをたてて隋使を迎えた」と指摘される．また，吉村武彦氏は［吉村①］，「倭国王は推古であったが，女性の国王を隋の官人に伝えると，女帝が即位したことのない隋に侮蔑をかってしまう．そのため，推古に次ぐ地位の厩戸皇子（聖徳太子）を倭国王として伝えた」と直木孝次郎氏の見解を引用され，「（倭国伝が書く裴世清との宴に）同席したのはこの時期の倭王権の外交を代表した厩戸皇子（聖徳太子）であろう」と指摘される．

要するに，「多利思比孤＝推古天皇」であるが，女王では具合が悪いと，皇太子の聖徳太子が天皇であるかのように装って対応したから，隋は多利思比孤を男性と受け取ったという見解である．この見解がどの程度，研究者の一致した見解となっているのかははっきりしないが，かなりな数の研究者の見解であることは確かである．

3 研究者の見解は無理な推定である

倭国伝が書く「倭王」多利思比孤は推古天皇であるが，皇太子の聖徳太子が天皇であるかのように装って対応したから，隋は多利思比孤を男性と受け取ったという研究者の見解は成立するだろうか．

(a) 女王であることを隠すことにして第一次遣隋使を派遣したのか

研究者の見解に立ってみた場合，確かに根拠⑤，裴世清と多利思比孤の対談については，無理なく理解できる．しかし，多利思比孤は女性ではないという根拠は⑤

だけではない．他の根拠①～④を合理的に理解できるかが問題である．

　研究者の見解の最大の問題点は，第一次遣隋使を派遣する際，事前に推古天皇が女王であることを隠すことにして派遣したという点である．なぜならば，根拠①～③は隋へ行った第一次遣隋使が語った内容であるからである．これらの第一次遣隋使の発言によって，隋は多利思比孤は女性ではなく男性であると認識したのである（④）．すなわち，根拠①～④はすべて第一次遣隋使の結果である．であれば，高寛敏氏が指摘されるように［高寛敏］,「最初の遣使（第一次遣隋使）のときからそれ（大和政権の君主が女王であること）を隠し，この度はピンチヒッターをたてて隋使を迎えた」でなければならない．すなわち，倭王が女性の推古天皇であることを隠し，男性の聖徳太子が倭王（＝大和政権の君主）であるかのように対応すると決めておいて第一次遣隋使を派遣したのでなければならない．

(b) 研究者の見解はうがち過ぎの推定ではないか

　そうすると，いくつかの疑問が生じる．

　第1の疑問は倭王の名である．第一次遣隋使は倭王の名前を聞かれてなぜ「阿毎多利思比孤」と答えたのだろうか．推古天皇が女性であることを隠そうというのであるから，当然，倭王の名前をどう答えるかは，事前に打ち合わせして隋へ行ったはずである．であれば，倭王の名前を聞かれた第一次遣隋使はなぜ「阿毎多利思比孤」というありもしない名前を答えたのだろうか．なぜ，聖徳太子の名前「ウマヤトノトヨトミミ」と答えなかったのだろうか．あるいはまた，推古天皇の名前「トヨミケカシキヤヒメ」でいいはずである．なぜならば日本語の「ヒメ」は中国語の「キ（姫）」ではないのである．「ヒメ」と言われても，隋には女性とは分からないはずである（それでも気になるならば，「トヨミケカシキヤヒコ」と答えれば良い．推古天皇の名前とは1文字違いに過ぎない）．要するに，第一次遣隋使の「倭王の名前」に対する答えは，事前に決めておいたとは思えない奇妙な回答なのである．

　第2の疑問は，倭王の号と皇太子の名前である．倭王の号「阿輩雞弥＝アハケミ」は大和政権の君主の号ではない（後述）．なぜ研究者が指摘される「オホキミ（大王）」［井上①など］あるいは「アメキミ（天君）」［熊谷など］ではないのだろうか．また皇太子の名前は「ウマヤトノトヨトミミ（厩戸豊耳）」でなく，なぜ「リカミタフリ（利歌弥多弗利）」というありもしない名前なのだろうか．隠したいのは大和政権の君主が女王であることだけであって，それ以外は正確に答えるべきであろう．それなのに，第一次遣隋使は大和政権にはない倭王の号や皇太子の名前をなぜ答えたのだろうか．

第3の疑問は，そもそも第一次遣隋使派遣に際してなぜそのような周到な準備をしたのかである．隋の使者が日本へ派遣されないかぎり，倭王の名前がどうであっても中国側には女王とは分からない．従って，隋からの使者を想定して第一次遣隋使を派遣したことになる．しかし，中華王朝による使者派遣は3世紀の魏（魏志倭人伝）だけである（*1）．従って，中華王朝からの正式の使者は350年も前に1回あるだけであって，それ以後は一度もないのである．それなのに，隋からの使者来日を想定して，大和政権の君主が女王であることを隠し男性であるかのように偽装すると決めて第一次遣隋使を派遣したというのは，さすがに推定が過ぎるのではないだろうか．また，そこまで周到に準備して第一次遣隋使を送ったのであれば，日本書紀はなぜ第一次遣隋使について一言も触れないのだろうか．

　以上の諸点を考慮すれば，推古天皇が女王であることを隠し，聖徳太子が天皇であるかのように対応したという研究者の見解はかなり無理な推定であると判断せざるを得ない．そもそも日本書紀には研究者の推定を支持するようなことは何も書かれていないのである．結局，研究者の見解はうがち過ぎの推定であって，事実とは言えないのではないか，というのが素直な結論である．

　　*1　日本書紀が書く5世紀の宋の使者は，宋書には一言も触れられず，日本書紀には使者の氏名すらも書かれていない．従って，少なくとも正式の使者ではない．

4 裴世清たちは推古天皇が女王であることに気づかなかったのか

　さらに，そもそも，裴世清たちは推古天皇が女性であることに気づかなかったのだろうかという疑問がある．

　日本書紀によれば，裴世清が筑紫に着いたのが4月で，帰国したのが9月である．その間，約5カ月間，裴世清と随行者12名は日本に滞在していた．裴世清たちは，小野妹子とは隋から大和に至るまで長時間をともに過ごし，筑紫では吉士雄成，難波の津では中臣宮地連烏磨呂などと過ごした時間も長い．飛鳥到着後は隋皇帝国書提出儀式があり，倭王多利思比孤（研究者の見解では聖徳太子）と対談し，留学生派遣などの話をまとめ，饗宴があり，帰国に際しては推古天皇（聖徳太子？）から親しい挨拶があって国書を送られ，宴会など，大和政権の幹部たちと濃密に交流している．裴世清たちは，大和政権の最高幹部たちのみならず，多くの人民とも接触しているだろう．

　研究者の見解では，にもかかわらず，裴世清たちは大和政権の君主が女王であることに気づかなかったことになる．しかし，それは不自然であって，裴世清たちは

大和政権の君主は女王であることは知っていたというのが事実ではないだろうか．

すなわち，倭国伝は推古天皇が女王であることは知った上で，なおかつ，多利思比孤を男性としていると判断すべきではないだろうか．倭国伝に「女王」がまったく登場しないのは，隋が最後まで多利思比孤を男性と理解しているからである．このことは「多利思比孤≠推古天皇」であるとして，はじめて無理なく理解できるのである．裴世清も隋も，倭王多利思比孤を男性と認識しているからこそ，倭国伝に「女王」がまったく登場しないのではないだろうか．

研究者の見解は「多利思比孤＝推古天皇」という前提に立っているために，倭国伝が書く多利思比孤は推古天皇であることになり，多利思比孤が男性であることが問題となるのである．「多利思比孤≠推古天皇」であれば，単に倭国の倭王多利思比孤が男性で，大和政権の君主である推古天皇が女性であるだけのことで，何の問題も生じないのである．

以上の検討から得られる結論は，倭王阿毎多利思比孤は男性であって，女性の推古天皇ではないということである．このことは「多利思比孤≠推古天皇」を強く示唆している．

5 要約・結論：隋書倭国伝の倭王多利思比孤は男性であって，女性の推古天皇ではない

以上の推古天皇が女王である点に関する検討を要約すれば，以下のようになる．

(a) 以下の5点は倭王阿毎多利思比孤が男性であることを示している．

① 倭王の名前「阿毎多利思比孤」の最後の「比孤（ヒコ）」はあくまで男性の名前である．

②「王の妻は雞弥と号す」であるから，多利思比孤は女性ではない．

③「後宮に女六，七百あり」は王妃の存在を示唆している．

④ 倭国伝は来日した裴世清が「彼の都に至る」と書く．

⑤ 裴世清は多利思比孤と対談しているが，多利思比孤を女性とは認識していない．

(b) 研究者の見解

ほとんどの研究者は「多利思比孤＝推古天皇」とされ，皇太子の聖徳太子が天皇であるかのように装って，対応したから，隋は多利思比孤を男性と受け取ったと理解される．

(c) 研究者の見解の問題点

① 第一次遣隋使がなぜ「阿毎多利思比孤」というありもしない倭王の名前を隋へ告げたのかなどの問題点があり，研究者の見解はうがち過ぎた推定ではないか．
　　　② 裴世清たちは長期間密接に大和政権の幹部たちと接触したのに，推古天皇が女性と気づかなかったとは考えにくい．
　(d) 結論：倭王阿毎多利思比孤は男性であって，推古天皇は女性である．このことは「多利思比孤≠推古天皇」を強く示唆している．
　以上の結果に基づくと問題点4は以下のように理解される．
〈問題点4〉 隋書倭国伝が書く倭王阿毎多利思比孤は大和政権の推古天皇なのか，それとも別人か．
　➡研究者は，倭国伝が書く倭王の名前「阿毎多利思比孤」は倭王の通称・名称であると指摘される．しかし，それはいくつかの問題点があり，「阿毎多利思比孤」はあくまで，倭王の名前であり，当時の大和政権の君主である推古天皇の名前と一致しない．
　また，多利思比孤は女王ではないという点については，研究者は推古天皇が女性であることを隠し，聖徳太子があたかも天皇であるかのように対応したと指摘される．その場合，そのように事前に準備して第一次遣隋使を派遣したことになるが，いろいろと不自然なことになり，うがち過ぎの推定であって，多利思比孤は女王の推古天皇ではない．
　以上の2点は，倭国伝の倭王阿毎多利思比孤は日本書紀の推古天皇ではない（「多利思比孤≠推古天皇」）ことを強く示唆している．

倭王の号「阿輩雞弥」と「利歌弥多弗利」という名の太子

　1 倭王の「阿輩雞弥」という号
　2 倭国の太子の名前は「利歌弥多弗利」である
　3 要約：倭王の号「阿輩雞弥」と太子の名「利歌弥多弗利」

1 倭王の「阿輩雞弥」という号
　(a)「阿輩雞弥」に関する研究者の見解とその問題点
　倭国伝は，倭王は「阿輩雞弥と号す」と書く．「阿輩雞弥」という倭王の号に関する研究者の見解はたくさんある．研究者によって少しずつ相違があるが，「オホキ

ミ」と「アメキミ」が，代表的な見解であるようだ．

　井上光貞氏は［井上①］，「『阿輩雞弥』は『オホキミ』であり，『大王』を倭語としてあらわしたものである」．これは江田船山古墳出土の鉄剣銘に「大王」と書かれているから，「日本の国王が……大王と自称していたことは……明らか」と指摘される．栗原朋信氏もほぼ同じ見解である［栗原①］．一方，熊谷公男氏は［熊谷］，「『阿輩雞弥』にはアメキミ，オオキミの両説がある」が，『通典』に『阿輩雞弥と号するは華言の天児なり』とあり，『翰苑』にも『阿輩雞弥は，みずから天児の称を表わす』とあるように，『天児』すなわち天の子の意味なので，アメキミ（天君）と読むべきである」．川勝守氏は［川勝］，「阿輩雞弥はアメキミであるが，キミは王であり，アメキミは天王となる」．森公章氏は［森公章］，阿輩雞弥を「オホキミ」と読み，「オホキミは大王，アメタリシヒコは『華言の天児なり』と注釈があることから（『翰苑』），『あまくだられたおかた』を意味するもので，天孫降臨の思想を背景に確立した称号であると推測できる」．一方，氣賀澤保規氏は［氣賀澤①］，「阿輩雞弥（アホケミ）は大王，天王，大君，天君などとして天皇に先行する称号と解される」．

　以上のように「阿輩雞弥」の読み方は一致していない．

　表3に示すように，倭王の「号」である「阿輩雞弥」は「オホキミ」，「アメキミ」，「アホケミ」など，研究者によってまちまちである．表3には漢和辞典［新漢語林］に載っているその字の発音も示す．漢和辞典では，「阿」は「ア」だけで，「輩」は「ハイ」しかなく，「雞」は「ケイ」だけで，「キ」の読みはない．弥は「ミ」，「ビ」という読みがある．従って，「阿輩雞弥」は漢和辞典に沿って素直に読めば，「アハケミ」であって，「オホキミ」，「アメキミ」，「アホケミ」とは読めない．しかし，私が読んだ範囲では，「アハケミ」と読んでいる論文は見かけない．

　研究者の見解は一致しているとは言えないが，「オホキミ」あるいは「アメキミ」と読み，それぞれ「大王」，「天君」と理解するのが多数であるようだ．しかし，どちらも以下に指摘するような問題点がある．

　「オホキミ（大王）」と読む場合，「大王」については稲荷山鉄剣銘・江田船山の鉄

表3：倭王阿毎多利思比孤の号「阿輩雞弥」の読み方

井上光貞，栗原朋信，森公章	オ	ホ	キ	ミ	大王
熊谷公男，川勝守	ア	メ	キ	ミ	天児，天君，天王
氣賀澤保規	ア	ホ	ケ	ミ	大王，天王，大君，天君
漢和辞典［新漢語林］	ア	ハ	ケ	ミ	

剣銘があるから，「大王」がかつて大和政権の君主の称号であったという客観的な根拠になりえる［井上①］．しかし，「阿輩雞弥」を「オホキミ（大王）」と読むのはさすがに無理ではなかろうか．「阿毎多利思比孤」の「阿」は「ア」と読むのに，「阿輩雞弥」の「阿」は「オ」と読むのは［井上①，栗原①，森公章］，自己矛盾であろう．また，倭国伝では他に「阿蘇山」がある．「阿」はあくまで「ア」であって，「オ」と読むのははっきりと無理である．

「アメキミ（天君）」と読むのも問題がある．「阿輩」は「アメ」と読み「天」に相当すると言われるが［熊谷，川勝］，「阿毎多利思比孤」では「阿毎」を「アメ」と読んでいるはずである．同じ「アメ」を「阿毎」と書いた直後に「阿輩」となぜ違う字なのだろうか．また「輩（ハイ）」は「メ」とは読めないのではないか．

熊谷氏は「『天児』すなわち天の子の意味なので，アメキミ（天君）と読むべき」と指摘されており［熊谷］，「阿輩雞弥」は倭王の号であるから，通称として，天君，天王ではないかというのが前提としてあって，それに合わせて読んだというのが実態ではないだろうか．しかし，それは逆であろう．「阿輩雞弥」をどう読むかが先であって，それが天君や天王に相当するという展開でなければならない．

また，「阿輩雞弥」の読み方も問題であるが，研究者が主張する「天君」，「天児」，「大君」，「天王」などの「号」・「称号」が実際に使われていたのかという点も問題である．天皇が「天君」や「天王」などの称号で呼ばれていたのであれば，他の所に，もっと「天君」・「天王」が出てきてもいいのではなかろうか．

さらに，「阿輩雞弥」という号について考える際，隋の使者裴世清が実際に倭国を訪問し，長期間滞在していることは重視されるべきではないだろうか．裴世清たちは隋を出発して，帰国するまで，小野妹子などを相手に，王の号として「阿輩雞弥」を何度も発言したはずである．もしも隋の役人が第一次遣隋使の言う倭王の号の発音を間違って「阿輩雞弥」と書いたとすれば，裴世清は訂正したはずである．表2に示したように，倭国伝が書く日本の固有名詞の音はきわめて正確であることを忘れてはいけない．従って，「阿輩雞弥」もまた正確に音を反映していると考えるべきであろう．

結局，倭国伝が書く「阿輩雞弥」は「アハケミ」と読むのが正しいと考える（発音の類似性から「アハキミ」も許容範囲であろう）．そう読む研究者は見かけないが，私見ではそう読むのが適切であると考える．正当な理由・根拠がない限り，倭国伝の記述を自在に読み変えていいということにはならないはずである．

(b) 大和政権の天皇に「アハケミ」という号はない

しかし，問題は「アハケミ」という号である．推古天皇，というか，大和政権の君主の号としてはっきりしているのは「大王（オホキミ）」あるいは「天皇（スメラミコト）」である（「天皇」号が推古朝ですでに使われていたかという問題はここではさておく）．「アハケミ」という号・名称・通称で呼ばれたことを示す史料などはどこにもないはずである．要するに，倭王の号「阿輩雞弥」は「アハケミ」と読めるが，大和政権の天皇には「アハケミ」に対応する号・称号・通称は見当たらないのである．

このことは，「多利思比孤＝推古天皇」であれば，理解困難であるが，もしも「多利思比孤≠推古天皇」（従って「倭国≠大和国」）であれば，「阿輩雞弥」という号が日本書紀に見当たらないことは当然であり，無理なく理解できる．倭国伝が書く「阿輩雞弥（アハケミ）」という倭王の「号」が大和政権の王の称号にないことは，「多利思比孤≠推古天皇」であることを示唆しているのではないだろうか．

2 倭国の太子の名前は「利歌弥多弗利」である

倭国伝は，倭国の太子について以下のように記す．

「太子を名づけて利歌弥多弗利となす」．

つまり，当時の太子は「利歌弥多弗利（リカミタフリ）」と「名づけられ」た．すなわち，倭国伝によれば，あくまで「利歌弥多弗利」は当時の太子の名前である．一方，日本書紀によれば，当時の大和政権の皇太子は聖徳太子である．「皇太子」が定められるのはずっと後の天武・持統朝のことと推定されており［熊谷］，「皇太子」は日本書紀の編纂の際に書かれたのだろうが，倭国伝の「太子」に相当するのは聖徳太子と見て問題ないと思われる（他に「太子」と見なせる皇子はいない）．

しかし，聖徳太子の名前は，厩戸豊聡耳皇子（ウマヤトノトヨトミミノミコ）であって，「利歌弥多弗利（リカミタフリ）」とはまったく一致しない．倭国の太子「利歌弥多弗利」は大和政権の皇太子「厩戸豊聡耳皇子」ではないことは明らかだろう．すなわち，以下の問題点がある．

〈問題点5〉倭国伝は「太子」の名を「利歌弥多弗利」と書くが，当時の皇太子である聖徳太子と名前が一致せず，別人ではないか．

しかし，研究者はこのようにストレートではない．この点について，熊谷公男氏は［熊谷］，倭国伝に「『太子を名づけて利（和）歌弥多弗利（わかみたふり）となす』とある」とされ，「ワカミタフリとは，奈良時代には皇族の子女の尊称として使われる語」，「（翰苑に）『王の長子を和哥弥多弗利（わかみたふり）と号す．華言の太子なり』という一節があり，こちらの方が原意をより正確に伝えている」と指摘され，「推古

朝ごろの倭国では，大王の長子をワカミタフリとよんでおり，それは中国語の太子にあたるという」と考えておられるようだ．また，吉村武彦氏は［吉村①］，倭王阿毎多利思比孤の場合と同じく，「（ワカミタフリとは）アメタリシヒコの例からみて，これは太子の和訓的名称であって，固有名詞ではない」と指摘される．

　しかし，両氏の見解には以下のような問題点があると思う．
　第1に，「**ワカミタフリ**」である．まず「利歌弥多弗利」の「利」が「和」へとどうして変わるのかという点である．おそらく翰苑が根拠になっているのであろうが，翰苑の文章は「哥弥多弗利」であって，「ワ」にあたる文字はない．誰かが頭に「和」と小さく朱書して付け加えているだけである．誰が，どういう理由で，いつ，書き加えたのかは分からない（翰苑は太宰府天満宮に残されている写本が唯一である）．また，翰苑は「王の長子を哥弥多弗利と号す．華言の太子なり」と書いている．「太子」と「長子」，および，「名づけて」と「号す」で，倭国伝と翰苑の記述は一致していない．
　坂元義種氏によれば［坂元②］，「『隋書』倭国伝には『太子を名づけて利歌弥多弗利と為す』という記事があり，『隋書』諸本はもちろんのこと『北史』諸本ともに同文であり，『冊府元亀』……の倭国の条にも『利歌弥多佛利』とみえる」という．唐王朝が編纂した正式の隋王朝の歴史書である隋書倭国伝を始め，隋王朝の他の史書が一致しているのに，張楚金という個人によって書かれた類書である翰苑の「王の長子は哥弥多弗利と号す」や，誰かが書き加えた「和（ワ）」の方がどうして信憑性が高いと判断できるのだろうか．隋書倭国伝の信憑性の方がはるかに高いのではないだろうか．
　第2に，「ワカミタフリ」が，太子の和訓的名称であって，固有名詞ではない，すなわち，名前ではなく，「号」であると，どういう根拠で言えるのかという点である．熊谷・吉村両氏の見解ではこの点がじゅうぶん示されていないように思われる．吉村氏は「アメタリシヒコの例からみて」と「阿毎多利思比孤」を根拠とされておられるようだが，「阿毎多利思比孤」が「名前ではない」ことは論証されてはいない．ただ，名前の意味を「天の高貴な男子」と解釈しただけである．熊谷氏は「ワカミタフリとは，奈良時代には皇族の子女の尊称として使われる語」を根拠として示唆しておられるが，倭国伝が書いているのは，7世紀初頭の倭国である．100年も後の奈良時代に皇族の子女の尊称がワカミタフリであることは，基本的には根拠とはなり得ない．また「太子」の名と「皇族の子女の尊称」のズレはどう理解されるのだろうか．さらに，坂本太郎氏の「太子をワカミタフリというようなことは日本の古典にはかつて出ないことである」という指摘［坂本①］をどう考えられるだろう

か.

　また,「阿毎多利思比孤」・「阿輩雞弥」という倭王の名前・号の場合と同様に,裴世清たちが倭国に滞在し,何度も太子を「利歌弥多弗利」と発言したはずである.もしもこの発音が間違っていれば,裴世清は訂正したのではないだろうか.倭国伝が書く太子の名「利歌弥多弗利」は当時の倭国の太子の名をかなり正確に反映しているのではないだろうか.

　以上の議論から,倭国伝が書く利歌弥多弗利という太子の名前は「太子の和訓的名称であって,固有名詞ではない」という研究者の見解は実証されたとは言えず,説得力に欠けると結論される.

　とすれば,倭国伝の「太子を名づけて利歌弥多弗利となす」という記述は否定されたとは言えず,7世紀初頭の倭国には「利歌弥多弗利」という名前の太子がいたことになる.しかし,「利歌弥多弗利」という名前は聖徳太子の「厩戸豊聡耳皇子(ウマヤトノトヨトミミノミコ)」とは一致せず,大和政権には相当する人物がいない.このことは「多利思比孤＝推古天皇」ではなく,「多利思比孤≠推古天皇」であることを示唆する.

3 要約：倭王の号「阿輩雞弥」と太子の名「利歌弥多弗利」

　以上の議論を要約すれば,以下のようになる.

(a) 倭王の号,「阿輩雞弥(アハケミ)」

① 研究者は「オホキミ」,「アメキミ」などと読まれる.しかし,倭国伝は日本の地名の「音」を正確に反映していること,および,隋皇帝使者の裴世清が倭国を訪問し,長期間滞在していることを考慮すれば,「阿輩雞弥」も「音」を正確に反映していると考えられ,「アハケミ」である.

② 大和政権の天皇に「阿輩雞弥(アハケミ)」に対応する号・名称・通称は見当たらず,倭王阿毎多利思比孤は大和政権の推古天皇ではないことを示唆している.

(b)「太子」の名,「利歌弥多弗利(リカミタフリ)」

①「利歌弥多弗利」は,聖徳太子の名前,「厩戸豊聡耳皇子」とは一致しない.

② 研究者は,翰苑に基づき,「利歌弥多弗利」を「和歌弥多弗利(ワカミタフリ)」と読み替え,「太子の和訓的名称であって,固有名詞ではない」と,「名」ではなく「号」であると主張される.

③ しかし,研究者の見解は,以下の問題点があって説得力に欠ける.

- 隋書倭国伝の「利歌弥多弗利」よりも，翰苑の「(ワ) 哥弥多弗利」の方が信用できるとは思えない．
- 「ワカミタフリ」が「太子の和訓的名称であって，固有名詞ではない」という点が立証されていない．
- 奈良時代に皇族の子女の尊称がワカミタフリであることは，根拠とはならない．

④ 結論：倭国伝が書く「利歌弥多弗利」という名前の太子は，大和政権には相当する人物はおらず，「多利思比孤≠推古天皇」(「倭国≠大和国」) であることを示唆している．

以上のように，「阿輩雞弥」という倭王の号も，「利歌弥多弗利」という太子の名も，「多利思比孤≠推古天皇」であることを示唆している．

以上の結果から，問題点5は以下のように理解される．

〈問題点5〉倭国伝は「太子」の名を「利歌弥多弗利」と書くが，当時の皇太子である聖徳太子と名前が一致せず，別人ではないか．

➡倭国伝が書く「利歌弥多弗利」という太子の名は聖徳太子の名と一致せず，大和政権には相当する人物はいない．このことは倭国伝が書く太子「利歌弥多弗利」と聖徳太子は，別人であることを示しており，「多利思比孤≠推古天皇」(「倭国≠大和国」) であることを示唆している．

日本書紀はなぜ第一次遣隋使に一言も触れないのか

1 第一次遣隋使派遣がまったく書かれていない日本書紀
2 研究者の見解：第一次遣隋使が日本書紀に書かれていない理由
3 鄭孝雲氏の600年の遣隋使はなかったという見解
4 要約：日本書紀はなぜ第一次遣隋使に一言も触れないのか

1 第一次遣隋使派遣がまったく書かれていない日本書紀

600年の第一次遣隋使に関して隋書倭国伝は，「倭王あり，姓は阿毎，字は多利思比孤，阿輩雞弥と号す．使を遣わして闕 (隋都，長安) に詣る」と書き，これが出発点となって，607年の第二次遣隋使では「その王多利思比孤，使を遣わして朝貢す」へとつながっている．倭国伝はあくまで第一次遣隋使も第二次遣隋使も倭王阿毎多利思比孤が派遣したと明記している．

ところが，どういうわけか，日本書紀は第一次遣隋使には一言も触れていないのである．遣隋使に関する日本書紀の記述は第二次遣隋使から始まる．それも，推古15年（607年）7月3日，「大礼小野妹子を大唐へ遣す」と素っ気なく書くだけで，第一次遣隋使の痕跡はどこにもない．完全沈黙・完全無視である．

これはどういうことだろうか．日本書紀の編著者は隋書を読んでいる．当然，倭国伝も読んでいるはずである．それなのに，倭国伝に明記されている第一次遣隋使については一言も書かれていない．第一次遣隋使は5世紀の倭の五王による宋への使者派遣以来，実に120年ぶりのことである．外交上の重大なできごとなのに，日本書紀には一言も書かれていないのはなぜか．すなわち，以下の問題点がある．

〈問題点6〉 **日本書紀は開皇20年（600年，推古8年）の第一次遣隋使派遣に関して，なぜ完全に沈黙するのか．**

そこには理由があるはずである．坂元義種氏は［坂元①］，600年の第一次遣隋使派遣について，「困難な問題がまつわりついているのである．それは『日本書紀』に対応する記事がないことと関連する」と指摘される．日本書紀が第一次遣隋使派遣を書かないのはなぜか，という疑問は，単に不可解な問題点であるというだけでは済まない．日本書紀が一言も触れないのは，第一次遣隋使を派遣したのが推古天皇ではなかったからではないかという，素朴であるが重要な疑問につながっているからである．

すなわち，問題点6は倭王多利思比孤は推古天皇なのかという問題点4と深く関係し，600年当時，大和政権とは別に，隋が「倭王」と呼ぶ王が日本のどこかに存在し，「倭国」という大和国とは別の国が存在していたのではないかという日本古代史の根本に直結するきわめて重要な問題点なのである．従って，問題点6をどう理解するかによって根本的な相違が生じるのである．

2 研究者の見解：第一次遣隋使が日本書紀に書かれていない理由

(a) 3種類に分類できる研究者の見解

第一次遣隋使が日本書紀に書かれていない点に関する研究者の見解は，以下の3通りあると坂元義種氏は指摘される［坂元①］．

第1に，大和政権が派遣した遣隋使ではなく「西の辺なるもののしわざ」という本居宣長に代表される見解である［本居］．坂本太郎氏の「どこか九州・山陽あたりの豪族が，私に派遣した使にすぎない」という見解［坂本①］は本居宣長の見解と同じである．

第2に，事情があって日本書紀に載らなかったもので，公式の使者派遣ではないという見解である．坂本太郎氏の「聖徳太子が隋の国情偵察のため……非公式に派遣した使」［坂本①②］というのがその代表である（坂本太郎氏は，後に第1の「九州・山陽あたりの豪族」が派遣したと見解を変えた）．

　第3に，日本書紀の編者が意図的に避けたというもので，「書紀」編者がその特有の国体観念あるいは史観によって削除したというのである．高橋善太郎氏がその代表である［高橋①］．

　第2・第3の見解はあくまで大和政権が派遣した使者という見解であるが，第1の見解は「九州・山陽あたりの豪族」が派遣した使者であって，大和政権の使者ではないという点で根本的な相違がある．従って，大きく分ければ，第一次遣隋使を派遣したのは，「九州・山陽あたりの豪族」か（第1の見解），大和政権の推古天皇か（第2・第3の見解）という2つの見解となる．

(b) 第一次遣隋使を派遣したのは大和政権であるという見解

　研究者のほとんどは第2，第3の見解であるが，少しずつ異なっている．研究者の代表的な見解をいくつか述べると以下のようになる．

　高橋善太郎氏は以下のように述べる［高橋①］．「書記の編者は開皇二十年（600年）の記事を認めることによって，それ以前の日交支通（日支交通か．魏や宋などとの外交）をも暗に認めたことになることを恐れたからであろう」，「倭王は隋帝の命に従った様に書かれている（隋の高祖が教えてこれを改めさせたと書いてあること）．これは書記の編者の国体観念或は史観からは許し難いものであった」．若月義小氏は［若月①］，「（第一次遣隋使は）隋との国交を開くための予備的性格を帯び，礼制の総合的摂取を基本目的としていた……（第一次遣隋使派遣が）推古紀に記載されていないのは，倭国側でそれを正式の使節とは認めていなかったからであろう」．熊谷公男氏は［熊谷］，「体面上，載せるに忍びなかったのであろう」という．「体面上」というのは，第一次遣隋使で，使者が「倭王は天を以て兄となし……」と言ったのを隋皇帝に「大いに義理なし（道義にかなっていない）」とあきれられて，「訓えて（おしえて）これを改めしむ」と恥をかいたという点である．榎本淳一氏も同様の見解で「自国の未開ぶりを批判された国辱的出来事と『書紀』編纂者に捉えられ……削除されたため」と述べる［榎本②］．氣賀澤保規氏は［氣賀澤②］，「天皇の正統性と『神国』たる自国の歴史を説く（という日本書紀の）立場からは，その開皇二〇年の記事は大変まずいものと映っておかしくない．しかし，相手の史書の記載は消せない．であれば，自国の側でそれを徹底的に無視することが次に取るべき手であり，ここに『書紀』に六〇〇

年の遣隋使が見えない理由が浮かび上がる」と指摘される．

　以上のように，ほとんどの研究者の見解は，大和政権が第一次遣隋使を派遣したという点では一致しているが，日本書紀に載せられていない理由については，いろいろであって一致しているとは言えない．公的な派遣でないというのも「派遣そのものが，すでに大変なことであることを思うと納得しにくい」し［坂元①］，体面に問題があっても，何とでも取り繕うことはできただろう．

　要するに，日本書紀が第一次遣隋使を書かない理由について，各研究者の見解は相応に説得力ある見解とは言えるであろうが，多くの研究者を納得させるだけの説得力はふじゅうぶん，というのが実態であろう．

(c) 第一次遣隋使を派遣したのは「九州・山陽あたりの豪族」という見解

　研究者のほとんどは，倭国伝が描く倭国は大和国であり，倭王多利思比孤は大和政権の推古天皇であり，そして，推古天皇が第一次遣隋使を派遣したと考えている．この点で研究者の見解はほぼ一致しており，「通説」と言える状態である．これに対して，本居宣長の「西の邊なるもののしわざ」という観点に立つ研究者に坂本太郎氏がいる．

　まず本家本元と言うべき本居宣長の見解をもう少し詳細に引用すれば以下のようになる．本居宣長は［本居］，第一次遣隋使に関して，

「其年（600年）倭王遣使といへるもまことの皇朝（大和政権）の御使にあらず」．「西の邊（ホトリ）なるもののしわざにて，姓阿毎字多利思比孤とは，偽りて天足彦（アメタラシヒコ）となのりしなるべし」．「天（アメ）とさへいへるは，天皇の御使といつはらんがためなりけん」．「號阿輩雞彌とは……これらもみな偽りていへるなるべし」．

という．本居宣長の見解はまことに明快である．その後の倭国伝の理解に対する本居宣長の強い影響力がよく分かる文章である．

　坂本太郎氏が「九州・山陽あたりの豪族が，私に派遣した使」であるとして，挙げた根拠は以下の3点である［坂本①］．

①「『日本書紀』に一言も触れていないということ」．「ひとり開皇二十年（600年）即ち推古八年の場合だけ記録がなかったということは不自然である」．「これが西辺豪族のしわざで，朝廷のまったく関知しなかったことだといえば，文句なく書紀に載せられなかったことの理由が説明される」．

②「開皇二十年，推古八年という年である」．新羅出兵に関連して派遣したとすると，推古8年（600年）という派遣時期は不適切であるし，「国書を持参すべ

きであるのにその形跡は全くない」．
③「朝廷派遣の使者の言としてはきわめて無責任である．少なくとも派遣の当事者である天皇の名は，かの倭の五王……のように述べられるべきである」．
「責任ある国使の言う言葉ではない」．

以上のような根拠で坂本氏は，「一おう朝廷の統治下には入っているが，古来の伝統で独立の気分もまだ失せず，大陸との通交の経験をもった九州・山陽あたりの有力な豪族の中には，独力で大陸に往来し，たまたまその中のひとりが隋の都に達し，宮中に招かれたのではあるまいか」とされ，第一次遣隋使は，「日本朝廷派遣の国使と見ず，西辺豪族派遣の私使と見る方が解釈はし易い」と結論される．

(d) **第一次遣隋使は大和政権が派遣した遣隋使ではない**

私見では「九州・山陽あたり」かどうかはさておき，本居・坂本氏の大和政権以外の豪族が派遣したという見解が正しいと考える．

そう考える理由は，第1に，第一次遣隋使を派遣したのが大和政権の推古天皇ではないとすれば，坂本氏が指摘されるように，「文句なく書紀に載せられなかったことの理由が説明される」からである．確かに，大和政権の遣隋使でなければ，日本書紀が載せないことはまったく問題なく理解できる．第2に，もしも第一次遣隋使を派遣した多利思比孤が大和政権の推古天皇でない（「多利思比孤≠推古天皇」）とすれば，倭王多利思比孤に関わる問題点（名前が推古天皇と一致しないこと，多利思比孤は男性で推古天皇は女性）が示す「多利思比孤≠推古天皇」という検討結果（問題点4）と一致することである．以上の2点を考慮すれば，第一次遣隋使が日本書紀に載せられていないのは，推古天皇が派遣した遣隋使ではないことを示唆していると考えられる．

3 鄭孝雲氏の600年の遣隋使はなかったという見解

坂元義種氏が遣隋使派遣に関する総括的な論文［坂元①］を書かれた時点（1980年）では，上記のように，諸研究者の見解は第一次遣隋使の派遣は認めた上で，なぜ日本書紀に載っていないかという見解であったが，その後（1999年），鄭孝雲氏は［鄭］，600年の第一次遣隋使はなかったという見解を提示された．鄭氏は「開皇二〇年（600年）の記事は大業三年（607年）の記事の紀年をあやまってわけて記したもの」，すなわち，607年の初めての遣隋使で「おきた事件の内容をわけて記載したものであって，開皇二〇年（600年）の遣隋使はなかった」というのである．

鄭氏の見解によれば，600年の第一次遣隋使はなく，607年の遣隋使が初めての

遣隋使ということになる．それが正しければ，遣隋使全体の理解に大きい影響を与えるので，以下，鄭氏の見解について検討する．

　私見では，以下に指摘する4点の問題点があって鄭氏の見解は成立しないと考える．

　第1の問題点は，鄭氏の見解を支える根拠の説得力がじゅうぶんでない点である．鄭氏が挙げられる根拠とそれに対する私見を示せば以下のようになる．

　鄭氏の根拠①：鄭氏は，「(600年の第一次遣隋使には) 倭使が隋帝に接見して報じたとの記録はみあたらない」が，「大業三年 (六〇七) の記事には倭使が隋帝に接見して……倭王の国書を奉呈したとの内容が書いてある」，「内容から見ると，開皇二〇年と大業三年の記事は別べつのものではなく同じ事実がそれぞれ時期をことにして記されたもの」と指摘される．

　➡確かに第一次遣隋使に国書があった様子はなく，接見は明確には記録されていない (倭国伝の文章からは接見はなかったとまでは断定できないと思う)．しかし，国書がなく，接見が明記されていないから600年の第一次遣隋使がなかったとは言えないのではなかろうか．

　その根拠は宋書倭国伝の記述である．いわゆる倭の五王の第一次遣宋使 (倭王讃による421年の派遣) は国書があったようには読めないし，接見も明記されていない．一方，425年の第二次遣宋使では国書を送ったことは明記されている．これらの点で，遣宋使と日本書紀が書く遣隋使はよく似ている．

　鄭氏の見解に基づけば，遣宋使も第一次遣宋使 (421年) はなくて，第二次遣宋使 (425年) を宋書が421年と425年に分けて書いたことになるのではなかろうか．しかし，宋書倭国伝は，第二次遣宋使 (425年) を「讃，**また**司馬曹達を遣わして……」と書いており，421年の第一次遣宋使の派遣は事実であると確認できる．従って，国書や接見が明記されていないことは600年の遣隋使がなかったことを意味しない．第一次遣隋使に国書がないこと，接見が明記されていないことでもって，第一次遣隋使はなかったとは言えない．

　鄭氏の根拠②：隋書倭国伝の第一次 (600年) と第二次 (607年) の記述を合わせたものを通典や宋史では600年のこととして書いている．

　➡この点は鄭氏の見解の1つの根拠になり得る．しかし，隋書倭国伝が間違いで，通典・宋史の方が信用できるとは簡単には言えない．むしろ隋書倭国伝がほぼ同時代の書であることを考えれば，2世紀ほど後に書かれた通典やはるかに後の14世紀に書かれた宋史の方が信憑性は低いと判断すべきではないだろうか．付け加

れば，河内春人氏は［河内①］，倭国伝・翰苑・通典を整合的に見れば，通典の錯簡であるとされ，「通典を根拠として，開皇二十年の遣使を否定することはできない」と指摘される．

鄭氏の根拠③：600年の第一次遣隋使で「天を以て兄とす……」は「訓して改めさせた」のに，607年の国書で「日出ずる処の天子」と書いており，「改めていない」．

➡第一次遣隋使は，「天子」の称号を提示したわけではない．もしも「天子」の称号を提示したのであれば，この点こそ隋皇帝は強く批判し，改めさせたはずである．隋皇帝は，あくまで「倭王は天を兄となし……」などの使者の発言を「義理なし」とし，「これを改めしむ」であって，「天子」の称号を「改めしむ」ではない．

鄭氏の根拠④：「（朝鮮3国は）はじめの遣隋使の時にはかならず冊封をしている．もしも開皇二〇年（600年）に倭の遣隋使が送られたとすると，隋は何らかの措置をとるはずであろう」．しかし，裴世清派遣は608年である．「したがって，倭の第一次遣隋使の派遣は大業三年（607年）のこととしてみるのが妥当である」．

➡倭王が冊封されていないのは，朝鮮3国は冊封を望んだから冊封されたのに対して，倭王が冊封を望まなかったことを示しているだけである．使者を派遣してきた蛮夷の王をその時点で必ず冊封しなければならないことはない．また，裴世清派遣は，「日出ずる処」国書で中華思想に反する「天子」の称号を主張した多利思比孤を宣諭することが目的であって，冊封使であったことをはっきり示す点はない（後述）．

鄭氏の根拠⑤：隋書高句麗伝では高句麗王平原王の死の年次が間違っている．「隋書東夷伝には編纂者の繋年にまちがいがありうる」．

➡一般的に，どんな史書にも間違いはあり得る．どこかで年次を間違えたことを根拠に，明記されている他の年次が間違っているとは言えない．補助的な根拠の1つとなり得るだけである．

鄭氏の根拠⑥：「従来問題となっていた冠位十二階に関する問題点は自然にとけるだろう」．

➡鄭氏の指摘は，冠位十二階の制定年次の問題であろうと推察されるが，倭国伝と日本書紀の冠位制度制定の年次の矛盾は第一次遣隋使がなかったことを示すものではない（別章で詳述）．

以上のように，鄭氏が挙げられる根拠は600年の遣隋使がなかったことの根拠としてはふじゅうぶんで，説得力に欠けるのではないだろうか．

鄭氏の見解の第2の問題点は，607年の第二次遣隋使の際の「沙門数十人」の留

学生である．

600年の第一次遣隋使がなくて607年の第二次遣隋使が初めての遣隋使とする場合，隋書倭国伝が書く留学生については，受け入れ側の隋の了解も得ていないのに，いきなり数十人もの留学生を連れていったことになる．しかし，それは無理であろう．600年の第一次遣隋使で隋の了解が得られたからこそ，607年の第二次遣隋使でたくさんの留学生を連れていくことができたのである．このことは多利思比孤にとっては607年の遣隋使が初めての遣隋使派遣ではないことをはっきりと示している．なお，607年の多利思比孤の留学生と608年の推古天皇の留学生とは別の留学生である（後述）．

第3の問題点は，倭国伝の記述の無理のなさである．600年の第一次遣隋使派遣があってこそ，多利思比孤は607年の第二次遣隋使で多利思比孤の言葉を「聞く，海西の菩薩天子……」と述べ，留学生を送ることができたのである．また，隋皇帝高祖は「倭王は天を以て兄となし……」や「日出ずれば便ち理務を停め……」という使者の発言を「義理なし」としたが，「天子」の称号は何も指摘しなかった．だからこそ，第二次遣隋使で多利思比孤は「日出ずる処の天子」という国書を送ったのである．600年の第一次遣隋使があって，それに基づき607年の第二次遣隋使を派遣したという倭国伝の記述は合理的であって無理はない．

以上のように，600年の遣隋使はなかったとされる鄭氏の見解は成立しないと考えられる．

4 要約：日本書紀はなぜ第一次遣隋使に一言も触れないのか

(a) 倭国伝は600年に倭王多利思比孤が第一次遣隋使を送ったと明記するが，日本書紀にはこの第一次遣隋使は何も書かれていない．

(b) ほとんどの研究者は，大和政権が第一次遣隋使を派遣したという点では一致しているが，日本書紀に載せられていない理由については，各研究者のそれぞれの推定にとどまり，一致した通説にはなっていない．

(c) 本居宣長と坂本太郎氏は［本居，坂本①］，もしも第一次遣隋使を派遣したのが「九州・山陽あたりの豪族」であれば，日本書紀が第一次遣隋使派遣を書かないことは無理なく理解できると，第一次遣隋使を派遣したのは推古天皇ではなく，「九州・山陽あたりの豪族」であるとされる．私見では本居・坂本氏の「九州・山陽あたりの豪族」が第一次遣隋使を派遣したという見解［本居，坂本①］が正しいと考える．その理由は，以下の2点である．

①日本書紀が第一次遣隋使について一言も触れない理由を無理なく理解できる．
　　②倭王多利思比孤に関わる問題点の検討から得られた「多利思比孤≠推古天皇」という結論と一致する．
　(d) 鄭孝雲氏は，607年の初めての遣隋使を，隋書倭国伝が600年と607年に分けて書いた，すなわち，隋書倭国伝が書く600年の遣隋使はなかったと指摘された．しかし，氏の見解は成立しないと考えられる．
　以上から，問題点6は以下のように理解される．
〈問題点6〉日本書紀は開皇20年（600年，推古8年）の第一次遣隋使派遣に関して，なぜ完全に沈黙するのか．
➡多くの研究者は，推古天皇が第一次遣隋使を派遣したという立場（「多利思比孤＝推古天皇」）に立って，日本書紀が第一次遣隋使を書かない理由をいろいろと推定されるが，説得力はふじゅうぶんである．一方，推古天皇の派遣でない（「多利思比孤≠推古天皇」）とすれば，大和政権の事績でないのだから日本書紀が載せなかった，とすっきり合理的に理解できる［坂本①］．このように，第一次遣隋使が日本書紀に書かれていないのは「多利思比孤≠推古天皇」であることを示唆している．

重大過ぎる「多利思比孤≠推古天皇」という第一次遣隋使の結論

　1 第一次遣隋使に関する要約と「倭国≠大和国」という結論
　2 第一次遣隋使が提起する「倭国≠大和国」という重大な問題

1 第一次遣隋使に関する要約と「倭国≠大和国」という結論
　隋書倭国伝が書く第一次遣隋使の諸問題に対する以上の検討結果を要約すると以下のようになる．
　①倭王の「阿毎多利思比孤」という名前は推古天皇の名「豊御食炊屋姫」と一致しない．
　②「王の妻」などから倭王阿毎多利思比孤は男性と分かるが，推古天皇は女性である．
　③「阿輩雞弥（アハケミ）」に相当する倭王の号は大和政権の君主にはない．
　④太子の名「利歌弥多弗利」は聖徳太子の名前と一致せず，大和政権に相当する

太子はいない.
⑤ 第一次遣隋使が日本書紀に載っていない.

　以上の諸点は，第一次遣隋使を派遣したと隋書倭国伝が記す倭王阿毎多利思比孤は日本書紀の推古天皇ではないこと(「多利思比孤≠推古天皇」)を強く示唆している.
　一方，上記の5点に関して，多くの研究者による「多利思比孤＝推古天皇」という立場に立つ見解がある．しかし，もしも「多利思比孤＝推古天皇」であれば，倭国伝が書く「倭王」の名前，「倭王」の号，太子の名前は，日本書紀が書く大和政権の君主の名前・号，太子の名前とすっきりと一致するのが当然であり，「倭王」の「性」が一致しないこともあり得ない．しかし，今まで述べてきたように，「多利思比孤＝推古天皇」という立場に立つ諸研究者による倭王の名前・号・性，および，太子の名前についての諸見解はすっきりした説得力に欠けるように思われる．一方，もしも「多利思比孤≠推古天皇」であれば，どの点もまったく問題なく理解できる．また，第一次遣隋使が書かれていない点については，「多利思比孤＝推古天皇」の立場であっても相応の合理的理解は可能であると思うけれども，「多利思比孤≠推古天皇」であれば無条件に問題なく理解できる［坂本①］．以上のことを考慮すれば，以下のように結論するのが妥当である．

　　第一次遣隋使に関する倭国伝の記述に基づけば，「倭王」阿毎多利思比孤は日本書紀が書く大和政権の推古天皇ではなく(「多利思比孤≠推古天皇」)，倭国伝が書く「倭国」は日本書紀が書く「大和国」ではない(「倭国≠大和国」).

　この結論の根拠は上記の①〜⑤であり，あいまいさの少ない説得力ある結論である．倭国と大和国は別の国であり，そして，倭国の「倭王」の名前は阿毎多利思比孤であり，号は阿輩雞弥であり，男性であり，太子の名前は利歌弥多弗利，というのが合理的であろう．旧唐書がその倭国伝で「倭国」と「日本国」(＝大和国)を明瞭に別の国として明記している(すなわち，「倭国≠大和国」)ことも，この結論を支持している．

2 第一次遣隋使が提起する「倭国≠大和国」という重大な問題

　しかし，もしも「倭国≠大和国」(「多利思比孤≠推古天皇」)であれば，単に"第一次遣隋使は九州・山陽あたりの豪族が派遣した私的な使者であった"では済まない重大な事態を引き起こす．なぜならば，次章で示すように，倭国伝が書く倭王多利思比孤の倭国は，官位十二等という官位制度があり，軍尼制という画期的な郡県制の国内統治体制が確立し，少なくとも10万戸の人民を統治し，強大な軍を持ち，百

［第1章］第一次遣隋使：隋書倭国伝の倭王多利思比孤

済や新羅と外交関係があるという確固とした「国家」であるからである．

　すなわち，「倭国≠大和国」ということは，7世紀初頭の日本には，大和政権の大和国の他に，倭国伝が書く「倭国」という「国家」が「九州・山陽あたり」に存在し，その王多利思比孤が遣隋使を派遣し，隋は多利思比孤を「倭王」と認めていたという，日本書紀の記述からは信じられないような重大な事態を意味しているのである．もしもそういう倭国が九州・山陽あたりに存在していたとすれば，大和政権だけが日本統治政権であるという日本書紀の記述は根本から崩壊し，日本における古代国家形成の理解に重大な一石を投じることになる．

　一方，ほとんどの研究者は「倭国＝大和国」（『多利思比孤＝推古天皇』）とされ，上記の結論とは真っ向から対立している．確かに遣隋使派遣の期間（600～614年）の大和政権の君主は推古天皇であるから，倭国伝が書く「倭王」多利思比孤を推古天皇とされるのは当然とも言える見解であろう．

　私見では，倭国伝の第一次遣隋使の記述が「倭国≠大和国」（『多利思比孤≠推古天皇』）を示している点にあいまいさはほぼないと考えるが，「多利思比孤＝推古天皇」なのか「多利思比孤≠推古天皇」なのかという問題は，日本の古代国家形成に関わる重大な問題点であり，また，諸研究者はほとんど「倭国＝大和国」とされる点を考慮すれば，倭国伝の第一次遣隋使の記述だけから結論を得るような問題ではなく，少なくとも遣隋使に関する全体の議論から判断されるべき重要問題である．

　そこで，第一次遣隋使の検討から得られる「多利思比孤≠推古天皇」という結論はここでは保留し，以下，本拙論では「多利思比孤＝推古天皇」なのかどうか，という観点をも考慮しつつ，倭国伝と日本書紀の遣隋使の記述を検討することにし，遣隋使に関わるすべての点の検討結果も含めて最終的に判断したい．

第 2 章

隋書倭国伝が示す「倭国」という国家の実態

- ■大和政権ではあり得ない郡県制の「軍尼制」による国内統治
- ■倭国では「兵ありといえども征戦なし」
- ■倭国の先進的な裁判制度
- ■倭国国内に阿蘇山がある
- ■要約・結論：隋書倭国伝が書く倭国は確固とした国家である

600年当時，中国にとって，長い間交流が途絶えていた倭国はほとんど未知の国であった．その東夷の倭国から約120年ぶりの使者である．中国では蛮夷が朝貢にやってくることは皇帝の徳の反映であると見なされる．長い中断の後で倭国から使者が朝貢にやってきたことを隋皇帝は喜んだだろう．また，ほとんど未知の国である倭国に興味を抱いたことは容易に想像できる．実際に，600年の第一次遣隋使に関して倭国伝は，
　「上（皇帝），所司（役人）をしてその風俗を訪わしむ」，
と，やってきた倭国の使者に対して，皇帝は隋の官吏に倭国の「風俗」をあれこれ聞かせたという．倭国伝には官吏が聞いた倭国の実態をもとに書かれたという形で，第一次遣隋使の記事に次いで倭国の「風俗」記事が載せられている．従って，倭国伝の風俗記事は7世紀初頭の倭国の姿をリアルに伝えるきわめて貴重な歴史の証言であり，日本古代史にとって重視されるべき第一級の史料である．
　以下，記述順に，倭国伝の風俗記事の重要な諸点について検討するが，その前に，いくつかの点をはっきりさせておかなければならない．
　第1点は，隋書が書く倭国の「風俗」記事は，隋朝の官吏が600年の第一次遣隋使に聞いたことが基本となっていることは容易に推定されるが，その後の隋と倭国との交流，特に裴世清の倭国訪問で得た知識によって確認・加筆・修正されている点である．
　そのことが分かるのが「隋に至り，その王始めて冠を制す」という記述である．これは明らかに第一次遣隋使派遣後の知識である．また，おそらく阿蘇山と如意宝珠に関する記述，さらに，「その王，朝会には必ず儀仗を陳設し，その国の楽を奏す」も，裴世清が訪日によって得た知識であろう．
　倭国伝の風俗記事が，600年に第一次遣隋使から聞いた倭国の風俗をもとに，裴世清訪日によって得た知識で確認・修正・加筆されたことは重要であり，はっきりさせておかなければならない．
　第2点は，最初に書かれている「内官に十二等あり」という倭国の官位制度である．大和政権の官位・冠位に関しては日本書紀に多くの記述があり，難解で重要な問題点がたくさんある．その結果，かなり長くなるため，別章として別に議論する．しかし，本来は，あくまで本章の一部である．
　第3点は，隋書倭国伝の信憑性である．少なからぬ研究者が，隋書倭国伝の風俗記事そのものの信憑性を問題とされている．史料の信憑性は議論の基盤としてきわめて重要な点である．記述の信憑性については，それぞれの問題点の検討の際に

論じる．

大和政権ではあり得ない郡県制の「軍尼制」による国内統治

1. 7世紀初頭の倭国の国内統治体制，「軍尼制」
2. 倭国の「軍尼制」は画期的な郡県制の統治である
3. 6世紀後半，郡県制による百済の先進的な統治体制
4. 倭国の「軍尼制」は百済のもたらした郡県制の統治体制
5. 「軍尼制」が示す7世紀初頭の倭国の実態
6. 「軍尼制」記事の信憑性：研究者の批判
7. 日本書紀が描く7世紀初頭の大和政権の国内統治
8. 「軍尼」と「伊尼翼」は「国」と「稲置」か
9. 「倭国伝の軍尼制＝日本書紀の国県制」という井上光貞氏の見解
10. 軍尼制は大和政権の制度なのか，すっきりしない研究者の見解
11. 隋書倭国伝の「軍尼制」は大和政権の統治制度ではない
12. 要約・結論：倭国伝が書く郡県制の軍尼制

1 7世紀初頭の倭国の国内統治体制，「軍尼制」

倭国伝の風俗記事でまず最初に検討すべき重要な点は，中央集権的な倭国の国内統治体制である．倭国伝は倭国内の統治形態を以下のように記す．

「軍尼一百二十人あり，なお中国の牧宰のごとし．八十戸に一伊尼翼を置く，今の里長の如きなり．十伊尼翼は一軍尼に属す」，「戸十万ばかりあり」．

軍尼は「中国の牧宰のごとし」であるが，「牧宰」とは「国主」［石原②］である．分かりやすく言えば地方長官である．つまり，120人の軍尼がそれぞれ1つの「小さな国」を統治していた．そして軍尼1人の下に10人の伊尼翼がいたという．伊尼翼は「里長の如き」で，国が10の"県"（あるいは"村"）に分けられ，伊尼翼はその長である．1人の伊尼翼には80戸が所属していたという．

要するに，倭国では，全体として約10万戸（96000戸）を，一律に800戸ずつに区分して，軍尼を長とする120の小国に分け，1つの小国の800戸は80戸ずつに区分して，伊尼翼を長とする10の"県"（あるいは"村"）に分けるという2段階の統治体制である．当然，軍尼の上には倭王がいるわけで，全体を図で示せば図2のようになる．

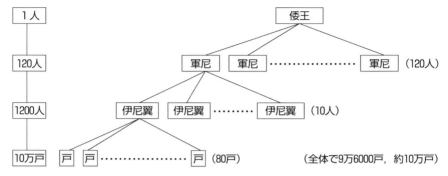

図2：倭国の軍尼制による統治体制

2 倭国の「軍尼制」は画期的な郡県制の統治である

倭国伝が記す倭国の軍尼制が意味することは重要である．それは次の2点にある．

① 倭王－軍尼－伊尼翼－戸という上下関係のはっきりした中央集権の統治体制．
② 全体として約10万戸が120の小国に分けられ，どの小国も均等に800戸で，どこの小国でも同じように10個の"県"に分けられ，"県"は一律に80戸からなること．

これらの特徴は軍尼制が郡県制の統治であることを示唆している．どちらも重要であるが，特に，第2点の均等・一律性がこの軍尼制の注目すべき特徴である．国内が均等に800戸の小国に分けられ，1人の軍尼が統治することは，通常の豪族支配ではあり得ないことである．豪族支配であれば，有力な豪族の支配する人民は多く，有力でない豪族の支配する人民は少ないのが当然であろう．

西嶋定生氏によれば［西嶋①］，郡県制とは，「全国を郡県に分け，郡と県のそれぞれに地方官を派遣して，その人民を統治する」という統治機構である．そして，郡県制の特徴として以下の2点を指摘される．

第1に，「郡県の長官は世襲的な貴族ではなくて，世襲が認められていない官僚が皇帝権力の代行者として派遣されたもの」である．

第2に，「郡県制による支配の性格がいわゆる『個別人身的支配』である」，「支配される人民は氏族集団としてではなく，個別的な家や人に分解されている」．すなわち，共通の祖先・血統でつながった大きな氏族集団ではなく，個別の家や人として統治されている．

倭国伝が書く倭国の軍尼制は郡県制であると言えるのだろうか．西嶋氏が指摘する観点から見れば，以下の点が指摘される．
　① 郡と県の2段階の統治
　軍尼制の軍尼と伊尼翼は郡県制の「郡」と「県」の長官に相当すると考えられる．すなわち，上級の軍尼が全体として800戸，下級の10人の伊尼翼がそれぞれ80戸を統治するという2段階の支配体制は「国内を郡と県に分け……人民を統治する」という郡県制の統治と一致する．
　② 軍尼と伊尼翼は官僚
　軍尼と伊尼翼を倭王が任命したとは倭国伝には明記されていないが，軍尼は800戸，伊尼翼は80戸と均等・一律であることが重要である．もしも，軍尼がその地方の世襲的な貴族（豪族）であったとすれば，800戸均等にはできないことは明らかだ．強大な豪族は広い領域のもっと多数の人民を，弱小豪族は狭い領域の少数の人民を統治することになる．従って，軍尼が統治する人民が均等に800戸であり，伊尼翼も一律に80戸であることは，軍尼・伊尼翼がその地方の豪族ではなく，倭王多利思比孤が任命し，派遣した官僚であることを強く示唆している．すなわち，「郡と県のそれぞれに地方官を派遣」，「郡県の長官は世襲的な貴族ではなくて，世襲が認められていない官僚が皇帝権力の代行者として派遣されたもの」という郡県制の特徴と一致している．
　③ 個別人身的支配
　倭国伝の「八十戸に一伊尼翼を置く，今の里長の如きなり」は，まさに「支配される人民は氏族集団としてではなく，個別的な家や人に分解されている」ことそのものであろう．共通の祖先を持つ氏族集団であれば，そもそも一律に80戸とすることはできない．
　以上のように，倭国伝が書く軍尼制は簡潔な記述であるが，西嶋氏が指摘される郡県制の定義や特徴とよく合致している．従って，倭国伝が記す7世紀初頭の倭国の軍尼制の国内統治体制は，本質的には中国の秦で初めて実施された郡県制であると結論される［井上②］．規模がかなり小さい点が異なっているだけであって，原理は同じである．
　すなわち，7世紀初頭の倭国では，10万戸を対象として"各豪族による支配"の域を脱し，倭王－軍尼－伊尼翼－戸というピラミッド形の郡県制による中央集権の国内統治体制ができていたことを意味する．その頂点に立つのは倭王多利思比孤であり，倭王は強い権威・権力を有し，倭国内全体を郡県制の軍尼制で統治している

ことが分かる．もちろん，倭国伝には書かれていないとはいえ，1人の倭国王と120人の軍尼の間に宰相などの高官が介在し，切れ目なく統治体制が構築されていたと推定できる．井上光貞氏は［井上②］，倭国伝が書く軍尼制を「整然とした，したがって中央の指令に基づくところの郡県制的な組織」，「推古朝にはすでに郡県制的なものが存在したということを示している」と指摘されるが，その通りであろう．

❸ 6世紀後半，郡県制による百済の先進的な統治体制

しかし，全体を800戸単位として，均等に120の小国に分け，どの国でも軍尼の下に一律に10人の伊尼翼がいて，伊尼翼は一律に80戸を統治するという均等・一律な郡県制が，7世紀初頭の日本に存在していたのだろうかというのが素直な疑問である．篠川賢氏が［篠川］，軍尼制のような「整然とした支配組織が，その当時において，そのとおりに存在していたとは考えがたい」として，「隋に対して国制の整備を示そうとした誇張」の可能性を指摘されるのは説得力がある．

日本書紀を読むと，確かに大化の改新で郡県制的な統治システムが導入されたことは分かるが，大化の改新の詔ですらも，倭国伝が書く軍尼制のようなすっきりした郡県制からはかなり遠いように見える．それなのに，約半世紀前の6世紀末期，というか7世紀初頭の大和政権で，10万戸もの人民を対象に，倭国伝が書くような郡県制の軍尼制が実施されていたのだろうかというのが素直な疑問である．すなわち，以下の問題点がある．

〈問題点7〉 7世紀初頭，倭国伝が書くすっきりした郡県制の軍尼制は大和政権の制度なのか．

では，倭国伝が書く軍尼制は事実ではないのだろうか．

しかし，そう簡単には事実ではないとは言えない．その根拠は倭国と深い関係にあった百済の存在である．6世紀後半，百済には先進的な郡県制の統治システムがすでに存在していた．倭国の軍尼制は百済の影響を強く受けた可能性が高い．そう指摘されるのは井上光貞氏である．氏は［井上②］，「(6世紀の百済では）郡県制的な地方制度が確立している」，「日本は……朝鮮の三国の影響を受けて，郡県制的な方向へと中央集権をさらに発展させていたのではなかろうか」と指摘される．氏はそれ以上は踏み込まれていないが，重要な点であるから，私なりに敷衍しつつ述べれば以下のようになる．

百済に郡県制が現れたことを示すのが，6世紀前半の中国南朝の梁（502〜557年）の梁書百済伝である．梁書は524年の項に，

「(百済の)王城を固麻といい,邑を檐魯という.(檐魯は)中国でいう郡県のようなものである.百済国には二十二の檐魯があり,(それらの支配には)みな(百済王の)子弟や一族をあてた」,

と書く[井上秀雄他「梁書百済伝」].すなわち,王城と22に分けられた地方(檐魯)という邑(ムラ)があって,王の子弟や王一族が支配した.すなわち,6世紀前半に「中国でいう郡県のようなもの」が現れたことが分かる.官僚ではなく,王族がすべて支配したという点からも分かるように,郡県制そのものではなく,その萌芽状態・前段階といえる.

百済にはっきりと官僚制の郡県制が実施されたことを確認できるのは,6世紀後半,梁の後の周の時代(557~581年)である.この周書百済伝の記述を補っているのが,周の後の隋(581~618年)の百済伝である[井上秀雄他「周書百済伝」,「隋書百済伝」].周書百済伝と隋書百済伝は6世紀後半の百済の統治体制について以下のように書く.分かりやすく,王都と畿内,方(地方)および,官僚の関与について分けて主要な点を引用すると以下のようになる.

(a) 王都と畿内

「王都には家が一万戸あり,五部に分かれ,上部・前部・中部・下部・後部といっている.(各部は)五百人の兵を支配する」(周書百済伝).

「畿内は五部からなり,各部は五巷からなって,人々はここに居住している」(隋書百済伝).

この記述から以下の点が分かる.

① 王都(畿内)は1万戸があり,5つの「部」に別れ,各「部」は5つの「巷」からなる.

② 「(各部は)五百人の兵を支配する」というのであるから,1万戸が均等に2000戸に分けられて5つの「部」となっていることが分かる.兵は,4戸あたり1人である.

③ 「部」が均一の大きさであるから,5つの「巷」も均等に400戸に分けられていたと推定できる.

(b) 地方(「方」)

「五方(「方」は地方のこと)には,それぞれ方領が一人いて,達率(第2冠位)をこれにあてている.(五方の各部には)郡将が三人おり,徳率(第4冠位)をこれにあてる.(各)方は,千二百人以下,七百人以上の兵を統率し,(方領のいる)城の内外の民衆や他の小城はみなこれに分属している」(周書百済伝).

「五方には，それぞれ方領が一人おり，方佐がこれを助けている．（各）方は十郡からなり，郡には（郡）将がいる」(隋書百済伝)．

これらの記述から以下の点が分かる．

① 地方は5つの「方」に分けられているが，均一の大きさではない．それは兵の数が同じでないことから分かる．兵は4戸に1人という点から，4800〜2800戸の大きさと推定できる(周書百済伝)．しかし，隋書では「方は十郡」であって，均等な大きさになっている(隋書百済伝)．

②「方」の長は「領」であり，副が「佐」である．「郡」の長は「将」である(周書百済伝，隋書百済伝)．

(c) 冠位制度と一体化した統治体制

「官には十六等級がある．左平は五人で，一品であり，達率は三十人おり，二品である……」(周書百済伝)．

「内官(宮中の役人)には前内部・穀部・肉部……（12部局）があり，外官(政府の役人，地方官)には司軍部・司徒部……（10部局）がある」(周書百済伝)．

「(官位を持つ者は)それぞれ部局に分かれ，政務を分担する」(周書百済伝)．

「長吏(役所の長官)は三年で交代する」(隋書百済伝)．

これらに，(b)の方領には「達率をこれにあて」，郡将には「徳率」をあてる(周書百済伝)という点を加味すると，以下が指摘される．

①「方(地方)」の長である「領」には第2冠位の達率，「郡」の長である「将」には第4冠位の徳率の官僚があてられている(周書百済伝)．

② 内官(宮中の役人)には前内部などの12部局があり，外官(政府の役人，地方官)には司軍部などの10部局がある．冠位を持つ官僚が部局に分かれ，政務を分担する(周書百済伝)．

③ 冠位制度と統治制度は密接に関係し，一体となって運用されている．

④ 部局の長吏(役所の長官)は3年という任期がある(隋書百済伝)．

以上のように，周書百済伝・隋書百済伝の主要な内容は一致しており，6世紀後半の百済の統治体制は，百済王を頂点とした確固とした郡県制による統治である．6世紀前半の梁書では王族が地方を支配していたが，6世紀後半の周書・隋書では，冠位制度と一体化した中央集権の統治体制がはっきりと完成していることが確認される．すなわち，百済では6世紀後半には百済王を頂点とする郡県制の中央集権体制が完成していた．

4 倭国の「軍尼制」は百済のもたらした郡県制の統治体制

　倭国の「軍尼制」は以上のような百済の郡県制の統治体制に強く影響されて成立したと考えられる．特に重要な点は以下の2点である．
　第1点は，百済王を頂点とする中央集権の統治体制である．
　百済の王都（畿内）と倭国の国の統治を，行政組織で比べると以下のようになる．

〈百済〉
- 百済の王都（畿内，1万戸）：5つの「部」（2000戸）．それぞれの「部」に5つの「巷」（400戸）．
- 地方統治：百済王→「方」の長「領」5人→それぞれの「方」に「郡」の長「将」3人（あるいは10人）→各戸．

〈倭国〉
- 倭国（10万戸）：120の「国」（800戸）．それぞれの「国」に10の「"県（村）"」（80戸）．
- 倭王→「国」の長「軍尼」120人→各国に「県」の長「伊尼翼」10人→各戸．

　名称と人数が違うだけで，同じ2段階の統治体制であり，王を頂点とする上下関係のはっきりした中央集権の統治システムである．このように，倭国の軍尼制は名称と数字が違うだけで，統治の原理は百済と同じである．明らかに倭国は百済の統治体制を学び，倭国に導入したのである．いろいろな名称や数字の違いは倭国の実情に合わせた結果と考えられる．
　第2点は，倭国伝が書く均等・一律である．
　軍尼制の著しい特徴が均等・一律である．全国を均等に120の小国に分け，それぞれの国内では一律に10人の伊尼翼，1人の伊尼翼は80戸と書かれている．つまり小国には大小はなく800戸均一であり，1国には1人の軍尼，10人の伊尼翼と，どの小国も一律で均等である．
　隋書倭国伝が書く倭国の軍尼制だけを読むと，そんな均等・一律に分けられた郡県制が実施されていたのかと疑問に思う．しかし，周書と隋書の百済伝を読めば，きわめてよく似た均等・一律制の郡県制の統治が，6世紀後半の百済ではすでに実施されていることが分かる．百済の王都（畿内）の1万戸は5つの部に均等に分けられている．倭国伝が記す倭国の軍尼制では，全体10万戸を均等に120の小国に分けた．数字が違うだけで，倭国の軍尼制と百済の統治体制は同じ「均等・一律」の原理に立っている．すなわち，倭国は百済から学んで均等・一律制を導入したものとして間違いないだろう．このことは倭国においても，隋書倭国伝が書く軍尼制の

均等・一律制はじゅうぶんあり得ることであって，決して荒唐無稽の記述ではないことを示している．

ただ，全国を一律に均等に分けることは無理が生じることが推定される．実際に，百済では王都（畿内）では均等に分けられているが，地方では均等ではない．周書百済伝は，地方に関しては「（各）方は，千二百人以下，七百人以上の兵」と書いている．すなわち，百済では王都は均等であるが，地方は実情に応じて分け，均等には分けられなかったことを示している．王都は一続きの人口密集地だったから，均等に分けやすかったが，地方は地理的条件があって，均等に分けることが難しかったのではなかろうか．

倭国伝は，倭国では約10万戸がすべて均等に分けられていると書いているが，国内を均一に800戸単位で分けることが難しいのは倭国でも同じである．

その際，注意が必要なのは，倭国伝が書く軍尼制の800戸一律の「国」は豊前国とか讃岐国に相当する「国」ではない点である．そのことを指摘されたのが篠川賢氏で［篠川］，「『軍尼』と『国』とは対応していない」と指摘され，倭国伝が「都斯麻（対馬）国」，「一支（壱岐）国」を倭国とは別の小国と扱い，「秦王国」と海岸までの「十余国」を倭国に附庸した国（支配下にある小国）と書いている点に注意をうながされた．要するに，倭国伝が書く「倭国」にはこれらの小国は含まれていない．本拙論では最終的に倭国は筑紫国であると結論するが，軍尼制の800戸という小国は，対馬・壱岐・秦王国・十余国のような周辺国を含まず，均一に分けやすい筑紫国の平野部に約10万戸があって，倭国伝はそのことを書いたのではないかと推定される．

以上のように，7世紀初頭の倭国の統治形態は，本質的な点で6世紀後半の百済の統治システムと一致しており，百済の影響を受けていることは明らかである．倭国は百済から学んだ結果，統治体制を郡県制的な軍尼制へと進化させたと考えられる．

要するに，周書百済伝と隋書百済伝が記す百済の実態から，以下のことが分かる．
① 倭国伝が記す倭王－軍尼－伊尼翼－各戸という7世紀初頭の倭国の中央集権的な軍尼制は百済の影響でできた郡県制の統治体制である．
② 倭国伝が書く倭国の軍尼制の均等・一律制はけっして荒唐無稽のものではなく，じゅうぶんにあり得る統治体制である．

5 「軍尼制」が示す7世紀初頭の倭国の実態

以上のように，隋書倭国伝が書く郡県制の軍尼制は荒唐無稽なものではなく，じゅうぶんあり得る統治体制である．とすれば，軍尼制は当時の倭国に関して，いくつかのきわめて重要な点を示していることになる．
　第1点は，倭王多利思比孤の権威・権力である．
　倭国の10万戸を対象に，倭国伝が書くような郡県制の統治を実施するには，国内において倭王多利思比孤の権威・権力が確立していなければ不可能である．西嶋定生氏が指摘されるように［西嶋①］，「君主の権力が非常に強く」ならないと，郡県制は実施できない．従って，軍尼制は，倭王多利思比孤の権力が当時の倭国内でしっかりと確立していたことを示している．
　このことは多利思比孤が遣隋使派遣で，「倭国王」などの官爵の承認を隋に求めていない点とよく整合する．5世紀，倭の五王が中華王朝の宋に「倭国王」など官爵を求めたことは，国内での倭王の権力強化が重要な目的の1つであったことを示している．しかし，倭王多利思比孤は隋に対して冊封は求めず，「倭国王」などの承認を求めていない．このことは，600年時点で，倭王多利思比孤は，隋の権威で後押ししてもらわなくてもいいだけの権威・権力を倭国内においてすでに確立していたことをはっきりと示している．それを表しているのが郡県制の軍尼制である．倭王の権威を象徴的に表している倭国伝の記述が「その王，朝会には必ず儀仗を陳設し，その国の楽を奏す」であろう．高橋善太郎氏が指摘されるように［高橋①］，倭王は「君主の威儀を整えたもの」となっていたことを示唆している．
　第2点は，倭国における官僚制の確立である．
　百済では十六等級の官位制度が整備され，地方の「方」の長「領」と「郡」の長「将」は，達率（第2冠位）と徳率（第4冠位）という冠位の官僚が当てられている．また，内官（宮中の役人）と外官（政府の役人，地方官）に22の部局があって，冠位を持つ官は部局に属して政務を分担している．しかも，長吏（役所の長官）は3年で交代する．
　このように百済では官僚制がしっかりと確立しているが，倭国の場合，隋書倭国伝の記述が簡単過ぎて，官僚制がどこまで確立していたのかは分かりにくい．しかし，軍尼制は，国内を均等に120の小国に分けて軍尼を置き，その下に10人の伊尼翼を置き，人民を統治するシステムである．このシステムは，倭国に官僚制が確立していないと機能しない．周書百済伝や隋書百済伝の記述から見ても，軍尼と伊尼翼は倭王多利思比孤が任命して派遣された官僚と推定できる．すなわち，軍尼制は，倭国でも官僚機構が確立していたことを示唆している．

［第2章］隋書倭国伝が示す「倭国」という国家の実態　　81

この点を支持するのが倭国伝が書く官位十二等である．官僚制のもっとも重要なシステムの１つが官位制度であって，倭国伝には内官に十二等級の官位制度があったことが明記されている．このことは，諸臣は位階によって秩序づけられ，身分秩序がはっきりと確立していたことを示している．倭国では，百済と同じように，軍尼－伊尼翼の統治体制が官位十二等と一体化し，密接に連携して運用されていたことを示唆している．

　実際に倭国で官位十二等が官僚制として機能していたことは，裴世清の倭国到着の際の出迎え・歓迎について，倭国伝が「倭王，小徳阿輩台を遣わし，数百人を従え，儀仗を設け，鼓角を鳴らして来り迎えしむ．後十日，また大礼哥多毗を遣わし……」と書く点から分かる．すなわち，裴世清の出迎え・歓迎のために，それぞれ「小徳」と「大礼」の官位の官僚が倭王多利思比孤によって派遣されている．このことは官位十二等が倭国では実際に機能していたことを示している．

　以上のように，倭国伝が書く軍尼制と官位十二等による官僚の格付けは，倭国内に倭王を頂点とする官僚機構が整備され機能していたことを示している．

　これらのことは，西嶋定生氏が［西嶋①］，郡県制の特徴を「郡県の長官は世襲的な貴族ではなくて，世襲が認められていない官僚が……派遣されたもの」と指摘される点とよく合致している．

　第３点は，戸籍制度の確立である．

　倭国伝が書く軍尼制は，全体として約10万戸の倭国が，120の小国に均等に区分され，１つの国は10の「県」（あるいは「村」）に分けられ，１つの県は80戸で成り立っている．こういう統治体制は戸籍が確立していなければ成り立たない．倭国伝が記述する「１戸」の人数がどれくらいかはっきりしないが，8世紀前半の１戸あたりの人数は鐘江宏之氏によって20.5～21.4人と推定されている［鐘江］．そこで１戸平均20人と仮定すれば，全体で約200万人の人口になる．200万人もの多数の人民を80戸を単位として統治する軍尼制は，戸籍がはっきり確立していなければ成り立たない．戸籍については倭国伝では言及されていないが，軍尼制は，倭国ではすでに200万人を対象とした戸籍制度が機能していたことをはっきりと示している．

6 「軍尼制」記事の信憑性：研究者の批判

　以上のように，倭国伝が書く倭国の軍尼制は画期的な郡県制の統治体制である．この郡県制が，当時の大和政権の統治体制であるのかどうか，日本における古代国家形成に関する重要な問題である．従って，議論の前に，軍尼制に関する隋書倭国

伝の記述の信憑性のチェックが必要であろう．

　軍尼制そのものに関する研究者の見解は多いとは言えないのだが，軍尼制を含め，風俗記事の信憑性を疑う見解がかなり見られる．以下に，倭国伝の風俗記事の信憑性を問題視する研究者の見解について少し詳しく紹介し，検討する．

　宮田俊彦氏は［宮田①］，「(倭国伝の風俗記事は) 後世編纂の際に得た知識を雑然と並べた記事 (隋書は唐の魏徴の編) であって，疑わしい処が多い」と指摘される．氏が「疑わしい」とされる対象に軍尼制が含まれるのかどうかははっきりしないのだが，たとえ，氏の指摘される編纂の際 (636年) までに得た知識であったとしても，「大化改新に始まった郡県制の知識がそこ (倭国伝の軍尼制) に反映していたとは断じて考えられない」という井上光貞氏の指摘［井上③］の通りだろう．

　坂本太郎氏は［坂本①］，冠位十二等の官位名の順位が冠位十二階の冠位名と違っている点などによって，「こまかい点については信用はできない」とされ，「一つのクニに十のイナギが属するというのは中国人的な発想による文であって，日本の実情を正しく記したものとは思われない」と指摘される．しかし，官位 (冠位) 名の順位の不一致は重要ではない問題であり (倭国伝の編著者が中国の常識で書き直しただけと考えられる)，それでもって倭国伝の他の風俗記事を否定できないことは明らかだ．また，「中国人的な発想」と言われるが，倭国と深い関係にあった百済では「一つのクニに十のイナギが属する」のと同じ発想の郡県制がすでに実施されている．

　榎本淳一氏は［榎本①］倭国伝の風俗記事について「当事者 (第一次遣隋使の倭国の使者，隋の役人) の主観・作為が含まれている可能性が高い」と指摘される．しかし，そうは思えない．氏は軍尼制ではなく官位十二等を念頭に置いておられるのかもしれないが (それも誤解であることは別章で示すが)，軍尼制に関して言えば，倭国の使者がありもしない郡県制という先進的な統治体制を話すことは考えられない．また使者の話を聞いた隋の役人が，軍尼は「中国の牧宰のごとし」，伊尼翼は「里長の如き」と中国の実態に合わせて理解しようとしたことは明らかだが，120の小国に分け，国には10人の伊尼翼がいて，それぞれが80戸を支配している点などを作為するとは思えない (作為する必要がないし，中国人の常識では120もの小国は常識外れであろう)．むしろ遅れている蛮夷の国で郡県制的な統治体制が作られていることに驚きつつ書いたのではないだろうか．軍尼制に関して，当事者の主観・作為が入る余地はあまりないと考える．

　また，石井正敏氏は［石井］，「隋側が適宜自分たちの制度に合わせて理解しようと努めている」とし，「『猶中国牧宰』や『今如里長』という文言が隋側の手になる説

明であることは言うまでもなく，当時の倭国の国造・県主制を理解した上での記述ではない」と指摘される．この点に関連して，上田正昭氏は［上田①②］，「(風俗記事は) 文飾豊かなものである」，「『文飾の豊かさ』は否定できない」と繰り返され，「『八十戸に一伊尼翼を置く．今の里長の如きなり』という表現もそのままには信じがたい」，「一軍尼－十伊尼翼が，隋の百家一里制を念頭に置いて記述されていることを示すものであって，一応その信憑性を疑っておかねばならぬ」とされ，「倭国風俗記事も，恣意に利用すべきものではなく，(倭国伝の編者である) 魏徴によってどのように文飾されたかを検討して活用すべきである」と指摘される．上田氏の見解は少し分かりにくい．それは「文飾豊かなもの」という点である．「文飾」すなわち「飾り，過失や悪事をいいつくろうこと，うわべをとりつくろうこと」［新漢語林］というのは，倭国伝の軍尼制は，飾りやうわべを取り繕うものであって事実ではないのではないかという意味であろう．氏は慎重に「一応その信憑性を疑っておかねばならぬ」と書かれているが，真意は，倭国伝の軍尼制に関する記述は「文飾豊かなもの」で，事実ではないと全面否定に近いように受け取れる．

　石井正敏氏と上田正昭氏が共通して問題とされるのは，軍尼制の中の「中国の牧宰のごとし」や「今の里長の如きなり」という説明文である．隋の役人はもちろん倭国の使者が語る倭国の統治体制について，隋の制度の知識に基づいて理解しようとしたことは確かだろう．役人は使者の話に対して，「こういうことか？」などと反問し，「軍尼は牧宰に相当する」，「伊尼翼は里長にあたる」などと理解しつつ使者の話を記録し，その結果が倭国伝に書かれていると推定できる．

　しかし，それは当然のことであって，倭国伝の記述内容が信用できないことを意味するものではないはずである．遣隋使の話を聞きながら，「軍尼は中国の牧宰にあたるな」などと理解しつつ，あくまで遣隋使の話した内容を書いたのが倭国伝に記述されている軍尼制であるはずである．誤解することはあっても，聞いたこととは異なる内容を意図的に書く理由はないのではなかろうか．特に，軍尼－伊尼翼という2段階の統治形態，軍尼や伊尼翼が支配する戸数を均一にすることなど，本質的な部分が隋の役人の創作とは思えない．むしろ，遅れた国であるはずの倭国に郡県制があることに驚きつつ書いたのではないだろうか．

　また，上田氏が指摘されるように，遣隋使の話を聞いた隋の役人は隋の百家一里制を思い浮かべつつ聞いたのであろう．しかし，120軍尼－10伊尼翼－80戸は百家一里制そのものではないのだから，それを理由に，「一軍尼－十伊尼翼」が「文飾」で，「その信憑性を疑」うものとは言えないのではなかろうか．ちなみに，井上

光貞氏は［井上③］，上田氏の見解に対して「『五百為レ郷正一人，百家為レ里長一人』という百家一里制は，百二十の国－十の伊尼翼－八十戸という日本のそれとは著しく異なっている」と指摘しておられる．

　いずれにせよ，未知の国である倭国の風俗に対して，隋の役人が自分の知識をもとに理解しようとするのは当然のことであって，石井・上田氏のように，それでもって書かれている内容が信用できないというのはいかがなものだろうか．例えば，梁書百済伝には「王城を固麻といい，邑を檐魯という．中国でいう郡県のようなものである．百済国には二十二の檐魯があり……」という記述がある．この記述の中の「中国でいう郡県のようなものである」という一文によって，「王城を固麻といい，邑を檐魯という」，「百済国には二十二の檐魯があり……」とかの内容は，「そのままでは信じがたい」と「信憑性を疑う」ことになるのであろうか．そもそも，隋の役人の報告書の読者は隋の人々である．隋書倭国伝もまた唐の人々を主要な対象としている．であれば，彼等に理解しやすいように「伊尼翼は里長にあたる」などと書くのは自然なことである．そのことで記述の信憑性を疑うことにはならないのではなかろうか．おそらく，石井・上田氏は，軍尼制の記述内容そのものがあり得ないと受け取っておられて，そのための理由として「中国の牧宰のごとし」や「今の里長の如きなり」という説明文を持ち出されたのであろう．しかし，はっきりした郡県制の統治が隣の百済ですでに実施されているのである．倭国が百済と親密な関係にあったことを考えれば，隋書倭国伝が書く倭国の軍尼制を荒唐無稽とは簡単には言えないと思う．

　また，石井氏は［石井］，「当時の倭国の国造・県主制を理解した上での記述ではない」とも指摘される．倭国伝の軍尼制が，日本書紀が書く「国造・県主制」なのかという問題はこの後に議論するとして，倭国伝の記述は，あくまで使者の話を理解しようと努力した結果，理解したことを書いたものと受け取るのが適切ではないだろうか．氏は「理解した上での記述ではない」と指摘されるが，使者が，例えば，大小の豪族がそれぞれの人民を支配し，天皇家の屯倉もそれらの中に交じっているというような地方統治体制を話して，それを聞いた隋の役人が根本的に異なる郡県制の支配体制へと書き換えるとは考えられない．

　また，隋書倭国伝が書かれたのは遣隋使からわずか30年ほど後のことであって，ほぼ同時代の書である点だけでなく，隋王朝の史料に基づいていること，120，80という独特な数字など［井上③］，倭国伝の全般的な信憑性が高いことも考慮されるべきであろう．

［第2章］隋書倭国伝が示す「倭国」という国家の実態　　85

以上のように，軍尼制の記述の信憑性を疑う研究者の見解は説得力に乏しいのではないだろうか．倭国伝が記述する軍尼制については，細部に至るまで100％正確とは言えないかもしれないが，基本的には倭国の郡県制の統治体制の実態を伝えていると判断するのが妥当ではないだろうか．

　そうであれば，7世紀初頭，約10万戸もの人民を対象に軍尼制という郡県制の統治が実施されていたという隋書倭国伝の記述はきわめて重要なものとなる．

7 日本書紀が描く7世紀初頭の大和政権の国内統治

　隋書倭国伝が記す7世紀初頭の倭国の国内統治は，郡県制の軍尼制による統治体制である．問題は，これは大和政権による統治体制のことなのかという点にある．隋書倭国伝を読むと，こんなにすっきりした郡県制の統治体制が，日本書紀が書く7世紀初頭の大和政権の国内統治体制なのだろうかという素直な疑問を禁じ得ない［篠川］．すなわち，指摘した以下の問題点7である．

　〈問題点7〉7世紀初頭，倭国伝が書くすっきりした郡県制の軍尼制は大和政権の制度なのか．

　7世紀初頭，大和政権下における国内統治体制はどうなっていたのか，それは倭国伝が書く軍尼制のことなのか，という点を以下に検討する．

　6世紀後半の大和政権の国内統治に関する日本書紀の記述は多いとは言えない．というか，関連記事は非常に少なくて，当時の国内統治がどうなっていたのかはかなり分かりにくいのが現実である．

　日本書紀が記す大和政権の国内統治については，推古天皇よりもはるか前の成務天皇4年の，

「今より以後，国郡に長を立て，県邑に首を置かむ．即ち，当国の幹了者（才幹ある人物）を取りて，其の国郡の首長に任けよ」，

という詔が出発点である．そして，翌年の成務5年9月に，

「諸国に令して，国郡に造長を立て，県邑に稲置を置く……山河を隔ひて国県を分ち，阡陌に随ひて（縦横の道に従って）邑里を定む」，

と書かれている．これが日本書紀が記す国造と稲置の始まりとされている．

　これらの記述について，高橋善太郎氏は［高橋②］，成務天皇の詔に漢籍の文章がそのまま使われている部分があると指摘され，詔そのものが「後世の造作」で「歴史の真を伝えたものとは致し難」く，「恐らくは隋書倭国伝にある倭国の地方制度（軍尼制のこと）にヒントを得て書かれたもの」とされる．確かに，成務朝に国造

・稲置が設置されたというのはそのままでは信用しにくい．またたとえ，成務天皇当時の記述が正しいとしても，成務天皇は推古天皇よりも20代も前の天皇である．当初の国郡－県邑システムは推古天皇の時代にはだいぶん変化していると考えられる．しかし，日本書紀には大和政権の地方統治体制を明示するような記述はほとんどない．

　いずれにせよ，日本書紀からは6世紀までの国内統治体制はすっきりとは分からないが，井上光貞氏によれば，おおむね以下のような状態だったと推定される［井上④］．

　5世紀までは，大小の豪族たちが支配し，畿内とその周辺部では諸豪族の支配領域と天皇家・大和政権の屯倉が入り交じっていた．天皇家・大和政権の屯倉は「朝廷が自らの手で開き，経営したもの」で，「朝廷，特に天皇家の財産としての性質を持つものであった」．畿内やその周辺部以外にはほとんど屯倉はなく，各豪族がそれぞれの領域を支配していた．大和政権の天皇は全国の豪族たちの支配者というよりも，たくさんの豪族の中の有力な豪族（諸王の中で相対的に有力な大王）という状態だったのだろう．

　6世紀に入ると大和政権の屯倉は，畿内とその周辺だけでなく，全国に拡がっていく．各地の豪族たちも自ら開墾し，自らの支配領域を拡大させた．それを豪族の手から接収して，天皇家・大和政権の屯倉としていった．特に，安閑天皇紀には全国各地のたくさんの屯倉設置が書かれている（もっとも，これは年代の異なる屯倉設置を集めたもののようで，安閑天皇の2年間の事績とは思えない［山田］）．

　いずれにせよ，600年当時，天皇家あるいは大和政権の屯倉は，畿内とその周辺を中心として，全国の諸豪族の領域の中に散在するというのが実態であっただろう．

　このような6世紀末期の地方の状態は，倭国伝が書く整然とした郡県制的な軍尼制の統治体制とどのように整合するか，あるいは，整合しないのか，が問題となる．

8 「軍尼」と「伊尼翼」は「国」と「稲置」か

　倭国伝の軍尼制に否定的，あるいは，コメントされない研究者が多い中で，井上光貞氏は［井上①③］，「遅くとも七世紀初頭，国県の二段階的地方組織がある地域には成立していた」と，国県制を指摘され，倭国伝が書く倭国の軍尼制はこの国県制であるとされる．

　以下に井上氏を始めとする研究者の見解について検討するが，その前に処理して

おくべき事項がある．倭国伝が書く「軍尼」と「伊尼翼」は日本書紀の「国（クニ）」と「稲置（イナギ）」なのかという問題である．この点については以下の2点の問題がある．

第1に，「軍尼」と「伊尼翼」の読みである．ほとんどの研究者は，「軍尼」を「クニ」と読み「国」と理解される．「伊尼翼」については，「翼」は「冀（キ）」の誤写で，「イナギ」と読まれ，「軍尼」と「伊尼翼」は「国」と「稲置」とされる．この点はほとんどの研究者の一致した見解である［井上③，高橋②］．

しかし，なぜ「軍尼」が「クニ」で「伊尼翼」が「イナギ」と読めるのかという問題がある．「軍」を「グン」あるいは「グ」でなく，どうして「ク」と読めるのだろうか．また「伊尼翼」についても，古田武彦氏は［古田①］，「『尼』に『ナ』などという音はない」，「『軍尼』は『クニ』として，『尼＝ニ』と読んでおきながら，直後の『伊尼翼』では『尼＝ナ』だ」と指摘される．確かに，「軍尼」の「尼」は「ニ」と読み「伊尼翼」の「尼」は「ナ」と読むのはあまりに無原則に過ぎるのではないだろうか．「軍尼」の「尼」が「ニ」ならば「伊尼翼」の「尼」も「ニ」である．「翼」は「ヨク」「イキ」であるから，「伊尼翼」は「イニヨ（ク）」，「イニイ（キ）」で，「イナギ」（稲置）とは一致しない．あるいは，研究者が主張されるように，たとえ「翼」が「冀（キ）」の誤写と仮定しても，「伊尼翼」は「イニキ」であって，「イナギ」（稲置）との整合性が良いとは言えない．

第2に，「軍尼」は「クニ」すなわち地方行政体ではないという点である．倭国伝はあくまで「軍尼一百二十人あり，なお中国の牧宰のごとし」と明記しており，古田氏が「『軍尼』は官職名である」と指摘されるように［古田①］，倭国伝が書く「軍尼」は地方行政体の名称ではなく，統括する行政体の長の名称である［古田①］．従って，倭国伝の「軍尼」を日本書紀の記述にあてはめれば，「国造」にあたる．そうすると「軍尼」は「国造」すなわち，「クニノミヤツコ」あるいは「コクゾウ」であって音が一致するとはいえない．この点について，井上光貞氏は［井上③］，「隋書の記載は……細部にいたれば不正確であって，軍尼はクニ，すなわち，地方行政体のことであるのに，百二十人というように人数であらわしている」と，倭国伝の記述が不正確とされる．しかし，安易に「不正確」，実質的には倭国伝の間違い，と処理して良いのだろうか．倭国伝は「軍尼－伊尼翼」と行政体の長を書いているのに，「国－稲置」のように，行政体と行政組織の長を並列に置く方がおかしいのではないだろうか．

以上のように，「軍尼」を「国」，「伊尼翼」を「稲置」と読み替えるという多くの

研究者の見解の出発点に問題がある．とはいえ，この点にこだわると，この時点でストップしてしまうので，この点は脇に置いて，ほとんどの研究者の見解に沿って，「軍尼」を「国」，「伊尼翼」を「稲置」と仮定して以下の議論を進めるが，出発点に問題があることは指摘しておく必要がある．

9 「倭国伝の軍尼制＝日本書紀の国県制」という井上光貞氏の見解

　以下，倭国伝の軍尼制について正面から検討し，軍尼制＝国県制とされる井上光貞氏の見解［井上③④］について検討する．

(a) 大和政権に国県制があったという根拠

　氏は，「軍尼一百二十人あり……八十戸に一伊尼翼を置く……十伊尼翼は一軍尼に属す」という記述について，「軍尼」は人ではなく「国」(『クニ』)という組織で，「伊尼翼」は「稲置」(『イナギ』)とされ，「これはまさしく，国という上級の，伊尼翼の支配する下級の，二段階からなる地方組織をさすものにほかならない」と指摘される．すなわち，倭国伝の軍尼制は当時の国県制のことであるという［井上③］．

　「国」という地方組織とその長である国造に関して，氏は，「国造制は，この自律的な部族的な政治集団の発達したものではなく，国家権力によって，クニやクニ連合を再組織して作り上げた地方行政組織」であるという．この国と国造に関しては多くの研究者の見解は一致しているようだ．

　一方，「県」に関して井上氏は「稲置の統治する行政体が県であるという見透しを，最も確実に示す」ものとして日本書紀が書く大化元年（645年）8月の詔の一節を挙げる．これは地方の国の統治者として国司の制度を新設し，新たに任命した東国の国司たちに対して述べた詔である．その詔の中に，

> 「若し（もし）名を求むる人（名声を求める者が）有りて，元より（もともと）国造・伴造・県稲置に非らずして（ではないにもかかわらず），輙く（たやすく）詐訴へて（偽って）『我が祖の時より，此の宮家を領り（あづかり）是の郡県を治む』と言すとも，汝等国司，詐り（いつわり）随に便く（たやすく）朝に牒すこと得じ（虚言をそのまま朝廷に申牒してはならない）」，

と書かれている．井上氏は，この詔の中の「元より（もともと）国造・伴造・県稲置に非らずして……」という部分に，「(伴造という)朝廷の官とならんで，国造と県稲置の二つ」が挙げられていることを重視される．氏は「県の長官が他ならぬ稲置であったこと，従って隋書のいう伊尼翼のおかれた行政体が県であったことの明白な証拠である」，「国県制の存在がここに至って確認される」と指摘される．

(b) **県稲置：武蔵国造の場合**

井上氏は2種類の県の中で（「県」は単純ではなく，県の長官として県主と稲置の2種類がある），稲置を長とする県は「国造の国の下級機関としてたてられた制度であろう」，「制度として，郡県化の目的のために作り出されたものであろう」とされる．

であれば，国造の国の下級機関としての県の実態はどうなっていたのかをはっきりさせる必要がある．日本書紀にはそのことを示す記述は少ないのだが，氏は以下の例を挙げられる［井上④］．

大和政権は武蔵国の国造の地位をめぐる同族の争いに介入して一方を殺し，その結果，武蔵国造となった笠原勅使主は，喜んで屯倉を朝廷に奉った．日本書紀は安閑元年（534年）閏12月のこととして以下のように書く．

「謹みて国家の為に，横渟……，四処の屯倉を置き奉る」

この記事について井上氏は，「四つの屯倉を朝廷がその後，どのように経営したか」と問題提起され，「武蔵国造に委任したものとみてよいであろう」，「（屯倉の）経営の主体は国造であった」，「国造はまた自分の手下や，朝廷派遣の官人をしてそれぞれの屯倉を管理させ……たであろう」，「武蔵国造が四つの屯倉に派遣した管理人はこうした東国の県稲置の前身ではあるまいか」と指摘される．

そして後の大化の改新の詔の中に国造と並んで県稲置が置かれていたと書かれており，倭国伝では稲置（伊尼翼）は国造（軍尼）の下部機構であるから，「部分的ながら，国－県という郡県的な関係が成立したとみてよいだろう」，「類似の関係は，各地の後期屯倉の設置にともなって次第に広く行われた，と思われる」．

そして，これは「国造と県稲置との二段階的な，地方政治機構が，国造の支配領域の一部におかれた屯倉を核として形成されていく過程」とされ，倭国伝が書く軍尼－伊尼翼は，この国造と県稲置の2段階的な支配に相当すると結論される．

しかし，日本書紀は，朝廷の支援で武蔵国造となった笠原勅使主が「謹みて国家の為に，横渟……，四処の屯倉を置き奉る」と4カ所の屯倉を奉ったと書いているだけであって，その屯倉がどう運営されたのかは何も書いていないのである．また，改新の詔も国造と県稲置が上下関係にあったと明記しているわけではない．推測を重ね，これが倭国伝の軍尼－伊尼翼の2段階的な支配の形成過程を示している，とされるのはさすがに説得力ふじゅうぶんではないだろうか．

(c) **具体的な国県制の例：河内国造味張・三島県主飯粒**

一方，稲置ではなく，県主（アガタヌシ）を長とする県について井上光貞氏は［井上④］，「畿内とその周辺部に発達した」，「畿内には広く散在していた」屯倉であって，

その起源は古く，他の前期屯倉とともに「王室財産」的な県であって，「内廷と密着したもの」，「古くから王室の直轄地」，「畿内とその周辺部に発達し，大和朝廷の内廷に直接むすびついていた」とされる．

古くからあったこのような県主を長とする県については，井上氏は，「六世紀になっても朝廷はその財産としての……県を保持し，さらにはあらたに設置した」が，「その運営の方法はかわってきたようである」として「国造が地方官として屯倉や県主を管理する形態がとられるようになった」と指摘され，安閑元年（534年）の摂津竹村の屯倉について述べる．

安閑元年（534年）の河内国の国造の味張と三島の県主である飯粒が関わる竹村の屯倉について，日本書紀の記述の概略は以下のようになる．

- 7月に，安閑天皇は勅使を遣わし，国造の大河内直味張に肥えた雌雉田を献上するようにとのたまった．
- 味張は惜しんで，この田は日照りには水を引くのが難しく，水があふれると水浸しになりますと断った．
- 12月，天皇は摂津の三島に行幸し，三島県の県主飯粒に良田を問うた．県主飯粒は喜んで，竹村の地40町歩を奉献した．
- 大伴大連金村は勅命を受けて，味張に対して，王地にすることを惜しみ，勅を軽んじた，今後「郡司にな預かりそ（郡司をまかせることはならない）」と言った．
- 味張は地に伏して汗を流し，「郡毎に鑹（クワ）丁（田畑を耕す労働者）を以ちて，春時に五百丁，秋時に五百丁，天皇に奉献し，子孫に絶たじ」と申し上げた．要するに「郡毎に」畑を耕す労働者を春と秋に500人ずつ提供しますというのである．

日本書紀が記すのは以上であるが，井上氏は以下のように指摘される．

「郡司にな預かりそ（郡司をまかせることはならない）」の「郡司」については，大河内直は河内の国造の家であるから，「郡司」は国造のことで，「郡毎に鑹（クワ）丁（田畑を耕す労働者）を以ちて……」の「郡毎に」の「郡」は「県」のことであろうとし，国造の味張が配下の県ごとに田畑を耕す労働者500人を奉献したと理解される．そして，「国造（味張）は各地の県から鑹丁を徴発してその屯倉を経営させることにした」，「そういうかたちをとるためには……河内国造である味張が各地の県を支配するような政治機構ができていなくてはならない」，「つまり……（県主系の県も）国造の治める国の下部機構に再編され，国－県という政治機構がつくられていた」，「畿内のばあいは……古来の王室領としての県主系の県を，国造の支配にくみこむ

かたちで，そこにも国造と県主という二段階的な機構が形成された．私はこういう形態の地方機構を国県制と呼んでいる」，「くだって推古朝には推古紀十五年条に『亦国ごとに屯倉を置く』とあって，諸国屯倉の設置がいっそう拡大されたことを記している．これによって国県制はいっそう広げられた」．

以上の議論によって，井上氏は，隋書倭国伝の軍尼制は，以上のような「(国県制の) 状態をいうのであろう」と結論される．

井上氏の見解に関して，以下の点を指摘したい．

① 「郡毎に钁 (クワ) 丁を以ちて，春時に五百丁……天皇に奉献し……」という文章の「郡毎に」は，確かに氏が指摘されるように，河内国造が各地の県を支配するような政治機構ができていたように読める．この点で，軍尼制における軍尼-伊尼翼の上下関係と合致している．

② 一方で，県主飯粒は自分だけの判断で竹村の屯倉を献上しており，県主は国造の下という関係ではなく，国造からは独立した存在に見える．県主が「国造の支配にくみこ」まれていたとは素直には考えにくい．

③ 国造味張も県主飯粒も地方豪族で，大和政権の天皇が派遣した国造・県主ではなく，地元の豪族を国造・県主にあてたように見える．であれば，それらの豪族の強弱が反映され，国も県も当然大小がある．倭国伝の軍尼制のような，国が 800 戸，県 80 戸という一律にはならないのではないか．

④ 国造の味張は「子孫に絶たじ (子孫の代まで絶やしません)」というのであるから，明らかに河内の国造は世襲制ではなかろうか．倭国伝の軍尼や伊尼翼は世襲制とは思えない．

要するに味張・飯粒の件は，倭国伝が書く軍尼制とはだいぶん距離があって，軍尼制の証拠とするのはかなり難しいのではないだろうか．

ただ，味張・飯粒の件は，6 世紀前半のできごとである．倭国伝が書く軍尼制は 6 世紀末期である．氏は「六世紀はそのようなかたちでの中央集権が各地で進行した時代であった」と指摘される．また，推古 15 年 (607 年) の「国毎に屯倉を置く」と書いてある点をもって「国県制はいっそう広げられたと思う」と書かれている．しかし，その国の国造などの豪族に献上させて屯倉を設置するのはそう容易なことではない．「国毎に屯倉を置く」が，「実現したかどうかは不明」[書紀註] が実態であろう．6 世紀前半の未熟な国県制が，倭国伝が書く 6 世紀末までに軍尼制のように整備されたというもっと強固な根拠が必要ではないだろうか．

(d) 倭国伝の軍尼制は日本書紀の国県制か

井上光貞氏は，倭国伝の軍尼制は「まさしく，国という上級の，伊尼翼の支配する下級の，二段階からなる地方組織をさすものにほかならない」［井上③］，「国県制のもとでは，屯倉も県も，その管理は国造にゆだねられていた」，倭国伝の軍尼－伊尼翼による2段階の統治体制は「国県制の情況を書き伝えたもの」［井上④］，と結論され，明快に倭国伝の軍尼制は日本書紀の国県制であると指摘される．
　確かに，7世紀初め，大和政権の地方統治体制として国－県という2段階の国県制があったという見解は，相応に根拠のあるものであろう．しかし，2段階の統治体制は軍尼制の1つの特徴に過ぎないのであって，これでもって，国県制が軍尼制であるとまでは言えないのではないだろうか（何段階かの統治体制は軍尼制だけの特徴ではない）．軍尼制の独自の特徴と言うべき点は，軍尼や伊尼翼（井上氏によれば国造や稲置）を倭王が任命・派遣したこと，および，「均等・一律」性であろう．しかし，これらが大和政権の統治体制のどこにも見られない点が氏の見解の最大の問題点ではないだろうか．
　他の諸問題における井上氏の説得力のある議論に比べると，大和政権の国県制が倭国伝の軍尼制であるという氏の議論は説得力ふじゅうぶんであるように思われる．

10 軍尼制は大和政権の制度なのか，すっきりしない研究者の見解

　以上，井上光貞氏の見解［井上②③④］を検討してきた．氏は倭国伝の軍尼制は日本書紀の国県制であるとされるが，上田正昭氏は［上田②］，日本書紀や風土記などに登場する「県」の数などから，「少なくとも七世紀初頭に国・県・邑という上下の行政組織を認めることは，史料的に不可能である」，「いわゆる『国県制』が少なくとも『七世紀初頭』には実態として存在せず……」などと批判され，明快に井上光貞氏の見解を否定される（上田氏はそもそも倭国伝の軍尼制の記事そのものの信憑性を疑っておられる）．それに対する井上氏の反論もある［井上⑤］．山尾幸久氏は［山尾①］，軍尼が「牧宰のごとし」とされていることから，軍尼は中央から派遣される外官であり「『国造』とみるのは全く無理」と「軍尼＝国・国造」という見解を否定される．また，すでに指摘したように，倭国伝の軍尼制の記述の信憑性を問う見解も少なくない研究者から提示されている．
　結局，倭国の軍尼制について，研究者の見解は一致しているとはいえず，軍尼制は大和政権の制度なのかという点はすっきりしていないというのが実態であるようだ．

11 隋書倭国伝の「軍尼制」は大和政権の統治制度ではない

　以上，研究者の見解について検討してきたが，はっきりさせるべき課題は，倭国伝が書くすっきりした郡県制の軍尼制は大和政権の制度なのかという問題点7である．この点に関して私見を述べれば以下のようになる．

(a) 倭国伝の軍尼制は7世紀初めの大和政権の統治制度とは言えない

　私見では，倭国伝が書く確固とした「倭王－軍尼－伊尼翼－戸」という郡県制の統治体制（軍尼制）は，7世紀初めの大和政権において整備・確立していた統治体制ではないと考える．それは以下の諸点である．

　第1に，倭国伝の「軍尼」と「伊尼翼」である．倭国伝が書く「軍尼」はあくまで行政組織の長である．「軍尼」は「クニノミヤツコ」，「コクゾウ」と一致せず，「伊尼翼」は「イナギ」とは読めない．従って，「軍尼」と「伊尼翼」が，日本書紀の「国造」と「稲置」なのかという点に疑問がある．

　第2に，国県制＝軍尼制という見解である．井上光貞氏は［井上③］，軍尼制は国県制であり，「まさしく，国という上級の，伊尼翼の支配する下級の，二段階からなる地方組織をさすものにほかならない」と指摘されるが，2段階の統治体制は広く見られる統治体制であって，それだけでは，国県制が軍尼制であることの根拠として説得力ふじゅうぶんである．

　第3に，均等・一律性が見られないことである．倭国伝は，全国を均等に800戸に分け，それを1国として，120の小国に分け，それぞれの国内には一律に10人の伊尼翼を置き，80戸に一伊尼翼と書く．この「均等・一律」は倭国伝の軍尼制の際立つ特徴である．しかし，大和政権においては，「均等・一律」は見られないのが実態ではなかろうか．この点で，倭国伝が書く倭国の軍尼制と7世紀初頭の大和政権の国内統治の実態とのかなりな乖離・不一致は明らかである．

　直木孝次郎氏は［直木①］，「七世紀前半の日本に，そんな整然とした地方行政制度が成立していたとは思われない」としつつも，「推古朝には，国造が村里を支配する稲置をいくつか管轄して朝廷の統制に服するという地方制度が，部分的に存在していたのではなかろうか．のちの郡里制の初期的形態が成立し，発展し始めていたと思われる」と指摘される．しかし，その場合，部分的にせよ，均等・一律性が実際に存在していたことを示される必要があるのではないだろうか．そもそも，倭国伝は約10万戸について書いているのである．そういう例はたくさんあるはずである．しかし，日本書紀からは，7世紀初めまでの時点で，"均等・一律性"の統治を見つけることは難しい．要するに，倭国伝が書く軍尼制の"均等・一律"は日本書紀が

書く7世紀初めの国造・稲置・県主の実態とは合致しない．

　第4に，国造や稲置は天皇が派遣した官僚ではない点である．軍尼制の重要な特徴は，中央集権で倭王が軍尼と伊尼翼を任命し派遣する点である．倭国伝がそう明記しているわけではないが，800戸の国，10人の伊尼翼，一伊尼翼80戸という均等・一律性は，軍尼，伊尼翼を倭王が官僚として任命・派遣したことを強く示唆している．

　軍尼制が大和政権の統治体制とすれば，軍尼（＝国造）は倭王（＝天皇）が任命し地方へ派遣した官僚のはずである．しかし，日本書紀が地方の国司派遣らしいことを書くのは皇極2年（643年）10月で，はっきりと明記するのは，乙巳の変で蘇我氏を滅亡させた後の大化元年（645年）8月の東国国司の派遣が初めてである．それも東国だけである．7世紀初めまでに，地方の国造や稲置を天皇が任命し，その地方へ派遣したことを示す例は一例もないと思う．

　7世紀初めの大和政権の国内統治体制とは，畿内でも地方でも，大和政権が任命・派遣した国造がその国を支配・統治していたというよりも，その地方の有力豪族を国造にあてているだけ，「国造」と呼んでいるだけ，というのが実態ではなかろうか．それぞれの地方の有力豪族が国造となり，諸豪族がそれぞれの領内を自由に統治・支配しており，大和政権の屯倉もそれらの豪族たちの支配領域に交じって散在していたというのが実態だと考えられる．そして，国造も稲置・県主も世襲が基本であって，天皇が派遣した官僚ではなく，百済のように，任期3年というようなことはまったく見られない．要するに，7世紀初め，国造や稲置は大和政権の君主が任命し，派遣した官僚ではなく，中央集権で郡県制の軍尼制とはかけ離れている．

　第5に，軍尼制の規模である．倭国伝が書く軍尼制は10万戸が対象である．しかし，7世紀初めの大和政権において10万戸の規模で，郡県制の軍尼制が確立していたことを示す点は日本書紀にはない．

　第6に，戸籍である．倭国伝は倭国の戸籍について何も書かないが，倭国伝が記す軍尼制による統治には戸籍が整備されていることが必須の条件である．戸籍の整備なくして，10万戸を均等に120国に分けることも，一伊尼翼に80戸を振り分けることもできない．すなわち，倭国伝の記述による限り，倭国では600年時点ですでに約10万戸の人民の戸籍が整備されていたと考えられる．

　しかし，7世紀初め，大和政権には戸籍制度は存在していない．大和政権の戸籍については，日本書紀に以下のようないくつかの記述がある．大化元年（645年）8月，「東国等の国司」を任命し，その国司たちに対する詔の中に，「汝等任に之りて

[第2章] 隋書倭国伝が示す「倭国」という国家の実態　　95

（任地に赴いて），皆戸籍を作り，及田畑を校へよ（検校せよ）」とあり，さらに大化 2 年（646 年）正月の大化の改新の詔に，「初めて戸籍……を造れ．凡そ（およそ）五十戸を里とし，里毎に長一人を置く」と書かれ，白雉 3 年（652 年）3 月，「戸籍を造る．凡そ（およそ）五十戸を里とす．里毎に長一人．凡そ（およそ）戸主には皆家長を以ちてす」と書く．そして，天智 9 年（670 年）2 月，「戸籍を造り，盗賊と浮浪とを断む」と書かれている．

このように，645 年 8 月，646 年正月に「初めて」戸籍を作るように命じられ，652 年に実際に戸籍が作られたと読める．しかし，その後，670 年にまた戸籍を作ったと書かれている．戸籍に関する日本書紀の記述は，重複・矛盾しているが，おそらく 652 年の戸籍は東国の一部にとどまったのだろう．「実際に全国的に戸籍が造られたのは天智 9 年（670 年）の『庚午年籍』が最初とするのが定説」［書紀註］とされている．

しかし，倭国伝が書く軍尼制は 7 世紀初めの倭国の制度であり，当時，倭国ではすでに 10 万戸の人民を対象とした戸籍が存在していたことを強く示唆している．しかし，7 世紀初め，大和政権には戸籍はまだ作られていない．このことは，倭国伝の軍尼制は大和政権の制度ではないことを示唆している．

第 7 に，大和政権に郡県制が成立するための客観的な条件が整っていない．

そもそも 7 世紀初めの大和政権に郡県制の軍尼制が可能なのか，郡県制が成立するだけの客観的な条件が整っていたのか，という疑問がある．西嶋定生氏は［西嶋①］，郡県制の特徴の 1 つとして以下の点を指摘される．

① 世襲的な貴族（豪族）制が否定されて官僚制が成立している．
② 換言すれば，君主（天皇）の権力が非常に強くなっている．

氏が指摘されるこの特徴は，郡県制が成立するための背景・必要条件でもあろう．そこでこれらの観点から日本書紀が書く 7 世紀初めの大和政権の実態を見れば以下のようになる．

まず，官僚制度の確立については，関係するもっとも重要なシステムが官位・冠位制度であろう．日本書紀によれば，大和政権において，推古 11 年（603 年）に冠位十二階が「始めて」制定されている．しかし，別章で示すように，冠位十二階は制定当初から正常に機能していない．冠位十二階に関する諸問題は，大和政権には冠位制度はなく，冠位十二階は日本書紀が造作したものであることを示している（別章で詳述）．すなわち，7 世紀初め，大和政権には官僚制度を支える官位・冠位制度は存在しなかった（日本書紀の記述通りとしても機能していなかった）．また百済のよう

な整備された統治体制（各部門・部局）は大和政権においてはまったく見られず，官僚制度が確立していることを示す記述は日本書紀にはほとんど見られない．要するに，7世紀初め，大和政権においては西嶋定生氏が指摘する「世襲的な貴族制が否定されて官僚制が成立」していたことを示す点は見られない．

次に，大和政権の君主の"非常に強い権力"について考える．崇峻天皇は592年に大臣の蘇我馬子に暗殺されて，その日に埋葬されてしまった．王家・天皇の権威は文字通り地に墜ちたのである．推古天皇は崇峻天皇を暗殺した馬子によって擁立された天皇である．推古政権において，特に初期，圧倒的な専制権力を握っていたのは大臣の蘇我馬子である．推古天皇は即位して32年もたって，馬子が葛城県を自分の封県（領地）としたいと要求したときに「大臣（馬子）の言は……何の辞をか用ゐざらむ（どのような言葉も聞き入れてきた）」と述べる一方で，即位以来初めて，推古天皇は大臣馬子の要求の1つ（葛城県）を拒否できたのである．

倭国伝が書く軍尼制は，馬子による崇峻天皇暗殺のわずか8年後の倭国の実態である．即位して8年の時点で，推古天皇に軍尼制を制定できるほどの非常に強い権力・権威があったとはとても考えられない．

要するに，7世紀初めの大和政権において，官僚制や天皇の権力など，郡県制の軍尼制が成立するための客観的な条件が整っていたとはいえない．

(b) **要約・結論：軍尼制は大和政権の制度ではない．**

以上の私見を要約すると以下のようになる．

① 倭国伝の「軍尼」と「伊尼翼」が，日本書紀の「国造」と「稲置」であるかは疑問である．
② 2段階の統治体制の一致だけで，軍尼制を大和政権の国県制とするのは根拠ふじゅうぶんである．
③ 倭国伝が書く軍尼制の特徴である「均等・一律」は，日本書紀が書く7世紀初めの国造・稲置の実態とは合致しない．
④ 7世紀初め，国造や稲置は大和政権の君主が任命し派遣した官僚ではない．
⑤ 軍尼制が，7世紀初めの大和政権において10万戸の規模で確立していたことを示す点はない．
⑥ 7世紀初め，大和政権には10万戸を対象とするような戸籍制度は存在していない．
⑦ 7世紀初めの大和政権において，官僚制の成立や非常に強い倭王の権力という，郡県制の軍尼制が成立するための客観的な条件が整っていたとはいえな

い.

　以上のように，倭国伝が記す7世紀初めの倭国の軍尼制，すなわち，10万戸という多数の人民を対象とする，倭王－軍尼－伊尼翼－戸という中央集権の先進的な郡県制の統治体制は大和政権の実態とは合致せず，そもそも大和政権に郡県制の郡尼制が成立する客観的な条件が整っていない．従って，以下が結論される．

　倭国伝が記す7世紀初めの倭国の軍尼制，すなわち，10万戸という多数の人民を対象とする，倭王－軍尼－伊尼翼－戸という中央集権の先進的な郡県制の統治体制は大和政権の制度ではない．

この結論の根拠は上記①〜⑦である．

(c) 軍尼制は「多利思比孤≠推古天皇」を示唆している

　倭国伝が書く倭国の軍尼制が大和政権の制度ではないという以上の結論を「多利思比孤＝推古天皇」の観点から合理的に理解することは難しい．しかし，もしも「多利思比孤≠推古天皇」(すなわち「倭国≠大和国」)とすれば，倭国伝はあくまで大和国とは異なる倭国の軍尼制を書いているのであって，大和政権の制度を書いているのではない．従って，軍尼制が大和政権の実態と一致しないことは当然であって，問題なく理解できる．換言すれば，倭国伝が記述する軍尼制は，「倭国≠大和国」(「多利思比孤≠推古天皇」)を強く示唆しているのである．

　以上の結論に基づくと，問題点7は以下のように理解される．

　〈問題点7〉7世紀初頭，倭国伝が書くすっきりした郡県制の軍尼制は大和政権の制度なのか．

　➡倭国伝が書く郡県制の軍尼制は，均等・一律性，官僚派遣，戸籍など7世紀初めの大和政権の実態とは一致せず，軍尼制は大和政権で実施されていた制度ではない．そもそも大和政権は郡県制の郡尼制が成立する客観的な状況にはない．倭国伝はあくまで倭国の制度として軍尼制を書いたのであり，軍尼制は大和政権の制度ではない．このことは「倭国≠大和国」(「多利思比孤≠推古天皇」)を強く示唆している．

12 要約・結論：倭国伝が書く郡県制の軍尼制

　以上の倭国伝が書く倭国の軍尼制全体に関する主要な議論を要約すれば以下のようになる．

　(a) 倭国伝が書く倭国の軍尼制は画期的な郡県制の統治体制である．

　(b) 倭国の軍尼制は百済の郡県制の統治の影響で作られた統治体制である．

　(c) 井上光貞氏は倭国伝の軍尼制は大和政権の国県制であると指摘される．しか

し，日本書紀が書く大和政権の国県制には均等・一律性や官僚派遣などは見られず，軍尼制が大和政権の国県制であるという氏の見解は説得力ふじゅうぶんである．
(d) 軍尼制に対する研究者の見解は一致しておらず，大和政権の国県制は倭国伝の軍尼制ではないという見解の研究者も多い．
(e) 均等・一律性，官僚派遣，戸籍など，7世紀初めの大和政権の実態は倭国伝の軍尼制と合致しない．
(f) 当時の大和政権には郡県制の軍尼制が成立する客観的な条件は整っていない．
(g) 以上の議論から，軍尼制に関して以下のように結論される．
　① 倭国伝が記す7世紀初頭の倭国の軍尼制，すなわち，10万戸という多数の人民を対象として，倭王－軍尼－伊尼翼－戸という中央集権の先進的な郡県制の統治体制，は，大和政権の制度ではない．
　② 倭国伝が書く軍尼制は「倭国≠大和国」（「多利思比孤≠推古天皇」）を強く示唆している．

倭国では「兵ありといえども征戦なし」

1 倭国の軍事力
2 日本書紀が記す「兵ありといえども征戦なし」の実態
3 「新羅・百済……（倭国を）敬仰し」が示すこと

1 倭国の軍事力

　倭国伝は，倭国の軍事に関して，「兵ありといえども征戦なし」と書く．つまり，倭国軍は存在するが，征戦はないという．「征戦」とは「①戦場に行く．また，戦争．②征伐して戦う」〔新漢語林〕である．つまり，倭国には軍はあるが，征伐などの戦争はないというのである．
　倭国伝はこの1行しか倭国の軍について触れないが，平和な世界であったことを示唆する別の点が，「城郭なし」という記述である．城郭（都市を囲む壁）がないということは，それを必要としなかったことを意味する．すなわち，倭国では城郭を必要とするような周辺諸国との緊張関係がなかったのである．そのことは「兵ありといえども征戦なし」という平和な状態とよく合致している．
　倭国伝は，倭国の軍事力については触れないが，倭国の軍事力を推定できる記述

がある．それは周書の百済の軍事力に関する記述である．周書百済伝は百済の軍事力について，「王都には家が一万戸あり，五部に分かれ……（各部は）五百人の兵を支配する」と書いている．すなわち，百済においては，王都の1万戸から2500人の兵士，すなわち4戸で1人の兵である．これに地方から約5000人の兵を加えて，合計約7500人である．これは常備軍であると見られるので，この7500人の軍を中核に，必要に応じて兵を徴募したのだろう．

　倭国が百済と強い同盟関係にあったことを考えれば，倭国も百済と同じように常備軍を形成していただろう．百済の"4戸で兵士1人"を基準とすれば，倭国では10万戸であるから，兵士2万5000人の常備軍となる．必要に応じて，それ以外からの徴募もできただろうから，倭国の総兵力はさらに多い．百済に比べて倭国の軍事力はかなり大きい．倭国が朝鮮諸国から軍事大国と見られたのは根拠のないことではない．

　ただし，高句麗という長年の敵に対して死闘を繰り返し，新羅ともお互いに侵略し合ってきた百済に比べれば，対外戦争が少ない倭国でこれほどの常備軍を必要としていたとは思われない．実際には1万人程度の常備軍だろうか．必要が生じれば，もっと大軍を編成できる状態であったのだろう．倭国は潜在的軍事大国と言うべきだろう．

2 日本書紀が記す「兵ありといえども征戦なし」の実態

　このように，かなり強大な潜在的軍事力を有していたと推定できる倭国で，「兵ありといえども征戦なし」と倭国伝は書くが，高橋善太郎氏は［高橋②］，倭国伝の記述は「文字通り解することもできない」とし，「推古八年（600年）に任那救援のために軍を出していることが見える」と指摘される．また，同様に，602年の来目皇子の大軍も指摘され，「隋書のいう所は現実ではない」とされたのが川勝守氏である［川勝］．

　改めて，日本書紀から対外的な軍事行為と見られるものをチェックすると，第一次遣隋使の前の6世紀後半の半世紀に限っても，以下のような軍事行動がある．

① 554年（欽明15年），日本書紀は「内臣，舟師を率て，百済に詣る」と百済聖明王を支援する軍1000名を朝鮮に派遣したと書く．このとき派遣した軍は新羅軍と実際に戦っている．

② 562年（欽明23年），任那が新羅によって滅ぼされる．それに対して日本書紀によれば，欽明23年（562年），「大将軍紀男麻呂宿禰を遣して，兵を将て哆唎よ

り出ず……」と新羅を攻撃している.

③ 同じ年の562年, 日本書紀は, 「天皇, 大将軍大伴狭手彦を遣して, 兵数万を領て, 高麗を伐たしむ」と記す. 新羅の任那占領の後, このような大軍を高句麗攻撃に派遣することは考えにくいので, たとえ, この軍が事実としても, これはおそらく550年頃のことであろう.

④ 任那滅亡以来, 任那復活は大和政権にとっては最重要の外交課題となる. 新羅に対してはっきりと軍事的圧力を加えたのが崇峻天皇で, 日本書紀は, 崇峻4年 (591年) 11月, 「紀男麻呂宿禰……を大将軍とし……二万余の軍を領て, 筑紫に出で居る」と「二万余」の大軍を筑紫へ派遣し, 使者を新羅へ派遣して, 「任那の事を問わしむ」と, 新羅へ軍事的圧力をかけた. しかし, その後, 崇峻天皇は大臣の馬子に暗殺され, 筑紫派遣軍はうやむやに筑紫から引き上げた.

⑤ 崇峻天皇の後の推古天皇は, 推古8年 (600年) 是歳, 「境部臣……大将軍とし……万余の衆を将て (率いて) ……新羅を撃つ……新羅に到りて五城を攻めて抜く」と, 新羅を実際に攻撃している. この新羅攻撃は征戦そのものであって, 「征戦なし」という倭国伝の記述とはっきりと矛盾している.

⑥ 推古10年 (602年) には, 「来目皇子を新羅を撃つ将軍とし……軍衆二万五千人……筑紫に到ります」と書かれている. この軍派遣は実際の新羅攻撃に至らなかったが, それは来目皇子が病気になったからである. 来目皇子の病気がなければ, 軍は新羅攻撃をしたのではなかろうか.

以上のように, 大和政権にとって, 新羅に制圧された任那の復活は6世紀後半のきわめて重要な課題であったことは明らかだ. 554年の軍派遣は百済聖明王の要請に応えて送った援軍であって, 自発的意思による新羅征討軍とは違っているが, 562年と600年の新羅に対する軍事攻撃は明らかに「征伐して戦」っている. 特に後者は「征戦」そのものである. 591年の筑紫への大軍派遣や602年の大軍も, 状況によっては新羅征討軍となったはずである. 日本書紀による限り, 「兵ありといえども征戦なし」とは言えず, 倭国伝の記述と合致しない.

以上のように, 倭国伝の「兵ありといえども征戦なし」は, 多くの研究者が指摘されるように日本書紀の記述とは矛盾している.

3 「新羅・百済……（倭国を）敬仰し」が示すこと

倭国伝には, 「兵ありといえども征戦なし」に関係する別の記述がある.

「新羅・百済，皆倭を以て大国にして珍物多しとなし，並びにこれを敬仰し，恒に通使・往来す」．

という記述である．新羅・百済にとって倭国は，「大国」であり，「敬」い「仰」ぐ国であると認識され，常に「通使・往来」する国であるというのである．このことは，倭国は新羅・百済と友好的な外交関係にあったことを明瞭に示している．そして，倭国は，「大国」で「敬仰」される存在であって，新羅・百済とは「対等」というよりも，上位に見られている国として書かれている．

長い間，倭国優位の同盟関係にあった百済についてはこの記述はふさわしいだろうが，新羅に関してはこの記述は問題がある．なぜならば，日本書紀によれば，何度も征討軍を派遣し，何かと軍事的圧力を加える大和政権を新羅が「敬仰」するとは思えないからである．実際に，新羅の使者が持ってきた調を突き返したりするぎくしゃくした関係である．

これらの点に関して，川勝守氏は［川勝］，「隋書のいうところは現実ではない」，「史料批判が必要である」と批判される．「史料批判が必要」というのは婉曲な言い方で，おそらく，倭国伝の記述は信用できないということであり，倭国伝の記事が日本書紀と一致しないのは，隋書倭国伝の「風俗」記事そのものに問題があると疑われているのであろう．

その疑いはもっともではあるが，隋書倭国伝が新羅と倭国の関係に関して何らかの意図で操作する必要があるだろうか．当時の隋や唐にとっては，高句麗は大きい問題であったが，倭国と新羅がどういう関係であるかは重要な問題ではない．事実に反して，あえて倭国と新羅の関係が良好であったと操作しても政治的な利益はないし，その必要性もない．従って，隋あるいは唐が政治的な意図によって，隋書倭国伝の記述を造作したとは思えない．

そうではなくて，別の可能性の方が重要だと思う．それは「第一次遣隋使」が示唆するように，倭国伝が描く「倭国」は日本書紀の「大和国」ではない可能性（換言すれば「多利思比孤≠推古天皇」）である．もしも倭国伝が記す「倭国」が大和政権の「大和国」とは異なる別の国であるとすれば，倭国伝と日本書紀の記述に矛盾があるとは言えない．

すなわち，倭国伝の「兵ありといえども征戦なし」，「（新羅が倭を）敬仰し，恒に通使・往来」したという記述は，「倭国伝の倭国＝日本書紀の大和国」（「多利思比孤＝推古天皇」）という観点から見れば，日本書紀の記述と矛盾しており，川勝氏のように倭国伝の記述を疑うことになるが，もしも倭国≠大和国（「多利思比孤≠推古天皇」）で

あれば，倭国伝は倭国のことを書き，日本書紀は別の国である大和国のことを書いているのであるから，両者の不一致は矛盾とは言えないのである．

私見では，倭国伝の「兵ありといえども征戦なし」，「新羅……これ（倭国）を敬仰し，恒に通使・往来す」という倭国伝の記述は「多利思比孤≠推古天皇」，すなわち，倭国伝が書く倭国は大和政権の大和国ではないこと，を示唆していると考える．

倭国の先進的な裁判制度

倭国伝は，倭国における訴訟，審理，刑罰という裁判・司法制度について，「獄訟（訴訟）を訊究する（問いただす）ごとに，承引せざる者は，木を以て膝を圧し……」と書く．

「獄訟」とは「うったえ，訴訟」であり，「罪を争うを獄……財を争うを訟……また大事件を獄・小事件を訟」という［石原②］．また，「訊」とは「上の者が下の者に問いただす，取り調べる．罪を調べる，とがめる」という意味である［新漢語林］．つまり，「獄訟（訴訟）を訊究する」というのは，訴訟によって言い分を取り調べることであり，「訴訟事件の審理」である．きわめて短いが，この一行は，7世紀初頭，倭国に訴えによって取り調べるシステムが確立していたことを示している点で重要である．

訴訟による取り調べの結果，

「人を殺し，強盗および姦するは皆死し，盗む者は贓（盗品）を計りて物を酬いしめ，財なき者は，身を没して奴となす．自余（それ以外）は軽重もて，あるいは流しあるいは杖す」，

と書かれている．

高橋善太郎氏は［高橋②］，「笞・杖・徒・流・死」という5つの刑罰（五刑）が中国で定まったのは隋代からであるが，その前の北朝の北斉や北周でも同様の五刑があったという．「笞」と「杖」は竹や杖で打つことである．「徒」は徒刑という刑罰で，重罪者を労役に服させた刑罰［新漢語林］である．高橋氏は倭国伝の「財なき者は，身を没して奴となす」の「『奴』は内容的には『徒』に相当すると思われる」と指摘されるが，妥当な推定だろう．「流」は流刑で，「死」は死刑である．すなわち，この一文は，7世紀初頭の倭国では，「笞・杖・徒・流・死」という中国の「五刑」に相当する刑罰がすでに実施されていたことを示唆している（笞が抜けているが，おそらく一番軽い刑である竹の笞もあっただろう）．換言すれば，倭国内に中国の律令的な司

[第2章] 隋書倭国伝が示す「倭国」という国家の実態　103

法システムができあがっていたことを示唆している．高橋氏は「後世大宝律に定められた笞杖徒流死の五刑の……先駆がここに現れて」いると指摘される．

以上の倭国伝の記述は，倭国においては，訴訟（「獄訟」）→取り調べ（「訊究」）→刑罰と，訴訟によって取り調べ，罪に応じて「笞・杖・徒・流・死」という５つの刑罰（五刑）を与えるという体系的な裁判・「司法」・「律」システムが機能していたことを示している［高橋②］．

ただ，７世紀初頭の倭国にこのような先進的な司法体制が可能であったのかという問題がある．この点に関連して以下の２点が重要である．

第１に，このような司法制度は６世紀前半の磐井の筑紫政権の裁判・司法システムの継承を示唆している点である．磐井の墓に関して筑後国風土記逸文に書かれている裁判場面は，まさに磐井の先進的司法システムを示唆しているが［古田③］，隋書倭国伝が書く倭国の司法システムは磐井の裁判制度の継承と見ることができる（本拙論では，最終的に倭国伝が書く倭国は磐井の筑紫国を継承した国であることを結論する）．

第２に，中国の律令である．古田武彦氏は中国の律令について以下のように指摘される［古田③④］．

① 刑法としての律は秦の時代に始まり，隋に至るまで中国では延々と律令は継続されてきた．
② 三国史記新羅本紀は［林］，新羅の法興王７年（520年）「律令を頒布す」と書く．古田氏は「新羅に先んじて百済が『古律令』を施行していたとしても何等不思議ではない」と指摘される．

倭国の磐井の先進的な司法システムはおそらく百済経由で中国の律令の影響を受けた結果であろう．

一方，大和政権で五刑の刑罰を規定する「律」が制定されたのは，はるか後の持統天皇３年（689年）の飛鳥浄御原令や701年の大宝律である［高橋②］．このことは，倭国伝が示す７世紀初頭の倭国の司法・裁判制度は大和政権のものではないことを示唆している．

以上のように，７世紀初頭の倭国に「五刑」があったことを「多利思比孤＝推古天皇」の観点から理解することは容易ではないが，「多利思比孤≠推古天皇」であれば，倭国伝が書く倭国の裁判制度は，磐井の先進的な裁判制度を引き継いだ倭国の裁判制度であると無理なく理解できる．

倭国国内に阿蘇山がある

　倭国伝は,「阿蘇山あり. その石, 故なくして火起り天に接する者, 俗以て異となし, 因って禱祭を行う」と書く. 倭国伝はあくまで「倭国」の風俗記事の中に阿蘇山について述べているのであるから, 倭国は阿蘇山のある肥後国北東部を統治領域として含む国と考えられる.
　当時の肥後国北東部の阿蘇が大和政権の統治下にあったかどうかははっきりしない. 肥後南西部の葦北地方が大和政権との関わりが深かったことは, 敏達12年 (583年), 敏達天皇が火 (肥後国) 葦北の国造の子で百済の達率という第2冠位の日羅を呼び寄せて「相計らむ (計略を立てたい)」と言った点や, 推古17年 (609年) 葦北に漂着した百済の呉への使者が「聖帝 (日本天皇) の辺境」に漂着して悦んだという日本書紀の記事が示唆している. しかし, 葦北地方は肥後国の南西部であり, 阿蘇は正反対の肥後国北東部にある. 当時, 肥後北東部が大和政権の統治下にあったことをうかがわせる日本書紀の直接的な記事はないようだ.
　いずれにせよ,「阿蘇山あり」は, 7世紀初頭, 倭国伝が記述する「倭国」が肥後国北東部の阿蘇をその統治領域としていたことを示唆している. なお, この阿蘇山の記述は, 600年の第一次遣隋使から隋の役人が聞いたというよりも, 筑紫にやってきた隋の使者裴世清が聞いた話［安本①］とする方が自然であろう.

要約・結論：隋書倭国伝が書く倭国は確固とした国家である

　　1 倭国伝が書く「倭国」は実体を備えた確固とした「国家」である
　　2 倭国伝の風俗記事で「多利思比孤 ≠ 推古天皇」を示す点

　倭国の風俗記事は多方面にわたるが, 要約すれば, 重要な結果が2点あると考える. 第1に, 倭国が「国家」としての実体を備えている点であり, 第2に,「多利思比孤 ≠ 推古天皇」を示唆していることである.

1 倭国伝が書く「倭国」は実体を備えた確固とした「国家」である

　倭国伝の風俗記事に基づけば, 倭国という「国家」の実体として以下の諸点が重要である.

① 官位十二等という官位制度が施行されている（詳細は別章）．
② 倭王－軍尼－伊尼翼－各戸という郡県制的な軍尼制による国内統治体制が確立している．
③ 10万戸というたくさんの人民を統治している．
④ 10万戸の人民が住む広大な統治領域を持ち，その統治領域に阿蘇山がある．
⑤ 強大な軍を持っている．
⑥ 獄訟（訴訟）を訊究し（取り調べ），罪に応じた罰（「笞・杖・徒・流・死」の五刑）が定められている先進的司法・律令システムがある．
⑦ 「新羅・百済……これ（倭国）を敬仰し，恒に通使・往来す」と書くように，新羅・百済と倭国優位の外交関係がある．

以上の諸点は，倭国伝が描く「倭国」が実体を備えた確固とした「国家」であることを示している．倭王多利思比孤は"九州・山陽あたりの一豪族"というような存在ではない．あくまで確固とした「倭国」という国家の王である．

2 倭国伝の風俗記事で「多利思比孤≠推古天皇」を示す点

以下の諸点は，倭国伝が書く倭国は日本書紀が書く大和国ではないこと，換言すれば「多利思比孤≠推古天皇」，を示唆している．
① 倭国の官位十二等は大和政権の官位制度ではない（別章）．
② 郡県制の軍尼制は大和政権の統治制度ではない．
③ 「兵ありといえども征戦なし」は大和政権の実態と矛盾している．
④ 新羅が倭国を「敬仰」しているという倭国伝の記述は，日本書紀が書く大和政権と新羅の関係とは矛盾している．
⑤ 倭国伝が書く倭国の先進的司法・裁判システムが七世紀初頭の大和政権にあったとは考えにくい．

以上の結果に，上記の「倭国」は確固とした国家である点を加えると，倭国伝が書く倭国は大和国とは異なる別の国家であることを強く示唆している．

第 3 章

第二次遣隋使：
自主独立・対等の倭王多利思比孤

- ■ 自主独立・対等の立場を明示した「日出ずる処」国書
- ■ 隋皇帝は多利思比孤を「宣諭」するために裴世清を派遣した
- ■ 多利思比孤が「朝貢」を認めるという変節
- ■ 隋の使者裴世清に対する多利思比孤の熟慮の対応
- ■ 矛盾を残したまま決着した「日出ずる処」国書の問題
- ■ 要約・結論：あいまいに黙認された倭国の自主独立・準対等の立場
- ■ 改めて第一次遣隋使に関する諸問題点を考える

第一次遣隋使や倭国の風俗記事はいろいろと重要な問題を提起しているが，倭国伝の記述内容そのものの理解には問題はない．しかし，第二次遣隋使以後については，倭国伝も日本書紀も，記述そのものの理解が容易ではない．第二次遣隋使以後の隋書倭国伝と日本書紀の矛盾する記述を，個別の問題ごとに合理的に理解し，その結果，全体としてどのように合理的に理解するかが課題である．全体が混乱して分かりにくい原因は隋書倭国伝にも，日本書紀にもある．倭国伝には記述のあいまいさに問題があり，日本書紀には造作がある．第3・第4章では倭国伝と日本書紀を分析し，検討する．

自主独立・対等の立場を明示した「日出ずる処」国書

　1　「日出ずる処」国書と「仏教」
　2　自主独立・対等の立場を明示した「日出ずる処」国書
　3　研究者の見解：煬帝は「日出ずる処」国書の何を「不悦」・「無礼」としたのか
　4　多利思比孤は「天子」を自称し，隋皇帝に対して自主独立・対等の立場を主張した

1 「日出ずる処」国書と「仏教」

　倭国伝は，607年，
　「大業三年（607年），その王多利思比孤，使を遣わして朝貢す」，
と，倭王多利思比孤が第二次遣隋使を送ってきたと書く．そして，
　「使者いわく，『聞く，海西の菩薩天子，重ねて仏法を興すと．故に遣わして朝拝せしめ，兼ねて沙門数十人，来って仏法を学ぶ』と」，
という多利思比孤の言葉を書く．この文から，第一次遣隋使によって，隋皇帝が仏教隆盛に力を入れている「菩薩天子」であることが多利思比孤に報告されたことが分かる．「菩薩天子」とは，直接的には，悟りを求めて修行する天子，であろうが，自分に限らず，臣下や人民の悟りをも奨励・援助する天子，仏教の保護・隆盛を進める天子，というイメージであろう．第一次遣隋使の派遣目的は明確には書かれていなかったが，隋からの先進的な政治・文化，特に仏教の導入が目的の1つであったことが分かる．

　第一次遣隋使の報告を聞いた多利思比孤は，隋皇帝は「菩薩天子だ」と認識した．それはまさに多利思比孤が望んでいたことであり，大喜びで隋との関係強化に乗り

出した．その点が「海西の菩薩天子，重ねて仏法を興すと，故に遣わして朝拝せしめ」という多利思比孤の言葉に表れている．多利思比孤には，仏教隆盛に熱心な菩薩天子という隋皇帝の姿は大きく見えたし，それを高く評価した．そして熱い思いで第二次遣隋使と「沙門数十人」という大量の留学生を送った．

　おそらく多利思比孤は仏教隆盛を進める隋皇帝に友人のような親近感を抱いたのであろう．多利思比孤は第二次遣隋使に隋皇帝宛の国書を託した．その内容が，
　「その国書にいわく，『日出ずる処の天子，書を日没する処の天子に致す，恙なき
　　（つつがなき）や，云云』と」，
と引用されている．これが有名な「日出ずる処……」の国書である（以下，「日出ずる処」国書と略記する）．多利思比孤は尊敬と親しみを込めて国書を書いたのであろう．ところが，
　「帝（隋皇帝煬帝），これを覧て悦ばず（『不悦』）．鴻臚卿にいっていわく，『蛮夷の書，
　　無礼なる（『無礼』）者あり，復た以て聞するなかれ』と」，
と，隋皇帝煬帝は「日出ずる処」国書を読んで，「悦ばず（『不悦』）」，「礼無き（『無礼』）」と反応した（＊1）．おそらく多利思比孤には意外な反応であっただろう．これで事態は一変し，以後，「仏教」は表面から消える．

　変化を引き起こしたのが多利思比孤の「日出ずる処」国書である．倭国伝が引用している多利思比孤の国書は，冒頭部分だけで，短い引用文であるが，その内容は鮮明である．倭王多利思比孤が，自らを「日出ずる処の天子」と称し，中国皇帝を「日没する処の天子」と書いている．すなわち，多利思比孤は，堂々と「天子」という称号を自称し，「天子－天子」と隋皇帝と対等で，隋皇帝に対して自主独立・対等の立場を明示している．ここには中華皇帝に平伏する蛮夷の王の姿はない．しかし，中華皇帝から見て「天子」は1人しかいない．あくまで中華の皇帝が唯一の「天子」であって世界を統治するというのが中華皇帝の立場である．

　多利思比孤には仏教隆盛に取り組む「隋皇帝＝菩薩天子」の姿ははっきりと見えた．しかし，世界統治の頂点に立つ「中華皇帝」の姿はあまり見えなかったと推定される．そのような状況で書かれたのが「日出ずる処」国書である．そのために，「中華皇帝」への配慮を欠き，中華思想を全面否定する自主独立・対等という本音が露骨に出た内容となった．その結果，中華思想から見るととうてい許容できない国書となったと考えられる．

　隋皇帝煬帝は，天下に2人はいないはずの「天子」の称号を蛮夷の王が自称し，中華皇帝と対等の立場の国書をよこしたと不快に思った．

隋皇帝は単なる菩薩天子ではない．隋の皇帝には仏教の擁護者である菩薩天子という面と中華の皇帝という両面がある．第一次遣隋使の際，隋皇帝の高祖文帝が中華皇帝の姿を前面に押し出さなかった結果として，多利思比孤の第一次遣隋使には隋皇帝の「菩薩天子」の面が大きく見え，中華皇帝の姿はほとんど見えなかった．使者の報告を聞いた多利思比孤も同じように，「中華皇帝」はあまり見えなかったと推定される．

　確かに，隋皇帝は熱心な仏教信者で仏教の保護者だっただろう．しかし，隋皇帝のより重要な本質はあくまで中華の皇帝である．すっきり割り切って言えば，「菩薩天子」や仏教支援などは，あくまでも広大な国土と膨大な人民を統治するための手段に過ぎず，皇帝の外向けの顔である．少なくともそういう面が含まれている．そのことを示すのが「帝，これを覧て悦ばず（「不悦」）」，「蛮夷の書，礼無き（「無礼」）者あり」という煬帝の言葉である．ここにある煬帝は仏教の菩薩天子ではなくて世界の頂点に立つ中華皇帝である．多利思比孤の「日出ずる処」国書によって，隋皇帝が持つ２つの顔の中でより本質的な「中華の皇帝」が現れたと考えられる．

　「日出ずる処」国書を読んだ隋皇帝は，中華皇帝としての本質を露骨に表に出してくる．「日出ずる処」国書を境に，「仏教」は表面からは消え，その代わりに中華思想・王化思想が最重要の内容となった．煬帝は「復た以て聞するなかれ」と反応したが，こういう状況で中華皇帝がとるべき対応は蛮夷の王を拒否し，断絶することではない．それが，

　「明年，上（煬帝），文林郎裴（世）清を遣わして倭国に使せしむ」，

であって，裴世清を倭国へ派遣したと書く（*2）．王化思想に基づけば，これが「天子」を自称する国書をもって朝貢してきた蛮夷の王に対する中華皇帝のなすべきことである．

* 1　石原道博氏は「無礼」を「無礼なる」と読まれたが，西嶋定生氏は［西嶋②］，「この場合の無礼とは，文字どおり礼儀を欠くという意味であって，単なる非難の言葉ではない．従ってここは『蛮夷の書，礼なきものあり』と訓ずべきで，この国書が具体的に礼儀を欠くものであったことを指摘したものと解すべきである」と指摘される．西嶋氏の指摘が正しいと考えるので，以下，本拙論では「礼無き」と訓じることにしたい．
* 2　「裴清」のことを日本書紀は「裴世清」と書いており，倭国伝が編集された当時の唐皇帝「李世民」の名によって「世」を避けたと理解されている．そこで本拙論では以下「裴世清」で統一する．

２ 自主独立・対等の立場を明示した「日出ずる処」国書

倭国伝が載せる多利思比孤の国書は,「日出ずる処の天子,書を日没する処の天子に致す.恙なきや(つつがなきや),云云」という冒頭部分だけで全文は引用されていないが,ここには多利思比孤のはっきりした主張がある.この多利思比孤の「日出ずる処」国書は「遣隋使」に関する諸問題の重要な背景をなしているが,単に「遣隋使」にとどまらず,その後の倭国と中華王朝との外交に重大な影響を与えた国書である.この「日出ずる処」国書のどの点がどのように問題なのかは,遣隋使全体をどう理解するかの最初の要であり,分岐点である.従って,「日出ずる処」国書の最重要の問題点は何かを,はっきりと確認しなければならない.
　研究者は「日出ずる処」国書について以下の3点の問題点を指摘される.
　第1の問題点は,「天子」の称号である［堀①,井上①,河内①など］.
　倭王多利思比孤は自らを「天子」と自称した.しかし,中華思想においては,「天子」は世界中で1人しかいないのであり,「天子」という称号は中華皇帝だけの称号である.あくまで中華の皇帝が唯一の「天子」であって,天の命によって天下を統治・支配するというのが中華思想であり,中華皇帝の立場である.それなのに,多利思比孤は,堂々と自らを「天子」と称し,自主独立の立場を明示している.
　また,「日出ずる処の天子」－「日没する処の天子」と,「天子－天子」として並列に置くことによって,多利思比孤と隋皇帝を同じ「天子」として,対等の立場に置いている.中華思想は華夷思想とも呼ばれるように,中華と蛮夷をはっきりと区別し,中華は人間で,蛮夷は人間ではなく禽獣(鳥や獣)に等しいと差別する.中華皇帝と蛮夷の王はあくまで上下関係であって,対等などあり得ないことである.それなのに多利思比孤は堂々と隋皇帝に対して対等の立場を明確にしている.
　すなわち,「日出ずる処」国書の第1の問題点は,蛮夷の王である多利思比孤が「天子」という称号を自称したこと,および,それによって,「天子－天子」と,中華皇帝に対して自主独立・対等の立場を主張したこと,一言で言えば,蛮夷の王が「天子」と自称したこと,である.
　第2の問題点は,「日出ずる処」と「日没する処」を対比させたことである［栗原①］.
　太陽の昇る所と没する所と対比させれば,倭国は勃興し隆盛に向かう「日出ずる」国で,隋は衰えつつある黄昏の「日没する」国というイメージを伴う可能性がある.この点から,倭王多利思比孤は隋皇帝に対して「対等以上」の立場を提起したと見ることもできる.
　第3の問題点は,「書を致す」という国書の形式である［西嶋②,佐伯］.

国と国との外交の場において，国書の形式などどうでもいいというものではない．特に，上下関係を重視する中華思想の「礼」においては，重視されることである．「書を致す」というのは対等の立場の書の形式であって，蛮夷の王が中華の皇帝へ出す国書の形式ではない．

以上の3点が研究者が指摘される「日出ずる処」国書の問題点であって，私見でもその通りであると思う．第1は，蛮夷の倭王である多利思比孤が「天子」という称号を自称し，自主独立の立場を明示したこと，第2に，隋皇帝を「天子－天子」と対等・並列に置いたこと，および，対等の書の形式によって，対等の立場を主張していることである．従来，「日出ずる処」国書は，隋皇帝に対して倭王多利思比孤がこのような自主独立・対等の立場を表したものと考えられてきたのは当然である．あるいは，第3に，「日出ずる処」と「日没する処」という対比を重視すれば，隋に対して「対等以上」を主張したと見ることもできないではない．

倭王多利思比孤が隋皇帝に対して自主独立・対等の立場を明確にしたことは遣隋使だけでなく，その後の日中外交全体に，きわめて重要な影響を与えた．

3 研究者の見解：煬帝は「日出ずる処」国書の何を「不悦」・「無礼」としたのか

「日出ずる処」国書を隋皇帝の立場から見ると，蛮夷の王である多利思比孤の「日出ずる処」国書は問題があるものとなる．「日出ずる処」国書を読んだ隋皇帝煬帝は，「これを覧て悦ばず（「不悦」）」，「蛮夷の書，礼無き（「無礼」）者あり」と反応したと倭国伝は書く．

煬帝は「日出ずる処」国書のどの点を「不悦」・「無礼」としたのだろうか．煬帝にはもちろん上記の3点とも「無礼」で「不悦」だっただろう．ただ，3点の中のどの点が特に煬帝を不快にさせたのか，どの点を「無礼（礼無き）」と言ったのだろうか．このことは重要な点であって，「遣隋使」全体の理解に大きい影響がある．

どの点が煬帝が「不悦」・「無礼」とした最重要の問題なのかについては，研究者のいろいろな見解があって一致していない．

第1の見解として，「天子」という称号が最重要とするのが有力で，多くの研究者の見解となっている［堀①，井上①，河内①など］．堀敏一氏に代表していただけば［堀①］，「天子はこの天下にただ一人しかいないというのが中国の考え方」，「煬帝は，とくに中華意識が強い皇帝であったから，夷狄の君主が『天子』と称するのは我慢できなかったにちがいない」と指摘される．

従来，堀氏に代表される見解が多数であったが，最近，少し視点が異なる見解と

して，河上麻由子氏などの見解がある．河上氏は［河上］，「日出ずる処」国書の「天子」は「諸天から守護され，三十三天から徳を分与された国王」という仏教用語としての「天子」と理解すべきで，中華思想上の「天子」ではないとされる．そして，「倭王が『天子』を自称するのは仏教後進国の王としては不遜である．煬帝が倭国の書状に不快感を示したのも当然であった」と，煬帝が「不悦」だったのは，仏教後進国の王が不遜にも「天子」を主張したからだと指摘される．

第2の見解は，煬帝不快の理由は「日出ずる処」と「日没する処」の対比にあるとし，「日出ずる処」の国は勢いある隆盛の国，「日没する処」の国は勢いの落ちた斜陽の国という理解である．すなわち，倭国を隋に対して「対等以上」とした点を重要視する見解である［栗原①］．

この見解について，増村宏氏は［増村①］，「『日出処』より『日没処』をより不祥の意味に，あるいは後者を『悲哀寂滅の感を伴ふ』とし，またはその間に優劣・勝劣の意味がこめてある，すなわち『対等以上』に理解することを自明の理とする『日本史観』とも言うべき理解があった」と指摘される．このような経緯があるためか，研究者のいろいろな見解がある．栗原朋信氏は［栗原①］，倭王の名前も記されていないし，「臣」とも称さず，「対等乃至は己を優位に置」いた「『日出処』『日没所』は優劣の意を寓してあるものと認めるべき先例」があると指摘される．そして「日本を優位におき，隋を見下す姿勢であったから問題が起こった」と指摘される．増村氏は［増村②］，中国の受け取り方はそうではないとされ，「日没する処」は「天下のさいはて」であり，中華皇帝はあくまで世界の中心の天子であって，さいはての天子とは考えないという．すなわち，「日出ずる処」と「日没する処」という対比に優劣の意味を受け取らないとされる．東野治之氏は［東野①］，「日出処」・「日没処」の出典は「大智度論」という経論であり，単に東西を意味する表現に過ぎないという．河内春人氏も同じ意見であって［河内②］，「従来有力な学説であった『日出処』は『日没処』に優越するという解釈は成立しがたいことがここに明確になった」と指摘される．

第3に，「書を致す」という国書の形式である［佐伯，西嶋②］．

佐伯有清氏は［佐伯］，「煬帝は『日出ずる処の天子』や，『日没する処の天子』の語句に，それほど，こだわらなかったにちがいない」，「これに対して……煬帝がよろこばなかったのは，『敬みて……問う』とすべきところが，『書を……致す』となっていたためであろう」．また，西嶋定生氏も［西嶋②］，蛮夷でありながら「対等な書式を用いたというところにある」と指摘される．いずれにせよ，「書を致す」とい

うのは蛮夷の王が中華皇帝へ送る国書の形式ではない．

4 多利思比孤は「天子」を自称し，隋皇帝に対して自主独立・対等の立場を主張した
(a)「日出ずる処」国書の最大の問題点は何か

　私見では，多くの研究者の第1の見解［堀①，井上①，石母田など］に賛成であって，煬帝が「不悦」・「無礼」と反応した最大の問題点は「日出ずる処の天子」と「天子」の称号を自称し，「天子－天子」と自主独立・対等の立場を明示した点にあると考える．一言で言えば「天子」の称号である．そう考えるのは以下の点である．

　多利思比孤は「日出ずる処」国書において「天子」を自称したが，中華思想では世界の頂点に立つのは中華皇帝である．「天子」は中華皇帝そのものである．天の命に基づいて天下を統治・支配するのが皇帝であって，世界で1人だけである．中華思想は，中華と蛮夷をはっきりと区別し，差別する．中華と違って「礼」を知らない蛮夷は禽獣（鳥や獣）に等しいと考えるのが中華思想である．これは中華思想の根本である．多利思比孤の「天子」の称号は中華思想の根本に反し，中華思想の「礼」秩序に反している．

　多利思比孤の「天子」の自称は必然的に「天子－天子」という対等の立場を生じさせる．増村宏氏は「『日出処天子』・『日没処天子』を隋廷において『対等』の意味に理解するはずはない」と指摘されるが［増村②］，そうは思えない．「天子－天子」という対比が対等の立場そのものである．国書の形式ももちろん煬帝が「不悦」・「無礼」とする点であったであろうが，それはあくまでも天命によって天下を統治・支配する「天子」という根本的な原則から外れたことによって生じる派生的な「礼」違反である．あくまで根本は蛮夷の王による「天子」の称号である．また「日出ずる処」と「日没する処」に優劣の意が込められているとは思えない．そもそも，国書を隋皇帝へ送る際，倭王が皇帝を下位に見るようなことを露骨に書くとは思えない．

　以上から，私見では，隋皇帝が「不悦」で「無礼」とした最大の問題点は多利思比孤の「天子」の称号にあるのではないかと考える．「天子」の自称は必然的に「天子－天子」という対等性を伴うことになる．

(b) 多利思比孤の自主独立・対等という真意を表した「日出ずる処」国書

　「日出ずる処」国書で「天子」の称号を自称した多利思比孤の真意は何だろうか．多くの研究者の見解と同じく，中華思想に基づく隋皇帝への従属・臣従を拒否し，自主独立・対等の立場を主張したものではないだろうか．私がそう考える根拠は以

下の2点である．

　第1の根拠は，「日出ずる処」国書の文章そのものである．「日出ずる処の天子，書を日没する処の天子に致す，恙なきや」という文全体は鮮明である．「天子」という自称，「天子－天子」という対等の立場，倭王が中国皇帝に「書を……致す」という上下関係無視の書の形式，中国皇帝に対して「恙なきや（平穏無事ですか），云云」という友人に対するごとき内容，すべて，中華皇帝に平伏する蛮夷の王というイメージとはかけ離れている．また，「日出ずる処」・「日没する処」が単に「東」・「西」という意味であるとしても「日出ずる処の天子，書を日没する処の天子に致す」という文全体から素直に受け取れる多利思比孤の意思は，あくまでも上下関係ではなく自主独立・対等である．国書のこの一文は中華思想の観点からはとうてい許されない一文である．しかも，これは単なる私信ではなく，倭王として中華皇帝へ送った正式文書なのである．強烈な国書と言うべきであろう．

　やはり，この文は，多利思比孤が，中華の皇帝に対して，「日出ずる処の天子」と「天子」を自称し，さらに「天子－天子」と多利思比孤と隋皇帝を対等に並べ，対等の書式で国書を書くことによって，自主独立・対等の立場を表したものと読むべきではないだろうか（多利思比孤が隋皇帝に対して「対等以上」と思っていたとは考えられない）．

　多利思比孤が百済を通して熱心に仏教や中国の思想文化を導入してきたことは明らかだ．多利思比孤が中華思想に無知だったとは考えにくい．中華思想では「天子」が唯一の存在で天下に2人はいない存在であることは知っていたはずであり，「日出ずる処」国書が中華思想から見ればとんでもない内容であることも，少なくともうすうすは，知っていたと思う．しかし，第一次遣隋使で隋皇帝が中華思想に基づく中華皇帝の姿をほとんど見せなかったために，隋皇帝は蛮夷のそういう国書を問題にすることはないと誤解したのではないだろうか．とはいえ，煬帝にけしからぬ蛮夷と受け取られる危険性も分かっていたと推定される．にもかかわらず，これだけの強烈な国書を送ったのは，多利思比孤は隋皇帝に対してはっきりと自主独立・対等の立場を表明した，と見なければならない．多利思比孤が中国皇帝に対する「自主独立・対等」という本音を述べたのが「日出ずる処」国書ではないだろうか．

　第2の根拠は，倭王多利思比孤の一貫した自主独立・対等の立場である．

　第一次遣隋使（600年）で多利思比孤が「倭国王」などの承認（冊封関係）を求めていない点は重要である．多利思比孤は百済・高句麗・新羅が隋によってそれぞれの「王」やそれぞれの領地などを承認され，冊封関係にあることは当然知っていたはずで，知らなかったとは思えない．にもかかわらず，多利思比孤は「倭国王」など

を求めていない．また，その後の第二次遣隋使（607年）でも同じように「倭国王」などの承認を求めていない．さらに裴世清との対談でも「天子」の称号は撤回せず，冊封は認めていない．これらのことは，倭王多利思比孤は倭国王などの承認を求めることも，隋皇帝と冊封関係を結ぶ意思もなかったことをはっきりと示している．

多利思比孤は，帰国する第二次遣隋使に同道して隋皇帝が使者を派遣してくるとは予想していなかっただろう．やってきた隋皇帝の使者，裴世清は，中華思想を強く押し出してきた．これに対して多利思比孤は苦慮しつつ対応している（後述）が，裴世清を上座に据え，自分は下座ではいつくばるようなことはしていない．あくまで対等の場で対談している．そして，「天子」の称号の撤回や冊封関係は最後まで受け入れていない．そのことは多利思比孤の自主独立・対等の立場をはっきりと示している．

以上の2点から，多利思比孤が，隋皇帝に対して自主独立・対等の立場を表明したのが「日出ずる処」国書であると考える．その中核はあくまで「天子」という称号である．

要するに，「日出ずる処」国書は，隋皇帝に対して自主独立・対等の立場を表明したものであり，

① 「天子」という称号を自称するという自主独立の立場，
② 「天子－天子」という対比，および，「書を致す」という書の形式によって，隋皇帝に対する対等の立場，

を表明したものである．「日出ずる処」国書の中核は「天子」の称号を自称したことである．

(c) 倭王多利思比孤と隋皇帝煬帝の立場の根本的な矛盾

多利思比孤の自主独立・対等の立場が，「中華の皇帝と蛮夷の王」という中華思想の概念からは逸脱したものであることははっきりしている．隋の煬帝から見れば，中華の皇帝と蛮夷の王は，あくまでも中華（人間）と蛮夷（禽獣）であり，対等の関係などあり得ず，はっきりと上下関係である．実際に，倭国伝は第二次遣隋使（607年）について，「その王多利思比孤，使を遣わして朝貢す」と明記しており，煬帝はあくまでも倭国を蛮夷の国と位置づけ，蛮夷の王が「朝貢してきた」と認識している．徐先堯氏が指摘されるように［徐］，中華王朝から見れば，隋と倭国の関係は対等ではあり得ず，「倭王が一蛮客として，積極的に化外慕礼『化を冀って（願って）』遣使来貢し」たのである．あるいは，増村宏氏も指摘されるように［増村③］，「中国は最初から対等者を認めない」，「諸民族は中国に対して政治的，経済的，文化的理

由から『不対等』の『朝貢』という形式を通して交渉を持った」のである．要するに，中華の皇帝から見れば，蛮夷の王の自主独立・対等というのはあり得ないことであり，「朝貢」というのはあくまで蛮夷の王が中華皇帝へ貢物を奉ることであり，服属・臣従することを意味するのである［徐］．

多利思比孤の自主独立・対等の立場と隋皇帝煬帝の中華思想に基づく全世界の統治者としての立場は矛盾がある．この矛盾はそのまま放置できない根本的な矛盾である．

隋皇帝は多利思比孤を「宣諭」するために裴世清を派遣した

1 煬帝は中華思想・王化思想に基づいて裴世清を派遣した
2 裴世清派遣の目的は多利思比孤に中華思想を宣諭することである
3 裴世清派遣の目的は答礼・実状調査か，多利思比孤に中華思想を宣諭することか
4 隋皇帝国書によって生じた混乱

倭国伝は，「日出ずる処」国書を読んだ隋皇帝煬帝は，
「明年，上（煬帝），文林郎裴清（裴世清）を遣わして倭国に使せしむ」，
と日本に使節として裴世清を送ったと書く．

煬帝が裴世清を派遣した目的は何か．一見，何の問題もない単純な問題に見える．しかし，そうではない．すっきりしない点があって，裴世清派遣の目的について，かなり異なる見解がある．その結果,「遣隋使」全体の理解に大きい影響を与え，研究者の見解が一致しない原因の１つとなっていると思う．

1 煬帝は中華思想・王化思想に基づいて裴世清を派遣した

煬帝が裴世清を日本へ派遣した目的を明示しているのは，多利思比孤に会った裴世清の言葉である．倭国伝は裴世清の発言を以下のように書く．

「王（多利思比孤），化を慕うの故を以て，（隋皇帝は）行人（裴世清）を遣わして来らしめ，ここに宣諭す」．

すなわち，裴世清は，多利思比孤が「化を慕って」遣隋使を派遣してきたので，隋皇帝が裴世清を派遣し，裴世清は多利思比孤を「宣諭（述べ諭す）」するというのである．すなわち，裴世清の派遣は，多利思比孤が「化を慕って」遣隋使を派遣し

てきたためであり，その目的は多利思比孤を「宣諭」，すなわち，述べ論すことである．

「化を慕う」というのは分かりにくい表現であるが，これは，中華思想とそれに基づく王化思想による表現である．裴世清訪日に限らず，遣隋使に関しては隋の中華思想・王化思想は重要な背景をなしている．そこで，中華思想と王化思想について，私なりに整理すれば以下のようになる．

中華思想と王化思想

中華思想では，中華（中国）が世界の中心であり，天の命を受けた天子である皇帝が天下を統治・支配すると考える（「天子」と「皇帝」は，ほぼ同じ意味で，世界で1人だけである）．中華思想の根本にあるのは，中華と蛮夷の区別・差別であって，中華（中国）と蛮夷（夷狄）をはっきりと区別し，中華は人間で，蛮夷は「禽獣（鳥，けもの）に等しい」として差別する．中華と蛮夷の差は「礼」であって，中華には「礼」による秩序があるが，蛮夷には「礼」はないという思想である．

中華思想で重要な地位を占める「礼」とは，普通我々が言う「礼儀」よりもはるかに範囲が広く，厳しい．吉礼（祭祀）・凶礼（喪葬）・賓礼（外交）・軍礼（軍事）・嘉礼（冠婚）の五礼に体系化され，皇帝・国家主催の儀礼は儀注（儀典）と呼ばれた礼典に編纂され，国制に直接関わる部分は「令」や「式」などの法にも反映された［以上，榎本②］．中華思想できわめて重視される「礼」の1つが中華と蛮夷の上下関係の「礼」である．遣隋使に関わる「礼」に関しても，隋皇帝（中華）と倭王（蛮夷）の上下関係，いろいろな儀式の際の上下関係などが重視される「礼」である．

これだけでは「中華」という「人間」と「蛮夷」という「禽獣」が併存するだけということになる．しかし，もしも徳の高い中華の天子が現れれば，「礼」を知らぬ蛮夷も「礼」を教えてもらうために朝貢してくる．これを中華思想では「慕化来朝」，すなわち「化を慕って（天子の徳を慕って）朝貢してきた」と理解する．従って，朝貢してくる蛮夷が多いほど，遠くからやってくる蛮夷が多いほど，天子の徳の高さを表すことになる．蛮夷の王が「化を慕って」朝貢してくれば，中華の皇帝は"徳を及ぼす"，すなわち，蛮夷が「礼」に従うように教え，指導することになる．それが王化思想である．

以上の中華思想と王化思想に基づくと，煬帝による裴世清派遣は以下のようにな

る.
① 蛮夷の王である多利思比孤が隋へ遣隋使を派遣してきた．これを中華思想の観点から見ると，それまで礼的な世界（中華の「礼」秩序が確立している世界）の外に居た蛮夷の王多利思比孤が，中華の「礼」を慕って（中華の「礼」を求めて，「礼」を教えてもらうために）朝貢してきた（「慕化来朝」）と理解される．上述の「王，化を慕う（「慕化」）」というのはこういう意味で，多利思比孤という蛮夷の王が中華の「礼」秩序を慕って（「礼」を教えてもらうために）朝貢してきた，という意味である．
② ところが，多利思比孤は，「日出ずる処」国書で天子を自称し，隋皇帝に対して自主独立・対等の立場を表明した．中華思想では，天下に「天子」は中華皇帝１人だけで，蛮夷の王による「天子」の自称は「礼」に反することであって，許されないことである．また「対等」も中華皇帝と蛮夷の王ではあり得ないことで，あくまで蛮夷の王は中華皇帝の臣下という上下関係である．「対等」の立場そのものが上下関係を否定することであり，「礼」に抗うこと（「抗礼」）なのである［金子］．
③ 朝貢してきた蛮夷を徳化すること（徳を広めること，「礼」を蛮夷に教えること，「礼」を体得させること．今の場合，中華思想と，「礼」による「中華」と「蛮夷」の上下の秩序を実現させること）が，中華皇帝の義務である．これが王化思想である．そこで煬帝は倭王多利思比孤に対して，中華思想・上下関係の「礼」秩序を「宣諭」する（諭し，説得する）ために裴世清を派遣した．
　すなわち，裴世清の「王，化を慕うの故を以て，（隋皇帝は）行人を遣わして来らしめ，ここに宣諭す」という発言は中華思想・王化思想そのものであって，蛮夷の王多利思比孤が遣隋使を派遣して，中華の「礼」を求めて（「化を慕って」）朝貢してきたから，隋皇帝は王化思想に基づき，多利思比孤に中華思想・「礼」秩序を「宣諭」（諭し，説得する）するために裴世清を派遣したというのである［西嶋③］．

2 裴世清派遣の目的は多利思比孤に中華思想を宣諭することである

　煬帝が裴世清を倭国へ派遣した目的は，あくまで中華思想・王化思想に基づき，朝貢してきた（「化」を慕って使者を派遣してきた）蛮夷の王多利思比孤に中華思想に基づく「礼」を「宣諭（諭し，説得する）」することである．日本書紀には隋皇帝が裴世清に持たせた国書で「裴世清等を遣し，往意を指宣べ（往訪の意を述べ）……」とあるから，裴世清派遣の目的が「日出ずる処」国書で自主独立・対等を主張した多利思

比孤に中華思想とその「礼」を宣諭することである点に疑いはない．

　要するに，隋皇帝煬帝が裴世清を派遣した目的は，「日出ずる処」国書で「天子」の称号を自称し，「書を致す」と，自主独立・対等の立場を主張した倭王多利思比孤に，中華思想の「礼」を宣諭（諭し，説得する）することである［増村②，河内①］．以上の点は，「天子」・「帝」と名乗る国書を送った匈奴の沙鉢略可汗と南越王に対する中華皇帝の対応をもとに，増村宏氏が指摘されたことである［増村②］．

　では，裴世清が多利思比孤に「宣諭」した中華思想・「礼」はどんな内容だろうか．煬帝は，裴世清に具体的にどんな「礼」を「宣諭（諭し，説得）」させようとしたのだろうか．河内春人氏は［河内①］，「倭国の対等的外交姿勢に対して隋と倭の名分的関係を明確化」，「隋皇帝－倭王という名分的関係の確認」と指摘される（名分：人の身分・地位などの名称とそれに伴う本分［新漢語林］）．氏が指摘される通りであろう．「日出ずる処」国書の問題点を考慮すれば，具体的には以下の3点．

　① 中華思想，特に中華皇帝と蛮夷の王の上下関係の宣諭，
　② 特に，多利思比孤の「天子」の称号を撤回させること，
　③ 多利思比孤は隋皇帝の臣下であることを明示すること，

であると推定できる．第2点の「天子の称号撤回」が宣諭の中心である．あくまで「日出ずる処」国書の最大の問題点は蛮夷の王の「天子」の称号であり，「天子」の称号こそが，多利思比孤の自主独立・対等の立場の中核である．

3 裴世清派遣の目的は答礼・実状調査か，多利思比孤に中華思想を宣諭することか

　しかし，隋皇帝の裴世清派遣の目的を，以上のようには考えない研究者も多い．高橋善太郎・黛弘道氏は［高橋①，黛①］，裴世清を遣隋使派遣に対する「答礼使」とされ，宮田俊彦氏は［宮田②］，「翌年妹子の帰朝に際して鴻臚寺掌客裴世清，尚書祠部主事遍光高が礼を備えて来朝した．これは我が対等外交の成功を物語っている」と指摘され，坂本太郎氏は［坂本②］，「（煬帝が裴世清を日本に送ったのは）日本の歓心を害すまいとした煬帝の心づかい」と指摘される．あるいは，古田武彦氏は［古田②］，「不遜なる国，ないし人物（王）の実状を調査させること，それが目的」と指摘される．

　裴世清派遣の目的が，中華思想・王化思想に基づいて倭王に中華思想の「礼」を諭すのか，それとも遣隋使派遣に対する「答礼」か，あるいは「実状調査」なのか，この点は，「遣隋使」全体（そしてその後の中華王朝との外交全体）を理解する際の，「日出ずる処」国書の理解に次ぐ第2の重要な分岐点である．

私見では，煬帝が裴世清を日本へ派遣した目的が「答礼」や「実状調査」などとは思えない．「答礼」・「実状調査」とされる見解の最大の問題点は「日出ずる処」国書によって生じた中華思想上の問題点が無視されていることである．しかし，「日出ずる処」国書は蛮夷の王が中華皇帝と同じく「天子」を自称した国書であって，中華思想の根本を否定する国書なのである．もしも，蛮夷の王が「天子」を自称して，中華王朝の「天子」と対等の立場が許容されるならば，中華王朝中心の「中華－蛮夷」という上下関係の華夷秩序は根本から崩壊する．

　そもそも中華思想を根本的に否定した「日出ずる処」国書がそのまま中華王朝に受け入れられることなどあり得ないことであって，問題が起こるのが当然である．裴世清派遣は，あくまで，「日出ずる処」国書によって中華思想を全面否定した多利思比孤に中華思想を「宣諭（諭し，説得する）」することが目的であって，遣隋使派遣に対する「答礼」や「実状調査」のためにやってきたわけではない．「答礼」や「実状調査」の意味も含まれていたかもしれないが，それらはあくまで副次的な目的であって，主要な目的はあくまでも，問題のある「日出ずる処」国書を送ってきた多利思比孤に中華思想を宣諭することである．もちろん，裴世清来日がそのまま"対等"外交の成功を示すものではない．

　以上のように，私見では，裴世清派遣の目的は，増村宏氏が指摘されるように［増村②］，「『答礼使』としてきたのではなく，『宣諭（のべぺす）』のための使節」であって，単なる「答礼」や「実状調査」ではないことは明らかであると考える．そもそも中華思想を根本的に否定する「日出ずる処」国書を放置して，「答礼」や「実状調査」のために使者を派遣することなどはあり得ない．

4 隋皇帝国書によって生じた混乱

　私見では以上のように考えるが，裴世清の派遣目的に関する研究者の見解が多様で一致しないのは，裴世清派遣に関するややこしい混乱があるからである．それは隋皇帝国書である．隋皇帝煬帝は派遣する裴世清に国書を持たせて派遣している．従って，隋皇帝の国書が裴世清派遣の目的と深く関係していることは明らかである．

　しかし，隋皇帝国書は倭国伝にこそ掲載されなければならないのに，倭国伝には国書は一言も触れられず，日本書紀にだけ，しかも国書のほぼ全文が掲載されている．このことが「遣隋使」全体を分かりにくくし，混乱させた重要な原因である．そして，日本書紀は隋皇帝国書の推古天皇への国書提出儀式を大きく取り上げ強調した．そのため，隋皇帝国書は推古天皇宛ということになった．その一方で，日本

書紀では「日出ずる処」国書は完全に無視されている．日本書紀によれば，「日出ずる処」国書そのものが存在していないのである．その結果，「日出ずる処」国書と裴世清派遣および隋皇帝国書との関係があいまいになった．そのため，裴世清派遣の目的が混乱し，諸研究者の理解も混乱し，多様な見解になったと考えられる．

しかし，隋皇帝国書は，後で詳細に示すように（第4章「隋皇帝国書は多利思比孤の『日出ずる処』国書への返書」），あくまで「日出ずる処」国書への返書であり，煬帝が多利思比孤の「日出ずる処」国書で提示した自主独立・対等の立場を批判し，たしなめた内容である．すなわち，上記の裴世清の宣諭を支える国書であり，この返書を持たせて裴世清を派遣し，多利思比孤を宣諭させたのである．

多利思比孤が「朝貢」を認めるという変節

　　■1 多利思比孤が直面した困難な課題
　　■2 あっと驚く多利思比孤の変節：「我は夷人」，「朝貢せしむ」
　　■3 あいまいな倭国伝の記述，「日出ずる処」国書の問題はどうなったのか

　倭国伝は，「明年（608年），上（煬帝），文林郎裴清を遣わして倭国に使せしむ」と，裴世清を倭国へ派遣したことを書いた後，朝鮮半島の南，対馬・壱岐・筑紫など倭国への行程を書く．そして，倭王多利思比孤が小徳阿輩台を遣わし，数百人で儀仗を設けて裴世清を出迎え，さらに大礼哥多毗を遣わして二百余騎で裴世清を歓迎したことを書く．そうして裴世清は「彼の都に至る」．

■1 多利思比孤が直面した困難な課題

　裴世清を迎える倭王多利思比孤はどういう状態に置かれていただろうか．

　多利思比孤は裴世清とともに帰国した遣隋使から「日出ずる処」国書に対して，煬帝が「不悦（悦ばず）」・「無礼（礼無き）」と反応したことを聞いた．このような煬帝の反応は多利思比孤にとっては意外だったはずである．第一次遣隋使で知った隋皇帝は仏教隆盛を推し進める菩薩天子で，多利思比孤に中華思想や冊封関係を押しつけることはなかった．そのため，多利思比孤には仏教隆盛を推し進める菩薩天子の姿が大きく見えた．そこで，喜んで菩薩天子としての隋皇帝を賞賛し，尊敬する菩薩天子を「朝拝」させるために「沙門数十人」とともに第二次遣隋使を派遣し，親近感を持って「日出ずる処」国書を持たせた．

しかし，隋皇帝煬帝は「日出ずる処」国書に「不悦」・「無礼」と反応した．多利思比孤は自分の誤解を知った．多利思比孤は「日出ずる処」国書は不用意な国書だったと気づいた．「隋皇帝は菩薩天子」と誤解して，うかつにも「中華皇帝」の実像が見えず，問題ある国書を送ってしまった．特に不用意に「天子」を自称したのはまずかった．そして煬帝は，中華思想・王化思想に基づいて，中華思想を「宣諭」させるために裴世清を派遣してきた．隋皇帝が使者裴世清を派遣してきたことも，多利思比孤にはおそらく想定外だっただろう．しかも裴世清は隋皇帝の国書を持参している（国書は多利思比孤宛である．後述）．

　「日出ずる処」国書が引き起こした問題の解決も，派遣されてきた裴世清への対応も，自主独立・対等の立場をとる多利思比孤には難しい問題である．しかも時間はない．すでに裴世清は日本に着いている．やってきた裴世清をどのように遇するかは目前に迫った課題であるのに，対応を間違えると大問題となりかねない．多利思比孤はどう対応すべきか，あれこれ熟慮したはずである．

　多利思比孤にとって特に重要な課題が3点あったと考えられる．

　第1の課題は，「天子」の称号問題を中心とする「日出ずる処」国書に対する煬帝の「不快」・「無礼」の件を解決することである．多利思比孤としては「天子」の称号は撤回できない．しかし，自主独立・対等の立場を貫いて，煬帝の要求を真っ向から否定するだけでは，「日出ずる処」国書が起こした問題は解決しない．その結果は隋との対立・交流断絶であって，隋から先進的な政治・文化を取り入れることができなくなる．問題がこじれて，最悪の場合にはすでに送っている「沙門数十人」の留学生も弾圧されかねない．そのような事態は多利思比孤としては避けなければならない．

　第2の課題は，臣従である．高句麗・百済・新羅は高句麗王などを承認され，隋と冊封関係になり，はっきりと隋皇帝に臣従している．すなわち，高句麗王などは名実ともに隋皇帝の臣下という関係になっている．倭国に対しても，同じように，冊封関係を結び，はっきりと臣下になることが隋皇帝煬帝の裴世清派遣の真意であろう．しかし，多利思比孤はそれは避けなければならない．もしも隋との冊封関係を受け入れれば，倭王の隋に対する自主独立・対等の立場は失われ，臣下の地位になる．それは百済・新羅と同じ立場になることであって，許容できない．

　第3の課題は，隋皇帝の国書の扱いである．どのように隋皇帝の国書を扱うかはやっかいな問題だ．普通ならば，中華皇帝の国書を蛮夷の王に下賜する儀式が行われることになる．しかし，それは避けなくてはならない．なぜならば，隋皇帝の

代理である裴世清が上座に立って隋皇帝の国書を読み上げ，蛮夷の王である多利思比孤は下座で承ることになる．それが中華思想の「礼」が蛮夷の王に要求する儀礼である．自主独立・対等の立場の多利思比孤としてはそういう儀式はできない．

以上のように，裴世清の突然の来日によって，多利思比孤は対応が難しく厳しい場面に直面した．どうすれば，「日出ずる処」国書が起こした問題を解決し，今後，隋から先進的な政治・文化を導入できるか．また，「天子」を称する自主独立・対等の立場を堅持し，隋皇帝の臣下と位置づけられる冊封関係をどうやって回避するか．さらにまた，隋皇帝の国書はやっかいだ．裴世清が上座，多利思比孤が下座ではいつくばるような儀式は避けねばならない．

2 あっと驚く多利思比孤の変節：「我は夷人」，「朝貢せしむ」
(a) 多利思比孤の驚くべき変節

裴世清が筑紫に到着して，実際に会うまでの 10 日間，熟慮した多利思比孤は，どのように対応し，どのようにこの難局を切り抜けようとしたのだろうか．

多利思比孤の熟慮の結果がはっきり分かるのが，やってきた裴世清に対して述べたという多利思比孤の言葉である．倭国伝は，「その王（多利思比孤），清（裴世清）と相見え，大いに悦んでいわく」として，多利思比孤の言葉を以下のように引用する．

> 「我れ聞く，海西に大隋礼義の国ありと．故に遣わして朝貢せしむ．我は夷人，海隅に僻在して，礼義を聞かず．これを以て境内に稽留し，即ち相見えず．今故に道を清め館を飾り，以て大使を待つ．冀くは（ねがわくは）大国惟新の化を聞かんことを」．

これが多利思比孤の熟慮の結果である．

やってきた裴世清に対して多利思比孤が語った言葉は，以下の2点で，「日出ずる処」国書や倭国伝が載せる多利思比孤のそれまでの発言とは大きく食い違っている．

第1に，「日出ずる処」国書の自主独立・対等の立場が隋へ朝貢する蛮夷の立場へと大きく変化していることである．「日出ずる処」国書では「日出ずる処の天子」と自称し，「天子－天子」と，隋皇帝に対して自主独立・対等の立場を明示していたのに，多利思比孤は「海隅」にいる「礼義を聞か」ない「夷人」という蛮夷の立場に変わり，「朝貢せしむ」と，中華の隋へ朝貢する立場に変わっている．

第2に，遣隋使派遣の目的の変化である．

第二次遣隋使派遣の目的は，「聞く，海西の菩薩天子，重ねて仏法を興すと．故

に（使者を）遣わして朝拝せしめ……」であったはずなのに，「我れ聞く，海西に大隋礼義の国ありと，故に遣わして朝貢せしむ」へと変化している．「仏教」は消滅し，「礼義」が派遣目的になっている．

特に，第1の自主独立・対等の立場から蛮夷の立場への変化が重要である．すなわち，607年の第二次遣隋使において，多利思比孤は隋皇帝に対する国書で「日出ずる処の天子」を自称し，「天子－天子」と，隋皇帝に対して自主独立・対等の立場をはっきりと主張したのに，翌年に派遣されてきた裴世清との会見では，中華皇帝に対する蛮夷の王として皇帝へ朝貢するという中華思想を認める立場へと変節しているのである．あっと驚く多利思比孤の変節である．自主独立・対等の立場から隋へ朝貢する蛮夷の立場へと根本的に変わり，「仏教」はどこかに行ってしまい，消えてしまっている．

(b) **研究者の見解：多利思比孤の変節は中国側の作為・作文**

この多利思比孤の変節に関して，直木孝次郎氏は［直木②］，「（推古）天皇（直木氏は多利思比孤＝推古天皇とされる）が（裴世清に）非公式にあったのかもしれないが，この態度や（多利思比孤の朝貢の使いを派遣したという）ことばは，『日出ずる処の云々』の国書の示す方針と矛盾する」，「（これは煬帝に対する裴世清の）復命書のほうに作為があったのではなかろうか」と，「朝貢」に対する矛盾は裴世清が作為を加えて復命書を書いたためで，推古天皇（＝多利思比孤）は倭国伝が書くような発言はなかったと推定される．井上光貞氏も［井上⑥］，「隋書の方に使者の行動を美化しているところがある」と指摘され，川勝守氏はもっとはっきりと［川勝］，「『故に朝貢せり』，『我は夷人』，『海隅に僻在して』，『礼儀を聞かず』とは絶対に言うわけがない．これは中国側の作文である」と指摘される．

諸研究者の見解は後で触れる「東天皇」国書を背景とした見解であろうが，それは別としても，確かに，倭国伝の記述は，裴世清が帰国報告で誇大に報告したり［直木②］，多利思比孤の言葉を裴世清あるいは隋書倭国伝の編者が改竄・捏造した可能性［川勝，井上⑥，榎本②］は否定できない．しかし，誇大報告や改竄・捏造を示す客観的な証拠があるわけではない．

(c) **多利思比孤の変節をどう理解するかが問題**

いずれにせよ，多利思比孤が「日出ずる処」国書で示した自主独立・対等の立場と，倭国伝が記す「朝貢せしむ」，「我は夷人」という正反対の立場の矛盾をどう考えるかが課題となる．氣賀澤保規氏は［氣賀澤①］，「倭の姿勢は隋使裴世清に会うことで一八〇度に近い転換がなされたと解される」，「この姿勢の懸隔さをどのように

理解したらよいか」と問題提起しておられる．すなわち，以下の問題点がある．

〈問題点8〉多利思比孤は国書で，「日出ずる処の天子」と自称し，隋皇帝に対して自主独立・対等の立場を明示したのに，裴世清に「我は夷人」，「朝貢せしむ」と発言し，中華の隋へ朝貢する蛮夷の立場へと大きく方針転換し変節した．この方針転換・変節をどう理解するのか．

この多利思比孤の方針転換・変節をどう考えるかは，遣隋使だけでなく，その後の倭国と中国王朝との関係に関わるきわめて重要な問題点である．

3 あいまいな倭国伝の記述，「日出ずる処」国書の問題はどうなったのか

多利思比孤と裴世清の対談はその後どう展開し，問題はどう解決されたのだろうか．倭国伝は，裴世清が多利思比孤の言葉を受けた後の展開を以下のように書く．

「清，答えていわく，『皇帝，徳は二儀（天と地）に並び，沢は四海に流る．王，化を慕うの故を以て，行人（裴世清）を遣わして来らしめ，ここに宣諭す』と．既にして清を引いて館に就かしむ．その後，清，人を遣わしてその王にいっていわく，『朝命既に達せり，請う即ち塗を戒めよ』と」．

その後，宴会があって，帰国する裴世清に送使をつけて，隋へ送り，「方物を貢せしむ」となる．倭国伝が書くのは以上であって，「この後遂に絶つ」と終わっている．

しかし，この倭国伝の記述はシリキレとんぼであって，すっきりしない．裴世清が「皇帝，徳は二儀（天と地）に並び，沢は四海に流る……」と多利思比孤に中華思想を宣諭し始めたことまでははっきり分かる．しかし，その後がきわめてあいまいで不透明である．倭国伝は裴世清は「朝命既に達せり」と言ったと書く．裴世清が「朝命を達した」とすれば，河内春人氏が指摘されるように［河内①］，「隋が示した名分的関係の承認を倭国側も受け入れざるを得なかったものと推定できる」．しかし，倭国伝は裴世清の宣諭によって「日出ずる処」国書の問題点，特に蛮夷の王による「天子」の称号がどうなったのか，何も書いていないのである．それなのに「朝命既に達せり」というのはどういうことなのだろうか．すなわち，以下の問題点がある．

〈問題点9〉多利思比孤と裴世清の対談の結果，倭国伝は裴世清が隋皇帝の朝命を「達せり」と書くが，(a)裴世清は「日出ずる処」国書の問題についてどのように朝命を達成したのか，(b)特に，倭王阿毎多利思比孤の「天子」の称号問題はどのように解決されたのか．

この倭国伝の記述のあいまいさが，「遣隋使」全体の理解が混乱する重要な要因の1つである．

隋の使者裴世清に対する多利思比孤の熟慮の対応

1. 多利思比孤の方針転換に関係する諸事実
2. 倭国伝の記述は中華思想・王化思想に基づく
3. 多利思比孤は「日出ずる処」国書の問題解決のために，「夷人」・「朝貢」を認めた
4. 多利思比孤は「天子」の称号は撤回せず，「冊封」も拒否した
5. 裴世清は「夷人」・「朝貢」の成果でもって「朝命既に達せり」と妥協せざるを得なかった
6. 「朝貢」と「冊封」を切り離し，「朝貢」だけ認めるという多利思比孤の熟慮の方針
7. 多利思比孤と裴世清の対談記事になぜ隋皇帝国書が登場しないのか
8. 要約：「夷人」・「朝貢」という最低限の譲歩で切り抜けた多利思比孤

　倭国伝が書く多利思比孤の「我は夷人」，「朝貢せしむ」という「日出ずる処」国書とは矛盾する立場について，「裴世清が作為を加えて復命書を書いたため」，「中国側の作文」など，研究者は倭国伝の記述に疑問を指摘される．確かに多利思比孤の「夷人」・「朝貢」という発言は「日出ずる処」国書と大きく矛盾しているから，これらの見解は説得力がある．しかし，倭国伝によれば，多利思比孤は「日出ずる処」国書の自主独立・対等の立場から隋皇帝へ臣従する立場へと変節したのである．

　また，多利思比孤と裴世清の対談はどういう結果になったのだろうか．倭国伝は「朝命達せり」という裴世清の言葉を書くが，「日出ずる処」国書によって生じた中華思想上の大きい問題点，蛮夷の王による自主独立・対等の問題，特に「天子」の称号はどう解決されたのか，何も書かれていない．

　要するに，多利思比孤と裴世清の対談はすっきりしない状態にある．そのことは，以下の問題点8と問題点9の形で表されている．

　〈問題点8〉多利思比孤は国書で，「日出ずる処の天子」と自称し，隋皇帝に対して自主独立・対等の立場を明示したのに，裴世清に「我は夷人」，「朝貢せしむ」と発言し，中華の隋へ朝貢する蛮夷の立場へと大きく方

針転換し変節した．この方針転換・変節をどう理解するのか．
〈問題点9〉 多利思比孤と裴世清の対談の結果，倭国伝は裴世清が隋皇帝の朝命を「達せり」と書くが，(a) 裴世清は「日出ずる処」国書の問題についてどのように朝命を達成したのか，(b) 特に，倭王阿毎多利思比孤の「天子」の称号問題はどのように解決されたのか．

　これらの問題点をどう理解するかは「遣隋使」全体の理解の要となる重要な点である．そこで，裴世清と多利思比孤の対談でどう展開し，どういう結末になったのか，を以下に検討する．

　問題点8，9を考えるための直接的な史料はあくまで倭国伝だけである．「我れ聞く，海西に大隋礼義の国あり……」という多利思比孤の言葉があり，その後は「清，答えていわく，『皇帝，徳は二儀（天と地）に並び……』」と展開したのであり，対談は裴世清が「朝命既に達せり」という結果になったのである．しかし，倭国伝が書くのは"これだけ"であって，倭国伝のこれらの記述だけでは，多利思比孤と裴世清の対談で，何がどう解決されたのか，あるいは，解決されなかったのか，きわめて不透明である．しかし，多利思比孤と裴世清の対談について倭国伝が書く直接的な記述は以上だけであるから，この記述を主要な材料とし，「日出ずる処」国書や隋皇帝の国書などの関連事項を考慮して，多利思比孤と裴世清の対談でどのような合意に至り，裴世清はどのように「朝命を達した」のかを推定し，明らかにしなければならない．事は重要なのに，直接的な判断材料が少ないから，推定を重ねることになるが，それはやむを得ないことである．

1 多利思比孤の方針転換に関係する諸事実

　まず，倭国伝に書かれている事実を整理する．
　事実1：倭国伝には以下の4部分からなる多利思比孤の発言が引用されている．
　　① 「我れ聞く，海西に大隋礼義の国ありと．故に遣わして朝貢せしむ」．
　　② 「我れは夷人，海隅に僻在して，礼義を聞かず」．
　　③ 「これを以て境内に稽留し（留まって），即ち相見えず．今故らに道を清め館を飾り，以て大使を待つ」．
　　④ 「冀くは（ねがわくは）大国惟新の化を聞かんことを」．
　事実2：裴世清は多利思比孤に中華思想を「宣諭」し，「朝命既に達せり」と多利思比孤に述べた．

以上は倭国伝に明記されている事実であるが，さらに，それらの背後にある，書

かれていてもおかしくないのに倭国伝には書かれていない以下の事実もまた重要である．

　事実3：隋皇帝の国書は倭国伝にはまったく登場せず，多利思比孤が国書を受け取る場面も書かれていない．
　事実4：「冊封」に関しては何も書かれていない．
　事実5：「日出ずる処」国書や「天子」については何も書かれていない．
　事実6：裴世清が多利思比孤を「宣諭」した結果に，隋皇帝煬帝が不満を示したことは書かれていない．
　事実7：倭国と隋の間での争いや不和の類いは何も記録されていない．

　以上が私が重要と考える倭国伝が書く事実と書かれていない事実である．そして，裴世清が多利思比孤を宣諭した内容は，以下の3点であると推定できる．

　宣諭1：中華思想の宣諭．特に，蛮夷の王と中華皇帝は対等ではなく上下関係である．
　宣諭2：中華皇帝が唯一の「天子」であり，多利思比孤は「天子」の称号を撤回せよ．
　宣諭3：多利思比孤は冊封関係を結び，名実ともに隋皇帝の臣下になれ．

　以上の諸事実と推定される宣諭の内容に基づき，多利思比孤が裴世清の宣諭にどのように対応し，その結果，裴世清はどういう「朝命既に達せり」という結果に至ったのかを以下に検討・推定する．

　重要なことであり，長くもなるので，最初に，検討経過に従って，検討結果の要点を提示しておきたい．

　要点①：多利思比孤は「日出ずる処」国書の問題解決のために，「夷人」・「朝貢」を認めた．
　要点②：多利思比孤は，裴世清の宣諭をかわし，「天子」の称号は撤回せず，「冊封」は拒否した．
　要点③：裴世清はやむなく，多利思比孤が「夷人」・「朝貢」を認めたことで，「朝命達せり」と妥協した．
　要点④：多利思比孤は「朝貢」と「冊封」を切り離し，「朝貢」だけを認め，隋皇帝へのはっきりした臣従を意味する「冊封」関係は拒否した．
　要点⑤：多利思比孤は，隋皇帝国書の下賜儀式は回避した．
　要点⑥：裴世清が隋皇帝国書で示した宣諭の目的を達成できなかったために，倭国伝は隋皇帝の国書には触れることができなかった．

私見では，多利思比孤と裴世清の対談は以上のように展開し，「日出ずる処」国書によって生じた諸問題は処理されたと推定する．

2 倭国伝の記述は中華思想・王化思想に基づく

　まず，裴世清に対して多利思比孤がどのように対応したのか，について検討する．
　倭国伝は多利思比孤の発言を，「我れ聞く．海西に大隋礼義の国ありと．故に遣わして朝貢せしむ」と書く（事実1-①）．これが多利思比孤の熟慮の結果である．この発言は，「我れは夷人，海隅に僻在して，礼義を聞かず」という発言（事実1-②）と直結している．というか，論理的には順は逆であろう．すなわち，海隅の「礼」を知らない蛮夷である（事実1-②）自分（多利思比孤）は，中国に隋という「礼」の国があると聞いたので，使者を派遣して「朝貢」させた（事実1-①）というのである．
　これらの多利思比孤の言葉は中華思想・王化思想による認識そのものである．中華思想は華夷思想とも言われるように，中華と蛮夷を厳しく区別する．両者の差は「礼」を体得しているかどうかにある．まさに多利思比孤の発言の通りで，蛮夷は「礼義を聞かず」であり（事実1-②），一方の中華は「大隋礼義の国」である．多利思比孤は，「礼」の中華の国があると聞いたから朝貢使を送った（事実1-①）と言っているのである．王化思想の観点から見れば，多利思比孤は中国の中華王朝の秩序体制としての「礼」的な世界の外にいながら，「礼」を慕って朝貢する蛮夷（「化外慕礼」）である．中華の隋は，多利思比孤が遣隋使を派遣することを，蛮夷の王が隋皇帝に「礼」の教えを求めて朝貢してきた（「慕化来朝」）と受け取る．
　多利思比孤の発言に対して，裴世清は以下のように応じたと書く．裴世清は，まず「皇帝，徳は二儀に並び，沢は四海に流る」などと，中華の隋皇帝は徳がたかく，全世界の統治者であると宣言する．そして「（倭）王，化を慕うの故を以て（事実1-①），（煬帝は）行人（自分，裴世清自身）を遣わして来らしめ，ここに宣諭す」と続けている．中華の隋皇帝煬帝の高い徳を慕って（中華の「礼」を求めてくることを，中華思想では中華皇帝の高い「徳」を慕って，と理解する）多利思比孤が使者を派遣してきたことに対して，隋皇帝煬帝は使者を倭国へ派遣して，蛮夷の王にふさわしくない主張をした多利思比孤に「礼」を「宣諭」するというのである．
　以上はまさに中華思想・王化思想そのものである．

3 多利思比孤は「日出ずる処」国書の問題解決のために，「夷人」・「朝貢」を認めた

(a) 諸研究者の疑いは的外れとは言えない

多利思比孤の発言の最大の問題点は,「我は夷人」と自ら蛮夷であることを認め,「朝貢せしむ」と, 隋に派遣した第一次・第二次遣隋使は隋への蛮夷による「朝貢使」であることを認めた点である(事実1-①②). これは中華思想を認めたことになり,「日出ずる処」国書で示した自主独立・対等の立場と矛盾している.

この点に関して, すでに述べたように, 多くの研究者は多利思比孤の変節とは考えず,「(裴世清の)復命書のほうに作為があったのではなかろうか」[直木②]などと, 倭国伝の方に問題があって, 裴世清の復命書あるいは倭国伝による造作・捏造だという見解が多い.

確かに, 煬帝の命令通り, 裴世清が多利思比孤をちゃんと「宣諭」して, その結果, 多利思比孤が中華と蛮夷の「礼」を受け入れたと, 裴世清が帰国報告で誇大に報告した可能性は否定できない.

そう思うのは, 倭国伝の記述があまりに中華思想・王化思想そのものであり過ぎるからである. 裴世清は帰国報告書を書くとき, もちろん, 整理して書いただろう. その際, 多利思比孤との話し合いを中華思想・王化思想によって整理・粉飾した可能性が高い. なぜならば, 倭国伝が書く「我れ聞く, 海西に大隋礼義の国ありと. 故に遣わして朝貢せしむ」(事実1-①),「我れは夷人, 海隅に僻在して, 礼義を聞かず」(事実1-②)という多利思比孤の発言があまりに中華思想・王化思想の論理そのものであり過ぎるからである. そもそも, この発言は「日出ずる処」国書の自主独立・対等の立場と矛盾し, 多利思比孤の第二次遣隋使派遣は菩薩天子を「朝拝」することだったという倭国伝の記述とも矛盾する.「我は夷人」,「朝貢せり」などと「絶対に言うわけがない. これは中国側の作文である」という川勝守氏の見解など, 裴世清・倭国伝の粉飾を指摘する多くの研究者の見解は的外れとは言えない.

(b) しかし, 多利思比孤の「我れは夷人」,「朝貢せしむ」という発言は事実ではないか

にもかかわらず, 私見では倭国伝が引用する,

事実1-②:「我れは夷人, 海隅に僻在して, 礼義を聞かず」,
事実1-①:「我れ聞く, 海西に大隋礼義の国ありと. 故に遣わして朝貢せしむ」,

という倭国伝が書く多利思比孤の発言は, この文章のままではないであろうが, 骨子は裴世清あるいは倭国伝の編著者による造作・捏造ではなく事実ではないかと考える. そう考えるのは以下の3点の理由による.

第1の理由は，隋は蛮夷の王による使者をすべて「朝貢使」と認識し，「蛮夷の朝貢」という形式でしか隋との交流を認めない点である．多利思比孤が朝貢を認めざるを得なかったのは，「朝貢」の形式でしか隋と交流できないという現実があるからだ．

　中華思想は人間を中華と蛮夷に分け，自分たち以外は蛮夷と見る．蛮夷は人間ではなく「礼」を知らない禽獣（鳥・獣）である．蛮夷の王が中華王朝に使者を派遣することは，すべて朝貢にやってきたと理解される［徐］．対等なお客ではなく，禽獣の蛮夷の王が隋皇帝へ貢物を持って臣従してきたという理解である（実際に第二次遣隋使を倭国伝は「朝貢してきた」と書いている）．そういう傲慢で一方的な対応が可能なのは，単に大国というだけでなく，中華王朝の圧倒的な政治・文化レベルの高さにある．周囲の蛮夷を惹き付けるだけの圧倒的に先進的な政治・文化というのが，当時の中国の客観的な実態である．

　多利思比孤が朝貢を認めざるを得なかったのは，何よりも隋の先進的な政治・文化を導入しなければならなかったからである．隋が「朝貢」という形式以外では交流を認めない以上，倭王としては「朝貢は認めない」では済まないのである．

　第2の理由は，「日出ずる処」国書によって生じた問題点がそれなりに解決することである．

　もしも多利思比孤の「我れは夷人」，「朝貢せしむ」という発言がなければ，多利思比孤は蛮夷であることを認めず，「朝貢」は認めず，「天子」も撤回せず，自主独立・対等の立場を貫いたことになる．そうであれば，確かに，「日出ずる処」国書で示した多利思比孤の自主独立・対等の立場は首尾一貫していることになる．

　しかし，その場合，「日出ずる処」国書を煬帝が「不悦」・「無礼（礼無き）」と不快に思ったという問題点は何も解決しない．煬帝は裴世清を派遣して何の成果も得ていないし，裴世清はいかなる意味でも「朝命既に達」していない．それがもたらす結果は隋との交流断絶である．

　一方，倭国伝が書くように，もしも多利思比孤が「我れは夷人」（事実1－②），「海西に大隋礼義の国ありと．故に遣わして朝貢せしむ」（事実1－①）という趣旨の発言をしたのであれば，問題は"それなりの解決"を見るのである．多利思比孤は自分は「海隅」の「夷人」であると認め，「礼義を聞」なかったためと（事実1－②），「日出ずる処」国書における「礼無き（「無礼」）」について言い訳し，間接的に詫びて，隋皇帝の了解を求めている．そして「朝貢せしむ」（事実1－①）と，隋皇帝とは対等ではない「朝貢する立場」を認めて，「日出ずる処」国書での露骨な「対等」の立場を

修正している．

　これを王化思想の観点から見ると，遠くにいる蛮夷の王が「礼」を慕って隋へ朝貢してきたが，中華の「礼」に反する国書を持ってきた．それに対して，皇帝が使者を派遣し，宣諭することによって，多利思比孤は蛮夷としての自己を認識したことになる（宣諭1）．中華思想の観点では，これを蛮夷が「礼」を体得し，裴世清派遣によって，隋皇帝煬帝の徳が遠い倭国にまで広まったと理解する．やってきた蛮夷の国が遠ければ遠いほど皇帝の徳がそこまで及んだことの証明とされる（「遠夷来貢」）．すなわち，煬帝の徳は大海を隔てた東の果ての倭国まで及んだのである．従って，中華思想・王化思想の観点からは，じゅうぶんとは言えなくても，かなりな成果と言えなくはないのである．

　この多利思比孤の譲歩によって「日出ずる処」国書で生じた煬帝の「不悦」・「無礼」という問題は一応の解決を見たことになる．すなわち，じゅうぶんではないとはいえ，裴世清はそれなりに"朝命（宣諭1）を果たした"のであり，倭国伝の記述「朝命既に達せり」と，つじつまが合うのである（事実2）．

　以上はあくまで多利思比孤が「我れは夷人」，「朝貢せしむ」と発言したからこそ成立する．従って，多利思比孤のこれらの発言は事実であろうと考える．

　第3の理由は，裴世清帰国後も含めて，倭国と隋の間で何らかの争いがあったことは何も記されていない点である（事実6, 7）．

　そもそも多利思比孤が「我は夷人」，「朝貢せしむ」と言わなかったとすれば，隋皇帝は裴世清を派遣していかなる成果も得なかったことを意味する．その場合，何らかのもめ事なしには済まないだろう．しかし，倭国伝にも日本書紀にもそういうもめ事があったことを推定させるような記述は見当たらない（事実6, 7）．

　以上の3点の理由で，倭国伝（あるいは裴世清の報告書）に作為や修飾があったとしても，多利思比孤の「我れは夷人」，「朝貢せしむ」という内容の発言は事実であったと考える．すなわち，

　　要点①：多利思比孤は，「日出ずる処」国書が起こした問題を解決し，隋の先進的な政治・文化を導入するために，やむをえず，「夷人」・「朝貢」を認めた．

という推定が結論される．多利思比孤は確かに"変節"し，「対等の立場」から後退したのである．それは「日出ずる処」国書が起こした問題を解決し，隋から先進的な政治・文化を導入するためには避けられない変節であった．

　裴世清は，多利思比孤が「我れは夷人」，「朝貢せしむ」という譲歩した立場を表

明したこと（事実1－①②）によって，宣諭1の中華思想の宣諭，蛮夷の王と中華皇帝は対等ではなく上下関係である，という点で朝命をそれなりに果たしたことになる．

以上の議論に基づけば，問題点8は以下のように理解される．

〈問題点8〉 多利思比孤は国書で，「日出ずる処の天子」と自称し，隋皇帝に対して自主独立・対等の立場を明示したのに，裴世清に「我れは夷人」，「朝貢せしむ」と発言し，中華の隋へ朝貢する蛮夷の立場へと大きく方針転換・変節した．この方針転換・変節をどう理解するのか．

➡多利思比孤は，「日出ずる処」国書で「天子」を自称し，隋皇帝に対して自主独立・対等の立場を主張したが，隋皇帝煬帝は「不悦」・「無礼」と反応し，多利思比孤を「宣諭」するために裴世清を派遣してきた．多利思比孤は，「日出ずる処」国書が起こした問題を処理しなければ，隋との関係が悪化し，先進的な政治・文化の導入ができなくなるという事態に直面した．

事態を切り抜けるために，多利思比孤は「夷人」・「朝貢」を認めた．倭国伝などに作為や修飾があるかもしれないが，多利思比孤の「夷人」・「朝貢」という発言は事実と考えられる．確かに多利思比孤は「朝貢」する蛮夷の立場を認めたのであり，「日出ずる処」国書の自主独立・対等の立場からは方針転換・変節したのである．それは，隋の先進的な政治・文化を導入するためには，「日出ずる処」国書が起こした問題を解決しなければならなかったからであり，避けられない変節であった．

問題点8は以上のように理解されるが，朝貢を認めることで，「日出ずる処」国書で示した対等の立場を放棄したのだろうか．多利思比孤は「朝貢」は認めているが「天子」の称号を撤回した様子はなく（事実5），「臣」と称することも冊封も何も書かれていない（事実4）．これらのことは，多利思比孤が隋皇帝へはっきりと臣従したわけではないことを示唆している．従って，問題点8はこれだけでは終わらず，以下の問題点8'となって継続する．

〈問題点8'〉 多利思比孤が「朝貢」を認めたことは隋皇帝への「臣従」を認めたように見えるが，「天子」の称号を撤回した様子はなく，「冊封」については何も書かれていない．この多利思比孤の対応をどう理解すべきだろうか．

4 多利思比孤は「天子」の称号は撤回せず，「冊封」も拒否した

(a) 裴世清は「天子」や「冊封」については多利思比孤を説得できなかった

中華思想・王化思想に基づけば，裴世清の「宣諭」は多利思比孤の「朝貢せしむ」という発言だけに終わらないはずである．さらに進めて，以下の宣諭2，3へ進むはずである．
　宣諭2：中華皇帝が唯一の「天子」であり，多利思比孤は「天子」の称号を撤回せよ．
　宣諭3：多利思比孤は冊封関係を結び，名実ともに隋皇帝の臣下になれ．
　実際に，裴世清はそう多利思比孤を宣諭した（しようとした）はずである．しかし，倭国伝を読むと，「日出ずる処」国書も，「天子」も，「冊封」も，それらに関することはいっさい何も書かれていない（事実4，5）．このことは，多利思比孤は「天子」の称号は撤回せず，「冊封関係（はっきりと隋皇帝の臣下になること）」も受け入れなかったことを強く示唆している．なぜならば，多利思比孤が「天子」や「冊封」を受け入れたとすれば，それは裴世清宣諭の大きい成果であり，隋皇帝から見ても重要な成果である．倭国伝が書かないはずはないのである．要するに，宣諭2と3については，裴世清は多利思比孤を説得できなかったのである．

(b) 「冀くは（ねがわくは）大国惟新の化を聞かんことを」をどう理解するかが重要
　なぜ，裴世清は「天子」の撤回や冊封関係を説得できなかったのだろうか．その点を示唆するのが，多利思比孤の発言の「冀くは（ねがわくは）大国惟新の化を聞かんことを」（事実1-④）ではないだろうか．
　多利思比孤のこのねがわくは「大国惟新の化を聞かんことを」という言葉をどう理解すべきだろうか．高寛敏氏は［高寛敏］，「倭王が礼についての無知を覚り，積極的に隋の『礼義』を学ぶ意志を表明したことに他ならない」と指摘される．確かに，「我れ聞く，海西に大隋礼義の国ありと．故に遣わして朝貢せしむ」（事実1-①）に基づけばそのように受け取ることは可能であろう．しかし，多利思比孤の発言の意図はそうではないと思う．以下に示すように，多利思比孤が中華の「礼義」を積極的に学ぼうとしたようには見えない．
　まず，多利思比孤が聞きたいと要請した「大国惟新の化」とはどういう意味だろうか．この文章の「化」は，中華思想・王化思想的な「礼」を含む意味ではなく，「聖人が人民を良い方に移し変える働き・教え」［新漢語林］と考えられる．多利思比孤は裴世清に「大国惟新」の教え（「化」）を聞きたいと言ったのである．
　しかし，多利思比孤が聞きたいと要望した「大国惟新の化」（「冀聞大國惟新之化」）とはどういう意味なのかが分かりにくい．「大国惟新」の「惟新」とはどういうことだろうか．「惟」は「ただ……だけ，これ（文頭または句間において口調を整える発語の助

[第3章] 第二次遣隋使：自主独立・対等の倭王多利思比孤

字），思う」［新漢語林］という意味だから，「惟新」は「新しいことだけ」で，「大国惟新」は「中国全土を統一した隋の新しい政治方針だけ」と受け取れないことはない．しかし，素人にはこの漢文は素直には理解しにくい（なお，「惟新」でなく「維新」と引用されている論文も散見されるが，倭人伝の原文はあくまで「惟新」である）．そこで先人の現代語訳を引用すると以下のようになる．

　「ねがわくは大国惟新（これあらた，万事が改まり新たになる）の化を聞かんことを」（石原道博編訳「新訂 魏志倭人伝・後漢書倭伝・宋書倭国伝・隋書倭国伝」）．

　「どうか大隋国の新たな教化の方法を聞かせて欲しい」（藤堂明保・竹田晃・影山輝國訳注「倭国伝」）．

　「大隋国の新たなる教化をお聞かせいただきたい」（井上秀雄他訳注「東アジア民族史正史東夷伝」1）．

　大国隋の「これあらた，万事が改まり新たになる」，「新たな教化の方法」，「新たなる教化」というのも，やはり今ひとつすっきりしないのだが，要するに，中国全土の統一という画期的な大事業を成し遂げた隋皇帝に対して，隋皇帝の新しい政治方針・人民統治について聞きたいと要望しているということではないだろうか．少なくとも，多利思比孤が中華思想・王化思想における「礼」（中華と蛮夷，冊封，朝貢，いろいろな儀式の儀礼など）について教えてくれと要望しているようには読めない．

　すなわち，多利思比孤の要望（事実1－④）は，「冀くは（ねがわくは）」，中華思想，王化思想，「礼」，華夷秩序，冊封，朝貢，儀礼とかではなくて，「隋皇帝による中国全土の統一や国内統治の政治について聞きたい」と言ったのではないだろうか．増村宏氏も［増村①］，「隋朝の統一政治に関心を持った」と述べておられる．露骨に言っていないだけで，聞きたいのは中国全土を統一した大国隋の政治であって，中華思想，王化思想，「礼」，朝貢・冊封などの宣諭ではないと要望したのである．「冀くは（ねがわくは）大国惟新の化を聞かんことを」という多利思比孤の発言（事実1－④）はそのように理解するのが正しいのではないだろうか．

　すなわち，この発言は裴世清の「宣諭」が「蛮夷」・「朝貢」などの中華思想の宣諭（宣諭1）から「日出ずる処」国書の「天子」（宣諭2）や冊封関係（宣諭3）へと展開するのを多利思比孤がさえぎって，聞きたいのは中国の全土統一という画期的な成功を収めた隋皇帝の統治・政治であって，中華思想の「天子」とか，中華と蛮夷の冊封関係とかではない，と求めたように読める．その結果，裴世清は「日出ずる処」国書の「天子」の問題とか，冊封については強く押せなくなったのではないだろうか．

(c)「天子」と「冊封」については，裴世清は多利思比孤を説得できなかった

　推定が過ぎるかもしれないが，この理解が的外れでないことは，「天子」や冊封のことが倭国伝にまったく出てこないこと（事実4, 5）が示している．煬帝が裴世清を派遣した主要な目的はあくまで「日出ずる処」国書で「天子」を自称し，多利思比孤と隋皇帝を対等の立場に置いた蛮夷の王多利思比孤に，中華思想，華夷秩序（宣論1）を宣諭することであり，具体的には「日出ずる処」国書の「天子」を撤回させ（宣諭2），冊封関係を結んで隋皇帝にはっきりと臣従させること（宣諭3）である．にもかかわらず，「天子」も，冊封も，倭国伝のどこにも出てこない（事実3, 4, 5）．このことは，裴世清は「天子」や「冊封」について宣諭の目的を達することができなかったことを示している．もしも多利思比孤に「天子」の称号を撤回させること（宣諭2）や冊封を認めさせること（宣諭3）に成功していたら，倭国伝がそのことを書かないはずはない．多利思比孤はこれらの宣諭を拒否した．というか，正確には，裴世清の宣諭をかわすことに成功したのではないだろうか．

　以上を要約すれば，以下のようになる．
　要点②：多利思比孤は，「冀くは（ねがわくは）大国惟新の化を聞かんことを」と，裴世清の宣諭をかわし，「天子」の称号は撤回せず，「冊封」も拒否することに成功した．

　換言すれば，天子の称号と冊封（宣諭2・宣諭3）については，裴世清は多利思比孤に宣諭を受け入れさせることに失敗したのである．

　河内春人氏は［河内①］，対談結果について，「隋が示した名分的関係の承認を倭国側も受け入れざるを得なかったものと推定できる」と指摘される．名分的関係の承認とは，換言すれば，多利思比孤が「天子」の称号を撤回し，「王」とすることであろう．しかし，倭国伝は「天子」の撤回は何も書いていないのである．もしも多利思比孤が「天子」を撤回したのであれば，それは裴世清の宣諭の大きい成果であるからそのことを書かないはずはない．従って，「天子」の撤回はなかったと判断するほかない．従って，河内氏の推定は成立しないと考えられる．

5 裴世清は「夷人」・「朝貢」の成果でもって「朝命既に達せり」と妥協せざるを得なかった

　結局，裴世清は，中華思想・王化思想に基づく「礼」について「宣諭」し，多利思比孤が「我れは夷人」，「朝貢せしむ」と一歩譲歩し，中華思想の宣諭（宣諭1）については成果を挙げた．しかし，それに続くはずの「日出ずる処」国書の「天子」

の称号の撤回（宣諭2）と冊封（宣諭3）については多利思比孤にかわされ（事実3,4,5），裴世清は成果を得られなかった．

　倭国伝は「朝命既に達せり」と書いている．しかし，どのような朝命を達したのかが，倭国伝に書かれていない．このことが事態を不透明にしている大きな原因である．私見では，倭国伝は，裴世清がどのように朝命を達したかを書けなかったのではないかと考える．裴世清は主要な課題である宣諭2（「天子」の撤回）と宣諭3（冊封）を達成できなかった（事実4,5）．そのため，どのように朝命を達したかは書けず，多利思比孤の「我れは夷人」，「朝貢せしむ」という発言によって，多利思比孤が中華思想を受け入れ，煬帝の徳が世界の東の果てまで拡大したという成果（宣諭1）をもって「朝命既に達せり」（事実2）と妥協せざるをえなかったのではないだろうか．すなわち，

　　要点③：裴世清は，宣諭2と宣諭3は達成できず，「我れは夷人」，「朝貢せしむ」
　　　　　という中華思想を認めた多利思比孤の発言（宣諭1）でもって「朝命既に
　　　　　達せり」と妥協せざるをえなかった．

　以上の経過を多利思比孤の立場から見れば，多利思比孤は「我は夷人」，「朝貢せしむ」と認めることによって（事実1-①②），「日出ずる処」国書が起こした隋皇帝の「不悦」・「無礼」の問題を解決し，その一方で，「冀くは（ねがわくは）大国惟新の化を聞かんことを」と，裴世清の説得をかわし，「天子」の称号は撤回せず（事実5），「冊封」は拒否し（事実4），自主独立の立場は堅持しつつ，遣隋使による隋から先進的政治・文化の導入の道を確保することに成功した．多利思比孤の熟慮の成果ではないだろうか．

　以上の議論に基づけば，問題点9（a）は以下のように理解される．

〈問題点9〉多利思比孤と裴世清の対談の結果，倭国伝は裴世清が隋皇帝の朝命
　　　　　を「達せり」と書くが，(a) 裴世清は「日出ずる処」国書の問題につい
　　　　　てどのように朝命を達成したのか，(b) 特に，倭王阿毎多利思比孤の
　　　　　「天子」の称号問題はどのように解決されたのか．

➡裴世清の宣諭の目的は，①中華思想の上下関係の宣諭，②多利思比孤の「天子」の称号の撤回，③はっきりと隋皇帝に臣従すること（冊封）の3点である．多利思比孤が「夷人」・「朝貢」を認めたことで裴世清は宣諭1については成果を挙げた．しかし，宣諭2と3は多利思比孤を説得できなかった（そのことは倭国伝が「天子」にも「臣下・冊封」にも一言も触れていないことから分かる）．裴世清はやむをえず多利思比孤が朝貢を認めた点（宣諭1）をもって，「朝命既に達せり」と妥協せざるを得なかった．

問題点9(a)はこのように理解される．しかし，問題点9(b)はもっと議論を深める必要があり，さらなる検討の中で考える．

6 「朝貢」と「冊封」を切り離し，「朝貢」だけ認めるという多利思比孤の熟慮の方針

　以上のように，朝貢は認め，「天子」撤回は拒否し，冊封も拒否するという多利思比孤の方針はどのように理解されるだろうか．

　多利思比孤は「我れは夷人」，「朝貢せしむ」と「対等」の立場からは後退した．そうすると，多利思比孤が「日出ずる処」国書で示した「天子－天子」という自主独立・対等の立場と，倭国伝が記す「我れは夷人」，「朝貢せしむ」という中華思想の容認という立場の矛盾をどう考えるかが問題となる．

　多利思比孤は「日出ずる処」国書で示した自主独立・対等の立場は放棄し，中華思想を容認し，隋皇帝に臣従する立場に変節したのだろうか．私見では，そうではなく，矛盾する「自主独立・対等」と「中華思想・臣従」という2つの立場を以下のように解決したのではないかと考える．

　多利思比孤は第一次遣隋使によって，隋による中華思想・華夷秩序に基づく冊封・朝貢・臣従の要求は強くないと誤解し，不用意な「日出ずる処」国書を送った．しかし，煬帝の「不悦」・「無礼」という反応によって，自分の誤解に気づき，中華思想の立場に立つ隋皇帝の本質を認識した．やはり，中華思想・王化思想に基づく上下関係なしに仏教を始めとする先進文化の輸入はできないことを認識した．しかし，隋と絶縁はできない．中国は単に大国というだけでなく，東アジア政治の中心であり，政治的にも文化的にも圧倒的な先進国である．中国から先進的な政治・文化を導入したいし，しなければならない．

　多利思比孤は苦しい状況に追い込まれた．隋に対して，自主独立・対等という原則的立場は堅持したい．しかし，それでは隋から先進文化を直接導入することができない．中国に接し，その先進文化を吸収しようとすれば，「天子」の自称は難しく，華夷秩序の「冊封」・「朝貢」という問題は避けられない．中華皇帝は，はるかに遠い蛮夷はともあれ，近隣の蛮夷の王には「天子」の称号は許さず，冊封関係を結ぶのが原則であって，蛮夷の王は冊封関係に基づいて中華皇帝に朝貢するのである．実際，朝鮮3国（高句麗，百済，新羅）はすべて（「天子」や「皇」ではなく）「王」であり，隋の冊封国となり，「高句麗王」などを賜わり，隋皇帝の臣下になり，しばしば朝貢使を送っている．隋としては倭国も同様に冊封関係を結び，朝貢してくることが望ましい．

しかし,「王」を受け入れ,冊封関係を受け入れることは,倭王多利思比孤は中華皇帝によって「倭国王」という官爵を与えられるということであり,はっきりと中国皇帝の「臣下」に位置づけられることである.それでは「対等」どころか,「自主独立」の立場も崩壊する.また,百済や新羅と同じ立場となり,朝鮮諸国に対する倭国優位の地位は崩壊する.従って,多利思比孤は「王」も「冊封」も許容できない.倭国伝が書くように,百済と新羅から「敬仰」されている立場から見ると,それは許されないことである.

熟慮した結果,多利思比孤が出した結論が,「朝貢」と「冊封」を切り離すことだったと推定される.「自主独立」の原則は堅持して,「天子」の自称は撤回せず,はっきりした臣従を意味する冊封関係は拒否するが(事実4),「対等」については妥協し「朝貢」までは認めることではないだろうか.すなわち,「朝貢だけ」を受けいれて「日出ずる処」国書が起こした問題を解決し,隋の先進的な政治・文化は導入しようという対応であったと考えられる.

以上から,多利思比孤が新たにとった立場は以下のようであったと考えられる.

要点④:多利思比孤は「朝貢」と「冊封」を切り離し,「朝貢」は認めるが,隋皇帝へのはっきりした臣従を意味する「冊封」関係は拒否した.

天子の称号撤回の拒否に加えて冊封を拒否することは,「自主独立」の立場は堅持することを意味する.すなわち,「日出ずる処」国書で示した自主独立・対等の立場に比べると,朝貢を認めることによって「対等」に関しては後退したが,冊封関係によって臣下となることは拒否し,「天子」の称号撤回も拒否し,全体として自主独立・準対等の立場は堅持したと理解できる(なお,朝貢を認め,冊封を拒否することを「準対等」とする点については,次節「矛盾を残したまま決着した『日出ずる処』国書の問題」で,もう少し詳細に議論する).

7 多利思比孤と裴世清の対談記事になぜ隋皇帝国書が登場しないのか

以上で裴世清と多利思比孤の対談問題は相応に理解できたと思われる.しかし,まだ,隋皇帝国書の件(事実3)をどう理解するかという点が残っている.

(a) やっかいな隋皇帝国書の下賜儀式

隋皇帝の使者裴世清との関係において,自主独立・対等の立場をとる多利思比孤は,隋皇帝に臣従するような場面は避けなければならない.特に上下関係が露呈する中華の「儀礼」に基づく儀式は回避する必要がある,というのが裴世清への対応の原則の1つとなったはずである.このことは国内的にはもちろん,倭国上位の

百済・新羅との関係から見ても重要なことである.

　中でも特にやっかいなのが隋皇帝の国書である．倭国伝には裴世清が多利思比孤宛の国書を持ってきたことは書かれていないが，裴世清は多利思比孤宛の「日出ずる処」国書に対する返書（国書）を持参していた（後述）．自主独立・対等の立場をとる多利思比孤にとっては，この隋皇帝の国書の扱いは難しい．中華思想の「礼」に従えば，皇帝の国書を持参した使者に対して蛮夷の王多利思比孤は儀式を設定して，「使者（裴世清）が詔を宣したら，改めて再拝し，その後北面してその詔書を受けとる」のが「礼」である［高明士］．すなわち，南面して上座にいる裴世清が皇帝の詔を宣し，多利思比孤は北面して，何度もお辞儀して，皇帝の詔書をうやうやしく受け取らなければならない．それが臣下としての儀礼である．普通ならば，こういう国書伝達の儀式が行われることになる．しかし，そういう儀式では上下関係がまともに反映され，隋皇帝の代理である裴世清が上座で，蛮夷の王である多利思比孤は臣下として下座で何度もお辞儀して承るという場面となる．多利思比孤としては，これは避けなければならない．

　倭国伝には隋皇帝国書の下賜儀式は書かれていない（事実3）．このことは多利思比孤が，そういう上下関係が露呈する麗々しい儀式を回避することに成功したことを意味する．

(b) 隋皇帝国書の下賜儀式は多利思比孤によってかわされた

　しかし，研究者は必ずしもそうは理解されない．石井正敏氏は［石井］，「肝心の国書伝達のことが記されていない．式次第はどうあれ，朝命伝達が口頭で行われただけのように記されているのは，なんとも不審である」と倭国伝への不信を述べておられる．さらに，高明士氏は［高明士］，「倭王が礼なく書を受け取って（裴世清が）何の異議も唱えなかったというのは信じがたい」し，友好的に対談したということは「倭王は『礼』に則って受詔した」と指摘される．中華思想の「礼」に基づけば氏の指摘どおりであろう．

　石井・高明士氏は，隋皇帝の国書を多利思比孤に下賜する儀式が書かれていないことを問題視されるが，倭国伝には国書伝達の儀式は書かれていないのが事実であり（事実3），実際に国書伝達の儀式はなかったと理解される．では多利思比孤はどのようにして国書受領儀式を回避したのだろうか．そのことを示しているのが倭国伝の記述ではないだろうか．

　多利思比孤は，まず「我れは夷人，海隅に僻在して，礼義を聞かず」（事実1－①）と，自分は「海隅」の蛮夷であって，中華思想の「礼」は知らない（「礼義を聞かず」

と言った．多利思比孤のこの言葉は，中華皇帝の使者を迎える際，中華思想の「礼」には反する点があるかもしれないが，自分は「礼」を知らない海隅の蛮夷だから了解してくれと言ったように読める．換言すれば，自分は礼義を知らない蛮夷だと強調することによって，中華の「礼」に沿うような隋皇帝の国書受領の儀式などはできないし，行わないと宣言したことを示しているように思われる．

　もしも高明士氏の指摘されるように[高明士]，中華の「礼」に基づいて，隋皇帝と蛮夷の王の上下関係をはっきりと示す儀式が実施されたとすれば，裴世清はそれを報告し，倭国伝はその儀式を書いただろう．しかし，倭国伝には裴世清が下座にいる多利思比孤に対して国書を読み上げ，多利思比孤が何度もお辞儀して国書を受け取るような儀式の場面は描写されておらず（事実3），麗々しい国書の儀式はなかったことを示している．そのことは，多利思比孤が「我れは夷人，海隅に僻在して，礼義を聞かず」（事実1－②）と，自らを「礼」を知らない蛮夷と称することによって，麗々しい隋皇帝の国書授与の儀式を回避することに成功したことを示唆している（事実3）．

　おそらく，高寛敏氏が指摘されるように[高寛敏]，「裴世清は閣上で直接に倭王に国書を伝達した」のであって，隋皇帝の国書は対談の場で多利思比孤に手渡され，多利思比孤は大喜びで，うやうやしくていねいに受け取り，国書下賜儀式をうやむやにしたと推定される．いずれにせよ，国書受領の儀式が書かれていないのは（事実3），国書授与の儀式は"礼儀を知らない夷人"の多利思比孤によってかわされたためであり，そのような儀式がなかったと理解するのが正しいのではないだろうか．

　儀式の代わりに，上下関係が出にくい場がいい．その結果，対等の立場ではあるが，どちらかと言えば，迎える方が上の立場となる「客を迎える場」を設定したのではなかろうか．それが「道を清め館を飾り，以て大使を待」ち，多利思比孤は「清（裴世清）と相見え，大いに悦んで」対談したという記述（事実1－③）ではなかろうか．

　倭国伝の記述では対談がどんな場であったのかはっきりしないが，倭国伝の記述からうかがえるのは，多利思比孤と裴世清が対等の立場で，あたかも友人であるかのように，話し合っている場面である．あくまで対等であって，隋皇帝の使者にひざまづくという形をとっていない．以上のように，

　　要点⑤：多利思比孤は「海隅に僻在して，礼義を聞かず」として，隋皇帝との上下関係が露呈する隋皇帝国書の下賜の儀式などは回避した．

のではないだろうか．

(c) 隋皇帝国書はなぜ倭国伝に載っていないのか

ただ，隋皇帝国書についてはさらにコメントが必要だろう．石井正敏氏は［石井］，「肝心の国書伝達のことが記されていない．式次第はどうあれ，朝命伝達が口頭で行われただけのように記されているのは，何とも不審である」と指摘される．隋皇帝国書そのものが倭国伝にまったく触れられていないのはなぜだろうか．この点については以下のように推定される．

詳細は後述するが，隋皇帝国書は多利思比孤の「日出ずる処」国書への返書であって，「皇帝，倭皇（王）を問ふ」と臣下に与える書の形式の国書であり，「朕，宝命を欽承して……」と自分が唯一の天子であり，多利思比孤が「朝貢を脩む」と書いている．露骨には書かれていないが，そう書くことによって多利思比孤の「天子」の称号を否定し，対等を主張する多利思比孤をたしなめ，裴世清の宣諭を側面援助する書と理解される．

隋皇帝国書による皇帝の要求を具体的に書けば，中華思想の宣諭（宣諭1）に加えて，「天子」の称号の撤回（宣諭2），冊封関係を結んではっきりと臣下になれ（宣諭3）の3点である．しかし，裴世清は，宣諭1は成功したが，肝腎の宣諭2も3も成果を挙げることができなかった．一歩前進ではあるが，最重要の「天子」の称号撤回（宣諭2）は説得できず，期待した成果にはほど遠い．そのため，倭国伝は隋皇帝国書を載せることができなかったのではないだろうか．なぜならば，国書を載せれば裴世清が「天子」の撤回という最重要の朝命（宣諭2）を達成できなかったことが明らかになり，にもかかわらず，隋皇帝が裴世清による宣諭の結果を黙認したこと（事実6，7）が露呈するからである．

もしも，多利思比孤に天子の称号を撤回させたり，冊封関係を結ばせたりすることができたのであれば，倭国伝は，隋皇帝国書も載せ，裴世清は皇帝の命令をきちんと達したと書いただろう．しかし，裴世清は皇帝が国書で側面援助した命令を達成できなかった．だからこそ，国書を伝達したことも，国書そのものを載せることもできなかったと考えられる．隋皇帝国書はあくまで多利思比孤の「日出ずる処」国書への返書である（後述）．多利思比孤に渡されるべき国書であって，実際に渡されたと考えられる．倭国伝に書かれていないからといって，国書そのものがなかったとは言えないし，「国書はとどけられていない」［古田②］とも言えないのである．

以上の議論から，以下が結論される．

要点⑥：裴世清が隋皇帝国書で示した宣諭の目的を達成できなかったために，倭国伝は隋皇帝の国書には触れることができなかった．

8 要約：「夷人」・「朝貢」という最低限の譲歩で切り抜けた多利思比孤

倭王多利思比孤と裴世清の対談に，多利思比孤がどのように対応し，どういう結果になったか，以上の推定を要約すれば以下のようになる．

① 多利思比孤は「日出ずる処」国書が起こした問題を解決し，隋の先進的な政治・文化を導入するために，やむをえず，「我れは夷人」，「朝貢せしむ」と，「夷人」・「朝貢」を認めた．

② 多利思比孤は，「冀くは（ねがわくは）大国惟新の化を聞かんことを」と，裴世清の宣諭をかわし，「天子」の称号は撤回せず，「冊封」も拒否することに成功した．

③ 裴世清は宣諭2（「天子」）と宣諭3（「冊封」）は達成できず，「我れは夷人」，「朝貢せしむ」という中華思想を認めた（宣諭1）多利思比孤の発言でもって「朝命既に達せり」と妥協せざるを得なかった．

④ 多利思比孤は，「朝貢」と「冊封」を切り離し，「朝貢」は認めるが，隋皇帝へのはっきりした臣従を意味する「冊封」関係は拒否した．

⑤ 多利思比孤は「海隅に僻在して，礼義を聞かず」と，隋皇帝との上下関係が露呈する隋皇帝国書の下賜の儀式は回避した．

⑥ 裴世清が隋皇帝国書で示した宣諭の目的を達成できなかったために，倭国伝は隋皇帝の国書には触れることができなかった．

以上の検討結果は，多利思比孤は裴世清との対談で，「夷人」・「朝貢」を認めただけで，「天子」の称号は撤回せず，「冊封」も拒否することに成功した，と要約できるであろう．推定が過ぎるかもしれないが，重要なことなのに倭国伝の書き方があいまいで，かつ，直接的な判断材料が少な過ぎるので，推定が多くなるのはやむを得ないと思う．

矛盾を残したまま決着した「日出ずる処」国書の問題

1 「日出ずる処」国書の問題はどう解決されたかという問題
2 「日出ずる処」国書における多利思比孤の「対等」の立場はどうなったのか
3 「日出ずる処」国書の「天子」の称号はどう解決されたか
4 隋皇帝煬帝は多利思比孤の「天子」の称号を黙認した
5 隋皇帝はなぜ多利思比孤の「天子」の称号を黙認したのか

6 「天子」の称号に対する多利思比孤と煬帝の認識のずれ
7 要約・結論：「日出ずる処」国書によって生じた諸問題の決着
8 奇蹟的な「対等外交」の成功とその問題点

1 「日出ずる処」国書の問題はどう解決されたかという問題

　今まで，多利思比孤と裴世清の対談・交渉の視点から検討してきたが，倭国伝を読んでいると，問題の発端となり，煬帝が裴世清に宣諭させたはずの「日出ずる処」国書の自主独立・対等という重要問題が，結局，どのように「解決」されたのかが，やはりすっきりしない．すっきりしないのは，特に「天子」である．常識的に見て，中華皇帝は蛮夷の王の「天子」の称号を許容できないのではないかと思えるのに，「天子」の問題がどうなったのかがあいまいである．そこで，前節を引き継ぎ，本節では「日出ずる処」国書によって生じた蛮夷の王多利思比孤による自主独立・対等の立場という問題点，具体的には，以下の２点について検討を深めたい．
　① 蛮夷の王である多利思比孤が「天子」の称号を自称し，自主独立の立場を示したこと．
　② 「天子－天子」と対比し，「書を致す」という書の形式で，隋皇帝に対して対等の立場を示したこと．
　具体的な問題点を再確認すれば，以下の２点である．
〈問題点8'〉多利思比孤が「朝貢」を認めたことは隋皇帝への「臣従」を認めたように見えるが，「天子」の称号を撤回した様子はなく，「冊封」については何も書かれていない．この多利思比孤の対応をどう理解すべきだろうか．
〈問題点9（b）〉多利思比孤と裴世清の対談の結果，倭国伝は裴世清が隋皇帝の朝命を「達せり」と書くが，倭王多利思比孤の「天子」の称号問題はどのように解決されたのか．
　これらの問題も，重要なことであり，長くもなるので，最初に，検討経過に従ってその検討結果の要点を提示しておきたい．前節（「隋の使者裴世清に対する多利思比孤の熟慮の対応」）の要点①～⑥に引き続き以下のように議論する．
　要点⑦：多利思比孤は「朝貢」を認めたことによって対等の立場からは後退したが，「天子」は撤回せず，はっきりした臣従を意味する冊封も認めず，「準対等」の立場を堅持した．「日出ずる処」国書の「対等」の立場から大きく変節したわけではない．

要点⑧：倭国伝に基づけば，多利思比孤は「天子」の称号を撤回しなかったが，煬帝はそれを容認した．

要点⑨：煬帝は多利思比孤の「天子」の自称を無視し，結果として黙認した．

要点⑩：煬帝は高句麗が焦眉の問題であったから，多利思比孤の天子の自称を黙認せざるを得なかった．

要点⑪：隋皇帝は「高句麗」を考慮して多利思比孤の「天子」の称号を黙認しているだけであるが，多利思比孤は「天子」の称号が隋皇帝によって認められたと認識した．根本的な認識の食い違いが残されたまま，「日出ずる処」国書の問題は決着した．

2 「日出ずる処」国書における多利思比孤の「対等」の立場はどうなったのか

　まず，多利思比孤が「日出ずる処」国書で提起した「対等」の問題について考える．

　隋皇帝と多利思比孤の「対等」の問題は，当然「天子」の称号も関係するが，「天子」は後で検討することにして，まず「朝貢」・「冊封」の問題として考える．倭国伝には「冊封」については何も書かれていない（事実4）．

(a) 「朝貢」とは何か，「冊封」とは何か

　そもそも「朝貢」と「冊封」はどう違うのか，まず，この点をはっきりさせなければならない．

　徐先堯氏は［徐］，「朝貢」とは「(倭王が)使節を隋廷に派遣して，倭国王を代表する身分で，貢物を奉献し，形式上，隋朝中華世界帝国の天子に対して，服属・恭順の意を表する一種の不対等の外交儀礼である」，「一種の支配と服属の関係を本質とするもの」と指摘される．

　一方，西嶋定生氏は［西嶋③］，「冊封」について，「(周辺諸国家の君主たちに)『王』位……などを賜与し，これによって皇帝とこれら諸君主の間に君臣関係を設定し，この君臣関係に伴う義務を課すること」であり，「中国王朝とその周辺の諸国家とのあいだの支配隷属の現実的力関係を政治的な機構として具体化する方式」と指摘される．「皇帝から与えられた冊命（任命書）によって封ぜられる……ので，この任命行為を『冊封』と呼ぶ」［西嶋④］．要するに，中華皇帝から文書で「倭国王」などの官爵を任命してもらうという冊封関係を結ぶことは，倭王が形式的にもはっきりと中華皇帝と君臣関係を結び，臣下となることである．

　このように，朝貢も冊封も中華皇帝に対する不対等の上下関係を認めるものであ

るが,「朝貢」と「冊封」は同じではない.「冊封」はその蛮夷の王が中華皇帝の臣下となり, はっきりした君臣関係を結ぶ点にあいまいさはない. しかし,「朝貢」の場合,「服属・恭順の意を表する」というが文書でそれを明示するわけではなく,「君臣」関係はそれほど明確ではないため, あいまいさが残っている.

(b) 多利思比孤が「朝貢」を認め,「冊封」を拒否したことの意味

多利思比孤は隋皇帝への朝貢は認めた. 倭国伝の「我れは夷人」,「朝貢せしむ」という発言（事実1－①②）は事実と考えられるという点はすでに述べた. このことは中華と蛮夷の上下関係を基本とする中華思想を受け入れたこと（宣論1）を意味する.

裴世清は朝貢を認めた多利思比孤に対して, さらに進めて冊封関係を結び, 朝鮮3国と同様に, 名実ともに隋皇帝の臣下になるよう宣論した（しようとした）はずである（宣論3）. しかし, 倭国伝には多利思比孤が隋皇帝に冊封されたことを示す点は何もない（事実4）. もしも多利思比孤が倭国王などの官爵を承認・任命されることを認めたのであれば, 倭国伝は, 百済伝・新羅伝などと同じように, そのことを明記するだろう. 隋皇帝が蛮夷の王にどのような官爵を授けたかは, 隋書東夷伝がきわめて重視する内容である. 書かないとは思えない. しかし, 倭国伝にはそのようなことは書かれていない（事実4）. 従って, 多利思比孤は裴世清の冊封に関する宣論（宣論3）については何も譲歩せず, 冊封関係は受け入れなかったのである.

要するに, 多利思比孤は「夷人」・「朝貢」は認めたが, 冊封は拒否したのである. では, 朝貢（宣論1）は認めるが, 冊封（宣論3）は拒否するという多利思比孤の対応をどう理解すべきであろうか.

多利思比孤にとっては「朝貢」は以下のようなものだっただろう. 遣隋使を派遣したのは, 土産物を持って行って挨拶し, 隋と友好的な関係を構築し, 隋の先進的政治・文化を導入したいということである. 裴世清との対談で「朝貢」を認めたのは, 隋から先進的政治・文化を導入するためである. 隋が「朝貢」という形式以外の蛮夷との交流を受け付けないから, やむを得ず表向き「朝貢」を認めただけであって, 少し極論すれば, 遣隋使を派遣したときだけ「朝貢に来ました」と言えばそれですむと思っていたのではないだろうか.

重要なことは, 多利思比孤は,「朝貢」を認めたことで隋皇帝の臣下になったとは思っていないことである.「朝貢」を認めても, それ以後の隋への遣隋使派遣の義務を負ったわけでもなく, 遣隋使を派遣するかどうかは自分の意思で決定できる. 隋皇帝の命令に従う義務もない. 冊封されていないのだから, 多利思比孤は隋皇帝の

臣下ではない．隋皇帝とはあくまで対等であって，どういう称号を用いようと問題とされることではない．要するに，多利思比孤から見れば，朝貢は認めたが，冊封は認めず臣従してはいないのである．いずれにせよ，多利思比孤は隋が考えるような「朝貢＝臣従」をしたつもりはなかっただろう（多利思比孤は第二次遣隋使派遣の目的として菩薩天子を「朝拝」と言っている）．

川本芳昭氏は［川本①］，「遣隋使段階における倭国の自己主張の強さを見るとき，それ以前の古代日本の政権中枢にいた人々にとって，中国に『朝貢する』と言うことはそのときそのときの時代状況に対応した方便（間に合わせの手段，その場をうまく処置するてだて［新漢語林］）に過ぎなかったのではないか」と指摘されるが，その通りではないだろうか．

要するに，多利思比孤は朝貢を認めたが，冊封を拒否しており，臣従はしていない．多利思比孤としては「日出ずる処」国書の自主独立・対等の立場は堅持しているのである．

(c) **多利思比孤は「朝貢」を認めたが，自主独立・準対等の立場は堅持した**

とはいえ，「朝貢」を認めたことで，「形式上」ではあっても「服属・恭順の意を表」した［徐］と受け止められる面があることも確かであろう．従って，「日出ずる処」国書での明確な「対等」の立場から後退したことは確かである．しかし，「天子」撤回も冊封も認めていないことを考えれば，多利思比孤が大きく後退し，「日出ずる処」国書の立場から，根本的に方針転換・変節し，対等の立場を放棄したわけではないことは明らかであろう．多利思比孤としては臣従していないのである．全体として見れば，多利思比孤の対等の立場はあまり変わっておらず，「準対等」の立場を堅持したと理解される．

研究者は多利思比孤が「日出ずる処」国書から大きく方針転換・変節したように見える点について，裴世清が作為を加えて復命書を書いたため［直木②］，「『朝貢せり』，『我は夷人』……は中国側の作文である」などと［川勝］，倭国伝の記述を疑問視される．しかし，そうではなく，多利思比孤は「夷人」・「朝貢」は認めたのであって，そういう最低限の譲歩によって，「日出ずる処」国書が起こした問題を解決し，その一方で，「天子」の称号は撤回せず，冊封は拒否し，隋皇帝に臣従することはなく，自主独立・準対等の立場を堅持したと理解される．

以上の議論を要約すれば，以下のようになる．

　要点⑦：多利思比孤は，「朝貢」を認めることによって対等の立場からは一歩後退したが，「天子」は撤回せず，はっきりした臣従を意味する冊封も認

めず,「準対等」の立場を堅持した.「日出ずる処」国書の「対等」の立場から大きく後退し,変節したわけではない.

以上の議論に基づけば,問題点 8' は以下のように理解される.

〈問題点 8'〉多利思比孤が「朝貢」を認めたことは隋皇帝への「臣従」を認めたように見えるが,「天子」の称号を撤回した様子はなく,「冊封」については何も書かれていない.この多利思比孤の対応をどう理解すべきだろうか.

➡隋皇帝から見ると遣隋使を派遣してきたことは,それだけで「朝貢＝臣従」を意味する.しかし,多利思比孤にとって遣隋使派遣は隋と友好的な関係を構築し,隋の先進的政治・文化を導入したいということであって,隋皇帝の臣下になったわけではない.「朝貢」を認めたのは,隋が「朝貢」以外の形式を受け付けないから,やむを得ず「表向き」朝貢を認めただけである.それ以上ではない.重要なことは,多利思比孤は隋皇帝の臣下とは思っていないことである.冊封関係を結んでいない(事実④)のであるから,多利思比孤は隋皇帝の臣下ではない.とはいえ,多利思比孤が夷人・朝貢を認めたことは,中華思想を認めたことであり,明確な「対等」からは後退し,変節したことは否めない.しかし,それは根本的な変節ではなく,全体として「自主独立・準対等」の立場は堅持したと理解される.

(d)「朝貢」に対する隋皇帝と多利思比孤の認識の食い違い

「朝貢」に関する隋皇帝と多利思比孤の認識が食い違いについては一言付け加える必要がある.

隋皇帝の立場から見ると,徐先堯氏が指摘されるように［徐］,「朝貢」は,「形式上,隋朝中華世界帝国の天子に対して,服属・恭順（分かりやすく言えば臣下になること）の意を表する一種の不対等な外交儀礼」ということになる.すなわち,多利思比孤が遣隋使を派遣すれば,それだけで,隋皇帝は多利思比孤が朝貢してきたと認識し,臣下になったと認識するのである.隋皇帝が実際にそう認識していることをはっきりと示しているのが,第二次遣隋使に関して,倭国伝が多利思比孤は朝貢を認めていないのに「多利思比孤,使を遣わして朝貢す」と明記していることであり,多利思比孤宛の国書を「皇帝,倭皇（王）を問ふ」と臣下に対する形式で書くことである.一言で言えば,隋皇帝から見た遣隋使は,「遣隋使派遣＝朝貢＝臣従」である.

しかし,すでに述べたように,多利思比孤から見ると遣隋使を派遣することは,あくまで対等の立場で,友好関係を結び,交流を深めることである.隋皇帝に臣従

［第3章］第二次遣隋使：自主独立・対等の倭王多利思比孤　149

することではない．「冊封」関係を結んでいないのであるから，あくまでも臣従してはいない．すなわち，多利思比孤から見ると，「遣隋使派遣＝朝貢≠臣従」である．「臣従」という点で，隋皇帝と多利思比孤の認識は基本的に食い違っている．

3 「日出ずる処」国書の「天子」の称号はどう解決されたか

次に，多利思比孤の「天子」の称号について考える．「天子」は中華思想の中核をなす概念であって，常識的には蛮夷の王が自称するようなことは隋皇帝としてはとうてい受け入れられないはずであり，そのために，煬帝は裴世清を派遣し多利思比孤を宣諭させたはずである（宣諭2）．ところが，倭国伝を読む限り，「天子」は一言も書かれておらず，「天子」の問題がどう解決されたのかがはっきりしない．しかし，多利思比孤の「天子」の称号の問題はきわめて重要であり，もっと踏み込んで検討しなければならない．

(a) 中華皇帝は蛮夷の王の「天子」の称号を許容できるのか

そもそも中華皇帝は蛮夷の王の「天子」の称号を許容できるものなのだろうか．この点を考える際，中国で起こった蛮夷の王の「天子」の称号という類似のできごとの処理が問題となる．多利思比孤の場合と同じような問題は実際にはどう処理されたのだろうか．

西嶋定生氏は［西嶋④］，突厥の沙針略可汗が隋皇帝に対して「天子」を自称した国書について，「天子と称しているのであるが，そこには日本とのばあいのような問題は起こっていない」，「隋王朝は……夷狄の首長を自己とおなじく天子と認めることもできるものであった」と指摘され，一見，そのように見えるが，「（多利思比孤の「天子」の称号については）当時の中国王朝の秩序体制と日本の国家体制との関連においてこの国交を理解すべき」と主張される．

西嶋氏のこの見解に対して，増村宏氏は［増村②］，「夷狄の君長を中国と同じく『天子』と認めることもできるものであったか……中国王朝の秩序体制の外にある問題であったかどうか」と問題提起された．

増村氏は突厥の沙鉢略可汗と南越の趙佗の場合を挙げる．「天子」・「南越武帝」と，中国皇帝と対等の「天子」・「帝」という立場を表明した沙鉢略可汗と趙佗に対して，中華皇帝は，多利思比孤の場合と同様に，説諭の使者を派遣した．その結果，突厥の可汗も南越王も最後には中華皇帝の「臣」であることを表明することによって，それまで自称していた「天子」・「帝」をはっきりと撤回（させられ），それでもって，「天子」・「帝」の称号問題は最終的に解決したことを示された．

中華皇帝は蛮夷の王による「天子」の称号を許容できないというのが増村氏［増村②］の結論であって，「（南越王と突厥可汗の）『皇帝・天子』を中国では承認できるものではなかったから，説諭の使者が派遣された」，「もし（「帝・天子」を）承認できるものであるとすれば，中国の冊封体制そのものが成立しない」と指摘される．
　要するに，中華皇帝は蛮夷の王の「天子」・「帝」という称号を許容することはできないのであって，沙鉢略可汗と趙佗が，①「天子」・「帝」の称号を撤回し，②中華皇帝の臣下であることを明示すること，で問題は解決している．
　以上の事例を考慮すれば，中華皇帝が蛮夷の王の「天子」の称号を許容することはなく，その場合の解決法もはっきりしている．蛮夷の王が「天子」の称号を撤回し，「臣」になったことを明示することである．

(b) 多利思比孤は「天子」の称号を撤回しなかった

　しかし，多利思比孤の場合，そうはなっていない．多利思比孤が「天子」の称号を撤回したことは書かれていないし（事実5），「臣」と明示したことも，冊封を認めたことも，書かれていない（事実4）．もしも多利思比孤が「天子」の称号を撤回したり，「臣」と明示したりしたのであれば，「日出ずる処」国書の「天子」の問題は隋皇帝の意志通りにはっきりと決着がつくのであり，その点は裴世清派遣の重要な目的（宣諭2.3）なのだから，倭国伝がそのことを書かないことはあり得ない．しかし，多利思比孤による「天子」の称号撤回も「臣」の表明も倭国伝には一言も書かれていない．従って，突厥の沙鉢略可汗や南越の趙佗の場合と違って，裴世清の宣諭にもかかわらず多利思比孤は「天子」の称号を撤回することはなく，「臣」も表明していないのである．

(c) にもかかわらず，多利思比孤の「日出ずる処」国書の天子の称号問題は解決された

　であれば，「天子」の問題は解決しておらず，対立が深まり，多利思比孤の「天子」の称号はより深刻な問題となると予想される．
　しかし，意外なことに，倭国伝は，裴世清の「朝命既に達せり」を記し，その後，「使者をして清（裴世清）に随い来って方物を貢せしむ」，すなわち，倭王が帰国する裴世清を送る送使を付け，方物を献上して，それで倭国伝の記述は「此後遂絶」で終わりである．
　川本芳昭氏が指摘されるように［川本①②］，「（裴世清が）倭国との間に争礼を生じることなく，小野妹子と隋へ向けて帰国していることは，彼が使命を果たしたことを示している」のであり，増村宏氏が指摘されるように［増村②］，「大業三年の国書

(「日出ずる処」国書）の問題も結末がつき，『此後遂絶』となっているのである」．そして，その後で，

  事実6：裴世清が多利思比孤を「宣諭」した結果に，煬帝が不満を示したことは書かれていない，

  事実7：倭国と隋の間での争いや不和の類いは何も記録されていない．

という事実がある．ということは，煬帝は裴世清の「朝命既に達せり」を受け入れたことを意味する．

 結局，倭国伝によれば，蛮夷の王多利思比孤の「天子」の称号問題は以下のような経過で決着したのである．

  問題の始まり：蛮夷の王多利思比孤が「日出ずる処」国書で「天子」を自称した．

  →隋皇帝煬帝は「悦ばず」，「礼無き」と反応した．

  →煬帝は裴世清を派遣し，多利思比孤を宣諭・説得させた．

  →しかし，裴世清は多利思比孤を説得できず，多利思比孤は「天子」の称号を撤回せず，「臣」も表明しなかった．

  →にもかかわらず，裴世清は「朝命既に達せり」とした．

  →多利思比孤は裴世清を送使で送り，方物を貢いだ．

  →煬帝は結果を容認した（事実6，7）．

  →「この後遂に絶つ」．

 以上の経過で，多利思比孤は「天子」の称号を撤回することなく解決されたのである．増村宏氏が指摘されるように［増村①］，「煬帝を『悦ば』せなかった『日出処天子』国書問題の結末がついたことになる」のである．隋書倭国伝の記述によればこのように理解される．

 要するに，倭国伝による限り，多利思比孤の「天子」の称号の問題は以下のように結論される．

  要点⑧：倭国伝に基づけば，裴世清の説得にもかかわらず多利思比孤は「天子」の称号を撤回せず，「臣下」も表明しなかったが，煬帝はそれを容認した．

 (d)「この後遂に絶つ（「此後遂絶」）」

 以上の議論は，倭国伝の「朝命既に達せり」という記述を重視した議論である．裴世清が「朝命」を達し，隋皇帝の反応がないということは，隋皇帝は多利思比孤の「天子」を黙認したと理解される．

 しかし，倭国伝は最後に「この後遂に絶つ（「此後遂絶」）」と書いている．「この後

遂に絶つ」という一文によると，第四次遣隋使が裴世清を隋へ送って，方物を貢ぎ，それをもって，倭国と隋の外交関係は「絶」ったのである．「絶」はあくまで「断ち切る，中断する」という意味であるから［新漢語林］，隋と倭国の外交はこれで断ち切られ，断絶したのである．換言すれば，隋皇帝煬帝は蛮夷の王の「天子」の称号をあくまで受け入れず，倭国と隋の外交関係は断ち切られたのである．

そこで「この後遂に絶つ」という文章を重視すればどう理解されるかを付け加えると以下のようになる．

この場合，「朝命を達成した」のに，なぜ断絶するのかが問題となる．このことを合理的に理解するのは容易ではない．

また，「遂に絶」ったはずなのに，日本書紀に第五次（610年）・第六次（614年）遣隋使派遣が書かれていることが問題となる．なぜならば，遣隋使は「絶つ」ではなく，継続しているからである［古田①］．

この点は「多利思比孤＝推古天皇」か「多利思比孤≠推古天皇」かで理解が異なる．もしも「多利思比孤＝推古天皇」とすれば，理解困難である．しかし，「多利思比孤≠推古天皇」であれば，第五次・第六次遣隋使は大和政権単独の派遣であって，倭国の遣隋使ではない（*1）．従って，「遂に絶つ」と矛盾せず，裴世清を送った第四次遣隋使以後，倭国の隋への遣隋使は断絶し，次の第一次遣唐使までの約20年間，中華王朝への使者派遣はないのである．このように，「この後遂に絶つ」を重視すれば，煬帝は多利思比孤の「天子」の称号を受け入れず，始まったばかりの隋と倭国の外交関係は第四次遣隋使でもって断絶したのである．

私見では，全体として「朝命既に達せり」が正しいと思われるが，「高句麗」を考えても（後述），煬帝が倭王の「天子」を容認することも考えにくいことは確かであるから，「この後遂に絶つ」の可能性は否定できないと思う．ただ，隋は第四次遣隋使の後，10年後には混乱の中で滅亡してしまったから，煬帝が裴世清の「朝命既に達せり」を受け入れて「天子」を容認したのか，それともあくまで容認せず，倭国との外交関係は断絶してしまったのか，どちらが正しいかは倭国伝からははっきりしない．

*1　第五次遣隋使は大和政権の第四次遣隋使の通訳が隋に残ったもので正式の遣隋使ではない（後述）．ただし，第五次遣隋使を隋書煬帝紀が「倭国，使を遣わして方物を貢ず」と，倭国の使者と明記している点が障害となる．

4 隋皇帝煬帝は多利思比孤の「天子」の称号を黙認した

　しかし，最大の問題点である蛮夷の王多利思比孤の「天子」の称号問題の「解決」・「決着」はすっきりしない．なぜならば，多利思比孤は「天子」の称号を撤回していないのに，中華皇帝はなぜそれを受け入れたのかという根本的な疑問が残るからである．以下にこの点を考える．

(a) 冊封を拒否している蛮夷の王が「天子」を称することは認められるか？

　問題は，「朝貢」は認めるが「冊封」は拒否している蛮夷の王が「天子」の称号を用いても，中華皇帝は許容できるのかという点である．

　西嶋定生氏は［西嶋④］「日本は中国王朝にとっては礼的秩序の貫徹を随伴する冊封体制の外にある蛮夷の国であり，事実として隋はこれを冊封していないのである．それゆえ日本は隋王朝にとっては不臣の外域であり，その首長の称号のいかんは中国王朝の秩序体制の外にある問題」と指摘される．

　それに対して，徐先堯氏は［徐］，「さに非らず」と明瞭に否定され，「(中国王朝の蛮夷支配の本質は) 朝貢関係であり，冊封関係等の有無に拘らず，四夷の遣使は皆朝貢として待遇され，夷狄の国王の天子自称は，突厥の如く，名号の僭窃（盗み）とみなされたからである」と指摘される（両氏の見解は，「冊封」を本質とされる西嶋定生氏と，「朝貢」を本質とされる徐先堯氏の見解の相違を反映している）．

　中華王朝に使者を派遣してくることもない外域の蛮夷の王の場合，蛮夷の王がどんな称号を用いようと，それは中華王朝の秩序体制の外の問題であろう．しかし，冊封はしないが使者を派遣してくる（中華王朝から見ると朝貢してくる）蛮夷の場合，中華王朝はやはり自らの秩序体制に入ってきた蛮夷と認識するのではないだろうか．実際に遣隋使を派遣しただけで，隋皇帝は「朝貢してきた」と認識し（倭国伝），さらに多利思比孤が臣下になったと認識している（隋皇帝国書）．であれば，中華王朝がその蛮夷の王の「天子」の称号を許容することはあり得ないのではないだろうか．もしも朝貢している（遣隋使を派遣している）が冊封されていない蛮夷が「天子」を自称しても問題がなければ，増村氏が指摘されるように［増村②］，「中国の冊封体制そのものが成立しない」であろう．

(b) 煬帝は多利思比孤の「天子」の自称は「無視」した

　以上のように，煬帝が臣下になったはずの多利思比孤の「天子」の称号を認めるなどあり得ないことではないだろうか．「臣下」の「天子」の称号を容認することは，中華思想の根本を否定することである．しかし，多利思比孤は「天子」の称号を撤回していない．それなのに，煬帝は裴世清の宣論の結果に不満を示した様子もなく

もめ事もない（事実6, 7）．このことは，煬帝が多利思比孤の「天子」の称号を認めたことを意味する．ここに矛盾がある．

ではこの矛盾を，どう理解するのだろうか．私見では，煬帝としては，多利思比孤の「天子」の自称を「無視」し，結果として「黙認」することにしたと理解するしかないように思われる．「礼」を知らない蛮夷の王がかってに「天子」を称している，大海のはるかな東の果ての島国という「不臣（臣下としない．臣下とならない）の外域」である．目くじらを立てるほどのことではないと無視することにしたのではないだろうか．多利思比孤が朝貢してきたことで臣従したとする認識とは矛盾するのだが，その辺りはぼやかしたのだろう．

いずれにせよ，煬帝がこの裴世清宣諭の結果に不満を表明せず（事実6），その後も不和や対立は記されていないこと（事実7）は，不本意ながら，煬帝は多利思比孤の「天子」の自称を無視し，結果として黙認し，倭国の「自主独立・準対等」の立場を黙認したことを意味する．これが倭国伝の記述から得られる結果である．すなわち，

要点⑨：煬帝は多利思比孤の「天子」の自称を無視し，結果として黙認した．

5 隋皇帝はなぜ多利思比孤の「天子」の称号を黙認したのか

以上のようにそれなりに合理的に理解できる．しかし，煬帝がなぜ蛮夷の王多利思比孤の「天子」を称号を無視・黙認したのかという問題は残っている．そもそも裴世清を派遣した最大の目的は「天子」の自称の撤回である（宣諭2）．蛮夷の王多利思比孤の「天子」の称号を承認することは中華思想からは絶対にあり得ない（それは中華思想を自ら否定することである）．しかし，多利思比孤の場合は黙認している．煬帝は多利思比孤の「天子」の自称をなぜ黙認し，多利思比孤の自主独立・準対等の立場を事実上認めたのだろうか．

研究者によって，2つの要因が指摘されている．1つは高句麗であり，もう1つははるかな大海の中の倭国，という点である．

(a) 煬帝が多利思比孤の「天子」の自称を黙認した要因①：高句麗

第1の要因は高句麗である．

多くの研究者［坂本③，徐，李，川勝，佐伯，金子］が，当時の隋と高句麗との緊張関係を考えれば，煬帝にとって高句麗の背後にある倭国と対立することは好ましくないという判断があったと指摘される（*1）．この点に関しては研究者の見解はほぼ一致しており，通説と言って良い状態である．私見でも倭国と隋の不可解な"解決"

の背後に，高句麗の存在があったとする見解は正しいと思う．諸氏の見解を私なりに要約すれば以下のようになる．

　冊封関係を結んだのに，はっきりと臣従しない高句麗王を懲罰するために，隋皇帝文帝（煬帝の父）は，598年，30万という大軍で高句麗を攻撃している．この攻撃は成功しなかったが，その後，隋と高句麗の関係は一応修復された．しかし，高句麗王はすっきりとは臣従せず，607年には隋が知らないところで突厥と通じていたことがばれ，煬帝の不信を買った．煬帝は，釈明のために高句麗王自身が隋へやってくるように要求したが，高句麗王は恐れて行かなかった．その結果，隋と高句麗の関係は悪化し，高句麗王は臣下のとるべき「礼」に反したとされ，討伐の対象となってしまった．煬帝は運河を黄河から北の涿郡（北京近く）まで延ばして高句麗戦の補給路を確保し，西の吐谷渾を征服して，4郡を置き，西辺を支配下に収めて西への不安を解消し，高句麗戦への準備を進めた．そして，611年に，高句麗征討の大軍を送った．

　倭国が第二次遣隋使を派遣した607年は，隋と高句麗の関係が険悪になって，煬帝が本気で高句麗征討に取り組み始めた頃だったことが分かる．父の文帝が30万の軍を派遣したのに思い通りには勝てなかったことを煬帝は見てきたから，高句麗を屈服させるのは容易でないことは認識していたはずである．

　倭国は隋に比べればずっと小さい蛮夷の国であるが，「半島諸国の国際関係に常に重要な牽制的な位置にある」［坂本③］．そして倭国は軍事大国である．もしも，多利思比孤が反発し，倭国が高句麗を支援するような事態になれば，高句麗討伐はより難航する．従って，煬帝は，多利思比孤が「天子」の称号を撤回しないことにこだわるわけにはいかなかった．煬帝が多利思比孤の「天子」の称号についてあいまいな解決（無視・黙認）を受け入れたのは，このような背景があるのではないかというのが諸研究者の見解である．

　実際に，日本書紀によれば，高句麗がこの頃大和政権への働きかけを強めていることが分かる．遣隋使派遣の少し前の推古3年（595年）には高句麗の高僧慧慈が来日し，皇太子である聖徳太子の師となったことが分かる．また，推古13年（605年）には元興寺の建立に際して，高句麗は300両という黄金を贈っている．高句麗は，高僧を送り込んで大和政権中枢部に接触させ，黄金を送り，大和政権との友好・同盟関係を進め，大和政権の対隋政策に影響を与え，隋を牽制するという意図があったのは確かではないだろうか（*2）．

　要するに，川勝守氏が指摘されるように［川勝］，「隋煬帝とすれば倭国との衝突は

回避したかった．対高句麗戦争が焦眉の急」という状態にあった．そのために，煬帝は倭国に対して強い姿勢で臨むことができず，不徹底な「日出ずる処」国書問題の処理を認めざるを得なかったのではないかというのである．

　以上の諸氏の見解は説得力があり，私見でもこの見方は正しいと思う．隋と高句麗の厳しい対立によって，煬帝は倭王の「天子」の称号をはっきりと撤回させ，自主独立の立場を撤回させることまでは厳しく踏み込むことはできなかった．その結果，中華思想ではあり得ない蛮夷の王による「天子」の称号も「冊封」拒否も厳しく追及されることなく，黙認され，あいまいに「許容」され，あいまいに「解決」されたと理解される．

(b) 煬帝が多利思比孤の「天子」の自称を認めた要因②：東の果ての大海の中の倭国

　第2の要因は，徐先堯氏が指摘される，隋から見ると大海を隔てたはるかかなたの東の果ての島という倭国の地理的状況である［徐］．

　内陸国家の隋から見ると，海を隔てた倭国は実際の距離以上に離れた蛮夷の国として認識されただろう．倭国伝は「都斯麻国（対馬）を経，迥かに（はるかに）大海の中にあり」と，倭国を"はるかな大海の中"の国というイメージで書いている．そのことを考慮すれば以下の諸点が考えられる．

　第1に，東の果ての大海の中の蛮夷の国に煬帝の徳が及ぶことである．煬帝による裴世清の倭国へ派遣は，中華思想と王化思想に基づいている．王化思想では徳の高い天子が現れれば，「礼」を体得しようと蛮夷が朝貢してくると考える．朝貢してくる蛮夷が「遠ければ遠いほど」，「天子の徳の高さを示す」と受け取る［西嶋②］．隋から見ると，東の果ての「はるかな大海の中にある」東夷の倭王が隋へ朝貢の使者を送ってきたことは，皇帝の徳が東の果てまで及んだことを意味する．これは隋皇帝から見ると相応の成果なのである．

　第2に，海を隔てた東の果ての蛮夷であるから，ほとんど「不臣の外域」である．その外域で，多利思比孤が「抗礼」，すなわち，中華思想の「礼」に反して「天子」を称し，対等の立場をとるとしても，それは隋にとってはさほど重要な問題ではない［金子］．そのような外域の東夷の王に対して，「天子」を撤回させることも，冊封もできなかった（臣下にできなかった）ことも，失点というほどのものではない．従って，煬帝としても体面を汚すことなく，あいまいな"解決"を受け入れ可能であったと言えるのではないだろうか．

　以上のように，第1に，隋にとっては高句麗問題が焦眉の急であって，高句麗の背後をなす倭国との紛争を避けた．第2に，東の果ての大海の中という地理的

条件という2つの事情によって，隋皇帝煬帝は多利思比孤の「日出ずる処」国書に関して「天子」・「冊封」の問題を厳しく追及することはなく，黙認することで事を収めたと考えられる．ただし，第1点の高句麗問題が本質であろう．

こうして，多利思比孤の「日出ずる処」国書の「天子」の称号は撤回されることはなく，無視・黙認されたと考えられる．要するに，

> 要点⑩：煬帝が多利思比孤の「天子」の称号を黙認せざるを得なかったのは，高句麗が焦眉の問題であり，高句麗の背後にある倭国に配慮せざるを得なかったためである．

> *1 諸研究者は倭国＝大和国とされており，日本書紀が書く「推古天皇上位」（隋皇帝国書提出儀式）や「天皇－皇帝」（「東天皇」国書）の立場の黙認とされる．この点で「天子」の称号の黙認とする拙論とは異なる．

> *2 諸研究者は「多利思比孤＝推古天皇」とされるが，「多利思比孤≠推古天皇」の場合，高句麗の工作が大和政権だけに限られたとは思えない．多利思比孤に対しても同様に働きかけたであろう．日本書紀は倭国のことは書かないから具体的には分からないが，じゅうぶん推測できることである．

6 「天子」の称号に対する多利思比孤と煬帝の認識のずれ

多利思比孤の「天子」の称号があいまいに無視・黙認され，また，隋皇帝へはっきりと臣従することがなく（冊封は受け入れず），「日出ずる処」国書の諸問題が「解決」されたことは，その後の日本と中華王朝との関係に大きい影響を及ぼしたように思われる．

問題は倭国側と隋側で「解決」内容の認識が食い違っていることである．特に問題なのは「天子」の称号に関する両者の認識の食い違いである．

多利思比孤は「天子」の称号を撤回することはなく（事実5），裴世清は「朝命を達して」帰国した（事実2）．煬帝もその結果に反発した様子がなく（事実6, 7）黙認された．であれば，多利思比孤は，「日出ずる処」国書で示した「日出ずる処の天子」，「日没する処の天子」という「天子」の称号は隋皇帝に承認されたと受け取っただろう．

しかし，隋皇帝から見ると，かなり違っている．もしも蛮夷の王の「天子」を認めれば，中華思想そのものが崩壊する．隋皇帝がそれを容認することはあり得ない．

隋皇帝から見れば多利思比孤が送ってきた遣隋使は朝貢使であり，多利思比孤自身も蛮夷であることを認め，朝貢も認めたのである（事実1－①）．朝貢を認めたということは，あくまで多利思比孤が隋皇帝へ「服属」したことであり，冊封関係が

あろうとなかろうと，多利思比孤は隋皇帝の臣下になったのである［徐］．直面する高句麗問題への影響や遠く離れた大海の中という倭国の地理を考えて，「天子」の称号を当面は無視，結果として黙認し，倭国に強く出ていないだけである．決して蛮夷の王の「天子」の称号を認めたわけではない．堀敏一氏が指摘されるように［堀①］，「日本側が隋と対等であることを望んだとしても……隋側がそれを認めて実際に対等の外交を開くはずはない」のである．

以上のように，「天子」という称号の「解決」の理解は，倭国側と隋側とで根本的に食い違っている．しかし，倭王の「天子」の称号は，西嶋定生氏が指摘されるように［西嶋⑤］，単なる体面の問題ではなく，「日本は唐（中華王朝）に対していかようにあるべきか，という国際的政治関係の問題として理解されるべきこと」であり，「古代天皇制形成史の中心課題に関わる問題」なのである．

隋皇帝煬帝から見ると，蛮夷の王の「天子」の称号を隋が認めることなどあり得ないが，高句麗のことを考えて，やむをえず今は無視・黙認しているだけである．一方，多利思比孤から見ると，「天子」の称号が認められ，準対等の立場も堅持したのである．両者の認識は大きく食い違い，蛮夷の王の「天子」の称号という根本的な問題は先送りされているだけで，解決していないのである．要するに，

> 要点⑪：隋皇帝は高句麗問題を考慮して，多利思比孤の「天子」の称号を無視・黙認しているだけであるが，多利思比孤は「天子」の称号が隋皇帝に認められたと受け取っている．多利思比孤の自主独立・準対等の立場の中核である「天子」という称号について，倭王と隋皇帝の認識の食い違いを残したまま，「日出ずる処」国書問題は決着した．

7 要約・結論：「日出ずる処」国書によって生じた諸問題の決着

以上のように，「日出ずる処」国書によって生じた多利思比孤の自主独立・対等の問題は，前節での議論に続いて，以下のように処理され，"決着"したと考えられる．要点は以下のようになる．

> 要点⑦：多利思比孤は「朝貢」を認めたことによって対等の立場からは後退したが，「天子」は撤回せず，はっきりした臣従を意味する冊封も認めず，「準対等」の立場を堅持した．「日出ずる処」国書の「対等」の立場から大きく変節したわけではない．
>
> 要点⑧：倭国伝に基づけば，多利思比孤は「天子」の称号を撤回しなかったが，煬帝はそれを容認した．

要点⑨：煬帝は多利思比孤の「天子」の自称を無視し，結果として黙認した．

要点⑩：煬帝は高句麗が焦眉の問題であったから，多利思比孤の天子の自称を黙認せざるを得なかった．

要点⑪：隋皇帝は「高句麗」を考慮して多利思比孤の「天子」の称号を黙認しているだけであるが，多利思比孤は「天子」の称号が隋皇帝によって認められたと認識した．根本的な認識の食い違いが残されたまま，「日出ずる処」国書の問題は決着した．

8 奇蹟的な「対等外交」の成功とその問題点

　これで，600年の第一次遣隋使に始まる倭国と隋の交流は一区切りとなり，多利思比孤の「天子」の称号，冊封の拒否という自主独立・準対等の立場は隋皇帝によって黙認された．これで初期の関係整備は終わって，倭国と隋の通交が始まった．

　坂本太郎氏は［坂本②，③］，「奇蹟的なわが外交の成功」，あるいは，「推古朝の対隋外交は，自主対等国交の開始という点で，日本の国際的地位を確かにしたものであり……後世の歴史的発展への重大な礎石をおいたものである」と述べ，徐先堯氏は［徐］，「倭国朝隋の外交は確かに一応『奇跡的』な成功を収めたもの」であると指摘される．以後，遣隋使が2回派遣され，隋の後の唐への遣唐使も継続して派遣された．

　しかし，蛮夷の王多利思比孤の「天子」の称号という本質的な問題は解決されてはいないし，「天子」，「自主独立」，「朝貢」，「対等」に対する双方の認識のずれを残したままの通交開始である．川勝守氏［川勝］が指摘される「日本側は中華を標榜して対等と思い，中国側はあくまで朝貢関係の枠の中で外交関係を持つという二重外交が開始された．これは次代の遣唐使も同様だ」，あるいは，徐先堯氏［徐］が指摘される「対等と不対等の間に浮動する一種の矛盾した両面外交」という不安定な関係である．確かに，倭国は隋に対して「自主独立・準対等」の立場をとり，煬帝はそれを黙認したが，それは不安定な"仮の決着"である．「天子」の称号という中華思想の根本をグレーゾーンに置いて，「朝貢」だけという倭国と隋の関係は安定した関係とはなり得ない．

　確かに，国書なしで，一方的に隋へ遣隋使を送っているだけならば問題は起こらない．倭国の使者は「朝貢に来ました」と言っておけばいいし，隋側は蛮夷の臣下が貢物を持って朝貢にやってきたと受け取っておけばいい．

　しかし，中華王朝が使者を倭国へ派遣した場合，倭王の称号や臣従に対する両者

の認識の矛盾が問題化する．隋王朝は短命に終わったから，その後の遣隋使の派遣は2回だけであって（隋書煬帝紀は610年の第五次遣隋使，日本書紀は614年の第六次遣隋使を記す），矛盾が表面化することはなかった．しかし，次の唐王朝への第一次遣唐使（630年）で，その送使として日本に派遣された唐の使者高表仁と倭王（王子）の「礼を争う」事件（632年）として矛盾が表面化する（第4章で詳述）．中国皇帝は中華思想・王化思想に基づくはっきりした君臣関係・冊封関係を要求し，一方の「天子」（多くの研究者の理解では「天皇」）の倭王はこれを受け入れず，自主独立・準対等の立場を堅持し，形式的な"朝貢だけ"という矛盾が，それ以後の倭国と唐の関係に重大な影響を与えたと考えられる．

要約・結論：あいまいに黙認された倭国の自主独立・準対等の立場

1 多利思比孤の「日出ずる処」国書によって生じた問題点
2 多利思比孤と裴世清の「日出ずる処」国書を巡る交渉
3 要約・結論：多利思比孤は自主独立・準対等の立場を堅持した

多利思比孤の「天子」の称号問題を中心とする「日出ずる処」国書が提起した問題点が裴世清の宣諭によってどのように"解決"されたかを要約すれば以下のようになる．

1 多利思比孤の「日出ずる処」国書によって生じた問題点

第二次遣隋使における多利思比孤の「日出ずる処」国書によって，中華思想に基づけばとうてい許されない問題点が生じた．それは以下の2点である．
① 蛮夷の王である多利思比孤が「天子」と自称したこと
②「日出ずる処の天子－日没する処の天子」，「書を致す」と，倭王と隋皇帝を対等に置いたこと

2 多利思比孤と裴世清の「日出ずる処」国書を巡る交渉

隋皇帝煬帝は，これらの問題点を解決するために，中華思想・王化思想に基づき，国書を持たせて裴世清を倭国へ派遣し，多利思比孤を「宣諭」させた．多利思比孤は裴世清と対談し，以下のような結果になった．

① 多利思比孤は「日出ずる処」国書の問題解決のために,「夷人」・「朝貢」を認めた.
② 多利思比孤は,裴世清の宣諭をかわし,「天子」の称号は撤回せず,「冊封」は拒否した.
③ 裴世清は「天子」の称号や冊封については多利思比孤を説得できず,多利思比孤が「夷人」・「朝貢」を認めたことで,「朝命既に達せり」と妥協した.
④ 多利思比孤は,「朝貢」と「冊封」を切り離し,「朝貢」は認めるが,隋皇帝へのはっきりした臣従を意味する「冊封」関係は拒否した.
⑤ 多利思比孤は,隋皇帝国書下賜の儀式は回避した.
⑥ 裴世清が隋皇帝国書で示した宣諭の目的を達成できなかったために,倭国伝は隋皇帝の国書には触れることができなかった.
⑦ 多利思比孤は,「朝貢」を認めたことによって「対等」の立場からは後退したが,冊封は認めず,「準対等」の立場を堅持した(「日出ずる処」国書の「対等」の立場を大きく方針転換したわけではない).
⑧ 多利思比孤は「天子」の称号を撤回しなかったが,煬帝は多利思比孤の「天子」の称号を黙認した.
⑨ 煬帝は高句麗が焦眉の問題であったから,多利思比孤の天子の自称を黙認せざるを得なかった.
⑩ 多利思比孤は「天子」の称号が隋皇帝によって認められたと認識しているが,隋皇帝は高句麗を考慮して黙認しているだけという矛盾が残った.
⑪ 多利思比孤の自主独立・準対等の根幹をなす「天子」の称号に関して,根本的な認識の食い違いが残されたまま,「日出ずる処」国書の問題は決着した.

裴世清と多利思比孤の対談・交渉は,以上のように要約される.確定的な判断材料が乏しく,以上の議論は多くの推定を含むものであるが,多利思比孤が「天子」の称号を撤回しなかったことは確かである.

以上の結果に基づけば,問題点9(b)は以下のように理解される.

〈問題点9(b)〉**多利思比孤と裴世清の対談の結果,倭国伝は裴世清が隋皇帝の朝命を「達せり」と書くが,倭王多利思比孤の「天子」の称号問題はどのように解決されたのか.**

➡多利思比孤の「天子」の称号撤回は裴世清の多利思比孤宣諭の最重要の課題であったが,宣諭は多利思比孤にかわされ,裴世清は多利思比孤の「天子」の称号を撤回させることはできなかった.裴世清はやむをえず,多利思比孤が「夷人」・「朝

貢」を認めたことで，「朝命達せり」と妥協した．

　煬帝がこの結果を黙認したのは，高句麗征討という重要な緊急課題があったからである．高句麗征討という重要課題に直面している煬帝は，倭王が反発し，高句麗の背後に位置する軍事大国の倭国が高句麗を支援することを恐れた．そのため，煬帝は多利思比孤に強く出ることができず，「天子」の称号を黙認した．

　多利思比孤は「天子」の称号が隋皇帝によって承認されたと認識したが，隋皇帝は認めたわけではなく，高句麗のことを考えて黙認しただけである．この認識のずれを残したまま多利思比孤の「天子」の問題は決着した．

❸ 要約・結論：多利思比孤は自主独立・準対等の立場を堅持した

　隋書倭国伝が書く「日出ずる処」国書と裴世清の宣諭に関しては，以下のように，要約・結論される．
　(a) 倭王多利思比孤は「日出ずる処」国書によって，「天子」を自称し，隋皇帝に対する自主独立・対等の立場を明示した．
　(b) 隋皇帝煬帝は，王化思想に基づき，阿毎多利思比孤を宣諭するために裴世清を派遣した．
　(c) 多利思比孤は「朝貢」は認めたが，「天子」の称号は撤回せず，自主独立・準対等の立場を堅持した．
　(d) 煬帝は高句麗問題が焦眉の急であるために，多利思比孤の「天子」の称号を黙認した．
　(e) 多利思比孤は「天子」の称号を隋皇帝に認められたと認識したが，隋皇帝は黙認しただけという不一致が残った．

改めて第一次遣隋使に関する諸問題点を考える

　❶ 問題点1：倭王阿毎多利思比孤が第一次遣隋使を送った目的は何か．
　❷ 問題点2：倭王阿毎多利思比孤は，なぜ「倭国王」などの官爵を求めなかったのか．
　❸ 問題点3：「天を以て兄となし……」という多利思比孤の言葉をどう理解するか．

　今までの第一次・第二次遣隋使，倭国の風俗の検討によって，倭国と多利思比孤

の実態がかなりはっきりしてきた．それに基づき，残してきた第一次遣隋使に関する下記の問題点1, 2, 3について検討する．

〈問題点1〉そもそも倭王阿毎多利思比孤が第一次遣隋使を送った目的は何か．
〈問題点2〉倭王阿毎多利思比孤は，隋に対してなぜ「倭国王」などの官爵を求めなかったのか．
〈問題点3〉倭王阿毎多利思比孤の「天を以て兄となし，日を以て弟となす……」という言葉をどのように理解するか．

1 問題点1：倭王阿毎多利思比孤が第一次遣隋使を送った目的は何か．

　倭王多利思比孤が600年に第一次遣隋使を派遣したきっかけは，多くの研究者［氣賀澤③など］が指摘されるように，隋による高句麗攻撃と考えられる．中国全土を統一し，強大化した隋が，598年，隋に臣従しない高句麗に懲罰のための大軍を送った．蛮夷の国の軍事力をはるかに凌駕する30万という大軍である（三国史記高句麗本紀）．これは容易な事態ではない．周辺の蛮夷にとっては自己の存在に関わる重大事である．隋に対する警戒心が生まれたことは容易に想像がつく．日本は大陸とは海を隔てている．隋の軍事的攻撃の可能性は朝鮮3国に比べるとかなり低い．とはいえ，出現した超大国隋が蛮夷の国に大軍を送ったことは倭国にとっても驚きであり，倭国としても座視できないことである．この隋による高句麗攻撃が600年の第一次遣隋使派遣の直接的な契機となったと考えられる．

　しかし，隋の高句麗攻撃はあくまできっかけである．遣隋使派遣の目的は高句麗攻撃そのものではない．私見では第一次遣隋使派遣の第1の目的は，高橋善太郎氏などが指摘されるように［高橋①など］，基本的には隋の偵察であると考える．偵察とは，中国全土を統一し，強大な大帝国となった隋が，周囲の蛮夷にどのような方針で対応してくるのかという点である．

　多利思比孤が第二次遣隋使で自主・対等の立場の「日出ずる処」国書を送っていることを考慮すれば，隋が蛮夷に対してどのような方針をとるのか，特に「天子」の称号やはっきりした君臣関係である冊封関係についての方針の偵察が重要な目的だったのではなかろうか．

　もう1つの目的が，隋の先進的な政治・文化であることは明らかであろう．隋の先進的な政治・文化が実際にはどんな状態であるかを観察し，先進政治・文化の直接輸入の可能性を探るという目的である．第二次遣隋使での多利思比孤の対応を見ると，視察の主要な対象は仏教である．隋が実際にどんな方針で，どのように仏

教隆盛を進めているかを観察し，具体的には留学生を受け入れてくれるかどうかを打診することが目的であったと推定される．

以上から，問題点1については，以下のように理解される．

〈問題点1〉 そもそも倭王阿毎多利思比孤が遣隋使を送った目的は何か．

➡第一次遣隋使派遣のきっかけは隋の高句麗攻撃であり，その目的は，隋の偵察である．

① 隋の周囲の蛮夷に対する方針，特に倭王の称号と冊封に対する方針，の偵察，
② 隋の先進的な政治・文化，特に仏教，の観察．具体的には留学生派遣の打診，これらの2点ではないかと考えられる．

2 問題点2：倭王阿毎多利思比孤は，なぜ「倭国王」などの官爵を求めなかったのか．

蛮夷の国王が中華王朝に朝貢し，冊封関係を結んで官爵を承認してもらう目的は，あくまで自らの権威を高め，国内外を統治・支配する権力を強化する点に重要な目的がある．承認を求める官爵は，「国王」と領土の確認であり，もう1つは対外的な官爵，例えば，倭の五王の最後の王武の，朝鮮諸国の軍事権を表す「都督」などである．他に中華王朝の官位（「上開府儀同三司」）がある．朝鮮3国の王が隋に求めたものも同じで，隋が3国の王に授与した官爵はそれぞれの国王，「上開府」であり，領土の承認である．

しかし，多利思比孤はどの官爵も求めていない．隋の朝鮮3国への対応から見て，申請すれば少なくとも「倭国王」，倭国の領土，「上開府」が認められたことは確実だろう．それなのに，多利思比孤はなぜ官爵を要求しなかったのだろうか．

(a) 冊封を求めなかった点に関する研究者の見解

この点に関連して，坂元義種氏は［坂元②］，「倭の五王のように『臣』とも称さず，王の名を明かそうともしない……外交姿勢に……隋は朝鮮三国の王に与えたような官爵号を授けることができなかった」と指摘される．西嶋定生氏は［西嶋⑥］，「倭国は朝鮮三国とくに百済・新羅を臣属国とみなしていた」，「倭国が，もし隋王朝から冊封されるならば，それは倭国の地位を朝鮮三国と等しくすることになり，倭国の伝統的姿勢と矛盾することになる」と指摘され，堀敏一氏も［堀②］，隋から冊封されていないのは，「これらの国（百済・新羅）を下位の朝貢国としておきたい日本は隋との関係で同じ冊封を受けるわけにはいかない」ため，と指摘される．この西嶋・堀氏の見解が多くの研究者の見解であるようだ．分かりやすく言えば「六世紀以降の日本は，百済・新羅を藩国とみなし……自己を中心とした小世界を想定してい

た」[西嶋⑦] ので，新羅などと同列となる隋の冊封は受けられなかったというものである．

(b) 多利思比孤と推古天皇でかなり異なる冊封の意義

多利思比孤の場合，倭国内での統治権力の確立ははっきりしている．それは，郡県制的な軍尼制による国内統治体制の確立であり，「内官に十二等」という官位制度である．郡県制の軍尼制や官位制度は倭王多利思比孤の強い権力をはっきりと示している．多利思比孤が「倭国王」の承認を求めなかったのは，このように国内における権威・権力がすでに確立し，もはや隋皇帝と冊封関係を結び，臣従し，その代償として得られる「倭国王」の権威付けは不要だったためと理解できる．「臣従」どころか，「日出ずる処」国書で明示したように，多利思比孤は「天子」を自称し，隋に対して自主独立・対等の立場に立っていたのである．

対外的に見れば，倭国伝に「新羅・百済，皆倭を以て大国にして珍物多しとなし，並びにこれを敬仰し，恒に通使・往来す」，「兵ありといえども征戦なし」と書かれている点が重要である．倭国伝の記述は簡単ではあるが，任那や新羅に対する征服戦争などはなく，倭国と百済・新羅は友好的な関係であったことがうかがわれる．また，倭国が任那をめぐって百済や新羅と争っている様子は見えず，長年の友好国である百済だけでなく，任那を併合してしまった新羅とも友好的関係だったようだ．そして新羅・百済の両国から「敬仰（うやまいあおぐ）」されて，使者がやってくる関係になっている．

以上のことを考慮すれば，倭王多利思比孤は，もはや隋による「倭国王」の承認は不要であり，対外的にも百済・新羅と友好関係にあって，任那などの関連官爵を求める必要もなかった．遣隋使派遣で隋に官爵を求めなかったことは合理的であって，西嶋・堀氏が指摘される"倭国を中心とした小世界"の中で，「天子」を自称している多利思比孤には，百済・新羅と同列の官爵は受け入れられないのは当然といえるだろう．

一方，日本書紀が書く推古天皇の状況は多利思比孤とはかなり異なる．

第1に，「倭国王」である．推古天皇にとって「倭国王」という官爵の承認は大きい意義がある．

推古朝の初期，推古天皇と太子の聖徳太子は天皇の権威回復のために努力したとされている．そのことを示すのは，推古10年（602年）の来目皇子が率いる新羅征討軍であろう．しかし，来目皇子の病死もあって，この軍派遣は竜頭蛇尾に終わった．また，推古11年（603年）の冠位十二階と推古12年（604年）の十七条憲法の制

定が重要であって，これらによって天皇の権威を確立しようとしたとされている．しかし，冠位十二階は機能せず（別章で詳述），十七条憲法が公布・実施された様子はない．

　そういう状況にいる推古天皇にとって，隋皇帝による「倭国王」授与は，大和政権の君主としての推古天皇の権威・権力の強化に寄与するきわめて重要なものである．崇峻天皇暗殺に見られるように，天皇家をはるかに凌駕する権力を握っている大臣の蘇我馬子・蘇我家の権力に対して，大国隋が推古天皇をはっきりと「倭国王」と承認することは天皇の権威回復の強力な武器となる．直木孝次郎氏は［直木①］，「(倭国王の承認は) 天皇の地位を諸豪族から卓越した地位に引き上げる」と指摘される．その通りであろう．「倭国王」が承認されれば，推古天皇の権威・権力はぐっと強化されることは間違いないだろう［直木①］．従って，遣隋使を派遣し，倭国王や上開府などの官爵を隋に承認してもらうことは，推古天皇にとってきわめて重要な目的となるはずである．

　第2に，新羅との関係である．大和政権と新羅との関係は任那をめぐって，ぎくしゃくし，対立している．磐井－継体戦争（いわゆる「磐井の乱」）直後の継体23年 (529年)，任那への毛野臣派遣は惨憺たる失敗で，新羅に任那の4村を奪われる．その後，欽明23年 (562年) には任那のすべてを新羅に占領される．大和政権は毛野臣の負の遺産をずっとひきずり，欽明天皇の「新羅を討ちて，任那を封建すべし (任那を建てよ)」という遺言によって，任那をめぐる新羅との争いを延々と続け，新羅征討軍を派遣したり，筑紫に大軍を送って軍事的圧力を加えたりしている．大和政権の境部臣による新羅への軍事攻撃は第一次遣隋使派遣と同じ年である．

　これらのことを考えれば，新羅に対して任那・加羅の権利を主張できる「任那王」や「加羅都督」とかの官爵が隋に認められることは推古天皇にとってきわめて大きい意義がある．

　以上のように，日本書紀に基づけば，推古天皇にとっては，国内的にも，対外的にも，遣隋使を派遣して「倭国王」や任那・加羅関係の官爵を授与されることは大きい意義があり，国益であることは明らかである．黛弘道氏は［黛①］，遣隋使派遣の目的として，大陸文化の摂取だけでなく，「文化の面でも，外交の面においても皇室の指導的地位を確立し，ひいて天皇権力の確立をはかるにあった」と指摘される．であれば，推古天皇は「倭国王」・「任那都督」などの承認を遣隋使派遣の重要な目的としたであろう．もしも倭国の遣隋使が倭国王などを申請すれば，隋は少なくとも「倭国王」と「上開府」は問題なく承認しただろう．百済や高句麗への官爵

授与を見るとそれは間違いないだろう．そして，倭の五王の先例もあることから，おそらく任那に関する何らかの官爵も認められただろう．それなのに，官爵承認の要求は書かれていない．

(c) **多利思比孤が隋に官爵を求めていないことは「多利思比孤≠推古天皇」を示唆する**

以上のように，遣隋使を派遣して隋から冊封され，倭国王などの官爵の承認を得ることについては，倭国伝が書く多利思比孤と日本書紀が書く推古天皇では正反対の結論を与える．多利思比孤は倭国王などの承認は必要ないが，推古天皇の場合は，大きい意義がある．実際には多利思比孤は倭国王などの承認は求めていない．このことは，「多利思比孤≠推古天皇」を示唆している．

結局，問題点2は以下のように理解される．

〈問題点2〉倭王阿毎多利思比孤は，隋に対してなぜ「倭国王」等の官爵を求めなかったのか．

➡多利思比孤は倭国内において倭王としての権威・権力はすでに確立していたため「倭国王」の官爵承認は不要であり，また，倭国をリーダーとして百済・新羅と小世界を形成し「天子」を自称していたため，百済・新羅と同列の格付けは受け入れることができなかった．そのため隋皇帝へ冊封を求めなかったと理解される．

一方，日本書紀が書く推古天皇の場合は，隋皇帝に冊封されることによって天皇の権威・権力強化に大きい効果が期待できる．また，任那に関する官爵も大きい意義がある．しかし，実際には多利思比孤は倭国王などの承認を申請していない．このことは「多利思比孤≠推古天皇」であることを示唆している．

3 問題点3：「天を以て兄となし……」という多利思比孤の言葉をどう理解するか．

第一次遣隋使が倭王阿毎多利思比孤について隋で語った言葉が，

「倭王は天を以て兄となし，日を以て弟となす．天未だ明けざる時，出でて政を聴き跏趺して坐し，日出ずれば便ち理務を停め，いう我が弟に委ねんと」，

と倭国伝に引用されている．この「天を以て兄となし……」という多利思比孤の言葉はどう理解されるだろうか．正直言って，合理的理解は難しいのだが，以下のように推定できるのではなかろうか．

隋書倭国伝が書く多利思比孤の言葉では，「天・倭王・太陽が兄弟」という奇妙なことになり，「日出ずれば便ち理務（政務）を停め」も，「我が弟（太陽）に委ねん」も，おかしな表現であって素直には受け取れない．これらの奇妙な発言は，倭王として

は非現実的で，どこか浮き世離れした雰囲気がある．

　しかし，倭国伝が描く多利思比孤は，卑弥呼のようなシャーマンではないし，"浮き世離れ"した王でもない．郡県制の軍尼制で人民を統治し，官位十二等で諸臣を統率し，軍を持ち，百済・新羅と外交関係があるという"普通"の王である．「日出ずれば便ち（すなわち）理務を停め，いう我が弟に委ねん」という状況で倭国統治ができるはずがない．実際に，倭国伝は「その王，朝会には必ず儀仗（儀式用の武器）を陳設（ならべもうける）し，その国の楽を奏す」と書く．これは，多利思比孤が朝の政庁での仕事始の儀式を行ったということである．とすれば，「日出ずれば便ち理務を停め……弟に委ねん」とは明らかに矛盾する．朝の仕事始めの儀式を主宰し，それ以後は「理務を停め，弟（太陽）に任せる」では国内統治はできない．要するに，「天を以て兄となし，日を以て弟となす」も，「日出ずれば便ち理務を停め」も，「（倭王は）我が弟（太陽）に委ねん」も，みな支離滅裂な内容である．

　このことを考慮すると，多利思比孤の発言は，何らかの目的で自己韜晦し，煙幕を張ったことを示唆しているように思われる．では多利思比孤は何が目的で何をぼやかそうとしたのだろうか．

　そのヒントになるのが，隋書倭国伝が書く倭王多利思比孤の「阿輩雞弥」という号ではないだろうか．隋書倭国伝は何も書かないが，「阿輩雞弥」について，翰苑と通典倭伝は以下のように述べる．

　翰苑：「阿輩雞弥，自ら天児の称（称号）を表わす」，「其の王の姓は阿毎．国の号を阿輩雞（弥）と為す．華言の天児なり」（「阿輩雞弥，自表天児之称」，「其王姓阿毎国号阿輩雞〔弥〕，華言天児也」）[竹内]．

　通典倭伝：「姓を阿毎，名を目多利思比孤，その国（の言葉で）阿輩雞弥と号し，中国の言葉では天児」（「其国号阿輩雞弥，華言天児也」）[井上秀雄等]．

　少し混乱しているが，要するに，「阿輩雞弥」という倭王の号について，その意味を問われた第一次遣隋使は，中国語では「天児」という意味だと答えた（翰苑，通典）というのである．

　「天児」は「天子」であるから，この多利思比孤の号「阿輩雞弥」が「天児」という意味だというのは「日出ずる処」国書の「天子」の称号に関係していると受け取るのが素直であろう．すなわち，第一次遣隋使は倭王の号「阿輩雞弥」は「天児」の意味であると述べることによって，倭王の「天子」の称号を暗示したのではないだろうか．そのことによって倭王の「天子」という称号に対する隋皇帝の反応をうかがったのではないだろうか．

多利思比孤は600年時点で「天子」を自称していたが，隋が問題なく受け入れるかどうか確信がなかった．そこで第一次遣隋使では，「天－倭王－日は兄弟」と倭王は天の弟であると「天子」とは矛盾することを主張し，「日出ずれば理務を停め，いう我が弟に委ねん」などと"奇妙な蛮夷の王"を自演して煙幕を張りながら，倭王の号は「阿輩雞弥」で，これは「天児」という意味だと「天子」の号を示唆した．そうすることによって，倭王の「天子」の自称に対する隋側の反応を探ったのではなかろうか．隋の高祖は，「これ大いに義理なし」，「訓してこれを改めしむ」と反応したが，「天児」については何も言わなかった（もしも「天児」は許されないと明言していたら「日出ずる処」国書で無防備に「天子」を自称することはなかったのではないだろうか）．また隋皇帝は菩薩天子の面を強調し，「中華皇帝」の面をあまり出さなかった．その結果，多利思比孤は問題ないようだと誤解して，第二次遣隋使ではっきりと「天子」を自称した「日出ずる処」国書を送った．そうしたらやはりそうはいかず，煬帝は「不悦」で裴世清を派遣してきたというのが実態ではなかろうか．

　すなわち，「倭王は天を以て……我が弟に委ねん」は，多利思比孤の「天子」の称号に対する隋の反応を探るために張った煙幕ではないかと推定される．

　以上の推定に基づけば，問題点は以下のように理解される．

〈問題点3〉倭王阿毎多利思比孤の「天を以て兄となし，日を以て弟となす……」という言葉をどのように理解するか．

➡おそらく多利思比孤の「天子」の称号に対する隋の反応を探るために，"奇妙な蛮夷の王"を自演し，倭王の号「阿輩雞弥」は中国語の「天児」という意味だと多利思比孤が煙幕を張ったのが，「天を以て兄となし……」という奇妙な文章であろうと推定される．

第4章

日本書紀が提起する遣隋使の諸問題

- ■第二次遣隋使が提起する全体的な問題点
- ■隋皇帝の使者裴世清の出迎え・歓迎
- ■奇妙な事件，百済での国書盗難事件
- ■日本書紀によって造作された隋皇帝国書提出儀式
- ■隋皇帝国書は多利思比孤の「日出ずる処」国書への返書
- ■隋皇帝国書と日本書紀の「朝貢」に関する矛盾
- ■多利思比孤の遣隋使蘇因高は小野妹子か
- ■「日出ずる処」国書に酷似する「東天皇」国書
- ■日本書紀はなぜ「日出ずる処」国書を載せないのか
- ■実際には提出されなかった「東天皇」国書
- ■「天皇」の称号が示す「東天皇」国書のもう1つの目的
- ■倭国伝と日本書紀が書く隋への留学生の矛盾
- ■第三次（608年3月）および，第五次（610年）遣隋使
- ■隋書倭国伝と日本書紀の整合と不整合
- ■総括：造作された日本書紀の「遣隋使」
- ■「倭王」多利思比孤と日本書紀の編纂方針

日本書紀には小野妹子を使者とする第二次遣隋使（607年），小野妹子が帰国する裴世清を送っていった第四次遣隋使（608年9月），および，犬上御田鍬を使者とする第六次遣隋使（614年）の3回の遣隋使についてのみ書かれ，第一次遣隋使（600年），第三次遣隋使（608年3月19日），第五次遣隋使（610年）に関する記述はない．記述の主要部分は第二次・第四次遣隋使であって，第六次遣隋使は派遣と帰国だけが書かれており，それ以上の内容はない．ただ遣隋使に冠位がないという問題点があるので，第六次遣隋使は冠位に関する別章で議論する．以上から，この章では第二次・第四次遣隋使に関する日本書紀の記述について考える．

　日本書紀が書く遣隋使に関しては，個別の問題点だけでなく，記述全体に関わる問題点がある．まずその点を指摘し，その後，日本書紀の個別の事項について記述順に検討する．

第二次遣隋使が提起する全体的な問題点

　1 日本書紀と隋書倭国伝の全体的な問題点
　2 大和政権の初めての遣隋使が提起する諸問題
　3 日本書紀はなぜ「隋」を「唐」と書くのか

1 日本書紀と隋書倭国伝の全体的な問題点
(a) 倭国伝と日本書紀の記述全体の整合と不整合
　まず，倭国伝と日本書紀の記述の全体的な整合と不整合である．

　第二次遣隋使（607年）と第四次遣隋使（608年9月）に関しては，隋書倭国伝と日本書紀の両方に記述がある．しかし，両者を読み比べると，奇妙なことに気づく．日本書紀の記述と隋書倭国伝の記述は同じできごとを書いたとは思えないほどの根本的な相違がある．しかも，はっきりと整合する部分と，逆にはっきりと整合しない部分が奇妙に交ざっている［高橋①，増村②］．

　不整合の典型的なものが裴世清の日本滞在中の記事である．裴世清の倭国訪問について，倭国伝の主要な記述は，倭王多利思比孤と裴世清の対談であるが，日本書紀は両者の対談は一言も書かない．逆に，日本書紀の記述の中で隋皇帝国書提出儀式は中心となる記事の1つであるが，倭国伝にはこの儀式のことは一言も書かれていない．どちらも裴世清の日本滞在中の記録であり，それぞれの中核記事なのに，まったく整合していない．しかも，内容はどちらも重要である．

また，重要な「日出ずる処」国書は倭国伝には載っているが，日本書紀には載っていない．逆に，「東天皇」国書について，倭国伝は一言も触れないが，日本書紀には詳しい記述がある．

　このような不整合については，もちろん諸研究者によって指摘されてきたことであり［高橋①，氣賀澤①］，例えば，高橋善太郎氏は［高橋①］，「（日本書紀と隋書の）両書の記事には案外大きな相違がある」，「大きな喰違い」と指摘され，「か様な相違のあるのは，別の確実な史料に拠ったからではなく，実は書紀の編者の独得な国体観念を以てしては，隋書の記事をそのまま承認し難かったからに他ならない」と指摘しておられる．すなわち，次の問題点が指摘される．

〈問題点10〉第一次・第二次・第四次・第六次遣隋使に関する倭国伝と日本書紀の記述全体に見える整合と不整合をどのように理解するのか．

　この問題点は記述全体の問題であり，個別の問題点を議論した後で検討する．

(b) 隋使裴世清の日本滞在日程の奇妙な空白

　日本書紀は推古15年（607年）7月に「大礼小野臣妹子を大唐に遣わす」と第二次遣隋使を隋へ送ったと書き，翌年の推古16年（608年）4月，

「小野臣妹子，大唐より至る．……大唐使人裴世清・下客十二人，妹子臣に従ひて筑紫に至る」，

と，小野妹子が隋の使者裴世清とともに帰国したという．

　日本書紀に書かれている裴世清の来日から帰国までの日程を表にすると表4のようになる．

　表4から裴世清の日程には不思議な空白期間があることが分かる．

　1つは4月に筑紫に着いた後，6月15日に難波の港に着くまでの期間である．当時，筑紫から難波まで瀬戸内海を航行する時間は約2週間と見られるが，裴世清は少なくとも5月の1ヵ月間は筑紫に滞在していたことになる．

表4：裴世清の日本での日程

4月	裴世清，小野妹子に従って筑紫着
5月	
6月	15日，難波津（港）着
7月	
8月	3日，入京，国書提出儀式，饗宴
9月	11日，帰国

［第4章］日本書紀が提起する遣隋使の諸問題　　173

日本書紀は,「唐客の為に,更新しき館を難波の高麗館の上に造る」と書くから,裴世清のために新しい隋館を造るために,時間が必要だったということかもしれない．しかし,お客が到着してからその客のための館を新規に造るというのはまさに泥縄であって,裴世清のための新館ができるまで筑紫で待ってくれというのは不自然である．高句麗の使者のための館と推定できる「高麗館」がすでに難波に存在しているのだから,当然,使者の頻度が高い百済・新羅の使者のための館は存在していたはずである．この後,中国から使者がやってくるかどうか分からないのだから,既存の「百済館」・「新羅館」・「高麗館」のどれかを改修すればそれで良いはずである．外国の使者はそう頻繁にやってくるものではない．

もう1つの空白は,氣賀澤保規氏も指摘されているように［氣賀澤①］,裴世清が難波の港に着いた後である．6月15日に難波津に着いて,飛鳥の都に入るのが8月3日である．飛鳥の都からせいぜい数日でじゅうぶんな行程の難波に着いたのに,1カ月半も難波に滞在したままというのはかなり不自然である．すなわち,

〈問題点11〉 日本書紀が記す①5月の筑紫滞在と,②7月の難波津滞在という隋の使者裴世清の日程の空白をどう理解するか．

という問題点がある．この問題は,関係する問題の中で検討する．

2 大和政権の初めての遣隋使が提起する諸問題

その他の問題点は,日本書紀の記述順に従って検討する．

日本書紀が記す遣隋使に関する最初の記述は,推古15年（607年）7月の,

「大礼小野臣妹子を大唐に遣す．鞍作福利を以ちて通事（通訳）とす」,

という素っ気ない1行だけである．第二次遣隋使に関する記述はこれ以外には何もない．

しかし,この記述は,以下の3点の問題点を提起する．

第1に,600年の第一次遣隋使に関しては日本書紀には一言も書かれていないことである．しかし,倭国伝によれば,第一次遣隋使があるから第二次遣隋使への展開があるのである．この点は,

〈問題点6〉 日本書紀は開皇20年（推古8年,600年）の第一次遣隋使派遣に関して,なぜ完全に沈黙するのか．

として,すでに指摘した．

第2に,「日出ずる処」国書について一言も触れていないことである．

隋書倭国伝は,607年に倭王多利思比孤が第二次遣隋使を派遣したと書き,「日出

ずる処の天子……」の国書を送ったと書く．そして「日出ずる処」国書を読んだ隋皇帝煬帝が「悦ばず」「蛮夷の書，礼無き者あり……」と機嫌を損ねたと書いてある．この国書が裴世清の日本派遣の直接的な原因となったことは明らかである．しかし，日本書紀には「日出ずる処」国書はいっさい書かれていない．すなわち，

〈問題点12〉日本書紀が「日出ずる処」国書について一言も書かないのはなぜか，という問題点がある．これは遣隋使全体の背景を為す重要な問題点であって，特に「東天皇」国書に深く関係する．従って，この問題点は「東天皇」国書の項で検討する．

第3に，なぜ「大唐に遣す」なのかという点である．推古天皇はあくまで遣隋使を派遣したのであり，なぜ「大隋」ではなく，「大唐」なのだろうか．この点は少し長くなるので項を改めて考える．

③ 日本書紀はなぜ「隋」を「唐」と書くのか

なぜ「隋」ではなくて「唐」なのかという点に関して，氣賀澤保規氏は［氣賀澤①］，「『書紀』ではこれ以後，隋をすべて『唐（大唐）』と表記するが，なぜあえて隋という正式な国名を用いようとしないのか」と問題提起されている．日本書紀の遣隋使に関する記述では，「大唐」に限らず，「唐国」・「唐使人」・「唐客」などと書かれている．遣隋使に関する諸問題の検討を進める前に，まずこの日本書紀が「隋」ではなく「唐」と書いている点について，処理しておきたい．

この点について，古田武彦氏は［古田②］，①日本書紀が書く「唐」はあくまで「唐」王朝であり「隋」王朝ではない．②日本書紀推古紀には十数年の年代のズレがあって，「遣隋使」ではなく十数年後の「遣唐使」であるという見解を提示された．一方，増村宏氏は［増村①④］，この点について，「我が国との交渉を持つ中国は『呉』と『唐』である．その『呉』とは三国時代の呉国でも，また東晋・南朝の現実の諸王朝でもないのである」，「書紀の編者の意識によれば，書紀の編集当時の時点において，わが国との交渉の対象になった中国は『呉国』と『大唐』であった．そして『遣隋使』は，『呉国』という抽象的な中国を対象としていた以前の交渉とは別の，現実に存在する中国王朝『大唐』との交渉の発端に位置する」と指摘される．

私見は増村氏の見解に近い．私見を述べれば以下のようになる．

日本書紀は当時の中国王朝が「唐」ではなく「隋」であることは当然分かって書いていると理解すべきであろう．では「遣隋使」について書いているはずのに，なぜ「大礼小野臣妹子を大唐に遣す」なのだろうか．それは，日本書紀が書かれた8

世紀の日本語には，現在のような王朝によらない「中国」という一般名称がなかったからではないだろうか．そのため，「唐」というのは，確かに「唐王朝」の「唐」であるが，同時に，現在の「中国」という言葉のように，王朝によらない「中国」という一般名称も兼ねていたのではないだろうか．日本書紀の編纂時，唐王朝は絶頂期で，「唐」は「大唐」であり，「中国」そのものであり，「唐王朝」はいつまでも続くと認識されていたのではないだろうか．要するに，「唐」は唐王朝の「唐」でもあり，同時に，「中国」という一般名称でもあったのではないだろうか．

その観点から日本書紀の記述を見ると，推古15年（607年）の遣隋使「大礼小野臣妹子を大唐に遣わす」の「唐」を「唐王朝」と理解すればおかしいが，「唐＝中国」と理解すれば，「大礼小野臣妹子を大中国に遣わす」になり，違和感はない．8世紀の日本書紀の編著者は，小野妹子を「大中国」へ派遣したと書いたのである．古田氏は「唐」・「大唐」について20の例を挙げられるが，他も同様に「唐＝中国」で，無理なく理解できると思われる．

古田氏は20の例の中で，特に推古16年（608年）6月の「唐帝，書を以て臣に授ける」と，9月の「天皇，唐帝を聘ふ（唐帝に訪問の挨拶を表す）」については「『唐帝』が実は『隋の煬帝』を指す，などということは何としてもありえぬ理解法」と指摘される．しかし，「唐帝」を「唐王朝」の「唐」ではなく「唐＝中国」として，「中国皇帝」と置き換えて「中国皇帝，書を以て臣に授ける」，「天皇，中国皇帝を聘ふ（中国皇帝に訪問の挨拶を表す）」としても，違和感はない．

一方，「唐」ではなくて「呉国」や「隋」，「漢」と具体的な王朝名を書いている場合として，古田氏が指摘される3例について見れば以下のようになる．推古17年（609年）の「百済王，命じて以て呉国に遣わす」の「呉国」も，推古26年（618年）の「隋の煬帝，卅万の衆を興して我を攻む……」の「隋の煬帝」も，推古32年（624年）の「仏法，西国より漢に至るまで，三百歳を経」についても，すべて，百済と高句麗という外国人の言葉の引用である．百済や高句麗では「中国」を一般的に「唐」と呼ぶ習慣がなかったから，「呉国」・「隋」・「漢」と王朝名で言ったと理解される．日本書紀は，外国使者の言葉をそのまま正確に引用して，書き直さなかっただけである．従って，上記3例を根拠に「『日本書紀』の編者が，『唐』『大唐』の国号をもって，唐朝を指し，『隋』の国号をもって隋朝を指していた」［古田②］とは言えないのである．

日本書紀の遣隋使に関する記述の中の「唐」が「唐王朝」の意味ではないことを支持するのが「先代旧事本紀」や「善隣国宝記」である．9世紀に完成されたと見

られる先代旧事本紀には「大礼小野妹子を大唐に派遣された．……これが大唐に派遣した遣隋使の初めである」と書かれている．先代旧事本紀の著者には，「大唐に派遣した遣隋使」が矛盾ではないのである．この文章の「唐」が唐王朝を意味しないことは明白である．また，かなり遅く15世紀に書かれたものであるが，善隣国宝記は，「大礼小野妹子を大唐に遣わす」と日本書紀の記述を引用し，一方で「小野因高を隋国に遣わし……」とも書いている．「大唐に遣わす」のと「隋国へ遣わす」のは善隣国宝記の著者にとっては矛盾していないのである．これらの点は，「唐」が「唐王朝」ではないことをはっきりと示している．先代旧事本紀や善隣国宝記の場合，もしも「唐」が唐王朝の「唐」であれば矛盾するが，「中国」という意味であれば矛盾しないのである．

　以上から，日本書紀が遣隋使に関係する記述の中で書いている「唐」は，唐王朝を示す語ではなく，現代語で言えば「中国」という一般名称であると結論される．日本書紀が書く遣隋使に関して「唐」・「大唐」という言葉がたくさん出てくるが，これらは唐王朝を意味するのではない．「中国」・「大中国」なのである．

　付け加えれば，「唐」よりも前は「呉」・「呉国」が同じように「中国」という意味で使われていたと考えられる．このことは，増村氏の「『呉』とは三国時代の呉国でも，また東晋・南朝の現実の諸王朝でもない」［増村④］という見解と基本的に一致する．

隋皇帝の使者裴世清の出迎え・歓迎

　　　1 裴世清の出迎え・歓迎に関する倭国伝と日本書紀の記述
　　　2 倭国伝と日本書紀の裴世清出迎え記事の一致と不一致
　　　3 倭国伝と日本書紀はそれぞれ別の裴世清出迎え・歓迎を書いた

1 裴世清の出迎え・歓迎に関する倭国伝と日本書紀の記述

　裴世清が日本に到着して，倭王の都に至るまでの経過について，隋書倭国伝は以下のように書く．

　「倭王，小徳阿輩台を遣わし，数百人を従え，儀仗を設け，鼓角を鳴らして来り迎えしむ．後十日，また大礼哥多毗を遣わし，二百余騎を従え郊労せしむ．既に彼の都に至る」．

　一方，日本書紀は以下のように書く．

[第4章] 日本書紀が提起する遣隋使の諸問題　　177

「(推古) 十六年 (608年) の夏四月に，小野臣妹子，大唐より至す……大唐使人裴世清・下客十二人，妹子臣に従いて筑紫に至る．難波吉士雄成を遣して，大唐客裴世清等を召す」．

「(6月15日に) 客等難波津に泊つ．是の日に，飾船三十艘を以ちて，客等を江口に迎えて新しき館に安置らしむ．是に中臣宮地連烏磨呂・大河内直糠手・船史王平を以ちて掌客となす」．

「(8月3日に) 唐客，京に入る．是の日に，飾騎七十五匹を遣して，唐客を海石榴市の衢 (ちまた) に迎ふ．額田部連比羅夫，以ちて礼辞を告す」．

以上が隋皇帝の使者裴世清の出迎えに関する倭国伝と日本書紀の記述のほぼ全文である．これらの倭国伝と日本書紀の記述は一致しているのかどうか (同じ出迎え・歓迎を書いているのか) が問題である．

これらの倭国伝と日本書紀が書く裴世清の出迎え記事について，研究者は，異なる点もあるが，ほぼ一致しているというのが代表的な見方であるようだ [榎本②など]．しかし，裴世清の出迎え・歓迎者の名前は一致しているのだろうか．また，倭国伝では「小徳」阿輩台・「大礼」哥多毗と官位を明記しているのに，日本書紀では出迎え者の官位は書かれていない．すなわち，以下の問題点がある．

〈問題点13〉倭国伝と日本書紀が書く裴世清の出迎え・歓迎は一致しているのか (同じ出迎え・歓迎なのか)．また，倭国伝と日本書紀の官位の有無の差はどう理解すべきか．

以下，この問題点13について考える．

2 倭国伝と日本書紀の裴世清出迎え記事の一致と不一致

(a) 一致しない出迎え行事

まず，倭国伝と日本書紀が記述する最初の出迎えについて考える．第1段階の最初の出迎えについては以下のような不一致がある．

第1に，日本書紀では到着後，筑紫で約1月半滞在し，吉士雄成を派遣して接待させているが，倭国伝にはそれは書かれていない．

第2に，日本書紀では，最初の出迎え行事は「難波の津 (港)」で実施され，難波の港で「飾船三十艘を以ちて，客等を江口に迎えて」と海上で，出迎え・歓迎したと書く．一方，倭国伝には難波津のことは何も書かれておらず，「数百人を従え，儀仗を設け，鼓角を鳴らして来り迎えしむ」と書く．倭国伝が書く裴世清出迎えは海上ではなく陸上である．このように，最初の出迎え行事は，①筑紫での接待，お

よび，②難波の海上での飾船による出迎え・歓迎（日本書紀）と，「数百人を従え，儀仗を設け，鼓角を鳴らし……」という陸上での出迎え（倭国伝）という不一致がある．

第3に，最初の出迎え・歓迎から入京までの時間である．日本書紀では6月15日に難波の港に上陸し，飛鳥の都に入ったのは8月3日で，約1カ月半後であるが，倭国伝では10日後である．

以上のように，最初の出迎え・歓迎については，一致している点はほぼない．

次に，第2段階の出迎えについては，「二百余騎」（倭国伝）と「飾騎七十五匹」（日本書紀），および，「郊労」，「既に彼の都に至る」（倭国伝）と「海石榴市の衢（ちまた）」，「礼辞」（日本書紀）は，正確に言えば一致していないかもしれないが，おおざっぱに言えば一致している．

このように，第1段階の出迎えについては，倭国伝と日本書紀の記述は一致していないが，第2段階はかなり一致している．ただ，都の郊外で騎馬で迎え，歓迎の挨拶を述べるという第2段階の出迎えは別に特別・特殊なことではない．従って，記事全体を見ると，倭国伝と日本書紀の記述は一致していないと言える．しかし，一致しない部分もあるが，ほぼ一致しているという逆の見方が研究者の代表的な見解である［石井］．

(b) 出迎え・歓迎者は一致するのか

もっと重要な点は日本書紀と倭国伝の出迎え・歓迎者が一致するかどうかである．

最初の段階で裴世清を出迎えた人物は，倭国伝は小徳阿輩台である．阿輩台に相当するのは，日本書紀では中臣宮地連烏磨呂・大河内直糠手・船史王平である．倭国伝と日本書紀が書く出迎え者は一致しているのだろうか．倭国伝の小徳阿輩台は中臣宮地連烏磨呂などの3人の誰に相当するだろうか．

その際，考慮すべき点は，倭国伝は小徳阿輩台について「数百人を従え，儀仗を設け，鼓角を鳴らして来り迎えしむ」と書いていることである．すなわち，阿輩台は「数百人を従え」て出迎え，歓迎儀式を主宰するような「小徳」という高位の官位を持つ人物である．

日本書紀が記す3人の中で，中臣宮地連烏磨呂は4年後の堅塩媛の改葬にあたって大臣（馬子）に代わって誄しており，他の2人よりも圧倒的に有力な臣下である．姓も「連」であり，他の2人の「直」・「史」よりも上位である．「小徳」という高位の官位の阿輩台に相当する人物は中臣宮地連烏磨呂であって，他の2人は「小徳」が授与されるような高位の人物とは考えられない．従って，隋書が書く「数百人を従え」ていた「小徳」阿輩台に相当するのは中臣宮地連烏磨呂である．この点は明

［第4章］日本書紀が提起する遣隋使の諸問題　　179

らかではないだろうか．

　しかし，阿輩台と中臣宮地連烏磨呂の名前は字も音もまったく一致せず，別人であることは明らかである．そもそも阿輩台は小徳という高位の官位であるが，中臣宮地連烏磨呂には官位が授与されていない（日本書紀で官位が書かれていないことは，その時点でその臣下には官位は授与されていなかったことを意味する．この点は別章の議論Bで詳述する）．また，阿輩台が中臣宮地連烏磨呂であると主張される研究者も見当たらない．倭国伝の小徳阿輩台は日本書紀の中臣宮地連烏磨呂ではない．

　書紀註では，阿輩台は大河内直糠手（オホシカフチノアタヒヌカデ）のことであり，倭国伝の「阿輩」は「何輩」の誤りで，「『何輩』は『カフ』で『河内』のカフ，『台』は『内』のチの音写であろう」という．しかし，説得力がある説とはとうてい考えられない．河内地方の国造である［坂本・平野］大河内直糠手が最高冠位の徳冠（小徳）を授与されていたとも考えられない．同じく船史王平も，小徳阿輩台には相当しないと考えられる．

　以上のように，倭国伝が書く小徳阿輩台は日本書紀が書く中臣宮地連烏磨呂・大河内直糠手・船史王平ではない．このことは明らかであると思われる．

　次に，倭国伝が「二百余騎を従え郊労」したと書く大礼哥多毗は日本書紀が書く額田部連比羅夫だろうか．「哥多毗（**カタビ**）」という名前は額田部連比羅夫（ヌカタベムラジヒラブ）と名前が一致していると言われ［書紀註］，それを根拠に哥多毗＝額田部連比羅夫とされる．確かに名前の一部は一致していると言っても良いかもしれない．しかし，「都斯麻（ツシマ）」，「竹斯（チクシ）」，「阿毎多利思比孤」，「利歌弥多弗利」などと，倭国伝は日本の地名全体の音をきちんと反映しており，固有名詞の一部だけで表した様子はない．この点を考えれば，「**カタビ**」と「ヌ**カタ**ベムラジヒラブ」と名前が「一致している」とまでは言えず，これでもって「倭国伝の哥多毗＝日本書紀の額田部連比羅夫」とまでは言えないだろう．

　もっとはっきりした違いは，哥多毗には「大礼」という官位が明記されているが，額田部連比羅夫には官位はないことである．隋の使者を出迎えるという重要な外交の場で，官位があるのに官位を書かないことは考えられない．しかし，哥多毗には「大礼」という官位を明記されているが，額田部連比羅夫には官位はないのである．これは重要な相違であって，倭国伝の大礼哥多毗は日本書紀の額田部連比羅夫ではないことをはっきりと示している．名前の一部の一致は偶然の一致と判断すべきであろう．

　要するに，倭国伝が書く裴世清の出迎え・歓迎者，小徳阿輩台と大礼哥多毗は，

日本書紀が書く出迎え・歓迎者と一致しないというのがほぼあいまいさのない結論である．このことは，倭国伝が書く裴世清の出迎え記事は日本書紀の出迎えとは別のことを書いたことを示している．これは，記事全体で，一致よりも不一致が大きいこととも整合する．名前の一部の一致や騎馬での出迎えなどの部分的一致は，偶然と見なければならない．

3 倭国伝と日本書紀はそれぞれ別の裴世清出迎え・歓迎を書いた

　この結果は「多利思比孤＝推古天皇」の立場からは理解困難である．もしも「多利思比孤＝推古天皇」であれば，同じ裴世清の出迎え・歓迎を書いたことになる．その場合，倭国伝と日本書紀の記述は多くの点で一致するのが当然である．それなのに出迎え者の名前や官位の有無が一致しない．このことを合理的に理解するのは難しい．

　しかし，もしも「多利思比孤≠推古天皇」ならば，倭国伝は多利思比孤による裴世清の出迎え・歓迎記事を書き，日本書紀は推古天皇の裴世清の出迎え・歓迎記事を書いたのである．両者は別の出迎え・歓迎であって，裴世清出迎え者が一致しないのも，難波津などの不一致も，当然のことであって，無理なく合理的に理解できるのである．

　すなわち，倭国伝と日本書紀の裴世清出迎え・歓迎記事の不一致は，「多利思比孤≠推古天皇」を強く示唆しており，倭国伝は多利思比孤の裴世清出迎えを書き，日本書紀は推古天皇による裴世清出迎えを書いたことを示している．一見，倭国伝と日本書紀は，同じ裴世清出迎えを書いているかのように見えるかもしれないが，両者は別の異なる出迎えを書いているのである．

　以上の議論から，問題点13は以下のように理解される．

　〈問題点13〉倭国伝と日本書紀が書く裴世清の出迎え・歓迎は一致しているのか（同じ出迎え・歓迎なのか）．また，倭国伝と日本書紀の官位の有無の差はどう理解すべきか．

　➡裴世清の出迎え・歓迎について，出迎え者として倭国伝が書くのは小徳阿輩台と大礼哥多毗であり，日本書紀が書くのは中臣宮地連烏磨呂などと額田部連比羅夫である．

　小徳という高位の官位を持つ阿輩台に相当するのは中臣宮地連烏磨呂と考えられるが，名前が一致しないし，官位の有無が一致せず，別人である．また，倭国伝が書く大礼哥多毗は日本書紀の額田部連比羅夫が対応する．両者の名前の音の一部が

[第4章] 日本書紀が提起する遣隋使の諸問題　　181

一致しており，この点では哥多毗＝額田部連比羅夫を示唆している．しかし，名前の一致は部分的であり，額田部連比羅夫には官位はなく，哥多毗には「大礼」の官位があることを考えれば，額田部連比羅夫と哥多毗とは別人であって，名前の一部の一致は偶然の一致と考えられる．

以上のように，倭国伝と日本書紀が書く裴世清出迎え・歓迎者は一致せず，記事そのものも不一致が大きい．これらの結果は「多利思比孤＝推古天皇」の観点からは理解困難であるが，もしも「多利思比孤≠推古天皇」であれば，無理なく理解でき，倭国伝は多利思比孤の裴世清出迎えを書き，日本書紀は推古天皇による裴世清出迎えを書いたのである．両者は別の出迎えである．

なお，問題点13の「倭国伝と日本書紀の官位の有無の差はどう理解すべきか」については，単純な問題ではなく，別章の大和政権の冠位制度に関する部分で以下の問題点Lとして検討する（別章第2節，仮説Bの項）．結果は，以上の結論と矛盾しない．

〈問題点L（問題点13）〉倭国伝と日本書紀が書く裴世清を出迎えた臣下の官位の有無はどう理解すべきか．

奇妙な事件，百済での国書盗難事件

　　1 百済での国書盗難事件と研究者の見解
　　2 百済での国書盗難事件は造作・捏造である
　　3 百済での国書盗難事件を造作・捏造したのは推古政権の中枢部である

1 百済での国書盗難事件と研究者の見解

次に書かれている日本書紀の記述は，推古天皇宛の隋皇帝の国書を百済で盗まれたという事件である．倭国伝はこの国書盗難事件をまったく書かないが，日本書紀には以下のような奇妙な記述がある．

「『唐帝，書を以ちて臣に授く．然るに百済国を経過る日に，百済人探りて掠取れり．是を以ちて上ること得ず』とまをす」．

これに対して，

「群臣，議りて曰く，『夫れ使たる人は死ると雖も（いえども），旨を失はず（任務を遂行するものだ）．是の使，何にぞ怠りて大国の書を失へるや』といふ」，

と書く．群臣はこのように小野妹子を非難し，「則ち流刑に坐す（流刑に処することに

した)」と，妹子の流刑を決定したという．しかし，推古天皇は，

「妹子，書を失える罪有りと雖も（いえども），輒く（たやすく）罪すべからず．其の大国の客等聞かむこと，亦（また）良からじ」，

「赦して（ゆるして）坐したまはず（罪を問われなかった）」，

というのである．日本書紀に書かれている百済での国書盗難事件は以上ですべてである．

この百済での国書盗難事件をどう理解するのだろうか．氣賀澤保規氏は「この略奪紛失事件は確かなことか」，「最初から国書はないのを，妹子が存在したかのように話を作り上げたのか」と問題提起しておられる［氣賀澤①］．この事件は何とも不可解である．すなわち，以下の問題点がある．

〈問題点14〉百済での隋皇帝国書の盗難事件をどのように理解するか．

この国書盗難事件については，研究者によるいろいろな見解があるが，以下の3種に分けられる．

第1に，日本書紀が書くように，実際に国書を百済に盗まれたという見解である．直木孝次郎氏は「当時の緊張した国際関係からすると，日本が隋の使いをつれて帰国するということは，百済としてはずいぶん気になることであろう．強奪してでも国書の内容を知りたいと考えるのはむしろ当然ではあるまいか．妹子は実際にとられたのだろう」と指摘される［直木②］．李成市氏は［李］，推古政権の隋外交の背景に高句麗があるという観点から，「（百済は）高句麗と鋭く対立し，隋に高句麗討伐をしばしば要請している」，「百済が，高句麗の外交戦略に荷担する倭の外交をそのまま黙認することができないのは当然であり，国書の掠取はこうした状況では十分にありうることである」と指摘される．

第2に，国書が受け入れられない内容であったので，小野妹子が廃棄したのではないかという見解である．直木孝次郎氏はこの見解について，「隋の国書が日本を東夷としてみくだしたものであったので，妹子は日本の体面をそこなうことを恐れて百済に奪われたと偽り，みずから帰国の途中に破棄したのではないか」と紹介している［直木②］．西嶋定生氏も「妹子が盗難を口実として破棄した」と指摘される［西嶋②］．

第3に，そもそも隋皇帝は小野妹子に国書を授けなかったという見解である．井上光貞氏は［井上①］，「妹子が失ったはずの国書をのちに裴世清が奉呈していることからみて，事実らしくない．煬帝は国書を妹子ではなく裴世清にゆだねたのだが，その事情を体面上正当化するために，造作した話ではなかろうか」と指摘される．

［第4章］日本書紀が提起する遣隋使の諸問題　183

2 百済での国書盗難事件は造作・捏造である

以上のように研究者の見解は多様で一致していないが，私見では以下のように考える．

まず，第1の「百済で実際に盗まれた」という見解については，百済で国書を盗まれるような事態はあり得ないと思う．それは以下の諸理由による．

① 使者が隋皇帝の国書を盗み取られたという不手際そのものが考えにくい．隋皇帝の国書は遣隋使にとってはきわめて重要なものである．それをうかつにも盗まれるということ自体がきわめて考えにくいことである．

② 日本書紀によれば，「百済国を経過ふる日に，百済人探りて掠取れり」と，百済人が犯人だと分かっているのである．であれば，百済に厳重に抗議し，取り戻さなければならない．しかし，小野妹子がそうした努力をした様子はまったくうかがえない．また，百済が強奪したとしても，読んだ後，百済は小野妹子に返すのではないだろうか．

③ もしも本当に百済に「掠取（かすみとる）」されたのであれば，推古天皇は百済に国書を返せと要求するだろう．しかし，その後，百済に返還要求をした形跡はまったく見られない．

以上の諸点から，小野妹子が百済で国書を盗まれたというのはあり得ないと考える．すなわち，百済での国書盗難事件は造作・捏造されたことを意味する．

では第2の見解，隋皇帝の国書があったが，受け入れられない内容であったので，小野妹子自身が廃棄した，というのはあり得るだろうか．

しかし，国書の内容がどうであれ，小野妹子自身が廃棄することはあり得ないのではないだろうか．国書が受け入れられないかどうかを判断するのは推古天皇であって，一使者に過ぎない小野妹子にはそんな権限はない．それなのに，もしも自分の判断で破棄したとすれば，それははっきりと越権行為であって，当然処罰の対象となる．そんな危険を冒して，わざわざ小野妹子が独断で廃棄することは考えられない．そもそも，隋皇帝が書く国書の内容に小野妹子は何の責任もない．

3 百済での国書盗難事件を造作・捏造したのは推古政権の中枢部である

結局，隋皇帝は小野妹子に国書を授けなかった，すなわち，国書そのものが最初から存在しなかったという第3の見解が正しく，百済での国書盗難事件は事実ではないと考えられる．

このことは，百済での国書盗難事件は造作された事件であることを意味する．その場合，誰が何の目的で国書盗難事件を造作したのか，が問題となる．造作したのは小野妹子ではない．もしも小野妹子が隋皇帝の国書を盗まれたと事件を造作すれば，それは自分の落ち度になり，妹子は国書紛失の責任を問われることになる．それなのに妹子が自分の意思で国書盗難事件を造作・捏造するということはあり得ない．

　では誰が造作したのか．それは推古天皇・聖徳太子・大臣の馬子という推古政権の中枢部ではないだろうか．すなわち，百済での国書盗難事件は大和政権中枢による造作・捏造であって，表向き妹子が失ったことにしただけではないだろうか．

　私見では推古政権の中枢部が造作した点を支持するのが，すでに指摘した裴世清の滞在日程の不思議な空白である．日本書紀は裴世清は6月15日に難波の港（津）に着いたと記す．ところが，飛鳥の都に入るのは8月3日なのである．裴世清は飛鳥のすぐ近くの難波に到着しているのに，なぜ，1カ月半もの間，なすこともなく難波に滞在し続けたのだろうか．この裴世清の日程の7月の空白について，

〈問題点11〉日本書紀が記す①5月の筑紫滞在と，②7月の難波津滞在という隋の使者裴世清の日程の空白をどう理解するか．

と指摘してきた．7月の日程の奇妙な空白は以下のように理解される．

　帰国した小野妹子が裴世清を連れてすぐに飛鳥の都に入らなかったのは理由があるはずである．その理由は何か．やってきた裴世清への対応の調整であろう．その対応の重要項目の1つが，隋皇帝が小野妹子には推古天皇宛の国書を授けてくれなかったことへの対策ではないだろうか．そのため，小野妹子は6月15日に難波に着くやいなや，後は中臣宮地連烏磨呂などに任せ，裴世清を難波に置いたまま，すぐに飛鳥に行き，隋皇帝が国書を授けてくれなかったことを推古天皇に報告したのだろう．そして，聖徳太子や馬子と対策を協議したのではないだろうか．その結果，小野妹子が百済で国書を盗まれたことにして，推古天皇宛の国書もあったかのように偽装したのではないだろうか．7月1カ月の裴世清の空白時間は，こういう対策と処理のために必要な時間だったと理解される．

　つまり，百済での国書盗難事件は小野妹子の捏造ではなく，推古天皇・聖徳太子・蘇我馬子という推古政権の中枢部が共同ででっち上げた捏造事件だった．こう判断する根拠は，川本芳昭氏が指摘されるように［川本①］，百済での国書紛失が事実であれば，使者としてあり得ない大失敗・大罪なのに，推古天皇が「妹子，書を失へる罪有りといえども，たやすく罪すべからず」といって，「赦して坐したまはず

（罪を問われなかった）」と書く点にある．

　以上のように，推古政権中枢部があたかも推古天皇宛の国書があったかのように，百済での国書盗難事件を造作・捏造したと考えられる．

　以上の議論から，問題点14は以下のように理解される．

　〈問題点14〉百済での隋皇帝国書の盗難事件をどのように理解するか．

　➡「百済国を経過る日に，百済人探りて掠取れり」という国書盗難事件は実際にあった事件ではなく，造作された事件である．小野妹子に託されたという推古天皇宛の隋皇帝の国書はなかった．盗難事件を造作・捏造したのは小野妹子ではなく，推古政権の中枢部である．そのことを支持するのが，推古天皇が小野妹子の罪を問わなかったことであり，裴世清の7月1カ月の難波滞在である．

　以上のように理解される．ただ，その場合，なぜ百済での国書盗難事件を造作しなければならなかったのかが問題となる．後述のように，日本書紀によれば，裴世清は推古天皇宛の国書を持参してきている．井上光貞氏は「煬帝は国書を妹子ではなく裴世清にゆだねたのだが，その事情を体面上正当化するために，造作した」とされる［井上①］．しかし，「煬帝は国書を妹子ではなく裴世清にゆだねた」ために，なぜ百済での国書盗難事件を造作しなければならないのだろうか．隋皇帝の国書を隋皇帝の使者が持参する．それで何の問題もないはずである．裴世清が派遣されないのであれば，当然，小野妹子が国書を持って帰っただろう．裴世清は帰国する小野妹子と同道して日本へ来るのである．裴世清が皇帝の国書を持ってきても，そのことが井上氏の指摘するような推古天皇の「体面の問題」となるとは思えない．

　であれば，大和政権中枢部はなぜ百済での国書盗難事件を捏造しなければならなかったのかという問題は井上氏の見解では解決しない．この点を理解するためには，裴世清に託された隋皇帝の国書についての検討が必要である．従って，ここの時点では，問題点14「百済での隋皇帝国書の盗難事件をどのように理解するか」については最終的には解決せず，

　〈問題点14'〉推古政権の中枢部は，裴世清が持参した国書があるのに，なぜ百済
　　　　　　　での国書盗難事件を造作・捏造しなければならなかったのか，

と形を変えて継続することになる．

日本書紀によって造作された隋皇帝国書提出儀式

　1 日本書紀が書く隋皇帝国書提出儀式

2 蛮夷の王が隋皇帝の書を承る儀式か，隋皇帝が朝貢してきた儀式か
3 隋皇帝が推古天皇へ朝貢してきたという裴世清"朝貢"儀式
4 日本書紀の国書提出儀式に対する研究者の見解
5 日本書紀の編著者によって造作された国書提出儀式
6 隋の「江都集礼」に基づく日本書紀の記述
7 第一次遣唐使での「争礼」事件
8 隋書倭国伝は虚偽を記しているのだろうか：榎本淳一氏の見解
9 結論：日本書紀は隋皇帝国書提出儀式を造作した
10 日本書紀はなぜ裴世清"朝貢"儀式を造作したのか：日本書紀の編纂方針

1 日本書紀が書く隋皇帝国書提出儀式

　日本書紀によれば，推古天皇は小野妹子を第二次遣隋使として隋へ派遣した．それに対して，隋皇帝煬帝は使者裴世清を派遣してきた．大和政権にとっては予想もしなかった快挙である．何しろ，中国から使者が派遣されてくるなど，3世紀以来，300年以上（少なくとも100年以上）もなかったことである．

　日本書紀によれば隋皇帝の使者裴世清は，8月3日に飛鳥の都に入り，12日に裴世清による推古天皇への謁見儀式があった．日本書紀は，裴世清の推古天皇への謁見儀式を隋皇帝国書提出儀式として以下のように書く．便宜のために区切って示せば以下のようになる．

　「唐客を朝庭に召して，使の旨を奏さしむ」．
　「時に（この時に）阿倍鳥臣・物部依網連抱，二人を客の導者とす」．
　「是に大唐の国信物を庭中に置く」．
　「時に使主裴世清，親ら（みずから）書を持ちて，両度再拝みて，使の旨を言上して立つ」．
　「其の書に曰く，『皇帝，倭皇を問ふ……遠く朝貢を脩むといふことを知りぬ……』といふ」．
　「時に阿倍臣，出で進みて，其の書を受けて進行く」．
　「大伴囓連，迎え出でて書を承け（受け取り），大門の前の机の上に置きて奏し（奏上し），事畢りて（それが終わると）退づ（退出した）」．
　「是の時に皇子・諸王・諸臣，悉に（ことごとくに）金の髻華（髪飾り）を以ちて著頭にせり（頭に挿した）．亦（また）衣服は皆錦・紫・繡・織と五色の綾羅とを用ゐたり．一に云はく，服の色は，皆冠の色を用ゐたりといふ」．

[第4章] 日本書紀が提起する遣隋使の諸問題　187

隋皇帝国書の内容以外は，以上が日本書紀が書く隋皇帝国書提出儀式の全文である．

2 蛮夷の王が隋皇帝の書を承る儀式か，隋皇帝が朝貢してきた儀式か

これは異様な儀式である．中華王朝隋から皇帝の使者が来たとしよう．使者は隋皇帝の国書を持ってきている．その国書を受け取る場合，推古天皇はどう対応するだろうか．中華皇帝と蛮夷の王という観点に立てば，隋皇帝の国書を読み上げる使者に対して，推古天皇はひざまずいて聞くという場面となるだろう．あるいは，対等の立場と仮定しても，推古天皇は裴世清と向かい合って立ち，ていねいに国書を受け取るだろう．それが常識的な理解である．しかし，日本書紀が描く隋皇帝の国書の扱いはかなり異なっている．

隋皇帝の使者裴世清は，庭に立って，「両度再拝」，すなわち，4回も推古天皇にお辞儀して隋皇帝の国書を読み上げているのに対し，推古天皇はずっと大門の奥にいて姿を現さないままである．これでは推古天皇の方が隋皇帝よりも上位であって，あたかも隋皇帝が推古天皇へ朝貢してきたかのような儀式である．隋皇帝が推古天皇に朝貢の使者を派遣するなど常識的にはあり得ないことである．しかし，日本書紀は隋皇帝国書提出儀式をそのように描いているのが事実である．

この裴世清の国書提出儀式をどう理解するかは，遣隋使に関する日本書紀の記述に関してきわめて重要な点であるから，以下にもう少し詳しく述べる．

この儀式でもっとも重要な場面は，「親ら（みずから）書を持ちて，両度再拝みて，使の旨を言上して立つ」と裴世清が隋皇帝の書を読み上げる場面である．裴世清が庭に立って，隋皇帝の国書を読み上げる際，推古天皇はどこでどういう状態で居たのか，それがこの儀式の性格を決める決定的な場面である．

日本書紀によれば，裴世清が隋皇帝の国書を読み上げたとき，推古天皇は大門の奥に居た．裴世清は大門の前にある庭に立って読み上げた．そして，読み上げられた隋皇帝の国書は大門の前の机に置かれ，大伴囓連が推古天皇に奏上した．儀式はそれで終わった．推古天皇は姿を現すこともなく，裴世清には一言も声をかけていない．日本書紀の記述から分かることはこれだけであって，肝心の推古天皇が大門の奥にどのような状態でいたのかは書かれていない．

しかし，推古天皇が大門の奥でどういう状態でいたのかは重要である．庭に立って隋皇帝の国書を読み上げる裴世清に対して，推古天皇が大門の奥の庭でひざまずいて聞いているのか，庭よりも高い屋内の王座に座って裴世清を見下ろしているの

か，どちらであるかによって儀式の性格はまったく異なる．前者ならば中華皇帝の国書を蛮夷の王が承る儀式であるが，後者ならばあたかも朝貢にやってきた蛮夷の王（隋皇帝）の使者が中華皇帝（推古天皇）に謁見し，国書を提出しているかのような儀式である．どちらなのか，日本書紀の記述でははっきりしない．

3 隋皇帝が推古天皇へ朝貢してきたという裴世清"朝貢"儀式
(a) 推古天皇が隋皇帝よりも上位

　裴世清の儀式で推古天皇がどこにどういう状態でいたのかは，儀式の性格を決める重要な点であるが，その判断材料となるのは，隋皇帝の国書を受け取った大伴囓連が隋皇帝の国書を「大門の前の机の上に置きて奏し」たという点である．

　当時の推古天皇の小墾田宮について，岸俊男氏の研究によれば［岸］，南北に長い長方形の敷地に，まず南に南門があり，入ると庭がある．庭の東西に庁（朝堂）があり，北に大門があり，その奥に大殿があるという平面構造であったという．

　裴世清の儀式で，推古天皇はどこにどういう状態でいたのだろうか．大伴囓連は，隋皇帝の国書を「大門の前の机に置きて奏し」たというのであるから，大門の奥にある大殿にいたことは確かであろう．「大殿」は，天子の住居，いわゆる宮殿で，「推古の生活空間」である［林部］．確かに，大殿は推古天皇の生活空間であろうが，推古天皇は大殿の中の王座に座って儀式の進行を見ていたのではないだろうか．大伴囓連は，隋皇帝の国書を「大門の前の机に置きて奏し」というのであるから，大門の前の机から，推古天皇が座っていたであろう王座までさほど距離はない．すなわち，大殿の大門に近いところに推古天皇が君主として政務を執る場があったと推定できる．そしてそこに，王座があったと推定される．大伴囓連はそういう状態で推古天皇に奏したと推定できる．すなわち，大門の北の大殿の中に推古天皇が君主として政務を執る「庁」があり，推古天皇は大殿にある庭に面した王座に座って，皇太子や大臣馬子などとともに儀式の進行を見ていたと推定される［田島］．推定に推定を重ねているが，以上の推定が実態とかけ離れているとは思えない．

　もしも推古天皇が隋皇帝に朝貢しているという立場であれば，隋皇帝の使者である裴世清が皇帝の国書を手渡す際，「裴世清が上で，推古天皇が下」という形となるはずである．分かりやすく言えば，立っている裴世清が読み上げる隋皇帝の国書を推古天皇はひざまづいて聞くという形になるはずである．しかし，日本書紀が書く儀式は逆である．推古天皇は大殿の中の王座に座り，裴世清は庭である．露骨に書いていないだけで，推古天皇が上位で，隋皇帝の代理であるはずの裴世清は下位で

ある．隋皇帝の使者裴世清は，庭に立ち，大門の奥にある大殿の王座に座っている推古天皇に謁見し，国書を提出しているのである．

以上のように，日本書紀は，蛮夷の王（隋皇帝）が派遣してきた使者裴世清に，中華皇帝（推古天皇）が謁見しているかのような上位の立場で国書提出儀式を書いているのである．換言すれば，あたかも隋皇帝が推古天皇に朝貢するために裴世清を派遣してきた"朝貢"儀式であるかのように描いているのである．榎本淳一氏は［榎本②］，「倭王はまるで中国の皇帝が朝貢国の使者の国書奉読を聞く際の儀礼を行ったように描かれている」と指摘しておられるが，その通りであろう．

(b)「推古天皇が隋皇帝よりも上位」を示す日本書紀の記述

裴世清の国書提出儀式が，推古天皇が上位に立ち，隋皇帝による推古天皇への"朝貢"儀式であるかのように描かれていることを裏付けるのが日本書紀のいくつかの表現である

第1に，日本書紀は，唐客（裴世清）を朝庭に召して，「使いの旨を奏さしむ」と書いている．日本書紀の原文は「令奏使旨」である．「使いの趣旨を奏上させた」と読まれているが，原文をそのまま読み下せば，「使の旨を奏するように令した」である．「奏」は「申し上げる，奏上」であり，「令」という動詞は「命ずる，させる」という意味である［新漢語林］．すなわち，日本書紀は，推古天皇がはっきりと上位の立場に立ち，隋皇帝の使者に対して「奏上」を「命じた」，「奏上させた」と明記しているのである．

第2に，裴世清は「両度（2度）再拝（2度おじぎする）みて，使いの旨を言上して立つ」，つまり，2度のお辞儀を2回繰り返し，「使いの旨を言上」したという．隋皇帝の使者裴世清は推古天皇に対して，4度のお辞儀をしたことになる［川本①②］．また「言上」はあくまで上位の人に申し上げることである．このように，日本書紀は，あからさまに隋皇帝の代理であるはずの裴世清が下位で推古天皇が上位と位置づけている．

石井正敏氏は［石井］，「朝見の儀式（隋皇帝国書提出儀式）は『大唐開元礼』『皇帝受蕃使表及幣』儀に準じた儀礼で行われたとみられる」と指摘しておられる．「皇帝受蕃使表及幣」というのは「皇帝が来朝した蕃国の使者を謁見する儀式」である．榎本淳一氏も「倭王は隋使を属国の使者のように扱った」と指摘しておられる［榎本②］．まさに日本書紀は大和政権の推古天皇が「皇帝」の立場で，やってきた蛮夷の使者に謁見しているかのように書いているのである．

要するに，日本書紀は，はっきりと推古天皇を隋皇帝よりも上位とし，国書提出

儀式を，朝貢してきた隋皇帝の使者裴世清が推古天皇に謁見し，国書を提出するという裴世清"朝貢"儀式であるかのように書いているのである．露骨に"朝貢してきた"と書いていないだけである．日本書紀による限り，この点は明らかであろう．

しかし，裴世清はあくまでも中華皇帝の煬帝が派遣した正式の使者であり，隋皇帝の名代・代理なのである．推古天皇が隋皇帝よりも上位に立ち，あたかも隋皇帝が朝貢使を送ってきたかのような裴世清"朝貢"儀式が実際に行われたのだろうか．すなわち，以下の問題点がある．

〈問題点15〉日本書紀は，隋皇帝国書提出儀式で，推古天皇を隋皇帝よりも上位に置き，あたかも隋皇帝が推古天皇へ朝貢してきたかのように書く．この日本書紀の記述は信用できるのか．

4 日本書紀の国書提出儀式に対する研究者の見解

この日本書紀が書く国書提出儀式，実は隋皇帝が推古天皇に朝貢するかのごとき裴世清"朝貢"儀式について，研究者はどのように考えるのだろうか．日本書紀が書く裴世清"朝貢"儀式は，信用でき事実であるという見解と，日本書紀の造作であるという正反対の見解に分かれている．

(a) 日本書紀の裴世清"朝貢"儀式の記述は信用できるとする見解

坂本太郎氏は［坂本④］，「推古記の記事のすべてが史実であったか否かは疑わし」いとされる一方で，「小野妹子の派遣に始まる隋との通交の記事はたいそう詳しく具体性に富んでいるから，事件当時の記録に基づいていると思われる」と指摘される．氏が，どの点を疑わしいとされるのか，裴世清"朝貢"儀式をどう評価しているのか，必ずしもはっきりしないが，隋皇帝国書提出儀式の記述は「詳しく具体性に富んでいる」から，「事件当時の記録に基づいている」とされるのであろう．しかし，「詳しく具体性に富んでいれば」，それだけで信用できるとは思えない．日本書紀に書かれている程度に儀式を「詳しく具体的に」造作することは，8世紀に編纂された日本書紀ではべつに難しいことではないからである．

直木孝次郎氏は［直木②］，「天皇は隋使の前に姿を見せていない．……（これは）日本の天皇は煬帝と同格をたてまえとするから，裴世清にあわないような演出を考えたのではなかろうか」，「じつは隋使がどう思おうとかまわない，隋使をむかえて盛大な儀式をもよおし，なみいる諸豪族の前で隋使が天皇に敬意を表した，という事実がたいせつなのである．これによって天皇の地位が高まり，諸豪族の天皇にたいする尊敬がますことうけあいである」と指摘される．直木氏が日本書紀の記述を事

実とされているのかどうかは，この文では必ずしも明らかではないが，書紀の記述を疑問視しているようには読めない．また，隋皇帝と推古天皇を同格と見ているようだが，日本書紀の記述では推古天皇は隋皇帝よりも上位であって，同格ではない．さらに，「上下」関係は，外交上の最重要事項の1つであって，「隋使がどう思おうとかまわない」というような事項ではない．また，榎本淳一氏は［榎本②］，「基本的に『書紀』の記述に基づいて考えて良い」と，日本書紀の記述を肯定される．そして石井正敏氏は［石井］，もっとはっきりと「当日の儀式を事実に則して伝えており，偽造・改竄とする見方はあたらない」と，榎本氏の見解を支持しておられる．さらに，井上光貞氏［井上⑥］は，「朝廷が煬帝書をうやうやしく受け取った事実」と述べ，倭国伝には「誇張があり」，「大げさに書いている」と述べている．しかし，日本書紀の記述は「うやうやしく」受け取ったようには読めない．

(b) **日本書紀の造作であって，事実ではないとする見解**

一方，川本芳昭氏はまったく異なる見解であって［川本①②］，「(隋書倭国伝と日本書紀の) 記述内容が真っ向から対立する」，「いずれかの記述に誤り，ないしは改竄が含まれていると考えられる」と指摘される．そして，「(裴世清が) 倭国との間に争礼を生じることなく，小野妹子と隋に向けて帰国していることは，彼が使命を果たしたことを示している」．「『日本書紀』の記述は奇妙であるといわざるをえない」．「なぜなら皇帝の名代としての宣諭使裴世清が『日本書紀』に見えるように，国書を持ち二度再拝して使いの旨を言上せしめられる，といったことがあったとは考えがたいからである」．そして，「『日本書紀』の当該箇所 (隋皇帝国書提出儀式) の記述は相当の偏向を含んでいると考えられる」と結論される．また，高明士氏は［高明士］，「裴世清が隋朝の鴻臚寺で掌客をしていた位階 (開皇令の正九品下) は低いが，その職責が蕃客儀礼の掌管にあったことからみても，倭王が礼なく書を受け取って何の異議も唱えなかったというのは信じがたい」，「裴世清が『朝命』を果たし……た以上，推古天皇……は『別式』・『降御座』に則って北面して隋唐の使者に『二度再拝』し，『璽書』を受けたのである」，「『日本書紀』の作者が事実を曲げて書いた疑いが濃い」，「『日本書紀』……は，隋唐の使者が天皇に朝見した時の儀礼について虚偽の記述をしている」と指摘される．また，高寛敏氏も［高寛敏］，「倭が隋使を蛮国使として遇したとか，鴻臚寺掌客という外交儀礼の実務官であった裴世清がそれを甘受した，などということは論外」で，日本書紀の国書提出儀式の記述には「批判的に対処する必要がある」と指摘される．

川本氏は「相当の偏向」と穏やかに書かれているが，川本・高明士・高寛敏氏の

見解は日本書紀が国書提出儀式をあたかも推古天皇への裴世清"朝貢"儀式であるかのように造作したのではないかという見解と見ることができるだろう．

　以上のように，日本書紀が書く裴世清"朝貢"儀式に関する研究者の見解は日本書紀の記述通りとする見解と日本書紀による造作でないかという正反対の見解に分かれている．日本書紀の造作という見解を明示される研究者は少なく，日本書紀の記述を信用される研究者の方が多いように見受けられる．

5 日本書紀の編著者によって造作された国書提出儀式

　問題は，日本書紀が書く隋皇帝国書提出儀式，実は推古天皇に対する裴世清"朝貢"儀式が，事実なのか，日本書紀による造作なのかという点にある．どう判断するかは，日本書紀の遣隋使に関する記述をどのように理解するかを大きく左右する．研究者の見解も分かれている．そこで少し詳しく私見を述べたい．

　私見では，川本芳昭・高明士・高寛敏氏が指摘される通りで，裴世清が"朝貢"儀式を問題なく受け入れたとは考えられず，日本書紀が書く隋皇帝国書提出儀式，実は裴世清の朝貢儀式は8世紀に日本書紀が造作したものと考える．そう考える理由は以下の諸点である．

　第1点は，抗議もしないという裴世清の対応はあり得ないという点である［高明士，川本①，高寛敏］．

　そもそも，裴世清は多利思比孤に中華思想，特に皇帝が君で，蛮夷の王は臣下であって，蛮夷の王の「天子」の称号はあり得ないこと，を宣諭するために派遣されたのである．それなのに，推古天皇へ使の旨を奏上するように「令」された（『令奏使旨』），すなわち，蛮夷の王に使いの目的を奏上せよと命じられたとき，中華皇帝の代理である裴世清は問題にもせず命令に従ったのだろうか．「令」も「奏」もはっきりと推古天皇が隋皇帝よりも上位の立場に立った言葉である．あり得ないことではないだろうか．また，蛮夷の王（推古天皇）は大門の奥の王座に座って庭を見下ろし，隋皇帝の使者裴世清は庭に立って「両度再拝」して皇帝の書を読み上げるという"隋皇帝よりも蛮夷の王が上位"という儀式そのものに対して，裴世清は抗議もしなかったのだろうか．これもあり得ないことであろう．中華皇帝の国書をこのような儀式で蛮夷の王に提出することは，中華の「儀礼」ではとうてい許容できないはずである［高明士，川本①，高寛敏］．

　中華思想においては，中華皇帝が上位で蛮夷の王は下位，というのはもっとも重要な基本原則の1つである．そういう上下の「礼」が重視され，厳しく徹底させる

［第4章］日本書紀が提起する遣隋使の諸問題　193

のが中華思想であろう．それなのに，裴世清が抗議もせずに，蛮夷の王の命令に従うということは，あり得ないことと思われる．要するに，高明士氏が指摘されるように［高明士］，中華皇帝の正式の使者が蛮夷の王に朝貢するかのごとき儀式を命じられて抗議もしなかったというのは考えられないことである．

　裴世清はあくまでも東夷の王に中華思想や中華の「礼」を「宣諭」するために中華皇帝によって派遣されたのである．分かりやすく言えば，中華皇帝と蛮夷の王は上下関係，君と臣，であると宣諭するために派遣されたのである．それが裴世清派遣の目的である（倭国伝）．それなのに，正反対に，蛮夷の王が上で，隋皇帝が下という上奏の命令とか，蛮夷の王に"朝貢させられる"ような中華の「礼」に反する儀式を容認するはずがない［高明士，川本①］．少なくとももめ事なしには済まないはずである．しかし，そのようなもめ事は何も書かれていない．

　第２点は，隋皇帝煬帝の対応である．

　裴世清は隋皇帝煬帝が派遣した正式の使者であり，皇帝の名代・代理なのである．その裴世清が，日本書紀が書くように，あたかも蛮夷の王（推古天皇）へ朝貢するかのような儀式を行わされたとすれば，「とくに中華意識が強い」［堀①］隋皇帝煬帝が激怒することは確実だろう．小野妹子は帰国する裴世清を送って隋へ行き（しかも妹子は「東天皇」国書という問題のある国書を提出している〔後述〕），１年後に帰国している．小野妹子は少なくとも数カ月間は隋に滞在したことになる．自分の使者があたかも蛮夷の王に朝貢するかのような儀式を強要されたことについて，隋皇帝煬帝は，小野妹子に対して一言の叱責もしなかったのだろうか．考えられないことではないだろうか．しかし，小野妹子の隋滞在中，何か問題が起こったことは，倭国伝も日本書紀も何も書いていない．このことは推古天皇上位の隋皇帝国書提出儀式はなかったことを意味する

　第３点は，推古天皇の対応である．

　そもそも，推古天皇が，中国皇帝の正式の使者である裴世清を朝貢使扱いにすること自体が考えられないことである．推古天皇が遣隋使を派遣した目的は中華王朝との交流を開始し，隋から仏教を先頭に先進的政治・文化を導入することである．推古天皇に朝貢するがごとき儀式を命じられて，もしも裴世清が拒否して帰国すれば，隋との交流開始どころか交流断絶である．せっかく中華王朝との交流が始められるというときに，推古天皇が皇帝やその使者を怒らせるようなことをすること自体がきわめて考えにくいのである．これでは何のために遣隋使を派遣したかが分からなくなる．

以上の3点に基づけば，日本書紀が書く推古天皇上位の隋皇帝国書提出儀式はあり得ないことであり，日本書紀が8世紀に造作・捏造したものであると考えられる．高氏の「（日本書紀は）天皇に朝見したときの儀礼について虚偽の記述をしている」や，川本氏の「相当の偏向」という見解［高明士，川本①］が正しいと考える．

6 隋の「江都集礼」に基づく日本書紀の記述

日本書紀が書く隋皇帝国書提出儀式が日本書紀によって8世紀に造作されたのではないかという結論を支持する点を以下に指摘したい．

第1点は，裴世清に関する日本書紀の記述が隋の『江都集礼』に基づいている点である［田島］．

田島公氏は［田島］，日本書紀が書く裴世清の出迎え→入京→朝廷での国書提出儀式→推古天皇の国書→宴会→帰国，という流れが，「（唐の）『開元礼』にみえる『賓礼』の基本的なパターンとよく似ており，全体として……（隋の）『江都集礼』の『賓礼』を継受して隋使に対応している」と指摘される（中華の儀礼を集めた唐の「開元礼」は隋の時代の「江都集礼」などを集めたと考えられている）．

出迎えに始まる一連の裴世清への対応は，大和政権にはそれまではなかった儀礼であり，小野妹子が隋から「江都集礼」を入手して，さっそく裴世清に対して初めて中華の「礼」である「江都集礼」に基づいて対応したことになる．

しかし，その場合，以下のような問題点がある．

第1の問題点は，榎本淳一氏が指摘される「推古朝の段階で『江都集礼』が舶載されていたかという疑問」である［榎本②］．氏は，「大業年間（六〇五〜六一六）に編纂が命じられた」「江都集礼」を，「六〇八年帰国の小野妹子が持ち帰れたかも怪しい．たとえこの時持ち帰ることができたとしても，それを参観して即座に隋使の迎賓儀礼を整えることは不可能であったろう」と指摘される．

第2の問題点は，裴世清の国書提出儀式が，「開元礼」の「皇帝受蕃使表及幣」の儀礼に沿っていることである．「開元礼」や「江都集礼」に基づけば，裴世清の国書提出儀式は，あくまで中華皇帝の国書を蛮夷の王に渡す際の儀礼である「皇帝遣使詣蕃宣労」に沿った儀礼でなければならない．その場合，当然，隋皇帝が上位であって，蛮夷の王は臣下として，北面して何度もお辞儀をして国書を受け取るのである．しかし，日本書紀に書かれているのは，逆に，中華皇帝が来朝した蛮夷の王の使者を謁見する際の儀礼，「皇帝受蕃使表及幣」に基づいて，あたかも隋皇帝が推古天皇に朝貢使を派遣してきたかのように書かれているのである［石井］．すなわち，

皇帝と蛮夷の王の上下関係という外交における基本となる点が逆の儀礼に沿って書かれている．

　もしも，日本書紀の裴世清に関する記述が，8世紀に日本書紀によって造作された記事であるとすれば，裴世清の出迎えから帰国までの記述が，隋の「江都集礼」（唐の「開元礼」）の手順に一致している点も，「江都集礼」が当時伝わっていたのかという点も，即座に対応できたのかという疑問も，すべて問題なく理解できる．また，8世紀の大和政権の歴史観に基づいて，あたかも隋皇帝が朝貢使を派遣してきたかのように「皇帝受蛮使表及幣」に基づいて推古天皇上位の国書提出儀式が造作されていることも，無理なく理解できるのである．

　以上のように，裴世清の出迎えから帰国までの経過が「開元礼」（「江都集礼」）に基づいて書かれており，隋皇帝国書提出儀式が「皇帝遣使詣蛮宣労」ではなく，逆に皇帝が蛮夷の王の国書を受け取る「皇帝受蕃使表及幣」に沿って書かれていることなどは，裴世清に関する記述，特に隋皇帝国書提出儀式が日本書紀によって8世紀に造作されたことを示唆しているのである．

7 第一次遣唐使での「争礼」事件

　隋皇帝国書提出儀式が日本書紀によって造作された記事であることを支持する第2点が，第一次遣唐使の「争礼」事件であると考えられる．そこで以下，この「争礼」事件について検討したい．

(a) 唐書が書く第一次遣唐使における「争礼」事件

　旧唐書倭国伝は，

「貞観五年（631年），（倭王が）使を遣わして方物を献ず」，

と，倭国が第一次遣唐使を派遣してきたと書く．それに対して，唐皇帝は，

「新州の勅使高表仁を遣わし，節を持して往いてこれを撫せしむ．表仁，綏遠の才なく，王子と礼を争い，朝命を宣べずして還る」，

と，高表仁が倭国王子と「礼」を争ったという「争礼」事件を書く．同じように新唐書日本伝は，

「新州刺史の高仁表を遣わして往きて諭さしむるも，（高は日本の）王と礼を争いて平らかならず，天子の命を宣することを肯ぜずして還る」，

と書く．新・旧唐書が同じことを書いており，倭国で「争礼」事件が起こったことは事実と考えられる．

　では高表仁と倭王（王子）はどのような「礼」を争ったのだろうか．榎本淳一氏は

[榎本②],「争礼とは,(唐皇帝と倭王の)どちらが政治的に上位か名分関係を儀礼の上で争ったこと」と指摘される.その通りであろう.

もしも日本書紀が書く「推古天皇上位」の隋皇帝国書提出儀式が事実であるとすれば,同じく中華王朝である唐王朝から,高表仁という使者が派遣されてきても,大和政権は,そのときの天皇である「舒明天皇上位」の立場で対応したはずである.高表仁は「礼」を争うという姿勢だったのであるから,唐皇帝と大和政権の君主(舒明天皇)のどちらが上位かという「争礼」事件が起こるはずである.それが実際に起こったのが,第一次遣唐使での「争礼」事件と理解される.このように,第一次遣唐使での「争礼」事件は,裴世清の国書提出儀式の「推古天皇上位」という日本書紀の記述を支持しているかのように見える.

(b) 大和政権では「争礼」事件は起こっていない

ところが,大和政権においては第一次遣唐使の「争礼」事件は起こっていないのである.そのことを示すのは以下の諸点である.

第1点は,日本書紀には「争礼」事件が一言も書かれていないことである.もしも大和政権において「争礼」事件が起こったのであれば,なぜ日本書紀は「争礼」事件を書かないのだろうか.舒明天皇は「中華皇帝上位」の要求をきっぱりと拒否したのであり,「大和政権の天皇が上位」という立場を堅持した画期的な事件なのである.8世紀の大和政権の歴史観から見ても高く評価すべきできごとであり,日本書紀は大きく取り上げ,誇らしく書くのではないだろうか.にもかかわらず,日本書紀には「争礼」事件は一言も書かれていないのが客観的な事実である.このことは大和政権においては「争礼」事件は起こらなかったことを強く示唆している.

第2点は,「争礼」事件の結果である.高表仁と倭王(王子)は「礼」を争って,高表仁は「朝命を宣べずに」帰国してしまうという異常な事態になったのである.当然,両国関係に重大な悪影響をもたらしたはずである.しかし,653年の第二次遣唐使と654年の第三次遣唐使に関する日本書紀・新唐書の記述には,そういう厳しく対立したことを反映することは何も書かれていない.「争礼」事件などなかったかのような友好的な記述内容である.

また,新唐書日本伝は,唐皇帝高宗が「璽書を賜い,兵を出だして新羅を援け令む」と,大和政権の天皇に新羅に援兵を送れと命じたと書いている.「礼」(どちらが上位か)を争い,唐皇帝を上位と認めない蛮夷の王に新羅への援軍を命じることはないのではないだろうか.

以上の点は,大和政権では「争礼」事件はなかったことを示唆している.

第3点は，日本書紀が書く高表仁の日程である．高表仁は舒明4年（632年）10月4日に難波の港に着いているから，10月中旬には高表仁を迎える何らかの儀式があったはずである．そのときに唐書が書くような「礼を争う」事態になったと考えられる．新唐書は，高表仁が「王と礼を争」って，「平（ことばがおだやかなこと［新漢語林］）」ではなく，天子の命を宣言することを「肯（うなずく，承知する［新漢語林］）」しなかったと書く．要するに，高表仁は舒明天皇（あるいは王子）と「礼」を争って口論となり，天子の命を宣言することを拒否するという異常な事態になったのである．
　しかし，高表仁が帰国のために大和を出発したのは翌年の1月26日である．高表仁は10月中旬に舒明天皇と口論し，天子の命を伝えることを拒否するという異常な状態になったのである．そういう居心地の悪く，朝命も達せられない状態になったら，高表仁はそうそうに帰国するだろう．にもかかわらず，高表仁は，その後，3カ月以上も大和に滞在している．このことは，大和政権においては「争礼」事件がなかったことを示唆している．
　以上の3点は，高表仁の「争礼」事件は大和政権では起こらなかったことをはっきりと示している．
　では唐書が書く争礼事件はどう理解されるだろうか．この点については，旧唐書の記述が強い示唆を与える．旧唐書は倭国と大和国（日本国）をはっきりと異なる別の国として区別し（「倭国≠大和国」），倭国伝と日本国伝を書いている．そして旧唐書は倭国伝の中で，あくまで倭国での事件として，「争礼」事件を明記している．
　以上の諸点から「多利思比孤≠推古天皇」であって，第一次遣唐使の「争礼」事件は倭国（≠大和国）で起こった事件であり，大和政権では「争礼」事件は起こらなかったと結論される．

(c)「推古天皇上位」の隋皇帝国書提出儀式は事実か

　このように，大和政権では「争礼」事件は起こっていない．このことは何を意味するだろうか．
　もしも日本書紀が隋皇帝国書提出儀式について書いているように，隋皇帝が派遣してきた使者裴世清に対して「推古天皇上位」の立場で対応したとすれば，舒明4年（632年），第一次遣唐使によって唐皇帝が派遣してきた使者高表仁に対しても，同じように「舒明天皇上位」の立場で対応したはずである．大和政権の君主と中華皇帝の上下関係（名分関係）は，外交関係の根本であって，中華王朝が隋から唐へ変わったからと言って，変わるようなことではない．

高表仁は「舒明天皇上位」の立場を認めなかったから，どちらが上位かを争う「争礼」事件が起こった．それが唐書が書く「争礼」事件であるはずである．しかし，大和政権では「争礼」事件は起こっていない．なぜ，大和政権では「争礼」事件は起こらなかったのか．それは大和政権が「舒明天皇上位」の立場で，高表仁に対応しなかったからである．このことは「推古天皇上位」の国書提出儀式の記述が事実ではなく，日本書紀によって8世紀に造作された記事であることを強く示唆している．

　このように，第一次遣唐使における「争礼」事件は，隋皇帝国書提出儀式は日本書紀の造作であるという結論を支持しているのである．

⑧ 隋書倭国伝は虚偽を記しているのだろうか：榎本淳一氏の見解

　以上のように，日本書紀が書く隋皇帝国書提出儀式に関する記事は，日本書紀が8世紀に造作した記事であると考える．しかし，逆に日本書紀の記述を事実と考えている研究者が多いようだ．以下にその代表的な見解として榎本淳一氏の見解〔榎本②〕を考える．

　榎本氏は隋皇帝国書提出儀式に関して，第一次遣唐使における「争礼」事件が重要であると指摘される．氏の見解は，第一次遣唐使が重要な判断材料となる点では私見と一致するが，私見とは正反対の結論である．また，氏の見解は，遣隋使全体の理解に関係する．そこで，氏の見解を以下に少し詳しく検討したい．

(a) 隋書倭国伝が虚偽を記しているという榎本氏の見解の根拠

　榎本淳一氏は，「『書紀』では倭王は隋使を属国の使者のように扱ったとしているのに対し，『隋書』では倭王は属国の王が宗主国の使者を迎えたように隋使に賓待したとしている」とされ，「明らかにどちらかが虚偽を記していると考えざるを得ない」と指摘される．

　そして，「重要な示唆を与えてくれるのが，舒明朝（で生じた第一次遣唐使の）争礼事件である」と指摘され，「裴世清の使命達成と高表仁の争礼事件の関係を合理的に読み解くためには，『書紀』の記述の方が正しいと考えるべき（すなわち，倭国伝が虚偽を記している）」と結論される．

　榎本氏が，「属国の王（すなわち，多利思比孤）が宗主国の使者を迎えたように隋使に賓待した」とされる点には疑問があるが，裴世清への対応に関して日本書紀と隋書倭国伝が根本的に対立する記述をしていることは事実である．そこで以下に，多利思比孤の裴世清への対応を含めて，氏の見解を検討したい．

(b)「裴世清の使命達成」

　氏は倭国伝の記述が虚偽で，日本書紀の記述が正しいとされる理由として，①「裴世清の使命達成」と②「高表仁の争礼事件」の関係を合理的に読み解くことができる点を挙げておられる．まず①の裴世清の使命達成について考える．

　私の誤解でなければ，榎本氏の①「裴世清の使命達成」に関する見解の中核は以下のようになる．「外交使節においては，朝命（王命）を伝達することが最大の任務であって，そのためには儀礼上の上下関係は二次的な問題となったのではないか」，「裴世清は隋帝の国書を倭国側に伝え，使命を達成している」．従って，「裴世清が倭国を上位とする外交儀礼に従ったとする『書紀』の記述を頭から否定することはできない」し，「『書紀』の記述の方が正しいと考えるべき」というのが氏の見解である．

　氏の見解は一般的にはあり得る見解かもしれないが，裴世清の場合に氏の見解が成り立つのかが問題である．すなわち，裴世清の場合，「儀礼上の上下関係は二次的な問題」で，「中国（皇帝）が上位であることを相手国（王）に認めさせること……が，もっとも重要な使命ではなかった」のか，そして，「朝命（王命）を伝達すること（すなわち，隋皇帝の国書を伝えること）が最大の任務」だったのか，という点である．

　そもそも，裴世清が日本へ派遣された原因は多利思比孤の「日出ずる処」国書にある．「日出ずる処」国書で何が問題だったのか．「天子」の称号であり，対等の立場の主張である．「天子」も「対等」も中華思想に根本的に反しており，隋皇帝としてはとうてい受け入れられないことである．であるからこそ，煬帝は，多利思比孤に中華思想を宣諭するために国書を持たせて裴世清を派遣したのである．従って，榎本氏の見解と異なり，まさに「儀礼上の上下関係」，「中国（皇帝）が上位であることを相手国（王）に認めさせること（具体的には，「天子」の称号撤回）」が裴世清のもっとも重要な使命であったのである．それはつまり，多利思比孤に中華思想を宣諭して，多利思比孤の自主独立・対等の主張を諭し，改めさせることである．

　従って，国書の伝達は当然のことであって，氏が指摘されるように，「朝命（王命）を伝達すること（すなわち，隋皇帝の国書を伝えること）が最大の任務」ではない．国書を渡しただけでは「使命を達成」にはならないのである．多利思比孤を宣諭・説得し，「天子」の称号を撤回させ，冊封関係を結んで名実ともに君臣関係を確立してこそ，裴世清はきちんと使命を達成したことになるのである．

　榎本氏の見解は，使節の役割を一般化し，裴世清派遣の原因となった「日出ずる処」国書を切り離し，無視することによって成り立っている．氏は「裴世清は隋帝

の国書を倭国側に伝え，使命を達成している」と指摘されるが，裴世清の場合は，国書を伝えただけでは使命達成にはならない．国書の伝達だけでは済まない「宣諭」という目的があったからこそ，裴世清が派遣されたと理解するのが正しいのではないだろうか．

以上のように，氏が指摘される①「裴世清の使命達成」の点は，倭国伝が虚偽であることの根拠にはならないと考える（付け加えると，隋皇帝国書は多利思比孤宛であって〔後述〕，すでに述べたように，多利思比孤に提出されている）．

(c)「高表仁の争礼事件」

次に，氏が指摘される②「高表仁の争礼事件」について考える．氏は，「争礼とは，どちらが政治的に上位か名分関係を儀礼の上で争ったこと」，「高表仁の来倭の際に，倭国側も唐側も裴世清の時と同じ対応をしていれば何ら問題はなかったはず」，「（倭国伝に基づけば）倭国側が隋使に対して朝貢国の立場を取っていた」が，「唐使にたいしては朝貢国の立場を取らず，対等ないし上位の立場を取ったため争礼が起こったということになる」，しかし，「舒明朝の方がより上位の立場を打ち出すことがありうるだろうか，大いに疑問である」．一方，日本書紀によれば，「推古朝の隋使迎接の時には倭国王は宗主国のように上位の立場で対応し，隋使もその対応を受け容れた」，舒明朝（でも同じ）「上位の立場で臨んだが，唐使はそれを拒んだために，争礼問題が発生した」．このように，高表仁の「争礼」事件を合理的に読み解くためには，「『書紀』の記述の方が正しいと考えるべき」と結論される．

しかし，既に述べたように，大和政権においては争礼事件は起こっていないのである．「倭国≠大和国」であって，争礼事件は多利思比孤の倭国で起こった事件である．氏が「倭国＝大和国」という立場で議論しておられるために，争礼事件が舒明朝で起こったことになり，「『書紀』の記述の方が正しい」ということになるのである．このように榎本氏の結論は成立しないと考えられる．

では「朝貢国の立場を取っていた」はずの多利思比孤の倭国でなぜ争礼事件が起こったのだろうか．

榎本氏が指摘されるように，確かに多利思比孤は「朝貢せしむ」と隋皇帝への朝貢を認めた．この点だけを見れば，氏が指摘されるように多利思比孤は中華皇帝上位を認め，臣従したように見える．しかし，倭国の立場として，より重要なのは「天子」の称号を撤回していないことであり，準対等の立場は堅持していることである．この立場は，榎本氏が指摘される「朝貢国」の立場ではない．

注意が必要なのは，多利思比孤の「天子」を称する自主独立・準対等の立場は，

[第4章] 日本書紀が提起する遣隋使の諸問題　　201

中国から使者が来日すれば，どちらが上位なのかという「争礼」問題につながることである．多利思比孤は「天子」を称しているのであるから，中国の「天子」と上下関係が問題となるのは当然である．多利思比孤は唐使に対しても，「朝貢国」ではなく，「天子」を自称する自主独立・（準）対等という立場で対応したのである．だから第一次遣唐使で「礼を争う」という「争礼」事件が起こったのである．

では，なぜ隋使で問題が起こらず唐使で「争礼」問題が起こったのだろうか．氏が指摘されるように倭国が立場を変えたのではない．倭国は「天子」を称し，どちらへも同じ自主独立・（準）対等の立場で対応したのである．そして，隋と唐もまた，同じく中華思想に基づく中華－蛮夷という中国上位の立場だった．このように，倭国側も中国側も変わりはなかった．変わったのは，唐が置かれた客観的状況である．

それは高句麗の存在である．608年の裴世清派遣の時点では，隋にとって高句麗征討が喫緊の重要問題であったから，天子の称号問題で倭王を批判し，高句麗側へ倭国を追い込んではいけなかった．だから，隋皇帝は多利思比孤の「天子」の称号をあいまいに黙認した．しかし，第一次遣唐使の631年の時点では唐と高句麗の関係は改善されており，高句麗征討はあり得ない状況であった［新旧唐書高麗伝］．すなわち，唐皇帝は隋皇帝のように倭国に配慮する理由はなくなっていた．そういう隋と唐の置かれた外的環境が大きく変化したために，当時の唐は中華思想に反する倭国の立場（「天子」の称号）を黙認する必要はなかったのである．その結果，高表仁と倭国王（王子）との「礼」の争いが起こった．

要するに，倭国も中国もその立場は変わっていないのである．変わったのは隋と唐が置かれた客観的状況である．その結果，裴世清の場合は「天子」は黙認され，第一次遣唐使では「礼」を争う事態になったのである．

一方，大和政権の対応について，榎本氏は「舒明朝（でも推古朝と同じ）上位の立場で臨んだが，唐使はそれを拒んだために，争礼問題が発生した」と指摘され，日本書紀の記述が正しいとされる．しかし，すでに指摘したように，大和政権では「争礼」事件は起こっていない．このことは，大和政権が「舒明天皇上位」で臨まなかったことを強く示唆している．すなわち，推古天皇の場合もまた「推古天皇上位」で臨まなかったことを示唆しており，「推古天皇上位」の隋皇帝国書提出儀式は造作であることを示唆しているのではないだろうか．

以上の諸点から，榎本氏が指摘される2点，「裴世清の使命達成」および「高表仁の争礼事件」は，どちらも説得力ふじゅうぶんであって，倭国伝は虚偽を記していて，日本書紀の「推古天皇上位」の隋皇帝国書提出儀式が正しいという榎本氏の見

解は成立しないと考えられる.

　以上のように, 倭国≠大和国（多利思比孤≠推古天皇）の立場に立てば, 日本書紀による隋皇帝国書提出儀式の造作をより明確に理解できる.

9 結論：日本書紀は隋皇帝国書提出儀式を造作した

　以上の隋皇帝国書提出儀式に関する議論から, 推古天皇が上位で, あたかも隋皇帝が推古天皇に朝貢してきたかのように書かれている日本書紀の隋皇帝国書提出儀式の記述は, 日本書紀の編著者が8世紀に造作・捏造した, と結論される.
　この結論に基づくと問題点15は以下のように理解できる.

〈問題点15〉日本書紀は, 隋皇帝国書提出儀式で, 推古天皇を隋皇帝よりも上位に置き, あたかも隋皇帝が推古天皇へ朝貢してきたかのように書く. この日本書紀の記述は信用できるのか.

➡隋皇帝があたかも推古天皇に朝貢しているかのような隋皇帝国書提出儀式に裴世清が抗議もしなかったとは考えられない. また, 自分が派遣した使者が, あたかも蛮夷の推古天皇に朝貢するかのような儀式を強要されたことを煬帝が容認したとも思えない. 隋皇帝国書提出儀式に関する日本書紀の記述は信用できず, 8世紀に日本書紀の編著者が造作・捏造したと考えられる.

10 日本書紀はなぜ裴世清"朝貢"儀式を造作したのか：日本書紀の編纂方針

　以上のように, 隋皇帝国書提出儀式は, 推古天皇が隋皇帝よりも上位に立ち, あたかも隋皇帝が推古天皇に朝貢してきたかのように日本書紀によって造作された記事と考えられる. とすれば, 日本書紀は, なぜ造作したのか, あるいは, なぜ造作しなければならなかったのか, という点が問題となる.
　この点は隋書倭国伝の「朝貢」に関する記述が深く関係していると考えられる. 倭国伝は第二次遣隋使について「その王多利思比孤, 使を遣わして朝貢す」と明記し, また, 裴世清との対談で「倭王」多利思比孤が「遣わして朝貢せしむ」と隋への朝貢を認めたと書く. 隋が,「倭王」多利思比孤は隋皇帝に朝貢してきたと認識し, そのことを倭国伝で強調していることは明らかだ.
　「倭王」多利思比孤の隋への朝貢という倭国伝の記述に日本書紀の編著者はどう対応しただろうか. 倭国伝は「倭王」多利思比孤が隋皇帝へ朝貢してきたと明記しているが, 8世紀の大和政権の歴史観では日本を統治する「倭王」は大和政権の君主以外にはいない. 従って, 倭国伝は, 多利思比孤＝「倭王」＝推古天皇が隋皇帝

[第4章] 日本書紀が提起する遣隋使の諸問題　　203

へ朝貢したと書いていることになる．しかし，大和政権の君主である推古天皇が隋皇帝に朝貢することは8世紀の大和政権の歴史観では許容できることではなかった．そのために日本書紀は，倭国伝が書く「倭王」の朝貢を否定しなければならなかったのではないだろうか．

そこで日本書紀は，推古天皇は，隋皇帝に朝貢はしなかった，逆に隋皇帝が推古天皇に朝貢してきた，と主張した．実際には隋皇帝が推古天皇に朝貢してくることはあり得ないから，日本書紀は，推古天皇が隋皇帝よりも上位に立ち，あたかも隋皇帝が裴世清という朝貢使を送ってきたかのように，皇帝が蛮夷の王の国書を受け取る「皇帝受蕃使表及幣」に沿って造作した．それが隋皇帝国書提出儀式，実は裴世清"朝貢"儀式ではないだろうか．

以上のように，日本書紀編纂の基本となった8世紀の大和政権の歴史観を考慮すれば，隋皇帝が推古天皇に朝貢してきたかのような隋皇帝国書提出儀式が造作されたことは無理なく理解できる．日本書紀の隋皇帝国書提出儀式の記述は，日本書紀は8世紀の大和政権の歴史観に基づいて造作する場合があることを示したものではないだろうか．

隋皇帝国書は多利思比孤の「日出ずる処」国書への返書

1 隋皇帝煬帝の国書が提起する諸問題
2 日本書紀が引用する隋皇帝国書とその信憑性
3 隋皇帝国書は推古天皇宛か多利思比孤宛か
4 隋皇帝の国書に至る経過
5 隋皇帝国書の内容：国書は「日出ずる処」国書への返書である
6 隋皇帝国書は推古天皇宛か
7 要約・結論：日本書紀は多利思比孤宛の隋皇帝国書を推古天皇宛であると造作・偽装した
8 百済での国書盗難事件の合理的な理解

1 隋皇帝煬帝の国書が提起する諸問題

隋皇帝国書を推古天皇へ提出する隋皇帝国書提出儀式は，日本書紀によってあたかも隋皇帝が推古天皇へ朝貢してきたかのような裴世清の"朝貢"儀式として造作されたことを結論した．日本書紀は，その造作された国書提出儀式の中で，裴世清

が隋皇帝の国書を読み上げたと書く．隋皇帝国書は造作された国書提出儀式の中核をなすものである．

　そうすると，裴世清が読み上げたと書かれている隋皇帝国書に関してどこまで事実なのかが問われることになり，以下のようなたくさんの問題点が生じる．

　第1に，隋皇帝国書そのものの信憑性である．この国書は国書提出儀式の中に登場する．しかし，上述のように，この儀式は推古天皇上位の儀式となっていて，その信憑性が疑われる．であれば，以下の疑問が生じる．すなわち，

　　〈問題点16〉隋皇帝国書提出儀式で日本書紀が引用する隋皇帝国書はどこまで信用できるのか．

　第2に，推古天皇宛の2通の国書である．日本書紀は，裴世清は"朝貢"儀式で隋皇帝の国書を読み上げたと書くが，百済での国書盗難事件に関連して，「唐帝，書を以ちて臣（小野妹子）に授く」と妹子に国書を授けたと明記する．従って，隋皇帝は，妹子と裴世清の両方に推古天皇宛の国書を持たせたことになる．すなわち，次の問題点が指摘される．

　　〈問題点17〉隋皇帝が，同時に2通の国書を推古天皇宛に出したという日本書紀の記述をどう合理的に理解するか．

　第3に，「朝貢」の矛盾である．隋皇帝の国書には「皇（倭王）……遠く朝貢を修む」と書かれている．隋皇帝は"推古天皇がはるばると朝貢してきた"と言っているのである．ところが，日本書紀が描く隋皇帝国書提出儀式は，どう見ても推古天皇が隋皇帝よりも上位の立場に立ち，隋皇帝が推古天皇へ朝貢してきた裴世清"朝貢"儀式であるかのように書かれている．その儀式の中で隋皇帝の国書は読み上げられている．同じ儀式の記事の中で，隋へ朝貢する立場（隋皇帝国書）と朝貢される立場（日本書紀）という矛盾がある．「朝貢」というのはきわめて基本的で重要な事項であって，どうでもいい矛盾ではない．すなわち，以下の問題点がある．

　　〈問題点18〉日本書紀は，隋皇帝国書提出儀式をあたかも隋皇帝が推古天皇へ朝貢してきた裴世清"朝貢"儀式であるかのように書き，その中で推古天皇が朝貢してきたという隋皇帝の国書を載せるという自己矛盾を起こしている．「朝貢」に関するこの矛盾をどう理解するか．

　このような問題点・矛盾が生じたのは，隋皇帝の国書を載せたためである．なぜ日本書紀は隋皇帝の国書を詳細に載せたのだろうか．すなわち，以下の問題点がある．

　　〈問題点19〉日本書紀は「朝貢」に関して矛盾を起こす隋皇帝の国書をなぜ載せ

たのか.

2 日本書紀が引用する隋皇帝国書とその信憑性

まず，日本書紀に引用されている隋皇帝の国書は信用できるのかという問題点16について考える．

〈問題点16〉隋皇帝国書提出儀式で日本書紀が引用する隋皇帝国書はどこまで信用できるのか．

(a) 隋皇帝の国書

日本書紀が引用した隋皇帝の国書の全文は以下の通りである．

「皇帝，倭皇を問ふ．使人長吏大礼蘇因高等，至りて懐を具にす（倭皇の考えを詳しく伝えた）．朕，宝命を欽承して（謹んで天命を受け），区宇を臨迎す（天下に君臨した）．徳化を弘めて，含霊に覃し被らしめむことを思ふ（徳を広めて，人々に及ぼそうと思う）．愛育の情，遐邇に隔無し（慈しみ育む気持ちには遠近による隔てなどない）．皇，海表に介居して（ひとり海外にあって），民庶を撫寧し（民衆を愛み），境内安楽にして（国内は安泰であり），風俗融和し（人々の風習も睦まじく），深気至誠ありて（志が深く至誠の心があって），遠く朝貢を脩む（遠くからはるばると朝貢してきた）といふことを知りぬ．丹款の美，朕嘉すること有り（その美しい忠誠心を私は嬉しく思う）．稍に喧なり（ようやく暖かくなり），比常の如き也（私は変わりはない）．故，鴻臚寺の掌客裴世清等を遣し，往意を指宣べ（住訪の意を述べ），并せて物を送ること別の如し」．

以上の隋皇帝の国書は，完全に中華思想・王化思想に基づく中華皇帝の蛮夷の王に対する書である．

(b) 隋皇帝国書の信憑性：具体的内容

この隋皇帝国書の内容の信憑性をどう考えるか．誰の目にも分かりやすいのが冒頭の「皇帝，倭皇を問ふ（皇帝はここに倭皇への挨拶を述べる）」である．倭国伝では多利思比孤は徹底的に「倭王」であって「倭皇」ではない．中華思想では「王」と「皇」とは重要な差であって，「王」は「皇」よりもはっきりと格下である．多利思比孤が自らを「天子」と称した「日出ずる処」国書に機嫌を悪くした隋皇帝が，倭王を自ら「倭皇」と呼んだとは考えられない．多くの研究者が指摘されるように［例えば，河内①］，日本書紀が「倭王」を「倭皇」へと改竄したことは明らかだろう．改竄したのは，8世紀の日本書紀の史観では大和政権の君主である推古天皇を倭の「王」とすることは許容できなかったからである（また中ほどのもう1カ所の「皇」も同様に「王」を「皇」に改竄したと考えられる）．「倭王」が「倭皇」へと改竄されていること

は，日本書紀が8世紀の大和政権の史観によって改竄・造作する場合があることをはっきり示している．この点は念頭に置かなければならない．

　その他の部分はどうか．坂本太郎氏は［坂本①］，「裴世清の持ってきた国書の文章」は「根拠なく作為したものとも見えず，確実な史料にもとづいているとしか思われない」と指摘され，川本芳昭氏は［川本①②］，「立場は明らかに矛盾する……にも関わらず『朝貢』という用語がそのまま残されているということは……書紀に載せられている国書自体は煬帝からもたらされた国書の原文を相当忠実に保存していることを示している」と指摘される．すなわち，原文の「倭王」を「倭皇」，「王」を「皇」と改竄した点があるが，隋皇帝の国書がかなり原文に忠実に掲載されていると指摘されるのである．

　私見でも日本書紀が記す隋皇帝国書はかなり正確に原文を転記したものと考える．川本氏の指摘だけでなく，裴世清が読み上げたという隋皇帝の国書は，後述するように，「日出ずる処」国書への返書として妥当な内容であり，また，独特の修辞・言辞がちりばめられたきわめて独特な文章であるからである．特に，「朕，宝命を欽承して（謹んで天命を受け），区宇を臨迎す（天下に君臨した）．徳化を弘めて……」などは，中華思想に基づく堂々とした中華皇帝の国書にふさわしい文章である．隋皇帝国書提出儀式に登場する隋皇帝の国書は，日本書紀による部分的な改竄（「王」→「皇」）はあるが，原文にかなり忠実で，信用できるというのが正しいと考えられる．ただし，後述のように，一部を削除した可能性が高いと思う．

　従って，日本書紀が引用する隋皇帝国書は否定できず，隋皇帝国書そのものは存在し，「王」→「皇」への改竄以外，日本書紀はかなり忠実に国書を引用したと結論される．従って，問題点16は以下のように理解される．

〈問題点16〉隋皇帝国書提出儀式で日本書紀が引用する隋皇帝国書はどこまで信用できるのか．

　➡日本書紀が引用する隋皇帝の国書は，「王」→「皇」への部分的な改竄があるが，国書の原文としてかなり信用できると考える．ただし，一部削除の可能性がある（後述）．

3 隋皇帝国書は推古天皇宛か多利思比孤宛か

　しかし，隋皇帝国書の信憑性に関する問題はこれでは終わらない．なぜならば，国書の宛先は推古天皇なのか，という問題があるからである．

　倭国伝によれば，そもそも，多利思比孤が「日出ずる処」国書を提出し，それを

読んだ煬帝が「不悦」・「無礼」と反応し，多利思比孤を宣諭させるために国書を持たせて裴世清を派遣したのである．であれば，隋皇帝国書は多利思比孤の「日出ずる処」国書への返書ではないかというのが素直な理解である．

一方，日本書紀が隋皇帝国書を明記し，全文を引用しているのに，倭国伝では国書は一言も触れられていない．従って，当然推古天皇宛であるということになる．普通ならばその通りであるが，隋皇帝国書提出儀式は日本書紀によって裴世清の"朝貢"儀式であるかのように造作された可能性が高い儀式である．このように，隋皇帝国書は推古天皇宛であるとも簡単には言えないのである．

もしも「多利思比孤＝推古天皇」であれば，推古天皇宛でもあり多利思比孤宛でもあって，宛先は問題とならない．しかし，もしも「多利思比孤≠推古天皇」であれば，推古天皇宛か，あるいは多利思比孤宛（「日出ずる処」国書への返書）かが問題となるのである．どちらであるかによって，隋皇帝国書提出儀式だけでなく，複雑な「遣隋使」の問題全体をどう理解するかが大きく変わる．従って，問題点16は以下の問題点16'となって継続することになる．

〈問題点16'〉隋皇帝国書は，日本書紀が書くように推古天皇宛なのか，あるいは，推古天皇宛と造作されたのか．

4 隋皇帝の国書に至る経過

以下，「多利思比孤＝推古天皇」かどうかも含めて，国書は推古天皇宛なのかそれとも多利思比孤宛なのかを考える．まず，倭国伝に基づき隋皇帝国書が書かれた経過を確認すれば，以下のようになる．

① 607年，蛮夷の王多利思比孤が第二次遣隋使に「日出ずる処」国書を持たせて朝貢してきた．
② 多利思比孤は，「日出ずる処」国書で「天子」を自称し，「天子－天子」，「書を致す」と隋皇帝に対して自主独立・対等の立場を主張した．
③ これを読んだ隋皇帝煬帝は，悦ばず（「不悦」），礼なし（「無礼」）と反応した．
④ 煬帝は「日出ずる処」国書を放置できず，王化思想に基づき，裴世清を倭国へ派遣し，多利思比孤に中華思想を宣諭させた．

倭国伝に基づけば，隋皇帝の国書は以上のような経過の中に位置づけられる国書である．であれば，倭国伝には隋皇帝国書は書かれていないとは言え，隋皇帝が裴世清を派遣する際，多利思比孤の「日出ずる処」国書への返書を裴世清に持たせたというのが合理的な理解であろう．すなわち，倭国伝が記す裴世清派遣に至る経過

は，多利思比孤が「日出ずる処」国書で隋皇帝に対して自主独立・対等の立場を主張したことへの返書が隋皇帝国書であることを示唆している．

一方，日本書紀の記述に基づけば，推古天皇が小野妹子を遣隋使として送ったら，それだけで隋皇帝は国書を持たせて裴世清を派遣してきたことになる．隋皇帝が，国書を持たせた特別な要因は何も書かれていない．すなわち，日本書紀によれば，隋皇帝が国書を推古天皇に送る特別な理由はない．

以上の隋皇帝国書に至る経過は，国書が推古天皇宛ではなく，多利思比孤宛であることを強く示唆している．

5 隋皇帝国書の内容：国書は「日出ずる処」国書への返書である

次に，隋皇帝国書の内容を検討する．隋皇帝国書の宛先を考える際，国書の内容はきわめて重要である．隋皇帝国書の具体的内容を分かりやすく区分して示せば以下のようになる．

(a)「皇帝，倭皇を問ふ」．
(b)「使人長吏大礼蘇因高等，至りて懐を具にす（倭皇の考えを詳しく伝えた）」．
(c)「朕，宝命を欽承して（謹んで天命を受け），区宇を臨迎す（天下に君臨した）」．
(d)「徳化を弘めて，含霊に覆し被らしめむことを思ふ（徳を広めて，人々に及ぼそうと思う）．愛育の情，遐邇に隔無し（慈しみ育む気持ちには遠近による隔てなどない）」．
(e)「皇，海表に介居して（ひとり海外にあって），民庶を撫寧し（民衆を愛み），境内安楽にして（国内は安泰であり），風俗融和し（人々の風習も睦まじく）」，
(f)「深気至誠ありて（志が深く至誠の心があって），遠く朝貢を脩む（遠くからはるばると朝貢してきた）といふことを知りぬ．丹款の美，朕嘉すること有り」．
(g)「故，鴻臚寺の掌客裴世清等を遣し，往意を指（旨）宣べ（住訪の意を述べ），幷せて物を送る」．

以下に，隋皇帝の国書の内容順に検討する．

(a)「皇帝，倭皇を問ふ」

「皇帝，倭皇（王）を問ふ」というのは「中国皇帝が倭皇（王）に挨拶を述べる」という意味である．すなわち，この国書は倭皇（王）に送られた国書である．この「皇帝，倭皇（王）を問ふ」が示していることは，2点ある（すでに述べたように，「倭皇」は「倭王」と考えられるので以下，「倭王」とする）．

第1に，隋皇帝の国書は倭王多利思比孤宛であることである．国書の宛先の「倭王」とは誰か．倭国伝が書いている「倭王」はあくまで，「倭王あり，姓は阿毎，字

は多利思比孤」である．倭国伝には多利思比孤以外の倭王は登場しない．従って，隋皇帝の国書の宛先は倭王多利思比孤である．「多利思比孤＝推古天皇」であれば，推古天皇宛でもあるが，もしも「多利思比孤≠推古天皇」ならば，推古天皇宛ではない．倭国伝による限り，これが「皇帝，倭皇（王）を問ふ」が示す単純であいまいさのない明快な結論である．

隋書倭国伝が書いている「倭王」はあくまでも多利思比孤だけであるという点は繰り返しはっきりさせておく必要がある．第一次遣隋使を派遣してきたのは多利思比孤であり，第二次遣隋使で「日出る処……」の国書を送ってきたのも，「沙門数十人」を送ってきたのも，裴世清が来日して対談して「宣諭」したのも，すべて倭王多利思比孤である．倭国伝に基づけば，隋皇帝が国書を送るとすれば，それは倭王多利思比孤宛である．従って，隋皇帝国書そのものは倭国伝では触れられていないとはいえ（倭国伝に隋皇帝国書が書かれていない理由はすでに第3章で議論した），隋皇帝が裴世清に国書を持たせるとすれば，それは多利思比孤宛である．

要するに，隋皇帝国書は多利思比孤宛である．倭国伝による限り，この結論にあいまいさはないと思う．

第2に，「皇帝，倭皇（王）を問ふ」という書の形式である．「皇帝問某王（皇帝，某王を問ふ）」という書式は，慰労詔書と呼ばれる書式であって，「中国皇帝と君臣関係を結んだ内外の諸王に対して，中国皇帝から与えられる」書式である〔西嶋②〕．中華の「礼」では，国書の形式は重要な「礼」の1つであって，どうでもいいことではない．要するに，隋皇帝は多利思比孤を自分の臣下と位置づけてこの国書を送ったのである．

この書の形式は，第二次遣隋使について倭国伝が「その王多利思比孤，使を遣わして朝貢す」と，多利思比孤の遣隋使を朝貢使と認識している点とよく一致している．中華思想では，遣隋使を派遣してくれば，それだけでその蛮夷の王は「朝貢」し，「服属」し，臣従したと理解するのである〔徐〕．つまり隋皇帝は，中華皇帝の徳を慕って蛮夷の王，多利思比孤が朝貢してきたから（遣隋使を送ってきたから），倭王多利思比孤を自分の「臣下」と認識し，「臣下」としての多利思比孤へ国書を送ったのである．

以上を「日出ずる処」国書の観点から見ると，隋皇帝は「皇帝，倭皇（王）を問ふ」という臣下への書の形式で書くことによって，

① 「倭皇（王）」によって，多利思比孤はあくまで倭「王」であると指摘し，多利思比孤の「天子」の称号を否定し，

②「天子－天子」という多利思比孤の対等の主張を否定し，
③ 多利思比孤の「日出ずる処」国書の「書を致す」という蛮夷の王にあらざる書の形式を否定し，
④ 倭王多利思比孤は対等の立場ではなく隋皇帝の臣下である，

と，多利思比孤を諭していると読むことができる．以上の諸点は，隋皇帝国書は多利思比孤の「日出ずる処」国書への返書であることを強く示唆している．

(b)「使人長吏大礼蘇因高等，至りて懐を具にす」

「使人長史大礼蘇因高等」から，倭王が派遣してきた使者は「大礼蘇因高」であることが分かる．隋皇帝からみた「倭王」はあくまで多利思比孤であるから，多利思比孤が派遣した使者が「大礼」という冠位を持つ蘇因高である．これも明白なことである．蘇因高は小野妹子であると日本書紀は書くが，それは自明のことではなく，別項で「蘇因高＝小野妹子」かどうかは検討する．

倭王が派遣した使者蘇因高が隋へ「至りて（やってきて）」，倭王の「懐」つまり「おもい」，「心にいだく（思い）」を「具にした」，つまり「つらねた」，「陳述した」〔新漢語林〕．蘇因高が隋皇帝にあれこれと陳述した倭王の思いとは何か．この点について，倭国伝は倭王多利思比孤の思いを使者の言葉を引用して次のように書いている．「聞く，海西の菩薩天子，重ねて仏法を興すと．故に遣わして朝拝せしめ，兼ねて沙門数十人，来って仏法を学ぶ」．すなわち，遣隋使蘇因高が隋皇帝に「具にした（陳述した）」倭王多利思比孤の「懐（思い）」とは，多利思比孤の仏教に対する熱い思いと，その仏教隆盛を図る隋皇帝を「菩薩天子」としてあがめ「朝拝」するために使者を派遣し，たくさんの僧（沙門）を留学生として送って先進仏教を学びたいという"思い"であることが分かる．

多利思比孤は第一次遣隋使を派遣して，隋皇帝が厚く仏教を保護している「菩薩天子」であることを知った．それに感激して，菩薩天子を朝拝する思いに基づいて，留学生たちを伴う第二次遣隋使を送った．隋皇帝は，使者から多利思比孤の仏教への熱い思いと皇帝を菩薩天子と高く評価していることを聞いた．隋皇帝は熱心に仏教隆盛を推進していた．そのため多利思比孤の熱意に動かされたのだろう．国書の冒頭に「至りて懐を具にす」と書いているのはその反映と受け取ることができる．隋皇帝国書の「使人長史大礼蘇因高等，至りて懐（思い）を具にす（つぶさにす）」という記述は，倭国伝の記述とぴったり合致している．

以上のことは，隋皇帝の国書が多利思比孤への返書であることを明確に裏付けている．

(c)「朕，宝命を欽承して（謹んで天命を受け），区宇を臨迎す（天下に君臨した）」

　独特の文章であるが，隋皇帝煬帝は，自分は天命（「宝命」）を受けて，世界を統治・支配する「皇帝」であるというのである．「皇帝」は「天子」とほぼ同義であるから，これは明らかに多利思比孤の「日出ずる処」国書での「天子」の自称に対するはっきりした回答である．「天子」は天命（「宝命」）によって世界を統治・支配する者であって，それは世界で1人だけ，すなわち，中華皇帝の自分であると，多利思比孤が「日出ずる処」国書によって示した「天子」の自称をはっきりと否定しているのである．

(d)「徳化を弘めて，含霊に覃し，被らしめむことを思ふ（徳を広めて，人々に及ぼそうと思う）．愛育の情，遐邇に隔無し（慈しみ育む気持ちには遠近による隔てなどない）」

　これは，まさに中華思想・王化思想そのものであって，朝貢してきた蛮夷の王に対して，皇帝が徳を広め（中華の「礼」を教え），蛮夷はその徳の恩恵を受ける（「礼」を習得する）立場であると強調しているのである．これは「日出ずる処」国書で「天子－天子」という対等の立場を主張した多利思比孤に対して，中華思想・王化思想の観点から，中華皇帝が蛮夷の王に徳を及ぼす（中華の「礼」を教える）のであって，中華皇帝と蛮夷の王は決して対等ではあり得ないと，多利思比孤の「対等」の主張を否定し，たしなめているのである．

(e)「皇，海表に介居して（ひとり海外にあって），民庶を撫寧し（民衆を愛み），境内安楽にして，風俗融和し」

　この倭国の平和な状況は，倭国伝が描く倭国の状況ときわめてよく一致している．倭国伝は7世紀初頭の倭国について，「城郭なし」，「兵ありといえども征戦なし」，「争訟」はまれ，「盗賊少なし」，「仏法を敬す」などと書いている．これらの記述は，倭国が平和で，倭王は民を愛し，国内は安泰で，風俗は睦まじいという国書の内容そのものと言えよう．この点もまた隋皇帝国書が倭王多利思比孤宛であることを示している．

(f)「皇（倭王）……深気至誠ありて，遠く朝貢を脩むといふことを知りぬ．丹款の美，朕嘉すること有り」

　これは，第二次遣隋使に関する，倭国伝の「その王多利思比孤，使を遣わして朝貢す」という記述と一致する．多利思比孤は「日出ずる処」国書で，自主独立・対等の立場を主張している．しかし，中華皇帝と蛮夷の倭王は対等ではなく，あくまで上下関係であって，倭王は隋へ朝貢する立場，すなわち臣下であると，多利思比

孤の「朝貢」を指摘し、「日出ずる処」国書での自主独立・対等の立場をたしなめ、諭しているのである。そして、「丹款の美、朕嘉すること有り（その美しい忠誠心を私は嬉しく思う）」と「君臣」の「君」の立場から、「臣」である多利思比孤の朝貢を喜び褒めている。穏やかにやんわりと、しかし、しっかりと、多利思比孤が「日出ずる処」国書で主張した「対等」を否定しているのが、この「遠く朝貢を脩むといふことを知りぬ」と読むことができる。

以上のように、隋皇帝国書の内容 (a)～(f) は、国書が倭王多利思比孤宛であり、「日出ずる処」国書への返書であることを明確に示している。この点にあいまいさがあるとは思えない。

　(g)「故、鴻臚寺の掌客裴世清等を遣し、往意を指宣べ（住訪の意を述べ）、あわせて物を送る」

国書の最後のこの一文は、一見、何も問題がないありきたりの文章に見える。しかし、この一文は「遣隋使」全体の理解を混乱させた重要な文章である。この文章をどのように理解するかによって、裴世清派遣目的だけでなく、「遣隋使」全体の理解に大きな差が生じる。

増村宏氏は［増村①］、この文章 (g) について「（隋皇帝国書は）倭王の朝貢の至誠を嘉賞するための使節を派遣することを述べたもの」であって、倭国伝の「倭国王の『慕化』のゆえに行人を派遣して『宣諭』する」という趣旨と「全く表裏する（矛盾する）」と指摘される。

裴世清派遣の目的は「倭王の朝貢の至誠を嘉賞するための使節」という増村氏の理解は、隋皇帝の裴世清派遣の目的を「答礼」［黛①］、「日本の歓心を害うまいとした煬帝の心づかい」［坂本②］などと理解することと基本的に同じである。国書の中で裴世清派遣について具体的に書かれているのは (g) の文章だけであるから、これらの諸氏の見解は (g) をもとにした見解であろう。確かに、国書の文章は増村氏の指摘通り、「倭王の朝貢の至誠を嘉賞するための使節」と読めるように見える。実際にかなり多くの研究者もそのように読んでいると考えられる。

しかし、氏の読み方・理解には賛成できない。増村氏の理解は、文章 (g) の「故に」の内容を文章 (f) に限っている。すなわち、「皇（倭王）……深気至誠ありて（志が深く至誠の心があって）、遠く朝貢を脩むといふことを知りぬ。丹款の美、朕嘉すること有り」であるが故に、「裴世清を派遣し……」と、「故に」を文章 (f) だけに限定している。その結果、裴世清派遣は、「倭王の朝貢の至誠を嘉賞するための使節を派遣」となるのである。

しかし，そうではないと思う．「故，鴻臚寺の掌客裴世清等を遣し」だけを読めば，増村氏の理解のように読むことは可能であるが，文章はその後，「往意を指宣べ（住訪の意を述べ）」と続いている点に注意が必要である．国書は「故，鴻臚寺の掌客裴世清等を遣し，往意を指宣べ」る，すなわち，「故に，裴世清を派遣して，往意を指宣べる（住訪の意を述べる）」と書いているのである（＊1）．最後の部分の原文は「指宣往意（往訪の意を述べ）」であり，宇治谷猛氏も［宇治谷①］，「裴世清を遣わして送使の意をのべ」と読まれている．「往訪の意」，「送使の意」とは裴世清の派遣目的である．

すなわち，隋皇帝は，「故に，裴世清を派遣して派遣目的（往意）を述べる」と書いているのである．そして，倭国伝は，裴世清が伝えた「派遣目的（往意）」を「王（多利思比孤），化を慕うの故を以て，（隋皇帝は）行人（裴世清）を遣わして来らしめ，ここに宣諭す」と書いている．裴世清派遣の目的は多利思比孤を「宣諭」する（述べ諭す）ことである．「倭王の朝貢の至誠を嘉賞するため」に裴世清は派遣されたのではない．このように，倭国伝と隋皇帝国書が書く裴世清の派遣目的は「全く表裏する（矛盾する）」ことなく，多利思比孤の宣諭である．そもそも国書は「德化を弘めて，含霊に覃し，彼らしめむことを思ふ（德を広めて，人々に及ぼそうと思う）」と，はっきりと中華の「礼」を広める（「德化を弘め」）という皇帝の意思を明示しているのである．単に遣隋使派遣を喜んでいる国書ではない．

従って，(g)の文章の「故に」は増村氏の理解とは異なり，それまでに書いた中華思想による指摘全体（(a)～(f)）であるが「故に」，裴世清を派遣して中華思想を「宣諭する」と理解するのが正しいのではないだろうか．そうすれば，隋皇帝国書と倭国伝の記述が首尾一貫した内容になるのであり，「全く表裏する（矛盾する）」（増村①）ことはなく，「日出ずる処」国書も含めて全体が矛盾なく合理的に理解できるのである．

私見では以上の理解が正しいと考えるが，その観点から見ると，国書の文章は明らかに舌足らずである．隋皇帝国書に，例えば，「中華と蛮夷の関係は以上のようにあるべきである．故に……」のように書かれていれば，誤解は起こらなかった．しかし，それが書かれていないために，増村氏のような理解が可能になったと考えられる．私見では，「故に」の前の「中華と蛮夷の関係は以上のようにあるべきである」の類いの一文を日本書紀が削除した可能性が高いと思う（＊2）（＊3）．

煬帝が招致もしないのに多利思比孤が朝貢してきたことを喜んだのは事実であろう．しかし，中華思想上，はるかに重要な「天子」の問題を放置して「朝貢の至誠を嘉賞するための使節」を送ってきたと理解するのは正しくないと思う．「日出ずる

処」国書に，中華思想からは許容できない重大な問題点があるからこそ隋皇帝は"放置できない"と中華思想を説く国書を裴世清に持たせて多利思比孤を宣諭させたのである．あくまで問題は「日出ずる処」国書にあるのであり，隋皇帝国書は「日出ずる処」国書への返書なのである．実際に，国書にも「徳化を弘め」たいと明記し，やってきた裴世清は「皇帝，徳は二儀に並び……」と正面から中華思想を宣諭しているのである．増村氏の理解は，「日出ずる処」国書と隋皇帝国書を切り離した理解となっている．

　以上のように，隋皇帝国書の内容(a)～(f)だけでなく，(g)もまた，隋皇帝国書が多利思比孤の「日出ずる処」国書への返書であることを示している．

　隋皇帝国書は，反発を招いて高句麗側に追いやらないように配慮しつつ，「日出ずる処」国書で示した多利思比孤の「天子」の称号と対等の立場をたしなめ，否定し，穏やかに多利思比孤を諭している内容であって，多利思比孤の「日出ずる処」国書への返書である．倭国伝による限り，この結論にあいまいさがあるとは思えない．

(h) 要約：倭国伝によれば隋皇帝国書は「日出ずる処」国書への返書である

以上の議論を要約すれば以下のようになる．

① 隋皇帝が国書を持たせて裴世清を派遣するまでの経過は，隋皇帝国書が「日出ずる処」国書への返書であることを示唆している．
② 国書の宛先は「倭王」であり，それは多利思比孤である．
③ 「倭皇(王)を問う」という国書の形式を始め，国書の内容は，中華思想では許容できない自主独立・対等(「天子」の自称)を主張した「日出ずる処」国書を否定し，多利思比孤を諭したものであって，「日出ずる処」国書に対する返書としてふさわしい内容である．

以上の3点から，隋皇帝国書は多利思比孤の「日出ずる処」国書への返書であると結論される．従って，「多利思比孤＝推古天皇」ならば推古天皇宛でもあるが，もしも「多利思比孤≠推古天皇」であれば，推古天皇宛ではない．隋皇帝国書の内容と倭国伝の記述に基づけば，これらの結論にあいまいさはないと考えられる．

　　＊1　「裴世清等を遣し，往意を指宣べ（住訪の意を述べ）」は連続した1つの文章である．小島憲之氏なども，宇治谷猛氏も［宇治谷］，1つの文章として読んでおられる．私見でもそれが正しいと思う．
　　＊2　そもそも「丹款の美，朕嘉すること有り（その美しい忠誠心を私は嬉しく思う），稍に喧なり（ようやく暖かくなり），比常の如き也（私は変わりはない），故，鴻臚寺の掌客裴世清

等を遣し……」という文章は少しおかしいのではないだろうか．これでは「稍に喧なり（ようやく暖かくなり），比常の如き也（私は変わりはない）」故に裴世清を送ったかのような文章になっている．
* *3 この部分ではないが，川本芳昭氏も［川本①］，日本書紀が国書の原文を削った可能性を指摘されている．

6 隋皇帝国書は推古天皇宛か

以上のように，国書の内容と国書が書かれた経過によれば，隋皇帝国書ははっきりと多利思比孤の「日出ずる処」国書への返書である．しかし，日本書紀は隋皇帝国書提出儀式で推古天皇宛としている．そこで，以下，隋皇帝国書は推古天皇宛なのか，という点を考える．

(a) 国書が推古天皇宛であることを示唆する点

日本書紀は以下の2点で，隋皇帝国書は推古天皇宛であると主張している．

第1点は，日本書紀が，国書提出儀式で「裴世清，親ら（自ら）書を持ちて，両度再拝みて，使の旨を言上して立つ．其の書に曰く……」と裴世清が推古天皇に対して隋皇帝国書を読み上げたと書き，隋皇帝国書の全文を引用していることである．この日本書紀の記述に従えば，隋皇帝国書は明らかに推古天皇に宛てた国書である．

普通ならば，この点は，隋皇帝国書の宛先が推古天皇であることの疑問の余地のない証拠であろう．しかし，隋皇帝国書提出儀式は推古天皇上位の裴世清"朝貢"儀式となっており，日本書紀によって造作された可能性が高いことはすでに指摘した．隋皇帝国書提出儀式の中核は隋皇帝国書である．従って，隋皇帝国書を読み上げたという記述自体が造作された可能性が高い．とすれば，日本書紀が書く裴世清の国書提出儀式の記述は隋皇帝国書が推古天皇宛であることの明白な根拠となりえないことは明らかであろう．

第2点は，「蘇因高」という遣隋使である．日本書紀は「唐国，妹子臣を号けて蘇因高と曰ふ」と書く．この記述は隋皇帝国書とは無関係な部分にさりげなく書かれており，一見，隋皇帝国書とは関係ないかのように見える．しかし，そうではない．隋皇帝国書は「倭王」多利思比孤の遣隋使として「使人長史大礼蘇因高等，至りて懐を具にす」と明記している．であるから，蘇因高が小野妹子であれば，自動的に「多利思比孤＝推古天皇」であって，国書の宛先の「倭王」は推古天皇となり，国書の宛先は推古天皇になるのである．確かに，日本書紀の「小野妹子＝蘇因高」という記述が正しければ隋皇帝の国書は推古天皇宛でもある．しかし，「小野妹子＝

蘇因高」は疑わしく，日本書紀の造作の可能性が高い．この点は別項で後述する．

以上の日本書紀の2点の記述は隋皇帝国書の宛先が推古天皇であることを示しているが，どちらも日本書紀の造作の可能性が高く，隋皇帝国書が推古天皇宛であることの強い根拠にはならない．

(b) 隋皇帝国書が推古天皇宛ではないことを示唆する点

一方，国書が推古天皇宛でないことを示唆するのは以下の諸点である．

第1に，「日出ずる処」国書が日本書紀に載っていないことである．倭国伝によれば，隋皇帝国書は明らかに多利思比孤の「日出ずる処」国書への返書である．しかし，「日出ずる処」国書は日本書紀には載っていない．また，推古天皇が，第二次遣隋使の際，小野妹子に国書を託したことは日本書紀には一言も書かれていないし，国書持参を示唆する点は何もない．すなわち，日本書紀による限り，「日出ずる処」国書が推古天皇の国書であることを示す点はない．

第2に，「倭王」である．隋皇帝国書は「皇帝，倭皇（王）を問ふ」と「倭王」宛であることを明記している．隋皇帝から見ると，「倭皇（王）」とは倭国伝が書く多利思比孤であって，多利思比孤以外の倭王は倭国伝には登場しない．従って，国書が多利思比孤宛であることは明白である．しかし，多利思比孤が推古天皇であることをうかがわせる記述は倭国伝には何もない．

第3に，隋皇帝が中華思想を説く国書を持たせて推古天皇を宣諭する使者を派遣する必然性がないことである．日本書紀によれば，第二次遣隋使が推古天皇の初めての遣隋使であり，「大礼小野臣妹子を大唐に遣わす」だけである．推古天皇は単に遣隋使を派遣しただけであって，国書もなく，中華思想に関わるいかなる問題も起こしていない．従って，隋皇帝は，「朕，宝命を欽承して（謹んで天命を受け），区宇を臨迎す（天下に君臨した）」などと，大上段に振りかぶって中華思想を説く国書を持たせて中華思想を宣諭する使者を派遣する理由がない．推古天皇の朝貢を褒めるのであれば，国書を小野妹子に託すだけでじゅうぶんである．

第4に，留学生の矛盾である．

隋皇帝国書は遣隋使蘇因高を派遣してきた「倭王」に宛てた国書である．蘇因高は第二次遣隋使で「沙門数十人」の留学生を連れている．しかし，日本書紀による限り，推古天皇の遣隋使小野妹子は第二次遣隋使では留学生を連れていない（大和政権の遣隋使は第四次遣隋使である）．このことは国書は推古天皇宛ではないことをはっきりと示す具体的な事項である．

第5に，隋皇帝国書の具体的な内容が日本書紀の記述と整合しない点がある．

[第4章] 日本書紀が提起する遣隋使の諸問題

① 倭王の遣隋使蘇因高は留学生を連れていっているが，推古天皇の遣隋使は留学生を連れていっていない．

② 国書の「蘇因高等，至りて懐を具にす（やって来て，倭王の考えを詳しく伝えた）」という記述は日本書紀とは整合しない．国書が推古天皇宛ならば，小野妹子が隋に「至りて」推古天皇の「懐（おもい）を具にした（倭皇の考えを詳しく伝えた）」ことになる．しかし，日本書紀は小野妹子に託した推古天皇の「懐（おもい）」について何一つ書いていないし，倭国伝にも第二次遣隋使で小野妹子が推古天皇の思いを述べたことは何も書かれていない（倭国伝が書くのは蘇因高が語った多利思比孤の思いである）．

③ 国書は倭国内について「民庶を撫寧し（民衆を愛み），境内安楽にして（国内は安泰であり），風俗融和し（人々の風習も睦まじく）」と書く．推古天皇宛であれば，これは大和政権の大和国のことであり，初めての遣隋使（第二次遣隋使）で小野妹子から聞いたことになる．しかし，隋皇帝が小野妹子からあれこれと大和国について聞いたことを示す記述は日本書紀にも倭国伝にもない．それなのに，隋皇帝はどうして大和国が「民庶を撫寧し，境内安楽にして風俗融和」と言えるのだろうか．

④ 特に，大和政権では，「境内安楽（国内安泰）」ははっきりと問題がある．587年の仏教問題と皇位継承が絡んだ大臣馬子による物部戦争があり，591年には馬子による崇峻天皇暗殺という大事件がある．これらは推古天皇が小野妹子を派遣した607年の約20年前のできごとであって，とうてい「境内安楽」といえる状況ではない．国書の「境内安楽」は大和政権の実態とは矛盾する．

(c) 要約：隋皇帝国書が推古天皇宛である可能性は低い

以上を要約すれば以下のようになる．

① 裴世清が推古天皇に対して隋皇帝国書を読み上げたという日本書紀の隋皇帝国書提出儀式の記述は造作された可能性が高い．

② 多利思比孤の遣隋使蘇因高は小野妹子ではない（後述）．

③ 隋皇帝国書は「日出ずる処」国書への返書であるが，日本書紀には「日出ずる処」国書は載っていないし，小野妹子に国書を持たせたとも書かれていない．

④ 国書は「倭王」多利思比孤宛であるが，倭国伝には「多利思比孤＝推古天皇」を示す点はない．

⑤ 隋皇帝が中華思想を説く国書を持たせて推古天皇を宣諭する使者を派遣する必然性がない．

⑥ 国書の宛先は倭王多利思比孤であり，その遣隋使蘇因高は留学生を伴っているが，小野妹子は留学生を伴っていないなど，隋皇帝国書の具体的な内容は日本書紀の記述と整合しない点がある．

以上の諸点から，隋皇帝国書は推古天皇宛ではない可能性が高いと結論される．隋皇帝国書が多利思比孤の「日出ずる処」国書への返書であって，推古天皇宛ではない可能性が高いとすれば，この結果は，以下の2点を強く示唆している．
① 「多利思比孤＝推古天皇」ではなく，「多利思比孤≠推古天皇」である．
② 日本書紀は，「日出ずる処」国書への返書（すなわち多利思比孤宛）である隋皇帝国書をあたかも推古天皇宛であるかのように造作・偽装した．

その場合，「多利思比孤≠推古天皇」なのに，なぜ多利思比孤宛の隋皇帝国書を日本書紀が持っているかが問題となる．この点については，「遣隋使」の範囲内では分からない．私見では，多利思比孤の倭国は663年の白村江の戦いで，唐軍に大敗し，倭国王はたくさんの倭国軍兵士とともに唐軍の捕虜となった．その結果，倭国は大和国に併合され滅亡する．倭国を併合する際，大和政権は倭国の重要史料などを接収したと考えられる．多利思比孤宛の隋皇帝国書はその一部ではないかと推定される．

7 要約・結論：日本書紀は多利思比孤宛の隋皇帝国書を推古天皇宛であると造作・偽装した

以上の議論を要約すれば以下のようになる．

(a) 隋皇帝国書の信憑性

日本書紀が載せる隋皇帝の国書は，「王」→「皇」という日本書紀による部分的な改竄はあるが，原文にかなり忠実である．ただし，一部削除された可能性がある．

(b) 隋皇帝国書は多利思比孤の「日出ずる処」国書への返書である．その根拠は以下の諸点である．
  ① 隋皇帝国書に至る経過は国書が「日出ずる処」国書への返書であることを示唆している．
  ② 「皇帝，倭皇（王）を問ふ」は，国書が「倭王」多利思比孤宛であることをはっきりと示している．
  ③ 国書の内容は，中華思想では許容できない自主独立・対等の主張（「天子」の自称）をした「日出ずる処」国書を否定し，多利思比孤を諭したものであり，「日出ずる処」国書に対する返書としてふさわしい．

(c) 隋皇帝国書は推古天皇宛ではない可能性が高い．その根拠は以下の諸点である．
① 日本書紀の隋皇帝国書を読み上げたという記述自体が造作された可能性が高い．
② 多利思比孤の遣隋使蘇因高は小野妹子ではない（後述）．
③ 隋皇帝国書は「日出ずる処」国書への返書であるが，「日出ずる処」国書は日本書紀には載っていない．
④ 国書は「倭王」多利思比孤宛であるが，倭国伝には「多利思比孤＝推古天皇」を示す点はない．
⑤ 隋皇帝が中華思想を強調する推古天皇宛の国書を持たせて宣諭の使者を送る必然性がない．
⑥ 蘇因高は留学生を伴っているが，小野妹子は留学生を伴っていないなど，隋皇帝国書の具体的な内容は日本書紀の記述と整合しない点がある．

(d) 結論
① 隋皇帝国書は倭王多利思比孤宛であり，「日出ずる処」国書への返書である．
② 「多利思比孤＝推古天皇」ではなく「多利思比孤≠推古天皇」であって，日本書紀が多利思比孤宛の隋皇帝国書をあたかも推古天皇宛であるかのように造作・偽装した可能性が高い．

以上の結論から，問題点 16' は以下のように理解される．

〈問題点 16'〉隋皇帝国書は，日本書紀が書くように推古天皇宛なのか，あるいは，推古天皇宛と造作されたのか．

➡隋皇帝国書の内容も国書に至る経過も，隋皇帝国書は多利思比孤の「日出ずる処」国書への返書であることを示している．また，国書が推古天皇宛であることを示す日本書紀の記述（小野妹子＝蘇因高，隋皇帝国書提出儀式）は日本書紀が造作・偽装した可能性が高い．結局，「日出ずる処」国書への返書（すなわち，多利思比孤宛）を推古天皇宛と日本書紀が造作した可能性が高いというのが素直な理解である．

8 百済での国書盗難事件の合理的な理解

以上の結論を支持するのが，百済での国書盗難事件である．

(a) 大和政権の中枢部が百済での国書盗難事件を造作した理由

百済での盗難事件は推古政権の中枢部と小野妹子が共謀した造作・捏造であることはすでに指摘したが，その際，以下の問題点を挙げた．

〈問題点14'〉推古政権の中枢部は，裴世清が持参した国書があるのに，なぜ百済での国書盗難事件を造作・捏造しなければならなかったのか．

➡この問題点は，「多利思比孤≠推古天皇」という点と，隋皇帝国書は推古天皇宛ではなく多利思比孤の「日出ずる処」国書への返書であるという点を考慮すれば，以下のように無理なく理解される．

　裴世清が持参した隋皇帝国書は，多利思比孤の「日出ずる処」国書への返書である．そして，あたかも隋皇帝が小野妹子に国書を託したかのように日本書紀に書かれている国書盗難事件は，推古政権中枢部の造作・捏造であって推古天皇宛の国書はなかった．すなわち，多利思比孤宛の隋皇帝国書は裴世清が持参したが，推古天皇宛の国書はなかったのである．本来，それはそれで当然であって驚くことではない．隋から見ると「倭王」は多利思比孤であって，推古天皇ではないからである．

　しかし，多利思比孤には国書があって，推古天皇には国書がないことは，推古天皇の体面に関わる［井上①］．推古天皇としては自分にも国書があったことにしなければならなかった．その結果，聖徳太子など推古政権の中枢部は，小野妹子と共謀して，「推古天皇宛の国書もあったのだが，百済で盗まれた」と，国書盗難事件を造作・捏造した．すなわち，推古政権の中枢部が，百済での国書盗難事件を造作・捏造したのは，多利思比孤には国書があるのに，推古天皇宛の国書はなかったからである．このように百済での国書盗難事件は無理なく理解できる．

　また，関連する隋皇帝国書に関する2通の国書という問題点17も以下のように理解できる．

〈問題点17〉隋皇帝が，同時に2通の国書を推古天皇宛に出したという日本書紀の記述をどう合理的に理解するか．

➡日本書紀は，推古天皇が隋皇帝へ朝貢することは許容できず，逆に隋が大和政権へ朝貢してきたと裴世清の"朝貢"儀式（隋皇帝国書提出儀式）を造作した．その際，隋皇帝国書を取り入れ，多利思比孤宛の隋皇帝国書を推古天皇宛であるかのように造作・偽装した．

　そのとき百済での国書盗難事件を削除しておけば，"2通の国書"問題は起きなかった．しかし，百済での国書盗難事件を造作したのは推古政権中枢部だったために，日本書紀の編著者は「2通の国書」という矛盾に気づかなかったのであろう．その結果，百済で盗まれたとする国書と，裴世清が国書提出儀式で読み上げた国書という推古天皇宛の"2通の国書"という奇妙な記述が残ったと考えられる．

　このように，推古政権の中枢による7世紀の国書盗難事件と，8世紀の日本書紀

の編著者による国書提出儀式という2重の造作によって生じたのが推古天皇宛の2通の国書である．実はどちらも造作されたものであって，推古天皇宛の国書は1通もなかったと理解される．

隋皇帝国書と日本書紀の「朝貢」に関する矛盾

■1 「朝貢」の矛盾に関する研究者の見解
■2 日本書紀が隋皇帝国書を載せた目的：裴世清"朝貢"儀式の信憑性の強化
■3 なぜ日本書紀は引用した隋皇帝国書から「朝貢」を削除しなかったのか
■4 隋皇帝国書が提示する「多利思比孤＝推古天皇」の証拠
■5 「朝貢の矛盾」に関する要約・結論

　日本書紀が描く隋皇帝国書提出儀式は，推古天皇が隋皇帝よりも上位の立場に立ち，隋皇帝が推古天皇へ"朝貢してきた"かのように書かれている．その儀式の中で隋皇帝の国書は読み上げられている．ところが，日本書紀が引用した隋皇帝国書は，「皇（倭王）……遠く朝貢を修む」と，"推古天皇がはるばると朝貢してきた"と書いている．すなわち，同じ儀式の記事の中に，推古天皇が隋へ朝貢する立場（隋皇帝国書）と隋皇帝が推古天皇へ"朝貢"する立場（日本書紀）という矛盾がある．「朝貢」というのはきわめて基本的で重要な事項である．すなわち，以下の問題点がある［川本①］．

〈問題点18〉日本書紀は，隋皇帝国書提出儀式をあたかも隋皇帝が推古天皇へ朝貢してきた裴世清"朝貢"儀式であるかのように書き，その中で推古天皇が朝貢してきたという隋皇帝の国書を載せるという自己矛盾を起こしている．「朝貢」に関するこの矛盾をどう理解するか．

　このような問題点・矛盾が生じたのは，日本書紀が隋皇帝の国書を載せたためである．なぜ日本書紀は隋皇帝の国書を詳細に載せたのだろうか．すなわち，以下の問題点がある．

〈問題点19〉日本書紀は「朝貢」に関して矛盾を起こす隋皇帝の国書をなぜ載せたのか．

　以下，これらの問題点を考える．

■1 「朝貢」の矛盾に関する研究者の見解

この点に関して，増村宏氏は［増村①］,「倭国の遣使を明らかに『朝貢』と認定している国書を，書紀の記述のうちに収録しているのは何故であろうか」,「(『朝貢』について）抹殺して載せないことも自由に出来たはずである」と指摘される．
　増村氏の疑問に対して直接的に答えた論文は見当たらないのだが，この点に関連して，榎本淳一氏［榎本②］は「(日本書紀が引用する隋皇帝国書は）全面的な改変が行われたとは思われない」とされ，その証拠として「倭国が隋へ『朝貢』したとする隋側の表記など，倭国（日本国）にとって都合の悪い情報がそのまま記されており……」と指摘され，国書の「朝貢」の表記を日本書紀の裴世清"朝貢"儀式を肯定する根拠の1つとされる．さらに，石井正敏氏も［石井］,「偽造・改竄するような意図があれば，そもそも『朝貢』と明記された国書を掲載するはずはない．このことは逆に『日本書紀』の記述に信頼性を与えるもの」と指摘される．

2 日本書紀が隋皇帝国書を載せた目的：裴世清"朝貢"儀式の信憑性の強化

　「朝貢」の矛盾について考える際に，まず日本書紀が隋皇帝国書を載せた目的は，造作した裴世清"朝貢"儀式（隋皇帝国書提出儀式）の信憑性を高めることである点を確認しておく必要がある．

　倭国伝は「倭王」多利思比孤が隋皇帝へ朝貢してきたと明記している．しかし，8世紀の日本書紀の歴史観では,「倭王」は推古天皇であり,「倭王」が隋皇帝へ朝貢することは許容できない．そこで，日本書紀は，逆に隋皇帝が推古天皇に朝貢使裴世清を派遣してきたかのような裴世清"朝貢"儀式を造作し,「倭王」の隋皇帝への朝貢を否定した（この点はすでに述べた）．

　造作する際，日本書紀の編著者は手元にある隋皇帝国書を利用して，隋皇帝国書の提出儀式とした方が単なる朝貢儀式よりも説得力があると判断したと考えられる．その結果，麗々しい隋皇帝国書提出儀式，実は朝貢してきた裴世清があたかも"中華の皇帝"に謁見しているかのような裴世清"朝貢"儀式が造作されたと考えられる．

　しかし，この儀式はあくまで日本書紀による造作であって事実ではなかった．そのため儀式の信憑性を高める必要があった．裴世清"朝貢"儀式はあくまで隋皇帝国書の提出儀式として造作されたのであるから，儀式の信憑性を高めるためには，単に国書を提出した儀式だけではなく，国書の内容を提示する必要があった．それも全文がいい．その結果，国書の全文がそのまま（「王」→「皇」という改竄もあるが）載せられたと考えられる．

以上のように，日本書紀が隋皇帝国書の全文を掲載した目的は，造作した隋皇帝国書提出儀式，実は造作した裴世清"朝貢"儀式の信憑性を高めることである．

3 なぜ日本書紀は引用した隋皇帝国書から「朝貢」を削除しなかったのか

では，日本書紀は，造作した隋皇帝国書提出儀式で隋皇帝の朝貢を強調する一方で，自らの主張と矛盾し，消そうと思えば消せる国書の「朝貢」の部分をなぜあえて削除せずそのまま載せたのだろうか．以下の諸点が指摘される．

第1点は，隋皇帝国書の信憑性を高めることである．

日本書紀はあくまで隋皇帝国書提出儀式として，裴世清"朝貢"儀式を書いているのであるから，造作した儀式の信憑性を確保するためには，引用する隋皇帝国書が疑われてはいけなかった．そのため国書の全文を載せ，大和政権にとって都合の悪い「朝貢」もあえて載せたと考えられる．

大和政権にとって具合の悪い「朝貢」をそのまま残した場合，確かに「朝貢」の矛盾が生じるのだが，逆に，そのことによって，隋皇帝国書の信憑性が高まり，造作した裴世清"朝貢"儀式全体の信憑性を高める効果もまた大きいことは明らかである．石井正敏氏が指摘されるように［石井］，「偽造・改竄するような意図があれば，そもそも『朝貢』と明記された国書を掲載するはずはない．このことは逆に『日本書紀』の記述に信頼性を与えるもの」，「（「朝貢してきた」と書かれているにもかかわらず）全文が掲載されており，敢えて隠そうとするような意図は見えない」ことなどから，「『日本書紀』における裴世清朝見儀式（隋皇帝国書提出儀式）の根本については史実を反映していると考えて良い」となって，「朝貢」を削除せずに残すことによる隋皇帝国書，そして，日本書紀が造作した裴世清"朝貢"儀式の信憑性を高める効果は小さくはないのである．

第2点は，倭王が隋皇帝へ朝貢したという隋皇帝国書の記述をよりはっきりと否定できることである．

国書では隋皇帝は中華思想を説き，皇帝が天下の統治・支配者であって，蛮夷の王は中華皇帝に朝貢するものであり，（日本書紀に基づけば）推古天皇が小野妹子という朝貢使を派遣してきたことを褒め喜んでいる．これに対して，日本書紀は裴世清を推古天皇への朝貢使であるかのように描くことによって，倭王が隋皇帝へ朝貢したという隋皇帝国書の指摘を全面的に否定し，逆に隋皇帝こそが朝貢使を派遣してきたと上位の立場を明示している．

隋皇帝が推古天皇へ朝貢してきたという裴世清の"朝貢"儀式の中に，正反対の

隋皇帝への「朝貢」を明記する隋皇帝国書を載せることによって，"倭国伝は，推古天皇が隋皇帝へ朝貢してきたと主張しているが，それは間違いで，逆に隋皇帝が推古天皇へ朝貢してきたのが事実だ"と，よりはっきりと明瞭に示すことができるのである．この点は日本書紀が重視した点ではないだろうか．

第3に，倭国伝の「朝貢」の記述は消せないことである．

倭国伝は，「その王多利思比孤，使を遣わして朝貢す」と明記している．日本書紀から見ると「倭王」は大和政権の君主であって，「倭王」多利思比孤は大和政権の君主，すなわち推古天皇でなければならないのである．倭国伝がすでに「倭王」，すなわち，推古天皇が「朝貢す」と明記しており，この点について日本書紀はどうにもできないのである．従って，隋皇帝国書の「朝貢を脩む」を削除してもあまり意味はない．

第4に，日本書紀の編著者は「朝貢」の矛盾を必ずしも重大な問題点とは思っていなかったのではないかという点である．遣隋使の後も，日本書紀が完成された8世紀前半までに，大和政権は何度も遣唐使を派遣している．それらの遣隋使・遣唐使で，大和政権の君主が隋や唐の皇帝への臣従の立場を明示したことはない．また隋や唐から使者が来たのは第二次遣隋使と第一次遣唐使のときだけである．日本書紀による限り，その場合も大和政権は隋や唐に臣従はしていない．にもかかわらず，中華王朝は，遣隋使・遣唐使を「朝貢してきた」，「臣従してきた」と認識する．大和政権は単に中国の先進文化の導入のために，友好・交流の使者を送っただけで，朝貢したとも臣従したとも言ってはいない．にもかかわらず，隋・唐王朝は朝貢してきた，臣従してきたと勝手に認識するのである．隋が中華思想に基づきそう受け取っているだけである．このことは，たくさんの遣隋使・遣唐使を通じて日本国内では広く認識されていたであろう．従って，引用した隋皇帝国書の中で，推古天皇が朝貢してきたと書いていても，隋皇帝が中華思想によって勝手にそう受け取っているだけで，事実ではないとして，日本書紀の編著者は「朝貢」の矛盾を重要問題と考えなかったのではなかろうか．

以上のように，隋皇帝国書の「倭王の朝貢」を載せることは，確かに「朝貢」に関して矛盾を生じさせるのだが，その一方で，プラスの点もある．日本書紀の編著者は隋皇帝国書の「朝貢」を削除することのプラスとマイナスの両面含め，総合的に判断したのではないだろうか．その結果，日本書紀の編著者は，全体として載せることによるプラスの方が大きいと判断したのではないだろうか．

私見では，第1点の造作した隋皇帝国書提出儀式の信憑性を高めること，およ

び，第2点の倭王が朝貢してきたという隋皇帝国書を載せることによって，それは間違いで，逆に隋皇帝が推古天皇へ朝貢してきたことをより明瞭に提示できることが重視された結果，隋皇帝国書の「朝貢」をあえて削除せずそのまま載せたのではないかと考える．

　以上の議論に基づけば，問題点18と19は以下のように理解できる．

　〈問題点18〉日本書紀は，隋皇帝国書提出儀式をあたかも隋皇帝が推古天皇へ朝貢してきた裴世清"朝貢"儀式であるかのように書き，その中で推古天皇が朝貢してきたという隋皇帝の国書を載せるという自己矛盾を起こしている．「朝貢」に関するこの矛盾をどう理解するか．

　〈問題点19〉日本書紀は「朝貢」に関して矛盾を起こす隋皇帝の国書をなぜ載せたのか．

　➡隋皇帝国書の全文を載せた目的は，造作した裴世清"朝貢"儀式の信憑性を高めることである．そのためには儀式の中核をなす隋皇帝国書が信用されなければならない．日本書紀の都合の良いように改竄された国書よりも，本物をそのまま掲載する方がはるかに説得力があることは明らかだ．そのため，国書の改竄はどうしても許容できない「王」を「皇」に改竄するだけにとどめた．

　国書の中の「朝貢」部分は，そのままにした場合の国書の信憑性向上によるプラス面と，「朝貢の矛盾」のマイナス面を考慮して，全体としてプラスが大きいと判断し，あえて「朝貢」を削除しなかったと理解される．裴世清"朝貢"儀式の造作の信憑性向上に加えて，倭王が隋皇帝へ朝貢したという隋皇帝国書の主張をより明確に否定できる点が重視されたと考えられる．

4 隋皇帝国書が提示する「多利思比孤＝推古天皇」の証拠

　裴世清"朝貢"儀式と隋皇帝国書に関連して，指摘しておく必要があるのは，隋皇帝国書に関する日本書紀の対応は，意図的であるかどうかは別としても，「多利思比孤＝推古天皇」の証拠を提示することになっている点である（*1）．日本書紀が多利思比孤宛の国書を推古天皇宛の国書であると主張することによって提示した「多利思比孤＝推古天皇」の"証拠"は以下の3点である．

　① 日本書紀は，多利思比孤宛の隋皇帝国書をあたかも推古天皇宛であるかのように造作し，裴世清が推古天皇に対して読み上げたと書いた．このことは日本書紀が「多利思比孤＝推古天皇」と主張したことを意味し，「多利思比孤＝推古天皇」であることの証拠を提示したことになる．

②日本書紀は造作した裴世清"朝貢"儀式の中で，国書は推古天皇宛であるかのように造作した．そのために，日本書紀は国書が推古天皇宛であることを示す必要があった．それが，「唐国，妹子臣を号けて蘇因高と云ふ」である．多利思比孤の遣隋使蘇因高が推古天皇の遣隋使小野妹子であることは，即，「多利思比孤＝推古天皇」の証拠になるのである．

③隋皇帝国書を日本書紀の編著者（大和政権）が持っていること．日本書紀はこの点については一言も触れないが，多利思比孤宛の隋皇帝国書が倭国伝では一言も触れられず，日本書紀だけに引用されていることは，大和政権・日本書紀の編著者が多利思比孤宛の隋皇帝国書を持っていることを意味する．このことは，「多利思比孤＝推古天皇」を示唆しているのである．

*1 日本書紀の真意はあくまで「『倭王』は推古天皇である」という主張ではないだろうか．日本書紀は「倭王」多利思比孤の存在そのものを認めず，必ずしも「多利思比孤＝推古天皇」と主張しているわけではないように見える．しかし，倭国伝が「倭王」を「多利思比孤」としているために，自動的に「多利思比孤＝推古天皇」であることの証拠となるのである．

5 「朝貢の矛盾」に関する要約・結論

以上の検討の結果，「朝貢の矛盾」に関する要約・結論は以下のようになる．

(a) 日本書紀が隋皇帝の国書を載せた目的は，日本書紀が造作した裴世清"朝貢"儀式（隋皇帝国書提出儀式）の信憑性を高めることである．

(b) 隋皇帝国書の「朝貢」部分が削除されずにそのまま日本書紀に掲載されたのは，造作した裴世清"朝貢"儀式の信憑性を高めることと，倭王が隋皇帝へ朝貢したという倭国伝の記述をより明瞭に否定できることが重視されたためと考えられる．

(c) 隋皇帝国書を通じて日本書紀が示唆した「多利思比孤＝推古天皇」の根拠は以下の3点である．

① 多利思比孤宛の隋皇帝国書を裴世清が推古天皇に提出したこと．
② 多利思比孤の使者蘇因高は推古天皇の使者小野妹子である．
③ 隋皇帝国書を大和政権が持っていること．

以上の隋皇帝国書に関する結論に基づけば，隋皇帝国書はあくまで多利思比孤の「日出ずる処」国書への返書であり，図1（第1章）に示した倭国伝と日本書紀の主要な記述の概略図において，本来は倭国伝の点線で示した位置に置くのが妥当である．

多利思比孤の遣隋使蘇因高は小野妹子か

1. 蘇因高（ソインコウ）と小野妹子（オノイモコ）は字も音も一致しない
2. 倭国伝が書く蘇因高は日本書紀が書く小野妹子ではない
3. 国書という公文書で隋での号を書くだろうか
4. 日本書紀には蘇因高＝小野妹子と造作する動機がある
5. 結論：蘇因高は小野妹子ではない

日本書紀は第二次遣隋使小野妹子が帰国した推古16年（608年）4月，
「小野臣妹子，大唐より至る．唐国，妹子臣を号けて蘇因高と曰ふ」，
つまり小野妹子が隋で蘇因高と呼ばれたと書く．隋皇帝国書が書く多利思比孤の遣隋使は蘇因高であるから，もしも「小野妹子＝蘇因高」であれば，自動的に，多利思比孤宛の隋皇帝国書は推古天皇宛になり，同時に「多利思比孤＝推古天皇」であることにもなる．このように「小野妹子＝蘇因高」かどうかは，隋皇帝国書の宛先だけでなく，「多利思比孤＝推古天皇」かどうかという観点からも重要な点である．

蘇因高が小野妹子であるという日本書紀の記述に関して，研究者が疑問を呈しているのは見かけない．むしろ，「唐国では小野妹子を号して『蘇因高』といったという事実」[増村①]のように，日本書紀が書く蘇因高＝小野妹子を当然の事実と受け止めておられる．それは，おそらく「多利思比孤＝推古天皇」という前提があるからであろう．しかし，必ずしも「多利思比孤＝推古天皇」とは言えない．そのことは，すでに指摘したように，第一次遣隋使の記述が示している．すなわち，

〈問題点20〉多利思比孤が派遣した遣隋使蘇因高は推古天皇が派遣した小野妹子か．
という問題点がある．以下，この問題点について考える．

私見では，以下の諸理由により，倭王多利思比孤が派遣した遣隋使蘇因高は，推古天皇が派遣した小野妹子ではないと考える．

1 蘇因高（ソインコウ）と小野妹子（オノイモコ）は字も音も一致しない

第1の理由は，「蘇因高」と「小野妹子」は字も音も一致しないことである（＊1）．日本書紀は蘇因高は小野妹子の中国での号であるというが，「小野妹子（オノイモコ）」が，隋ではなぜ「蘇因高（ソインコウ）」と呼ばれるのかという疑問がある．中

国人が日本の固有名詞を表すとき，字そのものか，日本語の音に対してそれに相当する漢字を割り当てるか，あるいは両方である．「蘇因高」と「小野妹子」の字がまったく一致しないことは明白だから，音が一致するかどうかが問題となる．

日本の地名の音については，すでに述べたように（第1章，表2），事例は多いとは言えないが，隋書倭国伝はきわめて正確に日本の固有名詞の音を反映している，という特徴がある．このはっきりした特徴をもとに，「小野妹子」の場合を考える．

第1に，「音」が一致しているかどうかが問題である．

「小野妹子」は日本語では「オノイモコ」である．「蘇因高」の場合，「蘇」は「ソ」，「因」は「イン」，「高」は「コウ」という読みしかない［新漢語林］．従って蘇因高は「ソインコウ」，一音一字ならば「ソイコ」である．しかし，「オノ」と「ソ（蘇）」はまったく一致しない．倭国伝の中でも「蘇」は「阿蘇」の「ソ」として使われており，「蘇因高」の「蘇」も「ソ」という発音を表していると判断すべきである．すなわち，「蘇因高」の「蘇」はあくまで「ソ」であって，「オ」や「オノ」ではない．この点に疑問の余地はない．

次に「イモコ」は「インコウ」と合致するだろうか．「イ」は「イン」ではないし，「モ」にあたる字はなく，「コ」も「コウ」とはかなり音感が異なる．「イモコ」と「インコウ」の音の一致はかなりふじゅうぶんであろう．あるいは，「因高」を一音一字で「イコ」とした場合，「モ」が欠け，「イモコ」と「イコ」の音もやはり一致するとは言えない．一言で言えば，「モ」にあたる語がない．

あるいは，「竹斯（チクシ）」の「竹（チク）」のように2字を兼ねている場合もある．しかし，その場合，蘇因高では「蘇（ソ）」が「オノ」，「因（イン）」が「イモ」，「高（コウ）」が「コ」にあたることになり，音が一致しているとは言えない．特に，「蘇（ソ）」が「オノ」というのはおかしいだろう．

要するに，「小野妹子」と「蘇因高」の音，「オノイモコ」と「ソインコウ」（あるいは「ソイコ」）は一致しているとはとうてい言えないのである．「阿蘇」や「対馬」などの音の一致の正確さに比べると，雲泥の差と言うべきであろう．

第2に，倭国伝が日本語の音に用いている漢字である．

倭国伝が書く日本の固有名詞に限っても，「イ」という音は「一」（「壱岐」），「コ」は「孤」（「多利思比孤」）という漢字をあてている．さらに裴世清たちは吉士雄成（キシオナリ）の「オ」に「乎」（「乎那利」）をあてている．

これを「オノイモコ」に当てはめれば，「乎□一□孤」となるはずである．しかし，現実には「乎」も，「一」も，「孤」も使われず，まったく異なる「蘇因高」である．

［第4章］日本書紀が提起する遣隋使の諸問題　　229

特に「オ」を「乎」でなく「蘇」とする点はおかしいだろう．また，「コ」を「弧」でなく「高（コウ）」で表す点も問題で，日本語の語感の「イモコ」と「イモコウ」はだいぶん違う（『多利思比孤』は「タリシヒコ」であって，「タリシヒコウ」ではない）．

また，第3に，裴世清である．裴世清は日本に着くまでの数カ月間，小野妹子と同道してやってきた．その間，何度も小野妹子とはあれこれと話し合ったはずである．それなのに，「オノイモコ」とはかなり異なっている隋での「号」（ソインコウ）を訂正もせずに，そのままにすることがあり得るだろうか．

以上の諸点から，「ソインコウ（蘇因高）」は「オノイモコ（小野妹子）」ではない可能性が高いと結論される．倭国伝が書く日本の地名の音の正確さを考慮すれば当然の結論であろう．

私見では以上のように考えるが，吉村武彦氏は［吉村①］，「蘇因高＝小野妹子」であるとして，「小野の小（しょう）字の音から蘇の姓が，妹子（いもこ）から因高（いんこう）の名が採用された」と指摘される．書紀註が「蘇因高．『小（野）妹子』の音写に基づく」と書いているのも吉村氏の見解と同じであろう．

しかし，吉村氏の見解には以下の点から賛成しがたい．

① 「小野妹子」の姓は音読みで，名前は訓読みという「ショウヤイモコ」というのはいかがなものか（妹の音は「マイ」，子は「シ」あるいは「ス」である）．そもそも中国へ行った妹子は自分の名前を「ショウヤイモコ」と，音訓ごちゃ混ぜで自称したのだろうか．あり得ないことではないだろうか．

② 「小野の小（ショウ）字の音から蘇」になったというが，ならば「小因高」でいいはずである．「小」は中国人にも問題なく「ショウ」と読めるはずである．それなのに「小（ショウ）」をなぜ音も字も異なる「蘇（ソ）」にわざわざに置き換えるのだろうか．倭国伝が「アソ」を正確に「阿蘇」と明記していることは無視できない．「蘇因高」の「蘇」は，中国人にとっても，はっきりと「ソ」であって，「ショウ」ではない．

③ 吉士雄成の「雄成」が「乎那利（ヲナリ）」と呼ばれた点を考慮すれば「小野（オノ）」の「オ」は「蘇」ではなく「乎」となるのではないだろうか．

④ 「妹子（いもこ）」という音から「因高（いんこう）」になったという氏の見解も説得力があるとは言えない．「イモ」と「イン」はかなり異なる．また，「コ」と「コウ」も音感がかなり異なる．「高」ではなく「孤」とすべきであろう．

以上のように，「蘇因高」が「小野妹子」の音に基づくという吉村氏の見解は説得力に欠ける．また，宮田俊彦氏は［宮田③］，「小野妹子をサヌイモコと訓みかへるな

ら，サヌイモコと妹子自身で云ふのを聞いた隋人が之を蘇因高と假借したと無理なく考へられる」と指摘されるが，どういうことか分からない．

以上を要約すると，倭国伝の蘇因高は小野妹子ではないと考える第1の理由は，「蘇因高（ソインコウ）」と「小野妹子（オノイモコ）」は字も音も一致しないことである．

*1 小野妹子の呼び方は「オノイモコ」か「オノノイモコ」かという問題がある．しかし，以下の議論にはほぼ影響しないので，「オノイモコ」として検討する．

2 倭国伝が書く蘇因高は日本書紀が書く小野妹子ではない

第2の理由は倭国伝が書く蘇因高は日本書紀が書く小野妹子ではないことである（この点は隋皇帝国書の項で指摘した点と重なるが，蘇因高＝小野妹子なのかという問題でも重要な点である）．

もしも日本書紀が書くように「蘇因高＝小野妹子」であれば，倭国伝が書く蘇因高と日本書紀が書く小野妹子は一致しなければならない．しかし，以下の点で矛盾がある．

第1に「日出ずる処」国書に関する不整合である．倭国伝によれば，多利思比孤の遣隋使である蘇因高が多利思比孤の「日出ずる処」国書を提出したことに疑問の余地はない．しかし，日本書紀には小野妹子に国書を持たせたことは書かれていないし，小野妹子が国書を提出したことも書かれていない．そもそも「日出ずる処」国書は日本書紀には載っていない．要するに，日本書紀には小野妹子が「日出ずる処」国書を提出したことを示す点は何もないのである．このことは蘇因高が小野妹子ではないことを強く示唆している．

第2に，隋皇帝国書が書く「蘇因高等，至りて懐を具にす」である．

隋皇帝国書は「使人長吏大礼蘇因高等，至りて懐を具にす」と明記している．もしも蘇因高＝小野妹子であれば，以下のような矛盾が生じる．

隋皇帝国書が「至りて懐を具にす（やって来て，倭王の考えを詳しく伝えた）」という倭王の「懐（おもい）」は，倭国伝が書く「多利思比孤，使いを遣わして朝貢す．使者曰く『聞く，海西の菩薩天子，重ねて仏法を興すと，故に遣わして朝拝せしめ，兼ねて沙門数十人，来って仏法を学ぶ』と」という多利思比孤の「懐（おもい）」であることは疑いないであろう．多利思比孤は第一次遣隋使で「海西の菩薩天子，重ねて仏法を興すと」聞いたのである．それ故，第二次遣隋使として蘇因高を遣わして菩薩天子を「朝拝せしめ」，「沙門数十人」を送り，「仏法を学」ばせたのである．隋皇帝国書の「至りて懐（おもい）を具にす」は第一次遣隋使を反映したものであり〔河

[第4章] 日本書紀が提起する遣隋使の諸問題　231

内①]，倭国伝の記述ときわめてよく一致しており，矛盾はない．

　一方，もしも蘇因高が推古天皇の遣隋使小野妹子であるとすれば，小野妹子が隋に「至りて」，推古天皇の「懐（おもい）を具にした（推古天皇の思いを詳しく伝えた）」ことになる．しかし，推古天皇はどうやって「菩薩天子」などを知ったのだろうか．日本書紀には第一次遣隋使派遣は一言も書かれていないのである．さらにまた，推古天皇が小野妹子を派遣した「懐（おもい）」も，日本書紀には一言も書かれていない．要するに，国書の「至りて懐（おもい）を具にす」は日本書紀の記述とはまったく整合していないのである．

　第3に，はっきりした具体的な矛盾が留学生派遣である．倭国伝は蘇因高の「沙門数十人，来って仏法を学ぶ」という発言を明記している．蘇因高が第二次遣隋使で留学生「沙門数十人」を連れていったことは明らかだ．もしも蘇因高が小野妹子ならば，小野妹子が「沙門数十人」を連れていったことになる．しかし，日本書紀には留学生はまったく書かれておらず，小野妹子は第二次遣隋使では留学生を連れてはいない．

　日本書紀の記述による限り，この留学生に関する矛盾は明らかである．そもそも607年の第二次遣隋使は日本書紀によれば大和政権の初めての遣隋使なのである．初めての遣隋使で，隋の了解も得ていないのに，数十人の留学生を連れていくことはできない（推古天皇が8人の留学生を派遣したのは第四次遣隋使）．このことは，蘇因高は小野妹子ではないことをはっきりと示している．

　要するに，蘇因高は，①「日出ずる処」国書を提出し，②多利思比孤の思いを隋皇帝に述べ，③留学生を連れていったのである．日本書紀が書く小野妹子は，①国書を提出した様子はなく，②推古天皇の思いを述べた様子はなく，③留学生を連れていっていないのである．従って，倭国伝と日本書紀によれば，蘇因高は小野妹子ではないのである．

　以上のように，倭国伝が書く蘇因高に関する記述（「日出ずる処」国書，「懐を具にす」，留学生派遣）は，日本書紀が書く小野妹子に関する記述とまったく一致していない．このことは蘇因高が小野妹子ではないこと（換言すれば「多利思比孤≠推古天皇」）を強く示唆している．

　なお，蘇因高も小野妹子も607年に派遣された遣隋使である点が一致しているが，それは第二次遣隋使が多利思比孤と推古天皇の共同派遣であるためであって，蘇因高＝小野妹子を意味するものではない（後述）．

3 国書という公文書で隋での号を書くだろうか

　第3の理由は，隋皇帝や推古天皇が相手に送る最高の公文書である正式な国書の中で，遣隋使の「名前」ではなく隋での「号」などを書くとは思えないという点である．

　隋皇帝が蛮夷の王に送る国書は外交上の最高の公文書である．その公文書で，相手の使者の正式の名前「小野妹子」をさておいて，隋での号「蘇因高」を書くことはきわめて考えにくい．従って，隋皇帝国書が書く「蘇因高」はあくまで多利思比孤が派遣した遣隋使の名前であって，日本書紀が書くような小野妹子の隋での「号」ではないとするのが正しいのではないだろうか．

　また，同じことは推古天皇の「東天皇」国書でも言える．日本書紀は「東天皇」国書の中に「大礼蘇因高・大礼乎那利等を遣わして往かしむ」と書く．その前に，「小野妹子臣を以ちて大使とし，吉士雄成を小使とし……」と書いているのであるから，国書では「小野妹子」の代わりに「蘇因高」，「吉士雄成」ではなく「乎那利」と書いたと読むことができる．

　しかし，日本書紀によれば，推古天皇は隋皇帝よりも上位の立場に立ち，皇帝の使者裴世清を朝貢してきた使者であるかのように扱ったのである．それなのに，正式の国書で，自分の使者の名前ではなく，「隋での号」を書いたとは思えない．そのように隋に対する卑屈な追従とも受け取られかねない対応は，「推古天皇上位」の隋皇帝国書提出儀式とは矛盾するものであろう．

　以上のように，国書では使者の正式の名前を書いたと理解することが妥当であり，隋皇帝国書が明記する蘇因高はあくまで多利思比孤の遣隋使の名前であって，小野妹子の隋での号ではないと考えられる．当然，蘇因高と小野妹子は別人である．

4 日本書紀には蘇因高＝小野妹子と造作する動機がある

　第4の理由は，日本書紀が蘇因高＝小野妹子と造作する理由・動機があることである．

　実際に日本書紀が隋皇帝国書の「倭王」を「倭皇」へと改竄したことは明らかであって，この点はほとんどの研究者の認めることである．従って，日本書紀が改竄する場合があることは事実であって，他の部分の改竄・造作もじゅうぶんあり得るのである．

　今の場合，日本書紀には蘇因高を小野妹子と偽る動機があることは指摘されるべきであろう．日本書紀は多利思比孤宛の国書をあたかも推古天皇宛であるかのよう

に造作・偽装した．日本書紀はこの造作を隠さなければならなかった．そのための造作の1つが「唐国，妹子臣を号けて蘇因高と曰ふ」ではなかろうか．蘇因高＝小野妹子であれば，多利思比孤宛の国書は自動的に推古天皇宛となるからである．

日本書紀は，隋皇帝国書とは直接的には関係ない他の部分で，さりげなく「唐国，妹子臣を号けて蘇因高と曰ふ」と書き，さらに，第四次遣隋使で小野妹子に持たせた国書（「東天皇」国書）で，「大礼蘇因高・大礼乎那利等を遣して往かしむ」と念を押したのではないだろうか．

要するに，日本書紀の「唐国，妹子臣を号けて蘇因高と曰ふ」や，「東天皇」国書の「大礼蘇因高」は，隋皇帝国書が推古天皇宛であることの証拠として，「小野妹子＝蘇因高」を印象づけるための日本書紀の造作ではないだろうか．蘇因高≠小野妹子（従って「多利思比孤≠推古天皇」）が事実であるからこそ，日本書紀は逆に蘇因高＝小野妹子を繰り返し主張し，多利思比孤宛の国書を推古天皇宛であることにしなければならなかったのではないだろうか．

5 結論：蘇因高は小野妹子ではない

「蘇因高」に関する以上の議論の要約・結論は以下のようになる．

(a) 隋皇帝国書が書く多利思比孤の遣隋使蘇因高は，推古天皇の遣隋使小野妹子ではない．その根拠は以下の4点である．
 ① 「蘇因高（ソインコウ）」と「小野妹子（オノイモコ）」は字も音も一致しない．
 ② 倭国伝が書く蘇因高に関する記述，「日出ずる処」国書，「懐を具にす」，留学生派遣は，日本書紀が書く小野妹子に関する記述とまったく一致しない．
 ③ 隋皇帝国書という外交文書で，隋皇帝が使者の名前ではなく，隋での「号」を書くとは思えない．
 ④ 日本書紀は蘇因高が小野妹子であると偽る動機がある．

(b) 結論
 ① 多利思比孤の遣隋使蘇因高は推古天皇の遣隋使小野妹子ではない（「多利思比孤≠推古天皇」）．
 ② 日本書紀は，多利思比孤の遣隋使蘇因高を推古天皇の遣隋使小野妹子であるかのように造作した．

以上の結論に基づけば，問題点20は以下のように理解される．

〈問題点20〉多利思比孤が派遣した遣隋使蘇因高は推古天皇が派遣した小野妹子か．
➡日本書紀は多利思比孤の遣隋使蘇因高は小野妹子であると主張するが，名前が

一致せず，倭国伝が書く蘇因高の事績が日本書紀の記述と一致しないなどの点から，蘇因高は小野妹子ではない．このことは同時に「多利思比孤≠推古天皇」であることを強く示唆している．

「日出ずる処」国書に酷似する「東天皇」国書

　　1 「東天皇」国書と「日出ずる処」国書の異様な酷似性
　　2 「日出ずる処」国書と「東天皇」国書の関係に関する研究者の見解
　　3 日本書紀の編著者が「日出ずる処」国書を書き換えたものが「東天皇」国書である
　　4 要約：「東天皇」国書は8世紀に日本書紀が造作した国書である

　儀式の後，2回の宴会でもてなされ，裴世清は推古16年（608年）9月に帰国する．帰国に際して，日本書紀は小野妹子を大使，吉士雄成を小使として裴世清を隋へ送ったと書く．これが第四次遣隋使である（第三次遣隋使は隋書煬帝紀に記されている608年3月19日の遣隋使）．

1 「東天皇」国書と「日出ずる処」国書の異様な酷似性
　日本書紀は，裴世清を送る第四次遣隋使に，推古天皇が隋皇帝宛の国書を託したと書く．その国書が日本書紀に以下のように引用されている．
　「東天皇，敬みて（つつしみて）西皇帝に白す（もおす）．使人鴻臚寺の掌客裴世清至りて，久しき憶（思い）方に（まさに）解けぬ．季秋薄冷なり．尊，何如に．想ふに清悆ならむ．此にも即ち常の如し．今し大礼蘇因高・大礼乎那利等を遣して往かしむ．謹みて白す．不具」．
　以下，これを「東天皇」国書と略記する．この「東天皇」国書の最重要部分は，冒頭の「東天皇，敬みて西皇帝に白す」である．ところが，この冒頭部分は，「日出ずる処」国書の「日出ずる処の天子，書を日没する処の天子に致す」という冒頭部分とよく似ている．両者を比較すると，表5に示すように，「東天皇」国書では，「日出ずる処」国書と同じ，あるいは類似した意味の別の文言に置き換えられているだけで，文章も内容も「日出ずる処」国書とほぼ同じであることが分かる．
　「日出る処」，「日没する処」が「東」，「西」という方向を表すことは，東野治之氏が明らかにしたことである［東野①］．「書を致す」も「敬して白す」も，蛮夷の王に

表5:「日出ずる処」国書と「東天皇国書」の冒頭文の比較

多利思比孤の「日出処」国書	日出ずる処	天子	日没する処	天子	書を致す
推古天皇の「東天皇」国書	東	天皇	西	皇帝	敬みて白す

よる中華皇帝への手紙の形式ではなく,基本的に対等の立場の手紙である.要するに,冒頭の文章は,両者,酷似していて,ほぼ同じ内容であり,文章構成も同じで,ほぼ同じ意味の別の文言で置き換えられているだけなのである.このように「東天皇」国書は「日出ずる処」国書に酷似している,という事実を確認できる.このことは「東天皇」国書が「日出ずる処」国書と深く関係していることをはっきりと示している.

もちろん,この点は今まで研究者によって指摘されてきたことである.例えば,高橋善太郎氏は[高橋①],「『東天皇』国書も内容的には結局『日出処天子』国書から一歩も出ていない」,「辞句こそ違え,内容は全く同じもの」と指摘されている.「日出ずる処」国書の中核をなす冒頭の一文と,「東天皇」国書の中核の文章が,文言が異なるだけで酷似している,というか,同じ内容であるのは,異様なことである.すなわち,

〈問題点21〉推古天皇が第四次遣隋使(608年9月)に授けた「東天皇」国書が「日出ずる処」国書の内容と酷似しているのはなぜか.

という問題点がある.

ところが,その「日出ずる処」国書は,倭国伝には明記されているのに,日本書紀には載っていないという奇妙な事実がある.多利思比孤の「日出ずる処」国書は日本書紀には載っていないという事実を問題点の形で書いたのが,すでに指摘した以下の問題点12である.

〈問題点12〉日本書紀が「日出ずる処」国書について一言も書かないのはなぜか.

また,「東天皇」国書については別の問題点もある.607年の第二次遣隋使で多利思比孤が「日出ずる処」国書を隋皇帝へ送り(倭国伝),翌年の推古16年(608年)9月の第四次遣隋使で推古天皇が実質的に同じ内容で,文言だけが異なる酷似した「東天皇」の国書をまた隋皇帝へ送ったことになる(日本書紀).従って,どうして文言を置き換えただけで実質的に同じ内容の国書が再び送られたのだろうかという疑問が生じる.すなわち,

〈問題点22〉「東天皇」国書は実際に隋皇帝に提出されたのか．

以下，これらの「東天皇」国書に関する問題点を考える．

2 「日出ずる処」国書と「東天皇」国書の関係に関する研究者の見解

まず，「日出ずる処」国書と「東天皇」国書が酷似しているという以下の問題点21について考える．

〈問題点21〉推古天皇が第四次遣隋使（608年9月）に授けた「東天皇」国書が「日出ずる処」国書の内容と酷似しているのはなぜか．

異様な酷似性は，「東天皇」国書が「日出ずる処」国書に深く関係していることを疑問の余地なく示しているが，では，両国書はどういう関係にあるのだろうか．この点に関しては，研究者のさまざまな見解があって，一致した見解とはなっていない．

西嶋定生氏は［西嶋④］，「（「日出ずる処」国書は）第二回隋使の大業三年のことであるが，『日本書紀』によれば隋使裴世清を送還して入隋した第三回隋使（608年9月の第四次遣隋使）のときとされ，その文辞も上掲の『隋書』倭国伝と相違して，『東天皇敬みて西皇帝に白す，云々』と記され……」と，「東天皇」国書は「日出ずる処」国書そのものであるかのように書く．しかし，あくまで「日出ずる処」国書と「東天皇」国書は別の国書である．

「日出ずる処」国書と「東天皇」国書の関係について，増村宏氏は［増村①］，研究者の見解は以下の3種類に分かれると指摘される．

① 「日出ずる処」国書と「東天皇」国書は別の独立した国書であるとする説［井上⑦など］

② 「東天皇」国書を正しいとし，「日出ずる処」国書はそれの変形とする説［宮田③］

③ 「東天皇」国書を「日出ずる処」国書に基づく造作とする説［岩井，高橋①］

(a) 「日出ずる処」国書と「東天皇」国書は独立した別の国書という見解

「東天皇」国書は「日出ずる処」国書の文言を入れ替えただけで実質的には同じ内容の国書である．一般的に言えば，「日出ずる処」国書を不快に思った煬帝に同じ趣旨の「東天皇」国書を再び提出することは煬帝を愚弄することであって，あり得ない．

しかし，堀敏一氏［堀①③］は，両国書は「はっきりと性格の違うもの」とされる．あるいは，あえて同じ趣旨を繰り返し主張したという榎本淳一氏［榎本②］の見解も

ある．従って，両方を認めるという見解を一概に退けることはできない．

(b) 「日出ずる処」国書は「東天皇」国書をもとに造作されたという見解

「東天皇」国書を正しいとし，「日出ずる処」国書を疑うという宮田俊彦氏の見解は［宮田③］，倭国伝が「日出ずる処」国書を造作するとはとうてい考えられず，成立しないと考える．氏の見解は，主に官位十二等に関する倭国伝の記述の誤解によるものであろう（別章で詳述）．

(c) 「東天皇」国書は「日出ずる処」国書をもとに造作されたという見解

私見では，この「東天皇」国書は「日出ずる処」国書に基づく造作とする説が正しいと考えるので，この説の研究者の見解を少し詳細に述べると以下のようになる．

増村宏氏が挙げられるこの説の研究者は，岩井大慧・高橋善太郎氏などである［岩井，高橋①］．増村氏は［増村①］，岩井大慧氏の見解を次のように引用される（＊1）．「(「日出ずる処」国書と「東天皇」国書の) 相距てること僅かに十四ヶ月である，などの理由から，書紀の編者が『第一次日出処国書を東天皇云々と書き換へたのではないだろうか』」，「僅か十四ヶ月の間に彼我の国主を"天子"と書していた思想が"皇帝"と"天皇"と明瞭に区別するように発展したとする無理も解けはしまいか」とし，聖徳太子の自主的外交が大化の改新や天智天皇の典礼の整備などを経て「書紀編纂に当って，両天子をそれぞれ天皇・皇帝とかき分けるに至ったとして説けないこともない」と指摘される．また，高橋善太郎氏は［高橋①］，「東天皇」国書は「内容的には結局『日出処天子』国書から一歩も出ていない」もので，「二つの国書は結局同一物で，即ち書紀の国書は隋書にある国書の書き換えられたものに過ぎない」，「恐らく書紀の編者が，隋書のシリキレトンボの国書（「日出ずる処」国書）を見てこれを改造し，それに国書によらなくても解る日隋国交のこと，即ち，隋使の来朝及び妹子等派遣の史実を巧に補って，終始を整えたものに過ぎないもの」，「別々の事件を記したものとは思われない」と指摘される．そして，倭国伝に煬帝が「蛮夷の書（「日出ずる処」国書のこと），無礼なる者あり，復た以て聞するなかれ」と書いてあるので，608年の遣隋使について「対等の国交でなかったのではないかとの疑問を起こさせる恐れがある．さればこれを心配した書記の編者は，かかる疑義をさしはさましめない方法として」608年の項に「対等の国書（「東天皇」国書）を置いたのではなかろうか」と指摘される．以上のように，「東天皇」国書は日本書紀の編著者が「日出ずる処」国書を書き換えたものという見解である．

＊1 増村氏が引用される岩井氏の文献を入手できない．

3 日本書紀の編著者が「日出ずる処」国書を書き換えたものが「東天皇」国書である

　私見では「東天皇」国書は,「日出ずる処」国書に基づき,日本書紀の編著者が8世紀に造作した(書き換えた)国書という岩井・高橋氏の見解〔岩井,高橋①〕が正しいと考える.そう考える根拠は以下の3点である.

(a)「東天皇」国書と「日出ずる処」国書が酷似していること

　「東天皇」国書は日本書紀が8世紀に造作した国書と考える第1点は,「東天皇」国書と「日出ずる処」国書が酷似していることである.「東天皇,敬みて西皇帝に白す」という「東天皇」国書の中核となるもっとも重要な1行は,「日出ずる処」国書の「日出ずる処の天子,日没する処の天子に書を致す」という文章と,文言が違うだけで内容も構成も同じである.

　これは異様なことであって,単に,「東天皇」国書が「内容的には結局『日出処天子』国書から一歩も出ていない」〔高橋①〕というだけではない.もしも独立した別の国書であれば,たとえ全体の実質的な内容が同じであっても,中核をなす文章がまったく同じ構成で,同じ意味の別の文言で置き換えられただけということはあり得ない.単に同じ意味の別の文言で置き換えられているだけの文章は,自ら,「東天皇」国書は「日出ずる処」国書を書き換えたものと言っているのと同じである.

　要するに,同じ意味の文言に置き換えただけで,中核となる文章そのものが一致しているという異様な事実は,「東天皇」国書が「日出ずる処」国書であるかのように書き換えられたものであることを強く示唆している.

(b)「東天皇」国書の内容が不自然

　第2点は,「東天皇」国書の内容の不自然さである.それは以下の諸点である.

　倭王と隋皇帝を「天子－天子」と対等に位置づけた「日出ずる処」国書への返書が隋皇帝国書であり,隋皇帝は「皇帝－倭王」と,倭王をはっきりと「臣下」と位置づけ,名分関係を明示したのである.「東天皇」国書は隋皇帝国書に対する返書である.「東天皇」国書は「天皇－皇帝」と隋に対する対等関係を再び主張し〔廣瀬〕,隋皇帝の「皇帝－倭王」という上下関係を全面的に否定した国書である.これでは隋皇帝の体面はまるつぶれであって,喧嘩を売っているのと同じである.「東天皇」国書は再び隋皇帝によって否定され〔廣瀬〕,隋との交流は始まってすぐに断絶となる危険性が高い.「久しき憶方に解けぬ(長年の思いがまさに解けました)」などというのんびりした場面ではない〔増村④〕.

　さらに,細かい不自然さを付け加えれば,肝腎の小野妹子・吉士雄成の派遣目的が書かれていない〔高橋①,増村④〕とか,隋皇帝国書のように,贈りもののことが

記されていない［増村④］などの，国書としての具体的内容にも問題がある．また，「尊，何如に（皇帝はお変わりありませんか），想ふに清悆ならむ（ご清祥のことと存じます），此にも常の如し（こちらも変わりはございません）」というのもおかしい．隋皇帝は国書で「稍に喧なり（ようやく暖かくなり），比常の如き也（私は変わりはない）」とすでに言っているのであるから，「尊，何如に．想ふに清悆ならむ」というのは珍問答であって，順序が逆である．（「尊，何如に．想清悆．此即如常」は「日出ずる処」国書の言葉ではないだろうか．「日出ずる処」国書が「恙なきや，云々」と書いていることと一致しているし，この点も，「日出ずる処」国書をもとに造作したのが「東天皇」国書であることを示唆している）．

以上のように，「東天皇」国書の内容は不自然であって，増村宏氏が指摘されるように［増村④］，「国書の内容から見て，東天皇国書そのものに疑問が残る」のである．

(c) 7世紀初めに「天皇」号はまだ使われていなかった

「東天皇」国書は日本書紀による造作であると考える第3点は，第四次遣隋使の608年の時点で大和政権の君主に「天皇」という称号はまだ使われておらず，「天皇」と明記する「東天皇」国書は8世紀に日本書紀が造作した国書と考えられることである．私見では，この点がもっとも重要である．

「東天皇」国書では，「東天皇，敬みて西皇帝に白す……」と，推古天皇は自らを「天皇」と称している．この国書のもっとも重要な点は「天皇」の称号である．しかし，7世紀初めの遣隋使の時点ですでに「天皇」という称号が使われていたのかが問題である．もしも使われていなければ，「東天皇」国書は推古天皇が送った国書ではないことになり，日本書紀の編著者が8世紀の史観に基づいて造作・捏造した国書ということになるのである．

いつから大和政権の君主に「天皇」という号・称号が使われるようになったのだろうか．古くは「大王」，「治天下大王」と呼ばれていた．そのことは江田船山古墳や稲荷山古墳出土の鉄剣銘などから裏付けられる．「大王」は「王と呼ばれる人のなかでとくに尊崇すべきもの」［関①］，「カバネの中の優越した地位」という位置づけであるのに対して，「天皇」という称号は「カバネ秩序から超越した絶対者」［西嶋④］を意味する称号である．

「天皇」という称号については非常にたくさんの見解が発表されているが，ここでは7世紀初めの推古天皇の天皇号に問題を絞って考える．

宮田俊彦氏は［宮田②］，推古16年（608年）の「東天皇」国書によって，天皇号が成立したと指摘される．また，最近，堀敏一氏など［堀①，大津，梅村］による遣隋使，特に「東天皇」国書などの対外的な関係の中から天皇号が生じたという見解が注目

されている［河内②］．確かに，「東天皇」国書では「天皇」という称号が明記されており，また，日本書紀は推古28年（620年）是歳条において「皇太子・島大臣，共に議して，天皇記と国記……を録す」と，ここでも「天皇」が明記されている．これらを考慮すれば，608年の時点ですでに「天皇」という称号が使われていた（あるいは使われ始めた）というのは根拠ある見解であろう（ただ，「東天皇」国書でも，「天皇記」でも，日本書紀の編著者が8世紀に「天皇」と書き換えた可能性を否定できない点が，見解の説得力を弱めている）．

しかし，推古朝においてすでに「天皇」号が成立していたのかという疑問がある．この点を指摘されたのが，渡辺茂・河内春人氏などである［渡辺，河内①］．渡辺茂氏は［渡辺］，「『天皇』という語は本来は天帝をさし……本質的には天帝の観念に結合された宗教的性質のもので，それに附随的な意味で君主の観念が伴っている」と，津田左右吉氏の見解［津田②］を引用され，これを推古朝の君主に当てはめた場合，「蘇我氏という強大な豪族をかかえてその統御に腐心していたこの時代に，果たしてこのような意味での君主権が確立されていたといい得るであろうか」，「君臣間の天覆地載（天地のように広大な恵み［新漢語林］）の秩序は，この時代にはまだ確立されて」いない，と指摘される．また，河内春人氏も［河内①］，「七世紀代の外交において倭国が『天皇』号を用いていたとするには疑問が残る」と指摘される．

私見では，国書などの外国との関係の中から天皇という称号が生まれたという見解には賛成できず，推古朝ではまだ天皇号は成立していないという渡辺氏などの見解が正しいと考える．その理由を以下に述べる．

推古朝における天皇号を考える際，特に重視されるべき点は背景であると思う．大和政権の君主が，たくさんの諸豪族の中で相対的に有力な「大王」から，諸豪族を圧倒する超越した「天皇」という絶対的な存在へと変化してきたという客観的な実態があってこそ，初めて，君主号もまた「大王」から「天皇」へと変化していくのではないだろうか［石母田］．対外的な関係の中から天皇号が生じたとしても，対外的関係はあくまで単なるきっかけであって，その背景に「大王」から「天皇」へと変化するだけの全体的な客観的状況の変化がなければならない．客観的状況の変化があって，初めて称号が変わるのであって，逆ではない．

しかし，推古朝，特に遣隋使派遣の時点において推古天皇が「大王」から超絶した「天皇」への変貌という客観的状況にあったのか，はっきり言ってきわめて疑わしい．

それは，大和政権の君主の権威が文字通り地に落ちた崇峻天皇暗殺（592年）から，

「東天皇」国書（608年）までの間に，大和政権の君主の権威・権力が急速に回復・上昇したことを示す点がないためである．

　崇峻5年（592年），崇峻天皇は大臣馬子に暗殺され，即日埋葬された．しかし，馬子の行為が批判されたことを日本書紀は一言も書かない．誰も大臣馬子の行為を批判できなかったのである．このことは，馬子の他を圧倒する絶大な専制的権力を示すと同時に，君主の権威が泥まみれになったことを意味する．「超絶した絶対者」どころか，大和政権の君主は「王」として存亡の危機にさらされたと言っても過言ではない［関①，黛①，坂本②］．推古天皇はそういう状況で即位した天皇であって，推古政権において圧倒的な専制的権力を握っていたのは大臣の馬子であった．これが推古朝の出発点であり，初期条件である．この点をあいまいさなくはっきりと確認する必要がある．

　「東天皇」国書は大和政権の君主の権威が泥まみれになった崇峻天皇暗殺から，わずか16年後である．泥にまみれた君主の権威が16年間で急速に回復し，推古天皇は「超越した絶対者」にまで変貌したのだろうか．そのことに特に関係するのは以下の3点であろう．

① 日本書紀は，推古元年（593年）4月に，聖徳太子に「録摂政らしめ（一切の政務を執らせて），万機を以ちて悉に（ことごとくに）委ぬ（国政をすべて委任された）」と書く．しかし，推古元年（593年）4月は崇峻天皇暗殺から半年もたっていないのである．大臣の馬子を差しおいて，聖徳太子に「録摂政らしめ（一切の政務を執らせて），万機を以ちて悉に（ことごとくに）委ぬ（国政をすべて委任された）」などあり得ないことである．この記述は，日本書紀の聖徳太子賛美の一環と見るべきであって，事実ではなく，信用することはできない．

② 日本書紀は推古11年（603年）12月，「始めて冠位を行ふ」と冠位十二階を制定したと書く．冠位制度は諸豪族を王の臣下と位置づけ，君主の権威・権力を高めるものである［黛②］．しかし，制定後の約20年間，冠位を授与されたのは3人だけで，大夫という有力諸臣には誰も冠位は授与されず，たくさんの臣連でも遣隋使の小野妹子だけである．冠位制度は大部分の諸臣に授与されてこそ意味があるのである．冠位十二階制定は制定直後から正常に機能せず，推古天皇の権威・権力の強化にほとんど寄与していないことは明らかである（そもそも大和政権には冠位制度はなかったと考えられる．これらの諸点は別章で詳述）．

③ 推古12年（604年）の十七条憲法について，「君は天なり，臣は地なり」（3条）

や，「国に二君非く（なく），民に両主無し」（12条）などを読むと，推古天皇の権威・権力が強くなったように読める．しかし，渡辺茂氏は〔渡辺〕，「君臣間の天覆地載の秩序は，この時代にはまだ確立されておらず，せいぜい君権確立への到達目標として掲げられたもの」と指摘される．その通りであって，「詔を承りては必ず謹め（詔を承ったなら，必ず謹んで従え）」，「君言ふときは臣承る」（3条）というのは当時，詔を軽んじて謹んで従わない風潮があったことを示しており，「群卿百寮，礼を以ちて本とせよ（群卿や百官は礼を総ての根本とせよ）」（4条）は，そう言い聞かせなければならないほどに，君主（推古天皇）の権威はないがしろにされていた現実を反映している．推古12年（604年）当時，もしも推古天皇が強い権威・権力をもって「超絶した絶対者」に近い存在になっていれば，こんなことを書かなければならない理由はない．十七条憲法が赤裸々に示す当時の実態は，推古天皇の権威が「大王」から「天帝」・「天皇」・「超越した絶対者」へと変貌しつつあるとはとても言えないような状態であったことを示している．

このように，馬子による崇峻天皇暗殺によって，地に落ちた王家の権威・権力が，「東天皇」国書が送られたと書く推古16年（608年）までの16年間に，急速に改善・強化され，「超越した絶対者」になっていったことを示す点は見当たらない．このことは大和政権の君主の称号が「大王」から「天皇」へと変化する背景が整っていないことを意味し，「東天皇」国書の「天皇」の称号はあり得ないことを意味する．

さらにもっと拡げて推古朝全体を見ても，君主としての推古天皇の権威・権力が強化され，「超越した絶対者」へと変貌したことを示す点はほぼない．推古朝末期（推古32年〔624年〕10月）の大臣馬子の葛城県要求に関する推古天皇自身の言葉，「大臣の言は……何の辞をか用いざらむ（大臣〔馬子〕の言うことは……どのような言葉も聞き入れてきた）」が，推古朝の実態であり，摂津国風土記が「土人云はく『時世の号名を知らず．ただ嶋の大臣の時と知れるのみ』といひけり（人々はこの時が「いつのご時世か分からない．ただ嶋の大臣〔蘇我馬子〕の時代と聞いているだけ）」〔植垣節也校註・訳「風土記」〕が，推古朝の実態ではないだろうか．推古朝末期でも，推古天皇が馬子や諸豪族を超越した絶対者になっていたことを示す点はないのである．

推古朝の後，皇極4年（645年）の乙巳の変で，中大兄皇子が蘇我氏を倒して実権を握り，大化の改新で，東国の国司を任命・派遣し（大化2年），「新たに百官を設け」（大化2年），冠位十三階（大化3年）・十九階（大化5年）を制定して，それまで冠位制度の枠外にいた大臣を臣下として，冠位を授与し，しかも第3冠位に位置づける

など，大和政権の君主の王権が確立していった．このような過程を経て，大和政権の君主は他の豪族たちを圧倒する「超越した絶対者」へと一歩一歩進んでいったのであって，大和政権の君主が「超越した絶対者」である「天皇」へと変貌していくのは，少なくとも乙巳の変・大化の改新以後である．推古朝で諸臣を超越した絶対的な存在である「天皇」へと変貌していたとはとうてい考えられない．

以上のように，推古16年（608年）の時点で大和政権の君主が「天皇」と称していたとは考えられない．それなのに，「東天皇」国書に「天皇」が明記されていることは，「東天皇」国書は推古天皇の国書ではなく，8世紀に日本書紀の編著者によって造作・捏造された国書であることを強く示唆している［渡辺，廣瀬］．隋皇帝国書提出儀式が日本書紀による造作・捏造の可能性が高いことを考えれば，「東天皇」国書の造作もじゅうぶんあり得ることであり，むしろ逆に，「東天皇」国書の「天皇」は，日本書紀による造作・捏造の証拠の1つであるとすら言えるのではないだろうか．

(d)「東天皇」国書は日本書紀の編著者が「日出ずる処」国書を書き換えたもの

長くなったが，以上を要約すれば以下のようになる．

私見では「東天皇」国書は，「日出ずる処」国書に基づき，日本書紀の編著者が8世紀に造作した国書であると考える．その根拠は以下の点である．

①「東天皇」国書と「日出ずる処」国書の主要な文章が酷似していること．

②「東天皇」国書の内容に不自然な点が多いこと．

③7世紀初め，大和政権の君主に「天皇」という称号が成立していたとは考えられないこと．

「東天皇」国書は，日本書紀の編著者が8世紀に造作した国書であり，「日出ずる処」国書を書き換えたものであるという以上の結果は，その根拠はともあれ，岩井大慧［岩井］・高橋善太郎氏の見解［高橋①］と一致し，また「東天皇」国書の「天皇」号は日本書紀によって造作されたという渡辺茂・廣瀬憲雄氏の見解［渡辺，廣瀬］と一致する．

この結果に基づくと，問題点21は以下のように理解される．

〈問題点21〉推古天皇が第四次遣隋使（608年9月）に授けた「東天皇」国書が「日出ずる処」国書の内容と酷似しているのはなぜか．

　➡ 8世紀に日本書紀の編著者が「日出ずる処」国書を書き換えて造作したのが「東天皇」国書である．その結果，「日出ずる処」国書と「東天皇」国書の主要部が酷似した文章となった．

これが直接的な回答である．しかし，これで「東天皇」国書と「日出ずる処」国

書の酷似性の問題が解決したとは言えない．なぜならば，「東天皇」国書を造作するなどというややこしいことをするまでもなく，「日出ずる処」国書をそのまま日本書紀に載せればいいからである．すなわち，以下の問題点が残る．

第1に，日本書紀の編著者はなぜ「日出ずる処」国書を書き換えなければならなかったのか．「日出ずる処」国書を「東天皇」国書へと造作した目的・理由は何か．そして，第2に，書き換えるとしても，なぜ核となる文章を同じ意味の別の文言で置き換えるだけという奇妙な造作をしたのか．

結局，問題点21は終わらず，以下のように形を変えて継続する．
〈問題点21'〉書き換えられた「東天皇」国書について以下の疑問がある．
 ① 日本書紀の編著者はなぜ「日出ずる処」国書を書き換えなければならなかったのか．「日出ずる処」国書を「東天皇」国書へと書き換えた目的・理由は何か．
 ② 書き換えるとしても，なぜ核となる文章を同じ意味の別の文言で置き換えるだけという奇妙な造作をしたのか．

4 要約：「東天皇」国書は8世紀に日本書紀が造作した国書である

以上の議論を要約すると以下のようになる．
(a) 第四次遣隋使の「東天皇」国書は第二次遣隋使の「日出ずる処」国書に酷似している．
(b) 「東天皇」国書と「日出ずる処」国書の関係についてはいろいろな研究者の見解がある．
(c) 私見では，「東天皇」国書は，日本書紀の編著者が8世紀に造作したものであり，「日出ずる処」国書を書き換えたものと考える．その根拠は以下の3点である．
 ① 「東天皇」国書の中核部分が「日出ずる処」国書に酷似していること．
 ② 「東天皇」国書の内容に不自然な点が多いこと．
 ③ 「東天皇」国書では推古天皇は「天皇」と自称しているが，推古16年（608年）の時点で，推古天皇は「天皇」というような超絶した存在ではなく，「天皇」の称号が使われていたとは考えられない．
(d) 「東天皇」国書は，8世紀に日本書紀の編著者が「日出ずる処」国書を書き換えて造作したものであるために，「日出ずる処」国書に酷似したものとなった（問題点21）．

(e) 以下の2点の新しい疑問が生じる（問題点21'）．
　①日本書紀の編著者はなぜ「日出ずる処」国書を書き換えなければならなかったのか．「日出ずる処」国書を「東天皇」国書へと書き換えた目的・理由は何か．
　②書き換えるとしても，なぜ核となる文章を同じ意味の別の文言で置き換えるだけという奇妙な造作をするのか．

日本書紀はなぜ「日出ずる処」国書を載せないのか

1 「日出ずる処」国書は隋に対して自主独立・対等の立場を明示した画期的な国書である
2 日本書紀はなぜ「日出ずる処」国書を載せないのか：研究者の見解
3 日本書紀が「日出ずる処」国書を載せないのは推古天皇の国書ではないからである
4 「東天皇」国書は，日本書紀が「日出ずる処」国書であるかのように偽装したもの
5 要約・結論：日本書紀が「日出ずる処」国書を載せない理由

「東天皇」国書に関する疑問，問題点21'．
　①日本書紀の編著者はなぜ「日出ずる処」国書を書き換えなければならなかったのか．「日出ずる処」国書を「東天皇」国書へと書き換えた目的・理由は何か．
　②書き換えるとしても，なぜ核となる文章を同じ意味の別の文言で置き換えるだけという奇妙な造作をしたのか．
について考える．これらの疑問は明らかに「日出ずる処」国書に関する，
〈問題点12〉日本書紀が「日出ずる処」国書について一言も書かないのはなぜか．
という問題点に直結している．そこでまずこの問題点12について考える．

1 「日出ずる処」国書は隋に対して自主独立・対等の立場を明示した画期的な国書である

　日本書紀はなぜ倭国伝に明記されている「日出ずる処」国書を載せないのだろうか．問題点12は「東天皇」国書だけでなく，日本書紀が書く「遣隋使」の記述全体に関わる基本的な問題点である．

その際，考慮すべき前提は，636年に完成された隋書倭国伝の記述が先で，720年に完成された日本書紀はそれを読んだ上で書かれているという点である．すなわち，日本書紀の編著者は倭国伝に「日出ずる処」国書が載せられていることをじゅうぶんに認識した上で，「日出ずる処」国書は無視して載せず，「東天皇」国書だけを載せたのである．どうしてそういう対応をしたのだろうか．

　大国隋に対して自主独立・対等の立場を主張した多利思比孤の「日出ずる処」国書は衝撃的な国書であって，それまでの卑弥呼や倭の五王の中華王朝への臣従・従属の関係をはっきりと否定し，大国隋に対して堂々と自主独立・対等の立場を明示した画期的な国書である．日本書紀の編著者も日本書紀に載せることに異議はないはずである．異議があるどころか，「日出ずる処」国書が示す隋皇帝に対する自主独立・対等の立場は，8世紀の大和政権の歴史観と一致するものであって，日本書紀から見ても，「日出ずる処」国書は輝かしい歴史的な国書である．また，日本書紀が造作した裴世清"朝貢"儀式（隋皇帝国書提出儀式）とも整合する．誇らしげに載せるのが当然であろう．

　しかし，「日出ずる処」国書は日本書紀には載せられていない．もしも隋書倭国伝がなければ，画期的で輝かしい「日出ずる処」国書そのものが存在しなかったことになるのである．日本書紀にはその代わりに奇妙に酷似した「東天皇」国書が載せられている．そこには重要な理由があるはずである．日本書紀が「日出ずる処」国書を載せないのはなぜか．これは「遣隋使」全体に関わる根本的な問題点である．

2 日本書紀はなぜ「日出ずる処」国書を載せないのか：研究者の見解

　日本書紀に「日出ずる処」国書が載せられていない点について，研究者の主な見解を述べると以下のようになる．

　高橋善太郎氏は［高橋①］，日本書紀は第一次遣隋使に「眼を塞いだ」のであるから（氏は第一次遣隋使は推古天皇派遣とされる），「(607年の第二次遣隋使の) 記事のみをそのまま採録することは憚られた」，「(第二次遣隋使に関しては) すでに書記によって対等の国交が証言されているから，国体観念の上からも必ずしも書記に対等の国書をのせることを必要としなかった」と指摘される．しかし，氏の指摘は画期的な「日出ずる処」国書をあえて載せないというほどの理由とは思えない．「日出ずる処」国書を載せた場合の影響の大きさを考慮すれば，載せることでより強く「自主独立」・「対等の国交」を主張する方が日本書紀の立場としてははるかに望ましいのではなかろうか．

研究者の有力な別の見解が井上光貞・堀敏一氏などの見解である［井上⑥，堀③］．井上光貞氏は［井上⑥］，「書紀が隋書を見ながらＡ（『日出処』国書）をかかげないのは，それが煬帝の怒りを買ったことを記したくなかったからである」と指摘され，堀敏一氏も［堀③］，「煬帝の不興を買った」，「失敗作であり」，「記録から削除してもおかしくなかった」と指摘される．しかし，日本書紀は隋皇帝の怒りを気にしているようなことは一言も書いていない．逆に，隋皇帝よりも上位に立ち，裴世清が推古天皇に対して朝貢してきたかのような裴世清"朝貢"儀式（隋皇帝国書提出儀式）を造作している．また，皇帝の「不悦」・「無礼」や裴世清の宣諭にもかかわらず，「東天皇」国書ではあくまで「天皇－皇帝」と再び対等の立場を主張しているのである．このように隋皇帝の不興に対応したものとは言えない．

　また，堀氏は［堀①］，「（「東天皇」国書によって）『日出ずる処』の国書は否定されたのであり，この推古朝の姿勢にしたがって，書紀にはこの国書が掲載されなかった」とも指摘される．氏が「日出ずる処」国書が否定されたという場合，「天子」の称号が否定されたということであろう．確かに「東天皇」国書では，「天子」は「天皇」に置き換えられている．

　しかし，「天子」を「天皇」に置き換えたことが「日出ずる処」国書の否定となるのだろうか．「天子」を「天皇」に置き換えても，自主独立・対等の立場は変わっていないのではないだろうか．「天皇」という称号は「皇帝」と同じで，ただ呼び方が違うだけなのである．この点は後述する．

　また，「天子」が撤回され「天皇」になったとすれば，倭国伝が一言も書いていないのはなぜだろうか．隋皇帝煬帝が，裴世清を派遣し多利思比孤を宣諭させたもっとも重要な目的は多利思比孤の「天子」の称号撤回である．もしも裴世清が多利思比孤を宣諭して，中華皇帝と同じ称号である「天子」を撤回させたとすれば，それは裴世清による宣諭の特筆すべき成果であろう．しかし，すでに述べたように（第3章），そのようなことは倭国伝には書かれていない．多利思比孤は「天子」の称号を撤回してはいないのである．

　一方，坂本太郎氏は［坂本①］，異なる観点から，以下のように指摘される．「（『日出ずる処』）国書の文の日本を日出処としたような書法は，書紀の編者がこれを知っていれば，当然記載すべき性格のものであることを思えば，推古紀の編者が『隋書』倭国伝を見なかったということについては，一点疑いを言える余地はない」と，「日出ずる処」国書が日本書紀に記載されていないのは，日本書紀の編著者が倭国伝を読んでいないためであると明快に主張される．そして「年代の点をはじめ，大筋に

おいてはほぼ『隋書』に符合する記事が書紀にあることは……信頼すべき史料が存在したことを一方に示す」として留学生記事と「東天皇」国書を挙げ、「遣隋使関係については日本の朝廷に記録がしっかりと残っていたに違いない」とされる。

しかし、氏の見解には賛成できない。

第1に推古紀の編者が倭国伝を読まなかったという点である。すでに述べたように、隋書の高祖の帝紀の記述が雄略紀に転用されていることから、日本書紀編纂に際して隋書が参照されたことは明らかである。氏は、雄略紀と推古紀の著者が異なるため、推古紀を書いた著者は倭国伝を読んでいないと主張されるが、それは無理な推定であろう。やはり、遣隋使を書いた日本書紀の編著者は倭国伝を読んだ上で、あえて、載せなかったと考えるべきであろう。

第2に、氏が遣隋使に関しては「信頼すべき史料が存在した」とされる点である。であれば、当然、「日出ずる処」国書も手元にあったはずである。「日出ずる処」国書は氏が指摘されるように「書法は、書紀の編者がこれを知っていれば、当然記載すべき性格のもの」である。従って、たとえ隋書を読んでいなかったとしても、大喜びで載せて当然で、載せないのはおかしいだろう。そもそも氏自身が「隋との国交は、これまでの倭の五王が南朝に対して行った屈辱外交を一擲し、自主対等の外交を進めた点で、外交史上新時代を開いた」と指摘される自主対等の外交の中核・象徴が「日出ずる処」国書なのである〔坂本②〕。日本書紀が「日出ずる処」国書を載せない理由はないはずである。坂本氏の見解は説得力に乏しいと言わざるを得ない。

以上のように、「日出ずる処」国書が日本書紀に掲載されていないことに対する研究者の見解はふじゅうぶんであって、説得力に欠けるように思われる。「日出ずる処」国書は「遣隋使」に限らず、それまでの中国とのあらゆる外交の歴史で、画期的な自主独立・対等の立場を明示した初めての国書なのである。それを日本書紀が載せない理由はない。しかも倭国伝がすでに冒頭部分を公表しているのである。日本書紀が遠慮する必要などはない。堂々と全文を載せるべきである。そうすれば明瞭に推古天皇の自主独立・対等の立場を明示できる。

3 日本書紀が「日出ずる処」国書を載せないのは推古天皇の国書ではないからである

日本書紀には「日出ずる処」国書は載っていない。なぜ日本書紀の編著者は倭国伝が明記する画期的な「日出ずる処」国書を日本書紀に載せなかったのだろうか。

研究者のいろいろな見解があるが，この点を「多利思比孤＝推古天皇」という観点から合理的に理解することは難しいと思う．しかし，もしも「多利思比孤≠推古天皇」であれば，無理なく容易に理解できる．日本書紀の編著者は「日出ずる処」国書を画期的な国書として日本書紀に載せたかった．しかし，それはできなかった．その理由は単純明快で，「多利思比孤≠推古天皇」であって，「日出ずる処」国書は推古天皇が送った国書ではなかったからではないだろうか．

　「日出ずる処」国書は，倭国伝が明記するように，倭王多利思比孤の国書である．もしも「多利思比孤＝推古天皇」が事実であれば，日本書紀は「日出ずる処」国書を載せただろう．第二次遣隋使派遣に際して推古天皇は小野妹子に輝かしい自主独立・対等の「日出ずる処」国書を持たせたと強調するだろう．大国隋に対して，「天子」を自称し，「天子－天子」と自主独立・対等の立場を堂々と明示した画期的な国書である．それはまさに日本書紀の立場と合致し，日本書紀が造作した裴世清"朝貢"儀式（隋皇帝国書提出儀式）ともよく整合する．

　そして国書の全文を引用しただろう．すでに倭国伝が「日出ずる処の天子，日没する処の天子……」と冒頭だけを引用している．であれば，日本書紀としては全文を載せるのが当然だろう．推古天皇の送った輝かしい国書として，日本書紀が全文を載せれば，隋皇帝国書の宛先が推古天皇であることもまた，あいまいさなく証明できる．妙な造作や偽装などはいっさい不要である．

　しかし，それはできなかった．なぜならば，「多利思比孤≠推古天皇」が事実であって，「日出ずる処」国書を送った倭王多利思比孤は推古天皇ではなかったからだ．そのことは遣隋使から1世紀を経た8世紀前半でもよく知られていたのではないだろうか．その結果，日本書紀は「日出ずる処」国書を推古天皇が送った国書と剽窃することはできなかったし，自尊心も許さなかったのだろう．結局，「日出ずる処」国書を推古天皇が送った国書として日本書紀に載せることはできなかった．以上のように考えれば，「日出ずる処」国書が日本書紀に掲載されていない理由が問題なく理解できる．

　要するに，「多利思比孤≠推古天皇」であるために，日本書紀は多利思比孤の「日出ずる処」国書を載せることができなかったのではないだろうか．換言すれば，日本書紀に画期的な「日出ずる処」国書が載っていないことは「多利思比孤≠推古天皇」であることの重要な証拠と言えるのではないだろうか．多くの研究者が日本書紀が「日出ずる処」国書を載せない説得力のある合理的な理由を示せないのは「多利思比孤＝推古天皇」という前提があるためではないだろうか．

以上の議論から，問題点 12 は以下のように理解される．

〈問題点 12〉日本書紀が「日出ずる処」国書について一言も書かないのはなぜか．
　➡ 多利思比孤の「日出ずる処」国書は 8 世紀の日本書紀の史観から見ても画期的な国書であった．しかし，「多利思比孤 ≠ 推古天皇」であって，推古天皇の国書ではなかったために，日本書紀は「日出ずる処」国書を日本書紀に載せることはできなかった．「日出ずる処」国書が日本書紀に載っていないことは「多利思比孤 ≠ 推古天皇」であることのもっとも分かりやすい証拠である．

4 「東天皇」国書は，日本書紀が「日出ずる処」国書であるかのように偽装したもの

以上の議論をもとに，以下の問題点 21' について考える．

〈問題点 21'〉書き換えられた「東天皇」国書について以下の疑問がある．
　　　　　① 日本書紀の編著者はなぜ「日出ずる処」国書を書き換えなければならなかったのか．「日出ずる処」国書を「東天皇」国書へと書き換えた目的・理由は何か．
　　　　　② 書き換えるとしても，なぜ核となる文章を同じ意味の別の文言で置き換えるだけという奇妙な造作をしたのか．

　日本書紀が「日出ずる処」国書を載せず，「日出ずる処」国書を書き換えた「東天皇」国書を載せている理由はどう理解されるだろうか．それは，日本書紀はやはり「日出ずる処」国書を無視できなかったからではないだろうか．

　「多利思比孤 ≠ 推古天皇」であるために，日本書紀は多利思比孤の「日出ずる処」国書を載せることはできなかったが，無視することもできなかった．なぜならば，大国隋に対して，堂々と自主独立・対等を主張した画期的な国書であり，倭国伝がすでに冒頭文を明記しており，8 世紀の大和政権でも有名であったからである．

　日本書紀の編著者は，「日出ずる処」国書を載せることはできないが，無視することもできないという状況に追い込まれた．そういう状況に直面して，日本書紀の編著者はどう対応しただろうか．内容は同じであるが個々の文言だけが異なる「東天皇」国書を造作し，推古天皇の国書として載せることによって，多利思比孤の「日出ずる処」国書は推古天皇の「東天皇」国書を倭国伝が書き換えたもの，と偽装しようとしたと推定される．このように考えれば，「東天皇」国書の文章が「日出ずる処」国書と酷似した文章であることが理解できるように思われる．

　日本書紀が偽装した目的は，倭国伝が載せる多利思比孤の「日出ずる処」国書は，実は推古天皇の「東天皇」国書であると主張することである．「東天皇」国書は「日

出ずる処」国書を単に書き換えた国書ではない．あたかも「日出ずる処」国書であるかのように偽装することが目的で造作された国書ではないだろうか．

そのことを示すのが，「東天皇」国書が「日出ずる処」国書に酷似していることである．「東天皇」国書を「日出ずる処」国書であるかのように偽装する場合，「東天皇」国書は「日出ずる処」国書と同じではいけないし，かといって，別の国書と受け取られてもいけない．"同じではないが同じ"でなければならないのである．その結果，核となる「日出ずる処の天子，書を日没する処の天子に致す」という文章は，構成も意味も同じだが，異なる文言で置き換えられ，「東天皇，敬みて西皇帝に白す」という酷似する文章になったと理解される．「東天皇」国書は，「日出ずる処」国書を単に"書き換えた"のではなく，倭国伝が「東天皇」国書を書き換えて「日出ずる処」国書として引用したと主張することが目的だった．そういう無理な目的であったために，文言だけを入れ替えた奇妙な文章となった．「東天皇」国書の核となる文章が「日出ずる処」国書の核となる文章の文言を入れ替えただけという異様な文章となったのは，このような強引な偽装の結果ではないだろうか．

以上は，あくまで「多利思比孤≠推古天皇」が事実であったから行われた偽装である．もしも「多利思比孤＝推古天皇」であれば，「日出ずる処」国書の全文をそのまま載せればいいのであって，「東天皇」国書による書き換え・偽装はいっさい不要である．しかし，「多利思比孤≠推古天皇」が事実であるために，日本書紀は「日出ずる処」国書を載せることができず，かといって，無視することもできず，「東天皇」国書を造作し，あたかも倭国伝が「日出ずる処」国書へと書き換えたかのような苦しい偽装をしなければならなかったのではないだろうか．その結果，「日出ずる処」国書に酷似した「東天皇」国書となったのではないだろうか．

以上のように，日本書紀があたかも「日出ずる処」国書であるかのように「東天皇」国書を造作・偽装した根源は「多利思比孤≠推古天皇」にある．奇妙に酷似する「東天皇」国書それ自体が「多利思比孤≠推古天皇」であることの証拠と言えるのである．

以上の理解・推定に基づけば，問題点 21' は以下のように理解できる．

① **日本書紀の編著者はなぜ「日出ずる処」国書を書き換えなければならなかったのか．「日出ずる処」国書を「東天皇」国書へと書き換えた目的・理由は何か．**
　➡「日出ずる処」国書は推古天皇の国書ではないために，日本書紀は推古天皇の国書として載せることはできなかった．しかし，有名で画期的な「日出ずる処」国書を無視することもできなかった．そこで「日出ずる処」国書と同じ内容であるが

文言の異なる「東天皇」国書を造作・捏造し，あたかも「東天皇」国書をもとに，倭国伝が「日出ずる処」国書を造作したかのように主張した．日本書紀が「日出ずる処」国書を「東天皇」国書へと書き換えた目的は，倭国伝が載せる「日出ずる処」国書はあくまで推古天皇の国書であると主張することである．

　②書き換えるとしても，なぜ核となる文章を同じ意味の別の文言で置き換えるだけという奇妙な造作をしたのか．

　➡「東天皇」国書は，「日出ずる処」国書であるかのように偽装することが目的である．従って，読む人が，"倭国伝が「東天皇」国書を書き換えたものが「日出ずる処」国書である"と受け取ることができなければならない．そのためには，「東天皇」国書は「日出ずる処」国書と"同じであるが同じではない"国書でなければならなかった．その結果，中核となる「日出ずる処の天子，書を日没する処の天子に致す」という文章は同じ意味の別の文言で置き換えただけという異様な文章となったと理解される．

　以上のように，「多利思比孤≠推古天皇」という立場に立てば，「日出ずる処」国書と「東天皇」国書に関する問題点21'は，日本書紀の編著者が8世紀に「日出ずる処」国書であるかのように偽装したものが「東天皇」国書である，として理解できる．

5 要約・結論：日本書紀が「日出ずる処」国書を載せない理由

以上の議論を要約すれば，以下のようになる．

(a) 日本書紀が「日出ずる処」国書を載せないのは，「多利思比孤≠推古天皇」であって，「日出ずる処」国書は推古天皇の国書ではなかったからである．

(b) 日本書紀が「日出ずる処」国書を「東天皇」国書へと書き換えた理由．

　①「日出ずる処」国書は画期的な国書であって，それを無視することはできなかった．

　② そのため，日本書紀は「東天皇」国書を造作し，あたかも「日出ずる処」国書であるかのように偽装した．

(c)「東天皇」国書が「日出ずる処」国書に酷似している理由．

　偽装する場合，「東天皇」国書は「日出ずる処」国書と"同じではないが同じ"でなければならない．「東天皇」国書が「日出ずる処」国書に奇妙に酷似しているのはこのような偽装の結果である．

実際には提出されなかった「東天皇」国書

1. 「東天皇」国書は隋皇帝へ提出されたという研究者の見解
2. 「東天皇」国書は隋皇帝へ提出されていない
3. 「天皇」ではなく「王」を自称した「推古天皇の書」
4. 要約：「東天皇」国書と「推古天皇の書」

「東天皇」国書が8世紀に日本書紀によって造作されたものであるという本拙論の結論に基づけば，当然，隋皇帝へ提出されることはなかった．しかし，かなりの研究者は「東天皇」国書は実際に提出されたと考えておられる．「東天皇」国書が実際に提出されたかどうかは，「東天皇」国書を日本書紀によって造作された国書と考えるかどうか，という問題でもある．そこで，以下の問題点22について考える．

〈問題点22〉「東天皇」国書は実際に隋皇帝に提出されたのか．

1 「東天皇」国書は隋皇帝へ提出されたという研究者の見解

諸研究者の主な見解を述べると以下のようになる．高橋善太郎氏は［高橋①］，「十五年に『日出処』国書を，十六年に『東天皇』国書を夫々隋朝に送ったものとは到底考えられない」と指摘されるが，宮田俊彦氏は［宮田②］，「（隋皇帝が）『日出処』，『東天皇』の国書を二回にわたって受け取ったのが事実」と指摘される．また井上光貞・堀敏一氏も「東天皇」国書は小野妹子が隋皇帝へ提出したと理解される［井上⑦，堀②③］．榎本淳一氏は［榎本②］，「『日出る処の天子』，そして『東の天皇』という国書を以て繰り返し対等外交を主張した」と指摘され，日本書紀の記述通り，「東天皇」国書は隋皇帝へ実際に提出されたものと理解される．このように，かなり多くの研究者が「東天皇」国書は隋皇帝へ実際に提出されたと理解されている．

2 「東天皇」国書は隋皇帝へ提出されていない

しかし，私見では，以下の3点から，日本書紀が載せる「東天皇」国書は隋皇帝へ提出されていないと考える．

第1点は，隋皇帝から見ると，「天皇」は蛮夷の王の称号として受け入れられないという点である．

もしも「東天皇」国書が実際に隋皇帝へ提出されたとすれば，隋皇帝が「東天皇」

国書をどのように受け取ったかが問題となる．「東天皇」国書と「日出ずる処」国書のもっとも重要な差は，倭王の称号が「天子」から「天皇」に替わった点である．確かに蛮夷の王の「天子」という刺激的な称号は「天皇」へと替わっている．

では「天皇」という称号は蛮夷の王の称号として隋皇帝が受け入れることができる称号なのだろうか．この点を詳細に検討されたのが栗原朋信氏である［栗原②］．氏によると，「天皇」という称号は，中国では日本よりもずっと古くから最高位の称号として存在していたことが分かる．そして実際に674年には唐皇帝高宗は「皇帝」という称号を「天皇」へと改めたこともあると指摘される．重要な点であるから，氏の見解を少し詳しく引用したい．

栗原氏は日本の天皇制について検討する中で，中国における「天皇」という称号については鄭玄説と王粛説があって，長い経過があると，以下のように指摘される．

- 「北極星を天の中心とみるか（鄭玄説）みないか（王粛説）という二つの考え方が後漢時代の末期（200年頃）から大きい流れになった」．
- 鄭玄は「周礼」の「昊天上帝を祀る」の「昊天上帝とは天皇大帝北極星」とし，「北極星『天皇大帝』を最高の天帝と認めた」．
- 「鄭玄によると『昊天上帝』は『皇帝』で『天皇大帝北極星耀魄宝』となり，『皇帝』と『天皇』は同一で，ただ呼び方がちがうのだという」．
- 一方，王粛は「『天』『帝』……『皇帝』，これはみな同一の天帝の異称で最高の天神であるが，それは無形である」，「『天皇大帝北極星耀魄宝』は，星の一つにすぎず『天』とは呼ばない」と主張した．
- 王粛は「『皇帝』を最上位とし，『天皇』を同格に扱わない」．
- 栗原氏は，以上のような鄭玄と王粛の説が中国の宋（5世紀前半）から隋・唐（9世紀）の間で「どのように扱われてきたか」を検討した結果，「斉（五世紀後半）から唐初（七世紀前半）まで，基本的には鄭玄の祭天儀礼観が各帝室の公認儀礼となっていたことが判った」と結論される．

そして唐の始めまでは鄭玄説が公認儀礼だったが，その後の変化が以下のように書かれている

- 651年，王粛説が有力となり，唐皇帝高宗は鄭玄説を廃止した．
- 666年，鄭玄説が復活した．
- 674年，高宗は「皇帝」を「天皇」に改めた．
- 684年，高宗が死んで，則天武后が実権を握ると直ちに王粛説が採用された．
- 732年，玄宗の「大唐開元礼」によって「『皇帝』と『天皇』の問題は決定」し，

以後は「皇帝」を最高とし，「天皇」は「幾つも並べられる」第2段の称号の1つになった．

以上の栗原朋信氏の研究に基づけば，「天皇」は中国王朝にとってはきわめて重要な意味を持っていたことが分かる．そして，隋の時代には，「基本的には鄭玄の祭儀礼観が各帝室の公認儀礼となっていた」という．その鄭玄説では「『皇帝』と『天皇』は同一で，ただ呼び方がちがう」だけなのである．すなわち，「天皇」＝「皇帝」である．それが隋王朝の「帝室の公認儀礼」となっていたのである．

従って，「東天皇」国書における「天皇」という称号は，隋皇帝煬帝から見ると「皇帝」と「同一」であって，「ただ呼び方がちがう」だけである．すなわち，「東天皇」国書は推古天皇と煬帝を「天皇－皇帝」と書くが，中華王朝から見ると，それは「皇帝－皇帝」と同じで，「呼び方がちがう」だけである．「皇帝」と「天子」は事実上同じであるから，結局，「日出ずる処」国書の「天子」を「東天皇」国書で「天皇」に置き換えたことは，中国から見れば，何も変わっていないことになる．刺激的な「天子」が「呼び方がちがう」「天皇」へ替わっただけである．

要するに，「天皇」という称号は，隋皇帝から見て「天子」・「皇帝」と対等の称号である．これでは隋皇帝としては「天皇」を受け入れることはできない．

もしも第四次遣隋使によって「東天皇」国書が実際に隋皇帝へ提出されたとすれば，隋皇帝が国書で強調した中華思想は完全に無視され，「東天皇」国書という「日出ずる処」国書と同じ内容の自主独立・対等の立場を強調する国書が再び送られてきたことになる［廣瀬］．隋皇帝としてはとうてい受け入れられないことである．裴世清は「朝命既に達せり」どころではない．問題が起こらずには済まない．

裴世清は小野妹子や留学生たちといっしょに帰国している．しかし，小野妹子も派遣した留学生たちにも何らかの事が起こった様子はない．そもそも「東天皇」国書そのものが倭国伝にまったく反映されておらず，その痕跡は何もない．さらに，その後，何事もなかったかのように，第六次遣隋使を派遣している．これらのことは，「東天皇」国書は提出されなかったことを強く示唆している．

井上光貞氏は［井上⑥］，「隋書がB（「東天皇」国書）をかかげないのは，A（「日出ずる処」国書）の場合の如き特記すべき経緯がなかったから」と指摘される．しかし，もしも「東天皇」国書が実際に提出されたとすれば，たとえ「特記すべき経緯」がなくても，倭国伝が無視できるとは考えられない．

第2点は，唐の高宗が674年に「皇帝」の称号を「天皇」に改めていることである．渡辺茂氏は［渡辺］，「東夷の国王の称号である『天皇』号を，高宗は承知の上で

これを採用したことになる」が，「中国人の自尊心が是を承認するはずがない」と指摘される．また，河内春人氏も［河内］，「唐が倭国の君主号である『天皇』を知っていた様子は窺え」ないと指摘される．これらの指摘は，「東天皇」国書は実際には提出されなかったことを強く示唆している．

　第3点は，「東天皇」国書が「天皇」を明記していることである．今まで本拙論で指摘したように，「天皇」は日本書紀の編著者が8世紀に造作したものであり，「東天皇」国書は「日出ずる処」国書を書き換えたものという点である．従って，7世紀に隋皇帝へ提出されるというようなことはあり得ない．

　以上の3点から，日本書紀が書く「東天皇」国書は実際には隋皇帝へ提出されていない，これが合理的な結論である．この結果は，「東天皇」国書を隋皇帝へ提出したという記述は日本書紀の造作であることを強く示唆している．

　ただ，「東天皇」国書は送られたが，「東天皇」国書を受け取った隋の官僚が皇帝煬帝には渡さなかった可能性が徐先堯氏によって指摘されている［徐］．倭国伝には「日出ずる処」国書を受け取った煬帝は「蛮夷の書，無礼なる者あり，復た以て聞するなかれ」と言ったと書いてあるから，その可能性は否定できない．徐氏は，推古天皇は「東天皇」国書を送ったが，「果たして予定通り隋廷に呈上し，且つ鴻臚卿が此れを受理したかどうか？頗る疑問である」と，煬帝の禁令があったので隋の役人が煬帝に提出しなかったのではないかと指摘される．要するに，「東天皇」国書は提出されたが，煬帝には「東天皇」国書は届けられなかったのではないかという指摘である．

　しかし，煬帝はわざわざ国書を持たせて裴世清を派遣したのである．帰国した裴世清に自分の国書に対する返答はどうか，返書はないのかと聞いたはずである．「東天皇」国書を知っていたはずの裴世清，同行した隋の役人たち，提出された国書を受け取った隋の官僚たちはみんな皇帝に対して"国書はなかった"と嘘を言えたのだろうか．また裴世清も「東天皇」国書をまったく無視する報告書を提出できたのだろうか．そもそも，「天子」を自称した蛮夷の王が，再び，「天皇」という「皇帝」と同じで"呼び方が違う"だけの称号を自称し，それを国書で隋皇帝へ送ったことや，裴世清が朝貢するがごとき儀式を行わされたという隋にとって屈辱的な重要事項が漏れないものなのだろうか．もしも「東天皇」国書の存在が皇帝に知られれば，軋轢は避けられない．さらにまた，たとえ煬帝には「東天皇」国書を隠しおおせたとしても，榎本淳一氏が［榎本①］，「（隋書倭国伝は，編纂の過程で）裴世清から取材した内容に基づいて書かれた可能性が高い」と指摘されるように，倭国伝を書い

た唐の史家が「東天皇」国書に気づかなかったというのもありそうにない．
　以上の諸点を考慮すれば，「東天皇」国書は隋へ提出されたが，皇帝煬帝は読まなかったという事態はなかったと考えられる．
　以上の結果に基づけば，問題点22は以下のように理解される．
〈問題点22〉「東天皇」国書は実際に隋皇帝に提出されたのか．
➡「東天皇」国書は隋皇帝に提出されてはいない．その理由は以下の3点である．
① 「東天皇」国書の「天皇」は隋皇帝には受け入れられない称号であるが，「東天皇」国書が問題となったことはどこにも書かれていない．
② 674年に唐皇帝は「天皇」と称した．これは，蛮夷の王が「天皇」を称したことは中華朝廷には知られていない（「東天皇」国書は提出されていない）ことを意味する．
③ 「天皇」が明記された「東天皇」国書は8世紀に日本書紀が造作したと考えられる．

3 「天皇」ではなく「王」を自称した「推古天皇の書」
(a) 推古天皇が第四次遣隋使に託した「推古天皇の書」
　日本書紀は推古天皇が提出したのが「東天皇」国書であるかのように書いている．しかし，日本書紀が載せる「東天皇」国書は実際には隋皇帝へ提出されていない．そうするとある問題が起こる．日本書紀が「東天皇」国書を造作する原型となったであろう「推古天皇の書」の存在についてである．
　日本書紀によって造作される前の「推古天皇の書」が608年の第四次遣隋使によって隋皇帝に提出されたが，8世紀に日本書紀によって「東天皇」国書へと造作され，それが日本書紀に載っているのだろうか，あるいは，「推古天皇の書」そのものが存在しなかったのだろうか．もしも存在していなければ，第四次遣隋使の「東天皇」国書に関する日本書紀の記述はすべて日本書紀の造作・捏造ということになる．しかし，もしも「東天皇」国書の原型となった「推古天皇の書」が提出されていたのであれば，「推古天皇の書」はどんな内容だったのか，特に，推古天皇が「推古天皇の書」でどう自称したのか，が問題となる．
　日本書紀には「東天王」国書の原型となった「推古天皇の書」の存在を示唆する点はない．倭国伝にも「推古天皇の書」の痕跡はいっさいない．これらのことは「推古天皇の書」はなかったことを示しているように見える．しかし，隋から見れば，「倭王」は多利思比孤であるから，推古天皇はいわば"倭王多利思比孤の支配下

にある諸侯"という位置づけであろう．であれば，推古天皇がどのような内容の"国書"を送ろうと，倭国伝では無視されるだろう．中国の蛮夷伝（東夷伝）が載せるのは，あくまでその蛮夷の国の統治政権との交流に限られるのが原則である．従って，隋書倭国伝に「推古天皇の書」がまったく触れられていないことは，必ずしも「推古天皇の書」がなかったことを意味しないのである．また，日本書紀は「推古天皇の書」を「東天皇」国書へと造作したことになり，「推古天皇の書」が別に存在していたとしても日本書紀には書かれないだろう．従って，倭国伝にも日本書紀にも「推古天皇の書」がないことは，「推古天皇の書」そのものがなかったことを必ずしも意味しないのである．

では，"諸侯"としての推古天皇が隋皇帝へ独自の書を送ることはあるだろうか．あり得ないとはいえない．むしろ，推古天皇が独自の「推古天皇の書」を隋皇帝へ送った可能性がかなり高いのではないだろうか．そのことを示唆するのが，その後の推古天皇による独自の動きである．それは，推古22年（614年）の犬上御田鍬の第六次遣隋使である．第二次（607年）・第四次遣隋使（608年9月）は多利思比孤と推古天皇の共同派遣と考えられるが（後述），第六次遣隋使（614年）の犬上御田鍬は大和政権の単独派遣である．また，その後の遣唐使の多くも大和政権の単独派遣である．すなわち，第四次遣隋使の後，大和政権が単独で遣隋使・遣唐使を送る場合が生じている．であれば，第四次遣隋使（608年9月）である裴世清の送使に「推古天皇の書」を持たせて，隋皇帝に隋と大和政権の独自の交流（遣隋使派遣）を求め，隋がそれを認めた可能性は低くはないと判断される．

その場合，第四次遣隋使（608年9月）で送った「推古天皇の書」は，日本書紀が載せる「東天皇」国書のような国書とはかなり異なる書であったと考えられる．推古天皇は「日出ずる処」国書と酷似する文章を書く必要は何もないからである．おそらく，裴世清派遣のお礼とその後の大和政権との交流を求める内容の書であっただろう．

(b) **推古天皇は隋皇帝に対してどのように自称したか**

推古天皇独自の「推古天皇の書」が隋皇帝へ送られたとすれば，問題はその書の中で推古天皇がどのように自称したかにある．この点は大和政権と中華王朝のその後の交流（第六次遣隋使やその後の遣唐使）を考える上で基本となる重要な点である．

河内春人氏は［河内①］，608年の国書は，「倭王乃至それに類した名のりであった」，「皇帝との名分的関係が明らかな『王』号を称したと考える方が蓋然性が高い」，「『東大王敬問西皇帝』か，それにちかい表記であったと推測できる」と指摘される．

［第4章］日本書紀が提起する遣隋使の諸問題　259

すでに述べたように，推古朝ではまだ「天皇」という称号は使われていなかったと考えられるので，推古天皇が「推古天皇の書」で「天皇」を自称したとは考えられない．従って，推古天皇は，河内氏の指摘のように，「王」を自称した可能性が高い．しかし，推古天皇が格下の「王」を自称することは，8世紀の大和政権の史観ではとうてい受け入れることはできない．その結果，日本書紀が「天皇」を称する「東天皇」国書へと書き換えたこともよく分かる．このように，河内氏の指摘通り，推古天皇が「王」と自称した可能性が高いと考えられる．

ただ，「王」と称したとも言い切れない．なぜならば，隋から見れば多利思比孤が「倭王」であって推古天皇は「倭王」ではない．はっきりしないが，おそらく倭国の"諸侯"である．従って，推古天皇は，隋から自分の称号をきちんと提示することを求められなかった可能性もある．推古天皇が自らの称号についてはあいまいにした書を送った可能性は決して低くはない．

推古天皇が隋皇帝に対してどう自称したかは重要な点であるが，日本書紀は造作した「東天皇」国書だけを載せ，その原型となった可能性がある「推古天皇の書」については一言も書かない．そのためはっきりした判断材料が存在しない．

結局，「推古天皇の書」については，以下のように要約される．

① おそらく「推古天皇の書」によって，大和政権独自の遣隋使派遣の道が開けたと推定される．
② 推古天皇は「天皇」という称号は用いなかった．
③ おそらく隋が認めることができる「王」のたぐいであったであろう．
④ ただし，隋から見ると推古天皇は倭王多利思比孤のもとでの"諸侯"であって，「君主の称号」をあいまいなままにした可能性がある．

4 要約：「東天皇」国書と「推古天皇の書」

以上の議論を要約すれば以下のようになる．

(a) 日本書紀は推古天皇が隋皇帝に「東天皇」国書を提出したと書くが，国書は実際には隋皇帝に提出されていない．その主な根拠は以下の諸点である．

① 隋皇帝から見れば"天皇＝皇帝"であって，隋皇帝は「東天皇」国書を許容できない．にもかかわらず，「東天皇」国書は倭国伝にまったく登場せず，「東天皇」国書が問題になった様子がない．
② 唐皇帝は後に「天皇」と称しており，蛮夷の王が「天皇」と号したことを中華王朝が知っていた様子がない［栗原①，河内②］．

③ 7世紀初めにはまだ用いられていなかった「天皇」を明記する「東天皇」国書は 8 世紀に日本書紀によって造作された国書である．
　(b) 第四次遣隋使で推古天皇が隋皇帝へ提出した「推古天皇の書」が存在した可能性がある．
　(c)「推古天皇の書」で，推古天皇が隋皇帝に対してどう自称したか．
　　①「天皇」という称号は提示しなかった．
　　② おそらく隋が認めることができる「王」のたぐいであったであろう．
　　③ 推古天皇は「称号」をあいまいにした可能性もある．
　(d) おそらく「推古天皇の書」によって，大和政権独自の遣隋使派遣の道が開けた．

「天皇」の称号が示す「東天皇」国書のもう 1 つの目的

　　1 日本書紀は「東天皇」国書でなぜ「天子」を「天皇」へと書き換えたのか
　　2 倭国と大和政権の君主の称号
　　3 日本書紀にとって「天子」・「天皇」という君主の称号はどういう存在か
　　4 日本書紀が「日出ずる処」国書を「東天皇」国書へと書き換えた理由
　　5 要約・結論：「天皇」の称号が示す「東天皇」国書のもう 1 つの目的

　「東天皇」国書に関する重要な問題点が 1 つ残っている．それは「日出ずる処」国書における「天子」という倭王の称号が 1 年後の「東天皇」国書では「天皇」へと変わっている点である．「東天皇」国書は日本書紀が「日出ずる処」国書を書き換えたものであることは今まで指摘してきた．その際，日本書紀は「日出ずる処」国書の「天子」を「天皇」に書き換えたのである．すなわち，
　〈問題点 23〉日本書紀は，なぜ「日出ずる処」国書の「天子」を「東天皇」国書で「天皇」へと書き換えたのか，
という問題点がある．以下，この問題点について検討する．

1 日本書紀は「東天皇」国書でなぜ「天子」を「天皇」へと書き換えたのか

　すでに述べたように，「東天皇」国書は，日本書紀によってあたかも「日出ずる処」国書であるかのように偽装された国書であったと考えられる．そのために，「東天皇」国書では同じ意味の別の文言に置き換えられたのである（表5）．確かに，「日出ずる処」を「東」，「日没する処」を「西」，「書を致す」を「敬みて白す」は同じ

意味の単語で置き換えたと判断できる．また中華皇帝については，「天子」が「皇帝」に置き換えられているが，「天子」と「皇帝」はほぼ同義であるから同じ意味の別の文言に置き換えられていると言っても差し支えない．

一方，倭王の称号を「天子」から「天皇」に書き換えることも，他の文言と同じように似た文言で置き換えただけと言えるのだろうか．一見，そう見えるかもしれないが，そう単純には言えない．なぜならば，君主の称号はきわめて重要な事項であって，"「天子」でも「天皇」でも同じようなもので，どちらでもいい"というようなことではないからである．

「日出ずる処」国書に隋皇帝が「不悦」・「無礼」と反応したのは，蛮夷の王が「天子」の称号を自称したことが主要な理由である．堀敏一氏は［堀③］，「天子」は煬帝に受け入れられなかったから，「天皇」へ書き換えたと主張される．しかし，その見解には賛成できない．それは，以下の諸点にある．

① 隋皇帝が要求したのは「天子」を撤回し，蛮夷の王にふさわしい「王」・「大王」，要するに「王」に替えることであって，「天皇」ではない（「皇」と「王」は同じではない．すでに述べたように，そもそも，「天皇」は隋皇帝から見れば「皇帝」と同じであって，呼び方が違うだけである）．
② 日本書紀は，推古天皇が上位に立ち，あたかも隋皇帝が推古天皇に朝貢使裴世清を派遣してきたかのように国書提出儀式を書いており，煬帝の不興を気にしている様子はない．
③ 裴世清と多利思比孤の対談では，「天子」も，「天皇」も一言も出てこない．隋皇帝が「天子」を受け入れなかったために「天皇」へ替えたとは言えない．

このように，隋皇帝の不興によって，推古天皇が「天皇」へと書き換えたとは考えられない．あくまで日本書紀が自ら「天子」を「天皇」に書き換えたのである．

日本書紀が「東天皇」国書を造作したのは，今まで述べてきたように，「日出ずる処」国書であるかのように偽装するためであった．画期的で有名な「日出ずる処」国書を無視できなかったからである．この点を修正する必要はない．

しかし，それだけならば，なぜ「天子」を「天皇」へ書き換えたのだろうか．「日出ずる処」国書であるかのように偽装することが目的であれば，君主の称号はゆずれないと「天子」はそのままでも良かったはずである．その方が「日出ずる処」国書の偽装の観点からは合理的でもある．偽装と言っても，何もかもすべてが違う必要はない．それなのに，あえて「天皇」に置き換えられている．すなわち，日本書紀が「天皇」へと書き換えたことには意図があったことを示している．

日本書紀が「天子」を「天皇」に書き換えた目的は何か，あるいは，「天皇」という称号が書かれた，提出されてもいない「東天皇」国書をあたかも隋皇帝へ提出したかのように日本書紀が書いた目的は何か．「日出ずる処」国書と「東天皇」国書の最大の相違は倭王の称号が「天子」であるか「天皇」であるかにある．従って，日本書紀は倭王の称号は「天子」ではなく「天皇」であると書いた国書を載せたかった（載せなければならなかった）のである．それはなぜだろうか．

2 倭国と大和政権の君主の称号

　「倭王」の称号について考える．「遣隋使」が関係する「倭王」は「多利思比孤＝推古天皇」でなければ，多利思比孤と推古天皇の2人である．
　まず多利思比孤の称号については倭国伝から以下の点が分かる．
① 「日出ずる処」国書で，多利思比孤は隋皇帝に対して「天子」という称号を明示した．
② 裴世清の宣諭にもかかわらず，多利思比孤が「天子」の称号を撤回した様子はない．
③ 隋皇帝煬帝は多利思比孤の「天子」を黙認した．

　以上の倭国伝の記述によれば，倭国の「倭王」多利思比孤の称号は「天子」である．この点にあいまいさはほぼない．
　次に，大和政権の君主の称号は何か．大和政権の君主の称号として確認できるのは「大王」あるいは「天皇」である．7世紀に推古天皇が自らの称号をどう称したのかははっきりしない（日本書紀は「推古天皇」と明記するが，8世紀に日本書紀が大和政権の君主を「天皇」と書いたと思われる）．隋皇帝への国書を書く過程で「天皇」という称号が生み出されたという見解があるが［宮田②，堀②］，君主の称号は背景の変化があって初めて変化するものであって，机上で作られるものではない．すでに述べたように，7世紀初め，大和政権の君主が「天皇」という諸臣・諸豪族を超絶した絶対的存在になった（なりつつある）ことを示唆する客観的状況はない．従って「天皇」であったとは言えない．では「大王」だろうか．しかし，「推古大王」は日本書紀には登場しない．
　このように7世紀の大和政権の君主の称号ははっきりしないが，8世紀，日本書紀が書かれた時の大和政権の君主の称号は「天皇」である．この点ははっきりしている．
　以上のように，倭国の倭王多利思比孤の称号は「天子」である．大和政権の君主

の称号は7世紀初めははっきりしないが，日本書紀が書かれた8世紀の称号は「天皇」である．

３ 日本書紀にとって「天子」・「天皇」という君主の称号はどういう存在か

　では，なぜ日本書紀は「天子」ではなく「天皇」と書き換えたのか，なぜ日本書紀は「天皇」と明記した「東天皇」国書を載せたかったのかを考える．

　第1に指摘されることは，「天子」は大和政権の君主の称号ではないことである．大和政権の君主の称号として「天子」という称号は日本書紀のどこにも書かれていない．日本書紀だけでなく，日本古代のあらゆる史料・金石文などで大和政権の君主を「天子」と明記したものは，おそらく，ない．このことは「天子」が大和政権の君主の称号ではないことを示している．

　一方，倭国伝は「日出ずる処」国書で多利思比孤の「天子」という称号を明記している．倭王多利思比孤が「日出ずる処」国書で「天子」を自称したことを疑う研究者は見当たらない．しかし，「天子」という称号は大和政権の君主の称号ではない．従って，日本書紀は「倭王」の「天子」という称号を受け入れることはできないのである．

　第2に指摘されることは，8世紀の日本書紀の歴史観では神武天皇以来大和政権の君主の称号は「天皇」であることである．

　はるかな昔の天孫降臨以来，日本の唯一の統治者は大和政権の君主であるというのが8世紀の大和政権の歴史観の根本であり，同時に日本書紀の根本的な編纂方針の1つであると推定される．そして，8世紀の日本書紀の立場では，大和政権の君主の称号は神武天皇以来，ずっと「天皇」である．大和政権の君主以外の「倭王」は存在しないのであるから，7世紀の「倭王」の称号もまた「天皇」である．

　しかし，倭国伝が書く「倭王」多利思比孤は「日出ずる処」国書で「天子」を自称している．8世紀の日本書紀の歴史観から見ると，7世紀の「倭王」も大和政権の君主であり，倭国伝の「日出ずる処」国書の「倭王」の「天子」を許容できないし，放置することもできなかったのである．そこで「東天皇」国書を造作して，「日出ずる処」国書の「天子」を否定し，「倭王（すなわち大和政権の君主）」の称号はあくまで「天皇」であると明示したのが「東天皇」国書ではないだろうか．

　つまり，日本書紀が「東天皇」国書で「天子」ではなく「天皇」と書いた目的は，「倭王」，すなわち，大和政権の君主の称号は「天子」ではなく「天皇」であると明示することではないだろうか．倭国伝が書く「日出ずる処」国書を放置していれば，

「倭王＝大和政権の君主」の称号として「天子」を黙認することになる．それは許容できないから「天皇」を明記した「東天皇」国書を日本書紀に載せることによって「日出ずる処」国書の「天子」を否定したのではないだろうか．

以上のように，「日出ずる処」国書の「天子」という倭王の称号が，「東天皇」国書では「天皇」に替えられている理由は以下の2点である．

① 大和政権の君主の称号は「天子」ではない．
② 8世紀の日本書紀の歴史観では唯一の「倭王」は大和政権の君主であり，7世紀の「倭王」，すなわち大和政権の君主の称号は「天皇」でなければならなかった．

4 日本書紀が「日出ずる処」国書を「東天皇」国書へと書き換えた理由

以上の理解に基づけば，今までの「東天皇」国書に関する理解はふじゅうぶんであったことは明らかである．そこで再整理すれば以下のようになる．

(a) 日本書紀が「日出ずる処」国書を載せなかった理由

日本書紀が「日出ずる処」国書を載せなかったのは，単に別人の多利思比孤の国書であって推古天皇の国書ではなかったというだけではなく，「日出ずる処」国書の「天子」の称号を認めることができなかったのがもう1つの重要な理由である．日本書紀は，「日出ずる処」国書を載せるどころか，その最重要部分である「天子」を否定し，倭王（推古天皇）の称号は「天皇」であると強調しなければならなかったのである．

すなわち，「日出ずる処」国書が日本書紀に載っていない理由として，日本書紀は「日出ずる処」国書の「倭王」の「天子」という称号を許容できなかった，という点が加えられる．

(b) 日本書紀が「東天皇」国書を造作した目的

日本書紀が「東天皇」国書を造作した目的も，単に「日出ずる処」国書であるかのように偽装することだけが目的ではない．倭国伝が書く「日出ずる処」をこのまま放置していれば，暗黙のうちに「倭王」の称号は「天子」であることを認めたことになり，大和政権の君主は「天皇」ではなく「天子」になってしまう．そのために「天皇」と明記する「東天皇」国書を造作し，「日出ずる処」国書の「天子」の称号を否定し「天皇」へと訂正することが，「東天皇」国書を造作したもう1つの重要な目的だったと考えられる．

すなわち，日本書紀が「東天皇」国書を造作した目的として，「日出ずる処」国書

の「天子」の称号を否定し，倭王（＝大和政権の君主）の称号は「天皇」であることを示すこと，という点が加えられる．

5 要約・結論：「天皇」の称号が示す「東天皇」国書のもう1つの目的

以上の議論は以下のように要約・結論される．
(a) 倭国の「倭王」の称号は「天子」であるが，大和政権の君主の称号は「天子」ではない．
(b) 日本書紀が「日出ずる処」国書を載せなかった理由
　① 「多利思比孤≠推古天皇」であって，推古天皇の国書でないために，載せられなかった．
　② 日本書紀は「日出ずる処」国書の「天子」の称号を許容できなかった．
(c) 日本書紀が「東天皇」国書を造作した目的
　① あたかも「日出ずる処」国書であるかのように偽装すること．
　② 「日出ずる処」国書の「天子」の称号を否定し，「倭王（＝大和政権の君主）」の称号は「天皇」であることを示すこと．
(d) 以上のように，「日出ずる処」国書の「天子」が「東天皇」国書では「天皇」と書き換えられていることは，「多利思比孤≠推古天皇」，および，日本の唯一の統治者は大和政権の天皇であるという8世紀の日本書紀の史観から合理的に理解できる．

以上の議論から問題点23は以下のように理解される．

〈問題点23〉 日本書紀は，なぜ「日出ずる処」国書の「天子」を「東天皇」国書で「天皇」へと書き換えたのか．

➡ 8世紀の日本書紀の史観では，日本の唯一の「倭王」は大和政権の君主であり，その称号は「天子」ではなく「天皇」である．しかし，「倭王」の「天子」という称号を明記する「日出ずる処」国書を放置していれば，「倭王」すなわち大和政権の君主の称号は「天子」になってしまう．日本書紀としてはそれは許容できないので，「東天皇」国書を造作して，大和政権の君主の称号はあくまで「天皇」であると主張した．

倭国伝と日本書紀が書く隋への留学生の矛盾

1 倭国伝と日本書紀で一致しない留学生派遣

2 隋書倭国伝と日本書紀の留学生記事の信憑性
3 「多利思比孤＝推古天皇」か,「多利思比孤≠推古天皇」かが問題
4 「多利思比孤＝推古天皇」である場合, 問題点の理解は難しい
5 「多利思比孤≠推古天皇」であれば, すべての問題点を合理的に理解できる
6 倭国伝と日本書紀の留学生問題に関する要約と結論

1 倭国伝と日本書紀で一致しない留学生派遣

　隋への留学生に関する隋書倭国伝と日本書紀の記述の食い違いは, 倭国伝と日本書紀の矛盾をはっきりと示す具体的な例である.

(a) 留学生の人数と派遣年次の不一致

　隋書倭国伝は, 607年の第二次遣隋使に関して以下のように書く.

「大業三年 (607年, 推古15年), その王多利思比孤, 使を遣わして朝貢す. 使者いわく『聞く, 海西の菩薩天子, 重ねて仏法を興すと. 故に遣わして朝拝せしめ, 兼ねて沙門 (出家者, 僧) 数十人, 来って仏法を学ぶ』と. その国書にいわく……」.

　すなわち, 多利思比孤が派遣した607年の第二次遣隋使は「沙門 (出家者, 僧) 数十人」の留学生を連れていったことが分かる.

　一方, 第二次遣隋使に関して, 日本書紀は推古15年 (607年) 7月3日に,「大礼小野妹子を大唐へ遣す」と, 推古天皇が第二次遣隋使を送ったことを記すだけで, 小野妹子が「沙門数十人」を伴ったことは書いていない. 推古天皇が留学生を派遣するのは翌年の608年9月の第四次遣隋使であって, 日本書紀は推古16年 (608年) 9月11日,

「唐客裴世清, 罷り帰りぬ. 則ち復 (また) 小野妹子臣を以ちて大使とし……唐客に副えて遣す. ……是の時に, 唐国に遣わす学生は, 倭漢直福因・奈羅訳語恵明・高向漢人玄理・新漢人大国, 学問僧は, 新漢人日文・南淵漢人請安・志賀漢人慧隠, 新漢人広済等, 幷せて (あわせて) 八人なり」,

と記す. すなわち, 608年9月の裴世清帰国に際して, 小野妹子を送使として送り (これが第四次遣隋使), そのときに8人の留学生を送っている. 逆に, 倭国伝には608年の第四次遣隋使での留学生は書かれていない.

　以上の多利思比孤による第二次遣隋使 (607年) の際の留学生派遣 (倭国伝) と, 推古天皇による第四次遣隋使 (608年9月) の際の留学生派遣 (日本書紀) には,

　　問題点①：第二次遣隋使の607年 (倭国伝) と第四次遣隋使の608年9月 (日本書

紀）という年次の不一致，

問題点②：「沙門数十人」(倭国伝) と学問僧・学生の合計8名 (日本書紀) という留
学生数の不一致，

という2点の不一致がある．すなわち，以下の問題点がある．

〈問題点24〉倭国伝と日本書紀が記す留学生派遣は同じ留学生派遣なのか，別の
留学生派遣なのか．

(b) 誰がいつ派遣したのか不明の留学生

さらに，日本書紀には留学生たちの帰国記事とその後の活動が書かれている．日本書紀は隋へ派遣された留学生たちの帰国について以下のように記す．

推古31年 (623年) 7月：「大唐の学問者の僧恵斉・恵光と医恵日・福因等……（帰国した）」．

舒明4年 (632年) 8月：「大唐，高表仁を遣して，三田耜を送らしむ．共に対馬に泊つ．是の時に，学問僧霊雲・僧旻と勝鳥養，新羅の送使等，従えり」．

舒明11年 (639年) 9月：「大唐の学問僧恵隠・恵雲，新羅の送使に従ひて京に入る」．

舒明12年 (640年) 10月：「大唐の学問僧請安・学生高向漢人玄理，新羅より伝りて至れり」．

以上の留学生帰国記事の中で，福因 (推古31年)，僧旻 (舒明4年)，恵隠 (舒明11年)，請安，高向漢人玄理 (舒明12年) の5人は，608年に推古天皇が派遣した留学生8名の中の人物として日本書紀に名前が明記されている (日文と旻，慧隠と恵隠は同一人物と見なされている)．しかし，それ以外の，「学問者の僧恵斉・恵光と医恵日」(推古31年)，「学問僧霊雲と勝鳥養」(舒明4年)，「学問僧恵雲」(舒明11年) の6名は608年の8名には含まれておらず，誰がいつ6名を隋へ派遣したかははっきりしない．

この6名に関しては，608年9月の第四次遣隋使 (608年9月) 説［高橋①］，607年の第二次遣隋使説［宮田④］などのいろいろな説がある．いずれも推古天皇が送った留学生とする．研究者のいろいろな見解の可能性はゼロとは言えないが，日本書紀や隋書などによる裏付けがなく，単なる推定の域を出ない．

すなわち，帰国した留学生に関する日本書紀の記事は，

問題点③：日本書紀が帰国したと書く留学生の約半分は誰がいつ派遣した留学生かが不明，

という問題点がある．

以上の具体的な問題点①②③をどのように合理的に理解するのかが留学生派遣に

関する課題である．

2 隋書倭国伝と日本書紀の留学生記事の信憑性

議論の前に倭国伝と日本書紀の記述の信憑性について明らかにする必要がある．

(a) 隋書倭国伝の留学生記事の信憑性

最初に述べたように，隋王朝の公式文書に基づいている点や同時代の史書であることを考えれば，隋書倭国伝全体の信憑性は高い．また，留学生については，第一次遣隋使（600年）で仏教を学ぶための僧の留学生を受け入れるという了承を得て，第二次遣隋使（大業3年〔607年〕）に際して，「沙門（僧）数十人，来って仏法を学ぶ」と留学生を送ったことは無理がなく矛盾もない．これらを考慮すれば留学生に関する倭国伝の記述の信憑性を疑う理由はないと考える．

しかし，石井正敏氏は［石井］，「倭国伝における『沙門数十人』云々という記事はとうてい事実とは思えない．一般の留学生はいなかったのであろうか．人数についても，この後の遣隋使や遣唐使に随行した留学生・留学僧の例から見て，明らかに誇張であろう」として第四次遣隋使の大和政権の8人を挙げられる．そして，「仏教的要素を加えた相当の文飾が加えられている」と指摘される．

氏は，「沙門（僧尼）」ばかりというのは「事実とは思えない」と指摘されるが，「沙門」が主であった場合，倭国伝が全体を「沙門」と表現したとしても，問題とは思えない．また，数十人という人数は「この後の遣隋使や遣唐使に随行した留学生・留学僧の例から見て，明らかに誇張であろう」と指摘されるが，満を持して留学生を派遣した第1回目に人数が多いことはじゅうぶんあり得ることであり，その後の留学生数でもって，「明らかに誇張」とはならないのではないだろうか．いずれにせよ，倭国伝の記述の信憑性を疑うほどの理由にはならないと考える．また「沙門数十人」がオーバーに書かれた人数としても，「仏教的装飾」，「相当の文飾」というような大げさなこととは思えない．

(b) 日本書紀の留学生記事の信憑性

一方，日本書紀の記述については，今まで述べてきたように，造作・捏造・偽装がたくさんあって，全体の信憑性はかなり低い．従って，日本書紀の留学生派遣に関する記事についても，倭国伝の記述と矛盾すれば日本書紀の信憑性を疑うのが原則であろう．にもかかわらず，私見では日本書紀の留学生に関する記述は信憑性は高いと考える．その理由は以下の3点である．

① 留学生8名全員の氏名が明記されている．

② 8人の留学生の中で，5人については，数十年後の帰国記事が明記されており，さらにその中の4人については帰国留学生にふさわしいその後の活動が記録されている．
③ 留学生派遣に関する日本書紀の記述には矛盾がない．第二次遣隋使（607年）派遣で隋の了解を得て，次の遣隋使である第四次遣隋使（608年9月）で留学生を派遣したというのは合理的である．

これらの点を考慮すれば，第四次遣隋使に伴って留学生が派遣されたという日本書紀の記述を疑う理由はないと考えられる．

以上のように，留学生については倭国伝と日本書紀のどちらの記述も信憑性は高いと判断される．

3 「多利思比孤＝推古天皇」か，「多利思比孤≠推古天皇」かが問題

倭国伝が書く留学生派遣（第二次遣隋使，607年）と日本書紀が書く留学生派遣（第四次遣隋使，608年9月）に関する問題点は，「多利思比孤＝推古天皇」か，「多利思比孤≠推古天皇」か，に強く依存する．なぜならば，倭国伝は第二次遣隋使で留学生を派遣したのは倭王多利思比孤と明記し，日本書紀は第四次遣隋使での推古天皇による留学生派遣を明記するからである．

高橋善太郎氏が［高橋①］，留学生派遣は「一回の出来事を，隋書と書紀とが夫々違った年の条にかけて記したに過ぎない」とされるように，多くの研究者は留学生派遣は1回だけで，それを倭国伝と日本書紀が別の年に書いたとされる．これは「多利思比孤＝推古天皇」という前提・認識があるからである．しかし，今まで述べてきたように，「多利思比孤≠推古天皇」という可能性は否定できない．もしも「多利思比孤≠推古天皇」であれば，倭国伝の留学生と日本書紀の留学生は別の留学生派遣である．

どちらであるかによって，留学生の問題というのはまったく様相が変わる．そこで，以下，「多利思比孤＝推古天皇」の場合と「多利思比孤≠推古天皇」の場合に，留学生に関する問題点はどのように理解されるかを検討する．

4 「多利思比孤＝推古天皇」である場合，問題点の理解は難しい

まず，「多利思比孤＝推古天皇」の場合について考える．もしも「多利思比孤＝推古天皇」であれば，倭国伝が記す多利思比孤による遣隋使・留学生の派遣もまた推古天皇である．従って，倭国伝と日本書紀に従えば，推古天皇＝多利思比孤は，

第二次遣隋使（607年）：「沙門（僧）数十人」の留学生を派遣（倭国伝），
　第四次遣隋使（608年9月）：学生4人，学問僧4人，合計8人の留学生を派遣（日本書紀），
という2回の留学生派遣をしたことになる．
　この場合，2通りの理解があり得る．1つは，607年と608年の2回の留学生派遣があったという理解であり，もう1つは，派遣はどちらか1回だけだったが，それを倭国伝と日本書紀がそれぞれ書き，その際に矛盾が生じたという理解である［高橋①］．

(a) 607年と608年の2回，留学生が派遣された場合

　この場合，年次の不一致（問題点①），留学生数の不一致（問題点②）は問題なく理解できる．また，誰がいつ派遣したかが不明な6人の留学生（問題点③）は，1回目の「沙門数十人」の一部として合理的に理解できる．
　しかし，以下の点が新たな問題点となる．
　それは記述の不自然さである．倭国伝が第二次遣隋使（607年）の「沙門数十人」だけを書いて，第四次遣隋使（608年9月）の学生・学問僧8人の留学生を完全に無視することも理解が難しいが，より理解困難なのは日本書紀の記述である．最初の留学生派遣を書かず2回目の留学生派遣だけを書くのはきわめて不自然である．何しろ，607年の留学生は，圧倒的な先進国である中国王朝への史上初めての留学生派遣である．画期的なこととして大々的に書いてもおかしくない．また，書いて差し障りがあるとも思えない．それなのに，日本書紀が初めての留学生派遣は完全に無視し，2回目の派遣だけをていねいに書くことを合理的に理解することは難しい．無視するならば，2回目の方であろう．
　また，1回目の留学生の氏名はいっさい無視し，2回目の留学生全員の名前をていねいに書いているのも不自然である．いちいち名前を書くのが煩わしければ，第1回目の「沙門数十人」の中で代表的な人物については氏名はきちんと書くが，それ以外と2回目の留学生は省略するのが普通だろう．しかし，現実は逆で，第1回目の留学生は名前どころか，派遣そのものがいっさい無視されているのに，第2回目の留学生は全員ていねいに出自と名前を書いていることになる．これはかなり不自然なことである．
　これらの点を合理的に理解することはかなり困難であって，推古天皇＝多利思比孤が第二次遣隋使（607年）と第四次遣隋使（608年）の2回の留学生を派遣したということはあり得ないと考える．

(b) 派遣は1回だけの場合

次に「多利思比孤＝推古天皇」であって，留学生派遣が1回だけという場合，書く際に倭国伝か日本書紀のどちらかが間違えたことになる．

まず，問題点①：年次の不一致について考える．

派遣年次の1年のズレについて，倭国伝か日本書紀のどちらかが，第二次遣隋使 (607年) か第四次遣隋使 (608年9月) かを間違えた可能性はあるだろうか．

確かに倭国伝が書く607年の第二次遣隋使と日本書紀が書く608年の第四次遣隋使はたった1年の差に過ぎない．しかし，第二次と第四次遣隋使の間には無視できない重要なできごとがある．裴世清の訪日である．倭国伝の留学生派遣はあくまで607年の第二次遣隋使であって，裴世清訪日の前である．一方，日本書紀の第四次遣隋使は608年9月であって裴世清訪日の後である．倭国伝でも日本書紀でも，裴世清滞在の記述は遣隋使に関するきわめて重要な部分となっている．裴世清訪日の前か，後かは重要な差であって，ささいな差ではない．従って，倭国伝あるいは日本書紀のどちらかが派遣年次を間違えたと見ることは難しい．

また，留学生派遣は遣隋使の重要な目的である．最初の遣隋使で隋の了承が得られ，2回目の遣隋使でさっそく留学生を送ったという倭国伝の記述は合理的である．しかし，「多利思比孤＝推古天皇」の場合，日本書紀の記述では，3回目の遣隋使で初めて留学生を送ったことになる．それは不自然ではないだろうか．了承が得られているのに，なぜ2回目の遣隋使で留学生を送らないのだろうか．

次に，問題点②：留学生数の不一致について考える．

倭国伝が8人の留学生を「沙門 (僧) 数十人」と間違えたのだろうか．しかし，倭国の留学生は，第二次遣隋使とともに実際に隋へ行っているのであるから，「数十人」という倭国伝の数字は相応に信用できる数字ではないだろうか．倭国伝はそういう隋王朝の史料に基づいて書かれたはずである．また，もしも倭国伝が学生・学問僧の合計8人を「沙門数十人」とオーバーに書いたとすれば，その理由は何だろうか．倭国伝を編纂したのは隋王朝ではなく唐王朝である．唐王朝に，こんな点で小細工をしなければならない理由があるとは思えない．

一方，倭国伝よりもはるかに後に書かれた日本書紀の場合，倭国伝との整合性を念頭に置く必要があったはずである．であれば「8名を含む数十人」と書けば人数の矛盾はなくなったはずである．日本書紀が倭国伝との不一致を知りながら，学生・学問僧の出自と名前を明記し，そして「あわせて八人なり」と，念を押すように明記したのは，「沙門数十人」ではなく，8人だったことを示している．

このように留学生の人数をどちらかが間違えた可能性は低い．

また，問題点③：帰国留学生については，倭国伝の「沙門数十人」と帰国留学生は矛盾しない．しかし，日本書紀の場合，日本書紀に載っていない帰国留学生をどう理解するかが問題となる．研究者によって，第二次，第四次，あるいは第六次遣隋使という見解がある．その可能性はゼロではないが，それを裏付ける点は倭国伝にも日本書紀にもない．

以上のように，「多利思比孤＝推古天皇」の場合，留学生派遣が607年と608年の2回としても，どちらか1回だけとしても，問題点①②③を合理的に理解することは難しいのではないだろうか．要するに，「多利思比孤＝推古天皇」とした場合，留学生派遣に関する問題点を合理的に理解することは難しい．

5 「多利思比孤≠推古天皇」であれば，すべての問題点を合理的に理解できる

次に「多利思比孤≠推古天皇」の場合について考える．この場合，倭国伝の倭王多利思比孤は日本書紀の推古天皇ではない．従って，

第二次遣隋使（607年）：倭王多利思比孤が，「沙門数十人」の留学生を派遣，

第四次遣隋使（608年9月）：推古天皇が，学生4人，学問僧4人，合計8人の留学生を派遣，

であって，2つの留学生派遣は別人による別の派遣ということになる．

別の留学生派遣であれば，派遣年次と留学生数の不一致（問題点①②）は，問題なく理解できる．また，留学生派遣自体も以下のように無理なく理解できる．

倭国伝が書くように，多利思比孤は第一次遣隋使（600年）で隋皇帝は菩薩天子で仏教隆盛に熱心だと知った．そこで留学生派遣を要請し，隋はそれを快諾した．従って，多利思比孤は第二次遣隋使（607年）で「沙門数十人」を送ることができた．

一方，日本書紀によれば，推古天皇は，600年の第一次遣隋使は無関係であり（日本書紀は第一次遣隋使について何も書いていない），607年の第二次遣隋使の小野妹子が初めての遣隋使派遣だった．従って，この時点はまだ隋が受け入れを了解していない状態であって，推古天皇としては学生・学問僧を送ることはできなかった．しかし，第二次遣隋使で，隋による留学生受け入れの快諾を得た．その結果，隋皇帝が送った裴世清の帰国に伴う608年9月の第四次遣隋使で，小野妹子とともに留学生8人を送ることができた．

さらに，大業3年（607年）の多利思比孤による留学生と，推古天皇の留学生派遣が別であれば，派遣時などが不明な留学生たちの問題（問題点③）は，大業3年（607

年)の倭王多利思比孤による「沙門数十人」の一部であるとして,何の問題もなく理解できる.607年と608年に,派遣者が異なるとは言え,ほぼ同じ目的で留学した留学生たちが,連れだって帰国してきたことは少しもおかしくない(多利思比孤と推古天皇は対立していたわけではない).倭国伝は多利思比孤の言葉として「沙門数十人,来って仏法を学ぶ」と明記しており,「沙門数十人」の派遣は,単なる推定というものではなく,倭国伝によるはっきりした裏付けがあるのである.これらの6名は大和政権が派遣した留学生ではないから,日本書紀の8人の派遣留学生には含まれないのは当然である.このように日本書紀では不明の6名は多利思比孤が送った「沙門数十人」の中の6人としてまったく問題なく理解できる.

むしろ逆に,日本書紀に書かれていない帰国留学生の存在は,大和政権の推古天皇とは別に,第二次遣隋使で多利思比孤が「沙門数十人」派遣したことの証拠である.日本書紀が記す学問僧らの留学生帰国記事は,確かに日本書紀が書く608年の留学生派遣が事実であることを示すが,同時に,倭国伝が書く607年の多利思比孤の留学生派遣もまた事実であることを示している.多利思比孤と推古天皇は第二次遣隋使を共同で派遣するなど,協調関係にあった(後述)から,それぞれが派遣した留学生たちがいっしょに帰国したのも,多利思比孤が派遣した留学生が帰国して推古天皇に献言したのも不合理なことではない.

要するに,倭国伝が書く多利思比孤が派遣した留学生と日本書紀が書く推古天皇が派遣した留学生は別の留学生派遣であり,倭国伝は多利思比孤の留学生だけを書き,日本書紀は推古天皇の留学生だけを書いたのである.

このように,留学生に関する諸問題点を「多利思比孤＝推古天皇」では合理的に理解することは容易でないが,「多利思比孤≠推古天皇」であれば,留学生に関する問題点①②③はすべて矛盾なく理解できる.

以上から,「多利思比孤≠推古天皇」であって,多利思比孤は第二次遣隋使(607年),推古天皇は第四次遣隋使(608年)で留学生を送ったと結論される.

多くの研究者は「多利思比孤＝推古天皇」とされる.そのために,留学生派遣に関する倭国伝と日本書紀の矛盾が問題となるのであって,「多利思比孤≠推古天皇」であれば,倭国伝と日本書紀の留学生に関する記述には何の矛盾もないのである.

6 倭国伝と日本書紀の留学生問題に関する要約と結論

以上の留学生問題に関して要約すれば以下のようになる.

(a)隋への留学生に関する隋書倭国伝と日本書紀の記述には以下の3点の問題点

がある.
　①　第二次遣隋使の607年（倭国伝）と，第四次遣隋使の608年（日本書紀）という派遣年次の不一致.
　②　「沙門数十人」（倭国伝）と，学問僧・学生の合計8名（日本書紀）という留学生数の不一致.
　③　日本書紀が帰国したと書く11名の留学生の中で，6名は誰がいつ派遣した留学生なのか不明.
(b)「多利思比孤＝推古天皇」という立場で問題点①②③を合理的に理解することは難しい.
(c)「多利思比孤≠推古天皇」ならば，留学生に関する問題点①②③を無理なく合理的に理解できる.
(d) 留学生問題に関する結論
　①　「多利思比孤＝推古天皇」ではなく，「多利思比孤≠推古天皇」である.
　②　倭国伝が書く第二次遣隋使（607年）の際の多利思比孤の留学生派遣と，日本書紀が書く第四次遣隋使（608年9月）の際の推古天皇の留学生派遣は別の留学生派遣である.

以上の結論に基づけば，問題点24は以下のように理解される.

〈問題点24〉倭国伝と日本書紀が記す留学生派遣は同じ留学生派遣なのか，別の留学生派遣なのか.

➡倭国伝が書く多利思比孤による第二次遣隋使（607年）の際の留学生派遣と，推古天皇による第四次遣隋使（608年9月）の際の留学生派遣（日本書紀）には，

　問題点①：第二次遣隋使の607年（倭国伝）と第四次遣隋使の608年9月（日本書紀）という年次の不一致，
　問題点②：「沙門数十人」（倭国伝）と学問僧・学生の合計8名（日本書紀）という留学生数の不一致，
　問題点③：日本書紀が帰国したと書く留学生の約半分は誰がいつ派遣した留学生かが不明，

という問題点がある.

　これらの問題点は「多利思比孤＝推古天皇」である場合には理解困難であるが，「多利思比孤≠推古天皇」であって，倭国伝が記す多利思比孤の留学生派遣と日本書紀が記す推古天皇の留学生派遣が別の異なる留学生派遣であれば，無理なく合理的に理解できる．従って，倭国伝と日本書紀が記す留学生派遣は別の留学生である．

第三次（608年3月）および，第五次（610年）遣隋使

1. 第三次（608年3月19日）遣隋使
2. 第五次（610年正月）遣隋使

1 第三次（608年3月19日）遣隋使

　第三次遣隋使については，隋書煬帝紀に，大業4年（608年）3月19日，
「百済・倭・赤土・迦羅舎国，並びに使いを遣して方物を献ず」，
と書かれているが，倭国伝にも日本書紀にも何も書かれていない．問題は，607年に派遣された第二次遣隋使が，608年3月19日に（隋書煬帝紀），隋の都洛陽にいて，4月中に筑紫へ帰国（日本書紀）できるかという点にある．
　この第三次遣隋使に関する研究者の主な見解は以下のようになる．
　氣賀澤保規氏は［氣賀澤③］，洛陽から黄海の港までの陸路で駅馬を利用できたとしても，4月中に筑紫に到着するのは無理と指摘され，堀敏一氏は［堀①］，赤土国の使者が608年春に隋に到着したとしてもおかしくないとして，「何らかの理由で赤土国入朝の記事に（百済や倭国が）混入した」可能性を指摘される．
　一方，鄭孝雲・高寛敏氏は［鄭，高寛敏］，608年には3月に閏（うるう）月があったと指摘される．であれば，蘇因高や小野妹子が3月19日に隋皇帝に謁見し，その後，4月中に筑紫に着くことは可能であろう．すなわち，608年3月の第三次遣隋使は第二次遣隋使のことである可能性を否定できない．
　私見では，もしも608年に鄭・高氏の指摘される閏3月があったのであれば，第三次遣隋使はおそらく帰国前の第二次遣隋使であると考えられる．閏3月がなければ，堀氏の「赤土国入朝の記事に混入」の可能性が高いと思われる．すなわち，つい先日まで洛陽に滞在していた倭国の遣隋使を含めて，隋書がその頃にやってきていた東・東南アジアの東夷をまとめて書いたのではないかと推定される．
　いずれにせよ，第三次遣隋使（608年3月19日）は他の遣隋使のように独立した遣隋使ではない．

2 第五次（610年正月）遣隋使

　第五次遣隋使については，隋書煬帝紀が大業6年（610年）正月，「倭国，使を遣わして方物を貢ず」と書く．しかし，隋書倭国伝にも日本書紀にも何も記載がない．

第五次遣隋使に関して，古田武彦氏は以下のように指摘される［古田①］．第四次遣隋使（608年9月）の小野妹子は推古17年（609年）9月に帰国したが，通訳の福利は帰国せず（日本書紀，推古17年9月），「"中国語の話せる，天皇家側使節"として残っている」．このことは，「使節としての福利が残存すべき目的を，なお持っていたことになる」，「それが翌年（610年）正月の奉賀に参列した『倭国使節』（第五次遣隋使）であった」と，第五次遣隋使は独自に派遣されたものではなく，推古天皇の第四次遣隋使の通訳などが隋の正月の奉賀に参列したものと指摘される．

　遣隋使に関する日本書紀の記述の中で分かりにくいのは，遣隋使の小野妹子は帰国したのに，通訳の福利だけが中国に残ったという日本書紀の奇妙な記述（日本書紀，推古17年9月）である．古田氏の第五次遣隋使に関するこの見解によって，この点を矛盾なく合理的に理解できることを考慮すれば，氏の見解は正しいと思われる．すなわち，隋書帝紀が書く大業6年（610年）正月の第五次遣隋使は独立した遣隋使ではない．

隋書倭国伝と日本書紀の整合と不整合

　1 記述が「あるか，ないか」という倭国伝と日本書紀の極端な不整合
　2 倭国伝と日本書紀の整合と極端な不整合をどのように理解するか
　3 日本書紀編纂方針の観点に立てば，より明確に理解できる
　4 要約・結論：倭国伝と日本書紀の整合と不整合

　以上，隋書倭国伝と日本書紀の遣隋使に関する諸問題について個別に検討してきたが，最後に隋書倭国伝と日本書紀の「遣隋使」の記述全体に関する整合と不整合という問題点について検討する．

1 記述が「あるか，ないか」という倭国伝と日本書紀の極端な不整合
(a) 隋書倭国伝と日本書紀の記述の整合と不整合
　本章の最初に指摘したように，隋書倭国伝と日本書紀の記述を全体としてみた場合，重要な事項について整合しない点がたくさんあって，とうてい無視できない状態である［増村②］．この点について，
　　〈問題点10〉第一次・第二次・第四次・第六次遣隋使に関する倭国伝と日本書紀
　　　　　　　の記述全体に見える整合と不整合をどのように理解するのか．

と問題提起した．日本書紀と隋書倭国伝の記述全体の整合・不整合を示したのが表6である．

表6に示したように，隋書倭国伝の記述と日本書紀の記述は，はっきりと整合する部分（表の○）と，はっきりと不整合の部分（×）にくっきりと分かれている．遣隋使に関する倭国伝と日本書紀の記述を全体として見ると，以下の点が指摘される．

① 倭国伝と日本書紀の記述が一致する点は，607年に第二次遣隋使を派遣したこと，608年の隋皇帝による裴世清の日本派遣，608年の裴世清帰国に際して，第四次遣隋使を送使として送ったことである．

② それ以外のすべての記事，特に，第一次・第二次遣隋使の具体的な内容，裴世清の日本滞在中の記述，裴世清帰国の際の国書など，日本書紀と倭国伝の記述はすべてまったく一致しない．

ただし，日本書紀と倭国伝の両方に記事がある裴世清出迎え・歓迎と留学生の記事については少しコメントが必要だろう．

裴世清出迎えと留学生派遣そのものについては倭国伝にも日本書紀にも書かれており，一見，同じ裴世清出迎えと留学生派遣を書いたように見える．しかし，すでに述べたように，裴世清を出迎えた人物は倭国伝と日本書紀で異なっているのであり，倭国伝は多利思比孤による出迎えのことを書き，日本書紀はそれについては何も書いていないのである．逆に，日本書紀は推古天皇の出迎えのことだけを書き，倭国伝はそれについては何も書いていないのである．一見，同じことを倭国伝と日本書紀が書いているように見えるだけであって，あくまで両者は異なる別の出迎えである．

同じことは留学生派遣についても言える．倭国伝が書くのはあくまで多利思比孤の留学生派遣であり，日本書紀が書く留学生は推古天皇の留学生である．両者は別の留学生派遣である．要するに，裴世清出迎えと留学生に関する記述もまた，他の記事と同様に，まったく一致していないのである．

(b) "あるか，ないか"，"ゼロか，イチか"という極端な不整合

遣隋使に関する隋書倭国伝と日本書紀の記述については，以下のような，はっきりした特徴がある．

第1に，隋書倭国伝と日本書紀がすっきりと整合（一致）する点は，第二次・第四次遣隋使を派遣したこと，裴世清が日本へ派遣されたこと，および，それらの年次，だけである．

第2に，それ以外のすべての記事は整合しない．

表6：日本書紀と隋書倭国伝が書く遣隋使に関する整合と不整合

(左欄の○と×は日本書紀と倭国伝が整合か不整合かを表す)

整合	日本書紀	隋書倭国伝
\multicolumn{3}{c}{第一次遣隋使（600年）（推古8年，開皇20年）}	

整合	日本書紀	隋書倭国伝
×	－	倭王阿毎多利思比孤，第一次遣隋使派遣．
×	－	倭王：阿毎多利思比孤，阿輩雞弥と号す．妻：雞弥，太子の名：利歌弥多弗利．「倭王は天を以て兄となし，日を以て弟となす」．隋高祖「これ大いに義理なし」．
	第二次遣隋使（607年）（推古15年，大業3年）	
○	推古天皇，小野妹子を派遣．	多利思比孤，第二次遣隋使派遣．
×	－	菩薩天子を朝拝せしめる．国書「日出ずる処の天子，書を日没する処の天子に致す」．煬帝「不悦」，「蛮夷の書，無礼なる者あり」．
×	－	留学生「沙門数十人」．
	裴世清の来日（608年）（推古16年，大業4年）	
○	小野妹子，裴世清を伴い大唐より至る．	隋煬帝，裴世清を倭国へ派遣．
×	飾船30艘で江口で迎え，中臣宮地連烏磨呂等を掌客とす．額田部比羅夫，飾馬75匹で海石榴市に迎える．	－
×	－	小徳阿輩台，数百人を従え鼓角を鳴らして迎える．大礼哥多毗，二百余騎を従え郊労する．
×	妹子，隋皇帝の国書を百済で盗まれる．	－
×	－	多利思比孤と裴世清が対談．多利思比孤「我れは夷人」，「朝貢せしむ」．裴世清，多利思比孤を「宣諭す」．裴世清「朝命既に達せり」．
×	隋皇帝国書提出儀式．裴世清，隋皇帝の国書「皇帝，倭皇を問ふ……」を庭に立って読み上げる．推古天皇は庭の北の大門の奥．	－
	第四次遣隋使（608年）（推古16年，大業4年）	
○	裴世清帰国．小野妹子を副えて遣わす．	「使者をして清に随い来って方物を貢せしむ」
×	推古天皇，「東天皇」国書を隋皇帝へ送る	－
×	推古天皇，学生4人，学問僧4人を隋へ送る．	－
	第六次遣隋使（614年）（推古22年）	
×	犬上君御田鍬・矢田部造を大唐に遣す．	－

[第4章] 日本書紀が提起する遣隋使の諸問題

そのことがもっとも明瞭に表れているのが裴世清と多利思比孤の対談である．対談そのものについての記述はどちらにもあるが，立場による食い違いがあるとかではなく，倭国伝には分量が多く詳しい記述が存在するのに，日本書紀にはまったく何も記載がない，という"あるか，ないか"，"ゼロか，イチか"という不一致である．第一次遣隋使も，「日出ずる処」国書も，隋皇帝国書提出儀式も，「東天皇」国書も，みな同じように"あるか，ないか"である．

このように，整合しない点に関しては，"内容が重ならない部分がある"，"内容に矛盾がある"，"強調する点が食い違う"というようなレベルではなく，記述そのものが"存在するか，まったく存在しないか"，"あるか，ないか"，"ゼロか，イチか"という極端な不整合が，倭国伝と日本書紀の遣隋使に関する記述の顕著な特徴である．

2 倭国伝と日本書紀の整合と極端な不整合をどのように理解するか

以上の整合と不整合，特に"あるか，ないか"という目立つ特徴がある不整合はどのように理解されるだろうか．これは「多利思比孤＝推古天皇」か「多利思比孤≠推古天皇」かによって異なる．

(a)「多利思比孤＝推古天皇」である場合

「多利思比孤＝推古天皇」の場合，整合部分である第二次・第四次遣隋使や裴世清派遣そのもの，および，それらの年次が一致することは当然である．

しかし，不整合部分が問題となる．「多利思比孤＝推古天皇」であれば，倭国伝と日本書紀は同じ外交，同じできごとを書いたのである．であれば，理解，強調の度合い，重点の置き方が倭国伝と日本書紀に差が生じることはじゅうぶんあり得るが，すべてのできごとの記事そのものが存在するか，まったく存在しないか，"ゼロかイチか"という極端な不一致となるというようなことは起こり得ない．

日本書紀は，なぜ第一次遣隋使をすべて無視するのだろうか．大和政権の史観から見ても画期的な「日出ずる処」国書をなぜ書かないのだろうか．なぜ「日出ずる処」国書を載せず，酷似した「東天皇」国書を造作したのだろうか．裴世清と多利思比孤（＝推古天皇）の対談の結果，自主独立・準対等の立場が黙認されたという重要な成果になぜ一言も触れないだろうか．「天子」の称号が黙認されたのに，なぜ日本書紀はひとこともそのことを書かないのだろうか．さらにまた「多利思比孤＝推古天皇」であれば，留学生派遣や裴世清の出迎え・歓迎についてなぜ日本書紀と倭国伝の記述は一致しないのだろうか．

同じことは倭国伝の記述についても言える．倭国伝は隋皇帝が推古天皇に朝貢したかのような国書提出儀式をなぜ書かないのだろうか，天皇－皇帝と対等の立場を再び主張した「東天皇」国書についてなぜ一言も触れないのだろうか．

普通，同じできごとを書く場合であっても，書く人の立場によって重点や細部での食い違いがあるのは珍しいことではない．しかし，倭国伝と日本書紀が記述する主要な内容のほとんどがお互いにまったく存在しないというようなことは，起こりえないことである．

以上のように，倭国伝と日本書紀の"あるか，ないか"という極端な不整合を，「多利思比孤＝推古天皇」という観点から合理的に理解することは容易なことではない．

(b)「多利思比孤≠推古天皇」の場合①：整合部分

一方，もしも「多利思比孤≠推古天皇」とすれば，まず，第二次・第四次遣隋使派遣，裴世清の来日，および，それらの年次が倭国伝と日本書紀でぴったり一致するという整合部分をどう理解するかが問われる．

多利思比孤と推古天皇が同じ年に別々に遣隋使を派遣することはあり得ないとは言えない．しかし，

① 多利思比孤と推古天皇が別々に第二次遣隋使を派遣したことをうかがわせる記述は倭国伝にも日本書紀にもないこと，
② 裴世清の訪日目的はあくまで多利思比孤であるが（倭国伝），裴世清は推古天皇の遣隋使，小野妹子と同道して来日していること（日本書紀），
③ 派遣されてきた裴世清が倭国（倭国伝）と大和国（日本書紀）の両方を訪問していること，
④ 多利思比孤も推古天皇も帰国する裴世清に送使をつけていること，
⑤ 倭国と大和国の間に，何らかのあつれきのようなものがあったことは何も書かれていないこと，

を考慮すれば，多利思比孤と推古天皇が共同で第二次・第四次遣隋使を派遣し，裴世清は倭国と大和国の両方を訪問した，と考えるのが妥当である．

600年の第一次遣隋使は倭王多利思比孤だけが派遣したと考えられる（だから日本書紀には第一次遣隋使は書かれていない）．その結果，多利思比孤には仏教を先頭に先進文化を隋から直接導入する道が開け，留学生派遣が認められた．そのことを聞いた推古天皇が，次回は自分の使者もいっしょに連れていって欲しいと要望し，倭王多利思比孤はその要望を快く受け入れたのだろうと推測される．その結果，多利思比

孤と推古天皇は607年に共同で第二次遣隋使を派遣した（"共同"と言っても実際には多利思比孤の使者が"主"で，大和政権の使者は"従"の関係であっただろう）．

であれば，倭国伝と日本書紀の整合部分，第二次遣隋使派遣，裴世清訪日，第四次遣隋使（608年9月），および，それらの年次が倭国伝と日本書紀で一致することは当然であって無理なく理解できる．

(c)「多利思比孤≠推古天皇」の場合②："あるか，ないか"という極端な不整合

次に，不整合部分はどう理解されるだろうか．もしも「多利思比孤≠推古天皇」であれば，例えば，裴世清と多利思比孤の対談は倭国でのできごとであり，隋皇帝国書提出儀式は大和政権でのできごとであって，別の国でのできごとである．とすれば，倭国伝が多利思比孤と裴世清の対談を詳細に書き，日本書紀が国書提出儀式など大和政権でのできごとを詳しく書くことは合理的である．その結果，倭国伝と日本書紀に不整合が生じるのも当然である．

しかし，今の場合は単なる不整合ではない．倭国伝には裴世清の大和訪問記事がいっさいないだけでなく，国書提出儀式も，「東天皇」国書も，8人の留学生も，日本書紀に書かれている主要な内容は完全にまったく存在せず，何も書かれていない．日本書紀も同じである．単に不整合というにとどまらず，"ゼロか，イチか"，"あるか，ないか"という極端な不整合である．

この極端な不整合はどう理解されるだろうか．

(d) 倭国伝に大和政権との外交が書かれていないのは隋書東夷伝の原則による

まず，隋書倭国伝に推古天皇・大和政権に関する記述がない理由は，中国の蛮夷伝はその蛮夷の国の統治・支配政権との外交などは書くが，統治・支配政権以外との交流などは書かないという中国史書の原則によると考えられる．

そのことをはっきり示しているのが唐書の倭国伝と日本国伝である．旧唐書倭国伝は，日本統治国と認めた倭国との外交だけを倭国伝として書き，日本国（大和国）との交流は何も書いていない．その後，日本統治国が倭国から日本国に変わったとして，旧唐書日本国伝はそれ以後の日本国との外交を書く．それ以前の日本国との外交は何も書いていない（なお，新唐書は倭国＝日本国を統治国と認めて，倭国と日本国を区別せず書いている）．

隋が認めている「倭王」は多利思比孤であって，推古天皇ではない．従って，隋書倭国伝が書いたのは，倭国の統治者である「倭王」多利思比孤が送ってきた遣隋使であり，「倭王」多利思比孤との外交であり，多利思比孤の「倭国」の風俗である．あくまで，倭国伝は倭国の統治・支配政権と認めた多利思比孤との交流だけを書い

たのであって，推古天皇・大和国のことはいっさい何も書いていないのである．従って，倭国伝に大和政権との外交・交流がいっさい書かれていないことは無理なく理解できる．

(e) 日本書紀が「倭王」多利思比孤のことを書かないのは「多利思比孤≠推古天皇」であるため

一方，「多利思比孤≠推古天皇」の場合，日本書紀が隋と倭国との交流を書かない理由は，以下のように考えられる．

「多利思比孤≠推古天皇」であれば，隋と多利思比孤の外交は大和政権には関係ないことである．第一次遣隋使も，「日出ずる処」国書も，裴世清と多利思比孤の対談も，あくまで多利思比孤と隋の間の外交であって，大和政権は関係がなかった．そのために日本書紀には何も書かれていないのである．裴世清はまず倭国を訪問し，その後，大和国を訪問している．日本書紀は大和政権が関係していない倭国訪問については何も記さず，大和の滞在中の外交についてのみ書いたのである．

以上のように日本書紀に倭国に関する記事がないことは「多利思比孤≠推古天皇」という観点から合理的に理解できる．

要するに，「多利思比孤≠推古天皇」の場合，"あるか，ないか"，"ゼロか，イチか" という極端な不整合は以下のように理解される．

① 倭国伝は，日本の統治者「倭王」であると認めた多利思比孤との外交だけを書いた．

② 日本書紀が多利思比孤のことを書かないのは「多利思比孤≠推古天皇」であって，隋と多利思比孤の外交は大和政権とは関係なかったからである．

これらの結果，倭国伝と日本書紀の記述に "あるか，ないか"，"ゼロか，イチか" という極端な不整合が生じた．

3 日本書紀編纂方針の観点に立てば，より明確に理解できる

以上のように，倭国伝と日本書紀の整合と不整合も「多利思比孤≠推古天皇」という観点に立てば合理的に理解できる．

しかし，一歩進めて，日本書紀の編纂方針の観点から見れば，日本書紀に「倭王」多利思比孤と倭国のことがまったく載っていない点について，よりはっきり理解できるように思われる．

倭国伝には，「倭王」多利思比孤と「倭国」の実態，そして，隋と「倭王」多利思比孤の外交について書かれている．日本書紀編纂の基本の1つは，「日本を統治す

る唯一の『倭王』は大和政権の君主である」という点にあると推定される．もしも「多利思比孤≠推古天皇」であれば，「倭王」多利思比孤の存在そのものが，8世紀の大和政権の歴史観に抵触する存在と見なされた可能性が高い．その場合，天武天皇の詔では「偽を削り実を定めて（偽りを削り真実を定めて選録し），後葉に流へむ（後世に伝える）」とされており，倭国伝が書く「倭王」多利思比孤に関する事績・事項は，日本書紀ではすべて「偽り」として削除されたのではないだろうか．

そうであれば，倭国伝に書かれている「倭王」多利思比孤に関することが，細大漏らさず，日本書紀にはまったく書かれていない理由を無理なく理解できるのである．このことは，日本書紀の編纂方針に基づき，「倭王」多利思比孤に関する事項は日本書紀ではすべて削除されたことを示唆している．

以上のように，日本書紀は，その編纂方針に基づき，倭国伝が書く「倭王」多利思比孤・「倭国」に関する事項はすべて削除したと考えれば，倭国伝に書かれている事項が日本書紀にはまったく書かれていないことをよりはっきりと理解できると思われる．高橋善太郎氏は［高橋①］，「か様な相違のあるのは，別の確実な史料によったからではなく，実は書紀の編者の独得な国体観念を以てしては，隋書の記事をそのまま承認し難かったからに他ならない」と指摘される．氏の指摘は正しいと思われる．

4 要約・結論：倭国伝と日本書紀の整合と不整合

倭国伝と日本書紀のはっきりした整合と"あるか，ないか"という極端な不整合に関して，以下のように要約される．

(a)「多利思比孤＝推古天皇」では，"あるか，ないか"という極端な不整合の合理的理解は困難である．

(b)「多利思比孤≠推古天皇」の場合：整合部分

　　　第二次・第四次遣隋使は多利思比孤と推古天皇の共同派遣であり，裴世清は倭国と大和国の両方を訪問した．そのため，第二次・第四次遣隋使派遣，裴世清訪日，および，それらの年次が倭国伝と日本書紀で一致した．

(c)「多利思比孤≠推古天皇」の場合："あるか，ないか"という極端な不整合

　　　① 蛮夷伝はその国の統治政権との交流だけを書くという原則に基づいて，倭国伝は隋が「倭王」と認めた多利思比孤と隋との交流だけを書いた．

　　　② 日本書紀が多利思比孤のことを書かないのは「多利思比孤≠推古天皇」であって，隋と多利思比孤の外交は大和政権には関係なかったからである．

③あるいは，一歩進めて，日本書紀は，その編纂方針に基づいて，大和政権の君主ではない「倭王」多利思比孤と「倭国」のことはすべて削除した．その結果，日本書紀には倭国伝が書く多利思比孤のことは何も書かれていないと理解される．

以上の結果，倭国伝と日本書紀の記述に，"あるか，ないか"という極端な不整合が生じた．

(d) 結論

以上から得られる主な結論は以下のようになる．

　①「多利思比孤 ≠ 推古天皇」である．
　②第二次・第四次 (608 年 9 月) 遣隋使は多利思比孤と推古天皇の共同派遣である．
　③倭国伝は蛮夷伝の原則に基づき，「倭王」である多利思比孤の遣隋使だけを書き，大和政権の遣隋使はひとことも書かなかった．
　④日本書紀は大和政権の遣隋使だけを書き，倭国の遣隋使は一言も書いていない．あるいは，日本書紀はその編纂方針に基づき，倭国伝が書く「倭王」多利思比孤に関係する点はすべて削除した．その結果，倭国伝と日本書紀に"あるか，ないか"という極端な不整合が生じた．

以上の議論から問題点 10 は以下のように理解される．

〈問題点 10〉第一次・第二次・第四次遣隋使に関する倭国伝と日本書紀の記述全体に見える整合と不整合をどのように理解するのか．

➡「多利思比孤 = 推古天皇」であれば，"あるか，ないか"という不整合部分を合理的に理解することは困難である．しかし，もしも「多利思比孤 ≠ 推古天皇」であれば以下のように理解できる．

第二次・第四次遣隋使派遣と裴世清派遣，および，それらの年次がすっきりと一致する (整合する) のは，第二次・第四次遣隋使が多利思比孤と推古天皇の共同派遣であり，裴世清は倭国と大和国の両方を訪問したからである．

一方，"あるか，ないか"という極端な不整合が生じたのは，以下の理由による．

　①「多利思比孤 ≠ 推古天皇」であって，倭国伝は，蛮夷伝の原則に基づき，日本の統治政権と認めた「倭王」多利思比孤との外交だけを書いた．
　②日本書紀は多利思比孤と隋の外交はすべて無視した．あるいは日本書紀の編纂方針に基づき，倭国伝が書く「倭王」多利思比孤に関する事項はすべて削除した．

以上の結果，倭国伝と日本書紀の記述に"あるか，ないか"という極端な不整合が生じたと理解される．

総括：造作された日本書紀の「遣隋使」

　1 日本書紀の「遣隋使」に関する検討結果の要約
　2「遣隋使」によって明らかになった7世紀初めの「倭王」の称号

1 日本書紀の「遣隋使」に関する検討結果の要約

　今まで遣隋使に関する日本書紀の主要な記述について検討してきた．それらの検討結果を要約すれば以下のようになる．

(a) 百済での国書盗難事件

「多利思比孤≠推古天皇」であって，多利思比孤には隋皇帝国書があるのに推古天皇宛の国書がないことを，推古政権の中枢部（推古天皇・聖徳太子・大臣馬子）は体面上許容できなかった．そのために，推古天皇宛の国書があったのだが盗まれたかのように造作したのが，百済での国書盗難事件である（もしも「多利思比孤＝推古天皇」であれば，推古天皇にも国書があったのであり，百済での国書盗難事件を造作する必要はなかった）．

(b) 隋皇帝国書提出儀式

① 日本書紀は隋皇帝国書の提出儀式を，推古天皇が上位に立ち，あたかも隋皇帝の使者裴世清が推古天皇に"朝貢"してきたかのように書く．しかし，隋皇帝が朝貢使を派遣するなどあり得ず，もしも実際にこういう儀式があったとしたら，もめ事なく行われたとは思えない．しかし，もめ事は何も書かれておらず，この儀式は日本書紀による造作である［川本①，高明士］．

② 倭国伝は多利思比孤の第二次遣隋使を朝貢使と書いており，また「倭王」多利思比孤が隋への朝貢を認めたと書いている．しかし，日本書紀の「日本の唯一の統治者は大和政権の君主」という立場では「倭王」である推古天皇が隋へ朝貢することは許容できない．その結果，推古天皇が隋皇帝へ朝貢することはあり得ないことを示すために，日本書紀の編著者が造作したのが隋皇帝国書提出儀式，実は隋皇帝が推古天皇に朝貢してきたという裴世清"朝貢"儀式である．

(c) 隋皇帝国書

① 隋皇帝国書は，冒頭に「皇帝，倭皇（王）を問ふ」と書いており，「倭王」宛で

あり，多利思比孤の「日出ずる処」国書への返書である．しかし，日本書紀は，国書提出儀式の中で裴世清が隋皇帝国書を読み上げたと書いて，推古天皇宛であるかのように造作した．

② 裴世清"朝貢"儀式（隋皇帝国書提出儀式）の中に，「朝貢してきた」という隋皇帝国書が載せられているという「朝貢」の矛盾は，造作した隋皇帝国書提出儀式の信憑性を高め，推古天皇は隋皇帝へ朝貢したのではないことをよりはっきりと示せる，と日本書紀の編著者が判断したからと推定される．

③ 隋皇帝国書が推古天皇宛と造作したことを隠すために，日本書紀は多利思比孤の遣隋使蘇因高が推古天皇の遣隋使小野妹子であるかのように造作した．

(d)「日出ずる処」国書と「東天皇」国書

① もしも，「多利思比孤＝推古天皇」であれば，日本書紀は第二次遣隋使（607年）の小野妹子に「日出ずる処」国書を託したと明記し，「日出ずる処」国書の全文を載せただろう．そうすれば，奇妙な「東天皇」国書は必要なかった．

② しかし，「多利思比孤≠推古天皇」であって，「日出ずる処」国書は推古天皇の国書ではなかったし，「天子」の称号も許容できなかった．そのため，日本書紀の編著者は，「日出ずる処」国書を推古天皇の国書として日本書紀に載せることはできなかった．

③ しかし，「日出ずる処」国書は自主独立・対等の立場を提示した画期的な国書であったから，無視することはできなかった．そのために，「東天皇」国書を造作・捏造し，あたかも「日出ずる処」国書であるかのように偽装した．

④ 「東天皇」国書は，「日出ずる処」国書であるかのように造作・偽装された国書であるために，「日出ずる処」国書に酷似した文章になった．

⑤ 大和政権の君主の称号は「天子」ではない．日本書紀は「天皇」を明記する「東天皇」国書によって，「倭王」の称号は「天子」ではなく「天皇」であると主張した．

⑥ 「東天皇」国書は隋皇帝へ提出された国書ではない．

⑦ 「東天皇」国書そのものも，それに伴う諸問題も，「多利思比孤≠推古天皇」であることによって生じた問題点である．

⑧ 日本書紀が載せる「東天皇」国書は8世紀に日本書紀の編著者が造作したものであるが，「東天皇」国書の原型となる「推古天皇の書」が隋へ提出された可能性が高い．

⑨ 「推古天皇の書」で，隋へ提示した大和政権の君主の称号は，「天皇」ではなく，

中華王朝が受け入れ可能な「王」の類いの称号であった．あるいは，称号はあいまいにして明示しなかった，と推定される．
⑩ おそらく「推古天皇の書」によって，大和政権独自の遣隋使派遣の道が開けたと考えられる．

(e) 留学生の問題
① 隋への留学生派遣に関する隋書倭国伝と日本書紀の記述には，派遣年次の不一致などの問題点がある．
② 「多利思比孤＝推古天皇」という立場でこれらの矛盾を合理的に理解することは難しいが，「多利思比孤≠推古天皇」ならば，すべて無理なく合理的に理解できる．
③ 留学生に関する倭国伝と日本書紀の記述は，「多利思比孤＝推古天皇」ではなく，「多利思比孤≠推古天皇」であることを示している．

(f) 倭国伝と日本書紀の整合と不整合
倭国伝と日本書紀の遣隋使の記述全体を見ると，はっきりした整合と，「あるか，ないか」という極端な不整合が共存している．「多利思比孤＝推古天皇」では理解困難であるが，「多利思比孤≠推古天皇」であれば，以下のように，合理的に理解できる．
① 第二次・第四次遣隋使は倭王多利思比孤と推古天皇の共同派遣であり，裴世清は倭国と大和国の両方を訪問した．従って，第二次・第四次遣隋使や裴世清の派遣とそれらの年次が一致する．
② 倭国伝は，隋が日本を統治していると認めた「倭王」多利思比孤と隋との外交・交流だけを書いた．日本書紀は隋と多利思比孤の外交は関係なかったのですべて無視した．あるいは，その編纂方針に基づき，「倭王」多利思比孤と「倭国」のことはすべて削除・無視した．その結果，日本書紀と倭国伝の記述に，「あるか，ないか」という極端な不整合が生じた．

(g) 遣隋使に関する日本書紀の記述全体の主要な結論
日本書紀の「遣隋使」全体について，以下のように要約・結論される．
① 日本書紀の主要な記事である隋皇帝国書提出儀式，「東天皇」国書，冠位十二階（別章）は，すべて日本書紀によって造作された記事である．すなわち，日本書紀の「遣隋使」の主要内容は8世紀に日本書紀によって造作されたものである．
② 「多利思比孤≠推古天皇」であれば，日本書紀の遣隋使に関するほとんどの問

題点を合理的に理解できる．

2 「遣隋使」によって明らかになった7世紀初めの「倭王」の称号

重要な問題である「倭王」の称号について以下に整理しておきたい．

倭王の称号は「遣隋使」全体のみならず，その後の遣唐使による中華王朝との外交において重要な問題点の1つである．「遣隋使」により，「倭王」の称号の問題がどういう結果になったのかは，次の遣唐使に大きい影響を与え，「遣隋使」以後の倭国・大和政権の外交に重大な結果をもたらしている．しかし，倭王の称号は複雑で，けっして分かりやすくはない．そこで，倭王の称号について改めて整理し，結果を再確認しておけば以下のようになる．

(a)「倭王」多利思比孤の称号は「天子」である

倭国の倭王多利思比孤は第二次遣隋使の「日出ずる処」国書で「天子」の称号を自称した．これに対して隋皇帝は国書で蛮夷の王の「天子」の称号はあり得ないと中華思想を説く返書を書いた．その国書を持たせて裴世清を派遣し，裴世清は多利思比孤を宣諭したが，多利思比孤にかわされ，「天子」称号を撤回させられなかった．倭国伝には多利思比孤が「天子」の称号を撤回したことはどこにも書かれていないことから，多利思比孤は「天子」の称号を堅持したことは間違いない．

① 多利思比孤は「日出ずる処」国書で「天子」を称し，裴世清宣諭によっても撤回することはなく，以後も「天子」の称号を堅持した．

② 多利思比孤は「天子」の称号を隋皇帝に認められたと認識したが，隋皇帝は高句麗という喫緊の問題のために黙認しているだけ，という認識のズレが残った．

(b) 大和政権の君主の称号

大和政権の君主の称号について，日本書紀は隋皇帝国書の提出儀式で，推古天皇が隋皇帝よりも上位の立場を提示し，「東天皇」国書によって「天皇」を称して中華皇帝と対等（以上）の立場を明示したと書く．これらの日本書紀の記述によれば，7世紀初めの大和政権の君主の称号は「天皇」である．しかし，これらは日本書紀の造作と考えられる．では7世紀初めの大和政権の君主（推古天皇）の称号は何か．それは日本書紀からは分からない．

おそらく「東天皇」国書の原型となった「推古天皇の書」が隋皇帝へ提出されたと推定される．推古天皇が「推古天皇の書」でどういう称号を用いたかもはっきりしない．しかし，隋との称号をめぐる争いは倭国伝にも日本書紀にも載っていない

[第4章] 日本書紀が提起する遣隋使の諸問題　289

から，問題となる「天子」とか「天皇」ではなかったことは確かで，おそらく「王」の類いであったと推定される．あるいは，隋から見ると「倭王」は多利思比孤であり，おそらく諸侯の位置づけであった推古天皇は，称号を明確化することを隋から求められなかった可能性もある．その結果，自らの称号をあいまいにして明示しなかった可能性がある．

(c) **本拙論の結論：倭王の称号**

日本書紀の遣隋使に関するこれまでの検討の結果，倭王の称号については以下の諸点を結論した．

① 多くの事項が「多利思比孤≠推古天皇」を示唆している．
② 倭国の倭王多利思比孤の称号は「天子」である．
③ 多利思比孤は「天子」の称号を隋皇帝に認められたと認識しているが，隋皇帝は黙認しただけという認識の不一致が残った．
④ 7世紀初めの大和政権の君主の称号は不明であるが，「天皇」ではない．
⑤ 隋に対して，おそらく「王」の類いを称したであろう．あるいは，あいまいにして自らの称号を明示しなかった可能性もある．

「倭王」多利思比孤と日本書紀の編纂方針

1. 日本書紀の編纂方針に抵触する可能性がある「倭王」多利思比孤
2. 8世紀の大和政権の歴史観に基づく日本書紀の「遣隋使」編纂方針
3. 「倭王」多利思比孤に対する日本書紀の対応
4. 要約・結論：日本書紀の編纂方針に抵触する「倭王」多利思比孤に対する日本書紀の対応
5. 隋書倭国伝の重要性

1 日本書紀の編纂方針に抵触する可能性がある「倭王」多利思比孤

最後に，少し視点を変えて，日本書紀編纂方針の観点から，日本書紀の記述全体について考えたい．

日本書紀のいろいろな問題点の背景に，日本書紀全体の編纂方針がある．倭国伝の記述と比較しつつ，日本書紀の「遣隋使」の記述全体を見ると，日本書紀編纂方針が日本書紀の記述にどのように反映されているかが少し見えてくるように思われる．日本古代史における日本書紀の重要性を考えれば，「遣隋使」に立脚する論点に

限られるとしても，日本書紀の編纂方針がどのように日本書紀の記述に反映されているか，特に，編纂方針に抵触する可能性のある「倭王」多利思比孤に関して日本書紀はどのように対応しているのか，という点について整理し，指摘しておくことは意味のあることであろう．そこで改めて日本書紀の「遣隋使」の記述全体について以下に整理しておきたい．

2 8世紀の大和政権の歴史観に基づく日本書紀の「遣隋使」編纂方針

まず「遣隋使」に関する日本書紀の編纂方針はどんなものだろうか．

日本書紀はあくまで大和政権が書いた歴史書である．日本書紀が完成したのは720年であり，8世紀の大和政権の歴史観に基づいて編纂された歴史書である．

8世紀初め，大和政権は，大宝律令を制定し，中央集権の律令国家を確立し，当時の「日本」の全域での統治を確立した．中央集権の確固とした古代国家の誕生である．その中核は，大和政権の君主である天皇である．日本書紀が書かれた8世紀初め，7世紀の推古天皇とは異なり，大和政権の君主は，諸臣・諸豪族を超越した絶対的な存在である「天皇」として，その圧倒的な権威・権力を確立していた．日本書紀は，当然，そういう画期的な古代国家確立という客観的な状況を反映した8世紀の大和政権の歴史観に基づく編纂方針によって書かれたのである．

また，日本書紀の編纂方針に関して無視できない重要な点が，すでに指摘した天武天皇の詔である．古事記序文は，天武天皇の詔を「邦家の経緯（国家組織の根本）にして，王化（天皇の政治）の鴻基（大きく強い根本・根拠）」である事項について，「旧辞を討ね窮め（旧辞をよく調べ正し）」，「偽を削り，実を定めて（真実を定めて選録し），後葉に流へむ（後世に伝える）」と引用している［山口・神野］．日本書紀は天武天皇の詔によって書かれた歴史書であるから，この詔は当然日本書紀の編纂方針の基本となったはずである．すなわち，日本書紀は，8世紀の大和政権の歴史観と天武天皇の詔に基づく編纂方針によって編纂された歴史書なのである．

では日本書紀が編纂された8世紀初めの大和政権の歴史観，および，天武天皇の「邦家の経緯（国家組織の根本）にして，王化（天皇の政治）の鴻基（大きく強い根本・根拠）」に基づく編纂方針はどんなものだろうか．その点が具体的に明記されているわけではないが，基本方針の1つは，「日本の唯一の統治者は大和政権の君主である」という点ではないかと推定される．「遣隋使」に即して書けば，「日本を統治する唯一の『倭王』は大和政権の君主である」と書き換えることができるだろう．この編纂方針から見て，「偽」と判断された事項は日本書紀では「削」られ，「実（真

なるもの，真実）を定めて」，「後葉に流へ（後世に伝え）」られたものが現存する日本書紀ではないだろうか．

従って，日本書紀には必ずしも客観的な事実が書かれているとは言えず，日本書紀編纂の基本方針に抵触する点は，削除され，「実を定めて（真実を定めて）」，現在に伝えられている可能性が高い．

3 「倭王」多利思比孤に対する日本書紀の対応

「遣隋使」において，問題となるのは倭国伝が書く「倭王」多利思比孤である．もしも「多利思比孤＝推古天皇」であれば，日本書紀は，倭国伝が書く「倭王」多利思比孤の事績を推古天皇の事績として書いただろう．しかし，もしも「多利思比孤≠推古天皇」であれば（本拙論では最終的に「多利思比孤≠推古天皇」と結論する．詳しくは後述），問題が起こる．隋書倭国伝は，「倭王」多利思比孤と明記しており，7世紀初めの日本の統治者である「倭王」は多利思比孤であるとして記述していることは明らかである．であれば，倭国伝が書く「倭王」多利思比孤は，「日本を統治する唯一の『倭王』は大和政権の君主である」という日本書紀の編纂方針に抵触する存在である．

では倭国伝が書く「倭王」多利思比孤の事績・事項に対して，日本書紀はその編纂方針に基づきどのように対応しているだろうか．日本書紀が書く「遣隋使」全体を改めて読み直すと，「偽を削り，実を定めて，後葉に流へむ」という天武天皇の詔が強く意識され，そして，詔は忠実に実行されたのではないか，と考えられる．以下にそのことを指摘したい．

(a) 「偽」として意図的に削除された「倭王」多利思比孤の事績

まず第1に指摘すべきことは，隋書倭国伝が記す「倭王」多利思比孤と「倭国」については，日本書紀にはいっさい何も書かれていないことである．

日本書紀は倭国伝を読んでいるはずなのに，倭国伝が明記する第一次遣隋使も，「日出ずる処」国書も，多利思比孤と裴世清の対談も，日本書紀には一言も書かれていない．日本書紀が書く第二次遣隋使，裴世清の送迎，留学生派遣などは，あくまで推古天皇による第二次遣隋使，裴世清の送迎，留学生派遣であって，多利思比孤の第二次遣隋使などは何も書かれていないのである．要するに，日本書紀は倭国伝が明記する多利思比孤の事績は，何も書いていない．日本書紀による限り，倭国伝が記す「倭王」多利思比孤も「倭国」もいっさい存在しない，というのが客観的事実である．

この点について，今まで「多利思比孤≠推古天皇」であり，日本書紀は推古天皇の外交だけを書いて，多利思比孤の外交は何も書かなかったと理解してきた．その理解が間違っているというわけではない．しかし，すでに指摘したように，一歩進めて，"「多利思比孤≠推古天皇」であるために，日本書紀は天武天皇の「偽りを削る」という編纂方針に基づいて大和政権の君主ではない「倭王」多利思比孤の事績を「偽」として意図的に「削」った"と考えれば，より明確に理解できる．
　すなわち，日本書紀は天武天皇の詔に従って，隋書倭国伝が書く「倭王」多利思比孤についてはすべて「偽」として意図的に削除したと判断することができるのである．削除は徹底的に実行されている．日本書紀による限り，倭国伝が記す「倭王」多利思比孤も，「倭国」も，第一次遣隋使も，「日出ずる処」国書も，「天子」の称号も，いっさい，何もなかったのである．

(b) **日本書紀が「実を定めて，後葉に流へむ」としたもの**

　しかし，隋書倭国伝の「倭王」多利思比孤に関する記述の中には，日本書紀の編著者が「偽」と見なして削除するだけでは済ませられない重要問題がある．その場合に，日本書紀の編著者はどう対応しているだろうか．以下に指摘するように，日本書紀の対応は，天武天皇の詔の「実を定めて（真実を定めて），後葉に流へむ（後世に伝える）」という方針にきわめてよく一致しているように思われる．
　削除し無視するだけでは済ませられない「倭王」多利思比孤に関する重要問題とは，「日出ずる処」国書を先頭に，本拙論で今まで日本書紀による造作ではないかと指摘してきた事項が該当しているのではないだろうか．日本書紀はこれらの問題にどのように対応しているだろうか．改めて天武天皇の詔に基づく編纂方針の観点から見ると以下のように理解される．

① 多利思比孤の「朝貢」

　第二次遣隋使に関して，倭国伝は「倭王」多利思比孤が「使を遣わして朝貢す」と明記し，多利思比孤と裴世清の対談における多利思比孤の「朝貢せしむ」という発言を明記している．日本書紀は，天武天皇の詔に基づき，これらの点はすべて「偽」として日本書紀では無視・削除した（「偽を削り」）．
　しかし，「朝貢」の問題は，これだけで済ますことはできなかった．8世紀の大和政権の歴史観では日本の唯一の「倭王」は大和政権の君主である．従って，倭国伝の記述では，多利思比孤＝「倭王」＝推古天皇が隋皇帝に朝貢したことになる．しかし，これは日本書紀の編纂方針から見ると許されないことである．
　そこで日本書紀が天武天皇の詔に従って，「実を定めて，後葉に流へ」たのが，隋

皇帝国書提出儀式ではないだろうか．日本書紀は，推古天皇が上位に立ち，あたかも隋皇帝が推古天皇に朝貢してきたかのように造作し，推古天皇が隋皇帝へ朝貢したことを否定し，それが真実である（「実を定め」）と，日本書紀に書き残した（「後葉に流へむ」）と理解される．

② 多利思比孤の「日出ずる処」国書

倭国伝は「日出ずる処の天子，書を日没する処の天子に致す」という「倭王」多利思比孤の「日出ずる処」国書を明記している．この画期的な「日出ずる処」国書は大和政権の君主ではない「倭王」多利思比孤の国書であったために，「日出ずる処」国書は「偽」として削除された（「偽を削り」）．

しかし，日本書紀は，「日出ずる処」国書を日本書紀には載せないという対応だけで済ますことはできなかった．なぜならば，「日出ずる処」国書は，大和政権の歴史観から見ても画期的な自主独立・対等の立場を明示した国書であって，こういう国書を提出した「倭王」は，唯一の「倭王」であるはずの大和政権の君主でなければならなかったからである（また，「日出ずる処」国書の「天子」の称号も受け入れることはできなかった）．

そこで「日出ずる処」国書に酷似した「東天皇」国書を造作して，あたかも倭国伝が推古天皇の「東天皇」国書を「日出ずる処」国書へと書き換えたかのように偽装し，また「倭王」の称号は「天子」ではなく「天皇」であると主張した（「実を定め」）．日本書紀の編纂方針では，「倭王」の「日出ずる処」国書は大和政権の君主である推古天皇の国書でなければならなかったのである．そして日本書紀はそれ（「東天皇」国書）を書き残した（「後葉に流へむ」）と理解される．

③ 倭国の官位・冠位制度

「倭王」多利思比孤は，「日本の唯一の統治者は大和政権の君主である」という日本書紀の編纂方針に抵触する．そのため，日本書紀は倭国伝が書く「倭王」多利思比孤の官位・冠位制度はすべて削除し無視した（「偽を削り」）．

しかし，やはりそれだけでは済ませられなかった．なぜなら，倭国の官位・冠位制度によって，大和政権の諸臣にも官位・冠位が実際に授与されていたからである（別章で詳述）．8世紀の大和政権の歴史観では，大和政権の諸臣の官位・冠位は大和政権の官位・冠位制度に基づき，唯一の「倭王」である大和政権の君主が授与したものでなければならなかった．そこで，日本書紀は倭国の官位・冠位制度を大和政権の冠位十二階であるかのように造作し，あたかも大和政権自身の冠位制度（冠位十二階）によって，大和政権の君主が大和政権の諸臣に冠位を授与したかのように

偽装し（「実を定め」），それを日本書紀に書いた（「後葉に流へむ」）．

④「倭王」

倭国伝は第一次遣隋使で「倭王あり，姓は阿毎，字は多利思比孤」，第二次遣隋使で「その王多利思比孤」などと，7世紀初めの「倭王」多利思比孤を明記する．しかし，多利思比孤は大和政権の君主ではない（後述）．日本書紀は大和政権の君主ではない倭国伝の「倭王」多利思比孤に関する記述はすべて「偽」として削除・無視した（「偽を削り」）．

しかし，それだけでは済ませられなかった．8世紀の日本書紀の歴史観では，当時の「倭王」は推古天皇でなければならなかった．そこでまず隋皇帝国書提出儀式で，「倭王」宛の隋皇帝国書を推古天皇宛と造作して，「倭王」は推古天皇であると主張し，次に，「倭王」多利思比孤の遣隋使蘇因高は「倭王」推古天皇の遣隋使小野妹子であると造作し，「倭王」多利思比孤の「日出ずる処」国書は「倭王」である推古天皇の「東天皇」国書であるかのように造作し，さらに「倭王」多利思比孤の官位・冠位十二等を「倭王」推古天皇の冠位十二階へと造作し，あくまで「倭王」は大和政権の推古天皇であるかのように造作し（「実を定め」），日本書紀に書いた（「後葉に流へむ」）．

以上のように，削除・無視だけでは済ませられない隋書倭国伝が書く「倭王」多利思比孤に関する重要事項（朝貢，「日出ずる処」国書，官位十二等，倭王）については，8世紀の大和政権の歴史観に基づいて「倭王」推古天皇の事績として造作され（「実を定め」），その結果が日本書紀として現在に伝えられている（「後葉に流へむ」）のである．

以上の議論を要約すれば，以下の2点が指摘される．

① 隋書倭国伝が書く「倭王」多利思比孤の事績の中で，削除だけでは済まない重要な事項については，日本書紀は8世紀の大和政権の歴史観に基づき都合よく造作して，事実であるかのように書いている．

② これは天武天皇の詔の「実を定め，後葉に流へむ」に基づく対応であると理解される．

高橋善太郎氏が［高橋①］，「（日本書紀と倭国伝に）か様な相違のあるのは，別の確実な史料によったからではなく，実は書紀の編者の独得な国体観念を以てしては，隋書の記事をそのまま承認し難かったからに他ならない」と指摘されることは，まさに正鵠を得ていると言うべきであろう．

(c) **要約:「偽を削り，実を定めて，後葉に流へ」た日本書紀**

以上のように，「倭王」多利思比孤が関係する日本書紀の記述が，「偽を削り，実

［第4章］日本書紀が提起する遣隋使の諸問題　295

を定めて（真実を定めて），後葉に流へむ（後世に伝える）」という天武天皇の詔の観点から無理なく理解されることは，日本書紀の諸記述が天武天皇の詔に基づいて編纂されたことを強く示唆している．

本拙論で日本書紀による造作ではないかと指摘した隋皇帝国書提出儀式や「東天皇」国書などは，日本書紀の「遣隋使」の主要部分を占める重要記述である．すなわち，日本書紀が書く「遣隋使」の主要記事は日本書紀の編著者が天武天皇の詔に忠実に従って，「偽を削り」，「実を定め（真実を定め）」，「後葉に流へ（後世に伝え）」た内容なのである．これらの記述を取り除けば，日本書紀が書く「遣隋使」の実質的な内容は裴世清歓迎と留学生派遣だけとなって，きわめて乏しい内容なのである（第一次遣唐使の記述も同様である）．

(d) 隋書倭国伝に明記されていない「倭王」多利思比孤に関する事績

以上の議論は，隋書倭国伝が明記する「倭王」多利思比孤の記述に対する日本書紀の対応である．では倭国伝には明記されていない多利思比孤に関する事項には日本書紀はどう対応しているだろうか．

倭国伝が明記していない多利思比孤に関する事項の中でもっとも重要な点は多利思比孤宛の隋皇帝国書である．隋皇帝国書はそれまでの経過からも，国書内容からも，明らかに「倭王」多利思比孤の「日出ずる処」国書への返書である．しかし，倭国伝には隋皇帝国書については何も書かれていない．

倭国伝に明記されていない隋皇帝国書に対しては，日本書紀は削除・無視ではなく，逆に全文を引用し，あたかも「倭王」推古天皇宛であるかのように造作し，隋皇帝国書の「倭王」は推古天皇であると主張し，そして，「倭王」である大和政権の君主は隋皇帝に朝貢しなかった（隋皇帝国書提出儀式）という日本書紀の主張に利用している．

また，隋皇帝国書は「倭王」の遣隋使は蘇因高と書いている．国書の宛先は「倭王」多利思比孤であって，推古天皇ではない．従って蘇因高は多利思比孤の遣隋使である．しかし，「蘇因高」という遣隋使の名前は倭国伝には書かれていない．そこで，日本書紀は「唐国、妹子臣を号けて蘇因高と曰ふ」と，国書が書く「倭王」は推古天皇であって，蘇因高は推古天皇の遣隋使であるかのように造作し，「倭王」は推古天皇であり，国書が書く蘇因高は「倭王」推古天皇が派遣した遣隋使であると主張している．

このように，倭国伝に明記されていない「倭王」多利思比孤に関する事項（隋皇帝国書，蘇因高）は，①「倭王」推古天皇の事項であるかのように造作され，②「（隋皇

帝国書の)『倭王』は推古天皇である」,「『倭王』である大和政権の君主は隋皇帝に朝貢しなかった」などの主張・造作に利用されているのである.

4 要約・結論：日本書紀の編纂方針に抵触する「倭王」多利思比孤に対する日本書紀の対応

日本書紀の基本的な編纂方針 (「日本を統治する唯一の『倭王』は大和政権の君主である」)に抵触する「倭王」多利思比孤について,日本書紀の対応は以下のように要約される.

(a) 倭国伝が書く「倭王」多利思比孤に関する記述に対して,日本書紀は以下のように対応している.

第1段階：日本書紀では,「偽」としてすべて削除・無視して載せない (「偽を削り」).

第2段階：削除・無視だけで済まされない重要事項 (朝貢,「日出ずる処」国書,冠位制度,倭王) は,8世紀の大和政権の歴史観に基づき,新たに都合よく造作し (「実を定めて」),造作したことを事実であるかのように書く (「後葉に流へむ」).

(b) 日本書紀は,「旧辞を討ね窮め,偽を削り,実を定めて,後葉に流へむ」という天武天皇の詔に忠実に従って対応している.

(c) 隋書倭国伝には明記されていない「倭王」多利思比孤に関する事項の中で,利用できる事項 (隋皇帝国書,蘇因高) については,①あたかも推古天皇の事項であるかのように造作され,②日本書紀の主張 (「『倭王』は推古天皇である」,「大和政権の君主は隋皇帝に朝貢しなかった」) の造作に利用されている.

(d) 結論

日本書紀は,基本的な編纂方針 (「日本を統治する唯一の『倭王』は大和政権の君主である」) に抵触する「倭王」多利思比孤に関する事項に対して,以下のように対応している.

① 隋書倭国伝に明記されている多利思比孤の事項はすべて削除して載せない.

② 削除だけで済まされない重要事項は,8世紀の大和政権の歴史観に基づき,都合よく造作し,事実であるかのように書く.

③ 隋書倭国伝に明記されていない「倭王」多利思比孤に関する事項は,あたかも推古天皇の事項であるかのように造作され,「『倭王』は推古天皇である」などの日本書紀の主張の造作に利用されている.

以上の結論は,あくまで「遣隋使」に関する隋書倭国伝と日本書紀の比較から得

られる限定的な結論であって，どこまで一般化できるのかは分からない．

ただ，日本書紀の記述と中国歴史書との関係に関する小島憲之氏の詳細な研究結果［小島］に対する高橋善太郎氏の以下の2点の指摘［高橋②］，
① 「支那正史にはほとんど『倭に関する伝』（魏志倭人伝など）があるのに，それが書紀には……ほとんど利用されていない」．
② 「然し（しかし），これを詳細に吟味して見ると，隋書倭国伝が驚くべき程多くの場合に利用されている」．

は，上記の結論が「遣隋使」に限らないことを示唆しているように思われる．

5 隋書倭国伝の重要性

もしも隋書倭国伝が現在に残されておらず，日本書紀だけが存在するという事態を想定してみれば，隋書倭国伝の重要性・存在意義がよく分かる．

日本書紀の記述に基づけば，推古15年（607年）に推古天皇が小野妹子を初めての遣隋使として派遣したら，隋皇帝は推古天皇の遣隋使派遣を喜ぶ国書を持たせて裴世清を大和政権に派遣してきたのである．推古天皇はあたかも隋皇帝が朝貢してきたかのように隋皇帝よりも上位の立場で対応し（隋皇帝国書提出儀式），裴世清帰国の際に，推古天皇は，「天皇－皇帝」と，隋皇帝と対等あるいは上位の立場の「東天皇」国書を持たせて，留学生とともに隋へ送った．何のもめ事もなく，以後，大和政権と隋との交流が始まり，推古22年（614年）に次の遣隋使（第六次遣隋使）が派遣されたのである．

それだけであって，もしも隋書倭国伝が存在していなかったとすれば，第一次遣隋使は存在せず，阿毎多利思比孤という名の「倭王」は存在せず，軍尼制の「倭国」そのものが存在せず，大和政権には冠位十二階という冠位制度が存在したのであり，画期的な「日出ずる処」国書も，「天子」の称号も，多利思比孤と裴世清の対談も，「倭王」多利思比孤と「倭国」に関することはすべて何もなかったのである．

「遣隋使」に関しては隋書倭国伝という信憑性が高く，しかも，豊富な史料があった．その結果，我々は隋書倭国伝によって，7世紀初めの日本を日本書紀以外の視点からも見ることができる．しかし，日本書紀が唯一の重要史料となる場合，歴史の正確な実証は困難になり，事実を間違える危険性は高くなる．遣隋使に関する日本書紀の記述はそのことを示唆しているように思われる．

第5章

隋書倭国伝の倭王多利思比孤は推古天皇ではない

- ■「多利思比孤≠推古天皇」を示唆する隋書倭国伝と日本書紀の主要な内容
- ■「多利思比孤≠推古天皇」を示唆する隋書倭国伝の主な具体的事項
- ■「多利思比孤≠推古天皇」を示唆する日本書紀の主な具体的事項
- ■「多利思比孤＝推古天皇」を示唆する日本書紀の事項
- ■結論：隋書倭国伝の倭王多利思比孤は推古天皇ではない
- ■古田武彦氏の「九州王朝説」と安本美典氏による批判

遣隋使に関する隋書倭国伝と日本書紀の記述には，たくさんの重要な問題点がある．それらの根底には，第一次遣隋使に関する倭国伝の記述が提起する，

〈問題点4〉隋書倭国伝が書く倭王阿毎多利思比孤は大和政権の推古天皇なのか，それとも別人か．

という問題がある．

これは日本の古代国家形成におけるきわめて重大な問題である．なぜならば，第2章「隋書倭国伝が示す『倭国』という国家の実態」で示したように，倭王阿毎多利思比孤は「倭国」の王であり，「倭国」は，①国内10万戸という多数の人民を対象に，②軍尼制という郡県制的な統治体制を確立し，③官位十二等という官位制度が整備され，④先進的な司法体制を持ち，⑤強力な軍を持ち，⑥百済・新羅と友好的な外交関係を持つ，という確固とした「国家」であるからである．倭王多利思比孤は"九州・山陽あたりの一豪族"というような存在ではなく，あくまで「倭国」という「国家」の王である．

もしも「多利思比孤≠推古天皇」であれば，7世紀初頭の日本に，倭国伝が記す倭国という国家が，大和政権の大和国とは別に存在していたことになる．そのことは，日本歴史開闢以来，大和政権が唯一の日本統治政権であるという日本書紀の記述を根底からくつがえし，日本古代国家の形成に関する根本的な問題を提起する．

隋書倭国伝と日本書紀の遣隋使に関する記述には，「多利思比孤≠推古天皇」を示唆している点があるし，逆に，「多利思比孤＝推古天皇」を示す点もある（もちろん「多利思比孤＝推古天皇」なのかという問題に関係しない記述も多い）．そこで本章では，今までの議論・検討結果を整理・分類し，「遣隋使」に関する隋書倭国伝と日本書紀の記述に基づき，「多利思比孤＝推古天皇」なのか，それとも「多利思比孤≠推古天皇」なのか，について検討する．

「多利思比孤≠推古天皇」を示唆する隋書倭国伝と日本書紀の主要な内容

1 第1章：「第一次遣隋使：隋書倭国伝の倭王多利思比孤」
2 第2章：「隋書倭国伝が示す「倭国」という国家の実態」
3 第3章：「第二次遣隋使：自主独立・対等の倭王多利思比孤」
4 第4章：「日本書紀が提起する遣隋使の諸問題」
5 別章：「冠位十二階は大和政権の冠位制度ではない」

6 要約:「多利思比孤≠推古天皇」を示唆する隋書倭国伝と日本書紀の主要な
内容

本拙論では「遣隋使」に関する隋書倭国伝と日本書紀の記述を検討してきたが，「遣隋使」に関する主要な記述の中で，「多利思比孤＝推古天皇」か「多利思比孤≠推古天皇」か，という問題点と関わりのある記述はかなり多い．それらの記述全体について，各章ごとに主な検討結果を整理すれば，以下のようになる．

1 第1章：「第一次遣隋使：隋書倭国伝の倭王多利思比孤」
　第一次遣隋使に関する隋書倭国伝の主要な内容は，倭王多利思比孤が第一次遣隋使を派遣したことと倭王多利思比孤に関する事項である．これらは「多利思比孤＝推古天皇」なのかという観点からは，以下のような重要な問題点がある．
　(a) 倭王の「阿毎多利思比孤」とその太子に関して．
　　① 「阿毎多利思比孤」という名前が推古天皇の名「豊御食炊屋姫」と一致しない．
　　② 「王の妻」などから阿毎多利思比孤は男性であるが，推古天皇は女性である．
　　③ 大和政権の君主に「阿輩雞弥」に相当する倭王の号はない．
　　④ 太子の名「利歌弥多弗利」に相当する太子は大和政権にはいない．
　(b) 多利思比孤が派遣した第一次遣隋使は日本書紀にはいっさい載せられていない．
　これらの諸問題については研究者によるいろいろな見解が提示されているが，「多利思比孤＝推古天皇」という観点から以上の諸点を合理的に理解することは容易ではない．しかし，「多利思比孤≠推古天皇」であればすべて無理なく理解できる．このことは，「多利思比孤≠推古天皇」であることを強く示唆している．

2 第2章：「隋書倭国伝が示す『倭国』という国家の実態」
　倭国伝には7世紀初頭の倭国の姿が書かれている．その中で，以下の諸点は「倭国≠大和国」（「多利思比孤≠推古天皇」）を示唆しており，「倭国＝大和国」の観点では合理的な理解は容易ではない．
　(a) 倭国の10万戸を対象とする郡県制の軍尼制による統治体制は大和政権の統治体制とはいえない．
　(b) 倭国伝の「兵ありといえども征戦なし」は大和政権の実態と合致しない．

(c) 倭国伝の「新羅……(倭国を)敬仰し……」は，日本書紀が書く大和政権と新羅の関係とは矛盾する．

(d)「五刑」などの倭国の先進的司法システムが7世紀初頭の大和政権にあったとは考えにくい．

以上の諸点は，「倭国＝大和国」であれば理解は難しいが，「倭国≠大和国」(「多利思比孤≠推古天皇」)であれば，問題なく理解できる．

3 第3章：「第二次遣隋使：自主独立・対等の倭王多利思比孤」

第二次遣隋使に関して倭国伝が書く重要事項は，多利思比孤の「日出ずる処」国書と国書が提示した「天子」の称号などの自主独立・対等の立場，裴世清派遣，および多利思比孤と裴世清の対談(交渉)である．これらの記述は，多利思比孤と隋との外交であり，第3章では，「多利思比孤＝推古天皇」か「多利思比孤≠推古天皇」かという問題は基本的には生じない．

4 第4章：「日本書紀が提起する遣隋使の諸問題」

日本書紀の遣隋使に関する記述は，百済での国書盗難事件，隋皇帝国書提出儀式，「日出ずる処」国書と「東天皇」国書，留学生派遣が主な内容である．一言で言えば隋と大和政権の外交であるが，第3章の隋と倭国の外交との比較で，「多利思比孤＝推古天皇」かどうかが問題となる．

合理的理解が容易でないたくさんの重要な問題点があるが，これらの主要記事は以下の2つの観点から合理的に理解できる．

(a) 日本書紀による造作がある．

(b)「多利思比孤＝推古天皇」ではなく「多利思比孤≠推古天皇」である．

① 百済での国書盗難事件．「多利思比孤≠推古天皇」であって，多利思比孤宛の隋皇帝の国書はあるが，推古天皇宛の国書はなかった．そのために推古天皇にも国書があったごとくに，推古政権の中枢部が小野妹子とともに造作したのが百済での国書盗難事件である．

② 隋皇帝国書提出儀式．裴世清は推古天皇に対して隋皇帝国書を提出した．このことは隋皇帝国書が推古天皇宛であることを意味する．国書は多利思比孤の「日出ずる処」国書への返書であるから，このことは「多利思比孤＝推古天皇」を意味する．しかし，検討の結果，隋皇帝国書提出儀式そのものが日本書紀による造作であり，また国書はあくまで多利思比孤宛であって推古天皇

宛ではないこと（「多利思比孤≠推古天皇」）を明らかにした．
③「日出ずる処」国書．「多利思比孤≠推古天皇」であって，推古天皇の国書ではなかったために日本書紀には載せられなかった．
④「東天皇」国書．日本書紀は画期的な「日出ずる処」国書を無視することはできなかった．そこで日本書紀は，酷似する「東天皇」国書を造作し，あたかも倭国伝が「日出ずる処」国書へと書き換えたかのように偽装した．もしも「多利思比孤＝推古天皇」であれば，「日出ずる処」国書の全文を日本書紀に載せればいいはずで，このような偽装は不要である．
⑤留学生派遣．倭国伝と日本書紀が書く留学生派遣は派遣年次や留学生数などが一致しない．この点は，「多利思比孤＝推古天皇」であれば，理解困難であるが，「多利思比孤≠推古天皇」であれば，すべて問題なく理解できる．
⑥倭国伝と日本書紀の記述全体の整合と「あるか，ないか」という極端な不整合を「多利思比孤＝推古天皇」の観点から合理的に理解することは難しいが，「多利思比孤≠推古天皇」であれば，無理なく理解できる．

5 別章：「冠位十二階は大和政権の冠位制度ではない」

大和政権の冠位十二階に関する前半期（制定から聖徳太子の死まで），官位を授与された諸臣は3人だけで，有力諸臣（大夫）にも冠位はなく，冠位十二階は機能していないという問題点がある．また，冠位十二階だけが突出して制定されているとか，推古朝の実権を握っていた大臣馬子が冠位十二階制定に賛成することは考えにくい，などの問題点もある．これらの問題点は，以下の仮説で合理的に理解できる．
(a)「多利思比孤≠推古天皇」である．
(b) 大和政権には官位・冠位制度はなかった．
(c) 倭国の官位・冠位制度を大和政権の冠位制度であるかのように造作・偽装したものが日本書紀の冠位十二階である．
このように大和政権の冠位制度については「多利思比孤≠推古天皇」の立場で，全体を理解できる．
なお，後半期（聖徳太子の死以後）は「多利思比孤＝推古天皇」か「多利思比孤≠推古天皇」かが問われる問題点は少ない．

6 要約：「多利思比孤≠推古天皇」を示唆する隋書倭国伝と日本書紀の主要な内容

以上のように，「遣隋使」に関する日本書紀と隋書倭国伝の主要な内容は，「多利

思比孤＝推古天皇」の観点では理解困難な点が多いが，「多利思比孤≠推古天皇」という観点に立てば，無理なく合理的に理解できる．このことは，「多利思比孤≠推古天皇」であることを強く示唆している．

「多利思比孤≠推古天皇」を示唆する隋書倭国伝の主な具体的事項

1. 倭王の「阿毎多利思比孤」という名前が推古天皇の「豊御食炊屋姫」と一致しない
2. 倭国伝の倭王阿毎多利思比孤は男性であって女性ではない
3. 倭王の号「阿輩雞弥」と太子の名「利歌弥多弗利」
4. 第一次遣隋使派遣について日本書紀はなぜ完全に沈黙するのか
5. 倭国の軍尼制：倭王－軍尼－伊尼翼－戸という郡県制の統治体制
6. 「兵ありといえども征戦なし」は大和政権の実態とは合致しない
7. 倭国の先進的な司法は大和政権の実態と合致しない
8. 要約：「多利思比孤≠推古天皇」を示唆する隋書倭国伝の主要な事項

今まで，諸問題の検討に際して，「多利思比孤＝推古天皇」あるいは「多利思比孤≠推古天皇」を示す点をたくさん指摘してきたが，以下，それらの諸点の中で主要な具体的事項について改めて再録する．まず，隋書倭国伝が示す「多利思比孤≠推古天皇」を示唆する諸点である．

1 倭王の「阿毎多利思比孤」という名前が推古天皇の「豊御食炊屋姫」と一致しない

倭国伝は「開皇二十年，倭王あり，姓は阿毎，字は多利思比孤，阿輩雞弥と号す」と書く．当時の大和政権の君主は推古天皇である．従って，もしも「多利思比孤＝推古天皇」であれば，この倭王の名前は推古天皇の名前と一致しなければならない．しかし，推古天皇の「豊御食炊屋姫（トヨミケカシキヤヒメ）」という名前は「阿毎多利思比孤（アマタリシヒコ）」とは一致しない．

名前が一致しないことについて，多くの研究者は［井上①他］，以下のように主張され，倭王阿毎多利思比孤が推古天皇であることと矛盾しないとされる．

(a) 倭国伝の倭王の名前「阿毎多利思比孤」は一語であって，「アメタラシヒコ」である．

(b)「アメタラシヒコ」は「天の高貴なる男子」という意味の天皇の通称・一般名称である．
(c) 倭国伝は「阿毎多利思比孤」を名前と間違えた．
(d)「阿毎多利思比孤」は，倭王の通称・一般名称であるから，推古天皇と名前が一致しない点も，女帝である点も矛盾ではない．

研究者の以上の諸点について本書では以下の点を指摘した．

① 「阿毎多利思比孤」は「アマタリシホ（ヒ）コ」であって，「アメタラシヒコ」ではない．

② 天皇の通称・一般名称であると研究者が主張する根拠は，名前に「アメ」と「タラシ」が入る天皇がたくさんいるという点にある．しかし，それらの天皇のほとんどは推古天皇よりもずっと前の天皇か，推古天皇よりも後で即位した天皇であり，推古天皇が「アメタラシヒコ」という通称で呼ばれていた証拠としては説得力に欠ける．

③ 研究者は「阿毎多利思比孤」を「天の高貴な男子」という意味だと解釈したが，そのことは名前の意味を解釈しただけであって，「阿毎多利思比孤」が名前でないことを意味するものではない．従って，「阿毎多利思比孤」が，名前でなく，通称であることは論証されておらず，結局，「阿毎多利思比孤」は倭王の名前という倭国伝の記述は否定されていない．

以上のように，「阿毎多利思比孤」が推古天皇の名前と一致しない点を研究者の見解では合理的に理解できない．

一方，「多利思比孤≠推古天皇」であれば，名前が一致しないことは当然である．従って，倭王「阿毎多利思比孤」と推古天皇の名前が一致しないことは「多利思比孤＝推古天皇」ではなく，「多利思比孤≠推古天皇」であることを強く示唆している．

2 倭国伝の倭王阿毎多利思比孤は男性であって女性ではない

(a) 倭王阿毎多利思比孤が男性であることは以下の諸点から明らかである．

① 倭王の名前「阿毎多利思比孤」の「比孤（ヒコ）」は男性の名前である．

② 「王の妻は雞弥と号す」の「王の妻」は，当時の倭王阿毎多利思比孤の妻である．

③ 「後宮に女六，七百人」は王后の存在を示唆している．

④ 隋の使者裴世清が訪れた多利思比孤の都を，倭国伝は「彼の都」と書いてい

る．
　⑤裴世清は倭王阿毎多利思比孤と対談しているが，女王とは認識していない．
(b) 多くの研究者は聖徳太子が推古天皇になりすまして対応したとされるが，第一次遣隋使派遣の時点で，推古天皇が女性であることを隠すことにして派遣したことになり，無理な推定である．一方，「多利思比孤≠推古天皇」であれば，多利思比孤が男性で，別人の推古天皇が女性であるというだけのことであって，すべて問題なく理解できる．このことは「多利思比孤≠推古天皇」であることを強く示唆している．

3 倭王の号「阿輩雞弥」と太子の名「利歌弥多弗利」

　倭国伝は，倭王について「阿輩雞弥と号す」と書く．研究者は，「阿輩雞弥」という倭王の号の読み方として「オホキミ」や「アメキミ」などと読まれ，その意味も大王，天王，大君，天君などと理解される．

　しかし，①倭国伝は日本の地名の「音」を正確に反映していること，および，②隋皇帝使者の裴世清が倭国を訪問し，長期間滞在していること，を考慮すれば，「阿輩雞弥」は「音」を正確に反映していると考えられる．従って，倭王の号「阿輩雞弥」は「アハケミ」である．しかし，大和政権の君主には「アハケミ」に相当する「号」はない．

　また，倭国伝は，当時の倭国の太子の名を「利歌弥多弗利（リカミタフリ）」と明記する．もしも「多利思比孤＝推古天皇」であれば，倭国伝の「太子」に相当するのは聖徳太子である．しかし，聖徳太子の名前は，厩戸豊聡耳皇子（ウマヤトノトヨトミミノミコ）であって，「利歌弥多弗利（リカミタフリ）」とはまったく一致しない．

　すなわち，倭国伝が書く倭王の号「阿輩雞弥」，および，太子の名前「利歌弥多弗利」は，倭国伝が書く倭国は大和国ではないこと（「倭国≠大和国」）を示唆している．

4 第一次遣隋使派遣について日本書紀はなぜ完全に沈黙するのか

　倭国伝は第一次遣隋使について「倭王あり，姓は阿毎，字は多利思比孤，阿輩雞弥と号す．使を遣わして闕（隋都，長安）に詣る」と書く．そして，これが出発点となって，607年の第二次遣隋使では「その王多利思比孤，使を遣わして朝貢す」へと発展している．ところが，日本書紀の遣隋使の記述は第二次遣隋使から始まる．それも，推古15年（607年），「大礼小野妹子を大唐（隋）へ遣す」と素っ気なく書くだけで，第一次遣隋使の痕跡はどこにもない．

日本書紀に第一次遣隋使が一言も触れられていない点について，ほとんどの研究者は推古天皇が第一次遣隋使を派遣した（『多利思比孤＝推古天皇』）として，「（倭国伝には，推古天皇が）隋帝の命に従った様に書かれている．これは書紀の編者の国体観念或は史観からは許し難い」ために書かれなかった［高橋①］など，研究者による多様な見解が提示されている．しかし，推定の域を出ず，客観的根拠をもつ説得力のある統一見解とはなっていない．

　一方，「多利思比孤≠推古天皇」ならば，日本書紀が第一次遣隋使を書かない理由は単純明快で，第一次遣隋使を派遣したのは推古天皇ではないからだと理解できる．坂本太郎氏は［坂本①］，「（第一次遣隋使派遣は）西辺豪族のしわざで，（大和）朝廷の全く関知しなかったことだといえば，文句なく書紀に載せられなかったことの理由が説明される」と指摘されるが，その通りであろう．

　以上のように，日本書紀が第一次遣隋使派遣をまったく書かないことは「多利思比孤≠推古天皇」であることを示唆している．

5 倭国の軍尼制：倭王－軍尼－伊尼翼－戸という郡県制の統治体制

　倭国伝は倭王－軍尼－伊尼翼－戸という郡県制の統治が倭国内の10万戸を対象に実施されていたと記す．この倭国の軍尼制は大和政権の統治制度ではない．それは以下の諸点による．

① 倭国伝の「軍尼」と「伊尼翼」が，日本書紀の「国」と「稲置」であるかは疑問である．

② 井上光貞氏は［井上②③④］，国県制という2段階の統治体制と一致し，大和政権の国県制が倭国の軍尼制であるとされるが，根拠ふじゅうぶんである．また多くの研究者に支持されているとはいえない．

③ 倭国伝が書く軍尼制の「均等・一律」は日本書紀が書く7世紀初めの大和政権の実態とは合致しない．

④ 7世紀初め，国造や稲置は大和政権の君主が任命し，派遣した官僚ではない．

⑤ 軍尼制が，7世紀初めの大和政権において10万戸の規模で確立していたことを示す点はない．

⑥ 7世紀初め，大和政権には10万戸を対象とするような戸籍制度は存在していない．

⑦ 7世紀初めの大和政権において，郡県制の軍尼制が成立するための客観的な条件が整っていない．

以上のように，倭国伝が書く倭国の軍尼制は大和政権の制度ではない．このことを「多利思比孤＝推古天皇」の観点から合理的に理解することは難しい．しかし，もしも「多利思比孤≠推古天皇」（すなわち「倭国≠大和国」）とすれば，倭国伝はあくまで倭国の軍尼制を書いているのであって，大和政権の制度を書いているのではない．従って，軍尼制が大和政権の実態と一致しないことは当然であって，問題なく理解できる．換言すれば，倭国伝が記述する軍尼制は，「倭国≠大和国」（多利思比孤≠推古天皇）を強く示唆している．

6 「兵ありといえども征戦なし」は大和政権の実態とは合致しない

　倭国伝は，倭国では「兵ありといえども征戦なし」と書く．しかし，日本書紀は，推古8年（600年）の境部臣を大将軍とする万余の軍による新羅攻撃などの軍事行動を書いており，倭国伝の「征戦なし」とは矛盾している．さらに，倭国伝は「新羅……これ（倭国）を敬仰し，恒に通使・往来す」と書いているが，562年の新羅による任那攻略以来，大和政権と新羅との関係はぎくしゃくしており，新羅が倭を「敬仰」している状態ではない．

　以上のように，倭国伝の「兵ありといえども征戦なし」，「（新羅が）敬仰し，恒に通使・往来し」たという記述は日本書紀の記述とはっきりと矛盾している．

　一方，もしも倭国伝が記す「倭国」が大和政権の「大和国」とは異なる別の国であるとすれば，倭国伝は倭国のことを書き，日本書紀は別の国である大和国のことを書いているのであるから，両者の不一致は矛盾とは言えない．すなわち，「兵ありといえども征戦なし」という記述は，「多利思比孤≠推古天皇」を示唆している．

7 倭国の先進的な司法は大和政権の実態と合致しない

　倭国伝は，倭国の裁判・司法制度について，「獄訟（訴訟）を訊究する（問いただす）……」と書く．これは，訴訟によって言い分を取り調べることであり，「訴訟事件の審理」である［井上秀雄等］．裁判の結果，「人を殺し，強盗および姦するは皆死し，盗む者は贓（盗品）を計りて物を酬いしめ，財なき者は，身を没して奴となす．自余り（それ以外）は軽重もて，あるいは流しあるいは杖す」と書いている．殺人・強盗などは死というように，「（笞）・杖・徒・流・死」という中国の5つの刑罰（五刑）があったことが分かる．すなわち，7世紀初頭の倭国に，「獄訟（訴訟）を訊究し（取り調べ）」，罪に応じた罰（五刑）が定まっている中国の律令的な司法システムができあがっていたことを示唆している．

このような司法システムが7世紀初頭の推古朝で整備されていたとは言えない．大和政権で刑罰を規定する「律」が制定されたのは，はるかな後の持統3年（689年）の飛鳥浄御原令や701年の大宝律であって，600年当時，大和政権にこんな刑罰や裁判の体系はできあがっていない．
　倭国伝が示す7世紀初頭の倭国の司法・裁判制度は大和政権のものではないこと（倭国≠大和国）を示唆している．

8 要約：「多利思比孤≠推古天皇」を示唆する隋書倭国伝の主要な事項
① 倭王の「阿毎多利思比孤」という名前が推古天皇の「豊御食炊屋姫」と一致しない．
② 倭国伝の倭王阿毎多利思比孤は男性であって女姓ではない．
③ 倭王の号「阿輩雞弥」は大和政権にはなく，太子の名，「利歌弥多弗利」は聖徳太子の名前と一致しない．
④ 日本書紀は，第一次遣隋使派遣について一言も書かない．
⑤ 倭国の倭王－軍尼－伊尼翼－戸という郡県制の統治体制（軍尼制）は当時の大和政権にはない．
⑥「兵ありといえども征戦なし」，「新羅……（倭国を）敬仰し……」は大和政権の実態とは合致しない．
⑦ 倭国の先進的な司法は大和政権の実態と合致しない．

「多利思比孤≠推古天皇」を示唆する
日本書紀の主な具体的事項

1 百済での国書盗難事件捏造の動機
2 隋皇帝国書は多利思比孤の「日出ずる処」国書への返書である
3 多利思比孤が派遣した遣隋使蘇因高は推古天皇が派遣した小野妹子ではない
4 日本書紀に「日出ずる処」国書が載っていない
5 「東天皇」国書が「日出ずる処」国書の内容と酷似している
6 「日出ずる処」国書の「天子」と「東天皇」国書の「天皇」という称号
7 多利思比孤による留学生派遣と推古天皇による留学生派遣の不一致
8 「あるか，ないか」という倭国伝と日本書紀の極端な不整合
9 大和政権の冠位十二階の機能不全などの諸問題を合理的に理解できる

10 要約：「多利思比孤≠推古天皇」を示唆する日本書紀の主要な事項

　日本書紀の記述には「多利思比孤≠推古天皇」を示唆する点も，「多利思比孤＝推古天皇」を示唆する点もある．まず「多利思比孤≠推古天皇」を示唆する主な点を以下に指摘する．

1 百済での国書盗難事件捏造の動機

　日本書紀は，小野妹子が百済で隋皇帝国書を盗まれたという奇妙な事件を書く．盗まれたという隋皇帝の国書はなかったと考えられるのに，あたかも国書を盗まれたかのように造作している．

　なぜありもしない隋皇帝国書を盗まれたと事件を造作しなければならなかったのだろうか．裴世清が多利思比孤宛の国書を持ってきているのであるから，もしも「多利思比孤＝推古天皇」であれば，百済で国書を盗まれたと事件を造作する必要はない．しかし，もしも「多利思比孤≠推古天皇」であれば，多利思比孤には隋皇帝の国書があるが，推古天皇には国書がないことになる．

　大和政権としては体面上推古天皇にも国書があったことにしなければならなかった．それが国書盗難事件の造作の動機である．すなわち，「多利思比孤＝推古天皇」の場合は，国書盗難事件の造作の動機は理解困難であるが，「多利思比孤≠推古天皇」ならば，無理なく合理的に理解できる．

2 隋皇帝国書は多利思比孤の「日出ずる処」国書への返書である

　隋皇帝国書は多利思比孤の「日出ずる処」国書への返書である．その主な根拠は，
　① 国書は「倭王」宛てであり，「倭王」は多利思比孤である．
　② 国書の内容は，中華思想では許容できない自主独立・対等の主張（「天子」の自称）をした「日出ずる処」国書を否定し，多利思比孤を諭したものである．
　一方，隋皇帝国書は推古天皇宛ではない可能性が高い．その主な根拠は以下の諸点である．
　① 裴世清が国書を読み上げたという隋皇帝国書提出儀式は日本書紀によって造作された可能性が高い．
　② 国書が書く多利思比孤の遣隋使，蘇因高を日本書紀は小野妹子と書くが，日本書紀による造作であって「蘇因高≠小野妹子」である．
　③ 隋皇帝国書は「日出ずる処」国書への返書であるが，「日出ずる処」国書は日

本書紀には載っていない．
　④ 多利思比孤の遣隋使蘇因高は第二次遣隋使で留学生を伴っているが，小野妹子は留学生を伴っていない．

　以上のように，隋皇帝国書は倭王多利思比孤宛であり，「日出ずる処」国書への返書であるが，推古天皇宛の可能性は低い．このことは，「多利思比孤＝推古天皇」ではなく「多利思比孤≠推古天皇」であって，日本書紀は多利思比孤宛の隋皇帝国書をあたかも推古天皇宛であるかのように造作・偽装した可能性が高いことを示している．

３ 多利思比孤が派遣した遣隋使蘇因高は推古天皇が派遣した小野妹子ではない

　日本書紀は「唐国，妹子臣を号けて蘇因高と曰ふ」（推古16年4月）と書く．もしも小野妹子が多利思比孤の遣隋使蘇因高であれば，自動的に「多利思比孤＝推古天皇」になる．

　しかし，蘇因高は小野妹子ではない．その主な根拠は以下の諸点である．
　①「蘇因高（ソインコウ）」と「小野妹子（オノノイモコ）」の音は一致しない．
　② 倭国伝が書く蘇因高は「日出ずる処」国書を提出し，倭王多利思比孤の「懐を具に」し，「沙門数十人」を連れていっている．これらは小野妹子に関する日本書紀の記述とまったく整合しない．
　③ 国書という公文書で，相手の使者の名前を隋での「号」（「蘇因高」）で書くとは思えない．
　④ 日本書紀は蘇因高を小野妹子であると偽る動機がある．

　以上のことは「蘇因高≠小野妹子」（すなわち，「多利思比孤≠推古天皇」）であることを強く示唆している．

４ 日本書紀に「日出ずる処」国書が載っていない

　倭王多利思比孤が隋皇帝へ送った「日出ずる処」国書は，「天子」を自称し，堂々と自主独立・対等の立場を表明した画期的な国書である．にもかかわらず，日本書紀には「日出ずる処」国書は載っていない．

　もしも「多利思比孤＝推古天皇」であれば，日本書紀は第二次遣隋使派遣の際，小野妹子に国書を持たせたと書き，輝かしい「日出ずる処」国書の全文を載せただろう．大国隋に対して，自主独立・対等の立場を主張した「日出ずる処」国書は8世紀の日本書紀の史観から見ても画期的な国書である．誇らしげに掲載されて当然

であって，掲載されない理由はない．

　しかし，実際には「日出ずる処」国書は日本書紀には載っていない．それはなぜか．「日出ずる処」国書を送った倭王多利思比孤は推古天皇ではなかったからである（「多利思比孤≠推古天皇」）．すなわち，日本書紀が「日出ずる処」国書に一言も触れないのは，「多利思比孤＝推古天皇」ではなく，「多利思比孤≠推古天皇」であることを示すかなりはっきりした証拠であると言える．

5 「東天皇」国書が「日出ずる処」国書の内容と酷似している

　推古天皇が第四次遣隋使に託した隋皇帝への「東天皇」の文章は「日出ずる処」国書の核となる文章と酷似している．単に同じ意味の別の文言に入れ替えただけで，「日出ずる処」国書と同じ内容の文章である．

　もしも，「多利思比孤＝推古天皇」であれば，多利思比孤の「日出ずる処」国書の全文を推古天皇の国書として日本書紀に載せればよい．それなのに，「日出ずる処」国書に酷似した奇妙な「東天皇」国書だけが日本書紀に載っていることは，「多利思比孤≠推古天皇」であるために，日本書紀は「日出ずる処」国書を載せることができず，「日出ずる処」国書に酷似した「東天皇」国書によってあたかも「日出ずる処」国書であるかのように偽装したと理解できる．

6 「日出ずる処」国書の「天子」と「東天皇」国書の「天皇」という称号

　607年の第二次遣隋使に託した「日出ずる処」国書で，倭王多利思比孤は「天子」と称している．一方，翌年の608年の第四次遣隋使の「東天皇」国書において，推古天皇は「天皇」と称している．

　もしも「多利思比孤＝推古天皇」であれば，「日出ずる処」国書も「東天皇」国書も推古天皇の国書である．その場合，以下の諸点が問題となる．

①「日出ずる処」国書の称号はなぜ「天子」なのか．大和政権の君主が「天子」を称したことはそれ以前も，それ以後もない．

②なぜ，たった1年で「日出ずる処」国書の「天子」を「東天皇」国書では「天皇」へと替えたのか．君主の称号というものは安易に替えるものではない（隋皇帝の不興によって替えたわけではない．隋皇帝が要求したのは蛮夷の王にふさわしい「王」であって，「皇」ではない）．

　以上の点を「多利思比孤＝推古天皇」の観点から合理的に理解することは容易ではない．しかし，もしも「多利思比孤≠推古天皇」であれば，多利思比孤の称号が

「天子」で，推古天皇の称号が「天皇」であるというだけのことで，何の問題もない．

このように，「日出ずる処」国書の「天子」と「東天皇」国書の「天皇」という称号は「多利思比孤≠推古天皇」であることを示唆している．

7 多利思比孤による留学生派遣と推古天皇による留学生派遣の不一致

倭国伝は倭王多利思比孤が第二次遣隋使（607年）に伴って「沙門数十人」の留学生を隋へ送ったと書き，日本書紀は推古天皇が第四次遣隋使（608年）に学問僧・学生8人を送ったと書く．倭国伝と日本書紀の記述には，①派遣年次の不一致，②留学生数の不一致，③帰国留学生の中に誰がいつ派遣したのか不明な留学生がいる，という問題点がある．

「多利思比孤＝推古天皇」という立場から，これらの問題点を合理的に理解することは困難である．しかし，もしも「多利思比孤≠推古天皇」であれば，第二次遣隋使の際の留学生は多利思比孤の派遣であり，第四次遣隋使の際の留学生は推古天皇による派遣であって，別の留学生である．従って，①派遣年次の不一致も，②人数の不一致も当然のことである．また③誰がいつ派遣したかが不明な帰国留学生は第二次遣隋使で多利思比孤が派遣した留学生の一部であるとして，合理的に理解できる．

「多利思比孤≠推古天皇」であれば留学生に関する問題点をすべて無理なく合理的に理解できることは，「多利思比孤＝推古天皇」ではなく「多利思比孤≠推古天皇」であることを示している．

8 「あるか，ないか」という倭国伝と日本書紀の極端な不整合

倭国伝と日本書紀の第二次・第四次遣隋使派遣と裴世清派遣に関する記事は，派遣そのものとその年次については，ぴったりと整合する．しかし，それ以外の内容はすべて整合しない［高橋①］．それもその記述が"あるか，ないか"という極端な不整合である．

もしも「多利思比孤＝推古天皇」であれば，倭国伝と日本書紀は，同じできごとを書いたことになる．その場合，整合部分は問題なく理解できるが，「あるか，ないか」というたくさんの極端な不一致・不整合を合理的に理解することは困難である．

一方，「多利思比孤≠推古天皇」の場合，整合している第二次・第四次遣隋使と裴世清来日とそれらの派遣年次は，多利思比孤と推古天皇が共同で遣隋使を派遣した

と考えれば無理なく理解できる.「あるか，ないか」という極端な不整合については，倭国伝は「倭王」である多利思比孤と隋の外交だけを書き，日本書紀は推古天皇ではない多利思比孤の外交は書かなかったと理解される（あるいは，その編纂方針に基づいて，日本書紀は「倭王」多利思比孤と「倭国」のことは「誤り」としてすべて削除したためと理解できる）．

すなわち，倭国伝と日本書紀の整合と「あるか，ないか」という極端な不整合は「多利思比孤≠推古天皇」であることを強く示唆している．

⑨ 大和政権の冠位十二階の機能不全などの諸問題を合理的に理解できる（別章）

この点については別章で詳述するが，要点を述べれば以下のようになる．

大和政権の冠位十二階の前半期（制定から聖徳太子の死までの約20年間），日本書紀に登場するたくさんの臣下の中で冠位を授与された諸臣は3人に過ぎず，大和政権の冠位十二階は制定直後からの機能不全に陥っている．にもかかわらず，日本書紀はたくさんの臣下への冠位授与を強調するなどの問題点がある．また，冠位十二階の制定目的はあいまいで，官司制度や身分秩序などの客観的な背景も未発達なのに，冠位十二階だけが突出して制定されている．さらに，実権を握っていた馬子が自らの権力の相対低下をもたらす冠位十二階制定に賛成することは考えにくい．それなのに，冠位十二階が制定されているという問題点がある．

これらの問題点を理解するために以下の諸点を仮定した．
① 「多利思比孤≠推古天皇」である．
② 日本書紀が倭国の官位・冠位制度をあたかも大和政権の冠位十二階であるかのように偽装した．
③ 大和政権には官位・冠位制度はなかった．
④ 推古天皇は，遣隋使などに限って官位・冠位授与を多利思比孤に要請し，多利思比孤は遣隋使などの3人に官位を授与した．

仮説によって，
① 大和政権の冠位十二階に関する前半期の諸問題をすべて合理的に理解できること，
② 大和政権の冠位十二階を支える諸記事を，矛盾なく合理的に理解できること，
を明らかにし，仮説は正しいと結論した．

すなわち，冠位十二階の前半期，大和政権の冠位十二階に関する諸問題は，「多利思比孤≠推古天皇」の立場で合理的に理解できる．

10 要約:「多利思比孤≠推古天皇」を示唆する日本書紀の主要な事項

以下の諸点は「多利思比孤≠推古天皇」を示唆している.
① 百済での国書盗難事件捏造の動機を合理的に理解できる.
② 隋皇帝国書は多利思比孤の「日出ずる処」国書への返書であって推古天皇宛ではない.
③ 多利思比孤が派遣した遣隋使蘇因高は推古天皇が派遣した小野妹子ではない.
④ 日本書紀に多利思比孤の「日出ずる処」国書が載っていない.
⑤「東天皇」国書が「日出ずる処」国書の内容と酷似している.
⑥「日出ずる処」国書の「天子」と「東天皇」国書の「天皇」という称号.
⑦ 多利思比孤による留学生派遣と推古天皇による留学生派遣は別の派遣である.
⑧「あるか, ないか」という倭国伝と日本書紀の記述の極端な整合・不整合を合理的に理解できる.
⑨ 大和政権の冠位十二階の機能不全などの諸問題を「多利思比孤≠推古天皇」の観点から合理的に理解できる.

「多利思比孤 = 推古天皇」を示唆する日本書紀の事項

1 遣隋使の派遣期間中, 大和政権の君主は推古天皇である
2 多利思比孤宛の隋皇帝の国書を裴世清が推古天皇に提出した
3 多利思比孤が派遣した遣隋使蘇因高は推古天皇が派遣した小野妹子である
4 日本書紀の編著者が隋皇帝の国書を持っている
5 倭国伝と日本書紀の記述が整合する点がある
6 倭国の官位十二等と大和政権の冠位十二階の官位・冠位名が一致する
7 要約:「多利思比孤 = 推古天皇」を示唆する日本書紀の事項

次に,「多利思比孤 = 推古天皇」であることを示唆する日本書紀の記述は以下のようになる.

1 遣隋使の派遣期間中, 大和政権の君主は推古天皇である

隋書倭国伝・煬帝紀は 600〜610 年の間に,「倭王」多利思比孤が遣隋使を派遣し

たと書いている．この期間，大和政権の君主は推古天皇である．日本書紀による限り，当時の日本で「倭王」と呼べるのは大和政権の君主だけである．従って「多利思比孤＝推古天皇」である．このことを研究者が指摘されることはほぼないが，おそらく研究者は当然のこととして，いちいち指摘されないだけであろう．確かに日本書紀によれば，これは当然のことであり，「多利思比孤＝推古天皇」であることの確固とした根拠であろう．

　しかし，日本書紀に推古天皇以外の「倭王」が存在しないことをもって「多利思比孤＝推古天皇」とはいえない．このことは今まで指摘してきたたくさんの事項が示しているが，ここでは分かりやすい点を3点だけ指摘すれば，以下のようになる．

　第1に，倭国伝が書く多利思比孤と推古天皇は別人である．なぜならば，名前が一致せず，多利思比孤は男性であるが推古天皇は女性という性の違いがあるからである．名前の不一致も，性の違いについても，研究者のいろいろな見解があるが，説得力はじゅうぶんとは言えない．しかし，「多利思比孤≠推古天皇」ならば，まったく問題なくすっきりと理解できる．このことは多利思比孤と推古天皇は別人であることを強く示唆している．

　第2に，「日出ずる処」国書である．もしも「多利思比孤＝推古天皇」であれば，倭国伝が書く多利思比孤の画期的な「日出ずる処」国書は推古天皇の国書である．ならば，なぜ日本書紀に載せないのだろうか．日本の外交史上，画期的な自主独立・対等の国書なのである．「多利思比孤≠推古天皇」であるために日本書紀は載せることができなかったのではないだろうか．

　第3に，倭国伝が書く多利思比孤に関する事項は，日本書紀にはまったく何も書かれていないことである．第一次遣隋使も，「日出ずる処」国書も，多利思比孤と裴世清の対談も，日本書紀にはまったく存在しない．もしも「多利思比孤＝推古天皇」であれば，さすがにそれはおかしいだろう．「多利思比孤≠推古天皇」であるからこそ，日本書紀は多利思比孤のことを何も書かなかったのではないだろうか．

　以上のように，7世紀初め，日本書紀に登場する「倭王」は大和政権の君主だけで，他にはいないという日本書紀の記述は，「多利思比孤＝推古天皇」とする強い根拠にはならない．

2 多利思比孤宛の隋皇帝の国書を裴世清が推古天皇に提出した

　隋皇帝の国書は，その内容と国書に至る経過から多利思比孤宛である（第4章：隋

皇帝国書の項).しかし,日本書紀は,隋皇帝国書提出儀式で,「使主裴世清,親ら(自ら)書(隋皇帝の国書)を持ちて,再度再拝みて,使の旨を言上して(庭に)立つ」と書いている.すなわち,日本書紀ははっきりと隋皇帝の国書は推古天皇宛としている.このことは「多利思比孤＝推古天皇」を意味する.従って,日本書紀の裴世清が推古天皇に対して国書を読み上げたという記述は,「多利思比孤＝推古天皇」の証拠となりえる.

しかし,これは以下の諸点から「多利思比孤＝推古天皇」の説得力のある根拠にはならない.

まず,隋皇帝国書提出儀式そのものが造作された儀式という点である.隋皇帝国書は裴世清の国書提出儀式の中できわめて重要な地位を占めている.国書提出儀式は推古天皇が上位に立ち,あたかも裴世清が推古天皇に朝貢してきたかのように書かれているが,隋皇帝が推古天皇に"朝貢"するなどあり得ないことであって,日本書紀によって造作・捏造された儀式と考えられる.であれば,儀式の中心をなす裴世清の国書提出も造作されたとするのが妥当である.

また,日本書紀が書く国書に至る経過には,隋皇帝が推古天皇に中華思想を宣諭する書を持たせる必然性がない.さらに,国書の内容は,日本書紀の記述とは整合性がよくない.これらのことは,国書が推古天皇宛である可能性は低いことを示唆している.

以上から,隋皇帝国書を推古天皇へ提出したという日本書紀の隋皇帝国書提出儀式の記述は疑わしい.従って,「多利思比孤＝推古天皇」の証拠としては説得力に欠ける.

3 多利思比孤が派遣した遣隋使蘇因高は推古天皇が派遣した小野妹子である

隋皇帝の国書には,「皇帝,倭皇を問ふ.使人長吏大礼蘇因高など,至りて懐を具にす」と書かれている.すなわち,多利思比孤が派遣した遣隋使は大礼蘇因高である.これに対して日本書紀は,「唐国,妹子臣を号けて蘇因高と曰ふ」と,小野妹子が隋で蘇因高と呼ばれたと書く.また,「東天皇」国書でも「大礼小野妹子」を「大礼蘇因高」と書いている.

多利思比孤が派遣した遣隋使蘇因高が,推古天皇が派遣した遣隋使小野妹子であれば,自動的に「多利思比孤＝推古天皇」になる.すなわち,「唐国,妹子臣を号けて蘇因高と曰ふ」という日本書紀の記述は「多利思比孤＝推古天皇」の証拠となる.

しかし，蘇因高は小野妹子ではない．その根拠は，①「蘇因高（ソインコウ）」は「小野妹子（オノイモコ）」と字も音も一致しない，②倭国伝が書く蘇因高は「日出ずる処」国書を提出し，多利思比孤の思いを述べ，留学生を連れていっている．これらの点は日本書紀の記述とまったく整合しない，などである．

従って，蘇因高と小野妹子は別人であって，「唐国，妹子臣を号けて蘇因高と曰ふ」という記述は日本書紀による造作であり，「多利思比孤＝推古天皇」の証拠とはならないと考えられる．

いうまでもなく，多利思比孤の遣隋使蘇因高が推古天皇の遣隋使小野妹子とは別人であるということは，「多利思比孤＝推古天皇」ではなく，逆に，「多利思比孤≠推古天皇」であることを意味している．

4 日本書紀の編著者が隋皇帝の国書を持っている

裴世清が"朝貢"儀式で読み上げたとして引用されている隋皇帝の国書の内容は，部分的な改竄や削除もあると推定されるが，とはいえ，全体的には信憑性が高く，隋皇帝の国書がかなり正確に引用されたと判断される．このことは日本書紀の編著者（大和政権）が隋皇帝国書を持っていたことを意味する．国書は多利思比孤宛であるから，このことは「多利思比孤＝推古天皇」であることを示す証拠となりえる．

しかし，私見では，大和政権が隋皇帝の国書を持っていたことは，国書の宛先が推古天皇であるからではなく，別の事情によると考える．従って，国書は推古天皇宛ではなく，「多利思比孤＝推古天皇」の証拠とはならないと考える．

"別の事情"については，第4章「隋皇帝国書は多利思比孤の『日出ずる処』国書への返書」でも触れたが，主な点を繰り返せば以下のようになる．7世紀後半，多利思比孤の倭国は，白村江の戦いで唐・新羅軍に大敗し，倭国軍の主力が壊滅し，倭国王は唐軍の捕虜となった．その結果，倭国は大和政権によって大和国に吸収・併合され，滅亡する．その際に，倭国の重要な史料などは大和政権が収めたと推定される．隋皇帝の国書もその1つではないだろうか．従って，日本書紀の編著者が隋皇帝の国書を持っていたことは，必ずしも国書の宛先が推古天皇であるという証拠にはならない．

5 倭国伝と日本書紀の記述が整合する点がある

倭国伝と日本書紀の記述には整合している点と整合していない点が混在している．整合している点は，第二次・第四次（608年9月）遣隋使派遣，裴世清来日とそれら

の年次である．第二次・第四次遣隋使を派遣したのは，倭国伝では倭王多利思比孤であり，日本書紀では推古天皇である．従って，遣隋使派遣の事実とその年次が一致することは「多利思比孤＝推古天皇」であることを示している．また，裴世清が訪問したのは，倭国伝では倭国であり，日本書紀では大和政権の大和国である．裴世清派遣とその年次が一致することは，倭国伝の倭国は日本書紀の大和国であることを示唆している．

このように第二次・第四次遣隋使派遣，裴世清の訪日，およびその年次が一致していることは，「多利思比孤＝推古天皇」であることの証拠である．

しかし，この点は強い根拠とはならない．なぜならば，第二次・第四次遣隋使派遣，裴世清の訪日，および，それらの年次が一致することは，第二次・第四次遣隋使が多利思比孤と推古天皇の共同派遣であるとすれば問題なく理解できるからである．裴世清が倭国と大和国を訪問していることも，倭国＝大和国を意味するのではなく，裴世清は主目的である倭国をまず訪問し，朝命を達した後，招きに応じて大和国も訪問したと理解できる．

多利思比孤が600年に第一次遣隋使を派遣し，隋との交流の道が開けたことを聞いた推古天皇が，次回は自分の使者も連れていって欲しいと要望し，多利思比孤が快諾したと考えれば，「多利思比孤≠推古天皇」の場合であっても，第二次・第四次遣隋使の派遣とその年次が一致することは無理なく理解できる．

このように，倭国伝と日本書紀が部分的に整合することは，「多利思比孤＝推古天皇」であることの強い根拠とはならない．

6 倭国の官位十二等と大和政権の冠位十二階の官位・冠位名が一致する（この項は別章で詳述）

官位・冠位制度に関して，はっきりと「多利思比孤＝推古天皇」であることを示す具体的な点が，倭国伝の官位十二等と日本書紀の冠位十二階の官位・冠位名の一致である．倭国伝は徳－仁－義－礼－智－信という十二等の官位を書く．これらの官位名は日本書紀が書く冠位十二階の冠位名，徳－仁－礼－信－義－智と同じである（順が食い違うが，それは重要問題ではない）．

官位・冠位名が一致する異なる王朝の官位・冠位制度が同時に存在することはあり得ない．従って，官位・冠位名の一致は，多利思比孤の王朝と推古天皇の王朝が同じであることの明白な証拠である．そのことは自動的に「倭国伝の多利思比孤＝日本書紀の推古天皇」の証拠となる．

この当然と思えることに問題があることを示すのが，倭国伝は600年時点で官位十二等はすでに実施されていたと書くのに，日本書紀は603年の冠位十二階の制定を明記するという制定年次の矛盾である．また，大和政権では，①冠位十二階が制定後の約20年間，実際に冠位を授与されている臣下は3人だけで，それ以外に冠位を授与された諸臣はいないとか，②有力な諸臣には1人も冠位が授与されていないとかの冠位十二階の異常な機能不全がある．

　これらの冠位十二階に関わる問題点は，「多利思比孤≠推古天皇」であって，日本書紀が倭国伝の官位・冠位制度であるかのように偽装・造作したものが日本書紀の冠位十二階であるとして，すべての問題点を合理的に理解できる（別章）．冠位十二階が，倭国の官位・冠位制度であるかのように日本書紀によって造作されたものであれば，同じ官位・冠位名を造作することは当然であって，官位・冠位名の一致は「多利思比孤＝推古天皇」であることの根拠とはならないのである．

　確かに，官位十二等と冠位十二階の官位・冠位名の一致は，「多利思比孤＝推古天皇」であることの強力な証拠である．しかし，官位・冠位名の一致も含めて，大和政権の冠位十二階に関する諸問題全体は，「多利思比孤≠推古天皇」であって，日本書紀が倭国の官位・冠位制度であるかのように冠位十二階を造作したとしてこそ合理的理解が可能である．結局，官位・冠位名の一致は「多利思比孤＝推古天皇」であることの証拠とはならないのである．

　以上のように，日本書紀の「多利思比孤≠推古天皇」を示唆する諸点は必ずしも多利思比孤が推古天皇であることの根拠にならないのである．

7 要約：「多利思比孤＝推古天皇」を示唆する日本書紀の事項

　日本書紀が記す以下の諸点は「多利思比孤＝推古天皇」を示唆している．
　① 遣隋使の派遣期間中，大和政権の君主は推古天皇である．
　② 多利思比孤宛の隋皇帝の国書を裴世清が推古天皇に提出している．
　③ 多利思比孤が派遣した遣隋使蘇因高は推古天皇が派遣した小野妹子である．
　④ 日本書紀の編者者が多利思比孤宛の隋皇帝の国書を持っている．
　⑤ 第二次遣隋使の派遣や裴世清来日など，倭国伝と日本書紀の記述が整合する点がある．
　⑥ 倭国の官位十二等と大和政権の冠位十二階の官位・冠位名が一致する．

　これらの諸点は「多利思比孤＝推古天皇」であることを示唆している．しかし，どの点も「多利思比孤≠推古天皇」という観点からも合理的な理解が可能であって，

「多利思比孤＝推古天皇」のはっきりした根拠・証拠とはならない.

結論：隋書倭国伝の倭王多利思比孤は推古天皇ではない

- **1**「多利思比孤＝推古天皇」かどうかに関する隋書倭国伝と日本書紀の記述の要約
- **2** 結論：隋書倭国伝の倭王多利思比孤は推古天皇ではない
- **3** 本拙論の結論は従来の「多利思比孤≠推古天皇」という見解を強化するものである

1「多利思比孤＝推古天皇」かどうかに関する隋書倭国伝と日本書紀の記述の要約

以上の「多利思比孤＝推古天皇」なのか,「多利思比孤≠推古天皇」なのかという観点から見た倭国伝と日本書紀の検討結果を要約すると以下のようになる.

① 遣隋使に関する隋書倭国伝と日本書紀の主要な記述は,「多利思比孤＝推古天皇」では理解困難な記述が多いが,「多利思比孤≠推古天皇」であれば, ほぼすべて合理的に理解できる.

② 隋書倭国伝と日本書紀の記述の中で,「多利思比孤≠推古天皇」を示唆する具体的な諸事項は, 隋書倭国伝にも日本書紀にもたくさんあり,「多利思比孤＝推古天皇」では理解困難な点がたくさんある.

③ 日本書紀の記述で「多利思比孤＝推古天皇」を示唆する諸事項は, すべて「多利思比孤≠推古天皇」であっても合理的な理解が可能である.

2 結論：隋書倭国伝の倭王多利思比孤は推古天皇ではない

以上の結果に基づき, 以下の点が結論される.

① 隋書倭国伝の倭王阿毎多利思比孤は日本書紀の推古天皇ではない（「多利思比孤≠推古天皇」）.

② 隋書倭国伝が書く倭国は大和政権の大和国ではなく別の国である（倭国≠大和国）.

第一次遣隋使の時点（第1章）では結論は保留としてきたが,「遣隋使」全体の検討結果は以上のようになり, 第一次遣隋使の検討結果と一致する.

以上の結論から, 問題点4は以下のように理解される.

〈問題点4〉隋書倭国伝が書く倭王阿毎多利思比孤は大和政権の推古天皇なのか,

それとも別人か.

➡日本書紀と倭国伝の遣隋使の記述の多くは「多利思比孤＝推古天皇」か「多利思比孤≠推古天皇」かが関係しているが，倭国伝と日本書紀の主要な記述は「多利思比孤≠推古天皇」の観点から合理的に理解できる．また個別の点を見ても，多くの点は「多利思比孤≠推古天皇」であることを示している．一方，「多利思比孤＝推古天皇」を示す点もあるが，それらの諸点は「多利思比孤≠推古天皇」の観点からも合理的に理解できる．従って，倭国伝が書く倭王阿毎多利思比孤は大和政権の推古天皇ではない（「多利思比孤≠推古天皇」）と結論するのが妥当である．

3 本拙論の結論は従来の「多利思比孤≠推古天皇」という見解を強化するものである

以上のように本拙論では「多利思比孤≠推古天皇」,「倭国≠大和国」と結論した．しかし，この結論は私が初めて指摘するものではなく，かなりな昔から指摘されてきた見解である．

江戸時代に本居宣長が第一次遣隋使は推古天皇ではなく九州か山陽辺りの豪族が派遣した遣隋使であると指摘した［本居］のは，「多利思比孤≠推古天皇」という見解と見ることができるから，本居宣長が「多利思比孤≠推古天皇」という説の先駆者と言えなくはない（坂本太郎氏［坂本①］も同様の見方である）．そこまでさかのぼらなくても，最近で言えば古田武彦氏のいわゆる「九州王朝説」がその見解の代表であろう［古田①］．

これらの先人の見解に対して，本拙論の結論の意味・意義はどのような点にあるだろうか．「序章」で，本拙論の目的として，「遣隋使」に関する日本書紀と倭国伝の記述を合理的に理解することによって，7世紀初めの日本の実態を明らかにし，「遣隋使」に関する主要な記述と重要な問題点は，「多利思比孤≠推古天皇」という観点から合理的に理解できることを明らかにすること，を挙げた．

本拙論では，この目的に基づき，倭国伝が記す第一次遣隋使,「日出ずる処」国書，多利思比孤と裴世清の対談，日本書紀が記す隋皇帝国書提出儀式，隋皇帝国書，「東天皇」国書などの主要な記述を分析・検討し，倭王の「天子」の称号，隋に対する「自主独立・対等」と「朝貢」，画期的な倭国の軍尼制，倭国と大和国の官位・冠位制度，大和政権の君主の実態と「天皇」という称号,「天子」と「天皇」など，遣隋使が示す7世紀の日本の実態を明らかにしてきた．

そして「遣隋使」に関する主要な記述とさまざまな重要問題を合理的に理解する過程で,「多利思比孤＝推古天皇」か「多利思比孤≠推古天皇」か，は避けて通れ

ない問題であることを明らかにし，日本書紀と倭国伝の主要な記述・重要な問題点は，「多利思比孤＝推古天皇」ではなく，「多利思比孤≠推古天皇」であるという観点から合理的に理解できることを示してきた．換言すれば，本拙論の「多利思比孤≠推古天皇」という結論は，「遣隋使」に関する隋書倭国伝と日本書紀の主要な記述とそれに伴う諸問題の合理的な理解のための必要な条件として得られた結論である．

以上のように，「多利思比孤＝推古天皇」ではなく，「多利思比孤≠推古天皇」という観点に立つことによって，日本書紀と隋書倭国伝の「遣隋使」に関する主要な内容と重要な諸問題全体を矛盾なく合理的に理解できることを明らかにした点に本拙論の結論の意味・意義がある．本拙論の結論は，本居宣長を先頭とする諸研究者が示唆・提示してこられた「多利思比孤≠推古天皇」という見解を強化するものである．

古田武彦氏の「九州王朝説」と安本美典氏による批判

1. 古田武彦氏が「多利思比孤≠推古天皇」とされる根拠
2. 古田氏が挙げられる具体的な根拠に対する私見
3. 古田氏の見解全体に関する私見
4. 「遣隋使」の主要な記述・重要問題に基づいて提起されていない古田氏の見解
5. 例1：「隋皇帝国書の有無」に関する古田氏の見解とその問題点
6. 例2：「朝貢の有無」に関する古田氏の見解とその問題点
7. 部分的・局所的な問題点が強調され過ぎている
8. 「多利思比孤＝推古天皇」を示唆する事項について見解がふじゅうぶん
9. 安本美典氏の「九州王朝説」批判
10. 要約：古田武彦氏の「九州王朝説」と安本美典氏の批判

倭国伝が書く倭王阿毎多利思比孤が日本書紀の推古天皇なのかという問題は日本古代史にとっては根本に関わる重大な問題点であるが，「多利思比孤≠推古天皇」（あるいは「倭国≠大和国」）という見解を明示しておられる代表的な研究者は古田武彦氏であろう．古田武彦氏はいわゆる九州王朝説［古田①］で，多利思比孤と推古天皇の王朝は異なる（「多利思比孤≠推古天皇」）と指摘している．本拙論の結論は古田氏の指摘と一致するものであるが，結論に至る根拠については一致点も相違点もある．そこで以下，古田氏の九州王朝説について考える．九州王朝説は幅広いが，本拙論

は「遣隋使」に限った議論であり，以下の議論も「遣隋使」に限ることにしたい．

■1 古田武彦氏が「多利思比孤≠推古天皇」とされる根拠

まず，古田氏が遣隋使に関連して「多利思比孤≠推古天皇」とされる根拠を要約する．

古田武彦氏は，「推古朝の対唐外交」という論文で［古田②］，「両者（隋書倭国伝と日本書紀推古紀）は，同一王朝間の国交としては，到底解しえぬ性格を持つ」，換言すれば，「多利思比孤≠推古天皇」という根拠として以下の3点を挙げておられる．

① 第一次遣隋使が「推古紀には全く存在しない」．
② 倭国伝には多利思比孤宛の隋皇帝の国書はないが，日本書紀には推古天皇宛の国書がある．
③ 倭国伝の多利思比孤は「両者対等の『天子』であることを主張した」が，日本書紀の推古天皇は「『朝貢』国書を拒絶していない」．

氏が「推古朝の対唐外交」と題する論文で指摘されるのは以上の3点であるが，もちろん，これだけが「多利思比孤≠推古天皇」という氏の見解の理由・根拠ではない．

そこで，氏が隋書倭国伝と日本書紀を比べつつ，たくさんの疑問を指摘されている「『隋書』俀国伝の示すもの」という別の論文［古田①］から，「多利思比孤≠推古天皇」の根拠と主張されているのではないかと推測される主な点を選び出すと以下のようになる（氏は「倭国」ではなく，原文通り「俀国」などとして論じておられるから，引用文についてはこの点を注意されたい）．

④ 倭王多利思比孤は男帝であるが，推古天皇は女帝である．
⑤ 倭王の名前が推古天皇の名前と一致しない．

さらに，「天皇家と隋との交渉を述べたものとしてみると，不可解な現象に満ちている」と指摘され，倭国伝の官位十二等と日本書紀の冠位十二階の冠位名の順の食い違いは「『両者は同一王朝の事実ではないのではないか』という結論を暗示している」と指摘されている．氏が挙げておられる諸点から，「多利思比孤≠推古天皇」とされる根拠であろうと推定される主な点を挙げれば以下のようになる．

⑥ 倭国伝の官位十二等と日本書紀の冠位十二階の官位・冠位の順が食い違うのは「『同一王朝の事実ではないのではないか』という結論を暗示している」．
⑦ 「『軍尼－伊尼翼』は，俀国の……官職名であり……『古事記』『日本書紀』といった，天皇家の記録の中にこれを発見しえない」．

⑧ 第二次遣隋使の派遣年次は倭国伝と日本書紀で一致しているが,「内容は全くちがう」．推古紀には「日出ずる処」国書を送ったことが書かれていない．多利思比孤の使節は留学生数十人を含む大使節団であるが,推古天皇の使節は2人だけである．
⑨「東天皇」国書の「『天皇』……は必ずしも『天子』と同じ意味で使われている語ではない」．「両者（天皇と皇帝）は明らかに対等ではない」．日出ずる処国書の"対等な,東西二人の天子"という立場とは明白に立場を異にしている」．
⑩「裴世清の来訪に対し,応接した人物名が異なっている」．
⑪「此の後,遂に断つ」．614年の犬上御田鍬の第六次遣隋使派遣はこれと「決定的に矛盾」し,「『俀国』とは,推古天皇の王朝ではない」．
⑫「阿蘇山有り」．「（俀国＝大和国ならば）どうしてこの山だけをあげることがあろう」．「俀国の中心部に『阿蘇山』が存在したからである」．「今まですべての論者が,この単純な帰結に到着しなかったことを,不思議とするほかはない」．
⑬ 多利思比孤だけでなく推古天皇も使者を派遣したことを示すのが隋皇帝国書の「皇,海表に介居して……」の「介居」である．「隋は,"東方から,はじめて姿をあらわした国"として天皇家の国を見ている」．
⑭「東西五月行南北三月行」．「東西五月行」が「日本列島の全体を指していることはいうまでもない」．「南北三月行」は対馬－奄美－（沖縄），"俀王の都を中心とした辺境"の概念をもって,『東西』と『南北』を表記している」．「『東西五月行』も『南北三月行』問題も,『俀国』の都が近畿大和ではなく九州であることを示すものだ」．「『俀国』が近畿の天皇家の国でないことは明らかである」．

2 古田氏が挙げられる具体的な根拠に対する私見

以上のように，古田武彦氏が「多利思比孤≠推古天皇」の根拠として指摘される点は多方面にわたるが，もちろん，重要度は同じではない．氏が挙げられる根拠の中で重要であると考えられるものについて少しコメントすれば以下のようになる．

(a) 賛成できる古田武彦氏が提示される重要な根拠

古田氏が指摘される根拠の中で，古田氏が重視される根拠は，
① 第一次遣隋使が「推古紀には全く存在しない」．
④ 倭王多利思比孤は男性であるが，推古天皇は女性である．
⑤ 倭王の名前が推古天皇の名前と一致しない．

という3点であろう．

第一次遣隋使の件（①）は指摘される通りである．しかし，第一次遣隋使が書かれていない点については，たくさんの研究者による多様な見解がある．第一次遣隋使が書かれていないのは「多利思比孤≠推古天皇」であるからだという見解の研究者は，私が読んだ限りでは坂本太郎氏が唯一である［坂本①］．他の研究者の見解は「多利思比孤＝推古天皇」という立場に基づくものである．説得力はじゅうぶんとは言えないかもしれないが，あり得ないとは言えない．

多利思比孤と推古天皇の名前が一致しないという点（⑤）は，氏がもっとも重視される点であり［古田①③］，説得力もある．氏の根拠は，私見とは必ずしも一致しないが，一致しない点も相応にうなずける．しかし，ほとんどの研究者は，倭国伝が「阿毎多利思比孤」を「名前」と間違えたとし，本来は「アメタラシヒコ」で，「天の高貴な男子」という意味であって，天皇の通称・一般名称であるとされ，それがほぼ通説という状態のようだ．その説得力はふじゅうぶんであるが，まったくあり得ないとまでは言えない．

「女帝」の件（④）も古田武彦氏の説得力のある根拠である．しかし，研究者は裴世清との対談だけでなく，全体的に聖徳太子が天皇であるかのように対応したというのであり，古田氏の批判はじゅうぶんとはいえない．

(b) 賛成できない，あるいはふじゅうぶんと考える古田氏の根拠

挙げられた重要な根拠の中で賛成できない，あるいはふじゅうぶんと考える根拠は以下の諸点である．

② 倭国伝には多利思比孤宛の隋皇帝の国書はないが，日本書紀には推古天皇宛の国書がある．

➡これは事実であるが，国書は多利思比孤宛ではなく，推古天皇宛とされる点は賛成できない．隋皇帝国書の内容と国書に至る経過を考えれば，隋皇帝の国書は「日出ずる処」国書への返書であって，多利思比孤宛である．日本書紀があたかも推古天皇宛であるかのように偽装しているだけと考える．すなわち，逆に，多利思比孤には国書があるが，推古天皇には国書はないと考える．

③ 倭国伝の多利思比孤は（隋への）「朝貢」を認めていないが，日本書紀の推古天皇は「朝貢」を「拒絶していない」．

➡日本書紀は隋皇帝が朝貢してきたかのように書いているのであり，倭国伝によれば多利思比孤は朝貢を認めたと明記しているのであって，氏の見解は逆である．

なお以上の「国書」と「朝貢」に関する氏の見解②③については，この後，詳論

する.
　⑨「東天皇」国書の「『天皇』……は必ずしも『天子』と同じ意味で使われている語ではない」.「両者（天皇と皇帝）は明らかに対等ではない」.「日出ずる処」国書の"対等な，東西二人の天子"という立場とは明白に立場を異にしている」.
　➡古田氏の「『日出ずる処』国書の「"対等な，東西二人の天子"という立場とは明白に立場を異にしている」という見解には賛成できない.「天皇」をどう理解するかは，遣隋使だけでなく，その後の唐との外交において，きわめて重要な点であるが，栗原朋信氏が指摘されるように［栗原②］，当時の中国人にとっては「天皇」と「皇帝」は基本的に同じで，対等である．このことは，唐皇帝高宗が「皇帝」から「天皇」へと称号を変えたことがあるという事実からはっきりと裏付けされている.
　⑦「『軍尼－伊尼翼』は，倭国の……官職名であり……『古事記』『日本書紀』といった，天皇家の記録の中にこれを発見しえない」.
　➡その通りであるが，倭国伝は7世紀初頭の倭国の制度として明記しているのであり，井上氏などは「国造－稲置」という大和政権の国県制の統治形態であると主張されているのであるから，「軍尼制」という重要で画期的な郡県制の統治について古田氏のもっと立ち入った見解が必要であろう.

3 古田氏の見解全体に関する私見

　古田武彦氏の「多利思比孤≠推古天皇」という見解は，教えられる点は多いし，説得力のある根拠も多い．また，本拙論の結論とも一致しており，結論そのものは正しいと考える．しかし，「遣隋使」に関わる氏の「多利思比孤≠推古天皇」という見解には以下のようないくつかの問題点があるように思われる．
　第1の問題点：「多利思比孤≠推古天皇」という氏の見解が，隋書倭国伝・日本書紀の「遣隋使」の主要な記述・重要問題の理解に基づいて提起されていないのではないか．この点が最大の問題点である．
　第2の問題点：氏の挙げられる根拠のかなりが局所的・部分的で，かつ，強調され過ぎているのではないか．
　第3の問題点：倭国伝と日本書紀の記述の中には「多利思比孤＝推古天皇」を示す点もある．その点について，氏の見解がじゅうぶんに提示されていないのではないか．
　以下にこれら3点について少し詳しく述べる．

4 「遣隋使」の主要な記述・重要問題に基づいて提起されていない古田氏の見解

　まず，第1の問題点，「多利思比孤≠推古天皇」という氏の見解が，隋書倭国伝・日本書紀の「遣隋使」の主要な記述・重要問題の理解に基づいて提起されていないのではないかという点について考える．

　遣隋使に関する倭国伝と日本書紀の記述は，7世紀初頭の日本について，さまざまな事実と重要問題を提起している．7世紀前半の推古朝は日本が大化の改新を経て律令国家へと変貌していく出発点にあたる．従って，倭国伝と日本書紀が記す遣隋使の主要な記述とそれに伴う重要問題は，7世紀の日本の実態とその後の外交や古代国家形成に関わる基本的な重要問題と深く関わっている．

　ここで「遣隋使」が関係する主要な記述とは，隋書倭国伝では，第一次遣隋使の「倭王」阿毎多利思比孤，倭国の風俗，第二次遣隋使における「日出ずる処」国書，多利思比孤と裴世清の対談である．日本書紀では，隋皇帝国書提出儀式，隋皇帝国書，「東天皇」国書である．

　これらに伴うたくさんの重要問題とは以下のような諸点である．
- 倭国伝が書く倭王阿毎多利思比孤は日本書紀の推古天皇か．
- 倭国伝の官位十二等と日本書紀の冠位十二階はどう関係するのか．
- 倭国の郡県制の軍尼制は大和政権の制度か．
- 画期的な「日出ずる処」国書の何が重要で，何が問題なのか．
- 隋皇帝煬帝が裴世清を派遣した目的は何か，目的はどう達成されたのか．
- 多利思比孤と裴世清の対談の結果，「日出ずる処」国書の「天子」の問題はどう決着したのか．
- 「日出ずる処」国書はなぜ日本書紀に載っていないのか．
- 日本書紀の隋皇帝国書提出儀式は事実なのか，それとも日本書紀の造作か．
- 隋皇帝が推古天皇へ朝貢してきたかのような隋皇帝国書提出儀式の中に，「推古天皇が朝貢してきた」という隋皇帝の国書を載せるという「朝貢」に関する日本書紀の矛盾をどう理解するのか．
- 隋皇帝国書は推古天皇宛か，多利思比孤宛か．
- 「日出ずる処」国書と「東天皇」国書はなぜ酷似しているのか．
- そもそも「日出ずる処」国書と「東天皇」国書はどういう関係か．
- なぜ「東天皇」国書では「天子」ではなく「天皇」なのか．
- 「日出ずる処」国書と実質的に同じ内容の「東天皇」国書が相次いで送られたことをどう理解するのか．

・「東天皇」国書は隋皇帝へ提出された国書か.

　以上のような隋書倭国伝と日本書紀の主要な記述とそれに伴う重要問題の中に，「多利思比孤＝推古天皇」かどうかという日本古代国家形成上の重要問題が反映されているはずである．従って，これらの主要な記述と問題点の合理的な理解をもとに，「多利思比孤＝推古天皇」かどうかが議論される必要があるのではないだろうか.

　しかし，氏の論文では以上のような主要な記述や重要問題についてあまり論じられておらず，重要問題の理解とはあまり関係なく「多利思比孤≠推古天皇」と主張されている．氏が具体的に挙げられる根拠を見ても，以上のような「遣隋使」の重要問題に基づいて提起されているものは少ない．私見では，古田氏の見解はこの点がふじゅうぶんであって，説得力を落としており，氏の見解が多くの研究者に受け入れられていない主要な原因ではないかと思われる．

　古田氏は「推古朝の対唐外交」という論文で［古田②］，隋書倭国伝と日本書紀の推古紀の遣隋使に関する記述について「両者は同一王朝の国交としては，到底解しえぬ性格を持つ」として，倭国伝が書く多利思比孤の王朝と推古天皇の大和王朝は別の王朝であると主張される．そして，「国書の有無」と「朝貢の有無」について検討され，別王朝であることの根拠とされる（根拠②と③）．倭国伝が書く王朝と日本書紀が書く王朝は異なるというのは，換言すれば「多利思比孤≠推古天皇」ということである．ここに展開されている氏の議論に，氏の見解が『遣隋使』の主要な記述や重要問題に基づいて提起されていないという問題点がよく表れていると思われる．

　そこで，古田氏の見解の問題点を具体的に「国書の有無」と「朝貢の有無」の2例について掘り下げて以下に検討したい．

5 例1:「隋皇帝国書の有無」に関する古田氏の見解とその問題点

　古田武彦氏は，倭国伝には多利思比孤宛の隋皇帝の国書はないが，日本書紀では推古天皇宛の国書があるという「国書の有無」を多利思比孤の王朝と推古天皇の王朝が異なる（「多利思比孤≠推古天皇」）ことの根拠として挙げられる（根拠②）.

(a) 古田氏の見解：多利思比孤宛の隋皇帝国書はない

　古田氏は，倭国伝と日本書紀の記述を引用され，多利思比孤宛の隋皇帝国書はなかったと以下のように指摘される［古田②］.

「倭国伝では口頭外交にとどまり，国書はとどけられていない」．

「国書不携帯自身は,『俀国』伝が疑いなく示す事実」.

さらに多利思比孤宛の国書がないとされる理由について,氏は以下の諸点を指摘される〔古田②〕.

理由1:「俀(倭)国伝では口頭外交にとどまり,国書は届けられていない.これも故あることだ.なぜなら……(多利思比孤の「日出ずる処」国書に)煬帝は不快の意を示し……『蛮夷の書,無礼なる者有り.復以て聞する勿れ(なかれ)』と語ったとしるされている」.「にもかかわらず,翌年(六〇八)煬帝が特に裴世清をその俀(倭)国に派遣したのは,なぜか.思うに,この不遜なる国,ないし人物(王)の実状を調査させること,それが目的だったのではないだろうか」.

理由2:「国書不携帯自身は,俀(倭)国伝が疑いなく示す事実なのである.なぜなら……(国書を)俀王に渡すことこそ,外交記録記事の白眉だ.否,むしろ,隋使たるものの主要任務は,俀王に国書を渡すことにある.その肝要事を欠いた外交記録記事など,およそありうべくもないからである」.

理由3:国書がないことの背景として,「『天子』を称して送ってきた国書に対して,同じく国書を持って返礼する,それはすなわち,相手の天子自称を認めることとなろう.ここに国書不携帯の遣使,その背景があった」.

(b) **古田氏の見解の問題点:遣隋使に関する重要問題を切り離してしまうこと**

以上の古田氏の「国書の有無」に関する見解の最大の問題点は,氏の見解が「遣隋使」に関する重要な記述,重要な諸問題である「日出ずる処」国書,隋皇帝国書,多利思比孤と裴世清の対談,隋皇帝国書提出儀式をきちんと分析されず,実質的に切り離してしまい,倭国伝に国書が載っていないという点だけで,多利思比孤宛の国書はないと結論しておられることである.具体的には以下の点である.

第1点は,隋皇帝国書である.「国書の有無」とは,換言すれば,隋皇帝国書は推古天皇宛か,多利思比孤宛かという問題である.であれば,当然,隋皇帝国書そのものの記述が重視されなければならない.

国書の宛先にもっとも深く関係するのは,隋皇帝国書が冒頭に「皇帝,倭皇(王)を問ふ」と書く点である.「皇帝,倭皇(王)を問ふ」というのは,皇帝が倭皇(王)に挨拶を述べる,という意味で,国書の宛先は倭皇(王)である.日本書紀は「倭皇」と書くが「倭王」を改竄したものであることは研究者の一致した見解であり,私もそう思う.すなわち,国書は「倭王」に宛てた国書である.この点にあいまいさはない.

隋皇帝国書が書く「倭王」は多利思比孤である.そもそも倭国伝には「倭王」は

多利思比孤しか登場しない．第一次遣隋使も，第二次遣隋使も，派遣したのは「倭王」多利思比孤である．「日出ずる処」国書を送ったのも，隋皇帝が裴世清を送って宣諭させた「倭王」も，すべて多利思比孤である．従って，隋皇帝国書の宛先は「倭王多利思比孤」である．倭国伝に基づく限り，これは明白であって，疑問の余地はない．

であれば，もしも「多利思比孤＝推古天皇」ならば推古天皇宛でもあるが，「多利思比孤≠推古天皇」であれば，推古天皇宛ではない．古田氏は「多利思比孤≠推古天皇」とされるのであるから，隋皇帝国書は多利思比孤宛であって推古天皇宛ではない．この結果は，国書は推古天皇宛であって多利思比孤には国書はないという古田氏の見解と正反対である．

しかし，氏は隋皇帝国書の内容を検討された様子が見られない．それはおかしいだろう．隋皇帝国書の宛先を考える際，隋皇帝国書の内容がもっとも重視されるべき事項ではないだろうか．隋皇帝国書の宛先を考えるのに，なぜ国書そのものを分析されないのだろうか．

第2点は「日出ずる処」国書と裴世清派遣である．

隋皇帝国書は隋皇帝煬帝が派遣する裴世清に持たせた国書であるから，常識的には多利思比孤の「日出ずる処」国書への返書である．従って，国書が多利思比孤宛ではないと結論する場合，隋皇帝国書と「日出ずる処」国書との関係が問題となる．この点について古田氏は以下のように指摘される（理由1）．「俀（倭）国伝では口頭外交にとどまり，国書は届けられていない．これも故あることだ．なぜなら……（多利思比孤の「日出ずる処」国書に）煬帝は不快の意を示し……『蛮夷の書，無礼なる者有り．復た以て聞する勿れ（なかれ）』と語ったとしるされている」［古田②］．

要するに，氏は，煬帝が「『蛮夷の書，無礼なる者有り．復た以て聞する勿れ（なかれ）』と語ったとしるされている」から，「日出ずる処」国書の問題はこれで終わったとされるのである．だから「日出ずる処」国書は隋皇帝国書とは関係がなく，多利思比孤宛の国書がないのは「故あること」とされるのである．

氏の見解は正しいだろうか．「日出ずる処」国書は蛮夷の王が中華の皇帝に対して自主独立・対等の立場を主張した国書である．蛮夷の王が中華皇帝と同じ「天子」の称号を自称することは，中華思想の根本を否定することであって，「復た以て聞する勿れ（なかれ）」では済ませられない重大な問題なのである．確かに煬帝は「復た以て聞する勿れ（なかれ）」と言ったのだろう．しかし，それでは済まされない問題であるからこそ，煬帝は王化思想に基づいて倭王多利思比孤を宣諭するために裴

世清を送ったのではないだろうか．古田氏の見解は，あまりに安易に「日出ずる処」国書を切り離してしまっているのではないのだろうか．その原因は，氏が「日出ずる処」国書の持つ中華思想上の重大な問題点をきちんと分析されないためではないのだろうか．

しかし，古田氏は「日出ずる処」国書を国書の問題から切り離してしまう．すると，では煬帝は何が目的で裴世清を派遣したのかという問題が起こる．この点について，古田氏は以下のように指摘される［古田②］．「にもかかわらず，翌年（六〇八）煬帝が特に裴世清をその俀（倭）国に派遣したのは，なぜか．思うに，この不遜なる国，ないし人物（王）の実状を調査させること，それが目的だったのではないでだろうか」．

しかし，「この不遜なる国，ないし人物（王）の実状を調査させること」が裴世清派遣の目的というのはいかがであろうか．倭国伝が明記する裴世清の派遣目的は，「王（多利思比孤），化を慕うの故を以て，行人（裴世清）を遣わして来らしめ，ここに宣諭す」である．裴世清はあくまで中華思想・王化思想に基づいて，多利思比孤の遣隋使派遣を「化を慕う」すなわち，中華の「礼」を求めて派遣してきたと指摘し，それ故に，皇帝は裴世清を派遣した．そこで多利思比孤を宣諭するというのである．裴世清は多利思比孤に何を宣諭したのか，それは「皇帝，徳は二儀に並び，沢は四海に流る」，すなわち，皇帝＝天子の徳は全世界におよぶと，中華の皇帝＝天子が天命を受けた世界の唯一の統治者であることを多利思比孤に説くことである．換言すれば，多利思比孤の「天子」の称号を否定し，中華思想を宣諭することが裴世清の目的である．実際に，隋皇帝国書も，多利思比孤に中華思想，中華と蛮夷の上下関係を説諭している内容なのである．倭国伝や隋皇帝国書は，あくまで中華思想を宣諭することが裴世清派遣の目的であることを示している．古田氏の「不遜なる人物・国の実状調査」という派遣目的ではないことは明らかである．

古田氏が［古田②］，「この不遜なる国，ないし人物（王）の実状を調査させること」を裴世清派遣の目的とされるのは，氏が，「日出ずる処」国書，倭国伝の多利思比孤と裴世清の対談，隋皇帝国書をきちんと分析されないからではないだろうか．中華思想上の重大な問題を生じさせている「日出ずる処」国書を放置して，「不遜なる人物」の実状調査のためにわざわざ使者を派遣することはあり得ない．そもそも「日出ずる処」国書の問題点は，「不遜」とかの問題ではない．多利思比孤が，謙虚に，慎み深く，「天子」を称するのであれば問題がない，ということにはならないのである．

第3点は,「俀(倭)王に国書を渡すこと」が倭国伝に書かれていない点である.
　氏は,多利思比孤に国書がないと結論される理由として,「なぜなら……(国書を)俀王に渡すことこそ,外交記録記事の白眉だ.否,むしろ,隋使たるものの主要任務は,俀王に国書を渡すことにある.その肝要事を欠いた外交記録記事など,およそありうべくもないからである」と指摘される.
　しかし,失礼ながら,氏の見解は,国書を渡したが,そのことを書けない場合もあることに思いが至らないように見える.氏は倭国伝が書く多利思比孤と対談した裴世清の「朝命既に達せり」の内容のあいまいさをどう考えておられるのだろうか.倭国伝には,裴世清が多利思比孤に中華思想を宣諭したことまでははっきりと明記されている.しかし,宣諭の結果,どうなったのか,どのように「朝命」が達成されたのか,倭国伝には何も書かれておらず,きわめてあいまいである.なぜあいまいなのだろうか.
　多利思比孤は「日出ずる処」国書で「天子」の称号を自称し,自主独立・対等の立場を明示した.裴世清の最大の任務は多利思比孤のこの立場,特に「天子の称号」を撤回するよう宣諭することである.その任務を遂行できたのであれば,それを書かないことはあり得ない.書かれていないということは,裴世清は「天子」の称号を撤回させることができなかったのである.隋皇帝国書は,「日出ずる処」国書で多利思比孤が示した「天子」の称号や対等の立場をたしなめ,諭したものである.従って,裴世清は隋皇帝が国書で明示した内容を達成できなかったのである.
　しかし,それでは裴世清はもちろん隋皇帝の体面に関わる.だから,裴世清(あるいは倭国伝)は,多利思比孤が「我れは夷人」,「朝貢せしむ」と確認したことを成果として強調し,「朝命既に達せり」としたのではないのだろうか.
　要するに,多利思比孤宛の隋皇帝の国書はあったし,裴世清はもちろん国書を多利思比孤に提出したのだが,多利思比孤宣諭の観点から見ると,目的は達成できなかったのである.その結果,倭国伝は隋皇帝国書について何も「書けなかった」のではないだろうか.だからこそ,倭国伝は「朝命既に達せり」と書くのに,その達したはずの朝命を明示していない(できない)のではないだろうか.
　古田氏が「国書不携帯自身は,『俀国』伝が疑いなく示す事実」と結論されるのは,氏が「日出ずる処」国書,隋皇帝国書,多利思比孤・裴世清の対談記事をきちんと分析・検討されずに結論されるためではないだろうか.「日出ずる処」国書を分析すれば,煬帝が裴世清を派遣した最大の目的が中華思想に反する蛮夷の王による自主独立・対等の主張にあることが分かり,隋皇帝国書を分析すれば,国書は「日出ず

[第5章] 隋書倭国伝の倭王多利思比孤は推古天皇ではない　　333

る処」国書への返書であって，多利思比孤宛であることが分かり，対談を分析すれば，「朝命既に達せり」の内容が不透明であって，裴世清はじゅうぶんな成果を得られず，隋皇帝国書に触れることができなかったことが明らかになるのではないだろうか．そうすれば，倭国伝には国書携帯は書かれていないとは言え，「国書不携帯自身は，『俀国』伝が疑いなく示す事実」とは言えなくなるのではなかろうか．

第4点は「国書の返礼」である．古田氏は，多利思比孤に国書がないことの根拠として，「『天子』を称して送ってきた国書に対して，同じく国書をもって返礼する，それはすなわち，相手の天子自称を認めることとなろう．ここに国書不携帯の遣使，その背景があった」と指摘される［古田②］．

しかし，それはおかしいだろう．相手の国書に対して国書で返礼することは，相手の主張を認めることではない．返答の内容次第であって，肯定する場合も否定する場合もある．当然のことではないだろうか．

以上を要約すれば，古田氏は，当の隋皇帝国書だけでなく，隋皇帝国書に深く関係する重要記事，「日出ずる処」国書，裴世清と多利思比孤の対談を分析することなく，切り離してしまい，隋皇帝国書が倭国伝に書かれていないという点だけを取り上げ，多利思比孤宛の隋皇帝国書がないことは「『俀国』伝が疑いなく示す事実」とされる．ここに遣隋使の主要な記述・重要問題の理解に基づかない見解という氏の問題点が表れているように思われる．

(c) 隋皇帝国書は明白に推古天皇宛か

一方，日本書紀の記述については，古田氏は推古天皇宛の隋皇帝国書があったとし，「推古紀の場合，明白に国書携行だ．その国書の内容が……長文引用してあるのだから，疑いようはない」と指摘される．

確かに日本書紀に従えば，隋皇帝は推古天皇宛の国書を書き，裴世清に託したことになる．しかし，「長文引用してあるのだから，疑いようはない」と，日本書紀の記述を単純に信じていいのだろうか．なぜならば，裴世清が隋皇帝の国書を推古天皇に提出する儀式は，あたかも隋皇帝が推古天皇に朝貢してきたかのように，推古天皇が隋皇帝よりも上位に書かれているからである．隋皇帝が蛮夷の王に朝貢するなど，常識的には考えられず，この隋皇帝国書提出儀式は造作された可能性が高い．

隋皇帝国書はその裴世清"朝貢"儀式の中核をなすものである．であれば，裴世清が隋皇帝国書を推古天皇へ提出したという日本書紀の記述は，どこまで事実でどこまで造作されたのか慎重な検討が必要ではないだろうか．また，重大な問題のある「日出ずる処」国書を送ってきた多利思比孤をさておき，何の問題も起こしてい

ない推古天皇にだけ国書を送るのはおかしいという点だけを見ても，推古天皇宛である可能性は低いのである．であれば「長文引用してあるのだから，疑いようはない」で済ましてはいけないのではなかろうか．

　そのためには隋皇帝国書提出儀式や隋皇帝国書の内容の分析が必要である．分析すれば，あたかも隋皇帝が推古天皇に朝貢してきたかのように日本書紀が隋皇帝国書提出儀式を造作した可能性が高いことが明らかになるのではないだろうか．そうであれば，隋皇帝国書が推古天皇宛であることは「疑えない」とは言えなくなるのではないだろうか．しかし，氏は国書提出儀式も，隋皇帝国書の内容も分析されずに，日本書紀に掲載されているから隋皇帝国書の宛先は推古天皇であることに「疑いようがない」とされる．

　氏の見解の問題点は，関係する国書提出儀式，隋皇帝国書の内容についてきちんと分析されないままに，日本書紀が長文引用しているからというだけで推古天皇宛であると結論される点にある．しかし，それでは説得力がないのは明らかではないだろうか．

(d) **要約・結論：古田氏の「国書の有無」に関する見解の問題点**

　隋皇帝国書が関係する最大の問題点は「日出ずる処」国書が提起した蛮夷の王の自主独立・対等の問題である．具体的には蛮夷の王による「天子」の称号である．それが隋皇帝国書や裴世清派遣によってどう決着したのか，それこそがその後の中華王朝との外交に重大な影響を与えた重要問題なのである．隋皇帝国書はそういう重要な問題の中心にある．であるから，隋皇帝国書の有無（多利思比孤宛か推古天皇宛か）はきわめて重要な問題なのである．

　「隋皇帝の国書の有無」に関する古田氏の見解の問題点は，当の隋皇帝国書の内容をきちんと分析されないだけでなく，深く関係する「日出ずる処」国書も，裴世清と多利思比孤の対談も，隋皇帝国書提出儀式も，そういう「遣隋使」の重要記述・重要問題をすべて切り離し（触れても安易な分析に終わり），それとはほぼ無関係に，倭国伝と日本書紀の表面的な記述を鵜呑みにして，国書の有無を「多利思比孤≠推古天皇」の根拠とされることにある．この点に，氏の見解が説得力に欠け，諸研究者の賛同が得られない最大の原因があるのではないだろうか．

6 例2：「朝貢の有無」に関する古田氏の見解とその問題点

(a) 「朝貢」に関する古田武彦氏の見解

　「遣隋使」に関する重要な諸問題の中で「朝貢」は１つのはっきりした具体的な重

要問題である．氏は「朝貢の有無」の項で，「朝貢」に関して，多利思比孤と推古天皇で「重大な差違がある」と指摘され［古田②］，「（隋皇帝国書の中には）見逃すことのできぬ，重要な一句がある」として，隋皇帝国書の「遠く朝貢を脩むる（おさめる）を知る．丹款の美，朕嘉する有り」を挙げ，以下のように主張される［古田②］．

① 「中国側（隋皇帝国書）は，推古天皇を『臣』として扱っているのだ」，「中国の天子－臣（推古天皇）の立場を明確に顕示した文面だ」
② 「この国書の立場を，推古天皇……は必ずしも拒絶せず，むしろ容認したように見える」
③ 「なぜなら，……推古天皇は返報の国書（「東天皇」国書）を小野妹子に届けさせている」
④ 「相手（中国の天子）に対して『皇帝』と呼び『尊』と呼んでいる．自分については『天皇』という呼び名は使っても，慎重に『帝』とか『天子』とかいう至尊の用語は避けている」
⑤ 「何よりも推古天皇側は『朝貢』国書を拒絶していない．これが肝心の一点だ」
⑥ 「これに反し，俀（倭）国伝の場合．多利思比孤は，両者対等の『天子』であることを主張した．それを撤回した形跡はない」

(b) **朝貢を考える際，隋皇帝国書提出儀式を無視していいのだろうか**

以上の「朝貢の有無」に関する氏の見解にも，「国書の有無」の場合と同じ問題点が見える．氏の見解の最大の問題点は，古田氏が隋皇帝国書提出儀式を分析・検討されないことである．

隋皇帝国書提出儀式では，推古天皇が隋皇帝煬帝よりも上位に立ち，あたかも隋皇帝が推古天皇に朝貢してきたかのように日本書紀は書いている．その儀式の中で古田氏が引用される「遠く朝貢を脩むるを知る．丹款の美，朕嘉する有り」という隋皇帝国書は読み上げられている．すなわち，国書提出儀式全体では隋皇帝が推古天皇に"朝貢"し，その儀式で読み上げられた隋皇帝国書では逆に，推古天皇が隋皇帝へ朝貢する，という「朝貢」については正反対の矛盾した内容なのである．

であれば，国書提出儀式を分析することなく，どうして安易に「この国書の立場を，推古天皇……は必ずしも拒絶せず，むしろ容認したように見える」と言えるのだろうか．推古天皇と隋皇帝のどちらが上位なのか，「朝貢」に関する矛盾した内容をどのように合理的に理解するのか，日本書紀が書くように，隋皇帝が推古天皇へ"朝貢"したのか，逆に，隋皇帝国書が書くように，推古天皇が隋皇帝へ朝貢したのか，正反対の記述をどう理解するのか．そして，そもそも中華皇帝（隋皇帝煬帝）

が蛮夷の王（推古天皇）に朝貢したかのような隋皇帝国書提出儀式を事実と考えるのか，日本書紀の造作なのか，などの点の検討なしに，「（推古天皇は）『朝貢』国書を拒絶していない．これが肝心の一点だ」とは言えないのではないだろうか．隋皇帝国書提出儀式で，日本書紀は推古天皇が隋皇帝よりも上位に立ち，隋皇帝が推古天皇へ朝貢してきたかのように書いているのである．安易に推古天皇が隋皇帝への朝貢を認めたとは言えないのである．

　このように，推古天皇の「朝貢」について考える際，隋皇帝国書提出儀式をどう理解するかは避けては通れない問題なのである．しかし，古田氏はこの隋皇帝国書提出儀式について分析されることもなく，推古天皇は「むしろ容認した」，「『朝貢』国書を拒絶していない」と結論される［古田②］．しかし，それではあまりに説得力に欠ける．結論される前に，隋皇帝国書提出儀式をどう理解するのか（事実とするのか，日本書紀の造作とするのか），名分問題（どちらが上位か）に関する矛盾をどのように理解するか，をはっきりさせ，「推古天皇……は（隋皇帝への朝貢を）必ずしも拒絶せず，むしろ容認した」ことを論証される必要があるのではないだろうか．

　以上のように，「朝貢」の問題は，単に隋皇帝国書の中の一文，「遠く朝貢を脩む（おさめる）を知る」だけで判断する問題ではなく，それが書かれている隋皇帝国書提出儀式（裴世清"朝貢"儀式）全体，さらに，隋皇帝国書全体の分析と合理的な理解に基づいて結論する必要があるのではないだろうか．裴世清"朝貢"儀式も隋皇帝国書も，それ自体が「遣隋使」の重要な記述であり，その後の中国王朝との関係における重要問題なのである．それなのに，古田氏はそれらはすべてまともに分析・検討されず，推古天皇が朝貢を容認したと判断され，推古天皇が「（朝貢を）拒絶せず，むしろ容認した」と強調されるのである（なお，私見では容認したとは考えない．逆であろう．日本書紀が記す推古天皇の立場はあくまで隋皇帝と対等あるいは上位である）．ここにも「遣隋使」の重要な問題の理解に基づかず，逆に切り離して結論されるという氏の議論の問題点が表れている．

　なお，「推古天皇……は必ずしも拒絶せず，むしろ容認したように見える」点について，氏の主張③と④について，一言コメントしておきたい．

　古田氏は，③「なぜなら，……推古天皇は返報の国書（「東天皇」国書）を小野妹子に届けさせている」と指摘される．しかし，すでに指摘したように，「国書でもって返礼」すれば，それだけで，相手の問題ある主張を「認めること」にはならない．返答次第である．

　次に，④隋皇帝を「皇帝」・「尊」と呼び，自分は「帝」・「天子」を避けているか

ら朝貢を認めているとされる点については，氏は重要な点を回避しておられると思う．それは「天皇」である．氏は「『天皇』という呼び名は使っても」と触れるだけであるが，「天皇」という称号はそれだけで済ませられるものではない．「天皇」は「天子」と「皇帝」から1字を取ったとも，「天の皇帝」とも受け取れる．また，唐の高宗が「皇帝」を「天皇」と改めたことがあることを見ても，「天皇」は「皇帝」と対等（以上）と見るべきであろう．すなわち，推古天皇は「東天皇」国書で，隋皇帝に対して対等（以上）の立場を明示しているのであって，隋皇帝国書の皇帝（煬帝）－臣下（推古天皇）という上下関係の立場を否定しているのである．従って，古田氏の「（隋皇帝）国書の立場を，推古天皇……は必ずしも拒絶せず，むしろ容認した」という見解（②）とは正反対であって，推古天皇は，「天皇」と自称することによって，「日出ずる処」国書に続いて再び隋皇帝と対等（以上）の立場を主張し，隋皇帝への朝貢を否定したのである．しかし，氏は「天皇」という重要な点についてまともに分析・検討されない．

(c) 多利思比孤は「朝貢」を拒否してはいない

一方，多利思比孤について，古田氏は「これに反し，俀（倭）国伝の場合，多利思比孤は，両者対等の『天子』であることを主張した．それを撤回した形跡はない」（⑥）だけで，「朝貢」については直接的には一言も書かれていない．多利思比孤は確かに「天子」の称号を撤回しなかった．このことは多利思比孤が朝貢を拒否したことを強く示唆している．しかし，一方で，倭国伝は多利思比孤の「（遣隋使を）遣わして朝貢せしむ」という発言を明記している．「両者対等の『天子』」と「朝貢せしむ」とははっきりと矛盾しているのである．これは誰の目にも明らかである［氣賀澤①］．古田氏の「朝貢の有無」という論旨から言えば，推古天皇は「『朝貢』国書を拒絶していない」が，多利思比孤は朝貢を拒絶したのである．その場合，「朝貢せしむ」という多利思比孤の発言との矛盾をどう理解するかが問題となる．この点を抜きに多利思比孤が朝貢を拒否したとは言えないのではないだろうか．しかし，氏はこの点については気づかないかのように触れておられない．

この多利思比孤の「朝貢」に関する古田氏の見解の問題点は，多利思比孤と裴世清の対談について，きちんと分析されないことである．多利思比孤と裴世清との対談の中で，「朝貢」も含めて倭国と隋の関係についての議論がなされ，それなりの決着に至った．その決着は，氏自身が述べるように，その後の倭国と中国王朝の関係に大きく影響している．しかし，古田氏は重要な多利思比孤と裴世清の対談を分析されることもなく，多利思比孤は「『天子』……を撤回した形跡はない」ことでもっ

て,「朝貢」を拒絶したとされ,「多利思比孤≠推古天皇」であることの根拠とされるのである.

　以上のように,古田氏の議論は,「朝貢」という中華王朝と倭国・大和国との関係の根本問題についても,深く関係している隋皇帝国書提出儀式,隋皇帝国書,多利思比孤との対談という「遣隋使」の重要記述についても,無視するか,きわめて表面的な解釈だけで,「多利思比孤≠推古天皇」の根拠とされるのである.それなのに,朝貢の問題は,「重大な差違」,「見逃すことはできない」,「決定的な差異」と強い言葉で強調されるのである.

(d) 古田氏の「国書の有無」・「朝貢の有無」の見解に関する要約

　以上,「国書の有無」と「朝貢の有無」という具体的な問題に関する古田武彦氏の見解[古田②]を分析してきたが,深く関係する「遣隋使」の重要問題(「日出ずる処」国書,多利思比孤と裴世清の対談,隋皇帝国書提出儀式,隋皇帝国書,「東天皇」国書)の分析と理解に基づかず,逆に切り離して,表面的な議論を展開されるという氏の見解の問題点が明らかになったのではないだろうか.そのことが,氏の見解が説得力を欠く最大の原因ではないだろうか.

7 部分的・局所的な問題点が強調され過ぎている

　古田武彦氏の見解の第2の問題点は,氏の挙げられる根拠のかなりが局所的・部分的で,かつ,強調され過ぎているのではないか,という点である.

　古田氏が「多利思比孤≠推古天皇」として示された根拠は,局所的・部分的な問題点に基づく根拠がかなり多いという特徴がある.もちろん,"局所的・部分的な根拠"はどうでもよいというわけではない.しかし,一般的には,"局所的・部分的な根拠"は補助的な根拠とはなり得ても,重要問題における主要な根拠とはなり得ないのである.その典型的な例について以下に検討したい.

(a) 隋皇帝国書の中の「介居」という文言

　第1に,「介居」である(根拠⑬).氏は,「倭国≠大和国」(「多利思比孤≠推古天皇」)の根拠の1つとして,隋皇帝国書(古田氏は隋皇帝国書の宛先は推古天皇とされる)の「皇(王),海表に介居して,民庶を撫寧し,境内安楽にして,風俗融和し,深気至誠ありて,遠く朝貢を脩む(おさむ)」という文章の中の「介居」(助けなく独立している[新漢語林])を指摘される[古田①].この「皇(王),海表に介居して……」というのは,「皇(倭王.古田氏は推古天皇とされる)は海表(海外.国外の遠い果て)に助けなく独立して……」という意味である[新漢語林].

氏はこの文の「介居」について，以下のように主張される［古田①］．多利思比孤の俀国（倭国）は「代々中国に朝貢を続けてきた……すなわち中国の天子を中心とする冊封体制の中に，連綿と位置してきた」，「決して"ひとりぼっちで孤立"してきたのではない」，「新羅や百済と密接な通交を結んでおり」，「（国書で）"中国の体制下にありつづけ，隣国の『敬仰』を受けている国"を『介居』と表現するはずはない」と，「介居」という一語をもって「倭国≠大和国」であり，国書は推古天皇宛であるとされる．

　そして，推古天皇の大和国に関しては，「『倭皇』つまり，天皇家は"ひとりぼっちで孤立した"存在として，隋側に認識されている」，「隋は，"東方から，はじめて姿をあらわした国"として天皇家の国を見ている」と，倭国と大和国は別の国であることの根拠とされる．

　しかし，それは言い過ぎであろう．氏は大昔から倭国は中国王朝と関係が深かったと強調される．しかし，いわゆる「倭の五王」が倭国（古田氏は大和国とは異なるとされる）の王であっても，大和政権の君主であっても，宋王朝との冊封関係にあった倭の五王を最後に，100年以上，倭国も大和政権も中華王朝との関係は断絶しているのである．倭国・大和国からの使者そのものがないのである．隋皇帝の視点から見れば，大和国も，倭国も，100年以上「（中華王朝から）助けなく，（中華王朝から）独立している」，すなわち，倭国も大和国も，「介居している」のである．少なくとも過去100年以上，中華王朝とは別世界で，"中華王朝からの助けなく，独立して"いた多利思比孤の俀（倭）国を，隋皇帝が国書で「海表に介居して（助けなく独立して）」と表現しても決しておかしくはない．すなわち，多利思比孤の倭国を「（国書で）『介居』と表現するはずはない」と断定する［古田①］ことには，無理がある．

　従って，隋皇帝国書の「介居」という一文言から，倭国と大和国は別の国で，隋皇帝の国書が多利思比孤宛ではなく，推古天皇に宛てたものとするのは，あまりに強引過ぎるのであり，この点を以て倭国は大和国ではないとされるのはやり過ぎではないだろうか．

　なお，氏は「"中国の体制下にありつづけ，隣国（新羅・百済）の『敬仰』を受けている国"を『介居』と表現するはずはない」と指摘される［古田②］が，それは古田氏が「介居」を「ひとりぼっちで孤立している」と言い換えられるからである．しかし，「介居」はあくまで「助けなく独立している」［新漢語林］という意味である．どこの「助け」がないか．それは新羅や百済ではなく，中華王朝である．隋皇帝はあくまで中華王朝と蛮夷の国という視点で書いているのであって，蛮夷諸国との友

好関係は国書の「介居」とは関係がないのである．

(b)「阿蘇山有り」が意味すること

第2に，「阿蘇山」である（根拠⑫）．隋書倭国伝は倭国の風俗記事に，

「阿蘇山あり．その石，故なくして火起り天に接する者，俗以て異となし，因って禱祭を行う」，

と書いている．古田氏は［古田①］，この記述について，「決定的な一語は『阿蘇山有り』の一句である」，「もし近畿大和の天皇家の環境を描写するなら，どうしてこの山だけをあげることがあろう」，「（美しい瀬戸内海や青垣山うるわしい奈良盆地の特色などは）一切，切り捨てられ，『阿蘇山』だけがそそり立っている．これは一体何を意味するだろう．ほかでもない倭国の中心部に『阿蘇山』が存在したからである」，「今まですべての論者が，この単純な帰結に到着しなかったことを不思議とするほかはない」と強調される．

これに対して安本美典氏は［安本①］，「『阿蘇山』が，九州王朝存在の証拠となるのか」と題し，「これほど明白に，七世紀前半に隋の煬帝と国交を結んだわが国の王者が，"飛鳥の女王（推古）"などではなく，"阿蘇山下の天子"であった事実を端的に物語る史料はない」という古田氏の見解を引用され，「『隋書』は，日本に，特異な山として阿蘇山があることを述べているだけ」，「倭国の中心部に『阿蘇山』があったとか，『阿蘇山下の天子』とは述べていない」と批判される．

私見では，安本氏の批判はその通りだと考える．「阿蘇山有り」は倭国の風俗記事の一部として書かれているのであるから，"倭国内に阿蘇山がある"ことを示唆している．しかし，それ以上ではない．「阿蘇山あり」の一語で「倭国の中心部に『阿蘇山』が存在した」とは言えない．まして，倭国が大和国ではないことを示す「決定的な一語」などとは言えない（安本氏が指摘されるように，大和への行程の途中で聞いたと理解することは可能である）．しかし，氏は「今まですべての論者が，この単純な帰結に到着しなかったことを不思議とするほかはない」などと強調される．私見ではそのような大げさなことではないと思う．単に倭国の統治領域に阿蘇山が含まれていることを示唆しているだけである．

(c) **古田氏は部分的・局所的な点を強く断定し，強調し過ぎる**

以上の2例で見られるように，古田氏は部分的・局所的な問題点を強く断定し，強調し過ぎるように思われる．そのことはかえって氏の見解の説得力を弱めているのではないだろうか．また，部分的・局所的な点で，いかに根拠が明瞭に見えても，それは補助的な根拠とはなり得ても，もっと重要な根拠がなければ，重要な意味・

意義を持つ見解の根拠とするにはふじゅうぶんである．部分的・局所的な点に基づく根拠は，あくまで補助的な根拠であって，重要な結論の主要な根拠としては説得力あるものとはなりにくいのではないだろうか．

8 「多利思比孤＝推古天皇」を示唆する事項について見解がふじゅうぶん

　古田武彦氏の見解の第3の問題点は，倭国伝と日本書紀の記述の中の「多利思比孤＝推古天皇」を示す点である．その点について，氏の見解がじゅうぶんに提示されていないのではないだろうか．

　本拙論でも指摘したように，確かに隋書倭国伝と日本書紀の記述は多くの点で「多利思比孤≠推古天皇」を示唆している．しかし，逆に「多利思比孤＝推古天皇」を示唆する点もある．「多利思比孤≠推古天皇」であると主張する場合，「多利思比孤＝推古天皇」を示す点をどのように「多利思比孤≠推古天皇」の観点から合理的に理解するかは提示されなければならないことである．

　本拙論では「多利思比孤＝推古天皇」を示す点として6点を指摘した．6点の中で，遣隋使の派遣期間中，大和政権の君主は推古天皇であることについては，必ずしも「多利思比孤＝推古天皇」であることの根拠にならないことについては古田氏の見解が提示されている（多利思比孤と推古天皇の名前や性の不一致）．

　しかし，他の5点についてはふじゅうぶんではないだろうか．遣隋使の主要な問題に対する古田氏の見解は私見とはかなり異なるようだから，5点の中には，古田氏の見解では「多利思比孤＝推古天皇」の根拠にはならない点もあるだろう．しかし，以下の点を指摘する必要があると思われる．

　それは，倭国伝の官位十二等と日本書紀の冠位十二階の官位・冠位名のすべてが一致することである．この点は「多利思比孤＝推古天皇」を示す無視できない点ではないだろうか．

　古田氏は倭国伝の官位十二等と日本書紀の冠位十二階について，「（官位・冠位名の順が）両者くいちがっている」，「このくいちがいは『両者は同一王朝の事実ではないのではないか』という結論を暗示している」として［古田①］，官位・冠位名の順の不一致を多利思比孤と推古天皇の王朝が異なること（換言すれば「多利思比孤≠推古天皇」）の根拠とされる（根拠⑥）．しかし，官位・冠位名の順の不一致は，倭国伝が隋の常識に従って書き直しただけと考えられ，重要な根拠とは言えない．

　しかし，古田氏の倭国伝と日本書紀が書く王朝が同じか異なるか（「多利思比孤＝推古天皇」か，「多利思比孤≠推古天皇」か），という観点から見た場合，倭国伝が明記す

る倭国の官位十二等と，日本書紀が明記する大和政権の冠位十二階の官位・冠位名そのものがすべて一致していることは，官位・冠位名の順の不一致よりもはるかに重要であって，とうてい無視できない重大な事実ではないだろうか．なぜならば，官位・冠位名が一致する官位・冠位制度が日本国内で同時に異なる王朝で共存することはあり得ないからである．後で冠位制度を制定する王朝が，別の冠位名にすることは明らかである．

　倭国伝は，608年，裴世清を出迎えた多利思比孤の臣として「大礼」哥多毗を記す．一方，日本書紀は同じ608年に，遣隋使「大礼」小野妹子と「大礼」吉士雄成を記す．すなわち，倭国伝と日本書紀によれば，608年当時，多利思比孤が「大礼」を哥多毗に授与し，推古天皇が同じ「大礼」を小野妹子と吉士雄成に授与していたのである．異なる別の王朝が同じ年に「大礼」という同じ官位・冠位を授与していたことは考えられない．このことは，多利思比孤の王朝と推古天皇の王朝が同じ王朝であることを強く示唆しているのである．このように，倭国伝の官位十二等と日本書紀の冠位十二階の官位・冠位名が一致することは，多利思比孤と推古天皇の王朝が同一である（「多利思比孤＝推古天皇」）ことの確固とした証拠と見なすことができるのである．

　であれば，古田氏が「異なる王朝である」（「多利思比孤≠推古天皇」）と主張される場合，倭国伝が記す官位十二等と日本書紀が記す冠位十二階の官位・冠位名の一致を，異なる王朝である（「多利思比孤≠推古天皇」）という観点からどのように合理的に理解するかという問題は，避けては通れないきわめて厳しい問題点なのである．

　しかし，官位・冠位名の一致という倭国伝と日本書紀の記述について，古田氏は（少なくとも引用した論文では）一言も触れておられない．それでは氏の「多利思比孤≠推古天皇」という見解が説得力をもたないことは明らかである（あるいは，氏のたくさんの著作のどこかで，この問題に対してきちんと見解を示しておられるのだろうか）．

　氏は「多利思比孤≠推古天皇」と主張されるが，そのためには，すくなくとも「多利思比孤＝推古天皇」であることを示す官位十二等（倭国伝）と冠位十二階（日本書紀）の官位・冠位名の一致について，「多利思比孤≠推古天皇」の立場から説得力ある見解を提示されることは欠かすことのできない必要条件ではないだろうか．

9 安本美典氏の「九州王朝説」批判

　ほとんどの研究者は，その論文で古田武彦氏の見解を議論されることも，いわゆる「九州王朝説」について触れられることもない．しかし，安本美典氏は「古代九

州王朝はなかった」という本（[安本①]．以下，この項の安本美典氏の見解の引用はすべて安本①による）で，古田武彦氏の九州王朝説を厳しく批判しておられる．

氏の批判は古田氏の九州王朝説全体に対する批判であるのに対し，本拙論はあくまで「遣隋使」に限定した議論であり，古田氏の九州王朝説そのものではない．しかし，本拙論の「多利思比孤≠推古天皇」という結論は古田氏の「多利思比孤の王朝は推古天皇の王朝ではない」という結論と一致しており，安本氏の九州王朝説批判は本拙論への批判ともなりえるであろう．そこで，以下，本拙論の「遣隋使」にも関わると思われる安本氏の「九州王朝説」批判について，重要と思われる批判を検討したい．

(a) **日本書紀では「倭国」は「誤り」として削られた可能性が高い**

まず第1に，九州王朝が存在したのであれば，日本書紀はもっと詳細に書くはずであるという安本氏の批判について考える．

安本氏は，「もし，九州王朝が存在するのであれば，『古事記』『日本書紀』はもうすこしくわしく，九州王朝のことを記しそうなものである．記されていないのは，大和朝廷が隠蔽したのだというような論法は許されない．それでは，なにも証拠がなくても，自説が成立することになるからである」と，古田氏の見解を批判される．

これを本拙論にあてはめれば，「九州王朝」は「倭国」に置き換えられて，「もし，大和国とは異なる『倭国』が存在するのであれば，『古事記』『日本書紀』はもうすこしくわしく，『倭国』のことを記しそうなものである．記されていないのは，大和朝廷が隠蔽したのだというような論法は許されない．それでは，なにも証拠がなくても，自説が成立することになるからである」ということになるだろう．

日本古代の歴史に関しては，神話時代を除けば，日本書紀がほぼ唯一の日本の重要史料であるといっても過言ではない．従って，安本氏のこの批判については，日本書紀の史料としての性格を考える必要がある．この問題については今までも議論してきたので（第4章），重複する点も多いが，主要な点について繰り返せば以下のようになる．

日本書紀はあくまで8世紀の大和政権の歴史観に基づいて書かれた歴史書である．さらに，日本書紀の編纂方針の基本に，古事記序文に書かれている天武天皇の詔，「(帝紀と旧辞は) 邦家の経緯 (国家組織の根本) にして，王化 (天皇の政治) の鴻基 (基礎となるもの) なり．故惟みれば，帝紀を撰び録し旧辞を討ね竅め (それ故，帝紀・旧辞をよく調べ正し)，偽を削り実を定めて，後葉に流へむと欲ふ (偽りを削り真実を定めて撰録し，後世に伝えよう)」がある [山口・神野]．すなわち，日本書紀は，8世紀の大和政

権の歴史観と天武天皇の詔に基づいて編纂された歴史書である．

では8世紀の大和政権の歴史観の基本と天武天皇の詔の「邦家の経緯（国家組織の根本）にして，王化（天皇の政治）の鴻基（基礎となるもの）」とはどんな点だろうか．その1つは，日本の唯一の統治者は神武天皇に始まる大和政権の君主である，という点であろうと推定される．

「遣隋使」に関して言えば，隋書倭国伝が書く「倭王」多利思比孤，「倭国」，さらに，本拙論の「多利思比孤≠推古天皇」，「倭国≠大和国」，「倭国=筑紫国」（第6章）という結論は，7世紀初め，大和政権の君主ではない「倭王」が日本に存在し，大和国以外の筑紫国が存在したことを示唆するものである．大和政権の君主以外の「倭王」，大和国ではない「倭国」の存在は，まさに「日本の唯一の統治者は神武天皇に始まる大和政権の君主である」に関わる問題であり，日本書紀編纂の根本に抵触する可能性が高い．であれば，日本書紀編纂に際して，これらは「偽り」として「削られた」可能性を否定できない．すでに述べたように（第4章），実際に倭王多利思比孤に関する倭国伝の記述は日本書紀ではすべて削除・無視されたのではないかというのが本拙論の結論である．

安本氏は「（九州王朝について）記されていないのは，大和朝廷が隠蔽したのだというような論法は許されない」と指摘されるが，「遣隋使」に関しては，倭国伝に明記されている「倭王」多利思比孤も「倭国」も，日本書紀ではすべて無視され，まったく登場しないというのが客観的な事実である．従って，日本書紀に「倭王」多利思比孤や「倭国」について何も「記されていない」ことは，大和政権の君主以外の「倭王」多利思比孤や，大和国とは別の「倭国」が存在しなかったことを必ずしも意味しないのではないだろうか．

氏自身も「なにも証拠がなくても……」と述べておられるように，日本書紀とは別の史料であっても大和政権の君主ではない「倭王」の存在を示す史料があれば，大和政権の君主ではない「倭王」を否定できないと思う（大和政権の君主ではない「倭王」の存在を示すはっきりした史料は次項で示すように，隋書倭国伝である）．

(b)「倭国」に関する「確実で豊富な」文献は隋書倭国伝である

古田氏の九州王朝説に対する安本氏の第2の批判は，「九州王朝」に関する確実で豊富な文献資料がないという批判である．

安本氏は以下のように指摘される．「九州王朝について，豊富な文献資料があり，それに記載されているところが，中国側文献の記すところと，よく合致しているというのなら，九州王朝説が成立する余地がある．しかし，九州王朝について，なん

ら確証できる文献がなく……」，「九州王朝のことを記した史書があって，その史書が『日本書紀』以上の一致を示しているのではない．九州王朝のことを記した史書など，皆無なのである」．「古田武彦説の最大の問題点は，九州王朝のことを記した確実な文献が，なにもないことである」．

以上のように，安本氏は九州王朝について記した「豊富な文献資料」，「確実な文献」がないことを古田氏の九州王朝説の最大の問題点として批判される．

安本氏のこの批判を本拙論にあてはめれば，「九州王朝」を「倭国」に置き換えることができて，「倭国」のことを記した「確実で豊富な」史料はないという批判となるだろう．

私見では，「倭国」のことを記した「豊富」で「確実」な史料の第一は「隋書倭国伝」そのものであると思う．大和政権とは異なる倭王や太子の名前，称号，さらに倭国の王による遣隋使派遣，「日出ずる処」国書，官位十二等や大和政権では見られない郡県制の軍尼制など，隋書倭国伝は「倭国」に関する「豊富で確実な文献」である．

加えて，「倭国」と「大和国」をはっきりと別の国と明記する旧唐書倭国伝と，旧唐書日本国伝の冒頭の記述もまた「確実な」「倭国の重要文献」である（これらの「確実な文献」の存在が，本拙論で「遣隋使」を取り上げた理由でもある）．また，この後，本拙論では「倭国＝筑紫国」と結論するが（第6章），「筑紫国」に関する「確実な」文献として，日本書紀継体紀の磐井－継体戦争（いわゆる磐井の乱）に関する記述を加えることができる．

これらは「倭国」に関する「確実で豊富な」史料であり，「倭国」に関しては，安本氏の批判はあたらないと考えられる．

(c) 隋書倭国伝と日本書紀の"食い違い"

批判の第3は，日本側と中国側の史書の"食い違い"である．

安本氏は，中国の文献と日本の文献の食い違いが九州王朝説の重要な根拠となっているとして，以下のように九州王朝説を批判される．「九州王朝説は，中国側の記事と，日本側の記事とがあわないことを，主要な根拠とする」．「九州王朝について，なんら確証できる文献がなく，中国側文献の記すところと，日本側文献の記すところが，くいちがうところがあるから，九州王朝が存在したというのでは，証明にならない．想像説をでない」．「『隋書』と『日本書紀』の記載が合致しないところがあるから，『隋書』の冠位は，九州王朝のものである，ということになるのである」．

安本氏のこの批判の根底に「九州王朝について，なんら確証できる文献がな」いという第2の批判がある．しかし，「遣隋使」の「倭国」の場合，倭国について「確証できる文献」として隋書倭国伝がある（倭国伝が記す「倭国」の存在を疑う人は見当たらない）．「遣隋使」に関しては，問題は，「倭国」が存在したかどうか，ではなくて，倭国伝が書く「倭国」は大和国なのか，それとも別の国か，という問題である．あくまで倭国伝が書く「倭国」の存在は前提として，「倭国伝が書く『倭国』は日本書紀が書く大和国である（「倭国＝大和国」）」と主張しておられるのが諸研究者で，本拙論は「倭国」は別の国（「倭国≠大和国」）ではないかと問題提起しているのである．従って，この第3の批判は本拙論にはあてはまらないと思う．
　しかし，本拙論でも倭国伝と日本書紀の"食い違い"を重要な判断材料とするから，以下に一言コメントしたい．
　「倭国は大和国なのか」という問題の重要な判断材料・根拠となっているのが，倭国伝と日本書紀の記述の"食い違い（不整合）"である．安本氏は"食い違い"について，「くいちがうところがあるから，九州王朝が存在したというのでは証明にならない」と指摘される．この文章では「くいちがうところがある」こと自体を「九州王朝が存在した」ことの根拠としていると批判しておられるように読める．氏のこの文章は，単なる"舌足らず"であろうと思われるが，遣隋使の「倭国」に関しては，「くいちがうところがある」こと自体を，「倭国≠大和国」とか「倭国＝大和国」の根拠にしているのではない．その食い違いが「倭国≠大和国」であれば合理的に理解できるが「倭国＝大和国」では理解できなければ，「倭国≠大和国」の根拠になり，逆に「倭国＝大和国」であれば合理的に理解できるのであれば，その食い違いは，「倭国＝大和国」の根拠となるのである．
　本拙論でも倭国伝と日本書紀の"食い違い（不整合）"は重要な判断材料として重視するが，"食い違い"自体を「倭国≠大和国」の根拠としているのではない．あくまで，"食い違い"が「倭国＝大和国」では理解困難で，「倭国≠大和国」であれば，合理的に理解できるから，「倭国≠大和国」を示唆していると指摘しているのである．この点は誤解がないようにはっきりさせておきたい．

(d) 隋書倭国伝と日本書紀の記述は「大略において一致している」か
　第4に，安本氏の隋書と日本書紀が「大略において一致している」という指摘である．安本氏は，「中国側の記事も，そうとうに，誤記や認識の誤りを含みがちなものである．話のすじが，大略合致していれば，むしろ，合っているとすべきである」とされ，「『隋書』と日本側史書とは，大略において一致している」と指摘され

る.

　しかし，この指摘はいかがであろうか．その記述が「誤記や認識の誤り」かどうかの検討は当然必要なことであるが，その上で，「大略において一致している」として無視してもよいようなささいな不一致と，無視してはいけない重要な不一致は区別する必要があるのではないだろうか．

　「遣隋使」に関する隋書倭国伝と日本書紀の記述において，無視してはいけない最重要の不一致は「日出ずる処」国書である．なぜならば，「日出ずる処」国書が単に日本の外交史上，画期的な国書であるというだけでなく，国書が提示した中華皇帝に対する自主独立・対等の立場は，遣隋使に限らず，その後の倭国と中華国との関係に重大な影響を与えているからである．

　そもそも「日出ずる処」国書はなぜ日本書紀には載っていないのか，自主独立・対等の立場に深く関わる多利思比孤と裴世清の対談はなぜ日本書紀には何も書かれていないのか，「日出ずる処」国書に酷似する「東天皇」国書が日本書紀に載っているのはなぜか，「日出ずる処」国書では倭王は「天子」という称号であったのに，なぜ「東天皇」国書では「天皇」なのか，このような点は日本古代史の重要な問題点であって，「大略において一致している」では済ませられない重要な"食い違い"ではないだろうか．「遣隋使」に関しては，重要な不一致・不整合が他にもたくさんあると思う．

　確かに，第二次遣隋使，煬帝による裴世清派遣，第四次遣隋使の派遣，および，それらの年次は，隋書倭国伝と日本書紀で一致している．おそらく氏はこれらの点を重視されて「大略が一致している」とされるのであろう．しかし，それ以外はほとんど一致していない．それも，記述そのものがあるかないかという極端な不一致であって，「大略において一致している」とは言えないのである．

　私見では，「遣隋使」に関しては，一致点も不一致点もきちんと分析・検討することが重要であると思う．

10 要約：古田武彦氏の「九州王朝説」と安本美典氏の批判

　以上の検討を要約すれば以下のようになる．
　(a) 古田武彦氏は「多利思比孤≠推古天皇」の根拠をたくさん挙げられる．本拙論と一致する点も多いが，ふじゅうぶんと思われる点や賛成できない点もある．
　(b) 古田氏の見解には以下の3点の疑問・問題点があって，説得力を弱めている．
　　① 遣隋使の主要な記述・重要問題の理解に基づいて提起されず，重要問題を

切り離してしまって論じておられる．具体的に「隋皇帝国書の有無」と「朝貢の有無」について，氏の見解が，関係する主要記述・重要問題を分析されることもなく切り離し，あるいは，触れても安易な分析に終わり，結論されていることを明らかにした．この点が，氏の見解のもっとも重要な問題点である．

② 氏の見解は局所的・部分的な問題点に偏り過ぎ，強調され過ぎている．

③「多利思比孤＝推古天皇」を示す点について「多利思比孤≠推古天皇」の立場からの合理的理解がじゅうぶんに提示されていない．

(c) 安本美典氏による古田武彦氏の「九州王朝説」への批判

安本氏による古田氏の九州王朝説への批判の中で，本拙論が関係するであろう諸点について検討した．

① 九州王朝が存在したのであれば，日本書紀は「九州王朝」についてもっと詳細に書くはず，という批判は「九州王朝」を「倭国」に置き換えられるだろう．しかし，日本書紀では大和政権の君主ではない「倭王」多利思比孤や大和国ではない「倭国」は，「誤り」として削除された可能性が高い．

② 安本氏は，「九州王朝」に関する確実で豊富な日本の史料が存在しないと批判される．「遣隋使」に関しては「九州王朝」は「倭国」と置き換えられるが，隋書倭国伝・旧唐書倭国伝などが「倭国」に関する確実で豊富な史料である．

③ 安本氏が指摘される中国と日本文献の"食い違い"については，本拙論では食い違っていること（不整合）自体ではなく，あくまで"食い違い"が「多利思比孤＝推古天皇」では理解困難で，「多利思比孤≠推古天皇」ならば合理的に理解できる場合に，「多利思比孤≠推古天皇」の根拠として提示している．

④ 安本氏は隋書倭国伝と日本書紀は「大略において一致している」と指摘されるが，「日出ずる処」国書などの重要な不一致については，きちんと分析・検討する必要があるのではないだろうか．

第6章

隋書倭国伝の倭国は筑紫政権の筑紫国である

- 6世紀前半，筑紫君磐井の筑紫国
- 隋書倭国伝の倭国に無理なくつながる筑紫政権の筑紫国
- 倭国の地理：隋書倭国伝の倭国は筑紫にあった国である
- 要約・結論：隋書倭国伝の倭国は筑紫政権の筑紫国である
- 7世紀，筑紫国と大和国の併存を示す旧唐書
- 筑紫政権の実像と大和政権との友好的関係

第一次（600年）・第二次（607年）・第四次遣隋使（608年9月）に関する隋書倭国伝と日本書紀の記述の検討によって，「多利思比孤≠推古天皇」であり，倭国伝が描く倭国は大和政権の大和国とは異なる別の国であると結論した．であれば隋書倭国伝が書く「倭国」はどこにあった国であるかが次の重要課題となる．

　7世紀初頭，隋書倭国伝が書く倭国は日本のどこに存在した国なのだろうか．その判断材料は，

　第1に，隋書倭国伝や日本書紀が書く倭国の地理，

　第2に，隋書倭国伝が書く「倭国」は確固とした「国家」であること，

である．

　倭国伝や日本書紀が書く倭国の地理は重要で直接的な判断材料であって，重視されることである［古田①］．しかし，邪馬台国の都の問題でも分かるように，地理は倭国の位置を判断する疑問の余地のない判断材料にはなかなかなりにくい．しかし，倭国伝が書く「倭国」の場合には，第2点の"倭国が確固とした国家である"という点の方がむしろ判断材料としてはあいまいさの少ないはっきりした結果を与えてくれるのではないだろうか．

　隋書の記述は簡単ではあるが，7世紀初頭の倭国は，官位十二等が機能し，10万戸もの人民を郡県制的な軍尼制で統治し，強大な軍を持ち，司法制度も成熟し，百済・新羅と友好的な外交関係を持つという確固とした「国家」である．

　そういう確固とした「国家」はあるとき突然に誕生したわけではない（倭国が大和政権の権力中枢部を奪って突然生じた国家であることを示唆する点は見当たらない）．であれば，倭国伝が書くような7世紀の確固たる「国家」に至るまでに，倭国という国家の誕生・確立・発展という国家形成・成長過程があったはずである．それには数十年ではとても足りない，かなりな時間が必要である．従って，遣隋使派遣の前，少なくとも6世紀には，倭国は「大和国とは異なる別の国・国家」であったはずである．すなわち，隋書倭国伝が書く「倭国」はどこにあった国かを考える際，7世紀よりも前，少なくとも6世紀には，倭国が「国家」として誕生・確立・発展してきたという過程がうかがえる地域・国でなければいけないのである．そのような地域・国はかなり限定される．そこでまず，第2点の倭国が確固とした「国家」であるという観点から「倭国」はどこにあった国であるかを検討する．

　日本書紀は歴史開闢以来，大和政権が唯一の日本統治・支配政権であり，大和国が唯一の国家であるという立場に立って書かれている．ではあっても，大和国とは別の「倭国」という「国家」がもしも日本のどこかに存在していたとすれば，日本

書紀にまったく反映しないことは考えにくいことである［安本①］.

　では，6世紀，日本書紀の記述の中に，大和国以外の国家の可能性があるだろうか．日本書紀の記述の中にそのような国の可能性がみいだせる例が1つだけあると思う．6世紀前半，磐井－継体戦争(*1)で姿を現した筑紫君磐井の筑紫国である．筑紫君磐井は磐井－継体戦争に敗れたとはいえ，大和政権の大軍の攻撃に対して，約1年半にわたって対峙できるだけの強大な軍事力を持ち，少なくとも九州北部の広い領域を勢力範囲とし，百済や新羅などとの外交関係もあった．従って，隋書倭国伝が描く「倭国」の有力な候補は6世紀前半にその姿を現した磐井の筑紫国である．

　筑紫国以外に，「国家」と言える可能性のある国は吉備国と出雲国であろう．しかし，吉備国も出雲国も，7世紀初め，官位十二等が施行され，10万戸もの人民を郡県制の軍尼制で統治し，強大な軍を持ち，新羅や百済と外交関係があったというのはやはり無理であろう．従って，倭国伝が書く「倭国」の最有力候補は磐井の筑紫国である．そこで，以下，磐井の筑紫国について検討する．

*1　継体21年（527年）の筑紫君磐井と継体天皇の戦いについて，通常「磐井の乱」と呼ばれる．しかし，私見では，磐井は大和政権の一地方官という位置づけの「国造」というような存在ではなく，筑紫国という大和国とは別の国家の王であると思う．従って「磐井の乱」というようなものではない．森浩一氏の「『日本書紀』の立場では反乱ですが……九州の立場では反乱ではありません」という見解［森浩一］に賛成して，本拙論では「磐井－継体戦争」と呼ぶことにする．

6世紀前半，筑紫君磐井の筑紫国

1 大和政権の統治が及ばない磐井の勢力圏
2 外交：朝鮮各国は磐井に貢職船を送ってきた
3 磐井の強大な軍事力
4 筑紫政権の先進的な裁判制度
5 6世紀前半，筑紫に存在した「筑紫国」という国家
6 隋書倭国伝の「倭国」は磐井の「筑紫国」の70年後の姿ではないか

　筑紫君磐井と筑紫国に関しては，磐井－継体戦争だけでなく，その後の大和政権の那津宮家なども含めて，関連する重要な問題点がある．しかし，それらをまとも

に議論するとかなり長くなるので，それは別の機会に譲り，ここでは隋書倭国伝の倭国に直接関連する事項に限ることとする．

まず，磐井－継体戦争に関する日本書紀の記述から分かる磐井の「筑紫国」の実態である．

◼1 大和政権の統治が及ばない磐井の勢力圏

日本書紀継体紀が述べる磐井－継体戦争（いわゆる「磐井の乱」）に至る経過の中に筑紫君磐井の"悪行"が書いてある．この"悪行"は当時の磐井の実態を反映しており，皮肉にも大和国とは異なる「筑紫国」を浮かび上がらせる．

第1に，日本書紀が継体21年（527年）6月に書く，

「磐井，火（肥前・肥後）・豊（豊前・豊後）二国に掩拠して（勢力を及ぼして），修職せしめず（朝廷の職務を行わせなかった）」，

という点である．これは日本書紀にしか書かれていないことであるが，継体天皇が磐井を攻撃する大義名分とされていることから，多少オーバーとしても実態はこれに近かっただろう．

日本書紀のこの記述は，磐井の勢力範囲が筑紫を中核として，隣接する肥前・肥後・豊前・豊後（現在の福岡・佐賀・大分・熊本県）に及んでいたことをはっきりと示している．この領域は，大和政権に「修職せしめず（朝廷の職務を行わせなかった）」の領域である．

しかし，さらに，日本書紀は，継体天皇が磐井攻撃軍の将軍である大連の物部麁鹿火に対して，「長門より以東は朕制らむ（統御しよう）．筑紫より以西は汝制れ（汝が統御せよ）」と言ったと書いてあるから，磐井の勢力範囲は「長門以東」にも拡がっていたことは明らかである．「長門以東」は継体天皇で，「筑紫以西」が物部麁鹿火が統御するのであるから，「長門以東」は「筑紫以西」に匹敵あるいはもっと広いと考えられる．磐井の勢力圏が東部へどれだけ拡がっていたのかは不明であるが，長門国・周防国・伊予国などであろうか．いずれにせよ，磐井の支配領域がかなり広い範囲であったことは確かだろう．

また，日本書紀は北九州では磐井が「修職せしめず（朝廷の職務を行わせなかった）」と非難するが，磐井が国造という大和政権の一地方官として，大和政権に従属する立場であって初めて言えることであって，もしも筑紫君が大和政権から独立した筑紫の統治者であれば，"朝廷の職務"が行えないのはむしろ当然のことである．そもそも当時の「国造」は大和政権が派遣した地方官ではなく，その地の有力豪族を

「国造」と呼んだだけというのが実態であって，大和政権の地方官というようなものではない．すなわち，磐井が北九州に「掩拠して（勢力を及ぼして），修職せしめず（朝廷の職務を行わせなかった）」というのは，北九州が大和政権の影響力が及ばない地域であったこと，換言すれば，大和政権からは独立した「筑紫国」が存在したこと，を強く示唆している．

2 外交：朝鮮各国は磐井に貢職船を送ってきた

日本書紀は第2の悪行として，外国の貢物の横取りを挙げている．日本書紀は，
「外は海路を邀えて（遮って），高麗・百済・新羅・任那等の国の年に（年ごとの）貢職船を誘致し……」，
と書く．つまり，本来，大和政権の大和へ向かっているはずの朝鮮各国の貢職（貢物）船を遮って，磐井の筑紫へ誘い入れたというのである．単に大和へ行く途中で筑紫の港へ寄港したというのであれば，むしろ当然のことで，あれこれ言うことではないから，この文章が言いたいことは，大和政権の天皇に持ってきた朝貢の貢物を磐井が横取りしたということである．横取りしたとはっきりそこまで書いていないが，そう受け取るべきである．

しかし，そんなことはあり得ない．新羅とか百済の使者はあくまでも当時の倭国王に対する貢物を持ってきているはずである．目的の倭国王が大和政権の天皇であれば，天皇への貢物を運ぶ船が，誘われたからと言って，天皇のいる大和に行きもせず，日本書紀が言う「筑紫国造」という単なる地方官の磐井に貢物を渡して，それで帰ってしまうなど，そんなことはあり得ない．あくまでも大和の天皇に貢物を献上して，そして面会して天皇のお礼とかねぎらいの言葉，そして返礼の品や，場合によっては国書などを持って帰るのが使者の当然の職務であり，義務である．貢ぐべき人に会いもせず，"出先機関"の言うままに貢物を手渡して，そのまま帰国するなどあり得ない．

そうではなくて，日本書紀の記述が示していることは，百済や新羅などが貢物を持ってきた相手は，大和政権の君主ではなくて北九州筑紫に勢力を有する筑紫君磐井であることは明らかだ．だから誘われようが誘われまいが，貢物を贈る相手は最初から筑紫君磐井なのであって，大和政権の天皇ではないことは明らかである．

日本書紀の文章では，磐井が大和の天皇へ渡すべき貢物を"横取り"しているのは，1回きりではなくて「年に」（年ごとの）朝貢船を誘致している．つまり横取りは長年にわたっていたというのである．さらに1国だけでなく，「高麗（高句麗）・百済

[第6章] 隋書倭国伝の倭国は筑紫政権の筑紫国である

・新羅・任那等」と，当時の日本が外交関係を持っていた国のすべての国の朝貢船が磐井に"誘致"されている．日本書紀のこの記述は，意図とは反対に，筑紫の磐井のもとに「高麗・百済・新羅・任那等の国」から「年（年ごと）」に，「貢職（朝貢）船」が来ていたことをはっきりと示している．

このことはきわめて重要なことを示している．百済や新羅などはあくまでも「倭国王」へ貢物を持ってきたという点である．従って，諸外国が磐井に貢物を持ってきたということは，百済や新羅が貢物をすべき倭国王と認識していたのは磐井であって大和政権の君主ではないことを意味する．もしも日本を統治していたのが大和政権であれば，貢物は日本書紀が言う一地方官の国造である磐井などではなくて，あくまでも大和政権の君主に納めなくては意味がない．それを磐井に貢物をするというのは，当時の百済や新羅が「倭国王は，大和政権の君主ではなく，筑紫国の王である筑紫君磐井である」と認識していたことを意味する．すなわち，日本書紀のこれらの記述は，筑紫君磐井こそが諸外国から認められていた当時の倭国王だったことを強く示唆しており，磐井は，朝鮮各国と「年に（年ごとの）」に「貢職船」が往来するような外交関係にあったことを示している．

3 磐井の強大な軍事力

日本書紀は磐井－継体戦争の始まりに関して，継体21年（527年）6月，
「近江の毛野臣，衆六万を率て任那に往き……筑紫国造磐井……毛野臣の軍を遮り……遂に戦ひて……（毛野臣は）中途に防遏せられて（阻止されて）淹滞す（滞留した）」，
と書いている．すなわち，任那の失地回復のために大和政権が派遣した毛野臣率いる6万の大軍が，筑紫の磐井のために遮られ，ついには戦いになり，動けなくなったというのである．

日本書紀が書く「六万」という数字はかなり誇張されていると思われるが，1/10の「六千」であると仮定してもかなりな大軍である．磐井軍はこの大軍と「戦ひて」，「防遏（阻止した）」というのであるから，磐井は毛野臣の大軍と同等あるいはそれ以上の軍を持っていたことを示している．

また，磐井－継体戦争は継体21年（527年）6月に始まり，継体22年（528年）11月に終わっている．すなわち，約1年半の間戦いが続いたことになる．磐井軍は大和政権の総力を挙げた大軍と1年半にわたって対峙できるほどの強大な軍事力であったことを示している．磐井は国造などという一地方官をはるかに超えた強大

な軍事力を持っていたことは明白である．まさに「筑紫国」の軍事力と言うべきである．

4 筑紫政権の先進的な司法制度

磐井の裁判について，筑後国風土記逸文は「磐井の墓」と題して次のように記す（風土記の引用は植垣節也校注・訳『風土記』，「新編日本古典文学全集」5，小学館，1997年による）．

　「県の南のかた二里に筑紫の君磐井の墓あり……東北の角には一別区あり．号けて（名付けて）衙頭と曰ふ．衙頭とは政の所なり」．

磐井の墓には東北の角に別区があるというのである．全国に存在する非常にたくさんの前方後円墳の中で被葬者が分かっている古墳はきわめて少ない．その中で，筑紫の岩戸山古墳は磐井の墓と認められている．岩戸山古墳は大きい前方後円墳であるが，それに加えて別区がある点できわめてユニークな古墳である．別区は約40m×40mの広さを持つ正方形の広場である．

「衙頭」と名付けられたこの別区は「政の所」である．「政」とは「国家の主権者が領土・人民を治めること」［新漢語林］である．「政の所」，つまり，王が政治を行う役所を表現したものである．別区には，「石馬三疋，石殿三間（軒），石蔵二間あり」というから，まさに磐井の政庁の様子を石像で表現したものと推定できる．分かりやすく言えば，磐井による統治の政府である．

風土記はさらに以下のように書く．

　「その中に一つの石人あり．縦容に（悠然と）地に立てり．号けて解部と曰ふ．前に一人あり．躶形に地に伏したり．号けて，偸人（盗人）と曰ふ．生あるとき猪を偸めり．すなわち，罪なはれぬ．側に石猪四頭あり．号けて賊物と曰ふ．賊物とは盗める物なり」．

要するに，衙頭には石像によって裁判場面が表現されている．悠然と立った解部と，裸で地に伏している盗人，それに盗まれた猪4頭が石像で表されている．解部というのは，日本古代の検察官・裁判官にあたる．一方，裸で地に伏している盗人は，「生あるとき猪を偸めり．すなわち，罪なはれぬ（罪を問われている）」というのである．「生あるとき」というのだから，猪を盗んだ罪によって死刑になったことを暗示している．要するに，石像群は裁判の場面を表現している．

風土記が描く石像群は，6世紀前半，筑紫国に裁判を含む司法体制が確立していたことを示している．

5 6世紀前半,筑紫に存在した「筑紫国」という国家

筑紫君磐井の筑紫国に関して以上に指摘してきた点を要約すれば以下の5点となる.

① 筑紫国に加え「火(肥前・肥後),豊(豊前・豊後)二国」という北九州全体,および,「長門以東」という広大な統治・支配領域であり,そこでは大和政権の権力は排除されていた(「修職せしめず」).

② 「高麗・百済・新羅・任那等の国」が筑紫君磐井を「倭国王」と認識している.

③ 「年に(年ごとの)貢職船」を送ってくるという朝鮮諸国との外交関係がある.

④ 毛野臣の公称6万を「防遏(阻止)」して「掩滞(滞留)」させ,さらに,物部麁鹿火大連による大和政権の大軍と1年半にわたって対峙できるほどの強大な軍事力を持っていた.

⑤ 風土記の「筑紫の君磐井の墓」に示されている先進的裁判制度が6世紀前半にすでにあった.

以上のことは,磐井の「筑紫国」はまさに「国家」そのものであることを示している.筑紫君磐井は「国造」という大和政権の一地方官というような存在ではない.「筑紫国」という国家の王であり,百済などから見れば,「倭国王」であったことを強く示唆している.百済などの朝鮮各国はあくまで「倭国王」である磐井に貢職船を送ってきたのである.

従って,6世紀前半に姿を現した磐井の筑紫国は,隋書倭国伝が書く7世紀初頭の倭国の前身としてきわめて有力な候補となり得るのである.

以下,本拙論では磐井の政権を「筑紫政権」,国を「筑紫国」と呼ぶことにする.筑紫国王は筑紫君である.

6 隋書倭国伝の「倭国」は磐井の「筑紫国」の70年後の姿ではないか

重要なことは,日本書紀が書く6世紀前半の「筑紫国」の実態は,6世紀最末期の隋書倭国伝が記す多利思比孤を王とする「倭国」の実態と非常によく似ていることである.

(a) 倭国の統治領域

倭国伝は「阿蘇山あり」と,肥後東北部が倭国の統治領域であることを示唆している.日本書紀には磐井の勢力範囲に火国(肥前・肥後)も明記されており,阿蘇も当然含まれている.倭国伝はそれ以外の統治領域を明記していないが,倭国の軍尼制が10万戸を対象としていることは,倭国の統治地域が阿蘇を含むかなり広い領

域であることをはっきりと示しており，磐井の支配領域と重なっていると推定することはこじつけではないだろう．

(b) **百済・新羅などとの外交関係**

隋書倭国伝は倭国について，「新羅・百済，皆倭を以て大国にして珍物多しとなし，並びにこれを敬仰し，恒に通使・往来す」と書いている．この倭国の外交関係は，日本書紀が書く磐井の「高麗・百済・新羅・任那等の国の年に（年ごとの）貢職船を誘致し……」という筑紫国の実態とよく一致している．

(c) **強大な軍事力**

倭国伝は倭国には「兵あり」と書く．百済との比較から，倭国の兵は約2.5万人であろうと推測した．これだけの軍事力があれば，大和政権の毛野臣「六万」の大軍と対等に戦い，1年半も対峙することは可能である．すなわち，磐井の「筑紫国」も多利思比孤の「倭国」も強大な軍事力を有していた点で一致している．

(d) **先進的司法制度**

風土記が書く磐井の墓の裁判場面は6世紀前半の筑紫国ですでに裁判があったことを示している．一方，隋書倭国伝の倭国でも，「獄訟（訴訟）を訊究する（問いただす）」と裁判が行われていたことが分かる．また「（笞），杖，徒，流，死」という中国の五刑に相当する刑罰がすでに実施されていたことも分かる．このような先進的な司法体制は，磐井の筑紫国と多利思比孤の倭国でよく一致している．

(e) **結論**

日本書紀・風土記が描く6世紀前半の磐井の「筑紫国」に関する以上の実態は，隋書倭国伝が書く7世紀初頭の倭国の実態と非常によく一致している．日本書紀と隋書倭国伝というまったく別の史料がこれほど一致するということは，隋書倭国伝の倭国は磐井の筑紫国の後継国である可能性を強く示唆している．

以上から，隋書倭国伝の倭国は，6世紀前半に現れた磐井の筑紫国の後継国である可能性はかなり高いと結論される．

隋書倭国伝の倭国に無理なくつながる筑紫政権の筑紫国

1 磐井－継体戦争の敗戦によって筑紫政権の筑紫国が消滅したわけではない
2 安閑2年（535年），筑紫国と豊国の大量の屯倉設置
3 宣化元年（536年），宣化天皇の那津官家の詔
4 宣化2年（537年），大伴磐，「筑紫の国の政を執る」

5 6世紀半ば，筑紫国の継続を表す「筑紫火君」
6 要約・結論：隋書倭国伝の倭国に無理なくつながる筑紫政権の筑紫国

　隋書倭国伝の倭国と日本書紀が記す筑紫君磐井の筑紫国の関係を明らかにするためには，6世紀前半の磐井－継体戦争での敗戦の後，磐井の筑紫国がどうなったかを明らかにする必要がある．なぜならば，磐井－継体戦争の結果，筑紫国の王，筑紫君磐井は殺されており，筑紫国は滅びてしまった可能性があるからである．また，磐井の「筑紫国」と倭国伝の「倭国」は約70年という時間差がある．その間，筑紫国はどういう状態にあったのかが問題となる．以下にその点を考える．

1 磐井－継体戦争の敗戦によって筑紫政権の筑紫国が消滅したわけではない
(a) 磐井－継体戦争で大和政権が得たもの

　日本書紀は，継体22年（528年）11月，大和政権軍が磐井軍と筑紫の御井郡で交戦し，磐井を斬り，継体天皇は磐井－継体戦争に勝利したと書く．継体勝利の結果，どうなったか．日本書紀が書く磐井－継体戦争の結果は，きわめて短く，次の2行だけである．

(a) 11月，「果たして（ついに）疆場を定む（境界を定めた）」．
(b) 12月，「筑紫君葛子……糟屋屯倉を献りて，死罪を贖はむ（免除する）ことを求む」．

　要するに，磐井を斬った結果，継体天皇が得たものは，「果たして疆場を定」めた（ついに境界を定めた）こと，および，糟屋屯倉を得たこと，の2点である．
　日本書紀はあくまで大和政権の立場で書かれた歴史書である．大和政権勝利の成果を過大に書くことはあっても，逆はあり得ない．従って，大和政権が得た成果は上記の2点を超えるものではない．この点はあいまいさなく確認しなければならない．
　大和政権が得た最大の成果は，「疆場を定む（境界を定めた）」である．「疆場」は，①耕作地のさかい，②耕作地，③国境，国境地帯，であるから［新漢語林］，今の場合は「国境」であって，この文は磐井の筑紫国と継体の大和国の地理的な国境を定めたことを意味する．しかし，どのように「疆場」を定めたかは書かれていない．
　大事なことは，「疆場を定む」は，筑紫政権の「筑紫国」の存在と継続を意味するということである．もしも磐井を斬り殺して，磐井の勢力範囲であった筑紫国・豊国・火国，長門国以東をすべて大和政権の支配・統治下に置いたとすれば，「疆場

を定む」必要はない．磐井を斬った後も，筑紫政権の「筑紫国」が消滅せずに残ったからこそ，両者の統治・支配領域の境界を定めることが必要となるのである．すなわち，日本書紀の「疆場を定む」という記述は，筑紫政権の「筑紫国」は消滅したのではなく，その存在が継続したことをはっきりと示すものである．

(b) **筑紫政権の統治領域は糟屋屯倉だけが減っただけではないか**

では疆場（国境）はどのように決定されたのだろうか．しかし，磐井－継体戦争で継体天皇が得た領土を示す「疆場（国境）」がきわめてあいまいなのである．どこにどのように疆場が定められたのか，日本書紀にはまったく何も書かれていない．

日本書紀は，磐井の子である筑紫君葛子が12月に糟屋屯倉を献上したと書く．糟屋郡は，福岡平野東部の穀倉地帯である．11月に「疆場を定む」後，12月に葛子は糟屋屯倉を献上した．ということは11月に定めた疆場（国境）では，糟屋郡は筑紫君の統治・支配領域に入っていたことを意味する．葛子が自分の支配領域の全部を献上することはあり得ず，あくまでその一部であるから，疆場を定めた後の葛子の支配領域はかなり広かったことが分かる．

糟屋屯倉以外の筑紫国・豊国・火国，長門国以東はどうなったのだろうか．もしも大和政権がこれらの磐井の支配領域をそのまま得たとすれば，日本書紀はそのことを大戦果として書いたのではないだろうか．そもそも磐井鎮圧軍を率いた物部麁鹿火に対して，継体天皇は「筑紫より以西は汝制れ」と言ったはずである．だから，もしも筑紫などを支配下に置いたとすれば，そのことを書くことは間違いないだろう．それが書かれていないということは，糟屋屯倉以外の筑紫・豊・火国はほぼそのまま筑紫君葛子の勢力圏として残ったことを示唆している．すなわち，筑紫政権の筑紫国は献上した糟屋屯倉だけが減って，それ以外の勢力圏はそのままで，その後も続いた可能性が高いということである．

そのことを示すのが，安閑2年（535年）の筑紫国・豊国・火国の8カ所の屯倉設置である．この点は次項で少し詳細に議論するが，磐井－継体戦争の結果，「疆場を定」めた継体22年（528年）11月以後も，少なくとも安閑2年（535年）までは，これらの屯倉は大和政権の統治領域ではなく，筑紫君の統治領域であったことを示唆している．

(c) **筑紫政権の筑紫国は磐井－継体戦争後も継続した**

しかし，一般には，磐井の乱で大和政権は北部九州を支配下に収めたというイメージが強い．例えば，直木孝次郎氏は［直木④］，「西日本が統一されるのは……六世紀はじめの筑後の磐井の反抗に打ち勝ち，そして六世紀代に出雲勢力を圧倒，併合

してからのことである」と言う．すなわち，磐井－継体戦争に勝って，大和政権が北部九州を支配下に治め，西日本を「統一」したと認識されている．また，安本美典氏は［安本①］，「（古田武彦氏の説は）五三一年のいわゆる『磐井の反乱』で，九州王朝は，大和朝廷の勢力によって，たたきつぶされたはずであるにもかかわらず，九州王朝は消滅しなかったということである」と，磐井の筑紫国は消滅したはずと古田武彦氏の九州王朝説を批判される．

　しかし，日本書紀は，糟屋屯倉を得たことは書くが，磐井の勢力範囲を"支配下に収めた"とも"統一した"とも，一言も書いておらず，「疆場を定む」，すなわち，国境（境界）を定めただけ，というのが事実である．国境を定めるということは筑紫君の"領土"は消滅せず，残ったことを意味することは明白である．

　磐井－継体戦争の結果，大和政権が何を得たかについて書かれているのは日本書紀しかない．日本書紀からはっきりいえることは，以上のように，磐井－継体戦争の後も，筑紫政権の筑紫国は消滅することなく，筑紫政権と大和政権という2つの政権の並立状態が続いた，ということである．筑紫政権のそれまでの統治領域がどう変化したかは正確には分からない．日本書紀の記述から分かることは，糟屋屯倉が大和政権に献上されたことだけである（付け加えれば，「糟屋屯倉」の実態もすっきりしない．その後，「糟屋屯倉」はあらゆる史料にまったく出てこないからである）．

　要するに，磐井－継体戦争で筑紫君磐井を始め，太子や皇子も殺されたが，そのことによって，筑紫政権の筑紫国が消滅したのではない．磐井の子である筑紫君葛子が引き継ぎ，筑紫政権の筑紫国は磐井－継体戦争後も継続したのである．この点はきわめて重要な点であり，あいまいさなくはっきりと確認しておかなければならない．

2 安閑2年（535年），筑紫国と豊国の大量の屯倉設置

　筑紫政権の筑紫国は磐井－継体戦争に敗れた後，どうなっただろうか．この点は隋書倭国伝の倭国が磐井の筑紫国の後継国であるかどうかを判断する際には重要な点である．

　磐井－継体戦争の後の筑紫について，日本書紀がまず記すのは安閑元年（534年）の「物部の大連尾輿……筑紫国の胆狭山部を献る」という記述である．どうして大連尾輿が磐井の勢力圏だった筑紫に支配領域を持っていたのかは不明であるが，大連の物部大連麁鹿火は磐井－継体戦争で大和政権軍の大将であったから，おそらく筑紫君葛子が，継体天皇に糟屋屯倉を，そして物部大連麁鹿火に「筑紫国の胆狭山

部」を献上したのではないかと推定される．詳細ははっきりしないが，それを大連尾輿は天皇へ献上したのではなかろうか．

　より重要な問題は，日本書紀の安閑2年（535年），

「筑紫の穂波屯倉・鎌屯倉，豊国の勝碕屯倉・桑原屯倉・肝等屯倉・大抜屯倉・我鹿屯倉，火国の春日部屯倉……を置く」，

という筑紫国・豊国・肥国の8カ所の屯倉設置である．井上光貞氏によれば［井上④］，筑紫と豊国の7つの屯倉は筑紫の太宰府から東の豊前に至る領域にある．この地域は古代北九州の中心地帯の1つである．安閑天皇は，磐井を斬り殺した528年のわずか7年後に，磐井の勢力圏の中枢地域の1つに7カ所もの屯倉を設置したことになる（日本書紀によれば，すべて535年5月9日に設置している）．

　この記事が事実であるとすれば，磐井－継体戦争以後，筑紫政権の勢力圏の中枢の一部が大和政権の支配下に置かれたことを示すことになる．吉村武彦氏は［吉村②］，「それだけ（糟屋屯倉）では許されなかった．最終的には（安閑記に記されているように）筑紫の穂波……（屯倉）が献上された．これは，大和王権への贖罪である」と指摘される．氏がどのような根拠でこれらの7つの屯倉を筑紫政権が「大和王権への贖罪」として献上したと判断されるのかは不明である．すでに述べたように，領土に関連して磐井－継体戦争で大和政権が得たと分かるのは「筑紫君葛子……糟屋屯倉を献り」だけである．そのことははっきりしている．

　磐井－継体戦争のわずか7年後，安閑天皇はなぜたくさんの屯倉を筑紫国の中枢部に設置することができたのだろうか．私見では，日本書紀が記す安閑紀の筑紫・豊・火国の大量の屯倉設置の記述は信憑性に問題があると思う．安閑天皇の屯倉設置数は他の天皇の治世よりも圧倒的に多い．私見では，大量の屯倉設置が事実であるとしても，それは安閑2年（535年）のことではなく，後のことを安閑紀に集中させて書いたと考える．そう考えるのは以下の理由による．

　第1点は，磐井を斬り殺したとはいえ，後継者の葛子がなお本拠地としている筑紫に2カ所，豊国（豊前・豊後）に5カ所，火国（肥前・肥後）に1カ所と，筑紫政権の勢力範囲に合計8カ所もの屯倉を得たこと自体にそもそも無理がある．1年半の大軍の戦いで，筑紫国王の磐井を斬るという大戦果をあげて，やっと糟屋屯倉1カ所を得たに過ぎないことを思い出すべきだろう．筑紫君を斬るような大勝利でたった1つの屯倉なのである．磐井－継体戦争のわずか7年後に，特別なできごともないのに，筑紫君の勢力圏である筑紫や豊前・豊後などに8カ所もの屯倉を得たというのはほとんどあり得ないことではないだろうか．

第2に，安閑天皇の権威・権力である．そもそも6世紀の屯倉というのは天皇家あるいは大和政権が自ら荒地を開拓して設置するというものではなく，今まで豪族が持っていた農地を屯倉として献上させるというのが通例である．しかし，何事もないのに豪族たちが喜んで献上するわけはない．罰を逃れるために屯倉を献上したというような例が日本書紀には載せられている．その場合でも，天皇の権威が高いときでなければ，新たに屯倉を獲得することは容易ではない．豪族にとっては大事な自分の領地である．そう簡単に屯倉として献上するはずはない．

　磐井－継体戦争後，おそらく筑紫国・豊国・肥国は糟屋屯倉を除いて，筑紫君葛子の勢力範囲だった．その中からたくさんの屯倉を獲得するには，安閑天皇が強力な権威・権力で，筑紫政権を切り崩し，実力で屯倉を獲得しなければいけない．しかし，日本書紀の記述からは安閑天皇にそのような強い権力があったようには見えない．書かれているのは逆で，安閑天皇に献上を求められた国造が「これは良い田ではありません」と言い逃れて献上しなかったとか，勅して真珠を求めたのに，求められた国造は期限を過ぎても献上しなかったとかの話が書かれている．そういうあまり権威・権力のなさそうな安閑天皇の時代に，筑紫国などにたくさんの屯倉を獲得できたとはとても考えられない（安閑天皇は在位2年間で，崩御したときの年齢は70歳という高齢）．

　第3に，翌年（536年）の宣化天皇の那津官家の詔との矛盾である．

　宣化天皇の詔は，筑紫は「遐邇の朝まで届る所（遠近の国々が来朝する所）」で，「穀稼を収蔵し，儲糧を蓄積したり（穀物を収蔵し，食糧を蓄積してきた）」，「国を安みする方，更に此に過ぐるは無し（国を安定させる方法は，これに過ぎるものはない）」，それゆえ，河内や尾張などの屯倉の穀物を運んで，「官家を那津の口に修造てよ（那の港に建てよ）」，「筑紫・肥・豊，三国の屯倉，散れて懸隔に在り（遠く離れて散在している）．運輸さむこと遙に阻れり（運搬するのに不都合である）．儻如し須要ゐむとせば（もし必要となった場合），以ちて率に備えむこと難かるべし（緊急に対応することは難しい）」として，諸郡に割り当てて穀物を運ばせよというのである．

　もしも，安閑紀の記事が正しければ，すでに宣化天皇の詔の1年前には，筑紫国の穂波屯倉から豊国の我鹿屯倉に至る7つの屯倉が置かれている．これらの7つの屯倉は，井上光貞氏が指摘されるように［井上④］，「北九州を玄界灘に近い糟屋屯倉から東西に横断して，周防灘に通ずる幹線道路上の要地におかれた」屯倉群なのである．博多湾岸の那津官家は糟屋屯倉のすぐ西側にある．詔が言うような「散れて懸隔に在り（遠く離れて散在している）」わけではなく，「運輸さむこと遙に阻れり

（運搬するのに不都合である）」でもなく，「儻如し須要ゐむとせば（もし必要となった場合），以ちて率に備えむこと難かるべし（緊急に対応することは難しい）」こともない．逆に，幹線道路沿いにつながった一連の屯倉群であり，運搬に不都合な点もなく，必要があれば，糟屋屯倉ともども，那津官家に一気に穀物を運び込める場所にある．尾張などの遠国から延々と穀物を運び込んでおかなくてもよいことは明白である．

　安閑天皇紀が記す筑紫・豊の7つの屯倉は，宣化天皇の詔が書く「散れて懸隔に在り（遠く離れて散在している）」で「運輸さむこと遙に阻れり（運搬するのに不都合である）」ではなく，「儻如し須要ゐむとせば（もし必要となった場合），以ちて率に備えむこと難かるべし（緊急に対応することは難しい）」という「筑紫・肥・豊，三国の屯倉」に含まれていないことは明らかである．このことは翌年の宣化天皇の詔の時点では，安閑天皇が得たはずの屯倉群はまだ存在していなかったことを強く示唆している．

　このように，安閑2年（535年）の安閑天皇の筑紫・豊国の屯倉設置と，翌年の宣化元年（536年）の宣化天皇の詔ははっきりと矛盾している．宣化元年（536年）の宣化天皇の詔は安閑天皇の多数の屯倉設置記事に比べれば，信憑性が高いとされている．であれば，宣化天皇の詔は安閑記が記す535年の筑紫・豊国の屯倉設置はあり得なかったことの証拠といえる．藤井功・亀井明徳氏は［藤井・亀井］，「（磐井－継体戦争における）朝廷側の軍事的勝利によって筑紫経営は大きく前進し，安閑期にみられる屯倉の設置としてあらわれる」と指摘される．であれば，なぜ宣化天皇の詔にこれらの屯倉が登場しないのだろうか．宣化天皇の詔を信用する限り，安閑記の筑紫などのたくさんの屯倉設置はあり得ない．

　第4に，筑紫などだけでなく，全国の非常にたくさんの屯倉設置が安閑2年（535年）に集中していることである．山田英雄氏は「両天皇（安閑，宣化）は前後に比較して特に強力になったとも考えられない．おそらく記事をつくるために屯倉の記事を集中したものであって，個々の屯倉の設立年は到底信用することはできないものであって，屯倉の設立をこの両天皇代におくことは必ずしも妥当ではないであろう」と指摘される［山田］．氏の指摘は正しいと思う．

　以上の諸点から，安閑2年（535年）に，大和政権がたくさんの屯倉を筑紫国・豊国・肥国から得たという日本書紀の記述は事実ではないと考えられる．少なくとも安閑2年（535年）はあり得ない．

3 宣化元年（536年），宣化天皇の那津官家の詔

　磐井－継体戦争の後の筑紫について，次に問題となるのは，日本書紀が宣化元年

(536年) 5月に載せる宣化天皇による「官家を那津の口に修造てよ」という筑紫の那津官家の修造の詔である（宣化天皇の詔の内容には重要な問題点がいろいろあると考えるが，遣隋使をテーマとする本拙論では詳細には立ち入らない）．宣化元年（536年）に那津（博多湾沿岸の港）に，那津官家が修造（というよりも創建）されたことは研究者には広く受け入れられている．

(a) 那津官家に関する研究者の見解

この那津官家について，研究者は以下のように述べる．藤井功・亀井明徳氏は［藤井・亀井］，「那津官家は他の屯倉と性格を異にし，内政，筑紫経営における軍事的拠点としての性格を持っていた」，「対朝鮮と対筑紫の二面性を持つ官衙」と指摘される．また山尾幸久氏は［山尾②］，「九州北部の大首長を武力で打倒して，大和政権は初めて対外的な交渉を一括する体制……外交の一元化が実現できた……そのための施設が那の津の官家であった」，「九州の土豪の力に頼らない，大和の直接支配の方式が可能となった」，「那の津の官家というのは，大和政権が中央政権化していくのに非常に重要な役割を果たしました」，「大阪湾から瀬戸内海・周防灘・玄界灘に至る航海ルートに，三大地方支配機関（難波屯倉，吉備の児島屯倉，那津官家）があった」と指摘される．さらに，高田貫太氏は［高田］，「港（糟屋屯倉とされる鹿部田淵遺跡）の直轄と屯倉（那津官家）の設置こそ，倭王権（大和政権）が得たものが明確に示されている．すなわち，倭王権は『磐井の乱』によって，それまで北部九州がもっていた朝鮮半島との交渉権をみずからの手中におさめたのだ」と指摘される．

諸氏の見解によれば，那津官家は，2つの機能を持ち，1つは内政で「筑紫経営における軍事的拠点」［藤井・亀井］，「大和の直接支配」・「地方支配機関」［山尾②］である．もう1つは外交で，「対外的な交渉を一括する体制」［山尾②］，「朝鮮半島との交渉権」［高田］と，対朝鮮の外交権を握ったと認識されている．後世の大宰府のイメージに近い．もしもこれらの研究者の見解が正しければ，筑紫の政治・軍事および朝鮮半島との外交は那津官家を根拠地とする大和政権に握られ，筑紫政権は相当に弱体化したことになる．

(b) 那津官家の修造後の諸活動を記さない日本書紀

しかし，以下の諸点は研究者の見解とはあまり合致しないように見える．

第1に，磐井－継体戦争の結果である．

研究者は「朝廷側の軍事的勝利によって筑紫経営は大きく前進し……」［藤井・亀井］とか，「大和の直接支配」［山尾②］などと理解しておられるように受け取れる．しかし，磐井－継体戦争で大和政権が得た成果は，あくまで，①疆場を定む，②糟

屋屯倉を得た，だけである．それ以上ではない．この点にあいまいさはない．疆場を定めたことと糟屋屯倉を得たことは，少なくとも直接的には，「筑紫経営における軍事的拠点」［藤井・亀井］，「地方支配機関」［山尾②］，「対外的な交渉を一括する体制」［山尾②］，「朝鮮半島との交渉権」［高田］にはつながらないのではないだろうか．

　第2に，日本書紀には那津官家の修造後の約70年間，那津官家のこととはっきり分かる活動が何も明記されていないことである．大和政権がそれまで「修職」できなかった（朝廷の職務を行えなかった）筑紫の中心部に那津官家という筑紫の「支配機関」を創建し，「対外的な交渉を一括する体制」［山尾②］を整えたのであれば，70年間，那津官家のはっきりした活動が見えないことは異常であろう．

　特に，欽明紀の記述が問題である．安閑・宣化天皇を引き継いだ欽明天皇紀では百済・新羅・任那という朝鮮との外交が詳細に記されている．当然，筑紫は重要な拠点となったはずである．特に，百済の聖明王との外交については，聖明王と倭王のやりとりを詳しく書いている．研究者が指摘されるように，那津官家によって，大和政権が「対外的な交渉を一括する体制」［山尾②］，「朝鮮半島との交渉権」［高田］と，対朝鮮の外交権を握ったのであれば，那津官家は欽明朝における対朝鮮外交の中心となったはずである．また，新羅との苦しい戦いを展開していた聖明王の差し迫った要請に応じて支援の軍を朝鮮に派遣している．那津官家が「筑紫経営の軍事的拠点」であり，「対外的な交渉を一括する体制」を整えたのであれば，那津官家はまさに中核である．緊迫する朝鮮情勢によって支援軍を派遣するという重大な状況下で，いろいろなところに那津官家が登場するのではないだろうか．しかし，那津官家がはっきりと登場することは一度もなく，那津官家の長の役職名・氏名すらもはっきりしない．

　要するに，日本書紀には，那津官家が筑紫（あるいは九州地方）の「支配機関」とか，「内政，筑紫経営における軍事的拠点」とか，「対外的な交渉を一括する体制」，「朝鮮半島との交渉権」を得た，とかの大げさな権力を持っていたことを示す点は何も見当たらないのである．

　第3に，磐井の筑紫政権である．磐井－継体戦争後も筑紫には筑紫君葛子の筑紫国がなお存在していたことは明らかである．そして，その筑紫国と百済は少なくとも磐井－継体戦争までは友好関係にあったことも明らかである．そして，磐井－継体戦争の後も百済と筑紫政権との関係は続いている．このことは，聖明王が殺されたことを報告にきた百済王子の恵を百済へ送還する際に筑紫君の子である筑紫火君が護衛して送っている点にはっきりと表れている．また，百済や新羅の貢職船

(朝貢船)が筑紫政権に来なくなったことを示す点はどこにもない．従って，新羅や高句麗との戦いに明け暮れする聖明王と筑紫君とは密接な関係が続いていたと推定できる．

以上のように，研究者の見解は日本書紀の記述によって裏付けられているとは言えず，研究者の「地方支配機関」，「筑紫経営における軍事的拠点」，「朝鮮半島との交渉権」などの見解は説得力に欠ける．換言すれば，宣化天皇の那津官家の修造は，大和政権が筑紫を支配するようになったことを示すものではなく，磐井を引き継いだ葛子による筑紫統治を否定するものではないということである．

(c) **大和政権の筑紫の出先機関が設置されたのは宣化元年（536年）ではなく，遣隋使の時ではないか**

以上の諸点は，宣化元年（536年）に那津官家が修造されたという宣化天皇の詔そのものを疑わせるものであろう．そこで改めて宣化元年（536年）の宣化天皇の詔について考えると，安閑天皇の筑紫の屯倉設置と同じく，磐井－継体戦争でやっと糟屋屯倉を得ただけなのに，さほど有力とも思えない宣化天皇がどうして筑紫国の要衝に位置する博多湾岸に那津官家を得ることができたのだろうかという疑問が生じる．特別なことは何も起こっていないのに，博多湾岸に那津官家を創建（修造）したという宣化天皇の那津官家の詔そのものが不自然であろう．

大和政権の筑紫の出先機関によるものとはっきり確認できる活動が初めて日本書紀に見えるのが，宣化天皇の詔から約70年後の推古天皇17年（609年）4月の「筑紫大宰，奏上して言さく，『百済の僧道欣・恵弥，首と為りて……肥後国の葦北津に泊つ』とまをす」という記述である．この記述によれば，609年には筑紫に「筑紫大宰」という大和政権の官吏が存在していたことが分かる．その後，再び姿を消し，約30年後の皇極天皇2年（643年）4月に，「筑紫大宰，馳駅して（急使によって）奏して曰さく『百済国主の児翹岐弟王子，調使と共に来り』とまをす」という記事があり，すぐ続いて，6月にも「筑紫大宰，馳駅して奏して曰さく，『高麗，使を遣して来朝り』とまをす」と同様の記事が載っている．

大和政権の筑紫の出先機関の活動がはっきり確認される最初の記述が，推古17年（609年）であることは注目される．なぜならば，推古17年（609年）というのは，遣隋使派遣が一段落した直後であるからである．推古15年（607年）には大和政権の遣隋使が派遣され，推古16年（608年）4月には裴世清を伴って小野妹子が筑紫に到着し，推古天皇は吉士雄成を派遣して，難波の港に着くまでの約2カ月間，裴世清の接待役をさせている．その後，9月には裴世清は帰国して，小野妹子は送使

として隋へ再び渡っている．帰国は筑紫経由であっただろう．

　この遣隋使に関する大和政権の筑紫での一連の諸活動に際して，その出先機関が必要となったであろうことは無理なく推定できる．もしも那津官家がすでに存在していれば，那津官家が遣隋使の準備や裴世清接待の拠点となっただろう．しかし，もしも那津官家がなかったとしたら，607年あるいは608年には，新たにそういう出先機関が作られただろう．そして，その翌年の推古17年（609年）になって，初めて那津官家の長であると推定できる「筑紫大宰」が日本書紀に登場し，肥後の葦北に百済使が漂着したと報告している．

　大和政権の筑紫での出先機関に関して，那津官家は修造した後の約70年間はまったく姿をあらわさず，遣隋使によって筑紫での出先機関が必要になった後で，初めてその活動が見える．ということは，大和政権の筑紫の出先機関は，宣化元年（536年）の宣化天皇によって創建（修造）されたのではなく，一連の遣隋使派遣によって，607年頃に筑紫に設置されたと判断するのが妥当ではないだろうか．

　以上，要するに宣化元年（536年）の宣化天皇の詔にある那津官家修造は，その後の活動がまったく見えず，那津官家修造そのものの信憑性が低いというのが結論である．

4　宣化2年（537年），大伴磐，「筑紫の国の政を執る」

　那津官家と強く関係するのが，日本書紀の宣化2年（537年）10月の「大伴金村大連に詔して，其の子磐と狭手彦とを遣して，任那を助けしむ．是の時に，磐，筑紫に留まり，其の国の政を執りて，三韓に備ふ．狭手彦，往きて任那を鎮め，加（また）百済を救ふ」という記述である．「磐，筑紫に留まり，其の国の政を執りて，三韓に備ふ」というのであるから，磐が筑紫の国の政治を執り行ったというのである．日本書紀によれば，明記していないとはいえ，磐は那津官家を本拠地として筑紫の「政を執」ったと推定される．

　しかし，そんなことが可能だろうか．日本書紀には大伴磐を大軍ともども派遣したとは書いていない．むしろ，狭手彦と磐が単身で筑紫へ派遣されたように読める．すなわち，磐は単独で筑紫に行き，筑紫の政治を「執った」ことになる．しかし，大連の大伴金村の子というだけで，筑紫君が統治している筑紫に行って，磐が「其の国の政を執」るなど不可能である．狭手彦が筑紫へ派遣されたことは万葉集から確認されるから，磐の派遣そのものも事実かもしれないが，筑紫国の「政を執」るというような大げさな権力を有していたとは考えられない．

そのことを裏付けるのが，その後の日本書紀の記述である．宣化天皇の詔の3年後の宣化4年 (539年) に即位し，それ以後32年間，大和政権の君主は欽明天皇である．欽明天皇紀は，百済・新羅・任那の関係記事が詳細に書かれている．にもかかわらず，「筑紫の政を執」ったはずの磐はどこにもまったく登場しない．もしも磐が「筑紫の政治を執」り，「三韓に備えた」のであれば，それはおかしいだろう．従って，日本書紀が書く磐が「其の国 (筑紫国) の政を執りて……」というのは事実ではないと考えられる．

5 6世紀半ば，筑紫国の継続を表す「筑紫火君」

磐井－継体戦争以後も，筑紫君による北九州統治が続いていたことを直接的に示す日本書紀の記述が「筑紫火君」である．

554年，百済の聖明王は新羅軍の捕虜となり，殺される．日本書紀は欽明17年 (556年)，これを報告に来た百済王子恵を百済へ送り返す際，

「別に筑紫火君を遣して，勇士一千を率て，衛りて (守って) 弥弖に送らしむ．因りて津の路の要害の地を守らしむ」，

と書いている．筑紫火君が精兵1000人を率いて王子恵の帰還を護衛し，朝鮮半島の要害の港を守護したというのである．この筑紫火君について，以下の脚注がある．

「百済本記に云はく，『筑紫君の児，火中君の弟なり』といふ」

すなわち，筑紫火君は筑紫君の子で，火中君の弟である．日本書紀は明記していないが，筑紫火君に恵を百済まで護衛し，送らせたのはおそらく筑紫君だろう．

日本書紀のこれらの記述から，欽明17年 (556年) の時点で，筑紫君には少なくとも2人の子がいて，兄は火中君で，弟は筑紫火君であったことが確認される．「火君」は肥国 (肥前・肥後) の君という意味であるから，兄の火中君が「肥中国」の君であり，弟の筑紫火君は「筑紫肥国」の君である．「筑紫肥国」と「肥中国」は「肥前国」(現在の佐賀県) と「肥後国」(熊本県) であろう．筑紫君の子が「肥中国」と「筑紫肥国」の君であるから，明記されていないとはいえ，筑紫国は筑紫君が統治していたとして間違いないだろう．豊国 (豊前・豊後) がどうなっているかはこの文では分からないが，磐井－継体戦争の約30年後の6世紀半ばにも筑紫君が筑紫国だけでなく，実質的に肥前・肥後国 (そしておそらく豊前・豊後国も) を統治していたことが確認できる．これは6世紀前半の筑紫君磐井の北九州の統治領域とほぼ重なっている．

小田富士雄氏は [小田]，「筑紫君が勢力を削減されてまいりますと，それに代わっ

て，これまで磐井と連携していた火君が大和政権の尖兵的役割をつとめまして，これが北部九州の方まで進出してまいります」と指摘される．しかし，6世紀半ば，筑紫火君も火中君も「筑紫君の児」なのであって，筑紫を含む北九州は筑紫君の統治領域と見ることができるのである．「これまで磐井と連携していた火君が大和政権の尖兵的な役割」を果たすというような事態ではない．逆に，6世紀半ば，筑紫君が磐井の時代と同様に，筑紫火国と火中国の統治を維持している（糟屋屯倉以外）ことを示している．筑紫君の児，筑紫火君と火中君に関する日本書紀の記述は，6世紀半ば，筑紫君は磐井の勢力範囲を維持していたことを示していると読むのが正しいのではないだろうか．

　この6世紀半ばの記事の後，6世紀後半については筑紫国に関する関連記事はなく，大きな変動は日本書紀からはうかがえない．従って，筑紫君の筑紫政権が6世紀の間も北九州一帯の統治・支配を継続していたと見るのが妥当である．

　以上のことを考えれば，筑紫君の筑紫国は，磐井－継体戦争で滅亡することはなく，6世紀も継続していたことを示している．であれば，6世紀前半の磐井の筑紫国が7世紀初頭の倭国へと発展したと理解することに無理はなく，むしろ隋書倭国伝が書く7世紀初頭の多利思比孤の倭国が，6世紀前半の磐井の筑紫国の姿である可能性はきわめて高いことが分かる．

6 要約・結論：隋書倭国伝の倭国に無理なくつながる筑紫政権の筑紫国

以上の6世紀の筑紫国に関する検討を要約すれば以下のようになる．

(a) 6世紀初め，筑紫君磐井を王とする筑紫政権の筑紫国があり，大和国と併存していた．

(b) 継体22年（528年），磐井－継体戦争で筑紫君磐井は斬り殺されたが，筑紫国が滅びることはなかった．

(c) 安閑2年（535年）の筑紫・豊・肥国の大量の屯倉設置という日本書紀の記述は事実ではない．

(d) 宣化元年（536年）の那津官家の修造は，大和政権が筑紫を支配するようになったことを示すものではない．

(e) 宣化2年（537年）の大伴磐による筑紫統治が事実であることを示す点はない．

(f) 欽明17年（556年），筑紫君とその子である筑紫火君と火中君が筑紫・肥前・肥後を統治しており，筑紫君は，6世紀半ば，筑紫国・肥国（おそらく豊国も）を統治していた．

(g) その後,筑紫について大きい変動は書かれていない.

以上から,下記の点が結論される.
(a) 筑紫君の筑紫国は,磐井 – 継体戦争の敗戦によって滅亡することはなく,その後も継続していた.
(b) 磐井の筑紫国が7世紀初頭の倭国へ発展したと理解することに無理はない.

以上のように,倭国伝が書く7世紀初頭の多利思比孤の倭国が,6世紀前半の磐井の筑紫国の後継国である可能性はじゅうぶんあり得るというのが結論である.

倭国の地理:隋書倭国伝の倭国は筑紫にあった国である

1. 隋書倭国伝が記す倭国の地理
2. 隋書倭国伝が述べる裴世清の倭国への行程
3. 「阿蘇山あり」
4. 旧唐書倭国伝が記す倭国の地理
5. 日本書紀が記す裴世清の行程
6. 結論:隋書倭国伝が記す「倭国」は「筑紫国」である
7. 「倭国=筑紫国」を支持する裴世清日程の5月1カ月の空白

次に,隋書倭国伝などが記す倭国の地理について考える.倭国の地理に関係する記述は,日本書紀・隋書倭国伝だけでなく,旧唐書倭国伝にも書かれている.その点を以下に検討する.

1 隋書倭国伝が記す倭国の地理

倭国伝前文に倭国の全体的な地理が書いてある.倭国の位置に関する情報をこの記述から抜き出すと,
① 「大海の中において,山島に依って居る」,
② 「夷人里数を知らず,ただ計るに日を以てす.その(倭国の)国境は東西五月行,南北は三月行にして,各々海に至る」,

の2点である.他に,「その地勢(地形)は東高くして西下り」というのがあるが,倭国がどこにあっても国全体としては「東高くして西下り」と単純には言えないだろう.また,「邪靡堆に都す,則ち『魏志』のいわゆる邪馬台なる者なり」という部分は多利思比孤の都のことを書いているのだから,本来は倭国の地理に関して核心部

分である．しかし，周知のように，「邪靡堆」，「邪馬台」が大和か九州かというのは議論百出であって，あえて大和あるいは九州と断定できるほどの見解を現在の私は持ち合わせていない．さらに，「一万二千里」，「会稽の東」，「儋耳と相近し」という点があるが，茫漠として判断材料になりにくい．

　まず，①「大海の中において，山島に依って居る」という文章は倭国が九州島にあったことを示唆している．なぜならば，九州島はまさに山島であり，当時，本州島は島であることが認識されていたとは思えないからである．高橋善太郎氏によれば，本州島が島として認識されたのは平安中期以後である［高橋②］．

　従って，「山島」というのは九州島を指すと考えられ，倭国は九州島にあったことを示唆している．

　次に，②「国境は東西五月行，南北は三月行にして，各々海に至る」はどう考えるべきだろうか．

　古田武彦氏は［古田①］，「『東西』の場合の『東端』が青森県までか，北海道までか，それともさらにその北や東北に連なる島々も含むか」などと議論され，「"倭王の都を中心とした辺境"の概念を持って『東西』と『南北』を表記している」として，「『俀(倭)国』の都が近畿大和ではなく，九州であることを示すものだ」とされる．しかし，倭国伝の記述が沖縄の八重山地方や北海道まで（さらに千島列島まで）含むとはとうてい考えられない．

　一方，安本美典氏は［安本①］，「この文は，明らかに『俀(倭)国』が東西に長く，南北に短いことを示している．大和朝廷の版図であれば，東西に長く，南北に短い．これに対し，九州は東西に短く，南北に長い」と，この記述から隋書倭国伝が書く倭国は九州ではなく大和にある大和国のことだと指摘される．

　しかし，隋書倭国伝の「東西五月行，南北は三月行」は「何日かかって行けるか」という時間を表したものであって，距離を表したものではない．海行ならば陸行よりもかなり短時間であるから，東西の距離の方が南北よりも長いと単純には言えない．

　そもそもどこを「国境」としているのか，陸行と海行はどこからどこまでか，がはっきりしない状態で，「国境は東西五月行，南北は三月行にして，各々海に至る」という茫漠とした記述でもって，倭国が九州にあったのか，大和にあったかの判断材料とすること自体が無理ではないだろうか．

［第6章］隋書倭国伝の倭国は筑紫政権の筑紫国である　　373

2 隋書倭国伝が述べる裴世清の倭国への行程

倭国伝は裴世清の倭国への行程を以下のように述べる.

「明年（608年，推古16年），上，文林郎裴清を遣わして倭国に使せしむ．百済を度たり（わたり），行きて竹島に至り，南に聃羅国（済州島）を望み，都斯麻国（対馬）を経，迥かに大海の中にあり．また東して一支国（壱岐）に至り，また竹斯国（筑紫国）に至り……」．

ここまでが前段階であって，朝鮮半島の西の黄海を南下し，朝鮮半島を迂回し，対馬，壱岐を経由して筑紫国に着いたことが分かる．そして筑紫国に着いた後は以下のようになる．

「竹斯国（筑紫国）に至り，また東して秦王国に至る．その人華夏に同じ，以て夷州（台湾）となすも，疑うらくは，明らかにする能わざるなり．また十余国を経て海岸に達す．竹斯国より以東は，皆な倭に附庸す」．

以上が倭国伝が載せる裴世清の倭国への行程の全文である．

裴世清は，3世紀の張政以来，初めて日本を訪れた中国の使者である（5世紀の宋の使者ははっきりしない）．倭国伝のこれらの記述は，彼が隋へ帰って書いた報告書に基づいたものであることは明らかだろう．隋皇帝が裴世清を派遣したのは，あくまで中華思想を多利思比孤に「宣諭」することが目的である．従って，倭国伝は倭国への行程を記していることは明らかだ．倭国伝は，裴世清が倭国へ実際に行った経験に基づいて書かれているのであるから，倭国について考えるとき，この報告書の倭国への地理的記述は重視される．

この文は7世紀初頭の倭国へのルートが朝鮮半島西を回るルートであることを示しているが，それ以外に特別なことはない．重要な部分は筑紫以後の記述である．すなわち，「竹斯国（筑紫国）に至り，また東して秦王国に至る……また十余国を経て海岸に達す」はどのように理解されるだろうか．

この文章は，2通りに読むことが可能である．

① 博多湾の港に上陸し，九州北部を東へ横断し，秦王国・十余国を経て九州島の東岸に達する．

② 筑紫から船で関門海峡を通り，瀬戸内海を東へ移動し，秦王国・十余国を経て，難波の港に達する．

すぐに分かるように，どちらの読み方であるかによって，倭国の位置が異なる．すなわち，①の場合は筑紫を中心とする北九州，②の場合は大和国であることを示唆する．

倭国伝が記す行程はあくまで裴世清が実際にたどった倭国への行程であるから，この行程の中に多利思比孤の倭国は存在していなければいけない．このことははっきりしている．研究者の見解は，①説の古田武彦氏［古田①］と②説のほとんどの研究者に別れる．

読み方①の場合，行程の中に含まれる大国は竹斯国（＝筑紫国）しかない．対馬国，壱岐国はもちろん小国であるし，秦王国も十余国も「倭」国という大国の支配下（「倭に附庸」）にある小国である．従って，倭国は「竹斯国（＝筑紫国）」である．それが結論である．

読み方②の場合，筑紫から，瀬戸内海の秦王国と十余国を経た後，「(難波の) 海岸に達す」ということになる．最後の「海岸に達す」の部分は難波の港に着いたことになる．難波は大和ではなく，大和まではまだ行程が残っているのだから，「海岸に達す」で終わるのは不自然で，「難波の津に達し，また東して大和に達す」と，上陸後の行程が必要ではないかと思えるが，難波の「海岸に達す」で，"大和に到着した"と読むことになる．この場合，多くの研究者が考えるように倭国は大和国とするのが自然である．

倭国伝の記述ははっきりしておらず，①と②の読み方はどちらも可能である．従って，隋書倭国伝が書く裴世清の倭国への行程に基づけば，隋書倭国伝の倭国は筑紫国あるいは大和国であることははっきりしたが，どちらであるかはこの一文からは決められない．

3 「阿蘇山あり」

隋書倭国伝は倭国に関して，「阿蘇山あり．その石，故なくして火起り天に接する者，俗以て異となし，因って禱祭を行う」と書いている．おそらく裴世清は火山を知らなかったのだろう．だから，「故なくして火起り天に接する者」は信じられないことだったのだろう．そのために，特別に記したと思われる．

この文章はあくまで倭国の風俗記事の一部として書かれている．従って，この記事から倭国内に阿蘇山があったことが分かる．換言すれば，少なくとも肥後国の東北部は倭国の統治領域に含まれていたことを示唆している．このことは倭国が九州にあることを示唆している．

4 旧唐書倭国伝が記す倭国の地理

隋の後の中国王朝は唐である．唐の歴史を記した史書には旧唐書と新唐書がある．

旧唐書は倭国伝と日本伝があるが，新唐書は日本伝だけで，日本は大和国としている．従って，倭国に関しては旧唐書の記述が参考になる．旧唐書倭国伝は倭国の地理について，以下のように書く．
①「新羅東南の大海の中にあり，山島に依って居る」．
②「東西は五月行，南北は三月行」．
③「四面に小島，五十余国あり，皆焉れに附属す」．
言うまでもなく，①，②は隋書倭国伝の引用である．旧唐書倭国伝が新たに付け加えたのは，③「四面に小島」である．

旧唐書倭国伝・日本伝は倭国と日本国ははっきりと異なる別の国と明記している．倭国については「古の倭奴国なり」で始まり，「その王，阿毎氏なり．……官を設くる十二等あり……」と書くから，隋書倭国伝の倭国であることは明白である．一方，日本国が703年の粟田真人の遣唐使を送ってきたなどと書いており，日本国は大和政権の大和国である．従って，旧唐書によれば，倭国は大和国ではないことは明らかである．

旧唐書倭国伝によって新たに付け加えられた倭国の地理の判断材料は，③「四面に小島」である．倭国は大和国ではないことを考えると，旧唐書によれば倭国は九州島に存在するというのが結論である．ただし，九州島のどこかまでは分からない．

5 日本書紀が記す裴世清の行程

日本書紀が書く隋の使者裴世清の日本国内の行程は，

筑紫→瀬戸内海→難波津（港）→京（飛鳥）→帰国，

である．裴世清が受けた勅命はあくまでも倭国の王である多利思比孤の宣諭である．とすれば，多利思比孤の倭国はこのルートの中に存在しなければならない（従って，出雲は除外される）．

このルートで倭国としてあり得る地域は，筑紫，吉備，大和であろう．7世紀初頭，吉備国に官位十二等があり，10万戸を対象とする軍尼制があるような国家が形成されていたことを示唆する点は見当たらず，倭国が吉備国である可能性はほぼない．従って，この裴世清のルートで倭国に相当し得るのは筑紫と大和だけということになる．

6 結論：隋書倭国伝が記す「倭国」は「筑紫国」である

(a) 史書が書く倭国の場所の要約

以上の検討結果を集約すれば以下のようになる．
① 隋書倭国伝の倭国の地理：「大海の中において，山島に依って居る」と書く．「山島」というのは九州島を指すと考えられ，倭国は九州島にあったことを示唆している．
② 隋書倭国伝が記す裴世清の倭国への行程：筑紫到着後の「竹斯（筑紫）国に至り……海岸に達す」という記述から，倭国は筑紫国あるいは大和国である．しかし，この記述だけではどちらかは決められない．
③ 倭国内に阿蘇山があることは，倭国は九州にあることを示唆している．
④ 旧唐書倭国伝：旧唐書が書く倭国は大和国ではないこと，および，「四面に小島」から，倭国は九州島に存在するというのがほぼ疑問の余地のない結論である．
⑤ 日本書紀が記す裴世清の行程：倭国の可能性があるのは筑紫，吉備，大和である．7世紀初頭，吉備に10万戸を軍尼制で統治するような国があったことを示す点はないので，筑紫か大和である．
(b) 結論：倭国伝が書く「倭国」は筑紫にあった国である．
以上の諸点から，倭国の位置は，以下のように要約される．
① 隋書倭国伝の倭国の地理，「阿蘇山」，旧唐書倭国伝によれば，倭国は九州島にある．九州のどこかは分からない．
② 隋書倭国伝と日本書紀が書く裴世清の行程によれば，筑紫か大和である．
以上のように，隋書倭国伝，旧唐書倭国伝が書く倭国の地理，「阿蘇山」，および，隋書倭国伝と日本書紀が書く裴世清の行程から，隋書倭国伝が書く倭国は筑紫国であると結論される．この結論は，古田武彦氏の結論と一致する［古田①］．

7 「倭国＝筑紫国」を支持する裴世清日程の5月1カ月の空白

倭国が筑紫国であるという結果を支持するのが，表4（第4章）に示した裴世清の5月の日程の空白である．すでに指摘したように，日本書紀によれば，裴世清は筑紫に到着後，少なくとも5月の1カ月間，筑紫に滞在していた．この1カ月間の筑紫滞在はどう理解すればよいのだろうか．

隋皇帝煬帝が裴世清を日本へ派遣した目的は，「日出ずる処」国書で「天子」を自称し，隋皇帝と対等の立場を表明した多利思比孤を「宣諭」することである．裴世清の目的は，あくまで多利思比孤であって，推古天皇ではない．

とすれば，5月の1カ月間，裴世清は筑紫で倭国を訪問し，倭王多利思比孤に会

っていたと考えられる．そして朝命を果たした後，大和国を訪問したと考えれば，裴世清の日程の5月1ヵ月間の空白は生じることなく，無理なく理解できる．すでに結論したように「多利思比孤≠推古天皇」である．であれば，この時以外に裴世清が多利思比孤に会う時間はない．従って，5月1ヵ月の空白時間は，裴世清が筑紫にある多利思比孤の倭国を訪問していたことを強く示唆しているのである．このことは，倭国が筑紫国であるという結論と一致している．

　以上の結果に基づけば，問題点11は以下のように理解される．

〈問題点11〉　日本書紀が記す①5月の筑紫滞在と，②7月の難波津滞在という隋の使者裴世清の日程の空白をどう理解するのか．

　➡「多利思比孤≠推古天皇」であって，5月の1ヵ月間，裴世清は筑紫で倭王多利思比孤の倭国を訪問した．そして，朝命を果たした後，大和国を訪問した．このように，裴世清の筑紫での5月1ヵ月間の空白は問題なく理解できる．換言すれば，裴世清の5月1ヵ月の日程の空白は，多利思比孤の倭国は筑紫国であることを支持している（なお，7月の日程の空白については，第4章の国書盗難事件の項ですでに議論した）．

要約・結論：隋書倭国伝の倭国は筑紫政権の筑紫国である

　1 議論の要約：隋書倭国伝が書く倭国はどこにあった国か
　2 本拙論の結論：隋書倭国伝が書く遣隋使は筑紫政権の遣隋使である．

1 議論の要約：隋書倭国伝が書く倭国はどこにあった国か

　「多利思比孤≠推古天皇」，「倭国≠大和国」という結論に基づいて「倭国」はどこにあった国かを検討した．この点について以下の諸点が指摘される．

(a) 隋書倭国伝が，官位十二等が機能し，10万戸の人民を軍尼制で統治し，軍を持ち，百済・新羅と外交関係を持つと書く「倭国」という確固とした「国家」が，6世紀末期に，突然どこかに生じるというようなことはあり得ない．そのように成熟した「国家」に至るまでに，国家の誕生・確立・発展という長期にわたる国家形成・成長過程があったはずである．

(b) 日本書紀の記述の中で，そういう「国家」として可能性があるのは，6世紀前半，磐井－継体戦争で姿を現した筑紫君磐井の筑紫国である．

(c) 6世紀前半，筑紫君磐井の筑紫国は，筑紫・豊・肥国に加えて長門以東という広い統治領域，百済などとの外交関係，強力な軍，先進的な裁判制度など

を持つ，大和政権の大和国とは別の「国家」であった．
(d) 磐井－継体戦争の後も，筑紫政権の筑紫国は滅亡することなく継続した．
(e) 隋書倭国伝・旧唐書倭国伝・日本書紀が記す倭国の地理と裴世清の行程は，隋書倭国伝の倭国が筑紫にあった筑紫国であることを示している．
(f) 裴世清の筑紫での5月の空白は，倭国が筑紫国であることを支持している．

以上の諸点を考慮すれば，隋書倭国伝が書く「倭国」は，6世紀前半，磐井－継体戦争でその姿を現した筑紫君磐井を王とする「筑紫国」の約70年後の姿であるというのが合理的結論である．

2 本拙論の結論：隋書倭国伝が書く遣隋使は筑紫政権の遣隋使である

以上から，本拙論の倭国に関する結論は以下のようになる．
(a) 隋書倭国伝が書く倭王多利思比孤の倭国は，大和政権の大和国ではなく筑紫政権の筑紫国である．
(b) 隋書倭国伝が書く倭国は，6世紀前半，磐井－継体戦争で姿を現した筑紫君磐井の筑紫国の後継国である．
(c) 7世紀初頭，日本には筑紫国と大和国という2つの異なる国が併存していた．
(d) 隋書倭国伝が書く遣隋使は筑紫政権の遣隋使であって，大和政権の遣隋使ではない．

以上が，隋書倭国伝と日本書紀が書く「遣隋使」から得られた結論である．

隋書倭国伝が書く倭国が筑紫国であるという結論は私が初めて指摘する結論ではなく，その根拠はともあれ，古田武彦氏などが指摘してこられたことである［古田①］．本拙論の特徴は，倭国が確固とした国家である点を重要な根拠として筑紫国に比定したことであろう．

7世紀，筑紫国と大和国の併存を示す旧唐書

本拙論の結論は，一見，荒唐無稽なものと見えるかもしれない．しかし，そうではない．それは旧唐書の存在である．日本古代に関する重要史料の中で，「7世紀の日本には倭国と大和国という2つの異なる国が併存していた」という本拙論の結論をはっきりと支持するのが旧唐書日本国伝の記述である．

旧唐書は10世紀に劉昫が書いた唐の歴史書であって，中国の28の正史の1つである．第一級の史料であって，全般的な信憑性はきわめて高い．

以下に引用する旧唐書の記述は，新唐書にも同じ史料に基づいた記述があり，新旧唐書の記述のもとになった史料が存在していたことをはっきり示している．旧唐書と新唐書の編著者がどちらも信用できる史料と判断して引用しているのであるから，その記述の信憑性は高いと考えられる．新唐書はそれを咸亨元年（670年）の第六次遣唐使の言葉として引用しているから，旧唐書の以下の記述は，天智8年（669年）に派遣された第五次遣唐使の河内直鯨と中国唐王朝の役人とのやりとりである．

旧唐書日本伝は，冒頭に以下のように書く．

①「日本国は倭国の別種なり」．
②「その国（日本国）日辺にあるを以て，故に日本を以て名となす．あるいはいう，倭国自らその名の雅ならざるを悪み（にくみ），改めて日本となすと」．
③「あるいはいう，日本は旧小国，倭国の地を併せたりと」．
④「その人，入朝する者，多く自ら矜大，実を以て対えず．故に中国焉れ（これ）を疑う」．

以上のように，記述は短いが，7世紀の日本に関するきわめて重要な記述である．特に，重要な点が以下の2点である．

(a)「日本国は倭国の別種なり」（①）と，倭国と日本国は別の国であると明記していること．
(b)「日本は旧小国，倭国の地を併せたり」（③）と，もと小国の日本が倭国を併合したと書いていること．

旧唐書はこの記述に続いて，日本国について，長安3年（703年）の粟田真人の遣唐使を書くから，旧唐書が書く日本国が大和国であることは明らかである．すなわち，旧唐書は，7世紀，異なる国として倭国と日本国（大和国）の併存をはっきりと明記しているのである．このことは，7世紀初頭の筑紫国（＝倭国）と大和国の併存という本拙論の結論と一致する．

念のために付け加えれば，旧唐書は，まず「倭国は古の倭奴国なり．京師を去ること一万四千里……」とまず倭国について述べ，次いで「日本国は倭国の別種なり．その国日辺にあるを以て……」と日本国について述べる．このように，倭国と日本国を別の国としてはっきりと区別して書いており，旧唐書が倭国と日本国を別の国と認識していることに疑問の余地はない．

天智2年（663年）の白村江の戦いにおける倭国の壊滅的な大敗の翌年（天智3年〔664年〕）に，唐の将軍劉仁願は郭務悰を日本へ派遣し，その翌年の天智4年（665年）には，唐は正式に劉徳高の使節団を日本へ送ってきた．上記の第六次遣唐使は669

年のことであり，唐による正式の使者派遣の4年後である．唐は当時の日本について正確に認識していたはずである．旧唐書が，このように明確に，倭国と日本国は別の国であると記していることは，7世紀には倭国と日本国が併存していたことを強く示唆している．

　旧唐書の指摘は，本拙論で「遣隋使」について分析・検討した結果として得られた「多利思比孤≠推古天皇」であり，倭国伝が書く倭国は日本書紀の大和国ではなく，倭国と日本国が併存していたという本拙論の結論と一致している．また，筑紫政権の筑紫国であるという本拙論の結論は旧唐書の「山島に依って居る」，「四面に小島」と一致している．このことは，本拙論での議論・推定・結論が決して荒唐無稽なものではないことをはっきりと示しており，旧唐書の記述は倭国と日本国の併存という本拙論の結論を支持する強力な証拠である．

　なお，(b)「日本は旧小国，倭国の地を併せたり」については，倭国軍が663年の白村江の戦いで大敗したことによって，倭国が大和国に吸収・併合されたことを示していると考えるが，それは「遣隋使」の範囲を超えることであり，別に検討したい．

　また，同じ史料に基づいているが，新唐書は，倭国＝日本国＝大和国としており，旧唐書とは基本的に認識が異なる．この食い違いについても別の場所で検討したいが，少なくとも旧唐書を書いた劉昫には，倭国と日本国（大和国）は別の国であると確信できる根拠があったことは確かであろう．

筑紫政権の実像と大和政権との友好的関係

　1 明らかになった筑紫政権の筑紫国の実像
　2 筑紫政権が大和政権よりも優位に立つ友好・共存関係

1 明らかになった筑紫政権の筑紫国の実像

　7世紀初頭，隋書倭国伝が書いた倭国は筑紫国であって，日本には筑紫政権の筑紫国と大和政権の大和国が共存していた．遣隋使を派遣し，「日出ずる処の天子……」と自主・対等の立場の国書を送った倭王阿毎多利思比孤は大和政権の君主（天皇）ではなく，筑紫政権の筑紫君である．そして，隋書倭国伝が書く倭国は，6世紀前半の筑紫君磐井の筑紫国の70年後の姿である．

　従って，隋書倭国伝が記す7世紀初頭の倭国の風俗記事は，当時の「筑紫国」の

実態を表すきわめて貴重な史料となる．当時の倭国は，国内統治面でも，司法の面でも，大和国よりも格段に進んでいたことを示している．

隋書倭国伝によってより豊富になった筑紫国の姿の主要点を列記すると以下のようになる．

(a) 6世紀前半の筑紫君磐井の筑紫国

6世紀前半の磐井－継体戦争で明らかになった筑紫君の筑紫国の実態を箇条書きにすれば，以下のようになる．

① 広大な勢力圏．筑紫（筑前・筑後．今の福岡県）を中核とし，「火・豊二国（肥前・肥後，豊前・豊後．今の佐賀，熊本，大分県）に掩拠（勢力を及ぼす）」し，さらに，長門（山口県）以東に拡がっていた広大な勢力圏．

② 強大な軍．大和政権の大軍と1年半も戦えるだけの軍事力を保持していた．

③ 磐井の墓の別区（衙頭）に表現される裁判場面は先進的な裁判制度を示している．

④ 諸外国との外交関係．高句麗・新羅・百済・任那という外国から貢職船（朝貢船）が毎年来ていた．

(b) 隋書倭国伝が明らかにした7世紀初頭の筑紫国

隋書倭国伝が書く7世紀初頭の倭国は6世紀前半の磐井の筑紫国の後継国である．倭国の実態として主要な点は以下のようになる．

① 600年時点ですでに官位十二等の官位制度があり，608年に「冠」のある冠位十二等へ改正した（別章）．

② 7世紀初頭，10万戸の人民を対象に，倭王－軍尼－伊尼翼－各戸という中央集権的な郡県制の軍尼制の統治体制がすでに確立していた．

③ 磐井の先進的な裁判制度が維持・発展していた．

④ 阿蘇を統治領域としていた．全体の統治領域ははっきりしないが，磐井の統治領域をほぼそのまま引き継いだと推定される．

⑤ 強大な軍を持っていたが，「兵ありといえども征戦なし」という平和な状態にあった．

⑥ 新羅や百済からは敬仰されるような友好関係にあった．

⑦ 倭王多利思比孤は遣隋使を派遣し，「日出ずる処」国書で「天子」を自称し，隋に対して自主独立・対等の立場を提示した．

⑧ 隋皇帝の要求によって，多利思比孤は朝貢は認めたが，「天子」の称号撤回は拒否し，隋に対する自主独立・準対等の立場を堅持した．

⑨ 隋皇帝は多利思比孤の自主独立・準対等の立場を黙認した．
⑩ 607年の第二次遣隋使では沙門数十人を留学生として隋へ送った．
　以上のように，筑紫政権の筑紫国は，倭王阿毎多利思比孤の統治体制が確立し，官位十二等，軍尼制や裁判制度など，多くの面で大和政権の大和国よりも先進的であり，仏教を信仰し，中国には自主独立・準対等の立場を取った．

2 筑紫政権が大和政権よりも優位に立つ友好・共存関係

　隋書倭国伝が書く倭国は，大和政権の大和国ではなく筑紫政権の筑紫国であって，7世紀初頭，日本には倭国と大和国という2つの異なる国が共存していたというのが本拙論の結論である．その場合，多利思比孤と推古天皇（あるいは筑紫政権と大和政権，あるいは，筑紫国と大和国）はどういう関係だったのかが問題となる．

(a) 分かりにくい筑紫政権と大和政権の関係

　磐井－継体戦争の後も筑紫政権が消滅することはなく，大和政権と共存していることが分かるのだが，筑紫政権と大和政権の関係がどうなっているのかは分かりにくい．
　6世紀前半，磐井－継体戦争で，筑紫政権から見れば，大和政権の継体天皇に自分たちの王である筑紫君磐井を殺されたのだから，常識的には，大和政権とは決定的に対立し，以後，筑紫政権と大和政権の紛争が激化するだろうと予想される．しかし，少なくとも日本書紀による限り，磐井－継体戦争後も，対立激化の様子はなく，それまでと大きく変わった様子はない．あるいは，筑紫政権は鎮圧されて対立もできないほどに押さえつけられていたのだろうか．しかし，敗戦して押さえつけられていたことを示す点も見られない．

(b) 筑紫政権と大和政権の友好的関係を示すこと

　すっきりしないのだが，磐井－継体戦争で筑紫君磐井が斬り殺された後も，筑紫政権と大和政権が鋭く対立した様子はない．特に，6世紀末，というか7世紀初めには逆に，きわめて友好的な関係となって共存していたことは確かなようだ．そのことは以下の諸点に表れている．
　① 倭国伝は，7世紀初めの倭国について「兵ありといえども，征戦なし」と書く．つまり，倭国には軍はあるが，征伐などの征戦はないというのである．また，「城郭なし」とも書いている．城郭（都市を囲む壁）がないということは，倭国では城郭を必要とするような大和国との厳しい対立関係がなかったことを意味する．このように，筑紫政権と大和政権（倭国と大和国）が対立していた様子は

うかがえず，友好的な関係である．

② もしも筑紫政権と大和政権が対立して日本全体の覇権を争っていれば，多利思比孤は国内支配確立のために，隋に対して「倭国王」の承認を求めただろう．承認を得られれば大和政権に対して優位に立つことができる．しかし，多利思比孤が倭国王承認を求めた形跡はない．このことは，筑紫政権と大和政権が日本の統治・支配権を争ってはいなかったことを示唆している．

③ 600年前後，日本書紀は大和政権が何度も大軍を筑紫に派遣したと書く．しかし，筑紫政権と何らかの軋轢が起こったことはまったく書かれていない．日本書紀がそれを隠した（隠し通すことができた）とも思えない．このことは筑紫政権と大和政権が友好的な関係にあったことを示唆している．

④ 推古天皇の要請に応じて多利思比孤は大和政権の遣隋使へ冠位を授与している（別章）．また，聖徳太子の死後，多利思比孤は推古天皇に筑紫政権の冠位十二等による冠位授与権を認めている（別章）．

⑤ 第二次・第四次（608年9月）の遣隋使は多利思比孤と推古天皇の共同派遣である．

⑥ 隋へ派遣された留学生が帰国する際，筑紫政権と大和政権の留学生がいっしょに帰国している．

以上の諸点は，少なくとも7世紀初め，筑紫政権と大和政権が対立する関係ではなく，かなり友好的で安定した共存状態にあったことを示している．

(c) 筑紫政権が大和政権よりも優位に立っている

ただ，両者の関係は対等ではない．筑紫政権が大和政権に対してはっきりと優位に立っている．そのことは以下の諸点に表れている．

① 大和政権の推古天皇の承認を求めることなく，多利思比孤は「倭王」を名乗って第一次遣隋使を派遣している．多利思比孤が「倭王」を名乗って，隋に認められたことは，倭国伝が第一次遣隋使の項で，「倭王あり，姓は阿毎，字は多利思比孤」，「王の妻」，「太子」などと書いていることから明らかである．多利思比孤が派遣した遣隋使は「倭王」の使者であり，「倭王」の妻や太子について話したことは明らかだろう．

② 隋は，倭国の多利思比孤を「倭王」と認めている．隋が国としてつきあう相手は，その国を統治している王・政権が基本である．隋書倭国伝は徹底的に多利思比孤を「倭王」と扱い，推古天皇らしき人物はまったく登場しない．このことは，隋が日本統治国として認めているのは多利思比孤の倭国，すなわち，

筑紫政権の筑紫国であって，大和政権の大和国ではないことを示している．

③ 多利思比孤は第二次遣隋使において，自ら「日出ずる処の天子」を自称した国書を隋皇帝へ送っている．「天子」というのであるから，日本では最高の統治者であると認識していることを示している．

④ そのような倭国の対応や隋の扱いに，大和政権が抗議したことはどこにも書かれていない．推古天皇の承認もなく遣隋使を派遣したり，多利思比孤が勝手に「倭王」や「天子」を称した国書が問題になっている様子もない．すなわち，大和政権は，多利思比孤が倭国の「倭王」・「天子」であり，筑紫政権が日本統治政権であることを認めている．

⑤ 第一次遣隋使は倭国の単独派遣であり，大和国は第二次遣隋使に共同派遣という形で受け入れられている．

⑥ 倭国伝が記す倭国では，倭王による中央集権的な郡県制の軍尼制による統治体制，官位（冠位）制度，先進的な裁判制度などが実施されており，明らかに大和国よりも先進的である．

⑦ 旧唐書は「日本（大和国）は旧（もと）小国，倭国の地を併せたり」という使者の言葉を引用している．「旧小国」という言葉は，国の大小というよりも，倭国の方が大和国よりも優位に立っていたことを示唆している．

以上の諸点は，筑紫政権の筑紫君が大和政権の推古天皇に対して優位な立場に立っていることをはっきりと示している．ただ，なぜ，筑紫君が大和政権の君主よりも優位な立場なのかは，「遣隋使」の範囲では分からない．そもそも倭国と大和国がどういう関係なのかも，「遣隋使」の範囲では不透明と言うほかない．

結論
倭国の遣隋使

1 各章で得られた主な結論
2 「倭国の遣隋使」全体の結論

隋書倭国伝と日本書紀の「遣隋使」に関する記述を分析・検討した結果，以下の諸点が各章と全体で得られた主要な結論である．

1 各章で得られた主な結論
第1章：「第一次遣隋使：隋書倭国伝の倭王多利思比孤」
(a) 倭国の倭王阿毎多利思比孤は大和政権の推古天皇ではない．
　① 倭国の倭王阿毎多利思比孤の名前が大和政権の推古天皇の名前と一致しない．
　② 推古天皇は女王であるが，多利思比孤は男王である．
(b) 第一次遣隋使が日本書紀に書かれていないのは，推古天皇が派遣した遣隋使ではないからである．
(c) 倭国伝の第一次遣隋使の記述は「多利思比孤≠推古天皇」を強く示唆している．

第2章：「隋書倭国伝が示す『倭国』という国家の実態」
7世紀初頭の倭国は以下のように，実体を備えた確固とした「国家」である．
(a) 600年時点で官位十二等という官位制度が施行されていた．
(b) 10万戸を対象として軍尼制という郡県制の統治体制が整備されていた．
(c) 強力な軍を持っていたが，「征戦なし」という平和な世界であった．
(d) 百済・新羅からは「敬仰」される倭国優位の友好的な関係にあった．
(e) 倭国には先進的な司法が実施されていた．

第3章：「第二次遣隋使：自主独立・対等の倭王多利思比孤」
(a) 多利思比孤は「日出ずる処」国書で「天子」を自称し，隋皇帝に自主独立・対等の立場を明示した．
(b) 隋皇帝煬帝は中華思想・王化思想に基づき，多利思比孤に中華思想を宣諭するために，裴世清に国書を持たせて倭国へ派遣した．
(c) 裴世清は多利思比孤と対談し，中華思想を宣諭した．しかし，多利思比孤は朝貢は認めたが，「天子」の称号は撤回せず，冊封も認めず，自主独立・準対等の立場を堅持した．
(d) 高句麗問題が喫緊の課題であるため，隋皇帝は「天子」の称号を黙認し，多利思比孤の自主独立・準対等の立場を黙認した．
(e) 多利思比孤は「天子」の称号は認められたと認識し，隋皇帝は「高句麗」のた

めに黙認しているだけという認識のずれが残った．

第 4 章：「日本書紀が提起する遣隋使の諸問題」

(a) 隋皇帝国書提出儀式は，あたかも隋皇帝が朝貢してきたかのように，日本書紀が造作したものである．
(b) 隋皇帝国書は多利思比孤の「日出ずる処」国書への返書であるが，推古天皇宛であるかのように，日本書紀が造作した．
(c) 多利思比孤の「日出ずる処」国書が日本書紀に載っていないのは，以下の 2 点による．
　① 「多利思比孤 ≠ 推古天皇」であって，推古天皇の国書ではなかった．
　② 日本書紀は「日出ずる処」国書の「天子」の称号を受け入れることができなかった．
(d) 「東天皇」国書は，日本書紀があたかも「日出ずる処」国書であるかのように偽装した国書であって，実際には隋皇帝へは提出されなかった．
(e) 「東天皇」国書の原型となった「推古天皇の書」が提出された可能性が高い．
(f) 「推古天皇の書」で推古天皇は，「天皇」ではなく「王」の類いを称したであろう．
(g) 日本書紀と倭国伝の整合と不整合は以下の点から合理的に理解される
　① 第二次（607 年）と第四次（608 年 9 月）遣隋使は倭王多利思比孤と推古天皇の共同派遣である．
　② 隋書倭国伝は隋と日本の統治国と認めた倭国との外交だけを書き，日本書紀は隋と大和政権の外交だけを書いた．あるいは，編纂方針から，「倭王」多利思比孤と「倭国」に関することはすべて削除した．
(h) 日本書紀の遣隋使に関する主要記事は以下の観点から合理的に理解できる．
　① 隋書倭国伝の倭王多利思比孤は日本書紀の推古天皇ではない（「多利思比孤 ≠ 推古天皇」）．
　② 第二次・第四次遣隋使は多利思比孤と推古天皇の共同派遣である．
　③ 日本書紀が書くのは大和政権の遣隋使だけであり，倭国伝が書くのは倭国の遣隋使だけである．
　④ 「日本唯一の統治者は大和政権の君主」という日本書紀の編纂方針に抵触する「倭王」多利思比孤と倭国のことは日本書紀では削除され，削除で済まない点については造作されている．

第5章:「隋書倭国伝の倭王多利思比孤は推古天皇ではない」

(a) 隋書倭国伝と日本書紀の「遣隋使」の主要な記述・主要な問題点は,「多利思比孤≠推古天皇」の観点で合理的に理解できる.

(b) 隋書倭国伝と日本書紀の記述には「多利思比孤≠推古天皇」を示唆する具体的な諸点がたくさんある.

(c)「多利思比孤＝推古天皇」を示唆する日本書紀の記述は,すべて「多利思比孤≠推古天皇」であっても合理的な理解が可能である.

(d)「多利思比孤＝推古天皇」ではなく「多利思比孤≠推古天皇」(「倭国≠大和国」) である.

(e) この結果は旧唐書の倭国と日本国の併存という記述と合致する.

第6章:「隋書倭国伝の倭国は筑紫政権の筑紫国である」

倭国が確固とした国家であること,および,倭国の地理の2点から,隋書倭国伝が書く倭国は6世紀前半に磐井－継体戦争で姿を現した筑紫政権の筑紫国の後継国である.

別章:「冠位十二階は大和政権の冠位制度ではない」

(a) 倭国では600年時点ですでに官位十二等が施行されており,隋皇帝煬帝が錦綾冠などを賜うことによって608年に,多利思比孤は冠のある冠位十二等へと改正した.

(b) 日本書紀が書く冠位十二階は,倭国の官位・冠位十二等であるかのように日本書紀が偽装したものであって,大和政権には官位・冠位制度はなかった.

(c) 推古天皇は多利思比孤に遣隋使などへの冠位授与を要請し,多利思比孤は冠位を授与した.

(d) 聖徳太子の死により,多利思比孤は推古天皇に大和政権の諸臣への冠位授与の権利を与えた.

(e) 乙巳の変で中大兄皇子が実権を握った後,冠位十三階・冠位十九階が制定され,大和政権は初めて自分自身の冠位制度を確立した.

2 「倭国の遣隋使」全体の結論

「遣隋使」全体に関する重要な結論を箇条書きにすれば以下のようになる.

(a) 倭王多利思比孤は「日出ずる処」国書で「天子」と称し，隋に対する自主独立・対等の立場を明示した．隋皇帝の宣諭にもかかわらず，「天子」は撤回せず，自主独立・準対等の立場を堅持した．
(b) 多利思比孤は「天子」の称号を隋皇帝に認められたと認識しているが，隋皇帝は黙認しただけという不一致が残った．
(c) 日本書紀の主要記事である隋皇帝国書提出儀式と「東天皇」国書は日本書紀が造作した記事である．
(d) 第二次（607年）・第四次（608年9月）遣隋使は多利思比孤と推古天皇の共同派遣である．
(e) 倭国伝と日本書紀には記事が"あるか，ないか"という極端な不整合がある．倭国伝は倭国の「倭王」である多利思比孤との外交だけ，日本書紀は大和政権の外交だけを書いた．
(f) 大和政権には官位・冠位制度はなく，冠位十二階は日本書紀が造作したものである．
(g) 日本書紀は，大和政権の君主が日本唯一の統治者という史観に基づき，これに抵触する「倭王」については削除した．削除だけで済ませられない重要問題は8世紀の大和政権の史観に基づき都合良く造作して日本書紀に載せた．
(h) 日本書紀と隋書倭国伝が書く「遣隋使」の主要な記述・主要な問題点は，「多利思比孤≠推古天皇」という観点から合理的に理解できる．すなわち，「多利思比孤＝推古天皇」ではなく「多利思比孤≠推古天皇」(「倭国≠大和国」)である．
(i) 隋書倭国伝が書く遣隋使は筑紫政権の遣隋使であって，大和政権の遣隋使ではない．
(j) 隋書倭国伝が書く倭国は筑紫政権の筑紫国であり，6世紀前半に磐井－継体戦争で姿を現した筑紫君磐井の筑紫国の後継国である．
(k) 7世紀初め，日本には筑紫国（倭国）と大和国という2つの異なる国が共存していた．
(l) 倭国と大和国は別の国とする旧唐書の記述は本拙論の結論と一致する．

別章

冠位十二階は
大和政権の冠位制度ではない

[第1節] 倭国の官位・冠位制度と大和政権の冠位十二階
[第2節] 大和政権の冠位十二階の実態と倭国の官位・冠位制度
[第3節] 大臣蘇我馬子の深謀遠慮の対策，将軍たちへの大量の徳冠
[結　論] 倭国と大和政権の官位・冠位制度

今まで隋書倭国伝と日本書紀の記述について議論してきたが，重要な内容であるのに残してきた課題がある．それが隋書倭国伝の「内官に十二等あり」という倭国の官位制度と，日本書紀の「始めて冠位を行ふ」という大和政権の冠位十二階である．隋書倭国伝が書く倭国の官位十二等と日本書紀が書く冠位十二階が深く関係していることは明らかだ．それは両制度の官位・冠位名が一致しているという動かしがたい事実があるからである．

　本別章ではこの官位・冠位制度について検討するが，隋書倭国伝と日本書紀が記す官位・冠位制度は見かけよりもはるかに複雑で合理的に理解することは容易ではない．そこでまず隋書倭国伝とそれを補っている旧唐書倭国伝・新唐書日本伝に基づき，倭国の官位・冠位制度について明らかにする．官位・冠位制度については，全体がかなりな分量となるために独立した別章としたが，本来は，あくまで第2章「隋書倭国伝が記す『倭国』という国家の実態」の一部である．

第1節 倭国の官位・冠位制度と大和政権の冠位十二階

- ■倭国の官位・冠位制度に関する隋書と唐書の記述とその問題点
- ■隋書と唐書が示す倭国の官位・冠位制度
- ■大和政権の冠位十二階制定とその問題点
- ■隋書倭国伝に対する研究者の批判
- ■冠位十二階と官位十二等の制定年次の不一致
- ■解決できない倭国伝と日本書紀の官位・冠位制度に関する矛盾

倭国の官位・冠位制度に関する隋書と唐書の記述とその問題点

1 倭国の官位・冠位制度に関する隋書倭国伝の記述とその問題点
2 倭国の冠と冠位制度に関する旧唐書・新唐書の記述とその問題点

3 要約：隋書と唐書が書く倭国の官位・冠位制度に関する記述と問題点

1 倭国の官位・冠位制度に関する隋書倭国伝の記述とその問題点
(a)「内官に十二等あり……」に関する問題点
隋書倭国伝が記す倭国の風俗記事の冒頭に，

「内官に十二等あり，一を大徳といい，次は小徳，次は大仁，次は小仁，次は大義，次は小義，次は大礼，次は小礼，次は大智，次は小智，次は大信，次は小信，員に定数なし」，

と書かれている．この「内官に十二等」が隋書倭国伝が記す倭国の官位・冠位制度に関する最初の記述である．すなわち，第一次遣隋使の時点で，倭国には「内官」(①在京の官署に勤務している官吏，②宮中に奉仕する官吏〔新漢語林〕) に12等級の官位があると記す．

この倭国の「内官に十二等」という記述には，以下の問題点がある．

第1に，「冠」について一言も書かれていないことである．日本書紀が書く大和政権の冠位十二階は「冠」が明記されており（後述），明らかに「冠」のある冠位制度である．「冠」のない官位制度なのか「冠」のある冠位制度なのかは，頭に被る「冠」があるかどうかの差であるが，この後で示すように，どうでもいい差ではなく，かなり重要な差である．従って，倭国の「内官に十二等」と大和政権の冠位十二階の関係を考える際の出発点として，倭国の「内官に十二等」が「冠」のない官位制度なのか，「冠」のある冠位制度なのかははっきりさせておかなければならない．すなわち，以下の問題点が指摘される（本別章では第4章までと区別して問題点はA・B・C……とする）．

〈問題点 A〉隋書倭国伝が書く倭国の「内官に十二等」は冠のない官位制度か．

第2に，「内官に十二等」の施行である．隋書倭国伝の風俗記事は第一次遣隋使と第二次遣隋使の記述の間に置かれていて，隋の役人が600年の第一次遣隋使に聞いた倭国の風俗のような形で書かれている．「内官に十二等」はその冒頭に書かれており，あくまで，第一次遣隋使の600年時点ですでに「内官に十二等」は施行されていたと書いている．それが素直な読み方であり，多くの研究者もそう読んでいる．

ところが，日本書紀が書く大和政権の冠位十二階は推古11年（603年）制定と明記されている．このため，倭国伝の信憑性を疑う見解がある．「内官に十二等」の制定時期は倭国と大和政権の官位・冠位を考える際の重要な点であり，以下の問題点

を指摘する必要がある.

〈問題点B〉倭国では600年時点で「内官に十二等」はすでに施行されていたのか.

(b)「隋に至り……」が示す問題点

倭国の官位・冠位制度に関係する隋書倭国伝の第2の記述は以下の通りである.

「故時,衣は横幅,結束して相連ね縫うことなし.頭にもまた冠なく,ただ髪を両耳の上に垂るるのみ.隋に至り（「至隋」）,その王始めて冠を制す.錦綵（あやぎぬ）を以てこれを為り（つくり）,金銀を以て花を鏤め（ちりばめ）飾りとなす」.

この文章の冒頭の「故時」は,「昔は,以前は,もとは」という意味で［新漢語林］,昔は（もとは,以前は）,「衣は横幅……（「衣横幅結束……」）」であったが「至隋」すなわち,「隋に至」って,「その王始めて冠を制す（「其王始制冠」）」という文章である.その後の「錦綵を以て……（「以錦綵為……」）」は冠の説明である.

「隋に至り（「至隋」）,その王始めて冠を制す（作った）」という文章は,倭王多利思比孤が,それまで「冠」のなかった倭国に「隋に至」って初めて「冠」を制した（作った,制定した）,すなわち「冠位制度」を制定した,という意味である.であれば,それまでの「内官に十二等」とどのように関係するのかを明らかにしなければならない.すなわち,

〈問題点C〉「内官に十二等」と「隋に至り,その王始めて冠を制す」はどのように関係するか.

という問題がある.

(c) 機能している倭国の「内官に十二等」

倭国において「内官に十二等」が実際に施行されていることは確認しておく必要がある.倭王多利思比孤は607年に第二次遣隋使を派遣した.それに対して隋皇帝煬帝は翌年の608年,「上（煬帝）,文林郎裴（世）清を遣わして倭国に使せしむ」と裴世清を倭国へ派遣したと書く.裴世清が倭国に到着した際の出迎えと歓迎について,倭国伝は以下のように書く.

「倭王,小徳阿輩台を遣わし,数百人を従え,儀仗を設け,鼓角を鳴らして来り迎えしむ.後十日,また大礼哥多毗を遣わし,二百余騎を従え郊労せしむ」.

ここに「小徳」阿輩台と「大礼」哥多毗という「小徳」・「大礼」の官位を持つ多利思比孤の臣下が明記されている.この記述から,倭国伝が記す「内官に十二等」の制度が608年の時点で,倭国においては実際に施行され,機能していたことが確認できる.

以上のように,隋書倭国伝の倭国の官位・冠位制度に関する記述は,

① 倭国の風俗として,「内官に十二等あり,一に大徳……」という「内官に十二等」,
② 「隋に至り(「至隋」),その王始めて冠を制す」,すなわち,隋に至って,倭王が初めて倭国に「冠」(冠位制度)を制した,
③ 608 年,「小徳」阿輩台・「大礼」哥多毗と,裴世清を出迎えた諸臣に冠位が明記されている,

という 3 点である.そしてこれらに伴う問題点 A,B,C がある.

2 倭国の冠と冠位制度に関する旧唐書・新唐書の記述とその問題点

隋の後の唐の歴史を書いた唐書にも,隋の時代の倭国の官位・冠位制度に関する記事がある.唐書には旧唐書と新唐書の 2 種類がある.

旧唐書倭国伝はその前文で,倭国の風俗を書く.冠などに関する事項は以下のようになる［石原②］.

「貴人は錦帽を戴き,百姓は皆椎髻(槌形の髷)にして冠帯(冠や帯)なし……銀花長さ八寸なるを佩ぶること,左右各々数枝なり,以て貴賤の等級を明かにす.衣服の制は,すこぶる新羅に類す」.

一方,新唐書日本伝も前文で以下のように書く［藤堂等］.まず,「其れの俗は椎髻(槌形の髷)し,冠帯(冠や帯)無く……貴者は錦を冒る(かぶる)」.ここまでは旧唐書の記述と同じである.さらに,

「(隋の)煬帝に至り,其の民に錦綾冠を賜い,(冠を)飾るに金玉を以ってし,文布(模様織りの布)を衣と為し,左右の(腰に)銀蔥(花)長さ八寸なるを佩び,(飾りの)多少を以って貴賤を明らかにせしむ」,

と書く.この文章は,隋皇帝煬帝が,錦綾冠などを賜い,「貴賤を明らかにせしむ」,すなわち,冠位制度を制定させたという意味である.従って,この記述は倭国の冠位制度を考える上できわめて重要である.

唐書の記述に関しては,以下の問題点・課題があることが分かる.

〈問題点 D〉隋書倭国伝・旧唐書倭国伝・新唐書日本伝が書く倭国の冠や服の飾りは,同じ冠や飾りを書いているのか,それとも,別の冠や飾りなのか.

〈問題点 E〉隋書倭国伝の「始めて冠を制す」と,新唐書日本伝の「煬帝に至り……貴賤を明らかにせしむ」はどう関係するのか.

これらは倭国の官位・冠位制度を考える際の重要な問題点である.

3 要約：隋書と唐書が書く倭国の官位・冠位制度に関する記述と問題点

倭国の官位・冠位制度に関する隋書と唐書の記述は以下の5点である．
① 「内官に十二等あり……」（隋書倭国伝）．
② 「隋に至り（「至隋」），その王始めて冠を制す」（隋書倭国伝）．
③ 諸臣の官位が明記された608年の多利思比孤による裴世清出迎え記事（隋書倭国伝）．
④ 「銀花長さ八寸なるを佩ぶること，左右各々数枝なり，以て貴賤の等級を明かにす」（旧唐書倭国伝）．
⑤ 「煬帝に至り，其の民に錦綾冠を賜い……（飾りの）多少を以って貴賤を明らかにせしむ」（新唐書日本伝）．

そして，倭国の官位・冠位制度に関して明らかにしなければならない問題点は以下の諸点である．

問題点A：隋書倭国伝が書く倭国の「内官に十二等」は冠のない官位制度か．
問題点B：倭国では600年時点で「内官に十二等」はすでに施行されていたのか．
問題点C：「内官に十二等」と「隋に至り，その王始めて冠を制す」はどのように関係するか．
問題点D：隋書倭国伝・旧唐書倭国伝・新唐書日本伝が書く倭国の冠や服の飾りは，同じ冠や飾りを書いているのか，それとも，別の冠や飾りなのか．
問題点E：隋書倭国伝の「始めて冠を制す」と，新唐書日本伝の「煬帝に至り……貴賤を明らかにせしむ」はどう関係するのか．

隋書と唐書が示す倭国の官位・冠位制度

1 隋書倭国伝が記す倭国の「内官に十二等」は冠のない官位制度，官位十二等である
2 「隋に至り，その王始めて冠を制」したという「冠位制度」は官位十二等ではない
3 多利思比孤が冠位十二等へと改正したのは煬帝が錦綾冠などを賜ったから
4 要約・結論：隋書倭国伝と新唐書日本伝が示す倭国の官位・冠位制度

1 隋書倭国伝が記す倭国の「内官に十二等」は冠のない官位制度，官位十二等である

以下に，問題点 A～E はどのように理解できるかを検討する．まず最初に問題点 A と B について考える．

(a) 官位・冠位制度における「冠」の意味

まず「冠」の有無について考える．問題点 A,

〈問題点 A〉隋書倭国伝が書く倭国の「内官に十二等」は冠のない官位制度か，は重要な問題点に見えないかもしれない．しかし，私見では，「冠」の有無が，隋書倭国伝と日本書紀の官位・冠位制度を理解する上での重要な鍵の 1 つであると考える．

「官位制度」と「冠位制度」の差は，例えば同じ「大礼」という位であっても，頭にかぶる「冠」でその冠位が表現されているかどうかの差であるが，両者はあくまで同じではない．そう言えば，「官位」と「冠位」など，「冠」があるかどうかの差であって，どうでもいいささいな相違ではないかと思うかもしれない．しかし，そうではない．坂本太郎氏が指摘されるように［坂本②⑤］，「冠位」とは「具体的には冠であり，観念的には位」である．「冠を賜ふことによって位階が正式に認められる」ものであり，「この種の位階の制にあっては，冠の存在は絶対に必要」であり，「冠を与えることによって身分差を示すもの」であり，「目に見える冠に主動的な意義を与えている」ものである．坂本氏の指摘のように，官位・冠位制度において「冠」の有無は重要なことである．

(b) 「冠」のない官位制度か「冠」のある冠位制度か

倭国伝が書く「内官に十二等」は「冠」のない官位制度なのか，それとも冠のある冠位制度なのだろうか．この点については，以下の 2 点から，冠のない官位制度であったと考えられる．

第 1 に，倭国伝の記述①である．隋書倭国伝は倭国の風俗記事の冒頭に，「内官に十二等あり，一を大徳といい……員に定数なし」と書く．この一文は第一次遣隋使の時点で倭国では内官が 12 等の等級に区分されていたことをはっきりと示している．しかし，12 等級の官位を書いているだけで，「冠」については何も書かれていない．

隋書倭国伝は「冠」については関心がないかのようである．しかし，そうではない．隋書倭国伝は倭国の「冠」に関して，「故時，……頭にもまた冠なく，ただ髪を両耳の上に垂るるのみ．隋に至り，その王始めて冠を制す．錦綵（あやぎぬ）を以てこれを為り（つくり），金銀を以て花を鏤め（ちりばめ）飾りとなす」（記述②）と書いて

いる．また，隋書の東夷伝は（倭国伝はその1つ），朝鮮3国の官位・冠位制度において，冠があるかないかをきちんと書き分けている．倭国伝が倭国の冠に強い関心を持っていることは明らかである．

にもかかわらず，倭国の風俗記事の中で，「内官に十二等」について「内官に十二等あり……員に定数なし」とだけ明記し，「冠」については書いていない．このことは，倭国の「内官に十二等」には「冠」はなかったことを強く示唆している．井上光貞氏は「隋書はこれ（冠）を省略している」と指摘されるが［井上②］，倭国の「冠」に強い関心がある隋書倭国伝が「冠」があるのに省略したとは考えにくいし，「内官に十二等」に冠があったことを示す点はどこにもない．このことは，倭国伝の「内官に十二等」は，あくまで「冠」のない「官位十二等」であることを強く示唆している．

第2に，記述②である．

記述②の前半部分，「故時，衣は横幅，結束して相連ね縫うことなし．頭にもまた冠なく，ただ髪を両耳の上に垂るるのみ」について考える．

「故時」は「昔は，もとは，以前は」という意味である［新漢語林］．「故時」の前半の「衣は横幅，結束して相連ね縫うことなし」の部分は魏志倭人伝の引用であって，3世紀の倭国の実態である．従って，「故時」は，「昔は」であって，「昔は（故時），衣は横幅，結束して相連ね縫うことなし」であったのである．しかし，後半の「頭にもまた冠なく，ただ髪を両耳の上に垂るるのみ」は隋書倭国伝が初めて書く倭国の実態である［高橋②］．すなわち，隋の役人が600年に第一次遣隋使から聞いた6世紀末の倭国の実態であって，3世紀の倭国ではない［高橋②］．従って，後半については「故時」は「昔は」ではなくて，「もとは」，「以前は」である．文章全体が「故時……，至隋……」という構成になっているのであるから，「故時」は「隋に至る（「至隋」）前は」という意味である．すなわち，倭国では，隋に至る前は（「故時」）……頭にもまた冠なく，ただ髪を両耳の上に垂るるのみ，であったが，隋に至って（「至隋」），「その王始めて冠を制」したのである．要するに，「隋に至る（「至隋」）」までは倭国には「冠」はなかったのである．

では「至隋（隋に至って）」はどう理解されるだろうか．「至る」は「来る，やってくる，到着する，（ある範囲・状態・段階に）におよぶ，到達する」という意味である［新漢語林］．従って，「至隋（隋に至って）」は，「遣隋使がやってきて」，「遣隋使派遣後に」という意味である（*1）．従って，「故時……頭にもまた冠なく，ただ髪を両耳の上に垂るるのみ．隋に至り，その王始めて冠を制す」は，「遣隋使が派遣される

前は（「故時」），……頭にもまた冠なく，ただ髪を両耳の上に垂るるのみ（であったが），遣隋使派遣後に（「至隋」），その王始めて冠を制す」という意味である．

倭王が遣隋使を派遣するまでは，倭国に「冠」がなかったことは，隋書倭国伝の「内官に十二等」に「冠」が書かれていないことと一致する．すなわち，記述①と②はともに，「内官に十二等」には「冠」はなかったのことを示している．そこで，以後，冠のない「内官に十二等」を「官位十二等」と呼ぶことにする．

遣隋使派遣の前，倭国に「冠」がなかったことは，同時に，倭国伝の記述が，600年時点で倭国には「内官に十二等」がすでに施行されていたと書かれている点とも矛盾しない．すなわち，第一次遣隋使を派遣された600年時点の倭国では，「冠なく」（隋書倭国伝・旧唐書倭国伝・新唐書日本伝）であり，「冠」のない「官位十二等」がすでに施行されていたのである．

以上のように，隋書倭国伝の記述①と②に基づけば，以下の諸点が確認される．
① 第一次遣隋使の時点で，「冠なく」であり，「内官に十二等」は「冠」のない官位十二等である．
② 第一次遣隋使の時点で，倭国では冠のない官位十二等はすでに施行されていた．
③ 遣隋使派遣後に，その王（多利思比孤）は「始めて冠を制」した．

以上は重要なこととは見えないかもしれないが，倭国と大和国の官位・冠位制度について検討する際の出発点として確認しておかなければならない点である．

以上の議論から，問題点AとBは，以下のように理解される．
〈問題点A〉隋書倭国伝が書く倭国の「内官に十二等」は冠のない官位制度か．
➡以下の2点から倭国伝が書く「内官に十二等」は冠のない「官位十二等」である．

第1に，隋書倭国伝は「頭にもまた冠なく」，「その王始めて冠を制す」と書いており，倭国の「冠」に強い関心を持っていることは明らかである．にもかかわらず，隋書倭国伝が書く倭国の「内官に十二等」（記述①）には「冠」は書かれていない．

第2に，記述②で遣隋使派遣以前は（「故時」），「頭にもまた冠なく」と書いている．従って，遣隋使を派遣するまでの倭国では「冠」はなかったのであり，隋の所司（役人）が第一次遣隋使に聞いた「内官に十二等」（官位十二等）はあくまで冠のない官位制度である．

〈問題点B〉倭国では600年時点で「内官に十二等」はすでに施行されていたのか．
➡倭国伝の記述①は倭国の風俗として冒頭に「内官に十二等」を明記しており，

第一次遣隋使の600年時点で，倭国では「冠」のない「内官に十二等」（官位十二等）が施行されていた．また，記述②は，遣隋使派遣までは倭国には「冠」がなかったことを示しており，600年の第一次遣隋使の時点で「内官に十二等」（官位十二等）がすでに施行されていたように書かれている記述①と合致する．従って，隋書倭国伝による限り，官位十二等は第一次遣隋使の時点ですでに施行されていたと考えられる．

(c) 官位十二等の施行を支持する井上光貞氏の研究

これらの結果を支持するのが井上光貞氏の研究ではないだろうか［井上⑧］．氏は「日本の冠位が，中国の官品ではなく，朝鮮3国の官位に学んだことは，もはや動かしがたい事実であろう」と指摘され，日本書紀の冠位十二階（氏は官位十二等＝冠位十二階とされる）は中国の影響を受けたものではなく，朝鮮3国の影響で生まれたという点を明らかにされた．

倭王多利思比孤が第一次遣隋使を送った600年の時点で，倭国ではすでに官位十二等が施行されていたとすれば，官位十二等が中国の影響によって制定された制度でないことは明らかだ．もしも遣隋使派遣によって倭国の官位十二等が新たに整備・制定されたのであれば，隋の強い影響を受けることは避けられなかっただろう．このことは，官位十二等に中国の影響がないという井上氏の結論と合致している．

若月義小氏は［若月①］，「井上光貞などの説への根本的疑問は……600年に遣隋使を派遣する前に，それ（冠位十二階の制定）が実現されていなければおかしいのではないかという点にある」と批判されるが，官位十二等は600年時点ですでに施行されていたのである．氏の批判は"官位十二等＝冠位十二階であって，日本書紀が書くように推古11年（603年）に制定された"とする前提があるからであろう．しかし，以下に指摘するように，倭国伝の官位十二等は日本書紀の冠位十二階そのものではない．

*1 「至隋」は，「隋の時代になって」と読むことも可能である．この点を指摘されたのが若月義小氏である［若月①］．氏の指摘については議論Aで後述する．

2 「隋に至り，その王始めて冠を制」したという「冠位制度」は官位十二等ではない

次に記述②「始めて冠を制す」と官位十二等の関係，以下の問題点Cについて考える．

〈問題点C〉「その王始めて冠を制す」と官位十二等はどのように関係するか．

(a) 倭国伝の「その王始めて冠を制す」は官位十二等の制定ではない

　第1に指摘すべき点は,「冠を制す(「制冠」)」(記述②)という「冠位制度」は「官位十二等」ではないことである. その根拠は以下の点である.

　第1に, 官位十二等は「冠」のない官位制度である. 倭国伝が書いているのは「冠を制す(つくる, 整えつくる[新漢語林])」であって, 制したのは「冠」, すなわち冠位制度を制定したのである. 官位十二等は冠を伴わない官位制度であるから,「制冠」は官位十二等ではない. 官位十二等はあくまで「隋に至」る前の「冠なく」の時代に存在した官位制度である.

　高橋善太郎氏は[高橋②],「制冠は日本からの遣隋使派遣の結果であるから……内官十二等もまた開皇二十年(600年)以前の制定ではなかろう」,「『至隋其王始制冠』とあるのは, 明かに隋の文化の影響の下に行われたことを意味するものであるから,(官位十二等が)第一回遣隋使以前に制定されたと見ることは困難である」と指摘される. しかし,「制冠」は, あくまで「冠」を制す(つくる, 整えつくる), すなわち, 冠位制度の制定であって,「冠」のない官位十二等の制定ではない. 氏の見解は,「制冠」を「冠」のない官位十二等の制定と誤解しておられるのである.

　第2に, 倭国伝の記述である. 倭国伝はまず「内官に十二等あり……」と官位十二等について書き(記述①), 次に官位十二等とは関係のない統治制度や倭国の服飾などを述べた後で,「隋に至り, その王始めて冠を制す」(記述②)と書いている. 従って, この「王始めて冠を制す」(記述②)は官位十二等(記述①)とは別のことを書いた独立した文章である.

　もしも, この「冠を制す」が官位十二等の制定であれば, 隋書百済伝や高句麗伝と同じように冠位名と冠の具体的内容を一連の文章として書いただろう. すなわち,「隋に至り, その王始めて冠を制す. 十二等あり, 一を大徳といい, 次は小徳……員に定数なし. (冠は)錦綵を以てこれを為り(作り), 金銀を以て花を鏤め飾りとなす」という一続きの文章でなければおかしい. しかし, 実際にはまず「十二等あり……」という官位十二等の独立した文章(記述①)があって, これで完結している. その次に官位十二等とは関係のない統治制度や服装などを書き, そしてその後に「その王始めて冠を制す」と書かれている(記述②). もしも「冠を制す」が官位十二等の制定であれば, 支離滅裂の文章と言うほかない.

　以上のように, 隋書倭国伝の「十二等あり……」という文章(記述①)と「隋に至り, その王始めて冠を制す」という文章(記述②)はあくまで独立した別の文章であり, 別のことを書いているのである.「始めて冠を制」した冠位制度は官位十二等の

制定ではない．

　要するに，隋書倭国伝が書いていることは，

　① 第一次遣隋使の時点の倭国では，官位十二等という「冠」のない官位制度が施行されていた（記述①），

　②「隋に至り，その王始めて冠を制」した．すなわち，「隋に至り（遣隋使派遣後に）」，倭王多利思比孤は初めて「冠」のある冠位制度を制定した（記述②），

であって，「隋に至り，その王始めて冠を制」した冠位制度は官位十二等ではない．

　研究者の多くは「冠を制す」を「官位十二等を制す」と理解することによって，冠位十二階と制定年次が一致しないなどと倭国伝の信憑性を疑われるのである．しかし，それは誤解である．官位十二等は「冠」のない「官位制度」であって，「冠」のある冠位十二階ではない．後述する研究者の隋書倭国伝に対する批判はこの点の誤解が原因である．

(b)「始めて冠を制した」は官位十二等を「冠」のある冠位十二等へ改正したということ

　第2に指摘すべき点は，とはいえ，倭国で「始めて」制定された冠位制度はそれまでの官位十二等と深く関係していることである．官位十二等も，初めて制定された冠位制度も，同じ倭国の官位・冠位制度である．無関係ではあり得ない．なぜならば，同じ倭国の中に異なる官位・冠位制度が同時に共存することはあり得ないからである．

　「隋に至り，その王始めて冠を制」したという記述はあくまで「冠を制した（制：つくる，整えつくる［新漢語林］）」である．素直に考えれば，それまで「冠」のなかった官位十二等に，「隋に至り」，「冠」を導入し，冠位制度に改正したと考えられる．官位十二等の官位名を変更した様子はないから，新しい冠位制度の冠位名として，それまでの官位十二等の官位名をそのまま継承したとしても不自然ではない．すなわち，「その王始めて冠を制す」は，「官位」十二等に「冠」を導入し，「冠」のある「冠位」十二等へと改正したという意味である．これが無理のない理解である．そこで本拙論では，倭国にとって初めての冠位制度を「冠位十二等」と呼ぶことにする．それまでの官位十二等の「官位名」は引き継がれ，そのまま新しい冠位十二等の「冠位名」となったと考えられる．

　要するに，隋書倭国伝の記述②「隋に至り，その王始めて冠を制す」が示すことは，遣隋使派遣後に（「隋に至り」），「冠」のなかった官位十二等に倭王多利思比孤が「冠」を導入し，「冠」のある「冠位十二等」に改正した，のである．繰り返し強調

すべき点は,「遣隋使派遣後に(「至隋」)」,多利思比孤は初めて「冠」を制した点である.それまで,倭国には「冠」のある冠位制度はなかったのである.官位十二等は,「隋に至り,その王始めて冠を制す」よりも前の「頭にもまた冠なく」の時に存在した官位制度であって,「隋に至り冠を制す」とは矛盾していないのである.

要するに,倭国では,遣隋使を派遣する前は(「故時」),冠のない官位十二等が施行されていたが(記述①),遣隋使派遣後に(「至隋」)初めて「冠」を導入して冠位十二等が制定された(「制冠」)のである(記述②).

以上の議論から,問題点Cは以下のように理解される.

〈問題点C〉「その王始めて冠を制す」と官位十二等はどのように関係するか.

➡倭国では,遣隋使を派遣するまでは(「故時」),「冠」のない官位十二等が施行されていた.遣隋使派遣後(「至隋」),多利思比孤は「冠」を導入し,官位十二等を「始めて」「冠」のある冠位十二等へと改正した.それが隋書倭国伝の「その王始めて冠を制す」という記述である.改正の際,官位十二等の官位名はそのまま冠位十二等の冠位名として引き継がれたと考えられる.

3 多利思比孤が冠位十二等へと改正したのは煬帝が錦綾冠などを賜ったから

次に,以下の問題点DとEについて考える.

〈問題点D〉隋書倭国伝・旧唐書倭国伝・新唐書日本伝が書く倭国の冠や飾りは,同じ冠や飾りを書いているのか,それとも,別の冠や飾りなのか.

〈問題点E〉隋書倭国伝の「始めて冠を制す」と,新唐書日本伝の「煬帝に至り……貴賤を明らかにせしむ」はどう関係するのか.

隋書倭国伝は「隋に至り,その王始めて冠を制す」と書くだけで,遣隋使派遣後(「至隋」),倭国の官位十二等が,いつ,どのような経過で冠位十二等へ改正されたのかについては書いていない.しかし,その点に関係する重要な史料がある.それが新唐書日本伝(新唐書では隋書の倭国＝日本国とされている)の以下の記述⑤である.

「(隋の)煬帝に至り,其の民に錦綾冠を賜い,(冠を)飾るに金玉を以ってし,文布(模様織りの布)を衣と為し,左右の(腰に)銀薔(花)長さ八寸なるを佩び,(飾りの)多少を以って貴賤を明らかにせしむ」.

すなわち,隋皇帝煬帝が倭国の民に金玉で飾られた錦綾冠や,衣服,腰に帯びる銀の花飾りを賜って,「(銀の花飾りの)多少を以って(冠位の)貴賤(高下)を明らかにさせた」というのである.

「錦綾冠を賜い……貴賤を明らかにせしむ」という文章は,煬帝が錦綾冠などを

[別章] 冠位十二階は大和政権の冠位制度ではない　　405

賜って，貴賤を明らかにさせた，すなわち，冠位制度を作らせた，と理解できる．とすれば，新唐書の記述⑤は隋書倭国伝の「その王始めて冠を制」したという冠位十二等と深く関係することを示唆している．実際に，煬帝が作らせた（「貴賤を明らかにせしむ」）という冠位制度が倭国伝の冠位十二等であることを示すのが「冠」である．

隋書倭国伝は初めて「冠」を制した倭国の冠位十二等の「冠」について，「以錦綵為之以金銀鏤花為飾」と書く．石原道博氏はこれを，「錦綵を以てこれ（冠）を為り（つくり），金銀を以て花を鏤め飾りとなす」と読み下しておられる［石原①］．これを新唐書の記述「錦綾冠を賜い，（冠を）飾るに金玉を以ってし，文布（模様織りの布）を衣と為し，左右の（腰に）銀蘤（花）長さ八寸なるを佩び……」と比べると，冠については，「錦綵」（隋書）と，「錦綾冠」（新唐書）である．「錦」については一致している．隋書倭国伝の「綵」は「色どりのよい糸，あやぎぬの意味」で，「綾」は「糸，糸すじ，糸のように細く長いもの」［新漢語林］であるから，冠に関する「錦綵」（隋書）と，「錦綾冠」（新唐書）はよく一致している．また，飾りについては，「金銀を以て花を鏤め」（隋書）と，「金玉」をもって飾り，「左右の（腰に）銀蘤（花）」（新唐書）であり，「金」と「銀の花（蘤）」も一致している．新唐書は，「文布（模様織りの布）を衣と為し」と衣服について書いているが，隋書には衣服は書かれていない．

すなわち，新唐書に書かれていて隋書には書かれていない点（衣服など）はあるが，隋書に書かれている点はすべて新唐書とよく一致している．特に，新唐書が明示する冠位の貴賤（高下）を表す腰の「銀の花」が隋書と一致する点は重要である．なぜならば，冠位の貴賤（高下）をどのように表現するかは，冠位制度においてはきわめて重要な事項であるからである．そして，隋書に書かれているが，新唐書に書かれていない点はない．これらのことは，隋書が書く「冠」は新唐書が書く煬帝が賜った錦綾冠であることを強く示唆している．

さらに，旧唐書と新唐書を比べると，

旧唐書④：「銀花長さ八寸なるを佩ぶること，左右各々数枝なり，以て貴賤の等級を明かにす」，

新唐書⑤：「銀蘤（花）長さ八寸なるを佩び，（飾りの）多少を以って貴賤を明らかにせしむ」，

であり，旧唐書に書かれていることは新唐書とほぼ完全に一致している．旧唐書には新唐書の「錦綾冠」や「金玉」は書かれていないが，旧唐書が煬帝が賜った衣服の銀の花飾りを書いたことは明らかである．

結局，隋書倭国伝・旧唐書倭国伝・新唐書日本伝の冠や衣服の飾りに関する記述は互いによく一致している．特に冠位の貴賤（高下）を表す「銀の花飾り」が隋書・旧唐書・新唐書ですべて一致していることは重要である．

　以上のことは，煬帝が賜った錦綾冠や衣服とそれらの飾りに関する史料が中国側に残っていたことを示しており，隋書倭国伝・旧唐書倭国伝・新唐書日本伝の編著者はみなその史料に基づいて書いたことを意味する．旧唐書の著者は隋書を読んで，肝心の点が書かれていないと判断し，銀の花で「貴賤の等級を明らかにす」という重要な点を付け加え，新唐書の著者は隋書・旧唐書の記述を見て，これではまだふじゅうぶんと考えて「煬帝に至り，其の民に錦綾冠を賜い……貴賤を明らかにせし」めたと，隋書・旧唐書で省略された重要な情報を追加したと考えられる．

　以上から，隋書倭国伝と旧唐書倭国伝・新唐書日本伝が同じ「冠」・「衣服」とその飾りを書いていることは明らかであり，それは隋皇帝煬帝が賜った錦綾冠と銀の飾りのある衣服であると結論される．

　隋書倭国伝が書く倭国の冠や飾りが，煬帝が倭国の民に賜った冠・衣服の飾りと一致することは，隋書倭国伝の「隋に至り，その王始めて冠を制」した（記述②）冠位十二等とは，新唐書日本伝が書く，隋皇帝煬帝が「錦綾冠を賜い……貴賤を明らかにせし」めた（記述⑤）冠位制度であることを意味する．

　要するに，多利思比孤が官位十二等に「冠」を導入し，冠位十二等へと改正したのは，隋皇帝煬帝が錦綾冠などを「其の民」（多利思比孤）に賜った結果である．これが得られる結論である．

　この結論に基づけば，改正された冠位十二等について以下の点が指摘される．
　① 倭国の冠位十二等の冠は隋皇帝煬帝が賜った錦綾冠である．
　② 冠位十二等の冠位の貴賤の表現は腰の銀の花で表される．

　以上のように，隋書倭国伝・旧唐書倭国伝・新唐書日本伝の記述を合わせて理解すれば，倭国の官位・冠位制度に関して，以下の２点が結論される．
　① 第一次遣隋使が派遣された600年時点で，倭国では「冠」のない官位十二等が施行されていた．
　② 遣隋使派遣後（「至隋」），隋皇帝煬帝が多利思比孤に錦綾冠などを賜うことによって，倭王多利思比孤は官位十二等を「冠」のある冠位十二等へと改正した．
　以上の議論から，問題点ＤとＥは以下のように理解される．

〈問題点Ｄ〉隋書倭国伝・旧唐書倭国伝・新唐書日本伝が書く倭国の冠や飾りは，同じ冠や飾りを書いているのか，それとも，別の冠や飾りなのか．

➡️隋書倭国伝が書く冠や飾りの記述は簡単であるが，新唐書が書く冠や飾りとよく一致し，また，旧唐書が書く銀の花飾りも新唐書の記述とよく一致している．特に，冠位の貴賤（高下）を表す「銀の花」が隋書・旧唐書・新唐書で一致していることが重要である．従って，隋書倭国伝・旧唐書倭国伝・新唐書日本伝が書く倭国の冠や飾りは，みな同じものを書いているのであり，それは煬帝が賜った冠や飾りである．

〈問題点E〉隋書倭国伝の「始めて冠を制す」と，新唐書日本伝の「煬帝に至り……貴賤を明らかにせしむ」はどう関係するのか．

➡️隋書倭国伝と新唐書日本伝が書く「冠」や飾りが同じであることは，新唐書日本伝が書く「錦綾冠を賜い……貴賤を明らかにせし」めた冠位制度は，隋書倭国伝が書く「始めて冠を制」した冠位十二等であることを示している．

4 要約・結論：隋書倭国伝と新唐書日本伝が示す倭国の官位・冠位制度

以上の隋書倭国伝と新唐書日本伝の倭国の冠位に関する記述を要約すれば以下のようになる．

(a) 倭国の官位・冠位制度に関係する隋書と唐書の記述は以下の5点である．
　① 「内官に十二等あり……」（隋書倭国伝）．
　② 「隋に至り（「至隋」），その王始めて冠を制す」（隋書倭国伝）．
　③ 諸臣の官位を明記する608年の多利思比孤による裴世清出迎え記事（隋書倭国伝）．
　④ 「銀花長さ八寸なるを佩ぶること，左右各々数枝なり，以て貴賤の等級を明かにす」（旧唐書倭国伝）．
　⑤ 「煬帝に至り，其の民に錦綾冠を賜い……（飾りの）多少を以って貴賤を明らかにせしむ」（新唐書日本伝）．

(b) 隋書と唐書が示す倭国の官位・冠位制度

これらの記述から得られる倭国の官位・冠位制度に関する重要な結果は以下の諸点である．

　① 第一次遣隋使が派遣された600年時点では，倭国には「冠」の習慣はなく，「冠」のない官位十二等が施行されていた（隋書倭国伝）．
　② 遣隋使派遣後，隋皇帝煬帝が「錦綾冠を賜」うことによって（新唐書日本伝），「その王（多利思比孤）」は，「冠」のない官位十二等を「始めて」冠のある冠位制度，冠位十二等に改正した（隋書倭国伝）．

③隋書倭国伝・旧唐書倭国伝・新唐書日本伝が書く倭国の官位・冠位制度の記述は，相互に補い合っており，よく整合し，矛盾はない．
　(c) 官位十二等を改正した倭国の冠位十二等について
　　①倭国の冠位十二等の冠は隋皇帝煬帝が賜った錦綾冠である．
　　②冠位十二等の冠位の貴賤の表現は腰の銀の花で表される．

大和政権の冠位十二階制定とその問題点

　■1 日本書紀が書く大和政権の冠位十二階の制定
　■2 倭国伝の官位十二等と日本書紀の冠位十二階の官位・冠位名の一致
　■3 倭国伝の官位十二等と日本書紀の冠位十二階の不整合

■1 日本書紀が書く大和政権の冠位十二階の制定

　日本書紀は，推古11年（603年）12月，以下のように大和政権の冠位十二階の制定を書く．

　「始めて冠位を行ふ．大徳・小徳・大仁・小仁・大礼・小礼・大信・小信・大義・小義・大智・小智，あわせて十二階，並びに（いずれも）当色の（その位に対応する色の）絁（あしぎぬ）を以ちて縫えり．頂は撮り，総て嚢（ふくろ）の如くにして縁（ふち）を着く．唯し，元日にのみ髻華着す」，

と記す．いわゆる「冠位十二階」の制定である．この記事は大和政権の官位・冠位制度に関する日本書紀の初めての記事であり，大和政権の冠位制度に関する根本となる重要な記述である．

■2 倭国伝の官位十二等と日本書紀の冠位十二階の官位・冠位名の一致

　日本書紀のこの記述を隋書倭国伝が書く倭国の官位十二等と比較したとき，もっとも重要な事実は，大和政権の冠位十二階の冠位名が，倭国伝が記す倭国の官位十二等の官位名とすべて合致することである．

　日本書紀の冠位十二階では，徳・仁・礼・信・義・智であって，倭国伝が記す倭国の官位十二等では徳・仁・義・礼・智・信である．官位・冠位の順が異なっているが，官位・冠位の名称はすべて一致している．この官位・冠位名の一致は，倭国と大和政権の官位・冠位制度を考える際のきわめて重要な事実である．今後の検討に重大な影響を与えるので，「事実」として明記しておくことにする．すなわち，

〈事実 A〉　隋書倭国伝の官位十二等と日本書紀の冠位十二階の官位・冠位名が一致する．

官位・冠位名の一致は，以下の2点を意味する．

第1に，倭国伝が書く倭国の「官位十二等」が，日本書紀が書く「冠位十二階」と深く関係していることである．この点に疑問の余地はない．

第2に，「多利思比孤＝推古天皇」（「倭国＝大和国」）であることを強く示唆していることである．なぜならば，あくまで倭国伝は多利思比孤が王である倭国の官位十二等を書き，日本書紀は推古天皇の冠位十二階を書いているからである．異なる王朝の官位・冠位制度で同じ官位・冠位名ということはあり得ない．従って，倭国伝の官位十二等の官位名が日本書紀の冠位十二階の冠位名と一致することは「多利思比孤＝推古天皇」であることの強力な根拠となり得るのである．

しかし，このことは矛盾を引き起こす．今まで述べてきたように，第一次・第二次遣隋使の多くの事項は「多利思比孤≠推古天皇」を強く示唆しているからである．「多利思比孤≠推古天皇」である場合，すべて同じ官位・冠位名ということはあり得ない．後で制定する王朝が，すでに存在している異なる王朝の官位・冠位名をそのまま使うことは考えられない．また，官位・冠位名が偶然にすべて一致するなどということもあり得ない．要するに，官位十二等と冠位十二階の官位・冠位名の一致を「多利思比孤≠推古天皇」という観点から合理的に理解することはきわめて困難である．

すなわち，倭国伝の官位十二等と日本書紀の冠位十二階の官位・冠位名の一致は，他の事項が示す「多利思比孤≠推古天皇」と厳しく対立し，合理的に理解することがきわめて困難な矛盾を提示しているのである．すなわち，以下の問題点が指摘される．

〈問題点 F〉　**倭国伝が書く倭国の官位十二等と日本書紀が書く大和政権の冠位十二階の官位・冠位名が一致することは「多利思比孤＝推古天皇」を強く示唆しているが，他の事項が示す「多利思比孤≠推古天皇」との矛盾をどう理解するのか．**

この問題点 F は「遣隋使」全体の理解に関わる重要な問題点である．

3 倭国伝の官位十二等と日本書紀の冠位十二階の不整合

官位・冠位名の一致は倭国伝の「官位十二等」が日本書紀の「冠位十二階」と深く関係していることをはっきりと示しているが，かといって倭国伝の官位十二等が

日本書紀の冠位十二階そのものであるとは単純にはいえない．なぜならば，以下のような問題点があるからである．

第1の問題点は，官位・冠位名の順の不一致である．

すぐに分かるように，倭国伝の官位十二等では，官位の順は，徳・仁・義・礼・智・信であるが，日本書紀が書く冠位十二階の順は徳・仁・礼・信・義・智であって，一致していない．すなわち，以下の問題点がある．

〈問題点G〉倭国伝の官位十二等と日本書紀の冠位十二階の官位・冠位の順が異なっていることをどのように理解するか．

第2の問題点は，冠位十二階の「冠」である．

日本書紀は，大徳・小徳……と12の冠位名を記し，さらに，「冠」について，「並びに（いずれも）当色の（その位に対応する色の）絁（あしきぬ）を以ちて縫えり．頂は撮り総て囊（ふくろ）の如くにして縁（ふち）を着く」と記し，絹で作った冠の様子を書き，等級ごとに異なる色としたと書いている．さらに，「元日にのみ髻華（かざし）着す」と，正月のみ髻華（かざし）を冠に挿したとも付け加えている．日本書紀における「冠」の記述は詳細であり，冠位十二階が「冠」を伴う「冠位制度」であることは明らかである．

一方，すでに述べたように，隋書倭国伝が記す倭国の官位十二等は冠を伴わない「官位制度」である．すなわち，「冠」の有無は，倭国伝の官位十二等は日本書紀の冠位十二階ではないことをはっきりと示している．

第3の問題点は，制定年次の矛盾である．

倭国では第一次遣隋使の600年時点ですでに官位十二等が施行されていた．とすれば，これは日本書紀が推古11年（603年）に「始めて冠位を行う」と明記する点とはっきりと矛盾する．すなわち，以下の問題点がある．

〈問題点H〉官位十二等と冠位十二階の官位・冠位名が一致すること（事実A）は，日本書紀の冠位十二階が，隋書倭国伝の官位十二等と深く関係していることをはっきりと示しているが，官位十二等と冠位十二階は，①冠の有無と，②制定年次が一致しない．これらの不一致をどのように理解するか．

一見，重要な問題点には見えないかもしれないが，これも合理的な理解がかなり困難な重要問題である．

以上の議論を要約すれば以下のようになる．

(a) 倭国伝が書く倭国の官位十二等と日本書紀が書く大和政権の冠位十二階の官

［別章］冠位十二階は大和政権の冠位制度ではない　　411

位・冠位名が一致している（事実 A）．
(b) 官位・冠位名の一致は倭国伝の官位十二等が日本書紀の冠位十二階と深く関係していることを疑問の余地なく示している．
(c) 官位・冠位名の一致は，「多利思比孤＝推古天皇」を強く示唆しているが，他の事項が示す「多利思比孤≠推古天皇」と鋭く対立し，矛盾する（問題点 F）．
(d) 官位十二等と冠位十二階には以下のような不一致がある．
　① 官位・冠位名の順が異なる（問題点 G）．
　② 官位十二等が冠のない官位制度であるのに対し，冠位十二階は冠のある冠位制度である（問題点 H−①）．
　③ 官位十二等は 600 年の第一次遣隋使の時点ですでに施行されていたのに，日本書紀が記す冠位十二階の制定年次は推古 11 年（603 年）である（問題点 H−②）．

以上のように，官位・冠位名の一致は倭国伝の官位十二等と日本書紀の冠位十二階が深く関係することをはっきりと示しているが，かといって，官位十二等が冠位十二階そのものであるとは言えない．

隋書倭国伝に対する研究者の批判

　1 隋書倭国伝の官位十二等に対する研究者の批判
　2 研究者の批判①：官位十二等と冠位十二階の制定年次
　3 研究者の批判②：官位十二等と冠位十二階の官位・冠位名の順の不一致
　4 研究者の批判③：第一次遣隋使以降に得た知識をあたかも 600 年のことのように書いている
　5 研究者の批判④：隋書倭国伝が書く倭国の冠は冠位十二階の冠である
　6 要約・結論：研究者の隋書倭国伝の風俗記事批判はあたらない

　倭国伝が書く倭国の官位・冠位制度に関する隋書・唐書の記述①～⑤は，簡単ではあるが，互いによく整合し，矛盾はない．しかし，倭国の官位十二等を中心に，隋書倭国伝に対する研究者の厳しい批判があり，倭国伝の記述の信憑性を疑う指摘がたくさんある．史料の信憑性は実証の基礎・基盤であるから，研究者の批判はきちんと検討しなければならない．また，研究者の批判は上に指摘した問題点 F，G，H に関係する．そこで以下，諸研究者による隋書倭国伝批判について検討する中

で，問題を掘り下げる．

1 隋書倭国伝の官位十二等に対する研究者の批判
(a) 研究者によるいろいろな批判

今まで主に倭国伝が書く官位十二等を中心に，以下のような隋書倭国伝への批判が提起されてきた．

氣賀澤保規氏は［氣賀澤①］，「（日本書紀の冠位十二階と倭国伝の官位十二等の制定年の）年号の齟齬をどうとらえるか」，「倭国伝で誤って前に混入したのか，あるいはそもそも倭国伝の 600 年の遣使記事じたいが信用できないのか」と問題提起される．氏の問題提起はおだやかであるが，他の研究者の批判は厳しい．川勝守氏は［川勝］，「（隋書倭国伝の記述によれば）内官十二等，冠位十二階は開皇 20 年（600 年），推古天皇 8 年（600 年）に存在した」ことになり，日本書紀の推古天皇 11 年（603 年）と一致せず，倭国伝の「史料批判が必要」だと指摘される．高橋善太郎氏も［高橋①②］，同じ点について「倭国伝は矛盾する点がある」として「この時の使者が言いそうにない内官十二等のことを，言った様に記している」と倭国伝の記述を疑問視され，「隋書にある内官十二等も亦開皇二十年（西紀六〇〇）以前の制定ではなかろう」と指摘される．

榎本淳一氏は［榎本①］，倭国伝の風俗記事に「六〇三年（仁寿三）にあたる推古十一年の冠位十二階の内容も含んでいることから，六〇七年（大業三）の小野妹子の遣使の時の聞き取り情報が入っていることは確実である」と指摘される．上田正昭氏は［上田①］，①官位の順が，倭国（日本書紀）では五行相生説に基づくが，倭国伝では五常の徳目に置き換えている，②冠位十二階は 603 年制定で，600 年ではない，と指摘され，「後の冠位制（冠位十二階）の知識によって六〇〇年の条に挿入したと見る方が妥当」とされ，また，③倭国伝が書く冠の様子「錦綵を以てこれを為り……」は，日本書紀の「六〇八年のこととしてのべる『皇子・諸王・諸臣ことごとくに金の髻花を以って頭に指せり』とか，六一一年の『大徳・小徳は並びに金を用ふ』とか述べる記述などに関係あるものと考えられる」と指摘される．若月義小氏は［若月①］，「『隋書』倭国伝の『冠』についての陳述（「以錦綵為之以金銀鏤花為飾」）は……六〇八年の倭国での隋使に対する賓礼の実見に基づくことが確認できる」と，隋書倭国伝の「冠」などの記述は裴世清が大和政権で見た冠などのことだとされる．

もっと踏み込んで批判されているのが宮田俊彦氏で［宮田①②］，「（冠位十二階は）まだ制定されていないし，（冠位の）順序が間違っている」，「隋書はそれ程に信用する

［別章］冠位十二階は大和政権の冠位制度ではない　413

に足るかと問ひかけたい」,「(倭国伝が書く) 錦綵を以てこれを為り……」という記述は「(推古) 十六年八月に裴世清の来朝した折の迎接に当たって皇子諸王諸臣悉く金の髻華を以て飾った (書紀) とあるのとの混合であって,後からの知識がここに入っている」,「どうも隋書は疑わしい」〔宮田②〕と指摘され,隋書倭国伝の風俗記事全体の信憑性を問題視される.さらに,石井正敏氏も〔石井〕,官位十二等の官位の順が,日本書紀の冠位の順と一致しない点について,「隋側の記録あるいは編纂に際して変改が加えられている」と指摘される.

以上のように,研究者の批判は,単に隋書倭国伝の官位十二等に関する記述が疑わしいというだけでなく,倭国伝の他の記述の信憑性をも疑う状態にまで拡がっている.

諸研究者の隋書倭国伝の官位十二等と冠などに関する記述に対する批判はほぼ一致しており,これらの批判に対する反批判は研究者からは見えないようである.大和政権の冠位制度について考える際,隋書倭国伝の記述はきわめて重要な史料である.従って,このような研究者の批判を無視することはできない.

隋書倭国伝の記述は間違っているのだろうか.しかし,隋書・旧唐書・新唐書は全体として見れば,きわめて信憑性の高い史料であり,すでに述べたように,具体的に見ても,隋書倭国伝・旧唐書倭国伝・新唐書日本伝が書く倭国の官位・冠位制度に関する記述には矛盾はなく,整合しており,信憑性を疑うような点はない.諸氏が指摘されるように官位・冠位制度に関する隋書倭国伝の記述は信用できないのであろうか.この点ははっきりさせなければならない.

(b) 研究者の批判の整理・要約

諸研究者の隋書倭国伝の官位・冠位制度,風俗記事に対する批判を私なりに整理・要約すれば以下の4点になると思う.

① 冠位十二階の制定は日本書紀が書くように推古11年 (603年) であるのに,隋書倭国伝は600年にはすでに官位十二等が施行されていたかのように書いている.

② 冠位十二階の正しい冠位順を倭国伝は間違っている.

③ 第一次遣隋使以降に得た知識があたかも600年 (第一次遣隋使) の倭国のことであるかのように書かれている.

④ 倭国伝が書く倭国の冠など (「錦綵を以てこれを為り,金銀を以て花を鏤め飾りとなす」) は,日本書紀の冠位十二階の冠など,特に,推古16年 (608年) に裴世清が隋皇帝国書提出儀式で見た皇子・諸王・諸臣の冠などである.

2 研究者の批判①：官位十二等と冠位十二階の制定年次

まず，批判①：冠位十二階の制定は日本書紀が書くように推古11年（603年）であるのに，隋書倭国伝は600年にはすでに官位十二等が施行されていたかのように書いている，という点について考える．多くの研究者がこのように批判され，倭国伝の信憑性を疑う中心的な理由となっている．しかし，以下に示すようにこの批判は研究者の誤解である．

(a) 官位十二等は冠位十二階そのものではない

研究者の批判は倭国伝の官位十二等は日本書紀の冠位十二階そのものであるという前提に基づいている．しかし，これは研究者の誤解である．確かに官位・冠位名の一致は官位十二等と冠位十二階が深く関係していることを示している．しかし，冠の有無などの不一致があり，官位十二等は冠位十二階そのものではない．すでに述べたことであるが，批判①に答える形で繰り返せば以下のようになる．

倭国伝は風俗記事の冒頭に「内官に十二等あり，一を大徳といい……」（隋書・唐書の倭国の官位・冠位制度に関する記述①．以下同様）と官位十二等を書き，別の文章で，「故時……頭にもまた冠なく……隋に至り，その王始めて冠を制す」（記述②）と書いている．記述①と②の間には軍尼制など，官位・冠位制度とは関係のない別のことが書かれているのであるから，①と②の文章はあくまで別のことを書いた別の文章である．このことを考えれば，倭国伝の記述①②は以下のように理解される．

第一次遣隋使の時点（600年）で倭国ではすでに官位十二等が施行されていた（記述①）．「冠」について何も書かれておらず，官位十二等は「冠」のない官位制度である．これは，「故時（以前は，遣隋使派遣前は），……頭にもまた冠なく」の状態であったという記述②の前半部と一致する．その後，「隋に至り（遣隋使派遣後）」，その王は「始めて『冠』を制」した（冠位制度を制定した）」（記述②後半部）．すなわち，倭国伝は第一次遣隋使の時点では冠のない官位十二等であった（記述①）が，「隋に至り（遣隋使派遣後）」，「始めて」「冠」のある冠位制度を制定した（記述②）と書いているのである．

以上のことは，倭国伝が書く官位十二等は，日本書紀が書く冠のある冠位十二階ではないことをはっきりと示している．倭国ではあくまで「隋に至って（遣隋使派遣後に）」「始めて」冠位制度が制定されたのである．官位十二等は，遣隋使派遣後に冠位制度が制定される前の，冠のない官位制度である．従って，倭国伝が書く官位十二等は日本書紀が書く冠位十二階そのものではない．であるから，倭国伝が書く

官位十二等と日本書紀が書く冠位十二階の制定年次が一致しないことは当然のことなのである．

しかし，多くの研究者は倭国伝の官位十二等が日本書紀の冠位十二階そのものであると誤解され，その上で，官位十二等が600年時点で施行されていると書かれた倭国伝の記述について，「（冠位十二階は）まだ制定されてない」，「冠位十二階は開皇20年（600年）に存在したことになる」などと批判されるのである．

要するに，研究者の批判は，官位十二等は冠位十二階そのものであるという誤解に基づいた批判である．官位十二等と冠位十二階の官位・冠位名が一致することは，両者が深く関係していることを示しているが，官位十二等は冠位十二階そのものではないのであり，あくまで官位十二等と冠位十二階は異なる官位・冠位制度である．従って，制定年次の不一致は当然であって，問題視されるようなことではなく，まして，倭国伝がその信憑性を問われるような問題ではないのである．

以上のように，日本書紀が書くように推古11年（603年）であるのに，隋書倭国伝は600年にはすでに官位十二等が施行されていたかのように書いている，という研究者の批判①は，誤解に基づく批判であって，問題となることではないと結論される．

(b) 疑わしいのは倭国伝か，日本書紀か

研究者の批判①に関連して気になる点がある．それは，研究者が「倭国伝の史料批判が必要だ」，「（冠位十二階は）まだ制定されていない」，「隋書はそれ程に信用するに足るか」と，推古11年（603年）に冠位十二階を制定したという日本書紀の記述は正しく，倭国伝の記述が間違っているという前提で批判されることである．

しかし，これはいかがであろうか．このようにはっきりと日本書紀が正しく，倭国伝が間違っているといえるのであろうか．

隋書倭国伝は旧唐書・新唐書と矛盾せず，指摘すべき問題点があるようには見えないが，日本書紀が書く推古11年（603年）の冠位十二階制定にはいろいろな問題点がある．目立つ点だけでも以下のようになる．

① 冠位十二階制定の翌月，日本書紀は「始めて冠位を諸臣に賜ふ．各差有り（それぞれに応じた冠位であった）」と，たくさんの臣下に冠位を授与したと書く．しかし，このときに冠位を授与された臣下は1人も確認できないのである．制定されたばかりの冠位制度であれば，たくさんの臣下にいろいろな冠位が授与されたはずなのに，どうして1人も確認できないのであろうか．

② 隋の使者裴世清を出迎えた諸臣について，倭国伝では官位が明記されている

のに，日本書紀には冠位を明記されている臣下はいない．
③ 正史の日本書紀が推古 11 年（603 年）と明記しているのに，「上宮聖徳法王帝説」は推古 11 年ではなく推古 13 年（605 年）としている．

　これらの諸点は推古 11 年（603 年）の冠位十二階制定という日本書紀の記述そのものが，疑問の余地のない確固としたものではないことを示唆している．従って，疑うとすれば，倭国伝ではなく，むしろ，日本書紀の記述ではないだろうか．にもかかわらず，日本書紀は正しくて，「（冠位十二階は）まだ制定されていない」，「隋書はそれ程に信用するに足るか」とされ，倭国伝が間違っているとされるのはいかがであろうか．

③ 研究者の批判②：官位十二等と冠位十二階の官位・冠位名の順の不一致

　研究者は，冠位十二階の正しい冠位順を倭国伝は間違っていると批判され，倭国伝の信憑性を問題視される．これはすでに指摘した問題点 G である．
　〈問題点 G〉倭国伝の官位十二等と日本書紀の冠位十二階の官位・冠位の順が異なっていることをどのように理解するか．
　確かに隋書倭国伝の官位十二等の官位の順は，「徳」を第 1 として以下は「五常」の順，「仁義礼智信」である．「五常」は儒学が重視する道徳である．一方，日本書紀の冠位十二階の冠位順は，「仁礼信義智」であって倭国伝とは違っている．坂本太郎氏によれば [坂本⑤]，これは「五行」の説により，木火土金水の順位に拠っているという．
　この順の不一致の問題について，坂本氏は [坂本⑤]，「いう迄もなく，五常の名目の正常なる順位は，仁義礼智信と称される」，「（日本書紀の「仁礼信義智」は）すくなくとも普通とはいはれない」，「北史や隋書が冠位の序次を誤って伝へたのはそれが余りに異様であったから」と指摘される．
　私見では，倭国の冠位の順は，坂本氏が指摘されるように，隋から見ると「余りに異様であった」ために，隋の編著者が隋の常識に従って五常の順に書き直しただけと推定され，倭国伝の信憑性に関わるような重要問題とは思われない．石井正敏氏が指摘される「『隋書』の記述には中華の意向が強く反映している」[石井] というような重要なことではないと思う．
　要するに，批判②については，隋書倭国伝では隋の常識で書き直しただけで，問題とするような重要なことではないと思われる．従って，問題点 G は以下のように理解される．

〈問題点 G〉倭国伝の官位十二等と日本書紀の冠位十二階の官位・冠位の順が異なっていることをどのように理解するか.

➡倭国伝が書く官位十二等の官位の順「徳仁義礼智信」は，隋が「五常」の常識に従って書き直したものと理解され，重要な問題点ではない.

4 研究者の批判③：第一次遣隋使以降に得た知識をあたかも 600 年のことのように書いている

研究者は，「六〇七年（大業三）の小野妹子の遣使の時の聞き取り情報が入っている」［榎本①］,「後の冠位制（冠位十二階）の知識によって六〇〇年の条に挿入した」［上田①］,「『冠』は……六〇八年の倭国での隋使に対する賓礼の実見に基づく」［若月①］などと指摘され,「後からの知識がここに入っている」［宮田①］と批判される.

しかし，第一次遣隋使以降に得た知識が倭国伝の風俗記事に含まれることに何か問題があるだろうか.

私見では，増村宏氏の倭国伝の風俗記事は隋が遣隋使全体を通して知った倭国の風俗を要約したもの［増村①］という理解は正しいと思う.

風俗記事はあくまでその国の実態を報告することが目的である．従って，第一次遣隋使から聞いた風俗だけに限らなければならない理由はない．隋書倭国伝に書かれている倭国の風俗は，隋の役人が第一次遣隋使から聞いた内容が基本となっていることは確かだろう．しかし，風俗記事が隋書百済伝と同じように，最初の使者の記述の次に置かれているだけであって［増村①］，すべてが第一次遣隋使のこととして書かれているわけではない．この点に研究者の誤解があるのではないだろうか.

倭国伝が倭国の風俗について書く場合，第一次遣隋使から隋の役人が聞いた事項だけでなく，その後の交渉や裴世清の来日で知った倭国に関する知識によって，修正されたり，追加されたりするのは当然のことである．何の問題もないことであって，問題視されるようなことではないし，それでもって倭国伝の信憑性が落ちるわけでもない.

実際に，倭国伝は，冠位十二等への改正について「隋に至り，その王始めて冠を制す」と，はっきりと第一次遣隋使以降のことも書いている．また，阿蘇山とその禱祭や如意宝珠に関する記述，さらに「その王，朝会には必ず儀仗を陳設し，その国の楽を奏す」という記述は，第一次遣隋使の話というよりも，裴世清が実際に倭国を訪れて得た知識と見る方が自然である［石井］.

研究者は第一次遣隋使以降の知識が 600 年の風俗記事に交じっていると批判さ

れるが，私見では，逆に，裴世清が実際に倭国を訪れて見聞することによって，新たに得た知識が加えられただけでなく，第一次遣隋使の話の加筆・修正が行われたであろうことの方がより重要であると考える．倭王の「阿毎多利思比孤」という名前や「阿輩雞弥」という号などについても，単に第一次遣隋使から聞いた名前や号であるというだけでなく，裴世清が倭国関係者との長期間の外交・交流の中で確認した名前や号であると受け取るべきである．その他の事項も，第一次遣隋使の話が基本であろうが，裴世清が来日して知った知識と矛盾していないからこそ，風俗記事にそのまま書かれたと見るべきではないだろうか．であれば，官位十二等，軍尼制，新羅などの風俗記事の記述は逆に信憑性の高いものと判断しなければならないのである．

以上から，倭国の風俗記事が 600 年の第一次遣隋使から聞いた知識に限られるのではなく，それ以後に得た知識も含めて書かれていることは当然であって，それでもって倭国伝の信憑性が疑われるような問題ではないと考える．

5 研究者の批判④：隋書倭国伝が書く倭国の冠は冠位十二階の冠である

次に，批判④：倭国伝が書く倭国の冠など（「錦綵を以てこれを為り，金銀を以て花を鏤め飾りとなす」）は，日本書紀の冠位十二階の冠など，特に，推古 16 年（608 年）に裴世清が隋皇帝国書提出儀式で見た皇子・諸王・諸臣の冠などである，について考える．

研究者が冠位十二階の冠などであるとして具体的に挙げられる事例は，推古 16 年（608 年）の皇子・諸王・諸臣の冠・衣服が多いが，推古 11 年の冠位十二階の内容［榎本①］，推古 19 年（611 年）の薬猟の記述［上田①］も同じように問題とされている．一方，隋書倭国伝が書く冠位十二等の冠などは「錦綵を以てこれを為り，金銀を以て花を鏤め飾りとなす」だけであって，短くて情報量が少な過ぎる．しかし，すでに指摘したように，隋書倭国伝が書く倭国の「冠」は旧唐書倭国伝と新唐書日本伝が書く「冠」と同じであると考えられる．また，日本書紀も新唐書も，冠位に伴う衣服についても冠と同様に書いている．

そこで隋書倭国伝と日本書紀の推古 16 年（608 年）の隋皇帝国書提出儀式の記述に限定せず，「隋書・唐書が書く倭国の冠位十二等の冠・衣服は，日本書紀が書く大和政権の冠位十二階の冠・衣服なのか」という点を以下に比較検討する．

(a) 日本書紀・隋書倭国伝・旧唐書倭国伝・新唐書日本伝の「冠」・「衣服」に関する記述

〈日本書紀〉
① 推古11年（603年）12月：冠位十二階制定：「始めて冠位を行ふ……幷せて（あわせて）十二階，並びに当色の（いずれもその位に対応する色の）絁（あしきぬ）を以ちて縫へり．頂は撮り（つまんで），総て嚢（袋）の如くにして，縁を着く．唯し（ただし）元日にのみ髻華着す」．
② 推古16年（608年）8月：隋皇帝国書提出儀式：「皇子・諸王・諸臣，悉に（ことごとくに）金の髻華を以ちて著頭にせり（金の挿頭を頭に挿した）．亦衣服は皆錦・紫・繡・織と五色の綾羅（薄い絹織物）とを用ゐたり．一に云はく，服の色は，皆冠の色を用ゐたりといふ」．
③ 推古19年（611年）5月：菟田野の薬猟：「諸臣の服の色，皆冠の色に随ひ，各髻華を着せり．則ち大徳・小徳は並びに金を用ゐ，大仁・小仁は豹尾を用ゐ，大礼より以下は鳥の尾を用ゐたり」．

〈隋書倭国伝〉
「錦綵を以てこれ（冠）を為り（作り），金銀を以て花を鏤め（ちりばめ）飾りとなす」．

〈旧唐書倭国伝〉
「銀花長さ八寸なるを佩ぶること，左右各々数枝なり，以て貴賤の等級を明らかにす」．

〈新唐書日本伝〉
「（隋の）煬帝に至り，其の民に錦綾冠を賜い，（冠を）飾るに金玉を以ってし，文布（模様織りの布）を衣と為し，左右の（腰に）銀薔（花）長さ八寸なるを佩び，（飾りの）多少を以って貴賤を明らかにせしむ」．

(b)「冠」・「衣服」に関する日本書紀と隋書・唐書の比較

以上の日本書紀と隋書・唐書に書かれた「冠」や「衣服」，および，それらの飾りに関する記述の一致・不一致が問題となる．両者の「冠」と「衣服」に関する記述を比べると以下のようになる．

〈冠の材質〉

日本書紀は冠の布地として，「当色の（その位に対応する色の）絁（あしきぬ）を以ちて縫へり」（①）と，冠に応じた色の絁で縫うというが，隋書倭国伝は「錦綵を以てこれ（冠）を為り（作り）」，新唐書日本伝は「其の民に錦綾冠を賜い」と書く．

冠の布地として書く絁（あしきぬ）（日本書紀），錦綵（隋書），錦綾（新唐書）については，「新漢語林」によれば以下のようになる．

絁（あしきぬ）：つむぎ．つむぎ糸（くずまゆ・真綿とつむいで，よりをかけた，ふとい絹

糸）で織った絹布
　錦：あやおり．五色の糸で美しい模様を織りだした織物
　綵：あやぎぬ．模様のある絹．五色の色どりのある織物．またその衣服．色どりのよい糸，あやぎぬの意味
　綾＝線：糸，糸すじ．また糸のように細く長いもの
　冠の材質である絁（あしきぬ）（日本書紀）と，錦綵（隋書）・錦綾（新唐書）が一致しているのか一致していないのか分かりにくいが，錦は「あやおり．五色の糸で美しい模様を織りだした織物」で，「あやおり（綾織）」は「あや絹と薄絹．上等の絹」であるから，素材が「絹」である点では一致していると見ていいようだ．
〈冠の色〉
　しかし，重要な相違がある．それは日本書紀では「当色の絁（あしきぬ）」と，それぞれの冠位に応じた色の絁であるのに対して，隋書・旧唐書・新唐書ではすべて「錦」であるという点である．「錦」は「五色の糸で美しい模様を織りだした織物」，「綵」も「五色の色どりのある織物」である．つまり隋書と新唐書では五色の冠である．冠の色は冠位の貴賤を決める重要な点であるが，「当色」の「絁」と「五色」の「錦」・「綵」という点で一致していない．
〈冠の縁〉
　日本書紀は「縁を着く」（①）と書くが，隋書，旧唐書，新唐書には「冠」の縁に関する記述はない．
〈衣服の材料〉
　日本書紀は「衣服は皆錦・紫・繍・織と五色の綾羅（薄い絹織物）とを用ゐたり」（②）であり，新唐書日本伝では「文布（模様織りの布）を衣と為し」である．日本書紀の「錦・紫・繍・織」は絹の等級であり（後述），「綾羅」の「綾」は「織り出しの模様のある絹」で「羅」は「うすい絹」であるから「綾羅」は模様のある薄い絹と理解される．すなわち，日本書紀では衣服の材料は「絹」である．一方，新唐書の「文布」の「文」は模様，「布」は「植物の繊維で織った織物，織物の総称」であるから，模様のある布ということになる．「模様」がある点では一致しているが，「絹」（日本書紀）はカイコの繭であるから植物とはいえず，「布」（新唐書）とは一致していない．
〈衣服の色〉
　日本書紀は「衣服は皆錦・紫・繍・織と五色の綾羅（薄い絹織物）」，「服の色は，皆冠の色を用ゐたり」（②），「諸臣の服の色，皆冠の色に随ひ」（③）と，衣服の色は冠

の色と同じというが，隋書，旧唐書，新唐書には服の色は何も書かれていない．

〈冠の飾り：金〉

日本書紀は，「皇子・諸王・諸臣，悉くに（ことごとくに）金の髻華を以ちて著頭にせり（金の挿頭を頭に挿した）」（②），「各髻華を着せり．則ち大徳・小徳は並びに金を用ゐ」（③）と書く．隋書倭国伝は「金銀を以て花を鏤め（ちりばめ）飾りとなす」で，新唐書には「（冠を）飾るに金玉を以ってし」と書かれている．細かい差があるが，冠の飾りに金を用いたことはすべて一致している．

〈冠の飾り：豹尾，鳥の尾〉

日本書紀では「大仁・小仁は豹尾を用ゐ，大礼より以下は鳥の尾を用ゐたり」（③）であるが，隋書，旧唐書，新唐書には豹尾，鳥尾はない．

〈銀花の飾り〉

隋書では「金銀を以て花を鏤め飾り」，旧唐書では「銀花長さ八寸」，新唐書でも「銀蘤（花）長さ八寸」と書かれている．しかし，日本書紀には「銀」も「銀の花」もない．

〈冠位の貴賤（高下）の表現〉

日本書紀では冠や衣服の「当色」で表されるが，旧唐書では「銀花長さ八寸なるを佩ぶること，左右各々数枝なり，以て貴賤の等級を明らかにす」であり，新唐書では「左右の（腰に）銀蘤（花）長さ八寸なるを佩び，（飾りの）多少を以って貴賤を明らかにせしむ」である．旧唐書と新唐書は同じ内容と見ることができる．日本書紀と唐書では冠位の貴賤の表現がまったく異なっている．

(c) **日本書紀と隋書・唐書が書く「冠」・「衣服」の一致と不一致**

以上の諸点は，分かりにくく間違っている点もあるかもしれないが，日本書紀と隋書・唐書の記述で一致していると見ることができるのは以下の3点である．

①冠の材質が絹であること（日本書紀では冠の材質は「絁（あしきぬ）」，隋書では「錦綵」，新唐書では「錦綾」）．

②金の飾り（日本書紀では「金の髻華」，新唐書では「（冠を）飾るに金玉」，隋書では「金銀」）．

③日本書紀と新唐書は衣服に模様があること．

一方，一致しない主な点が以下の諸点である．

① 冠位の貴賤が，日本書紀では冠と服の色で示されるのに対し，新唐書・旧唐書では腰の銀花で表される．

② 日本書紀では「当色の絁」，「五色の綾羅」，「服の色は，皆冠の色」，「諸臣の服の色，皆冠の色に随ひ」などと，冠や衣服の「色」が繰り返し強調されるが，

隋書・唐書では「色」はまったく触れられていない．

③「銀の花」は隋書・唐書に共通して書かれている．「銀の花」は新唐書・旧唐書においては冠位の貴賤を表す重要なものである．しかし，日本書紀には「銀の花」も「銀」そのものもまったく登場しない．

④ 日本書紀では「冠の縁」が書かれているが，隋書・唐書には冠の縁は触れられていない．

⑤ 日本書紀では大仁以下の髻華は豹尾，鳥尾で飾られるが，隋書・唐書には記載がない．

以上の冠と衣服に関する隋書倭国伝，新唐書日本伝，および，日本書紀の記述の差を分かりやすく書けば図3のようになる．なお，旧唐書倭国伝の記述は短い上に，すべて新唐書日本伝に含まれるので，図を見やすくするために省略した．

(d) 比較・検討の結果が示すこと

以上の比較から，下記の諸点が指摘される．

第1に，新唐書と日本書紀で一致する点は独自・特異・特殊なものではないということである．

一致点の中で，冠の材質が絹という点については，「冠」という重要なものを貴重

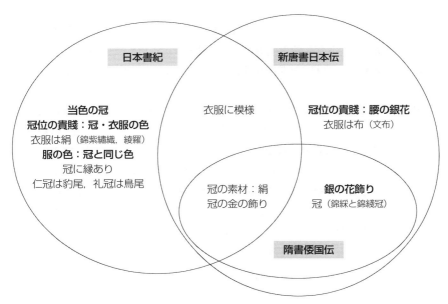

図3：日本書紀・隋書倭国伝・新唐書日本伝の「冠」・「衣服」の比較

な絹で縫うのは特別なこととは言えないだろう．また重要なものをよく目立つように金で飾ることも，衣服に模様があることも，特別なこと，特殊なこととは言えない．要するに，一致する点に独自性・特異性・特殊性を感じさせる重要な点は見当たらない．

第2に，新唐書・旧唐書が書く冠・衣服は，煬帝が倭王多利思比孤に贈った冠・衣服であって，日本書紀が書く冠・衣服ではないことである．

日本書紀と隋書・唐書のもっとも重要な不一致点は，冠・衣服の色（日本書紀）と銀の花（隋書・新唐書・旧唐書）に関する不一致である．この不一致は重要である．なぜならば，これらは冠位の貴賤（高下）の表現であるからである．日本書紀では冠や衣服の色が強く主張されているのが際立つ特徴であるが，それは冠位の貴賤を表すからである．しかし，隋書・唐書では冠や衣服の色はまったく触れられていない．新唐書が書く冠や衣服には冠位に応じた色の差がないことは明らかであろう．一方，新唐書では冠位の貴賤は腰に帯びた長さ8寸の銀の花で表現される．旧唐書でもこの点を明記している．また隋書にも銀の花は明記されている．しかし，日本書紀には銀の花に関する記述はまったく見当たらない．

一致する部分は特別なことでも特異・独特なことでもないのに対して，冠位制度でもっとも重要な事項である冠位の貴賤（高下）の表現が日本書紀と新唐書・旧唐書ではっきりと食い違っている．このことは，新唐書・旧唐書が書く「冠」・「衣服」は日本書紀が書く「冠」・「衣服」ではないことをはっきりと示している．

新唐書・旧唐書の冠・衣服は，あくまで煬帝が倭王多利思比孤に贈った冠・衣服について書いたものであって，日本書紀が書く冠位十二階の冠・衣服ではない．これは明らかなことと思われる．

第3に，隋書倭国伝の「錦綵を以てこれを為り（つくり），金銀を以て花を鏤め（ちりばめ）飾りとなす」という記述は，唐書が書く冠・衣服を書いたものであって，日本書紀が書く冠・衣服ではないという点である．

隋書倭国伝が書く冠は，新唐書が書く冠である点は，すでに述べたように，「錦綵」（隋書）が「錦綾冠」（新唐書）と一致することから明らかである．また，新唐書において重要な「銀の花」については倭国伝の短い文章の中でも明記されている．さらに，隋書倭国伝が書く内容は日本書紀や新唐書よりは簡略であるが，図3から分かるように，書かれていることはすべて新唐書と一致している．隋書倭国伝にあって，新唐書日本伝に書かれていないという内容はない（この点もすでに指摘した）．従って，隋書が書く冠などは，唐書が書く冠・衣服であると考えるのが妥当であろ

う.

　しかし，日本書紀との一致点はほとんどない．確かに冠の材料が絹であることと金の飾りでは一致しているが，前述のように「絹」も「金」も独自・特異・特殊なことではない．日本書紀が書く冠においては冠位の貴賤を表す冠の色が重要であるが，隋書倭国伝では冠や衣服の色はまったく触れられていない．もしも隋書倭国伝が日本書紀が書く大和政権の冠を書いたのだとすれば，重要な冠や衣服の色について触れないことは考えられない．

　以上の結果は，隋書倭国伝が書く倭国の冠などは新唐書が書く冠・衣服であって，日本書紀が書く冠・衣服ではないことをはっきりと示している．隋書倭国伝が書く倭国の冠は，あくまで新唐書が書く，煬帝が倭王多利思比孤に贈った冠について書いたものであって，裴世清が訪日して知った大和政権の冠ではない．もちろん，隋の役人が第一次遣隋使に聞いたものでもない（官位十二等には冠はない）．

　要するに，隋書倭国伝が書く倭国の冠など（「錦綵を以てこれを為り……」）は，煬帝が多利思比孤に賜ったと新唐書が書く冠・衣服であって，裴世清が訪日して知った大和政権の冠位十二階の冠・衣服ではない．

　以上の日本書紀・唐書・隋書倭国伝を比較した結果を箇条書きにすれば，以下のようになる．

① 新唐書と日本書紀で一致する点は独自・特異・特殊なものではない．
② 冠位制度でもっとも重要な冠位の貴賤（高下）の表現が日本書紀と新唐書・旧唐書ではっきりと異なる．
③ 新唐書・旧唐書が書く冠・衣服は，日本書紀が書く冠・衣服ではない．
④ 隋書倭国伝が書く倭国の冠などは，新唐書が書く煬帝が賜った冠・衣服であって，日本書紀が書く冠位十二階の冠・衣服ではない．

　以上のように，隋書倭国伝が書く倭国の冠などは煬帝が賜った冠・衣服であって，日本書紀が書く冠位十二階の冠・衣服ではないと結論される．従って，倭国伝が書く倭国の冠などは，日本書紀の冠位十二階の冠などである，という研究者の批判④はあたらない．

(e) 隋皇帝国書提出儀式での「冠」・「衣服」

　しかし，研究者はそうは考えられず，隋書倭国伝が書く倭国の冠などは，特に，推古16年（608年）に裴世清が隋皇帝国書提出儀式でみた皇子・諸王・諸臣の冠・衣服であると批判される（批判④）．そこで隋皇帝国書提出儀式での「冠」・「衣服」について考える．

この国書提出儀式に参加した皇子・諸王・諸臣について，日本書紀は「金の髻華を以ちて著頭にせり」，「衣服は皆錦・紫・繡・織と五色の綾羅とを用ゐ」，「服の色は，皆冠の色を用ゐたり」と書いている（推古16年8月）．冠位十二階の冠は「当色の（その位に対応する色の）絁」である（推古11年12月）．すなわち，儀式に参加した皇子などは冠と衣服の色で冠位の貴賤（高下）が表現されていたのである．

　確かに「金の飾り」については倭国伝と日本書紀の記述は一致している．しかし，すでに述べたように「金の飾り」は特別なことではない．より重要なのは冠と衣服の色である．なぜならば，冠位十二階は冠の色によって冠位の貴賤（高下）が表現されているからである．裴世清はそれらの皇子・諸王・諸臣を見て，冠と衣服の色の差に当然気づいたはずである．気づかなかったはずはない．

　研究者が指摘されるように，もしも隋書倭国伝が書く冠が，この儀式で裴世清が見た冠であれば，倭国伝が肝心要の冠や衣服の色について書かないはずはない．しかし，実際には，隋書倭国伝には冠や衣服の「色」のことは一言も書かれていないのが事実である．このことは，隋書倭国伝が書く冠などは裴世清が国書提出儀式でみた冠・衣服ではないことを強く示唆している．

　この点は強調しなければならない．なぜならば，「隋書倭国伝が書く倭国の冠は，推古16年（608年）に裴世清が国書提出儀式でみた皇子・諸王・諸臣の冠である」という研究者の批判④は，隋書倭国伝の信憑性を疑う重要な根拠とされているからである［宮田①など］．

　もしも，隋書倭国伝が隋皇帝の国書提出儀式に参加した皇子などの様子を書いたのであれば，もっとも目立ち，かつ，重要な点である冠位の貴賤が冠・衣服の色の差で表現されていることをなぜ隋書倭国伝は書かないのだろうか．書かない理由があるだろうか．隋書倭国伝が書く冠などは，裴世清が国書提出儀式で見た冠や衣服ではないからこそ，冠や衣服の色のことを書かなかったのではないだろうか．

(f) 結論：隋書倭国伝が書く倭国の冠は，日本書紀が書く冠位十二階の冠ではない

　以上から，研究者の倭国伝批判④：倭国伝が書く倭国の冠など（「錦綵を以てこれを為り，金銀を以て花を鏤め飾りとなす」）は，日本書紀の冠位十二階の冠など，特に，推古16年（608年）に裴世清が隋皇帝国書提出儀式でみた皇子・諸王・諸臣の冠などである，についてはあたらないというのが結論である．その根拠は以下の諸点である．

　① 新唐書・旧唐書が書く倭国の冠位制度は大和政権の冠位十二階ではない．その主な理由は，冠位の貴賤の表現がまったく異なることである（唐書：腰の銀の

花．日本書紀：冠・衣服の色）．
② 隋書倭国伝が書く冠などは，推古16年（608年），裴世清が国書提出儀式でみた皇子・諸王・諸臣の冠・衣服ではない（倭国伝には冠や衣服の色は何も書かれていない）．
③ 隋書倭国伝が書く倭国の冠などは，新唐書が書く煬帝が倭王に賜った冠・衣服であって，日本書紀が書く冠などではない．

なお，608年の国書提出儀式の皇子・諸王・諸臣の冠・衣服については，第2節でもっと詳細に検討する．

6 要約・結論：研究者の隋書倭国伝の風俗記事批判はあたらない

研究者による隋書倭国伝の風俗記事の官位十二等に関する批判の検討結果を要約すれば以下のようになる．

(a) 研究者の批判①：冠位十二階の制定は推古11年（603年）なのに，隋書倭国伝は600年にすでに官位十二等があったかのように書いている．

➡ 倭国伝の官位十二等は冠のない官位制度であり，冠のある冠位十二階そのものではない．従って，制定年次が一致しないのは当然である．研究者の批判は「官位十二等＝冠位十二階」という誤解に基づくものである．

(b) 研究者の批判②：冠位十二階の正しい冠位順を倭国伝は間違っている（問題点G）．

➡ 隋書は隋の「五常」の常識に従って書き直したと推定され，倭国伝の信憑性を疑うような重要問題とは言えない．

(c) 研究者の批判③：遣隋使派遣後に得た知識をあたかも600年の倭国のことであるかのように書いている．

➡ 隋書倭国伝の風俗記事は，隋が知った倭国の実態を書くことが目的である．倭国伝の風俗記事は基本的には隋の役人が第一次遣隋使に聞いた倭国の実態であろうが，その後の遣隋使や裴世清派遣で得た知識によって追加・修正されている．これは当然のことであって，問題となるようなことではない．

(d) 研究者の批判④：倭国伝が書く倭国の冠などは，日本書紀の冠位十二階の冠など，特に，推古16年（608年）に裴世清が隋皇帝国書提出儀式でみた皇子・諸王・諸臣の冠などである．

➡ 唐書と隋書倭国伝が書く冠・衣服と日本書紀が書く冠位十二階の冠・衣服を比較・検討した．両者が一致する点は金の飾りなどであるが，特別・特殊・独特な点

ではない．一方，冠位の貴賤（高下）の表現が一致しない（日本書紀：冠や衣服の色，唐書：腰の銀の花）．冠位制度においてきわめて重要な冠位の貴賤の表現がまったく一致しないことは，唐書が書く冠などは日本書紀の冠位十二階の冠などではないことを示している．隋書倭国伝が書く冠などは唐書の冠・衣服と一致し，隋皇帝煬帝が倭王に賜った冠・衣服であり，冠位十二階の冠・衣服ではない．従って，隋書倭国伝が書く冠などは裴世清が隋皇帝国書提出儀式で見た冠・衣服ではなく，研究者の批判④はあたらない．

　(e) 結論

　隋書倭国伝が書く倭国の官位・冠位制度に関してたくさんの研究者による批判があるが，倭国伝の記述の信憑性を疑うような点はない．

冠位十二階と官位十二等の制定年次の不一致

　　❶日本書紀の冠位十二階は官位十二等ではなく冠位十二等という可能性
　　❷「冠位十二階＝冠位十二等」とした場合の問題点
　　❸冠位十二等と冠位十二階の制定年次に関する若月義小氏の見解
　　❹解決しない官位・冠位制度の制定年次の矛盾
　　❺要約：冠位十二階と官位十二等の制定年次

❶ 日本書紀の冠位十二階は官位十二等ではなく冠位十二等という可能性

　研究者の倭国伝に対する批判①：官位十二等と冠位十二階の制定年次の不一致について，官位十二等は，冠のない官位制度で，冠のある冠位十二階そのものではなく別の官位制度である．従って，冠の有無と制定年次の不一致は当然である，と指摘した．研究者の批判そのものについてはそのように考えるが，問題はそれでは終わっていない．官位十二等と冠位十二階はどういう関係にあるのかという点が明らかになっていないからである．そこで以下に日本書紀の冠位十二階と倭国伝の官位・冠位制度の関係について議論を深めたい．それは以下の問題点Hである．

　　〈問題点H〉官位十二等と冠位十二階の官位・冠位名が一致すること（事実A）は，日本書紀の冠位十二階が，隋書倭国伝の官位十二等と深く関係していることをはっきりと示しているが，官位十二等と冠位十二階は，①冠の有無と，②制定年次が一致しない．これらの不一致をどのように理解するか．

冠の有無を考えると，倭国伝が書く官位十二等を改正した冠位十二等が日本書紀の冠位十二階ではないかというのが有力な検討対象となる．なぜならば，官位の有無という矛盾は生じないし，官位十二等を冠位十二等へと改正する際，官位十二等の官位名をそのまま冠位十二等の冠位名として引き継ぐことはじゅうぶんあり得るからである．実際に，大和政権が冠位十三階→冠位十九階→冠位二十六階へと改正していく過程で，かなりな数の冠位名はそれまでの冠位制度の冠位名をそのまま継承している．

このように，もしも冠位十二階が冠位十二等であれば，どちらも「冠」があるし，官位・冠位名が一致することも無理なく理解できる．従って，日本書紀の冠位十二階に相当するのは，官位十二等ではなく，それを改正した冠位十二等である可能性は高い．

2 「冠位十二階＝冠位十二等」とした場合の問題点

ところが，事はそう簡単ではなく，素直に「冠位十二等＝冠位十二階」とは言えない．それは以下の諸点である．

第1に，冠位十二等は隋皇帝煬帝が錦綾冠などを多利思比孤に賜わることによって制定された冠位制度である．また，すでに述べたように，倭国伝が書く冠位十二等の「冠」は日本書紀が書く冠位十二階の「冠」と一致しない．さらに，冠位制度において重要な冠位の貴賎の表現は，冠位十二等の場合は腰の銀の花飾りで表されるのに対して，冠位十二階の場合は，冠の色で表現されるのである．従って，隋書倭国伝が書く冠位十二等は日本書紀が書く冠位十二階とはいえない．「冠」の有無の問題は解決するが，「冠」そのものや，貴賎の表現などの不一致という問題が生じるのである．

第2に，日本書紀の冠位十二階が倭国の冠位十二等であるとすれば，また制定年次の矛盾が生じることである．

隋書倭国伝と新唐書日本伝によれば，煬帝が錦綾冠などを多利思比孤に賜って，それで多利思比孤は官位十二等を冠位十二等へと改正したのである．そうすると，隋皇帝煬帝が多利思比孤に錦綾冠などを賜ったのはいつかが問題となる．第一次遣隋使は煬帝ではなく父の文帝の治世であるから，もちろん，煬帝が第一次遣隋使に錦綾冠などを賜うことはできない．煬帝が隋の皇帝に即位したのは604年で，618年まで在位した．とすれば，煬帝が多利思比孤に冠などを賜うことができるのは，604年以後である．煬帝が冠などを多利思比孤に賜ったのは，帰国する第二次遣隋

使（608年4月），煬帝が派遣した使者裴世清（608年4月），あるいは第四次遣隋使（608年9月）であろう．常識的に見て可能性が一番高いのは608年に来日した裴世清であって，煬帝は自分が派遣する裴世清に冠などの下賜した品々を持たせたと考えるのが妥当であろう．

とすれば，倭国における冠位十二等への改正は，煬帝が裴世清を派遣した大業4年（608年）以後である．正確には"608年以後"であるが，多利思比孤は錦綾冠などを受け取って，余り時間をおかず官位十二等を冠位十二等へと改正したと推定するのが自然であろうから，冠位十二等への改正は608年であろうと推定できる．煬帝が錦綾冠などを多利思比孤に渡すことができないのであるから，それ以前ではないことは確かである．

ところが，日本書紀は冠位十二階について，あくまで推古11年（603年）に「始めて冠位を行ふ」と明記する．とすれば，再び，日本書紀の603年という冠位十二階の制定年次と，新唐書に基づく608年という冠位十二等の制定年次の不一致が生じるのである．

この年次の不一致は"厳しい不一致"である．「608年」というのは新唐書日本伝と隋書倭国伝の記述に基づく年次である．煬帝が裴世清派遣の608年よりも前に多利思比孤に錦綾冠などを賜うことはできない．ならば，日本書紀の推古11年（603年）は誤りで，608年が正しいとできるかと言えば，それも難しい．なぜならば，日本書紀は推古14年（606年）の鞍作鳥の大仁の冠位授与を詳しく書き，推古15年（607年）の第二次遣隋使小野妹子の大礼の冠位を明記するからである．すなわち，冠位十二階は推古14年（606年）の鞍作鳥の冠位授与よりも前の制定でなければならないのである．新唐書の「608年（以後）」では日本書紀が書く鞍作鳥・小野妹子の冠位と整合しないのである．

結局，「冠位十二等＝冠位十二階」と仮定しても，倭国の冠位十二等と日本書紀の冠位十二階の制定年次の不一致が再び問題となるのである．

以上のように，「冠位十二等＝冠位十二階」とすれば，冠位十二階と官位十二等の官位・冠位名が一致することと，冠の有無の問題は合理的に理解できるが，

①「冠」の内容や冠位の貴賤の表現が一致しない．

②新しくまた制定年次の矛盾が生じる．

要するに，「冠位十二等＝冠位十二階」と仮定しても，問題は解消しないのである．

3 冠位十二等と冠位十二階の制定年次に関する若月義小氏の見解
(a) 若月義小氏の見解

多くの研究者は倭国伝の官位十二等と日本書紀の冠位十二階の制定年次の矛盾を取り上げ，倭国伝の信憑性を疑い，倭国伝が間違っているとされるだけである．そういう状況で，若月義小氏は［若月①］，正面からこの問題を取り上げられ，冠位十二階は冠位十二等であるとされ，制定年次は604年から607年の間で，日本書紀の603年ではなく「上宮聖徳法王帝説」（以下「帝説」と略記）が記す605年が正しいとされる．重要な見解であり，氏の見解は制定年次に関する通説の不備を補う見解として研究者に支持されている［中田，上野］．そこで氏の見解について以下に少し詳しく検討したい．

若月氏は，「冠」や貴賤の表現の不一致については，私見とは見解を異にし，隋書倭国伝が書く冠位十二等の「冠」は「六〇八年の倭国での隋使に対する賓礼の実見に基づく」と，不一致はないと認識されて問題とはされない．氏が重視されるのは冠位十二階の制定年次の不一致である．

私の誤解でなければ，氏は，600年時点では倭国に官位十二等はなく，隋書倭国伝の「隋に至り，その王始めて冠を制す」の冠位十二等が官位十二等のことであり，新唐書日本伝が書く煬帝の「錦綾冠を賜い……貴賤を明らかにせしむ」でもあるとされる．

また，若月氏は，冠位十二階の制定年次に関しては，新唐書の608年と日本書紀の603年に加えて，もう1つの史料を指摘される．それが「上宮聖徳法王帝説」であって，

「少治田天皇（推古天皇）の御世，乙丑年（605年）五月，聖徳王と嶋大臣……五行に準じて爵位を定むる」，

と推古13年（605年）に聖徳太子と大臣の馬子（嶋大臣）が冠位制度を制定したと記す．すなわち，冠位十二階の制定年次については603年（日本書紀），605年（帝説），608年（新唐書日本伝）の3説があるとされる．

また，冠位十二階の制定に関する中国の史書として，若月氏は，隋書倭国伝と新唐書日本伝に加えて，通典（辺防一）を示される．結局，冠位制度の制定年次に関する史料は，日本書紀，隋書倭国伝，新唐書日本伝に加えて，帝説，通典（辺防一）ということになる．完成年は，隋書（636年）－日本書紀（720年）－通典（801年）－帝説（正確には不明）－新唐書（1060年）である．従って，通典は隋書倭国伝の記述を念頭に書かれ，新唐書は倭国伝と通典を念頭に置いて書かれたと考えられる．

若月氏は以上の史料に基づき，冠位十二等の制定年次について以下のように議論される．氏の見解の全体をまず俯瞰すれば，以下のようになる．

① 倭国が冠位制度を制定したのは「隋煬帝の治世（604～618年）」である．
② 第一次遣隋使には冠位がなかったが，第二次遣隋使には冠位がある．故に冠位制度の制定年次は600～607年の間である．
③ 結論．結局，604～607年に冠位十二等＝冠位十二階は制定された．これに相当するのは帝説の605年であるから，倭国の冠位制度の制定は日本書紀の推古11年（603年）ではなく，帝説の推古13年（605年）である．

氏の見解の中核をなすのは，①煬帝の治政の期間（604～618年）に冠位十二等が制定されたという点である．以下，若月氏の見解について検討する．

(b) 倭国の冠位制度制定は「隋煬帝の治世（604～618年）」かどうかが問題

若月氏の第1の議論は，隋書倭国伝，新唐書日本伝，通典辺防一の倭国に関する記述である．関係する部分の原文を書くと以下のようになる（通典は若月氏による引用文）．

隋書倭国伝：「至隋其王始制冠以錦綵為之以金銀鏤花為飾」．

通典辺防一：「隋煬帝時始賜衣冠並以綵錦為冠飾裳皆施襈……」．

新唐書日本伝：「至煬帝賜其民錦綾冠飾以金玉文布為衣左右佩銀蘤長八寸以多少明貴賤」．

これらの記述で若月氏が重視されるのは，微妙に異なる以下の部分で，冠位十二階の制定年次に関わる．

隋書：「至隋其王始制冠」．

通典：「隋煬帝時始賜衣冠」．

新唐書：「至煬帝賜其民錦綾冠……明貴賤」．

氏は，これらの文章をどのように理解するかが問題であると指摘される．

氏の見解を考える際，何が問題なのかを最初にはっきりさせておく方が分かりやすい．私見では，問題は冠位十二階（＝冠位十二等）は煬帝の治世に制定されたのか，煬帝が錦綾冠などを賜ることによって制定されたのかという点にある．"煬帝の治世"であれば，煬帝が帝位に就いた604年7月以後に冠位十二階が制定されたことになるが，煬帝が冠などを賜った結果であれば，608年以後である．なぜならば，煬帝が冠などを賜ることができるのは裴世清の訪日時か第二次遣隋使の帰国時であって，いずれも608年であるからである．日本書紀が記す607年の小野妹子の「大礼」という冠位と整合するためには，冠位十二階は607年までに制定されていなけ

ればならない．従って，"煬帝の治世"ならば小野妹子の冠位と整合するが，煬帝が冠などを賜って制定されたのであれば，整合しないのである．

(c) 若月義小氏の新唐書・通典の読解
若月氏は以下のように述べられる．
① 新唐書は「『後に煬帝の治世に至って，[倭王は] 其の民に錦綾冠を賜った』と解釈できる」．
② 通典は「『隋煬帝が始て衣冠を賜う』とは解釈できない」．「(新唐書を) 勘案しても『隋煬帝の治世に [倭王が] 始て衣冠を賜う』と解釈するのが正しい」．
③ 隋書倭国伝の「至隋其王始制冠」の「『隋に至り』という認識は，上記の『通典』『新唐書』の対応部分を勘案するならば，"隋の煬帝の時に至って"ということと理解するのが穏当である」．
④ 「『隋書』倭国伝をはじめとする中国史料の一連の陳述では，冠位十二階の制定・施行は『煬帝の時』ということで一貫していると結論できる」．

以上のように，「煬帝の時」すなわち"煬帝の治世"に，冠位十二階（=冠位十二等）が制定されたというのが氏の結論であり，煬帝が帝位に就いた604年7月から退位した618年の間に冠位十二階は制定されたとされる．また，冠位を授与された臣下が見えるのは第二次遣隋使の607年以後であるから，607年までには冠位十二階は制定されたとされ，結局，冠位十二階は604年7月から607年の間に制定されたとされる．その結果，日本書紀の603年は間違いで，605年という帝説の制定年が正しいというのが氏の見解である．

(d) 若月氏の通典・新唐書の解釈には賛成できない
しかし，若月氏の見解には賛成できない．そう考えるのは以下の諸点による．

第1点は，通典の文「隋煬帝時始賜衣冠」の理解である．

氏は，通典の文を「隋煬帝が始て衣冠を賜う」とは解釈できない．「隋煬帝の治世に [倭王が] 始て衣冠を賜う」と解釈するのが正しい」とされる．この読解は井上秀雄氏などと同じである［井上秀雄他］．

通典の文「隋煬帝時始賜衣冠」は直訳すれば，「隋煬帝の時，はじめて衣冠を賜わった」である．この文からは衣冠を賜ったのが煬帝か倭王かは正確には分からない．しかし，通典は中国の歴史書である．「賜う」と書くときは皇帝が主語で，蛮夷の王が「賜う」とは書かないのではなかろうか．中国の中華思想では，蛮夷は人間ではなく禽獣（鳥・獣）である．中国の史書が，禽獣の王が禽獣の民に「賜う」と書くのは不自然であろう．

従って，通典の文章は「隋煬帝の時，[煬帝が]始めて衣冠を賜わった」と読むのが正しいと思う．しかし，煬帝が直接倭国の民に衣冠を賜うわけではない．倭国の民に与えるのはあくまで倭王である．通典の文章は隋書を含めて理解すべきであって，「隋煬帝の時，[煬帝は倭王に]衣冠を賜い（通典），[倭王は]その衣冠によって冠位制度を制定した（「その王始めて冠を制す」：隋書）」と理解するのが正しいのではないだろうか．

　第2点は，新唐書の「至煬帝賜其民錦綾冠……明貴賤」という文である．

　若月氏は「（新唐書の文は）『後に煬帝の治世に至って[倭王は]其の民に錦綾冠を賜った』と解釈できる」と指摘される．しかし，新唐書のこの部分を，藤堂明保氏などは[藤堂等]，「隋の煬帝の時に，煬帝は使者を遣わして日本国の役人に錦綾冠を賜わり……身分の高低が明らかになるようにさせ」と，はっきりと「錦綾冠を賜わ」ったのは煬帝であると訳しておられる．また，井上秀雄氏なども[井上秀雄他]，「煬帝が[日本の]民に錦の綾入りの冠を下賜するに及んで……貴賤[の別]を明らかにする[ようになった]」と，下賜したのは煬帝であると明瞭に訳しておられる．

　このように，新唐書の読み方について，若月氏と藤堂・井上氏などとは，錦綾冠を賜ったのは煬帝なのか（藤堂・井上），倭王なのか（若月）という重要な点で食い違っている（これによって冠位十二等の制定年次は608年以後か，604年以後かという差が生まれる）．私見では藤堂・井上氏の理解が正しいと考える．そう考えるのは以下の点による．

　第1に，通典の場合と同じく，「賜う」のは煬帝であって，倭王ではないのではないか．

　第2に，「明貴賤（貴賤を明らかにする）」である．新唐書が通典にはっきりと付け加えた新しい点は，引用文の最後の「明貴賤（貴賤を明らかにする）」である．若月氏は考慮しておられないようだが（藤堂・井上氏は新唐書の「至煬帝賜其民錦綾冠……明貴賤」を一文と理解されるのに対し，若月氏は前半だけで一文と理解しておられるようだ），無視して良いとは思えない．「明貴賤」について，藤堂氏等は，煬帝が「身分の高低（貴賤）が明らかになるようにさせた」，すなわち，煬帝が錦綾冠などを賜うことによって冠位制度を制定させた，と読まれた．私見では藤堂氏らの理解が正しいと思う．

　もしも，倭国での「制冠」（冠位制度の制定）に隋皇帝が関係していないとすれば，倭王が倭国で冠位制度を制定したのが煬帝の治世か文帝の治世かは，中国の歴史書にとってはどうでもいいことである．隋書の「至隋其王始制冠（隋に至り，その王始めて冠を制す）」でじゅうぶんである．通典がわざわざ「煬帝時」と書き改めるような

ことではない．実際，どの皇帝の治世に冠位制度が制定されたかを隋書百済伝も，隋書新羅伝も書いてはいない．

　倭国の冠位制度制定の場合，煬帝が深く関与していた．それなのに，隋書の「至隋其王始制冠」だけではそのことが伝わらないと通典の著者が判断し，「隋煬帝時始賜衣冠」と書き加えたのではないだろうか．隋書と通典を読んだ新唐書の編著者は，通典の「隋煬帝時」だけでは肝心の点が書かれていないと判断し，「至煬帝賜其民錦綾冠……明貴賤」と，煬帝が冠や衣服を賜って，貴賤を明らかにさせた（「明貴賤」）と，通典の舌足らずを補ったのではないだろうか．

　煬帝が倭国の冠位制度制定（「制」）に深く関わり，煬帝が賜わった錦綾冠などによって倭国の冠位制度が制定されたからこそ，通典は煬帝が冠を賜った（「隋煬帝時始賜衣冠」）と書き加え，新唐書はまだふじゅうぶんと「冠を飾るに金玉を以ってし，文布を衣となし……」と，煬帝が賜った冠と衣服を詳しく書き，腰の銀の花の多寡で，煬帝が冠位の貴賤を明らかにさせた（「以多少明貴賤」）」と明記したと考えられる．

　以上から，新唐書日本伝と通典辺防一の文章は，若月氏のように「隋煬帝の治世に，[倭王が] 始て衣冠を賜う」という理解ではなく，煬帝が，錦綾冠を賜ることによって，倭国の「冠」のない官位十二等を「冠」のある冠位十二等へと改正させた，と読むのが正しいのではないだろうか．

　結局，隋書，通典，新唐書を全体として理解すれば，以下のようになると思う．

　600年の第一次遣隋使の当時，倭国には冠の習慣はなく，「冠」のない官位十二等であった．遣隋使を派遣し，煬帝の時に，煬帝が倭の民に錦綾冠などを賜ることによって貴賤を明らかにさせ，倭王は初めて冠のある冠位十二等を制定した．

　これが素直な理解ではないだろうか．

　要するに，煬帝が倭の民に冠などを賜ることによって，多利思比孤は，倭国の官位十二等を冠のある冠位十二等へと改正したのであって，多利思比孤の冠位十二等への改正が単に煬帝の治世であったというのではないというのが結論である．

(e) 制定年次の矛盾は解決しない

　若月氏は，冠位十二等（＝冠位十二階）の制定・施行は"煬帝治世の時（604～618年)"と結論され，第二次遣隋使（607年）には冠位があることを考慮し，倭国の冠位制度の制定は604年から607年の間であり，日本書紀の推古11年（603年）12月はあり得ず，帝説の推古13年（605年）が正しいと結論される．

　しかし，そうではなく，煬帝が錦綾冠などを多利思比孤に賜ることによって冠位制度が制定されたのである．とすれば，煬帝が冠などを賜ることができるのは608

年（第二次遣隋使帰国時あるいは裴世清派遣時）であるから，多利思比孤が官位十二等を冠位十二等へ改正したのは，「隋煬帝の治世（604～618年）」ではなく，608年（以後）である．結局，冠位十二等（＝冠位十二階）の制定年次は，隋書倭国伝・新唐書日本伝では608年（以後）であり，日本書紀では推古11年（603年）（あるいは帝説の605年）であって，制定年次の矛盾は解決しないのである．

4 解決しない官位・冠位制度の制定年次の矛盾

　以上のように，倭国の官位十二等・冠位十二等と日本書紀の冠位十二階の制定年次の矛盾は合理的理解には至らず，最終的な解決は得られない．問題点Hについては以下のようになる．

　〈問題点H〉官位十二等と冠位十二階の官位・冠位名が一致すること（事実A）は，日本書紀の冠位十二階が，隋書倭国伝の官位十二等と深く関係していることをはっきりと示しているが，官位十二等と冠位十二階は，①冠の有無と，②制定年次が一致しない．これらの不一致をどのように理解するか．

　➡冠位十二階は官位十二等そのものではない．従って，冠の有無と制定年次が一致しないこと自体は当然である．しかし，官位十二等と冠位十二階がどのように関係しているのかが明らかになっていない．官位・冠位名の一致（事実A）と「冠」があることを考慮すれば，冠位十二階に相当するのは，官位十二等ではなく，これを改正した冠位十二等であると考えられる．しかし，608年に隋皇帝煬帝が錦綾冠などを賜うことによって，多利思比孤は官位十二等を冠位十二等へと改正したのであり，冠位十二階の制定年次（603年）とは整合しない．冠の有無の問題は解消するが，制定年次の不一致は解消されない．また，冠位十二等と冠位十二階の冠の内容や冠位の貴賤の表現が一致しない．

　これが現段階での問題点Hへの回答である．要するに，問題点Hは解決していないのであって，官位・冠位名が一致することは日本書紀の冠位十二階が倭国の官位十二等，あるいは，冠位十二等であることを強く示唆しているのに，どちらであっても，制定年次の矛盾などが解決できないことを示している．

　結局，問題点Hは解決せず，以下のように変形・拡大した形で，継続される．

　〈問題点H'〉官位十二等と冠位十二階の官位・冠位名が一致すること（事実A）は，日本書紀の冠位十二階に相当するのは，隋書倭国伝の官位十二等，あるいは，改正された冠位十二等であることを強く示唆している．

しかし，冠位十二階は，①官位十二等とは冠の有無が一致しないし，②冠位十二等とは冠の内容や冠位の貴賎の表現が一致しない．また，③制定年次は官位十二等とも冠位十二等とも一致しない．これらをどのように合理的に理解するか．

5 要約：冠位十二階と官位十二等の制定年次
(a) 日本書紀の冠位十二階と倭国伝の官位十二等の官位・冠位名が一致すること，および，冠の有無の観点から，冠位十二階は官位十二等ではなく冠位十二等という可能性が高い．
(b) しかし，冠位十二階と冠位十二等は，冠の内容，冠位の貴賎の表現，制定年度が一致しない．
(c) 制定年次に関する若月義小氏の見解は新唐書・通典・隋書の読解に無理があると思われる．
(d) 冠位十二階と官位・冠位十二等の制定年次の不一致を合理的に理解することは難しく，問題点 H' として継続される．

解決できない倭国伝と日本書紀の官位・冠位制度に関する矛盾

1「多利思比孤＝推古天皇」であっても「多利思比孤≠推古天皇」であっても合理的理解は難しい
2 解決できない倭国伝と日本書紀が記す官位・冠位制度の問題点

倭国伝が書く倭国の官位制度は官位十二等とそれを改正した冠位十二等しかないのに，どちらとしても日本書紀の冠位十二階とは矛盾があるという検討結果は，おかしな結果と言うべきである．少し視点を変えて，「多利思比孤＝推古天皇」か，「多利思比孤≠推古天皇」か，という観点から問題点を整理すると以下のようになる．

1「多利思比孤＝推古天皇」であっても「多利思比孤≠推古天皇」であっても合理的理解は難しい
　(a)「多利思比孤＝推古天皇」の場合
　もしも「多利思比孤＝推古天皇」（「倭国＝大和国」）であるとすれば，倭国伝は大和

政権の冠位十二階について書いているはずである．実際に，冠位十二階と官位十二等の官位・冠位名は一致している（事実 A）のであるから，冠位十二階と官位十二等が深く関係していることに疑問の余地はない．

隋書と唐書による限り，倭国には冠のない官位十二等とそれを改正した冠のある冠位十二等以外の官位・冠位制度はない．であれば，官位十二等あるいは冠位十二等のどちらかが日本書紀が書く冠位十二階でなければならない．しかし，現実には官位十二等も冠位十二等も以下の矛盾があって，冠位十二階であるとは言えない．

① 官位十二等 = 冠位十二階の場合：冠の有無と制定年次が一致しない．
② 冠位十二等 = 冠位十二階の場合：冠の有無は一致するが，冠の内容，冠位の貴賤の表現，制定年が一致しない．

(b)「多利思比孤 ≠ 推古天皇」の場合

この場合，倭国伝が書く倭国は，日本書紀が書く大和国ではなく，異なる別の国である．実際に，第一次・第二次遣隋使の多くの事項は「多利思比孤 ≠ 推古天皇」を強く示唆している．

「多利思比孤 ≠ 推古天皇」であれば，「倭国 ≠ 大和国」であって，倭国伝が書く官位十二等とそれを改正した冠位十二等はどちらも倭国の制度であって，大和政権の冠位十二階ではない．従って，冠や制定年次の不一致があるのは当然のことで，問題とはならない．しかし，倭国の官位十二等と，大和政権の冠位十二階という異なる国の官位・冠位名が一致しているという事実 A がある．実際に，倭国伝は 608 年に多利思比孤の臣下である「大礼」哥多毗を明記し，日本書紀は同じ 608 年に推古天皇の臣下である「大礼」小野妹子を明記している．

異なる国，異なる王朝の制度なのに，官位・冠位名がすべて一致することはあり得ない．官位・冠位名が一致する理由を「多利思比孤 ≠ 推古天皇」という観点から合理的に理解することはきわめて困難である．

このように，「多利思比孤 = 推古天皇」としても「多利思比孤 ≠ 推古天皇」としても，倭国伝が書く倭国の官位十二等・冠位十二等と日本書紀が書く大和政権の冠位十二階の関係を合理的に理解することは難しい．

2 解決できない倭国伝と日本書紀が記す官位・冠位制度の問題点

以上のように，「多利思比孤 = 推古天皇」の観点からも，「多利思比孤 ≠ 推古天皇」の観点からも，倭国伝が書く倭国の官位・冠位制度（官位十二等・冠位十二等）と大和政権の冠位制度（冠位十二階）の関係を合理的に理解することは難しい．このことは，

これは単純な問題ではなく，かなり複雑な問題点であることを示唆している．

結局，以下の事実 A，問題点 F，問題点 H' をどのように合理的に理解するかという問題が未解決のまま残されたことになる．

〈事実 A〉　隋書倭国伝の官位十二等と日本書紀の冠位十二階の官位・冠位名が一致する．

〈問題点 F〉倭国伝が書く倭国の官位十二等と日本書紀が書く大和政権の冠位十二階の官位・冠位名が一致することは「多利思比孤＝推古天皇」を強く示唆しているが，他の事項が示す「多利思比孤≠推古天皇」との矛盾をどう理解するのか．

〈問題点 H'〉官位十二等と冠位十二階の官位・冠位名が一致すること（事実 A）は，日本書紀の冠位十二階に相当するのは，隋書倭国伝の官位十二等，あるいは，改正された冠位十二等であることを強く示唆している．しかし，冠位十二階は，①官位十二等とは冠の有無が一致しないし，②冠位十二等とは冠の内容や冠位の貴賤の表現が一致しない．また，③制定年次は官位十二等とも冠位十二等とも一致しない．これらをどのように合理的に理解するか．

付記：以上のように，問題点 F・H' はこの時点では解決しないが，最終的な私の理解は，後述する第 2 節の「仮説 A：大和政権には官位・冠位制度は存在しなかった」の項で述べる．

第2節
大和政権の冠位十二階の実態と倭国の官位・冠位制度

- ■ 前半と後半で異なる大和政権の冠位十二階の問題
- ■ 冠位十二階制定から聖徳太子の死までの約20年間の問題点
- ■ 議論A：大和政権の冠位十二階の機能不全：冠位授与は3人だけ
- ■ 議論B：冠位十二階の機能不全を合理的に理解できない研究者の見解
- ■ 議論C：大和政権はなぜ冠位十二階を制定できたのか
- ■ 議論D：大臣馬子はなぜ冠位十二階制定を認めたのか－推古朝の権力構造－
- ■ 仮説A：大和政権には官位・冠位制度は存在しなかった
- ■ 仮説B：推古天皇は倭国の多利思比孤に遣隋使の冠位授与を要請した
- ■ 大和政権の冠位十二階を支える日本書紀の記事と仮説A
- ■ 前半期の要約・結論：日本書紀は大和政権の冠位十二階を造作した

　第1節では隋書倭国伝が書く倭国の官位・冠位制度の実態を明らかにし，倭国伝が書く倭国では，600年時点ですでに冠のない官位十二等が施行され，608年に隋皇帝煬帝から錦綾冠などを賜わることによって，608年に冠のある冠位十二等へと改正したことを明らかにした．

　この倭国の官位・冠位十二等に対して，日本書紀は大和政権の冠位十二階制定を書く．冠位十二階の冠位名は倭国伝が書く官位十二等の官位名とすべて一致している（事実A）．このことは，倭国伝の官位十二等と日本書紀の冠位十二階が深く関係していることをはっきりと示している．しかし，倭国伝が書く倭国の官位・冠位制度と日本書紀が書く冠位十二階の関係は，制定年次の不一致などの問題点があり，合理的な理解は難しい．あるいは，「多利思比孤＝推古天皇」なのか，「多利思比孤≠推古天皇」なのかという観点から見ても同様に理解困難である．具体的な問題点は，問題点F，H'として表されている．

　このように理解困難な，倭国伝が書く倭国の官位・冠位十二等と大和政権の冠位

十二階の関係を明らかにするためには，大和政権の冠位十二階の実態をもっと詳しく明らかにすることが必要である．そこで，本節では大和政権における冠位十二階の実態を明らかにし，それを踏まえて，倭国伝の官位・冠位十二等と日本書紀の冠位十二階の関係をどのように合理的に理解できるかを検討する．問題は複雑で，合理的な理解は容易ではない．

前半と後半で異なる大和政権の冠位十二階の問題

　日本書紀によれば，大和政権の冠位十二階は推古11年（603年）12月に制定され，翌年の推古12年正月から施行された．この冠位十二階は，推古朝を越えて，乙巳の変の後の大化3年（647年）に冠位十三階が新たに制定され，大化4年（648年）に「古き冠を罷む（やむ）」として最終的に終了するまで，45年間施行された．しかし，冠位十三階は過渡的であって，翌年の大化5年（649年），「冠十九階を制す（作る）」と冠位十九階が制定され，以後，大和政権の冠位制度は定着する．このように，推古11年（603年）の冠位十二階の制定から，大化5年（649年）の冠位十九階の制定までの約半世紀が大和政権の冠位制度の始まりであり，第1段階である．倭国の官位・冠位制度が関わるのは一番初めの冠位十二階である．

　冠位十二階に関連する日本書紀の記述は制定（推古11年〔603年〕）から，第六次遣隋使（推古22年〔614年〕）までの約10年間に集中する．その後の約10年間，冠位十二階に関する関連記事はなくなり，聖徳太子の死の2年後，推古31年（623年）に大量の徳冠（後述）となる．

　大和政権の冠位十二階については，聖徳太子の死を境に，前半期と後半期として区別する必要がある．その理由は上述のような記述の偏りにもあるが，問題点が異なるからである．

　この後に指摘するように，大和政権の冠位十二階に関する前半期の最重要の問題点は，冠位制度を制定したのに，冠位を授与された臣下が3人しかいないことである．これは驚くべきことである．なぜならば，冠位制度はたくさんの臣下に授与されてこそ意味がある制度であるからである．それなのに，なぜたった3人だけなのだろうか．これは単純な問題に見えるけれども，実は冠位十二階の本質に関わる重要問題である．

　一方，後半期の最重要の問題点は推古31年（623年）の大量の徳冠である．なぜ前半期の3倍にあたる9人もの豪族に一気に冠位が授与されたのか．それも全員

が最高冠位の徳冠なのである.

前半期の問題点は大和政権の冠位十二階の本質に関わる問題点であるが,後半期の問題は冠位十二階の運用の問題であって,問題の質が異なる.また,前半期はなぜ3人しか冠位が授与されていないのかが問題で,後半期はなぜ9人もの多数に冠位が授与されたのかが問題である.問題の方向が逆である.

このように,前半期と後半期は一体にして議論することはできず,区別して考える必要がある.境は聖徳太子の死である.そこで,本拙論では,以下のように前半期と後半期を区別して議論する.

前半期:推古11年(603年)の冠位十二階制定から聖徳太子の死の推古29年(621年)までの約20年間.

後半期:推古29年(621年)の聖徳太子の死から冠位十三階が制定される大化3年(647年)までの二十数年間.

また,大和政権の冠位十二階に対する倭国の関わりも前半と後半で根本的に異なっている.前半期は倭国の官位・冠位制度を色濃く反映しているが,後半期はほとんど見えなくなる.本節ではまず前半期の日本書紀の記述について考える.

冠位十二階制定から聖徳太子の死までの約20年間の問題点

1 冠位を授与されたと日本書紀が記すのは仏教功労者と遣隋使の3名だけ
2 日本書紀はなぜ「諸臣の冠位」を何度も強調するのか
3 裴世清出迎え・歓迎者の官位・冠位
4 推古22年(614年)の第六次遣隋使の冠位
5 要約:冠位十二階制定から聖徳太子の死までの約20年間の諸問題点

前半期,推古11年(603年)の冠位十二階制定から,推古29年(621年)の推古朝の最重要人物の1人である聖徳太子の死までの約20年間の冠位十二階について考える.たくさんの問題点があるが,それらは相互に関係している.そこで,詳細な議論は後回しにして,まず全体の問題点を明らかにし,重要な事実を確認する.

1 冠位を授与されたと日本書紀が記すのは仏教功労者と遣隋使の3名だけ

日本書紀は推古14年(606年)に,推古天皇が,初めて丈六の仏像を造り,元興寺の金堂に入れた鞍作鳥に対して「汝が献れる仏本,則ち,朕が心に合えり」など

と賞賛し,「大仁」の位を賜ったと書いている．これが冠位を授与されたという最初の記事で，ついで推古15年（607年），「大礼小野臣妹子を大唐に遣す」と第二次遣隋使の小野妹子の「大礼」の冠位を記す．さらに，翌年の第四次遣隋使の際の推古天皇の「東天皇」国書に「大礼乎那利などを遣して……」と小使の乎那利（吉士雄成）の「大礼」を記す．

　冠位十二階が制定された推古11年（603年）から聖徳太子の死の推古29年（621年）までの前半期，日本書紀に登場するたくさんの臣下の中で，日本書紀に冠位が記されているのは以上の3名だけである．もちろん，それ以外に冠位を授与された者がいた可能性は否定できないが，日本書紀には登場しない．このことは，

　〈問題点I〉　冠位授与が確認できるのは，なぜ仏教功労者の鞍作鳥と遣隋使の小
　　　　　　　野妹子・吉士雄成の3名しかいないのか．

という疑問を呼び起こす．3名しか冠位が書かれていない点は，大和政権の冠位十二階の施行を考える上できわめて重要な事実であるので，以下の事実を確認しておく必要がある．

　〈事実B〉　冠位十二階制定後の約20年間，日本書紀に登場するたくさんの臣下
　　　　　　の中で，冠位授与が書かれているのは仏教功労者と遣隋使の計3名
　　　　　　だけである．

　特に，冠位十二階は，遣隋使の冠位が示すように，外国との関係を意識して制定されたと推定されるのに，推古16年（608年）の隋の使者の隋皇帝国書提出儀式や推古18年（610年）の新羅・任那の使者の謁見儀式という外交の場においても，登場するたくさんの有力な臣下は誰も冠位が書かれていない．この点も重要な事実として，

　〈事実C〉　隋皇帝国書提出儀式と新羅・任那の使者の謁見儀式という外交の場
　　　　　　に参加する有力諸臣すらも冠位が書かれていない．

を確認しておく必要がある．

　本来，冠位制度は政権内の諸臣を序列付け，王（君主）の権威・権力・統治力を高めるためのものであって，冠位を授与する側から見ても授与される側から見ても，冠位があるかどうかは重要な点であるはずである．それなのに，冠位十二階の制定後の約20年間，冠位を授与されたと日本書紀が書くのは3人だけである．日本書紀に登場するたくさんの他の臣下はすべて冠位が書かれていない．冠位が書かれていないことは素直に考えれば，その臣下には冠位が授与されていないということである．このことは次の問題点を提起する．

〈問題点J〉鞍作鳥・小野妹子・吉士雄成以外の諸臣にはなぜ冠位が書かれていないのか．それは冠位を授与されていないことを意味するのか．

これは，問題点I，事実B，Cと一体化した問題点である．

2 日本書紀はなぜ「諸臣の冠位」を何度も強調するのか

以上のように，冠位十二階施行後の20年間，日本書紀に登場するたくさんの臣下の中で，冠位を授与されたことが確認できる臣下は仏教功労者の鞍作鳥と遣隋使の小野妹子・吉士雄成の3人だけである．他の諸臣には冠位は書かれていない．それなのに，日本書紀は何度も「諸臣」への冠位授与を強調するという奇妙な事実がある．それは以下の点である．

第1に，日本書紀は冠位十二階制定の翌年の推古12年（604年）正月，「始めて冠位を諸臣に賜ふ．各差有り（それぞれに応じた冠位であった）」と，初めて諸臣に冠位を賜ったと書くことである．この記述は，たくさんの臣下に冠位が授与されたことを示している．「各差有り（それぞれに応じた冠位であった）」というのであるから，徳冠だけでなく，仁冠や礼冠などがたくさん授与されたことを示唆している．

第2に，隋皇帝国書提出儀式である．日本書紀は，推古16年（608年）の国書提出儀式には，「皇子・諸王・諸臣，悉くに（ことごとくに）金の髻華（かざし）を以ちて著頭にせり（頭に挿した）……服の色は，皆冠の色を用ゐたり」と，たくさんの皇子・諸王・諸臣が冠位に応じた色の冠・服で頭に金の髻華を挿して儀式に参加したと書いている．

第3に，推古19年（611年）の菟田野での薬猟記事で，「是の日に，諸臣の服の色，皆冠の色に随ひ，各髻華を着せり．則ち大徳・小徳は並びに金を用ゐ……」と，徳冠などの諸臣が薬猟に参加したと書いている．

第4に，推古20年（612年），薬猟記事で「其の装束，菟田の猟の如し」と書く．

このように，日本書紀は，何度も諸臣の冠・冠位を強調し，念押ししているという事実がある．しかし，これらの記事にはかなり違和感がある．なぜならば，前半期，日本書紀に登場する人物で冠位を授与されていることが確認できるのは遣隋使などの3名だけで，他の諸臣には誰も冠位が書かれていないからである．すなわち，次の問題点がある．

〈問題点K〉なぜ日本書紀は何度も「諸臣」への冠位授与を強調し，念押ししなければならなかったのか．

この問題点Kは問題点I，Jと関係している問題点である．

3 裴世清出迎え・歓迎者の官位・冠位

　大和政権の「諸臣」に冠位が書かれていない点に関係して，倭国伝と日本書紀の記述が明らかに矛盾している点を指摘しておく必要がある．それは裴世清を迎えた諸臣の冠位である．

　裴世清の倭国での出迎え・歓迎の記述については，すでに倭国伝と日本書紀の記述は出迎え者の名前と官位の有無が一致せず，「多利思比孤≠推古天皇」であり，倭国伝は多利思比孤による裴世清出迎えを書き，日本書紀は推古天皇の出迎えを書いたものであって，別のことを書いていると指摘した．その際，「倭国伝と日本書紀が書く裴世清の出迎え者の「官位の有無の差はどう理解すべきか」という点については保留とした．本章では以下の問題点 L として検討する．

　〈問題点 L（問題点 13）〉倭国伝と日本書紀が書く裴世清を出迎えた諸臣の官位の有
　　　　無はどう理解すべきか．

4 推古 22 年（614 年）の第六次遣隋使の冠位

　日本書紀は推古 16 年（608 年）9 月，「小野妹子臣を以ちて大使とし，吉士雄成は小使とし……唐客に副へて遣わす」と第四次遣隋使派遣を書く．吉士雄成は，遣隋使となる前に，筑紫に着いた裴世清を迎えるために筑紫へ派遣されている．このときは冠位がないが，その後第四次遣隋使になると「大礼乎那利」と書かれている．従って，吉士雄成が大礼の冠位を授与されたのは明らかに遣隋使になったためと理解される．これを見ると，遣隋使は無条件に冠位を授与されるように思える．

　ところがそうすっきりはしていない．日本書紀は推古 22 年（614 年）6 月，第六次遣隋使に関して（第五次遣隋使派遣は日本書紀には記載されていない），「犬上君御田鍬・矢田部造を大唐（隋）に遣す」とだけ記して，犬上君御田鍬も矢田部造も冠位が書かれていない．すなわち，第二次と第四次遣隋使の小野妹子と吉士雄成は「大礼」の冠位であるが，第六次遣隋使の犬上御田鍬と矢田部造は冠位が書かれていないという事実がある．このことは，以下の問題点を提起する．

　〈問題点 M〉同じ遣隋使なのに，推古 22 年（614 年）の第六次遣隋使の犬上御田鍬
　　　　・矢田部造だけ冠位が書かれていない（授与されていない）のはなぜか．

5 要約：冠位十二階制定から聖徳太子の死までの約 20 年間の諸問題点

　以上の日本書紀の記述から指摘される冠位と冠位制度に関する問題点，および，

事実を再録すれば以下のようになる．これらの諸問題と諸事実をどのように合理的に理解するかが，課題である．

〈問題点 I〉 冠位授与が確認できるのは，なぜ仏教功労者の鞍作鳥と遣隋使の小野妹子・吉士雄成の3名しかいないのか．

〈問題点 J〉 鞍作鳥・小野妹子・吉士雄成以外の諸臣にはなぜ冠位が書かれていないのか．それは冠位を授与されていないことを意味するのか．

〈問題点 K〉なぜ日本書紀は何度も「諸臣」への冠位授与を強調し，念押ししなければならなかったのか．

〈問題点 L（問題点 13）〉倭国伝と日本書紀が書く裴世清を出迎えた諸臣の官位の有無はどう理解すべきか．

〈問題点 M〉同じ遣隋使なのに，推古22年（614年）の第六次遣隋使の犬上御田鍬・矢田部造だけ冠位が書かれていない（授与されていない）のはなぜか．

〈事実 B〉 冠位十二階制定後の約20年間，日本書紀に登場するたくさんの臣下の中で，冠位授与が書かれているのは仏教功労者と遣隋使の計3名だけである．

〈事実 C〉 隋皇帝国書提出儀式と新羅・任那の使者の謁見儀式という外交の場に参加する有力諸臣すらも冠位が書かれていない．

前半期の課題は，事実B・Cを考慮しつつ，問題点I〜Mをどのように合理的に理解するかにある．

これらの大和政権の冠位十二階に関する諸問題点を合理的に理解するためには，もっと議論を深めなければならない点がたくさんある．そこで，まずいろいろな点について議論A〜Dとして検討し，その後で諸問題をどのように理解できるかを検討する．

議論A：大和政権の冠位十二階の機能不全：冠位授与は3人だけ

1 冠位が書かれているのは鞍作鳥，小野妹子，吉士雄成の3人だけという異常な状態
2 日本書紀に冠位が書かれている臣下が少ない点に関する研究者の2つの見解
3 冠位が書かれていないことは冠位が授与されていなかったということである
4 結論：冠位を授与されたのは遣隋使などの3人だけである

5 大和政権の冠位十二階は制定直後から機能不全という異様な実態
6 日本書紀が「諸臣の冠位」を強調するのはなぜか
7 要約・結論：大和政権の冠位十二階は正常には機能していなかった

　指摘した諸問題点の中で特に重要な問題点は，日本書紀に登場するたくさんの臣下の中で，冠位の授与が書かれている臣下は3人しかいないという問題点Iである(*1)．

　冠位十二階が制定された推古11年（603年）から聖徳太子の死（621年）までの約20年間に，冠位が授与された臣下として日本書紀が明記するのは，仏教功労者の鞍作鳥と遣隋使の小野妹子・吉士雄成の合計3名のみであって，それ以外の臣下は誰一人として登場しない．これらは誰も否定できない客観的事実である（事実B）．

　しかし，これはおかしなことである．冠位制度は多数の臣下に冠位が授与されて初めて意味を持つ制度である．3人だけでは冠位制度の意味がない．冠位十二階を新たに制定したのであるから，もっとたくさんの冠位のある臣下が登場するのが当然だろう．実際に，日本書紀は制定の翌月の推古12年（604年）正月に「始めて冠位を諸臣に賜ふ．各差有り」と書いている．この記述はたくさんの臣下に徳冠から智冠までいろいろな冠位が授与されたと読める．

　しかし，あくまで冠位十二階制定後の約20年間（前半期），日本書紀に登場するたくさんの臣下の中で，冠位を記されている臣下は3人だけというのが客観的な事実であって（事実B），

　〈問題点I〉冠位授与が確認できるのは，なぜ仏教功労者の鞍作鳥と遣隋使の小野妹子・吉士雄成の3名しかいないのか．

という問題点を指摘した．この問題点は，

　〈問題点J〉鞍作鳥・小野妹子・吉士雄成以外の諸臣にはなぜ冠位が書かれていないのか．それは冠位を授与されていないことを意味するのか．

に，直結し，さらに，

　〈問題点K〉なぜ日本書紀は何度も「諸臣」への冠位授与を強調し，念押ししなければならなかったのか．

という問題点につながる．これらの3点の問題点は相互に関係する諸問題である．以下にこれらの冠位十二階の実態に関する諸問題点について考える．

　*1　日本書紀以外の史料では他にも官位を授与された臣下がいる．しかし，正直に言って，大和政権の正史である日本書紀と続日本紀以外の史料については，史料そのものの信憑性を

判断しにくい点，および，以下の議論に本質的な影響を与えない点から，本拙論の議論では，冠位を授与されている諸臣は，原則として正史である日本書紀と続日本紀に記載されている臣下に限ることとしたい．

1 冠位が書かれているのは鞍作鳥，小野妹子，吉士雄成の3人だけという異常な状態

冠位十二階の前半期（制定後の約20年間）に，日本書紀に仏教功労者・遣隋使以外の他の臣下が登場しないわけではなく，名前を明記されたたくさんの臣下が登場する．実際に，日本書紀には以下のような大和政権の公式行事が書かれている（括弧内はその行事に参加した臣下の人数である）．

推古16年（608年）：隋の使者裴世清の歓迎（5人）

推古16年（608年）：隋皇帝国書提出儀式（4人）

推古18年（610年）：新羅・任那使者の歓迎と謁見儀式（12人）

推古19年（611年）：莵田野の薬猟（2人）

推古20年（612年）：堅塩媛（推古天皇の母）の改葬儀式（3人）

以上の5件の儀式などに登場する臣下は合計26名である．重複があるからもう少し少ないが，いずれにせよ，名前を明記された二十数名の臣下が登場する．これらは大和政権の重要な儀式や行事に登場する諸臣であるから，その多くは有力な臣下である．しかし，誰も冠位が書かれていない．冠位の有無は重要なことである．日本書紀が大量に書き漏らしたと考えるのは困難であろう．このことは，これらの諸臣は，これらの儀式などの時点では，冠位が授与されていなかったことを示唆している．

もう少し詳細に見れば，以下のようになる．

まず推古16年（608年）の隋の使者裴世清の出迎えと国書提出儀式については，筑紫に到着した裴世清を接待した大和政権の人物として日本書紀は吉士雄成を書く．そして難波の津（港）に着いた裴世清を出迎え，接待したのが中臣宮地連烏磨呂，大河内直糠手，船史王平であり，都に迎えたのが額田部連比羅夫である．これらの5名は推古天皇の命によって，裴世清を出迎えた諸臣である．しかし，彼等はすべて冠位が書かれていない．

また隋皇帝国書提出儀式において，裴世清を儀式の場に導いてきたと日本書紀が記す阿倍鳥臣と物部依網連抱も，裴世清が読み上げた隋皇帝の書を「受けて進んだ」阿倍臣も，さらにその書を引き継いで，推古天皇が奥にいる大門の前の机の上に置

いて奏上したという大伴囓連も，すべて重要な「諸臣」のはずである．それなのに，やはり冠位は書かれていない．中国皇帝の使者が来日するのは歴史的で重要なできごとである．隋皇帝の国書提出儀式に参加する諸臣は高位の冠位を持つ臣下であって当然であろう．それなのに，全員，冠位が書かれていない．
　以上のことは隋皇帝国書提出儀式である．この国書提出儀式は日本書紀によって裴世清"朝貢"儀式へと造作されていることはすでに述べた．日本書紀が造作した儀式であるから，意味がないと思うかもしれない．しかし，同じ外交の場である2年後の推古18年（610年）の新羅・任那の使者の謁見儀式に関しても同じことが起こっている．
　推古18年（610年）の新羅・任那の使者は大和政権にとって重要な使者である．日本書紀には，裴世清に関する記述と同じく，謁見儀式に参加した諸臣だけでなく，新羅・任那使者を歓迎し，もてなした人物たちの名前もまた詳細に書かれている．しかし，名前が書かれている12名の諸臣はすべて冠位が書かれていない．隋皇帝国書提出儀式の場合と同じである．
　その象徴は大伴囓連である．北康宏氏は［北①］，大伴囓連について，崇峻4年（591年）の筑紫出兵の際の大将軍，推古9年（601年）の高句麗への使者，推古16年（608年）の裴世清儀式の国書奏上，推古18年（610年）の蘇我蝦夷を含む4大夫の筆頭を挙げ，「任大将軍の経歴を有し，筆頭大夫でもあることからすれば，既にこの段階で特別に大徳を得ていた可能性はあるし，これ以降に昇進したとも考えられる」と指摘される．しかし，やはり，大伴囓連にも冠位は書かれていない．
　以上のように，隋皇帝国書提出儀式と新羅・任那の使者の謁見儀式という外交の場に参加する有力諸臣に冠位が書かれていない，という事実Cが確認できる．
　また，推古20年（612年）の堅塩媛の改葬儀式で誄（しのびごと）を読み上げた3名の臣下全員に，冠位が書かれていない点は象徴的である．堅塩媛は，当時，きわめて重要な天皇であった欽明天皇の后であり，推古天皇の実母であり，皇太子である聖徳太子の祖母であり，堅塩媛は蘇我馬子とともに蘇我稲目の子である．従って，堅塩媛の改葬儀式は当時の大和政権の重要儀式であった．その儀式では阿倍内臣鳥が「天皇の命を誄たてまつり（推古天皇の誄のお言葉を申し述べ）」，諸皇子の誄が続き，「第三に中臣宮地連烏磨呂が大臣（馬子）の辞を誄」し，「第四に大臣，八腹臣（多くの氏族の臣）等を引率して」，「境部臣摩理勢を以ちて氏姓の本を誄まをさしむ」と書く．黛弘道氏によれば［黛②］，誄を読む臣下は「さまで高位の人とはいえ」ないようだが（もっとも皇極元年〔642年〕の舒明天皇の喪葬で誄を読んだ3人の臣下は「小徳」という

［別章］冠位十二階は大和政権の冠位制度ではない　449

高位である),堅塩媛の改葬儀式で誄を述べた阿倍内臣鳥,中臣宮地連烏磨呂,境部臣摩理勢の3人は,相応に有力な臣下ではないだろうか.天皇や大臣に代わって冠位もないような臣下が誄を読むというのはおかしいだろう(冠位は,徳冠から智冠まである).しかし,彼等もまたすべて冠位は書かれていないのである.

これらは実に奇妙なことと言うべきである.しかし,大和政権の重要儀式・重要行事に登場する有力な諸臣に冠位が授与されていなかったということはあり得るだろうか.冠位十二階を制定して,冠位を授与されることが期待されるのは,まず誰よりも先に,上述の大和政権の重要行事・重要儀式に登場する有力な諸臣である.彼等は大和政権における重要な諸臣であり,倭国伝が「内官に十二等あり」と書く重要な内官である.本来,そういう諸臣を序列付け,王(天皇)の権力・統治体制を強化することが冠位制度制定の目的であるはずである.従って,冠位十二階が制定されれば,まっさきにそういう諸臣に冠位が授与されるべきであろう.

もしも,冠位が書かれていないことが,冠位を授与されていないことを意味するとすれば,冠位十二階の制定後,有力な諸臣に冠位が授与されていないことになり,大和政権の冠位十二階は正常に施行・運用されていなかったという重大な問題があったことを示すことになる.

2 日本書紀に冠位が書かれている臣下が少ない点に関する研究者の2つの見解
(a) 冠位施行がごく一部に限られていた可能性

日本書紀に冠位が書かれている臣下が非常に少ないことは,冠位十二階について研究する諸研究者にとっても,理解が難しいことと受け止められてきた.

大和政権の冠位十二階に関して,重要な論文を書かれた黛弘道氏は[黛②],「冠位が実際に行われたことを示す史料は,書紀ばかりではなく,他の文献にも見えるが,知られる総てを列挙しても,その数は必ずしも多くはない.そればかりか,書紀に出てくる人名を見ても冠名をともなうものは,しからざる人よりはむしろ少なく,史料の欠逸を考慮しつつもなお冠位施行がごく一部に限られていたと推測する余地も多い」とされ,冠位授与がごく一部に限られていた可能性を指摘される.

黛氏は明記してはおられないが,氏の見解は「冠位施行がごく一部に限られていたと推測する余地も多い」と,冠位が記されていないのは,その時点でほとんどの臣下に冠位が授与されていないことを示唆するものと見ることができる.しかし,そのように考える研究者は他には見当たらない.

(b) 冠位は広く授与されているが,日本書紀には書かれていないという見解

多くの研究者は，冠位はもっと広範囲に授与されているのだが，日本書紀には記載されていないと考えているようだ．その代表例が北康宏氏［北①②］の見解である．氏は「冠位記載を伴わないものの方が圧倒的に多い」，「推古天皇紀から大化三年紀までの記事を通覧しても，当該期の主要な人物は冠位記載を有していない．記載があるものがむしろ例外なのである」と指摘され，「史書が敢えて書き残したものは何らかの意味で特殊事例なのではないか」，「（推古31年〔623年〕の新羅征討軍の将軍たちの冠位は）特別な賜与だからこそ国史はこれらを殊更に記述しているのではないだろうか」，「将軍任命や（遣隋使という）外国遣使に関わる事例を殊更に書き記したもの」などと指摘され，「史書に記されていない多くの一般的な賜与にこそ，冠位十二階の本来の姿があった」，「『日本書紀』が書き記さなかったものが多くある」と指摘される．また，上野利三氏も［上野］，「冠位十二階の賜与状況に関しては，あまりにもそれが断片的に記載されているがゆえに，全体像を把握し，再構成することは至難」と，冠位はもっと広範に授与されているのだが，日本書紀が冠位を「断片的に記載」したために，冠位が書かれている臣下が少ないと示唆しておられる．

日本書紀にはごく少数しか臣下の冠位が明記されていないという奇妙な事実を正面から取り上げられたのが中田興吉氏である［中田］．中田氏は「冠位を記されない人物は授与されていなかったのか，それとも記されなかっただけなのか」と問題提起される．そこで氏の見解を少し詳細に示せば，以下のようになる．

氏は「（冠位）十二階とは別に王族は独自の冠を着用し，それは豪族も同様であった」と指摘される．別の"独自の冠"とは，喜田新六氏［喜田］の「大臣以下の氏姓制度による官職に定められていた冠制と，新しい官職に任ぜられた個人が，授けられる十二階冠位の冠制との二種類の冠制が，共存していた」，「旧制の冠制が中心をなし，十二階冠位は，補助的な冠制であった筈である」という「氏姓の冠」のようである．

そして，日本書紀に冠位が書かれていない点に関して，中田氏は以下のように指摘される．

① 「王族や蘇我氏を除いて冠位が授与されていたのであるが，『日本書紀』はそれを逐一記していない」．

② 「いったん授与されれば，その後は固定的なので記す必要がないと考えられ，またそれは世襲されるのであるから，逐一記さなかったのではないか」．

③ 「冠位十二階は氏姓制が機能していて氏を単位としていた社会に，個人的な要素を加味したとも言えよう．このことによって，一度授与された冠位は特別

な場合を除いて昇進せず，それで逐一記す必要がなく……」．
④「冠位十二階は現実の社会においては余り機能するものではなかった」，「氏姓制がまずあり，それを補足するものとして冠位が位置づけられていたにすぎなかった」．
⑤「従来の氏姓制を根底に据え，一方で，個人の評価を加味したもの」，「氏姓制……を補完するものとして冠位十二階を位置づけ，蘇我氏周辺の氏族を中心として上位の冠位十二階を授与し，それを継受させる」．
⑥「通常の場合，氏姓制原理にもとづく一度きりの授与であり，よほどの功績の無い限り，固定的なものであったのである．したがって，逐一，冠位を記す必要もなかったのである．その意味では冠位十二階は厳密に機能するものではなかった」．

以上の中田氏の見解は，私が誤解していなければ，以下のように要約される．
- 「氏姓の冠」が基本で，広く授与されていた．
- 「冠位十二階の冠」は「氏姓の冠」を補うものである．
- 「蘇我氏周辺の氏族を中心として上位の冠位十二階を授与し」た．
- 日本書紀に冠位が書かれていないのは，「いったん授与されれば，その後は固定的なので記す必要がない」，「世襲される」，「特別な場合を除いて昇進しない」，「逐一記す必要がない」からである．

中田氏の「冠位を記されない人物は授与されていなかったのか，それとも記されなかっただけなのか」という観点から，氏の見解を要約すれば，ほとんどの臣下には氏姓の冠や冠位十二階の冠位が授与されているのだが，日本書紀に冠位が書かれた臣下が少ないのは，冠位は「固定的」で，「世襲され」，「昇進しない」から「記す必要がない」ために逐一記載されることはなかった，ということになるのであろう．

(c) 要約：冠位が記されていないことに対する研究者の2つの見解

以上のように，日本書紀に冠位が明記されている臣下がきわめて少ない点についての研究者の見解として，2通りの見解があることが分かる．

第1に，冠位が記されていないのは，その時点で冠位が授与されていないからである．そう明記してはおられないが，黛弘道氏の見解［黛②］がこれにあたる．

第2に，冠位は授与されているが，日本書紀には書かれていない．この見解は，「史書に記されていない多くの一般的な賜与」（北康宏），日本書紀が「断片的に記載」した（上野利三），「逐一，冠位を記す必要もなかった」（中田興吉）などである．

■ 冠位が書かれていないことは冠位が授与されていなかったということである

　日本書紀に登場する諸臣のうち，冠位を記された臣下はきわめて少なく，前半（制定から聖徳太子の死まで）はわずか3人だけである（事実B）．この異常な事実は大和政権の冠位制度に関わる基本的な問題点であり，どう理解するかは重要である．この点に関する以下の2通りの理解，

　第1の理解：日本書紀に冠位が記されていない諸臣は，その時点では冠位が授与されていない，

　第2の理解：冠位は授与されているが，日本書紀には書かれていない，

について，どちらがより合理的であるかをいくつかの観点から以下に検討したい．

(a) 第1点：隋皇帝国書提出儀式と新羅・任那の使者の謁見儀式

　第1点は，隋皇帝国書提出儀式と新羅・任那の使者の謁見儀式という外交の場に登場する諸臣である．

　榎本淳一氏は［榎本②］，「冠位十二階は中央豪族の官僚化を図ったものとされるが，中国的な外交儀礼に対応するために制定された側面も強かった．隋朝との外交の場では，官僚の身分・地位を明示する必要があったのである」と指摘される．また，若月義小氏は［若月①］，第一次遣隋使派遣の目的について，「礼制の総合的摂取を基本目的としていた」，「隋使の来倭まで仰いで（隋に）直接『教化』されること」と述べる．中田興吉氏もまた，冠位十二階の制定について「礼秩序の導入の必要性を認識」し，「外国とのつきあいに『礼』の導入が必要であった」と指摘される［中田］．

　これらの指摘は説得力がある．実際に，倭国伝は，倭王多利思比孤が隋の使者裴世清に対して「我れ聞く，海西に大隋礼義の国ありと．故に遣わして朝貢せしむ」と述べている．倭王自身が「礼義」を学ぶことが遣隋使派遣の目的だと語っており，榎本氏などが指摘されるように，隋から「礼」を学び，導入したいというのは少なくとも遣隋使派遣の具体的な目的の1つと考えられる．

　であれば，推古16年（608年）の隋の使者裴世清の出迎えや隋皇帝国書提出儀式において，大和政権においても「礼」の重要事項の1つである冠位制度が制定され，実際に機能していることを強調したいのではないだろうか．隋から見ても倭国の「冠」や官位・冠位制度に強い関心がある．このことは，隋書倭国伝が倭国の風俗記事の冒頭に「官位十二等」を置いていることから分かるし，実際に倭国伝が，裴世清を歓迎した倭国の臣下である阿輩台と哥多毗について，「小徳」・「大礼」という冠位を明記している点からも明らかだろう．

　であれば，裴世清の出迎えや隋皇帝国書提出儀式には，冠位を授与された臣下を

たくさん登場させ，大和政権においても，冠位制度が施行され実際に冠位が授与されていることを裴世清に積極的に示し，大和政権が「礼」の観点から進化した東夷であることを示すだろう．そして日本書紀も，たとえ普通は「冠位を記す必要がない，逐一記す必要がない」としても，逆に，登場する諸臣の冠位を「逐一記す」だろう．冠位が「いったん授与されれば，その後は固定的」で「世襲される」もの（「氏族の冠」）であれ，「特別な場合を除いて昇進」しないものであれ（中田），それは外交の場では何の関係もないことである．

要するに，裴世清の国書提出儀式という隋との外交の場では，登場する諸臣の冠位はきわめて重要なことなのである．それなのに裴世清出迎え・国書提出儀式に登場するたくさんの臣下の中で冠位が書かれている臣下は1人もいない（事実C）．

これは異様なことである．裴世清を出迎えた諸臣や儀式に登場する諸臣にも冠位は授与されていたにもかかわらず，それらの諸臣の冠位をまったく記さないというのはあり得ないことではないだろうか．「隋朝との外交の場では，官僚の身分・地位を明示する必要があった」[榎本②]はずである．

にもかかわらず，諸臣の冠位が書かれていないのは，この時点では，登場する諸臣には冠位は授与されていなかったことを強く示唆している．こういう重要な場の記述で諸臣の冠位をすべて日本書紀が書き漏らしたことは考えにくいし，中田氏が指摘されるように，冠位を「逐一記す必要がなかった」とも考えにくい．

この点に関連して，日本書紀は裴世清の国書提出儀式において，「皇子・諸王・諸臣，悉くに（ことごとくに）金の髻華を以ちて著頭にせり……服の色は，皆冠の色を用ゐたり」と書いているから，冠位を授与されたたくさんの臣下が儀式に参加したと指摘されるかもしれない．確かに日本書紀の記述はそう読めるが，儀式進行に直接関与している重要諸臣は1人も冠位がないのに，"儀式に参列しているだけ"というたくさんの臣下には冠位があるというはおかしいだろう．鞍作鳥と小野妹子を除いて，皇子・諸王・諸臣の中で，当時，冠位が授与されたと確認できる人は1人もいない．

もう1つの外交の場である新羅・任那の使者の謁見儀式でも事態は同じである．

新羅・任那の使者の謁見儀式に登場する日本側の諸臣は，有力諸臣だけでなく，彼等を出迎えたり，宴を取り持ったりした臣下も含めて，12人の諸臣が登場するが，誰も冠位が書かれていない．それなのに，新羅・任那の使者については，「沙磟部奈末竹世士」，「磟部大舎首智買」と，所属の「沙磟部」，「磟部」を明記するとともに，「奈末」，「大舎」という冠位を明記している．「奈末」，「大舎」は新羅の官位で

は第11位，第12位のかなり低い官位である．それなのにていねいに「沙喙部奈末」などと新羅・任那の肩書きをフルに記している．一方，儀式に参加した日本側の諸臣は大和政権の高官（大夫）であるはずなのに，肩書きも冠位も，誰も書かれていない．

もしも日本側の諸臣に冠位が授与されていたとすれば，それを書き漏らしたとは考えられないし，「逐一記す必要がなかった」とも考えられない．低い冠位であっても，新羅・任那の使者については所属と冠位を明記しているのであるから，日本側の諸臣も冠位を「逐一記さなければならない」のであって，「逐一記す必要がなかった」はずはない．いずれにせよ，冠位が授与されているのにそれを書かないというのはあり得ない場面ではないだろうか．

大和政権は新羅に「朝貢される大国」として対応している．従って，新羅に対して何かと優位に立っていることを示したいはずである．しかし，大和政権の「礼」制度の整備は，中華の本家である隋はもちろん，百済・新羅にもかなり遅れていた．冠位のある新羅・任那の使者の謁見儀式に参加する大和政権の高官に冠位がないことは外交的恥なのである．であるから，やってきた新羅・任那の使者に，大和政権も冠位十二階を制定し実施していることを示したかったはずだし，「外交の場では，官僚の身分・地位を明示する必要があった」［榎本②］のである．従って，もしも登場する諸臣に冠位が授与されていたとすれば，その冠位を書いただろうし，「逐一記す必要」があったし，書き漏らしてはいけないのである．

以上の議論から，隋皇帝国書提出儀式と新羅・任那の使者の謁見儀式という外交の場に参加している諸臣に冠位が書かれていないのは，儀式に参加した時点ではそれらの諸臣には冠位が「授与されていなかった」からである．冠位は授与されていたのに，「書く必要がなかった」と理解することは困難であろう．

なお，隋皇帝国書提出儀式と新羅・任那の使者の謁見儀式に参加している諸臣の中に冠位が授与されていることが分かっている臣下がいる．大伴連囓（咋子）である．大伴連囓は「大徳」であったと続日本紀は書いている．続日本紀は日本書紀に次ぐ正史であり，この記述を疑う理由はないと考えられる．大伴連囓は，「物部戦争」以来，しばしば日本書紀に登場し，隋皇帝国書提出儀式と新羅・任那使者の謁見儀式の両方で重要な役割を演じており，当時すでに大徳の冠位を授与されていたとしてもおかしくない有力な臣下である．もし，当時，彼に大徳の冠位が授与されていたとすれば，日本書紀が彼の「大徳」を書かない理由はないし，書き漏らしたとも考えられない．すなわち，当時の大伴連囓（咋子）に冠位はなかったのである（後に大

徳を授与されたと考えられる．この点は後述）．

　以上のように，隋皇帝国書提出儀式，および，新羅・任那の謁見儀式（さらに裴世清出迎え）という外交の場に登場する大和政権のたくさんの臣下について，日本書紀は誰一人として冠位を書いていない．彼等には冠位が授与されていたが，「冠位を書く必要がなかった」，「逐一記す必要がない」わけではなく，書き落としたわけでもなく，当時，登場する諸臣には冠位が授与されていなかった．これが事実であると考えられる．

　換言すれば，冠位は授与されているが，日本書紀には書かれていないという第2の理解ではなく，第1の理解，冠位を記されていないのはその時点では冠位が授与されていないからである，が正しいことを強く示唆している．

(b) 第2点：堅塩媛の改葬儀式と舒明天皇の喪葬

　第2点は堅塩媛の改葬儀式と舒明天皇の喪葬の儀式である．

　推古20年（612年）2月の堅塩媛の改葬で誄を述べた阿倍内臣鳥，中臣宮地連烏磨呂，境部臣摩理勢の3人の臣下には誰も冠位が書かれていない．これとは対照的に，冠位十二階の後半期にあたる皇極元年（642年）12月の舒明天皇の喪葬の礼の場で同じく誄を述べた3人の臣下は，「小徳」巨勢臣徳太，「小徳」粟田臣細目，「小徳」大伴連馬飼と，それぞれていねいに「小徳」という冠位が明記されている．

　堅塩媛の改葬の際の3人も，舒明天皇の喪葬の際の3人も，どちらの場合も冠位が授与されていたとすれば，堅塩媛の改葬の場合は書かず，なぜ舒明天皇の喪葬だけきちんと冠位を書くのだろうか．あるいは，堅塩媛の改葬の際の3人は冠位を書く必要がないのに，なぜ舒明天皇の喪葬の場合は書く必要があるのだろうか．この差はどうして生じるのか．この点を，冠位は授与されているが，日本書紀には書かれていない，という第2の理解に基づいて合理的に理解することは困難であろう．堅塩媛の改葬も舒明天皇の喪葬も大和政権にとっては同じように重要な儀式なのである．どちらの3人も冠位があるのに，一方だけ書かない，あるいは，冠位を書く必要がない，ということはあり得ない．

　そうではなく，第1の理解の観点，すなわち，堅塩媛改葬の際の3人はその当時冠位がなく，舒明天皇の喪葬の3人は冠位が授与されていたとすれば，何の問題もなく理解できるのである．

　これほど明瞭ではないが，同じことは，推古31年（623年）の9人の将軍たちの徳冠でもいえる．それまでたくさんの臣下が登場するが，それらの諸臣には冠位が書かれていなくて，推古31年（623年）の9人の新羅征討軍の将軍たち9人だけは

いちいちていねいに冠位を書いている．中田氏の見解では「氏姓の冠」は氏族全体に幅広く，そして冠位十二階の冠位も蘇我氏周辺の有力氏族のほぼすべてに授与されているはずである．従って，日本書紀に登場する有力諸臣のほとんどすべてに「氏姓の冠」か「冠位十二階」(あるいは両方) の冠位が授与されていることになる．であれば，多くの有力諸臣の場合は，冠位を書く必要がないのに，なぜ新羅征討軍の 9 人だけは冠位を書く必要があるのだろうか．このことを第 2 の理解 (冠位は授与されているが，日本書紀には書かれていない) の観点から，合理的に理解することは難しい．そもそも，中田氏は，どういう場合に冠位を書くのか，その基準を明示しておられない．

一方，第 1 の理解に基づけば，新羅征討軍以外の諸臣には，当時，冠位は授与されていなかったから日本書紀は冠位を書かなかったのであり，新羅征討軍の将軍たちには冠位が授与されていたから冠位を書いたと何の問題もなく理解できる．要するに，日本書紀は無原則に冠位を書いているわけではなく，冠位が授与されている諸臣についてのみ冠位を記す (そして，小野妹子や巨勢臣徳太のように，2 度目以降の登場の際には，必ずしも逐一記さない) というきわめて合理的な原則で書いている．無原則な対応ではない．

以上のように，堅塩媛の改葬と舒明天皇の喪葬の際の 3 人の冠位有無の差も，新羅征討軍とそれ以外の諸臣との差も，「日本書紀に冠位が記されていない諸臣は，その時点では冠位は授与されていない」という第 1 の理解が正しいことを示唆している．

(c) **冠位があるのに書かれていない場合**

関連して，中田興吉氏が［中田］，冠位があるのに書かれていない例として挙げられる，中臣連弥気の小徳と阿倍鳥子臣の小徳について考える．

中臣連弥気の場合，日本書紀に登場する推古天皇の皇位継承問題の時点ではまだ冠位はなく，小徳が授与されたのはずっと後の別の事情によるものと考えられる (後述)．また，中田氏は阿倍鳥子臣について，冠位があったが日本書紀は冠位を書いていないと指摘される．氏の見解の根拠となっているのは，隋書倭国伝の小徳阿輩台が阿倍鳥 (子) 臣であるという推定に基づく．しかし，小徳阿輩台は，到着した裴世清をまず最初に迎えた臣であり (隋書倭国伝)，阿輩台に相当する人物はあくまで中臣宮地連烏磨呂・大河内直糠手・船史王平のいずれか (おそらく中臣宮地連烏磨呂) であって，阿倍鳥臣ではない (阿倍鳥臣は裴世清が都に入った後の儀式に登場する人物である)．従って，阿倍鳥子臣に小徳の冠位が授与されていたとは言えない (名前も一致

しない).

要するに，中田氏が挙げられる2例は，冠位があるのに日本書紀が冠位を書いていないという例ではない．

(d) **要約：冠位が書かれていないことは冠位が授与されていないということである**

以上の議論を要約すれば，以下のようになる．

大和政権の冠位十二階の前半期，日本書紀に登場するたくさんの臣下の中で冠位が書かれているのは，遣隋使などの3人だけである（事実B）．この点に関して以下の2つの理解がある．

第1の理解：日本書紀に冠位が記されていない臣下は，その時点では冠位が授与されていない．

第2の理解：冠位は授与されているが，日本書紀には書かれていない．

どちらの理解が正しいか，について検討した結果，以下の点が指摘される．

① 隋皇帝国書提出儀式と新羅・任那の使者の謁見儀式という重要な外交の場に登場する諸臣は，冠位が授与されていれば，当然明記しなければならない場合である．しかし，誰一人として冠位が書かれていない．このことは，これらの儀式に参加した諸臣には，当時，冠位が授与されていなかったことを示唆している．

② 堅塩媛の改葬の誄をした3人の臣下には冠位が書かれていないのに，舒明天皇の改葬の際には3人とも冠位が書かれている．堅塩媛の改葬の場合，冠位は授与されていたが，日本書紀には書かれていないと理解することは難しく，当時，冠位は授与されていなかったと理解される．同じことは推古31年（623年）の新羅征討軍の将軍たちの徳冠についても言える．

以上の点から，日本書紀は冠位の有無を正確に反映しており，日本書紀に冠位が記されていない臣下は，その時点では冠位は授与されていないという第1の理解が正しいと結論される．「書き漏らした」，「書く必要はない」ために，冠位が書かれていないのではない．

4 結論：冠位を授与されたのは遣隋使などの3人だけである

以上の議論から，下記の点が結論される．

① 日本書紀に登場する臣下に冠位が書かれていないのは，その時点ではその臣下には冠位は授与されていないからである．

② 推古11年（603年）の冠位十二階制定後の約20年間，日本書紀に登場するたく

さんの臣下の中で冠位を授与されたのは仏教功労者と遣隋使の合計3名だけである．

これらはほぼあいまいさのない結論である．他に冠位を授与された臣下がいないとは断言できないし，書き漏らすこともあり得るだろうが，それらは少数であろう．以上の結論に基づけば，問題点Jは以下のように理解できる．

〈問題点J〉 鞍作鳥・小野妹子・吉士雄成以外の諸臣にはなぜ冠位が書かれていないのか．それは冠位を授与されていないことを意味するのか．

➡冠位が書かれていないことは，その当時，その臣下には冠位が授与されていなかったことを意味する．ただし，冠位を授与された臣下が2度以上登場する場合には，逐一書かれないこともある．

また，事実BとCは，以下のように書き改められる．

〈事実B'〉 冠位十二階制定後の約20年間，日本書紀に登場するたくさんの臣下の中で，冠位授与が授与されているのは仏教功労者と遣隋使の計3名だけである．

〈事実C'〉 隋皇帝国書提出儀式と新羅・任那の使者の謁見儀式という外交の場に参加する有力諸臣すらも冠位が授与されていない．

5 大和政権の冠位十二階は制定直後から機能不全という異様な実態

以上の，日本書紀が冠位を書かないのは，その時点ではその臣下に冠位が授与されていないからである，という結論に基づけば，大和政権の冠位十二階の異様な実態が浮かび上がってくる．

(a) 冠位十二階制定は大失敗

第1点は，冠位制度施行後の約20年間，日本書紀に登場する諸臣の中で冠位を授与された臣下は仏教功労者の鞍作鳥と遣隋使の小野妹子と吉士雄成のわずか3人に過ぎない（事実B'）ことである．

しかし，それはおかしいだろう．坂本太郎氏が指摘されるように［坂本③］，冠位十二階制定の第1の意義は「門閥打破，人材登庸」，あるいは，黛弘道氏が指摘されるように［黛①］，冠位制度は「諸豪族を……新たな秩序のもとに再編し，皇室の手足とする……（ための）手段」である．あくまで諸臣に幅広く冠位を授与し，官僚として取り込み，秩序づけ，天皇による権威・権力・統治体制を強化することが冠位十二階の目的であるはずである．こんな少数の，しかも，有力な臣下ともいえない冠位授与者では，その目的を達成することはとうていできない．

日本書紀によれば，大和政権は推古11年（603年）に初めて冠位十二階を制定したのである．であれば，まず制定直後にたくさんの臣下に冠位を授与して当然だろう．実際に冠位十二階制定の直後，日本書紀は「始めて冠位を諸臣に賜ふ」，「各差有り（それぞれに応じた冠位であった）」と書く．この記事は，別格と考えられる大臣の馬子は除外するとして，それ以外の諸臣には徳冠を最上位に，仁冠，礼冠……とまさに「それぞれに応じた冠位が授与された」と素直に理解される．しかし，冠位制定後の約20年間，実際に冠位が授与されたと確認できるのは3人だけであって，日本書紀に登場する他のたくさんの臣下は誰も冠位を授与されていないのが実態である．

　冠位十二階について詳細に研究し，重要な論文を書かれた黛弘道氏にとって，冠位を授与された臣下が異様に少ないのはやはり気になることであったようで［黛②］，「知られる総べてを列挙しても，その数は必ずしも多くない．そればかりか，書紀に出てくる人名を見ても冠名を伴うものは，しからざる人よりもむしろ少なく……冠位施行がごく一部に限られていたと推測する余地も多い」，「『始めて冠位を諸臣に賜ふこと，各差あり』とはあっても，決してこのとき一斉に施行されたとは考え難い」と指摘される［黛③］．

　そして，冠位を授与された臣下が少ない理由として，「冠位の授受が天皇と豪族の間に君臣関係を設定し，或いは再確認する作業である以上，当時の豪族たちの中に冠位を受けることに消極的なものがいたとしても不思議はない」［黛③］，「（冠位授与の範囲がそれほど広いものではなかったのは）中央豪族の中に冠位をうけるのをいさぎよしとしないものがあったことを暗示している」［黛①］と指摘される．

　しかし，そうであれば，冠位十二階制定は大失敗であろう．ほとんどすべての臣下は「冠位をうけるのをいさぎよし」とせず，天皇と「君臣関係」を結ぼうとする豪族たちがたった3名だけでは，天皇の権威は強化されるどころか，逆に大きく傷つき，面目まるつぶれであって，冠位十二階制定は大失敗である．しかし，そんなことも予想できずに推古天皇・聖徳太子が冠位十二階の制定を推し進めたとは思えない．

(b) 冠位十二階は制定直後から正常に機能していない

　第2点は，特に，臣連に冠位が授与されていないことである．

　当時の大和政権において，臣連が最上級の豪族たちである．しかし，臣連で冠位が授与されているのは小野妹子だけで，他の臣連は誰一人として冠位を授与されていない．

冠位十二階の前半期（制定から，聖徳太子の死までの約20年間）に日本書紀に登場する小野妹子以外の臣連をピックアップすれば以下のようになる．

中臣宮地連鳥磨呂，額田部連比羅夫，阿倍鳥臣，物部依網連抱，阿倍臣，大伴咋連，膳臣大伴，土部連莬，間人連塩蓋，阿閉臣大籠，蘇我豊浦蝦夷臣，坂本糠手臣，粟田細目臣，阿倍内臣鳥，境部臣摩理勢

以上の臣連は誰も冠位を授与されていない．臣連で冠位を授与されたのは小野臣妹子だけである．その小野妹子は遣隋使という特殊な場合であり，小野臣は臣連の中では有力とは言えない．

これは異様なことである．大和政権で冠位十二階を制定した場合，まっさきに冠位授与の対象となるのは臣連のはずである．確かに，冠位十二階は氏族全体を対象とするのではなく，功績や能力のある個人を対象とするものであろう．たくさんの臣連の中の有能な個人や業績を上げた者に優先的に高位の冠位を授与するだろう．それが王（天皇）の統治・支配体制を強化する道である．しかし，臣連で冠位を授与されたのは小野臣の妹子だけである．これでは天皇による統治・支配体制の強化にはきわめてふじゅうぶんである．もっと広範に臣連の有能な人物に冠位を授与しなくては統治・支配体制が強化されないことは明らかだ．しかし，臣連に広範に冠位を授与したことを示す点はどこにもない．

以上のことは，大和政権の冠位十二階は，制定直後から正常に機能せず，本来，果たすべき機能を果たさず，機能不全に陥っていたという重大な事実をはっきりと示している．中田興吉氏は [中田]，「冠位十二階は，当時の社会においてはあまり機能していなかったとも言える」と指摘しておられるが，氏の指摘の通りである．

この点に関連する，

〈問題点I〉 冠位授与が確認できるのは，なぜ仏教功労者の鞍作鳥と遣隋使の小野妹子・吉士雄成の3名しかいないのか．

という問題点に対しては，直接的には，日本書紀に登場する諸臣の中で冠位を授与されていたのはこれらの3名に限定されるため，というのが回答である．しかし，単に3名だけであったでは済まされない重大な実態である．なぜ，3名だけしか冠位が授与されなかったのかが問題となる．すなわち，問題点Iは解決せず，

〈問題点I'〉 冠位十二階の前半期（制定から聖徳太子の死までの約20年間），日本書紀に登場するたくさんの臣下の中で，冠位授与が確認できるのは仏教功労者と遣隋使の3名だけで，他の諸臣には冠位は授与されていないという冠位十二階の異様な機能不全をどう理解するのか．

という新しい問題に姿を変えて継続することになる．

6 日本書紀が「諸臣の冠位」を強調するのはなぜか

　以上のように，大和政権の冠位十二階は制定直後から，機能不全で正常に機能していない．それなのに，日本書紀はたくさんの臣下に冠位が授与されたかのごとくに書くという奇妙な事実がある．そのことを，

〈問題点K〉なぜ日本書紀は何度も「諸臣」への冠位授与を強調し，念押ししなければならなかったのか，

と問題提起してきた．このことは冠位十二階の機能不全と密接に関連しており，もっと詳細に検討しなければならない問題点である．

(a) 諸臣への冠位授与を強調する諸記述

　諸臣への冠位授与に関する日本書紀の記述を改めて引用すると，以下の4点である．

① 推古11年（603年）12月の冠位十二階制定の翌月の推古12年（604年）正月，日本書紀は，

　「始めて冠位を諸臣に賜ふ．各差有り（それぞれに応じた冠位であった）」，

と書く．「諸臣に賜ふ」，「各差有り（それぞれに応じた冠位であった）」というのであるから，たくさんの臣下に最高位の徳冠から仁冠，礼冠……といろいろな冠位が授与されたと書いていることは明らかである．

② 推古16年（608年）8月の隋皇帝国書提出儀式において，日本書紀は，

　「皇子・諸王・諸臣，悉に（ことごとく）金の髻華を以ちて著頭にせり．亦（また）衣服は皆錦・紫・繍・織と五色の綾羅とを用ゐたり．一に云はく，服の色は，皆冠の色を用ゐたりといふ」，

と書く．この記事は冠位が授与されていた皇子・諸王・諸臣が冠位に相当する色のきらびやかな冠・服装で隋皇帝国書提出儀式に参加していたことを示している．

③ 推古19年（611年）5月，菟田野の薬猟について，日本書紀は，

　「是の日に，諸臣の服の色，皆冠の色に随ひ（従い），各髻華を着せり．則ち，大徳・小徳は並びに金を用ゐ，大仁・小仁は豹尾を用ゐ，大礼より以下は鳥の尾を用ゐたり」，

と書いている．つまり，徳冠，仁冠，礼冠以下の諸臣がそれぞれの冠位の色に相当する服装で，頭には金や豹尾，鳥の尾などを付けて，薬猟に参加した

という.

④ 推古20年（612年）5月の薬猟に関しては,
「其の装束,菟田の猟の如し」,
と,参加者の装束は菟田野のときと同じと書いている.

以上の4つの記事を一言で要約すれば,たくさんの臣下に徳冠,仁冠,礼冠……が授与されていると書いているのである.このように日本書紀は「諸臣」にたくさんの冠位が授与されていると何度も念押ししている.文章の意味するところは明白であって,この点に誤解の余地はないはずである.

しかし,これらの記事は,日本書紀に登場するたくさんの臣下の中で,冠位が授与された臣下は遣隋使などの3名を除いて,他には1人もいないという事実B'と明らかに矛盾している.

特に,推古19年（611年）の菟田野の薬猟の記事は具体的ではっきりしている.この薬猟の記事による限り,菟田野の薬猟には徳冠（大徳,小徳）,仁冠（大仁,小仁）,大礼以下の諸臣が参加したことは明らかだ.しかし,この時点までに日本書紀には大徳,小徳は誰一人として登場していないし,大仁1名,大礼2名だけで,それ以外に冠位が確認できる臣下はいない.すでに述べたように,610年前後の重要儀式などに登場する有力な諸臣は誰も冠位を授与されていない（事実C'）のである.

(b) **日本書紀はなぜ諸臣の冠位を強調するのか**

とすれば,「冠位を諸臣に賜ふ」などの上記4つの日本書紀の記述そのものが問題となる.冠位を授与された有力諸臣はほぼいないと判断されるのに,日本書紀はなぜ4回もたくさんの臣下に冠位が授与されたかのように繰り返し記述したのか,換言すれば,なぜ日本書紀は諸臣への冠位授与を強調しなければならなかったのだろうか.

それは大和政権における冠位十二階の機能不全の裏返しであると考えられる.日本書紀は,大和政権の冠位十二階が正常に機能せず,機能不全に陥っていたことを隠蔽しようとしたのではないだろうか.そのためにあたかもたくさんの臣下に冠位が授与され,冠位十二階が順調に施行されているかのように強調したのではないかと推定される.すなわち,問題点Kは以下のように理解される.

〈問題点K〉なぜ日本書紀は何度も「諸臣」への冠位授与を強調し,念押ししなければならなかったのか.

➡大和政権の冠位十二階の機能不全を隠蔽し,あたかも正常に機能しているかのように造作したのではないか.

［別章］冠位十二階は大和政権の冠位制度ではない　　463

しかし，この理解は，すぐに日本書紀はなぜ機能不全を隠し，あたかも冠位十二階が正常に運用されているかのように装わなければならなかったのかという疑問を呼び起こす．日本書紀には冠位十二階が正常に施行されていることにしなければならなかった理由があることを示している．それはどんな理由だろうか．従って，問題点Kは解決したとは言えず，姿を変えて以下のように置き換えられる．

〈問題点K'〉日本書紀はなぜ冠位十二階の機能不全を隠蔽し，正常に施行されているかのように装わなければならなかったのか．

7 要約・結論：大和政権の冠位十二階は正常には機能していなかった

以上の議論A「大和政権の冠位十二階の機能不全：冠位授与は3人だけ」の議論を要約すれば，以下のようになる．

(a) 日本書紀に冠位を明記されているのは仏教功労者と遣隋使の3人だけである．3人以外，日本書紀に登場するたくさんの有力な臣下には冠位は書かれていない．

(b) 日本書紀に冠位を記された臣下はわずか3人だけという点については，以下の見解がある．
　① 冠位を記されていないのは，その時点では冠位が授与されていないからである．
　② 冠位は授与されているが，「書き漏らした」，「記す必要がなかった」などの理由で日本書紀には書かれていない．

(c) 外交の場（隋皇帝国書提出儀式，新羅・任那の使者の謁見儀式）と，堅塩媛の改葬や舒明天皇の喪葬の場合などの検討から，日本書紀は冠位の有無を正確に書いており，日本書紀に登場する諸臣に冠位が書かれていないのは，当時，その臣下には冠位が授与されていなかったためであることを明らかにした．

(d) 冠位十二階制定後の約20年間，冠位を授与されたのがたった3人だけでは，王（天皇）の権力・統治体制の強化という目的を果たすことはできない．これは大和政権の冠位十二階が，制定直後から機能不全に陥っていることを示している．

(e) にもかかわらず，日本書紀は何度も，あたかも諸臣に冠位が授与されているように書く．これは大和政権の冠位十二階の機能不全を隠蔽しようとしたのではないか．

議論 B：冠位十二階の機能不全を合理的に理解できない研究者の見解

1️⃣ 冠位十二階制定の重要な背景：推古朝の「大夫」
2️⃣ 有力諸臣である「大夫」には冠位が授与されていないという異常な状態
3️⃣ 大夫たちに冠位が授与されていないことに関する研究者の3つの見解
4️⃣ 研究者の第1の見解：「大夫」は冠位十二階の対象外
5️⃣ 研究者の第2の見解：「大夫」には徳冠が授与されていた
6️⃣ 冠位十二階の前半期，「大夫」には徳冠は授与されていない
7️⃣ 研究者の第3の見解：大和政権の官司制度の未発達
8️⃣ 要約と結論：冠位十二階の機能不全を合理的に理解できない研究者の見解

大和政権の冠位十二階に関する重要な問題点として，
〈問題点 I'〉冠位十二階の前半期(制定から聖徳太子の死までの約20年間)，日本書紀に登場するたくさんの臣下の中で，冠位が授与されたと確認できるのは仏教功労者と遣隋使の3名だけで，他の諸臣には冠位は授与されていないという冠位十二階の異様な機能不全をどう理解するのか，
がある．この問題点 I' について，諸研究者はどのように考えるのだろうか．

冠位を授与された臣下が少ないことは問題視される．しかし，そのことから，冠位十二階が機能不全に陥っているという方向には議論は展開しない．おそらく，研究者は「冠位が書かれていないということは冠位が授与されていないこと」とは必ずしも認識されていないからであろう．「冠位を授与された臣下はわずか3人しかいないのはなぜか」というよりも，冠位が授与されていない諸臣の中で，大和政権中枢の有力な諸臣，すなわち「大夫」になぜ冠位が授与されていないかという点を主に問題とされているように見受けられる．

確かに，冠位十二階の観点から考えれば，本来，まっさきに冠位を授与されるべき有力諸臣(大夫)に冠位が授与されていないことは，冠位十二階の機能不全の象徴である．そこで，議論Bでは，大和政権の冠位十二階の機能不全の象徴である，有力諸臣(大夫)に冠位が授与されていないという問題について考える．

1 冠位十二階制定の重要な背景：推古朝の「大夫」

　まず，有力な諸臣，「大夫」についての研究者の見解を述べる．
　井上光貞氏は以下のように指摘される［井上①］．冠位十二階の制度の導入は，それまでの天皇－大臣・皇太子－臣連－伴造という族制的秩序とは異なる「官人的秩序」を推進しようとしたもので，その背景は，「天皇のもとに政府を構成する大臣・皇太子，および，臣連があり，その下に朝廷の諸職掌を分掌し，地方に広く分布する部民を管理する伴造があった．しかし，この古来の体制も，推古朝には変質して，朝廷の政治・行政組織はかなりととのってきた」と指摘され，「推古朝の朝廷が，冠位を定めたのは……氏姓のみをもってしては（このような変化を）律しがたくなったから」であるし，「朝廷の豪族の官人化をおしすすめ……あらたに官人的秩序を創出しよう」としたためであるという．そして，「同じ臣連の一部から大夫（マエツキミ）という一種の議政官が制度化されていた」とし，「推古朝に，大夫が臣連の最上部に官制化していたことはたしかであろう」と指摘される．このように，井上氏は，冠位十二階制定の重要な背景となっている有力な諸臣，「大夫」の存在を指摘し，大夫という一種の議政官が制度化されていたと指摘される．
　この「大夫」として，井上光貞氏が具体的に指摘されるのが，推古18年（610年）の新羅・任那使者の謁見儀式における「四大夫」と，推古36年（628年）の推古天皇の皇位継承をめぐる問題における「大夫」たちである［井上①］．
　まず，推古18年（610年）の大夫は，日本書紀に記載されている新羅・任那の使者の謁見儀式の場面に登場する．新羅・任那の使者が「使の旨を奏す（使者の趣旨を奏上する）」と，

「時に大伴咋連・蘇我豊浦蝦夷臣・坂本糠手臣・阿倍鳥子臣，共に位より起ちて（ともに席を立ち）庭に伏せり……四大夫，起ち進みて大臣に啓す（申し伝える）」，

とあり，大伴咋連・蘇我豊浦蝦夷臣・坂本糠手臣・阿倍鳥子臣を「四大夫」と明記している．
　もう1つ「大夫」が登場する場面は，舒明即位前紀に書かれている推古36年（628年）の推古天皇の皇位継承問題である．日本書紀は推古天皇の皇位継承問題について詳細に書いている．その主な経過は以下の通りである．

① 推古36年（628年）9月，推古天皇の後継天皇について，大臣を継いだ蘇我蝦夷は，「独り嗣位を定めむと欲ひ（独りで後継を定めようと思ったが），顧みて群臣の従はざらむことを畏れ，則ち阿倍麻呂臣と議りて，群臣を聚へて，大臣の家に饗へす」と，「群臣」の反発をおそれて，阿倍麻呂臣と相談し，群臣を大

臣の家に集めて宴会を開いた.
② 宴が終わると,「(蝦夷は) 阿倍臣に令して……いずれの王を以ちて嗣 (後継) とすべき……」かと, 蝦夷は有力候補者であった田村皇子と山背大兄王のどちらを後継天皇にすべきかと諸臣に問わせた.
③ そうすると諸臣の意見は割れた.「大伴鯨連, 進み出て曰く……采女臣摩礼志・高向臣宇摩・中臣連弥気・難波吉士身刺, 四臣の曰く……」と, 大伴鯨連をはじめ5人の大夫は田村皇子を推薦したが, 許勢臣大摩呂など3人が山背大兄王を推し, 1人が保留した. また, 蝦夷が事前に意見を聞いていた境部摩理勢臣は山背大兄王を推薦していた.
④「是の議を漏れ」聞いた山背大兄王は大臣の蝦夷に三国王などの使者を遣わして, 蝦夷の本心を聞きたいと申し入れた.
⑤ 蝦夷は1人では対応せず, 阿倍臣などの諸大夫に山背大兄王の言葉を説明させる. 諸大夫は山背大兄王にあれこれ説明する. 山背大兄王は納得しない……と展開する.
⑥ 紛糾した結果, 最後には蝦夷が山背大兄王を推薦した境部臣摩理勢という蘇我一族の有力者を殺してしまう.

このような大騒動を経て, 結局, 田村皇子が舒明天皇として即位することになるのだが, 以上の皇位継承者選考・決定過程にたくさんの臣下が関わっている. 日本書紀は, これらの諸臣を「群臣」,「大夫」,「群大夫」と書いている.

井上氏はこれらの記事をもとに「おなじ臣連の一部から大夫という一種の議政官が制度化されていた」と指摘される. 確かに,「天皇－大臣－臣連－……」という従来の統治体制の中で, 臣連の上層部に「大夫」が現れてきたことは見て取れる. もっとも, そういう「一種の議政官が制度化されていた」かどうかは不透明であって, 井上氏が指摘する議政官の「制度化」とまでは言えないのではなかろうか.

また, 井上氏は別の論文で［井上⑦］, 大夫に関して以下のようにもっと明確に述べている.「臣と連とは朝廷の貴族階級であったが, このうち, 国政を執ったのが大臣・大連である」,「それ (大臣) につづくものを大夫とよんだ……大臣に並んで政治に参与し, 奏宣にあずかるものであった」,「七世紀前半, 大夫とよばれた氏族は, 蘇我・平群・阿倍・許勢・紀などの臣, 大伴・佐伯・安曇・中臣などの連である」,「これらが当時の大和朝廷の支配的な氏族であり, 国事の決定はこれらの諸氏族の合議によって行われた」.

このように大和政権における政治について, 井上氏は大臣に次ぐ「大夫」たちが

［別章］冠位十二階は大和政権の冠位制度ではない　　467

国政に参与していたと指摘される．

　関晃氏は［関①②］，「大夫」がある種の階層としてもっと明瞭に確認されるのは，大化２年（646年）の「改新之詔」のトップ（『其の一』）に出てくる「食封を大夫より以上に賜ふこと，各差有らむ（大夫以上には，各々に応じた食封が下される）」という詔であると指摘され，「これは改新政府を構成していた諸豪族の中に，とくに高い地位を占める一定の層があったことをしめすもの」と指摘される．関晃氏はさらに，大夫を「朝政に参議し，奏宣のことを行うもの」，「天皇と臣下との間にあって奏宣の職を行うもの」，「大臣・大夫という最上部の執政官」などと，位置づけている．そして「律令制度の官職のようにはっきりと制度化されていなかったとしても，少なくともこのようなものが朝廷権力の主要部を形成し，それが大化前後を通じて……存続したことは否定できないであろう」と指摘される．

　若月義小氏はさらに進めて，具体的に以下のように述べる［若月①］．「倭王アメタリシヒコの下での『未明』の『政』『理務』は（＊1），オホマヘツキミ（大臣）の統率の下，マヘツキミ（大夫）の待奉・奏宣・議政により運営されていたと考えられる．すなわち，いわゆる"大夫会議"は，600年頃には『未明』に大王宮にオホマヘツキミ・マヘツキミが参集して行われていたのである」．「こうした未明の『政』『理務』の実態は，必要に応じてマヘツキミがそれぞれの職務を担当し兼務も融通が利いたと見られ，要するに臨機応変に運営されるものであったと考えられる」．「舒明即位前紀などを参照すると，マヘツキミは事前にオホマヘツキミの私邸などで会合し一定の意思形成を図った上で，より限定された数名のマヘツキミが大王の下での国家意志決定に参画したものと考えられる」．

　このように井上・関・若月氏は，推古朝の上層部に，天皇－大臣－大夫という統治体制ができていたと指摘される．

　以上のような「大夫」の存在は多くの研究者の支持を得ているようで，通説と言っていい状態のようだ．確かに，推古31年（623年）是歳に，日本書紀は「天皇，新羅を討たむとし，大臣に謀り，群卿に詢ひたまふ（諮問された）」と書いているから，「倭王アメタリシヒコの下での『未明』の『政』『理務』は，オホマヘツキミ（大臣）の統率の下，マヘツキミ（大夫）の待奉・奏宣・議政により運営されていた」（若月）というのはうなずける．これらの研究者の指摘通り，推古朝において大臣に次ぐ新しい指導層が「大夫」として登場してきて，推古朝で重きをなしてきたことは確かだろう．

　ただ，「大夫」の定義や性格について，「大夫は……天皇の御前にあって大臣とと

もに国政に参議し，天皇の命の下に，諸臣の意志を天皇に伝える奏宣の役目を持つもの」（井上），「朝政に参議する性質のもの」，「天皇と臣下との間にあって奏宣の職を行うもの」（関），あるいは，「一種の議政官」（井上）あるいは「執政官」（関），と書かれているが，定義は今ひとつはっきりしない．また，関氏も指摘されるように，「大夫」という位階・官職が明確に制度化されていたのかどうかもはっきりしない．あるいは，氏族を代表する人物が大夫となったのか，そうではなく個人なのか，そのような点もはっきりしない．あくまで大臣に「つづくもの」，「最上部の執政官」であるようだ．そこで，本拙論では以後，諸臣の中でも有力と見ることができる諸臣について「大夫」あるいは「有力な諸臣（大夫）」などと書くことにしたい．

* 1　隋書倭国伝は第一次遣隋使の項で「倭王は……天未だ明けざる時，出でて政を聴き……日出ずれば便ち理務を停め……」と書いている．

2 有力諸臣である「大夫」には冠位が授与されていないという異常な状態

冠位十二階が制定された背景という観点から見ると，政権の中核に「大夫という一種の議政官が制度化されていた」という井上・関・若月氏の見解が特に重要である．推古朝において以上のような大夫が台頭してきたとすれば，冠位十二階はそういう大夫たちの成長を背景として，制定されたと考えるのが妥当であろう［井上①］．であれば，大夫たちには高位の冠である徳冠や仁冠が授与されることが期待される．

では実際には，大夫たちにはどのような冠位が授与されているだろうか．

まず，推古18年（610年）の新羅・任那使者の謁見儀式における大夫たちについて，日本書紀は，「時に大伴咋連・蘇我豊浦蝦夷臣・坂本糠手臣・阿倍鳥子臣，共に位より起ちて（ともに席を立ち）庭に伏せり……四大夫，起ち進みて大臣に啓す（申し伝える）」と書いている．しかし，これらの四大夫の誰にも冠位は書かれておらず，冠位は授与されていなかった（冠位が書かれていないということは，あくまで，その当時には冠位が授与されていなかったということである．このことはすでに述べた）．

次に推古36年（628年）の皇位継承問題における大夫はどうだろうか．名前が書かれている臣下として登場するのは，まず大臣の蝦夷が相談した阿倍麻呂臣である．そして諸臣の中で，大伴鯨連が田村皇子を推薦し，それに賛成した采女臣摩礼志や中臣連弥気（御食子）など4臣がいる．一方，許勢臣大麻呂などの3臣が山背大兄王を推薦し，蘇我倉摩呂臣は保留した．また，それらの大夫たちとは別に「独り（独自に）」問うた境部臣摩理勢は山背大兄王を推薦した．

ここまでに登場する10名は，諸臣の中でも推古天皇の皇位継承者選考に実質的

に関与するような重要な「大夫」たちである．特に，別に蝦夷が「独り（独自に）」問うた境部臣摩理勢と「群臣の従はざらむこと」を恐れて「議り（相談した）」阿倍麻呂臣は，大臣の蝦夷に次ぐ大和政権で最有力の大夫であったと見なすことができる．そして他の8名の諸臣は境部臣摩理勢や阿倍麻呂臣に次ぐ有力な大夫たちと判断できる．

しかし，日本書紀は彼等の誰一人として冠位を書いておらず，冠位はなかった．すなわち，大臣に次ぐ有力な大夫たちには冠位が授与されていないという重要な事実を確認できる．

以上のように，井上氏らがはっきりと「大夫」として位置づけている有力諸臣に関して，誰も冠位がない（日本書紀に冠位が書かれていない）．これらの諸臣は，新羅・任那の使者の謁見儀式や天皇の皇位継承問題に参加するような有力諸臣・大夫であることは明らかなのに，誰も冠位が授与されていないのである．すなわち，大和政権中枢の有力な大夫たちには，推古18年（610年）の新羅・任那の謁見儀式の時点でも，推古36年（628年）の推古天皇の皇位継承問題の時点でも冠位は授与されていない．これが日本書紀の記述から分かることである．

その後，有力な諸臣（大夫）に冠位が授与されたことがはっきりと確認できるのは，皇極元年（642年）の舒明天皇の喪において，誄を述べた3人の大夫が初めてである（推古31年〔623年〕の9人の徳冠の豪族たちはあまり有力な豪族たちでないことは後述する）．9人の中で中臣連国は大夫の1人であるが，冠位を授与されたのは新羅征討軍の将軍であるからであって，大夫であるからではない（この点も後述）．すなわち，推古11年（603年）の冠位十二階制定から皇極元年（642年）の舒明天皇の喪までの約40年間，大和政権中枢の有力大夫に冠位は授与はされていない．すなわち，研究者が冠位十二階制定の重要な背景と見る大夫層は［井上①，関①②，若月①］，実は，冠位を授与されておらず，冠位十二階の中に組み込まれていないという重要な事実を確認できる．

冠位制度の目的は諸豪族，特に有力な大夫たちを官僚として取り込み，冠位制度の中に位置づけることによって，王（天皇）の権威・権力を強め，統治・支配体制を強化することである．しかし，肝腎の大夫たちには冠位が授与されていない．すなわち，冠位制度の中の官僚として支配体制に組み込めていない．このように，大夫という有力諸臣に冠位が授与されていないことは，大和政権の冠位十二階の機能不全の象徴である．

以上の議論から，大和政権の冠位十二階は，その前半期（制定から聖徳太子の死まで

の約20年間）．
① 日本書紀に登場するたくさんの臣下の中でわずか3人しか冠位が授与されていない，
② 特に，本来，まっさきに冠位を授与されるべき有力諸臣である大夫にすらも誰も冠位が授与されていない，

という機能不全に陥っていると結論される．冠位十二階の機能不全の象徴は，大和政権中枢の有力大夫に冠位が授与されていないことである．

3 大夫たちに冠位が授与されていないことに関する研究者の3つの見解

大夫という有力諸臣に冠位が授与されていないという冠位十二階の機能不全を象徴する点については，私の理解の範囲では，以下の3通りの研究者の見解があると思う．

第1の見解：大夫（有力な諸臣）は最初から冠位十二階の外にあるので，冠位が授与されていないのは当然である．

第2の見解：「大夫」には大徳・小徳という最高冠位の徳冠が授与されている．

第3の見解：冠位授与が少ないのは「官司制度も充分な発達をみず」，「（諸豪族を）一律に官僚として捉えることができない」状態にあったためである．

以下に，これらの見解について検討する．

4 研究者の第1の見解：「大夫」は冠位十二階の対象外

(a) 大夫たちにふさわしい冠位がない

まず，「大夫は最初から冠位十二階の外にある」という第1の見解について考える．黛弘道氏は以下のように指摘される［黛①］．「この冠位制（冠位十二階）は後の令制の位階と比較すると，ほぼ，その四位以下に相当する」．また，直木孝次郎氏は以下のように述べる［直木①］．「（冠位）十二階の冠位制を『大宝令』の位階制に比較すると，前者の最上位の大徳は，令制第七位の正四位（四品）に相当するのであって，従三位（三品）以上に相当する冠位は欠けている．最高級の官人は，最初から冠位制の制約の外にある」．

これだけでは少し分かりにくいが，両氏の見解は以下のようになる．大夫たちに冠位が授与されていないのは，冠位十二階の冠位は「四位以下に相当」し，「最高級の官人」に相当する「三位以上」の冠位がないためである．大夫たちに冠位が授与されていないのは，冠位十二階では1位・2位・3位の冠位がなく，最高の徳冠は

4位に相当するため，大夫たちにはふさわしい冠位がないからである．結局，大夫たちは"冠位十二階の枠外"にあったことになり，冠位がないという理解である．これは黛・直木氏に限らず多くの研究者の見解であるようだ．

(b) 第1の見解は誤解である

しかし，黛・直木氏の見解は誤解であろう．井上光貞氏は推古朝の冠位十二階は大化の冠位（冠位十三階・冠位十九階）とは原理・原則の相違があると指摘され，以下のように指摘される［井上⑧］．「推古の冠位（冠位十二階）は，その最高の冠位をもただ大臣だけは除外し，制定当時の貴族のなかの最高の身分または功労者に与えることを建前としたのであるが，大化の冠位（冠位十三階，冠位十九階）はプリンシプル（原理）がちがっていて，高い冠位すなわち織冠や繡冠は故意にこれを授与せず，最高の官職を帯びる大臣にさえせいぜい紫冠を授けるにとどめたということがこれである」．「大化以後の冠位は，この原則を守ったまま，令の位階にひきつがれたので，令の官位の知識を以て，これとは原則の異なる推古の冠位におしあてようとすると，最高の大徳でも正四位相当である，とみなさなくてはならなくなるのである」．

井上氏の見解を私なりに敷衍して述べれば以下のようになる．

大化3年（647年）に冠位十三階が制定されることによって冠位十二階は終了した．冠位十三階では，冠位十二階で徳冠に相当するとされる錦冠の上に織冠，繡冠，紫冠を作り，これは大化5年（649年）の冠位十九階にもそのまま引き継がれた．臣下の最高位である大臣は，推古朝の冠位十二階だけでなく，冠位十三階でも引き続き冠位十三階の枠外にあった．しかし，冠位十九階制定後の大化5年（649年），左右大臣の死を受けた新政権の人事で，中大兄皇子は左右大臣を冠位制度に組み込み，第3冠位の紫冠に位置づけた．

その際に重要なことは，冠位十九階では，織冠・繡冠という第1・第2冠位は特別な冠で，通常は意図的に空席としたことである．冠位十二階にはそういう空席の冠位はない．この点が井上光貞氏が指摘された「プリンシプル（原理）」の相違である．織冠と繡冠という最初から意図的に空位とする第1・第2冠位を最上部に挿入したことによって，臣下の最高位である大臣が相当する紫冠は第3冠位となり，徳冠は大臣に次ぐ冠位であったから，第4冠位の錦冠相当になったのである．しかし，第1，第2冠位は意図的に空席にしたのであるから，第3冠位の大臣の紫冠はあくまで臣下の最高位の第1冠位であって，第2冠位が錦冠に相当する徳冠である．

すなわち，推古朝の冠位十二階においては，空位の第1・第2冠位は存在せず，

あくまで大臣が第1位であり，これは冠位十二階に入らない特別枠である．そして，第2位が冠位十二階の徳冠であり，以下仁冠，礼冠……と続く．すなわち，推古朝の冠位十二階では，空位はなく，臣下の第1位が大臣，第2位が徳冠，第3位が仁冠……である．第1位から第3位がないわけではない．

　ところが，大宝令は，大化の冠位十九階の空位である織冠と繡冠を含む織冠－繡冠－紫冠……をそのまま1品（1位），2品（2位），3品（3位）……にあて，そのために臣下のトップであるはずの紫冠が3品（3位）となり，第4冠位の錦冠（徳冠）が4品（4位）相当ということになったのである．要するに，大宝令が，空位であったはずの織冠・繡冠を1品・2品に割り当てたために推古朝の実態と乖離したのである．若月義小氏は，「大徳は冠位十二階の最高位，一位であった．この点は明白である．大化期の改定により上位に六階（大小の織冠，繡冠，紫冠）が加えられたため四位に"下落"したのである．したがって，冠位十二階が四位から始まるというのは，『大化』期の改定を起点としてそれから遡って見た場合のことに過ぎない」と明快に述べておられる［若月②］．その通りであろう．

　直木氏は冠位十二階について「従三位（三品）以上に相当する冠位は欠けている」と指摘されるが，それは単に後世の冠位制度の視点から見た解釈に過ぎないのであって，推古朝において「従三位（三品）以上に相当する冠位」は，大臣－徳冠－仁冠である．「従三位（三品）以上の冠位がなかった」わけではない．

　黛・直木氏はこの点を誤解されていると思う．冠位十三階でその上に織冠と繡冠という空位の冠位が挿入されたために，見かけ上，織冠－繡冠－紫冠（大臣）－錦冠＝徳冠－……と第4位に見えるようになり，冠位十二階に第1位・2位・3位の冠位がないように見えるだけである．

　そもそも直木氏の見解に従うとすれば，大和政権は第4冠位以下に属する臣下のみを対象とする奇妙な冠位制度を作ったことになる．冠位制度の新設に際して，第1・第2・第3冠位のない奇妙な冠位制度を作るなど，あり得ないことである．冠位制度はあくまで諸豪族を天皇による統治・支配体制に組み込み，官僚として位置づけ，支配を強化することが目的である．黛氏が指摘されるように，冠位十二階は「諸豪族をあらためて新たな秩序のもとに再編し，皇室の手足とする」ための「手段の一つ」である．第3位までの有力な諸臣に対応する制度が別に存在するのであればともかく，そういうものは世襲制の大臣があるだけで，他の制度はない．それなのに，第3位以上の有力諸臣をわざわざ除外して，第4位以下の中・下級官僚のみに限定する冠位制度を新設するなどあり得ないことである（この点は平安時

［別章］冠位十二階は大和政権の冠位制度ではない　473

代から指摘されていることである）．大臣は歴史的経緯もあり，また，実質的な世襲制でもあって，冠位制度になじまなかったのであろう．また，推古11年（603年）当時，大臣の馬子は，臣下として天皇の配下に位置づけるには実績も実力もあり過ぎた．従って，大臣を冠位十二階に含めることはできなかったのであろう．しかし，大臣に次ぐ第2位，第3位の諸臣を最初から除外するような冠位制度をつくったとはとうてい考えられない．

　要するに，推古朝においては，臣下の第1位はあくまで大臣である．それよりも上位の織冠や繡冠は存在しない．大臣は冠位十二階の外にある特別枠であって，実質的には蘇我本宗家の世襲制である．そして第2位は冠位十二階のトップである徳冠であり，これは大臣以外のすべての臣下の最高位である．徳冠はあくまで大臣に次ぐ第2位であって，大臣と徳冠の間に「大夫」などの冠位があったわけではない（「大夫」という位階や官職を示す証拠はない）．従って，「最高級の官人」である大夫は，第2位の徳冠に位置づけられるべきものである．すなわち，大夫には第2位の徳冠が用意されているのである．大夫にふさわしい冠位がなかったのではなく，あったにもかかわらず，大夫たちに冠位が授与されず，冠位十二階の外に置かれたことが問題なのである．そして第3位が仁冠で，第4位以下が礼冠……智冠と続くのが冠位十二階の制度である．

　以上のように，大夫という有力諸臣に冠位が授与されていないのは，「大夫」にふさわしい冠位がなく，大夫たちは冠位十二階の対象外であるという第1の見解は誤解であり，有力諸臣（大夫）に冠位が授与されていないことの合理的理解にはならないのである．

5 研究者の第2の見解：「大夫」には徳冠が授与されていた

　研究者の第2の見解として，有力諸臣である大夫には大徳・小徳の徳冠が授与されているという井上光貞氏，関晃氏，若月義小氏などの見解がある［井上⑧，関①②，若月②］．諸氏は冠位十二階が機能不全に陥っていないと明確に主張されているわけではないが，大夫たちに徳冠が授与されていると指摘することによって，事実上，冠位十二階の機能不全を否定されている．

　推古18年（610年）の新羅・任那の使者の謁見儀式，および，推古36年（628年）の推古天皇の皇位継承問題に登場するたくさんの大夫たちには冠位が授与されていないことはすでに指摘した．にもかかわらず，井上・関・若月氏は以下のように主張される．

まず井上光貞氏は［井上⑧］,「冠位十二階は大臣たる蘇我氏には授けず,以外の豪族にのみ授けられたもの」,「推古の制では,この大臣に紫冠を,大臣以外には十二階の冠位をあてた」,「十二階を授与されなかったのは大臣だけで,他にはないはず」,「（冠位十二階の）冠位そのものは大夫以下の貴・豪族に授けられたのである」と指摘される．そして,「推古朝冠位の大小の徳冠は,この大夫層に授けられたものが多かったようである」と書いているから［井上①］,井上氏は大夫層に徳冠という高位の冠位が授与されていたと考えているようだ．もっとも「ようである」と,断定はしていない．

関氏はもっとはっきりと,「（大夫は）小徳以上のものによって構成されていたと推定される」,「最上級の大徳・小徳のものが,大夫として朝廷の最高合議体を構成し,それが蘇我氏権力のおもな支柱となっていたと推定される」,「『大夫』の地位は,大徳・小徳のものによって占められていたと考えて大きな誤りはないであろう」と述べておられる［関①②］．

若月義小氏はさらに踏み込んで［若月①］,冠位十二階施行の実質的対象は大夫であるとし,「マヘツキミ（大夫）の『職位』が爵位に裏付けられて『官』として法制化された」,「『小徳冠』そのものが『マヘツキミ』（大夫）の身分・職掌（「職位」）を表している」とされる．

3氏の見解は以下の点で一致している．
① 冠位十二階は,大臣だけは特別で枠外とし,大夫を先頭とするそれ以外の豪族たちを対象とした．
② 大夫には徳冠が授与された．

ただ,具体的に日本書紀に登場する諸臣の中で誰が「大夫」であるかについては,見解が異なるようで,井上・関氏は,推古18年（610年）の新羅・任那の謁見儀式の大伴連咋子など,および,推古36年（628年）の推古天皇の皇位継承の際の阿倍麻呂臣などを挙げる．一方,若月氏は「大夫」を広範囲にとらえ,徳冠が授与されたことが確認される諸臣はすべて大夫であると認識するだけでなく,加えて,冠位が確認できない諸臣についても,「『書紀』の記述から推定される大小徳冠＝大夫」として,推古16年（608年）の隋皇帝国書提出儀式における阿倍鳥臣などの3名,推古18年（610年）の新羅・任那の謁見儀式の大伴連咋子など4名,推古32年（624年）の「葛城県」に関係する安曇連など2名,推古36年（628年）の推古天皇後継選考の阿倍麻呂臣など13名を挙げ,さらに大仁を授与された鞍作鳥などを挙げておられる．

［別章］冠位十二階は大和政権の冠位制度ではない　　475

6 冠位十二階の前半期,「大夫」には徳冠は授与されていない

以上の「大夫には徳冠が授与された」という研究者の見解そのものは説得力がある．しかし，それが正しいかどうかは日本書紀の記述などで実証されなければならない．私見では研究者の見解には以下の問題点があると考える．

(a) 第1の問題点：冠位を授与されていない大夫たち

「大夫には徳冠が授与された」という見解の第1の問題点は，冠位を授与されていない大夫の存在である．これが根本的な問題点である．すでに述べたように，3氏が共通して「大夫」として挙げている推古18年（610年）の新羅・任那の使者の謁見儀式の「四大夫」と，推古36年（628年）の推古天皇の皇位継承問題に登場するたくさんの大夫たちについては，当時，誰一人として冠位が授与されていない（繰り返すが，日本書紀に書かれていないということは，その時点では冠位が授与されていなかったということである〔議論A〕）．また，隋皇帝国書提出儀式における大伴連咋子などの諸臣や，堅塩媛の改葬儀式など610年前後の推古朝の重要儀式に登場する有力諸臣は，政権中枢の有力諸臣であり有力な大夫と見ていいだろう．しかし，彼等にも同様にやはり誰一人として冠位がない．

もしも，冠位十二階制度が「官人的身分秩序の創出」が目的（井上）であり，「マヘツキミ（大夫）の『職位』が爵位に裏付けられて『官』として法制化された」もの（若月）であるならば，これらの大夫たちは冠位授与の際にもっとも重視されるべき対象であり，まっさきに冠位を授与される対象であるはずである．実際に，日本書紀は冠位十二階は推古11年（603年）12月に制定され，翌年1月には「諸臣に冠位が授与」されたと書いている．それなのに，上記の大夫たちには誰一人として冠位が授与されていない．これが日本書紀が記す冠位授与の実態である．冠位十二階制定後の20年間，冠位が授与されているのは仏教功労者の大仁鞍作鳥と遣隋使の大礼小野妹子と大礼吉士雄成の3名だけである（事実B'）．臣連は小野妹子だけで，小野妹子も吉士雄成も大夫と見なせるような活躍は書かれていない．大夫だけでなく小野妹子以外の臣連の諸臣も，誰も冠位は授与されていない．

これらのことは，「推古朝冠位の大小の徳冠は，この大夫層に授けられたものが多かった」（井上），「『大夫』の地位は，大徳・小徳のものによって占められていた」（関），「『小徳冠』そのものが『マヘツキミ』（大夫）の身分・職掌（『職位』）を表している」（若月），要するに，「徳冠は大夫に授与されていた」いう見解に対する基本的な反証である．実際には，大夫たちに冠位は授与されていない．冠位十二階が正常

に機能していなかったことは明らかである.

(b) **第2の問題点：大夫に徳冠が授与されたのはいつか**

しかし，井上氏らは大夫には徳冠が授与されていると主張され，実際に徳冠が授与されたことを確認できる大夫たちがいる．この点で彼等の主張は正しいように見える．しかし，そうではない．冠位十二階の前半期には徳冠を授与された大夫は1人もいない（授与されたのは冠位十二階後半期である），というのが「徳冠は大夫に授与されていた」いう見解の第2の問題点である.

関氏は，大夫に徳冠が授与されているとして[関②]，推古18年（610年）の新羅・任那の使者の謁見儀式に登場する4大夫の1人である大伴連咋子の大徳，推古31年（623年）の新羅征討軍の将軍の1人である中臣連国（子）の小徳，および，推古36年（628年）の推古天皇の皇位継承の場面に登場する中臣連弥気（御食子）の小徳の3例を挙げておられる．彼等3名の徳冠が，「大夫」に徳冠が授与されていたと主張する根拠になっているようだ.

一方，若月氏はずっと幅広く，関氏が指摘する3人を含めて，徳冠（大徳・小徳）を授与されていることが分かっている臣下はすべて大夫であると認識される[若月①]．それらを分類して具体的に示すと以下のようになる.

① 新羅征討軍将軍（推古31年〔623年〕）：大徳境部臣雄摩侶，小徳の中臣連国，河辺臣禰受，物部依網連乙等，波多臣広庭，近江脚身臣飯蓋，平群臣宇志，大伴連，大宅臣軍の9名.

② 舒明天皇の喪（皇極元年〔642年〕）：小徳の巨勢臣徳太，栗田臣細目，大伴連馬飼の3名.

③ 新羅への使者：小徳高向史玄理.

④ 上記以外（いつ，どういう理由で冠位が授与されたかが分からない者）：大徳の小野妹子，大伴連咋子，および，小徳の中臣連御食子（弥気），巨勢臣大海.

以上の17名である．ただし，若月氏が「史料的にやや問題がある」と指摘される「聖徳太子伝補闕記」による平群臣神手と秦造川勝は除外し，百済の質（人質）である長福も除いた．倭国伝が記す阿輩台もここでは除外しておく．若月氏はこれらの徳冠の諸臣はすべて大夫であると理解される.

確かに，これらの大夫たちにも徳冠が授与されていることが確認できる．しかし，問題は彼等が徳冠を授与された時期である．冠位十二階が機能不全の状態に陥っている前半期なのか，それとも後半期なのかという点である.

(c) **徳冠を授与された大夫たち**

若月氏が指摘される17名は，井上・関氏が指摘される大夫も含むので，若月氏が指摘される大夫について，冠位が授与された時期・年次について個別に検討すると以下のようになる．

① 新羅征討軍の将軍など

推古31年（623年）の新羅征討軍の将軍たち9名は，推古31年（623年）に新羅征討軍の将軍として徳冠を授与されたのであって，大夫であるからではない（後述）．そもそも，9名の中で「大夫」とはっきり確認できるのは，井上氏が「大夫」と指摘される中臣連国だけである．しかし，中臣連国も小徳の冠位を授与されたのはあくまで新羅征討軍の将軍としてであり，大夫であるからではない（後述）．

高向史玄理は，中大兄皇子が乙巳の変によって皇極4年（645年）に新政権を樹立したとき，国博士となっているが，この時は冠位はない．小徳が明記されているのは大化2年（646年）の新羅への使者のときである．「国博士」が「大夫」と言えるのかどうか分かりにくいが，いずれにしろ小徳を授与されたのは大夫としてではなく，新羅への使者となったためである．

小野妹子については，続日本紀に明記されているから「大徳」が授与されていたことは明らかである．しかし，遣隋使というだけで，大礼から一気に4階級も昇進し大徳に昇格したというのはさすがに考えにくい．小野妹子は遣隋使の記事以外ではどこにも登場せず，いつどんな業績で大礼から大徳へと昇進したのかも，大徳としてどんな働きをしたのかも，まったく分からない．要するに，小野妹子の大徳だけは分からないと言うほかない．

② 大徳大伴連咋子，小徳中臣連御食子，小徳巨勢臣大海への追贈

大徳の大伴連咋子と小徳の中臣連御食子，巨勢臣大海の3名については以下のように考えられる．

まず，大徳大伴連咋（嚙）子の事績は以下のようにいろいろと日本書紀に書かれている．

用明2年（587年）：一軍を率いて物部守屋征討軍に参加．

崇峻4年（591年）：4人の大将軍の1人として，2万余りの大軍を率いて筑紫へ出兵．

推古9年（601年）：任那を救うための高句麗への使者．

推古16年（608年）：隋皇帝国書提出儀式で隋皇帝の国書を大門の前の机の上に置き，奏上．

推古18年（610年）：新羅・任那使者の謁見儀式で4大夫の1人として登場．

このように大伴連咋子はさまざまに活躍している有力な大夫である．隋皇帝国書提出儀式では隋皇帝の国書をもって推古天皇に献上し，奏上するという重要な役割を担い，大夫の中でもトップに位置する有力大夫である．まさに徳冠にふさわしい大夫と言うべきであろう．

　しかし，彼がどのような業績に基づいて，いつ大徳になったのかは，日本書紀にも続日本紀にも何も書かれていない．推古16年（608年）の隋皇帝国書提出儀式と，推古18年（610年）の新羅・任那の謁見儀式の時点では，すでに冠位十二階は施行されているが，日本書紀には大伴連咋子の冠位は書かれておらず，冠位はなかったことが分かる．「大徳」の冠位が確認できるのは日本書紀ではなく続日本紀であって［宇治谷②］，天平感宝元年（749年）閏5月の「大伴宿彌牛養が薨じた．牛養は，大徳咋子連の孫で，贈大錦中の小吹負の息子である」という記事による．日本書紀には「大徳」として登場することはなく，大伴連咋子がいつどんな業績で大徳になったのかは分からない．

　次に，中臣連弥気（御食子）は，推古36年（628年）の推古天皇の皇位継承問題で大臣蝦夷が大夫たちに誰が皇位を継承するのがいいかと聞く場に登場し，皇位継承者の選考にいろいろと働いている．またその前に，病床にある推古天皇が山背大兄王を呼び寄せたときに，推古天皇の言葉を山背大兄王に伝えている．このように弥気（御食子）は政権中枢で活躍する有力な大夫であるが，どちらの場面でも冠位は書かれておらず，628年当時は冠位はなかったことが分かる．中臣連弥気（御食子）の冠位は，日本書紀，続日本紀には記述がなく「大中臣延喜本系」に小徳が記載されている．（史料としての「大中臣延喜本系」の信憑性は判断できないが，多くの研究者はこの記述については信憑性を認めておられるようだから，本拙論でもそれに従うこととする）．このように大伴連咋子と中臣連弥気（御食子）は，いつどんな業績で冠位を授与されたかは分からない．

　ただ，大伴連咋子と中臣連弥気（御食子）の徳冠に関して気になる点がある．それは，大伴連咋子が大化5年（649年）の中大兄皇子の新政権の右大臣である大伴連長徳の父であり，中臣連御食子は内臣中臣鎌子連（後の藤原鎌足）の父である点である．

　よく知られるように，皇極4年（645年）の乙巳の変で，中大兄皇子は蘇我入鹿・蝦夷を滅亡させ，天皇の権威・権力が復活した．その後，改新の詔，冠位十三階制定，冠位十九階への改正などを経て，大化5年（649年）に中大兄皇子という実質的な天皇を頂点とする確固たる新政権が樹立された．その新政権の最高幹部である右大臣大伴連長徳（馬飼）の父が大伴連咋子で，内臣の中臣鎌子連の父が中臣連弥気

［別章］冠位十二階は大和政権の冠位制度ではない　　479

（御食子）なのである．これを考慮すると，彼等が自分の父に徳冠を追贈するように，中大兄皇子に要請し，中大兄皇子が徳冠を追贈したのではないかという可能性を推定できる．

そうすると，新政権のもう1人の最高幹部である左大臣巨勢臣徳太の場合はどうかが問題となる．そういう目で見ると，巨勢臣徳太の同族である巨勢臣大海が同じく徳冠（小徳）を授与されていることが分かる（巨勢臣大海の小徳も続日本紀に記されている）．

巨勢臣大海は日本書紀にはまったく登場しないため詳細は分からない．日本書紀以外にもほとんど登場しないようだ［坂本・平野］．分かっているのは大海の子である巨勢臣人（比等，毗登）が後の天智朝の最高幹部の1人であることで，天智10年（671年）には「大錦下」という冠位で，御史大夫という重要な官職に取り立てられている．「大錦冠」は当時の臣下としては最高位の冠位であり，巨勢臣人よりも冠位が高いのは，「大錦上」の蘇我赤兄と中臣金連だけである．すなわち，巨勢臣人は政権第3位という最高幹部である．巨勢臣徳太は斉明4年（658年）に左大臣のまま死去しており，大海の子である巨勢臣人は巨勢臣徳太の縁故である点もあって重臣として取り立てられたと推定される．巨勢臣徳太と巨勢臣大海との血縁関係ははっきりしないのだが，大海は徳太と同じ一族として近い関係にあったのではないかと推定することは強引ではないだろう．

とすれば，これらは偶然とは言えなくなる．すなわち，大徳大伴連咋子，小徳中臣連弥気（御食子），小徳巨勢臣大海が，

- 大化5年（649年）に中大兄皇子が確立した新政権の最高幹部である左右大臣と内臣の父，あるいは近い関係であり，
- 3人とも日本書紀には冠位は書かれておらず，続日本紀などに書かれており，
- いつどんな業績で冠位を授与されたかが不明，

という点で，共通している．このことは，中大兄皇子が大化5年（649年）に天皇中心の新政権を確立した頃に，政権の臣下トップスリーである左右大臣と内臣が，徳冠を授与（おそらく追贈であろう）するように中大兄皇子に申請し，中大兄皇子も承認したことを強く示唆している．はっきりした証拠はないが，おそらくそれが事実ではないかと推定される．であれば，いつどんな業績で冠位が授与されたかが不明であることも，推古18年（610年）の新羅・任那使者の謁見儀式で4大夫の1人である大伴連咋子に冠位がないことも，当時としては唯一の大徳であることになる大伴連咋子に，大徳としての活躍がまったく書かれていないことも，推古36年（628年）

に，日本書紀に登場した中臣連弥気（御食子）もまた冠位がないことも，巨勢臣大海がどこにも出てこないのに徳冠であることも，すべて合理的に理解できる．従って，大伴連咋子，中臣連御食子，巨勢臣大海の3人の徳冠は649年頃に追贈されたと推定される．

③ 皇極元年（642年）の舒明天皇の喪の際の3人

皇極元年（642年）12月の舒明天皇の喪の儀式で誄を述べた3人の豪族，巨勢臣徳太，栗田臣細目，大伴連馬飼はすべて小徳が明記されている．おそらく彼等は，642年の舒明天皇の喪で誄をすることになって，冠位を授与されたと推定される．3人が大夫として働いた場面は書かれていないが，有力な諸臣として大夫と見てもよいと思われる．従って皇極元年（642年）の3人は大夫に対する徳冠をはっきりと確認できる例である．しかし，授与されたのは前半期ではなく，皇極元年（642年）という冠位十二階の末期である．

以上の井上・関・若月氏が挙げる徳冠を授与された「大夫」17名について，検討結果を要約すれば以下のようになる．

- 中臣連国を含む9人は，後半期の推古31年（623年），新羅征討軍の将軍として徳冠を授与されたのであり，大夫であるからではない．
- 高向史玄理は大夫としてではなく，大化2年（646年），新羅への使者として小徳を授与された．
- 小野妹子が大徳を授与された経緯も時期もまったく分からない．
- 大伴連咋子，中臣連弥気（御食子），巨勢臣大海については，おそらく大化5年（649年）頃に追贈された．
- 皇極元年（642年）12月の舒明天皇の喪の儀式で誄を述べた3人の豪族，巨勢臣徳太，栗田臣細目，大伴連馬飼は皇極元年（642年）に大夫として小徳を授与された．

以上のように，徳冠を授与されたのはすべて後半期以後であって，前半期に授与された臣下は誰もいない（小野妹子だけは不明）．また，大夫として徳冠を授与されたことが確認できるのは，皇極元年（642年）12月の舒明天皇の喪の儀式の3人だけである．

長くなったが，「大夫には徳冠が授与されていた」という見解の第2の問題点は，徳冠を授与された諸臣は，すべて後半期以後の冠位授与で，前半期には誰も冠位授与は確認できないことである．すなわち，徳冠を授与された諸臣の存在は前半期の冠位十二階の機能不全を否定するものではない．

(d) 要約・結論：徳冠が授与されている大夫の存在は冠位十二階の機能不全を否定するものではない

以上の，有力諸臣である大夫には大徳・小徳の徳冠が授与されているという第2の見解について，要約すれば，以下のようになる．

① 研究者は「大夫」には徳冠が授与されていたと主張され，推古18年の新羅・任那使者の謁見儀式の大伴連囓などを挙げられる．
② しかし，日本書紀が「大夫」を明記する推古18年（610年）の新羅・任那使者の謁見儀式と推古36年（628年）の推古天皇の皇位継承の場面に登場するたくさんの大夫たちには冠位はない．
③ 徳冠が確認できる諸臣で，冠位十二階の前半期に，徳冠を授与されたことが確認できる大夫は1人もいない（ただし，小野妹子のみは不明）．
④ 結論：大和政権の冠位十二階の前半期，「大夫」には大徳・小徳という最高冠位の徳冠が授与されていて，冠位十二階は機能不全に陥っていなかったとする第2の見解は成立しない．

7 研究者の第3の見解：大和政権の官司制度の未発達

黛弘道氏は［黛②］，冠位を授与された豪族たちが非常に少ないことを「冠位が階層的にも極く限られた一部にしか施行されなかったであろうということは誰しもが漠然と乍ら考えていること」と指摘され，その理由を大和政権の官司制度の未発達とされる．以下，黛氏のこの見解について考える．

(a)「一律に官僚として捉えることができなかった」という黛氏の指摘

氏の見解の骨格は以下のようになる．
① 大化前代に「臣連伴造国造」という語がさかんに使われた．
②「臣連伴造国造」というのは「貴族階級全体に対する呼び掛けの辞」である．
③「朝廷に於ける官司制度が充分に整備し，諸豪族が一般に冠位を授けられ官僚として把握されていたとするならば，彼等に対する呼び掛けは，所謂官僚群に対する（「皇子諸王諸臣百官人等」のような）呼び掛けとして……差支えない筈である．なぜならば冠位を授与することは，豪族を官僚として把握することとほぼ同義だからである」．
④「ところが……大化前代には『臣連伴造国造』という言葉が，豪族全体に対する呼び掛けの言葉として使用されて」いる．
⑤「これは大化前代においては未だ官司制度も充分な発達をみず，従って諸豪族

に広く冠位を授与して，之を一律に官僚として捉えることができなかったため」である．

⑥「大化前代に『臣連伴造国造』の語が盛んに使用されたことは，十二階冠位施行範囲の狭小であったことを示す一証左と受け取れる」．

氏は，冠位授与が少ないのは「大化前代においては未だ官司制度も充分な発達をみず」，「(諸豪族を)一律に官僚として捉えることができな」い状態にあったから「階層的にも極く限られた一部にしか施行されなかった」と言われるのである．氏の「官司制度」が何を言うのかは必ずしもはっきりしないが，統治制度・行政制度と言い換えてもさほど的外れではないだろう．

私見では，黛氏の見解は正しいと考える．7世紀前半，大和政権においては統治・行政制度の発達はきわめてふじゅうぶんであり，官僚といえる存在もほとんど見えない．従って，氏が指摘される「官司制度の未発達」は，冠位を授与された臣下がかなり少ないことの重要な要因であると考えられる．

しかし，氏の見解は，冠位を授与されたのが多数ではないことの理解にはなるが，わずか3名であることを理解するにはふじゅうぶんではないだろうか．なぜならば，たとえ「官司制度が充分な発達」をしていないとしても，官司制度とは無関係に冠位を授与することは可能であるからである．実際に冠位を授与された3人は「官司制度」とは関係がない．鞍作鳥や遣隋使2人は，仏教部門や外交部門での「官司制度」に基づいて冠位が授与されたわけではない．鞍作鳥の場合は，個人の業績への襃賞の意味合いが強いし，遣隋使についても当面の必要性による冠位授与であって，帰国でもって冠位の役割は終了するという臨時的なものである．

従って，その気になれば，官司制度がなくても，もっと幅広く冠位を授与することは不可能ではない．黛氏が別の論文で言われるように［黛①］，冠位制度は「(冠位授与によって) 豪族間の朝廷における地位を序列化するもの」であるから，官司制度の存在がなくても，大臣に次ぐ大夫などの有力諸臣に徳冠，それに次ぐ豪族たちに仁冠……を授与し，統治体制の強化を図ることはできるはずである．

結局，大和政権の官司制度の未発達という第3の見解では，大夫だけでなく，諸臣全体への冠位授与が少ないことの理解にはなるが，「3人だけ」という機能不全を理解する見解としてはじゅうぶんではないというのが結論である．

(b) 冠位十二階の根本に関わる重要な指摘

ではあるが，黛氏の指摘は大和政権の冠位十二階に対する重要な指摘であると考える．なぜならば，単になぜ冠位を授与された臣下が少ないのかという問題にとど

まらず，別の大きい疑問を生じさせるからである．「大化前代においては未だ官司制度も充分な発達をみず」，「(諸豪族を)一律に官僚として捉えることができな」い状態であるならば，そもそもなぜ7世紀初頭の推古朝で，くっきりはっきりと諸臣を格付けする冠位十二階が成立し得たのかという疑問である．この疑問は大和政権の冠位十二階の根幹に対する重大な疑問であって，ここでは疑問を指摘するにとどめ，改めて次の議論Cで検討したい．

8 要約と結論：冠位十二階の機能不全を合理的に理解できない研究者の見解

冠位十二階の前半期（制定後の約20年間），日本書紀に登場するたくさんの臣下の中で，冠位授与はわずか3名に過ぎず，特に，大和政権の重要儀式に登場する有力諸臣（大夫）に冠位が授与されていない．この冠位十二階の機能不全について，以下のように要約される．

(a) 冠位十二階制定の重要な背景として，研究者は，臣連の中から「大夫」層が成長してきたことを指摘される．大夫は臣連の中の大臣に次ぐ有力諸臣のことで，推古18年（610年）の新羅・任那の使者の謁見儀式と推古36年（628年）の推古天皇の皇位継承問題の場に現れる．

(b) 冠位授与はわずか3名という冠位十二階の機能不全に対して，研究者は全体的な機能不全というよりも，有力諸臣である大夫になぜ冠位がないのかという方向で議論される．

(c) 大夫に冠位がない点については以下の3つの見解がある．

① 第1の見解：大夫にふさわしい冠位がなかった．

冠位十二階は第4冠位から始まる冠位制度であって，大夫にふさわしい冠位がなかったため大夫には冠位がないという見解である．しかし，それは誤解であって，推古朝の場合，第1冠位は大臣で，これは冠位制度の枠外である．第2冠位以下が徳冠・仁冠……であって，大夫は徳冠に相当する．大夫にふさわしい冠位がなかったわけではない．従って，この見解では大夫に冠位がないことを理解できない

② 第2の見解：大夫には徳冠が授与されている．

大夫には徳冠が授与されていると，冠位十二階の機能不全を否定する見解である．研究者によって差があるが，徳冠を授与されたことが分かっている豪族たちを大夫と位置づける．しかし，徳冠を授与されたのはすべて後半期で，前半期には徳冠は1人も確認できず，前半期では，この見解は成り立た

ない．
③ 第3の見解：官司制度が未発達．
　「官司制度も充分な発達をみず」，「（諸豪族を）一律に官僚として捉えることができな」い状態にあったから，冠位を授与された臣下が少ないという見解である．このことは大夫に限らず，冠位を授与された臣下が少ないことの理解にはなるが，わずか3人だけということの理解にはふじゅうぶんである．
(d) 結論：冠位十二階の前半期，冠位を授与されたのはわずか3人だけで，大夫にすらも冠位が授与されていないという冠位十二階の機能不全（問題点I'）に対して，研究者は合理的で説得力のある回答を示せていない．

議論C：大和政権はなぜ冠位十二階を制定できたのか

1　冠位制度の基本的な性格
2　冠位十二階の制定目的があいまいである
3　冠位十二階が成立するための官司制度の未発達
4　冠位十二階が成立するための身分秩序の未発達
5　官司制度・身分秩序が未整備のままなのに，冠位十二階だけが突出して制定されている
6　要約：大和政権はなぜ冠位十二階を制定できたのか

　議論Bの最後で指摘した「未だ官司制度も充分な発達をみず」［黛②］という状態なのに，なぜ7世紀初頭の推古朝で冠位十二階が成立したのかという疑問について考える．これは大和政権の冠位十二階の根本に関わる重要な疑問である．

1 冠位制度の基本的な性格

　冠位制度は，諸臣にいろいろな冠を授けることによって，臣下の序列を明確にするものであるが，その政治的な意味について，研究者は以下のように述べる．
　黛弘道氏は，「冠位を授与することは，豪族を官僚として把握することとほぼ同義」［黛②］，「諸豪族を，あらためて新たな秩序のもとに再編し，皇室の手足とすることができなければならないとされ，その一つの手段としてこの冠位制度が考案された」［黛①］と指摘される．井上光貞氏は［井上⑧］，「（冠位十二階は）豪族社会の身分秩序の再編成という重要な役割をもって登場したもの」と指摘され，武光誠氏は

[武光]、「豪族を王の下に整然と定められた身分秩序の中に組み入れる制度」、「豪族を王の家臣に組織する行為」と指摘される．また、石母田正氏は［石母田］、冠位十二階制定の意義は「冠位の秩序に超越する王権の権威を確立することにあった」と指摘される．官位・冠位制度が本来このような意味・意義を持っていることは諸氏の指摘される通りであろう．

　冠位を授与するのはあくまで天皇（王）であるから、冠位制度は天皇の権威・権力を高め、天皇の統治・支配を強化する制度である．諸豪族を官僚として取り込み、臣下とし、格付けし、国内の統治・支配体制を強化することが目的である．冠位制度はそういう基本的な性格を持つ制度である．

　しかし、以上のような冠位制度の基本的な性格から見ると、大和政権の冠位十二階制定そのものに関しては以下に指摘する問題点があって、大和政権における冠位十二階の実態は冠位制度のあるべき姿とはかけ離れているように見える．

2 冠位十二階の制定目的があいまいである

　冠位十二階の制定に関する第1の問題点は、大和政権が冠位十二階を制定した目的そのものがあいまいなことである．

　冠位十二階は、大和政権としては初めての冠位制度の制定である．一般的に言えば、「(冠位十二階は)豪族社会の身分秩序の再編成」という目的で制定され、「王の下に整然と定められた身分秩序の中に組み入れる」という成果が期待される［井上⑧］．しかし、日本書紀による限り、現実にはそのような成果はほとんど見えず、それどころか、何を目的として冠位十二階を制定したのかがはっきりしないのである．それは以下の諸点である．

(a) 冠位十二階制定後の約20年間、冠位授与がわずか3人だけであるという異様さ

　冠位十二階を新たに制定したとすれば、たくさんの臣下に冠位が授与されただろう．実際に日本書紀は制定直後の推古12年(604年)正月に「始めて冠位を諸臣に賜ふ．各差有り（それぞれに応じた冠位であった）」と書く．これを読めば、たくさんの臣下に徳冠から智冠までの多様な冠位が授与されたと受け取ることができる．しかし、このときに冠位を授与された臣下は1人も確認できず、実際には制定後の20年間、日本書紀に登場するたくさんの臣下の中で、冠位を授与されたことが確認できるのはわずか3人だけである．

　冠位を授与された臣下はたった3人だけという現実と、「豪族社会の身分秩序の再編成」とのギャップは大きい．多数の臣下に冠位が授与されたのではなく、たっ

た3人だけでは，冠位制度新設で期待される「豪族を官僚として把握」することも，「新たな秩序のもとに再編」［黛②］することも，「身分秩序の再編成」［井上⑧］も，「身分秩序の中に組み入れる」［武光］ことも，あるいは，「門閥打破，人材登庸」［坂本④］も，そんな大げさなことは何もできなかったことは明らかである．つまり，冠位十二階の制定は，冠位制度に本来期待される成果をほとんど挙げることができず，ほとんど無意味であったことを意味する．

　すなわち，冠位授与が非常に少ないことは冠位十二階の単なる「機能不全」にとどまらず，大和政権の冠位十二階制定の目的そのものをあいまいにしているのである．北康宏氏は［北②］，「位階制度は全官人を秩序付ける枠組みであることにこそ意味があるが，冠位十二階にそのような目的があったのかは疑問である」と指摘されるが，この疑問は正鵠を得ている．

(b) 遣隋使への冠位授与が目的か

　そもそも大和政権は何の目的で冠位十二階を制定したのだろうか．それは冠位十二階制定の結果に反映されているはずである．すなわち，冠位を授与された臣下3人はどんな目的で冠位を授与され，そして，その結果，冠位十二階制定はどういう成果を挙げたのだろうか．

　鞍作鳥の冠位は仏教隆盛に対する褒賞として個人に名誉を与えたというだけで，鞍作鳥を官僚として取り込んだ様子はない．政治的な意味は少なく，冠位授与でなく別の形の褒賞であっても何の問題もなかった．結局，遣隋使2名の冠位が冠位十二階制定の主要な，というか，唯一の成果である．従って成果から見た冠位十二階制定の目的は，遣隋使への冠位授与ということになる．

　推古11年（603年）の冠位十二階制定の動機について，多くの研究者は国際的な環境とされる．例えば，井上光貞氏の「六〇〇（推古八）年に再開せられ，当時の外交交渉では最も重視された諸国使臣間の位次が問題となり，そのため当該国内の礼的秩序を整える必要が痛感されたことが，直接の動機だったと推察される」という見解が代表的なものであろう［井上⑧］．要するに，国際関係の必要による国内での「礼的秩序の確立」である．確かに，600年の第一次遣隋使派遣によって，「国内の礼的秩序を整える必要が痛感」された結果，推古11年（603年）に冠位十二階が制定され，推古15年（607年）の第二次遣隋使派遣で，「大礼」の冠位を授与して小野妹子を隋へ送ったという見方は説得力がある．

　しかし，隋へ派遣される遣隋使の冠位は，隋に対する体面上からは必要なことであるが，それだけでは遣隋使の派遣・帰国でもっておしまいという一時的なもので

ある．遣隋使派遣に際して，例えば，諸外国との外交を取り扱う「外交部」のような行政機構を確立し，それを契機に他の部門も制度化されていったのであれば，「新たな秩序のもとに再編」，「豪族を官僚として把握すること」［黛②］につながるだろう．しかし，日本書紀による限り，そのような様子はうかがえない．とすれば，結局，単に遣隋使の冠位のためだけに冠位十二階を制定したことになる．しかし，それでは「諸豪族をあたらめて新たな秩序のもとに再編し，皇室の手足とする」［黛①］など，とうてい無理である

さらに，冠位十二階の目的が遣隋使への冠位授与であったということすらも怪しい．なぜならば，第四次遣隋使（608年9月）の6年後，日本書紀は推古22年（614年）に第六次遣隋使の派遣を書くが，遣隋使の犬上君御田鍬と矢田部造には冠位が授与されていないからである．

確かに，遣隋使は井上氏が推定される「直接の動機」としてはよく理解できるが，遣隋使への冠位授与だけでは冠位制度の本来の目的を達したことにはならず，冠位十二階の制定目的としてはふじゅうぶんである．

(c) **国内の礼的秩序を整えたか**

隋での遣隋使の「諸国使者間の位次」という当面の目的ではなく，もっと広く外国との関係から「国内の礼的秩序を整える」［井上⑧］という"礼制の確立"を目的として冠位十二階が制定されたというのはあり得るだろうか．一般論としてはあり得るが，大和政権においてはそうはなっていない．

もしも冠位十二階が外国との関係を考慮して，礼制の確立を目的としたのであれば，なぜ隋皇帝国書提出儀式や新羅・任那の使者謁見という外交の場に登場するたくさんの有力諸臣は誰も冠位を授与されていないのだろうか（事実C'）．「外交」を意識して，国内の礼制整備の一環として冠位十二階を制定したのであれば，出迎え・歓迎者にも冠位が授与された諸臣を派遣し，隋皇帝国書提出儀式や新羅・任那の謁見使者の儀式では高い冠位を授与された臣下をたくさん登場させるべきであろう．

突然の裴世清の来日が想定外で，冠位授与が間に合わなかったとはいえない．日本書紀によれば，冠位十二階は603年に制定されたのであり，607年の裴世清訪日までに時間はじゅうぶんあったはずである．また，裴世清が4月に筑紫に着いた後，隋皇帝国書提出儀式まで3カ月の時間がある．その間に，急いで冠位を授与することも可能であったはずである．倭国伝が「小徳」阿輩台，「大礼」哥多毗と明記しているように，隋の使者は，倭国の官位・冠位に深い関心がある．しかし，大和政権の関係諸臣には誰も冠位がない．このことは国内の"礼制の確立"を目的と

して冠位十二階を制定したとは言えないことを示している．

以上，要するに，大和政権における冠位十二階の実態が冠位制度のあるべき姿とはかなりかけ離れている第1の問題点は，大和政権が冠位十二階を制定した目的があいまいなことである．

このことは，以下の問題点を新たに提起する．

〈問題点N〉大和政権が冠位十二階を制定した目的は何か．

3 冠位十二階が成立するための官司制度の未発達

冠位十二階制定に関する第2の問題点は，大和政権の官司制度の未発達・未整備である．

石母田正氏が［石母田］，「冠位十二階の制定の必然性は，支配層の内部構成の変化，たとえば推古前後における群卿や『大夫』の階層の進出と官司制の発展にもとめねばならない」と指摘されるように，冠位十二階制定の背後には身分制度や行政・統治制度の発展がなければならない．しかし，黛弘道氏が「大化前代においては未だ官司制度も充分な発達をみず」と指摘されるように［黛②］，大和政権においては，冠位十二階制定の背景となる「官司制度」や身分制度の未発達という問題点がある．

関晃氏は［関①］，「六世紀以降，中央における官司制的組織の発達と地方における国造らの地方官化が著しく進んだ」と指摘される．氏の指摘が具体的に何を指しておられるのかは不明であるが，この点が冠位十二階制定の動機とは考えられない．なぜならば，中央において発達したという官司制的組織に属する官僚や地方官化したはずの国造たちに冠位が授与された形跡が，冠位十二階の前半期には，まったく見られないからである．地方官などに冠位が授与されるようになったと推定できるのは640年代に入ってからであり，幅広く授与されたのは大化5年（649年）の冠位十九階からであろう．

一方，関晃氏は［関①］，「大臣・大夫という最上部の執政官と将軍……などの臨時の職を除けば，新しい官僚機構というようなものが存在した形跡は，大化に至るまで全くうかがわれない」とも指摘される．確かに，官僚機構というか官司制度は，日本書紀にはほとんど見えないのが実態であろう．

冠位十二階が制定された7世紀初頭の大和政権の「官司制度」を，中国の史書である周書百済伝が書く百済の実態と比べると，その差がよく分かる．

周書百済伝は，6世紀後半の百済について，以下のように書く．中央の行政制度として，内官には，前内部，穀部，肉部，馬部，薬部などがあり，外官には，司軍

部，司徒部，都市部などがあった．さらに地方の行政組織は5つの部に分かれ方領－郡将が統治していた．そして同時に，左平－達率－恩率－徳率－……という16等級の冠位制度があったと書く．重要なことは，「（冠位を持つ者は）それぞれに部局に分かれ，政務を分担する」と明記され，地方の方領には第2冠位の達率をあて，郡将には第4冠位の徳率をあてると書いている点である．すなわち，6世紀後半の百済では，官僚制がしっかりと確立しており，行政・統治体制の整備と冠位制度が一体となって運用されていることが分かる．

一方，日本書紀が描く大和政権の場合，百済とは相当に様相が異なり，行政・統治制度は未発達である．日本書紀による限り，周書百済伝が書くような，機能が分化した官僚の行政組織などはまったく見えない．「伴造」と全体がひとくくりのままで，その組織形態も実態も不透明であって，百済のような整備された行政制度とは相当な距離がある．また，地方統治も国造－県主・稲置という統治体制も明瞭ではなく，単に"その地方の有力豪族を国造や稲置にあてただけ"，"「国造」と呼んでいるだけ"に近く，中央で任命した官僚を派遣した様子はない．また，伴造や国造・稲置に冠位が授与された様子はなく，行政制度と冠位制度が一体化して運用されている百済とは，根本的な差がある．若月義小氏は〔若月②〕，「倭国の場合，位階秩序の整備に先行すべき官職組織の発展がほとんど認められない点に，最大の歴史的特質がある」と述べられるが，その通りであろう．

結局，大和政権においては，黛・関・若月氏が指摘されるように，大化以前は「官司制度の充分な発達」がなかったし，「新しい官僚機構」もなかったのが実態であろう．実際に，大和政権において官司制度が整備されていくのは，大化2年（646年）8月の，

「新たに百官を設け，及，位階を著して，官位を以ちて叙けたまはむ（冠位を定めて官位を叙する）」，

および，大化5年（649年）2月の，

「博士高向玄理と釈僧旻とに詔して，八省・百官を置かしむ」，

である．どのような八省・百官なのかは書かれていないが，大化期に至って官司制度が新たに整備され，冠位制度と一体となる統治体制を構築しようとしたことが分かる．しかし，それは大化期であって，半世紀前の7世紀初頭の推古朝では「官司制度」，「官僚機構」の発達がはるかにふじゅうぶんだったことは明らかだろう．

坂本太郎氏は〔坂本④〕，冠位十二階は「政治の形態に……文化的飛躍」をもたらしたとされ，「位を整然と十二階に分け，これに六個の名称を与え，大小を冠した

ことは，明らかに制度の組織化への黎明」と指摘される．それはそうかもしれないが，身分秩序の冠位十二階だけが突出して整然とした制度となり，それと一体化して行われるべき行政・統治組織の整備は伴っていない．そういう状態では冠位制度がじゅうぶん機能することは難しいし，そもそも冠位制度そのものの必要性が低い．高橋善太郎氏が指摘されるように［高橋③］，「それだけでは実を伴わない冠位の制が，当時の氏族制度の上に形式的に整えられたに過ぎなかった」のが実態であろう．

付け加えると，隋書倭国伝が書く倭国の場合，日本書紀が書く大和政権の大和国とは違っている．倭国伝には倭王－軍尼－伊尼翼－戸という郡県制的な統治体制が書かれている．明記はされていないが，この軍尼と伊尼翼には官位十二等に基づく相応の官位が授与された官僚が派遣されたと推定される．また，隋書倭国伝には，裴世清を出迎え・歓迎した阿輩台や哥多毗の小徳と大礼の冠位が明記されており，隋との外交の場に官位を持つ官僚が登場していることが確認できる．倭国伝の記述は簡単で，倭国の詳細を知ることは難しいが，百済の実態を考慮すれば，官位十二等が行政制度と結びついていることを推定できる．

以上のように，冠位制度と連携して整備されるべき大和政権の官司制度・行政制度はきわめて未発達なままである．これが大和政権の冠位制度の第2の問題点である．

4 冠位十二階が成立するための身分秩序の未発達

第3の問題点は大和政権における身分秩序・制度の未整備・未発達である．

推古朝においては，身分秩序は，基本的にはそれまでの氏姓制度のままである．天皇－大臣－臣連－伴造・国造と，「臣連」も「伴造」も"ひとかたまり"のままである．推古朝でこの天皇－大臣－臣連の中で，有力な臣連が「大夫」として登場してきて，天皇－大臣－大夫－一般の臣連という新しい身分秩序が形成されているかのように見える．

しかし，7世紀初頭の推古朝において，「大臣」だけははっきりくっきりしていてその存在を疑うことはあり得ないが，「大臣」に次ぐはずの「大夫」はまだほとんど見えない存在である．「大夫」が大臣に次ぐ新しい臣下層として初めて登場するのは，推古18年(610年)の新羅使者の謁見儀式の場面であり，次いで，推古36年(628年)の推古天皇の皇位継承問題の場面であって，冠位十二階制定よりも後のことである．

さらに，推古36年(628年)の推古天皇の皇位継承問題の時点ですらも，天皇－大臣－大夫－一般の臣連……に位置づけられるはっきりした「大夫」という身分が

確立しているようには見えない．そのことは，推古天皇の皇位継承問題の場に登場する諸臣を日本書紀は「群臣」，「大夫」，「群大夫」，「群卿」と書き，はっきりと「大夫」に統一されていないことから分かる．単に有力諸臣を「大夫」と呼んでいるだけという状態から脱却できず，「大夫」という身分・位階が確立していない．「大夫大伴咋」とか「大夫中臣弥気」とかは日本書紀には登場しないのである．推古36年(628年)の時点でもはっきりしないのであるから，冠位十二階が制定された推古11年(603年)の時点では「大夫」という「身分」，「位階」はもっとあいまいだっただろう．そもそも臣連で冠位を授与されたのは小野妹子だけである．その小野妹子は遣隋使という特殊な条件で授与されたのであって，「大夫」としての活躍が書かれているわけではないし，そもそも「大夫」と言えるような有力諸臣であったかも不透明である．

要するに，「大夫」ですらも身分・位階として成立しておらず，冠位十二階が制定された603年時点では，「冠位十二階の制定の必然性」の要因である「『大夫』の階層の進出」〔石母田〕どころか，それらしい存在すらもまだ見えていないのである．身分秩序が旧態依然で固定的であるために，諸臣に冠位を授与して「王(推古天皇)の下に整然と定められた身分秩序」〔武光〕とすることができず，「豪族を官僚として把握すること」〔黛②〕ができないのである．

実際には，推古朝では大夫たちには冠位十二階の冠位は授与されていない．このことは「大夫」という新しい階層の出現と冠位十二階制定とは別のことであって，「大夫」階層の出現によって冠位十二階が制定されたのではないことを示している．

付け加えると，そういう推古朝初期の状態から，逆に，冠位制度をテコとして，有力な臣連が「大夫」というはっきりした身分秩序を形成していくのは冠位十二階の末期，640年頃であると思う．その象徴が皇極元年(642年)の舒明天皇の喪葬の3人の小徳ではないだろうか．

以上のように冠位十二階制定に関する第3の問題点として，「大夫」ですら身分秩序は未確立で，身分秩序に関する未整備・未発達な点が挙げられる．

結局，大和政権の冠位十二階制定に関しては，以下の3点が指摘される．

① 冠位十二階の制定目的がはっきりしない．
② 冠位制度と併行して整備されるはずの大和政権の官司制度は未発達・未整備のままである．
③ 大和政権における身分秩序は「大夫」ですらあいまいで，未整備・未発達な状態である．

5 官司制度・身分秩序が未整備のままなのに，冠位十二階だけが突出して制定されている

　要するに，大和政権においては，「諸豪族をあらためて新たな秩序のもとに再編し，皇室の手足とする」[黛②] 冠位十二階が成立するための官司制度・身分秩序の進展という客観的な条件はまだ整っていなかった．にもかかわらず，日本書紀は推古 11 年 (603 年) には冠位十二階を制定したと明記している．すなわち，大和政権では冠位十二階制定の客観的な背景が成熟しているとは言えない状態で，冠位十二階というくっきりとはっきりした身分制度だけが制定されたことになる．

　その結果が，冠位授与の重要な対象となるべき大夫すらも冠位が授与されていないことであり，冠位を授与されたのはたった 3 名だけという冠位十二階の機能不全である．大和政権の冠位十二階の機能不全は必然的な結果である．冠位十二階の制定は，制定目的があいまいで，大和政権の行政制度や身分秩序の進展に基づいていないし，逆に，それらの整備・進展にも寄与していない．それが冠位十二階が制定された後の前半期約 20 年間の実態である．他の行政制度や身分秩序の進展などが見えない中で，「徳－仁－礼－信－義－智」というくっきりとした不自然な冠位十二階だけが突出して制定されたのは異様であろう．

　以上のことは，下記の問題点を提起する．

　〈問題点 O〉大和政権においては，冠位制度の背景となる官司制度・身分秩序が
　　　　　　まだ整備・確立されていないのに，なぜ，冠位十二階だけが突出し
　　　　　　て制定された（できた）のか．

　私見では，この問題点 O は大和政権の冠位十二階の根幹に関わる重要な問題点であると思う．

6 要約：大和政権はなぜ冠位十二階を制定できたのか

　以上の議論 C「大和政権はなぜ冠位十二階を制定できたのか」について，要約すれば以下のようになる．

　(a) 冠位制度の目的は，諸豪族を官僚・臣下として取り込み，格付けし，天皇の
　　　権威・権力を高め，国内の統治・支配体制を強化することである．しかし，
　　　大和政権における冠位十二階は以下のような問題点があって，冠位制度のあ
　　　るべき姿とはかけ離れている．
　　①冠位十二階の制定目的がはっきりしない．

②冠位制度と併行して整備されるはずの大和政権の官司制度は未発達・未整備のままである．
　　③大和政権における身分秩序は「大夫」ですらあいまいで，未整備・未発達な状態である．
　(b) 大和政権では冠位十二階制定の客観的な条件が未発達・未整備なのに，なぜ冠位十二階というくっきりとはっきりした冠位制度だけが突出して制定できたのかという疑問がある．

議論Ｄ：大臣馬子はなぜ冠位十二階制定を認めたのか　－推古朝の権力構造－

　１ 推古天皇・聖徳太子と大臣の馬子の相対的な権力関係
　２ 推古朝発足時，大臣馬子の絶対的な権力
　３ 輝かしい推古10年代の事績と聖徳太子
　４ 推古10年代，衰えない大臣馬子の権力
　５ 要約：推古朝における推古天皇・聖徳太子と大臣馬子の相対的な権力関係
　６ 馬子が冠位十二階の制定を認めるという矛盾

　冠位制度はあくまで王（推古天皇）の権力・統治をより強化するものである．これを言い換えれば，大臣である蘇我馬子と蘇我一族の権威・権力の相対的低下をもたらすものである．当時，実権を握っていたのはあくまで大臣の馬子であって，推古天皇や聖徳太子ではなかったのではないだろうか．しかし，日本書紀が推古11年（603年）の冠位十二階制定を書くことは，馬子が冠位十二階制定に賛成した（せざるを得なかった）ことを意味する．馬子が反対するのに，冠位十二階が制定されたというのはきわめて考えにくいからである．

　従って，大和政権の冠位十二階の新設とその施行について考えるとき，推古11年（603年）の冠位十二階の制定時において，推古朝における権力がどんな状態であったのか，具体的には推古朝の権力者，推古天皇・聖徳太子と大臣の蘇我馬子の相対的な権力関係を明らかにしなければならない．この点を抜きにして冠位十二階の諸問題を理解することはできない．推古朝の権力関係については前にも触れたので重なる点も多いが，大和政権の冠位十二階にとってきわめて重要なことであるので，冠位十二階制定の頃の推古朝における権力の実態について少し詳細に以下に議論し

たい．

1 推古天皇・聖徳太子と大臣の馬子の相対的な権力関係

　冠位十二階制度が制定された当時，推古朝における最高権力者は，推古天皇，聖徳太子，大臣の蘇我馬子の3人である．

　この3人の最高権力者の関係は，形式的には，推古天皇を頂点として，その下に皇太子の聖徳太子と大臣の蘇我馬子が並列に「共同執政」するというもの［東野②］であろう．しかし，実際には推古天皇と聖徳太子は天皇の権威・権力の強化という共通の目的があるから，冠位制度の成立と施行には，推古朝における推古天皇・聖徳太子と大臣の馬子の権威・権力の相対的な強さが強く影響しているはずである．

　推古天皇・聖徳太子と大臣の蘇我馬子の相対的な力関係については，たくさんの研究者の見解があり，しかもかなりな相違がある．代表的な見解を書けば以下のようになる．

　井上光貞氏は［井上⑦］，「天皇号」は「おそらく推古朝に案出された」として，「大君とは君の中の大なるものという意味であって，諸豪族との身分の相違は相対的なものに過ぎなかったが，いまや，自ら天皇と称することによって，諸豪族に超越した絶対的な君主としての地位を得ることとなった」と述べ，推古天皇が諸豪族を超越した「天皇」になったと考え，推古天皇の権威の高さを強調している．そして，上宮聖徳法王帝紀の「上宮厩戸豊聡耳命（聖徳太子），嶋大臣（馬子）と共に天下の政を輔け……」を挙げて，「推古は，皇太子厩戸皇子と大臣蘇我馬子とに政治を行わせた」のが正確と指摘される．熊谷公男氏も［熊谷］，「多くの研究者は，推古朝には女帝のもとで厩戸皇子と蘇我馬子の共治体制がとられたと考えている．筆者もそう考える一人」と書いておられる．女帝のもとでの「共治体制」というのだから，「諸豪族に超越した絶対的な君主」に近い存在となった推古天皇を頂点として，聖徳太子と馬子が対等の関係で「共同執政」，「共治」していたという認識であると見ていいようだ．

　これに対して，関晃氏は［関①］，「推古朝は蘇我氏権力がまさにその絶頂に達した時期であって，朝廷の実権者は大臣蘇我馬子であり，太子は女帝の政治面における代行者であったから，太子が実際の政治にあたって，馬子の意向を無視した独自の政策をおこなうというようなことは，ほとんどあり得なかったといってよい．当時の皇室の実力や中央豪族全体の動向からいって，そのようなことを可能にする条件

というものは，ほとんど考えられないのである」と指摘される．すなわち，馬子が実権を握り，推古天皇・聖徳太子を圧していたと考えておられる．

このように，研究者の間でも推古朝での実権者は推古天皇・聖徳太子なのか，大臣の馬子なのかについて見解は大きく分かれ，一致していない．

2 推古朝発足時，大臣馬子の絶対的な権力

冠位十二階が施行された45年間，推古天皇・聖徳太子と大臣の蘇我氏（馬子・蝦夷）の権力の相対的な関係は次第に変化しているが，ここで問題となるのは，冠位十二階が制定された推古11年（603年）頃の推古天皇・聖徳太子と大臣馬子の相対的な権力関係である．これを明らかにするには，推古朝成立の前に遡って検討しなければならない．なぜならば，特に推古朝の場合，その成立にはそれまでの歴史・経過が色濃く反映されており，それが推古11年（603年）頃の権力構造にも強く影響していると考えられるからである．そこで，推古朝成立の少し前から冠位十二階が制定される推古11年（603年）頃までの大和政権の権力について，検討する．

(a) 仏教をめぐる大連の物部と大臣の蘇我の対立

推古朝の政治には仏教が強く影響している．日本書紀は欽明13年（552年）に百済の聖明王が欽明天皇に仏像などを送ることによって仏教が伝来したと書く．しかし，仏教導入に積極的な当時の大臣蘇我稲目（馬子の父）と仏教導入に反対する大連の物部尾輿などが対立した結果，仏教導入反対派が優勢で，蘇我稲目だけがほそぼそと仏教を信仰するという状態になった．蘇我稲目は欽明31年（570年）に死に，敏達元年（572年）に即位した敏達天皇の下で，馬子は大臣として登場する．このときの大連が物部守屋である．

馬子は仏教振興を図る．馬子の努力によって仏教は広まり始め，敏達13年（584年），日本書紀が「仏法，これより起こる」と書くような状態となった．しかし，仏教導入に反対する大連の物部守屋は仏像を難波の堀に棄てるなど，両者の対立が激化していく．

(b) 用明天皇の皇位継承をめぐる対立と物部守屋の滅亡

用明2年（587年），用明天皇の皇位継承問題が起こる．穴穂部皇子は欽明天皇の子で，前天皇の敏達天皇の異母兄弟であり，物部守屋を味方につけて天皇になろうとする．この皇位継承問題と仏教導入での争いが一体化した結果，大臣の蘇我馬子と大連の物部守屋の軍事的衝突となる．日本書紀が「（蘇我馬子大臣は）諸皇子と群臣に勧めて，物部守屋大連を滅さむことを謀る」と書くように，馬子は聖徳太子など

とともに物部守屋を攻撃し，物部守屋を滅亡させる．日本書紀に大臣の馬子が「諸皇子と群臣に勧めて」と書かれているように，"物部戦争"を主導したのが大臣の馬子であることは明白だ．あくまで馬子が首謀者である．物部守屋を滅ぼした結果，馬子の権力は一気に強くなった．

　物部守屋が滅亡した結果，用明天皇の後継天皇は，用明天皇の子である聖徳太子，敏達天皇の子である押坂彦人大兄皇子，敏達と推古の間の子である竹田皇子などが有力候補となったはずである．しかし，実際には，ちょっと意外なことに，

　　「炊屋姫尊（敏達天皇の皇后，後の推古天皇）と群臣と，（崇峻天皇を）即天皇之位さしむ
　　（皇位におつけした）」，

と欽明天皇の子で，穴穂部皇子の弟が崇峻天皇として即位した．日本書紀は，「炊屋姫尊（敏達天皇の皇后，後の推古天皇）と群臣」が崇峻天皇を即位させたと書いているが，実質は馬子が崇峻天皇を即位させたことは明らかだ．そして，崇峻天皇のもとで，大連は誰も任命されず以後は空席となって，大臣の馬子だけが残った．大臣馬子の権力はさらに強くなった．

　このように，大臣の馬子は，長年の仏教導入問題と皇位継承問題が絡まる中で大連の物部守屋を滅亡させ，崇峻天皇を即位させた．そして，崇峻天皇のもとで大臣・大連体制は崩壊し，大臣の馬子だけになった．

　以上の経過を経て，大臣の馬子は大和政権における実質的な専制権力を握ったと考えられる．

(c) 馬子，崇峻天皇を暗殺

　ところが，馬子は自らが主導して天皇に即位させたはずの崇峻天皇と対立した．日本書紀は対立の原因を書かない．いろいろな事情があったのであろうが［黛②］，いずれにせよ，何もかも馬子の意のままであって，崇峻天皇の意思が反映されないことが原因だろう．崇峻天皇は馬子への反感をつのらせ，崇峻5年（592年）10月，

　　「此の猪の頸を断つが如く，朕が嫌しみする人を断たむ」，

とのたまい，それを知った馬子は，11月，何と，

　　「東漢直駒をして，天皇を殺せまつらしむ」，

と，自ら擁立したはずの崇峻天皇を暗殺してしまった．そして，

　　「是の日に，天皇を倉梯岡陵に葬りまつる」，

と，暗殺した日にあっというまに埋葬してしまった．

　天皇崩御の場合，通常，本葬・埋葬に至る前に殯（もがり）の宮に遺体を安置し，殯の儀式が行われた後で本葬が行われ，埋葬される．この殯の期間は通常はかなり

長い．馬子はそういう慣例を無視して，暗殺したその日に埋葬してしまったのである．

この過程で注目すべき点は，1つは馬子による崇峻天皇暗殺という空前絶後の大事件そのものであるが，もう1つの注目すべき点が，天皇暗殺も，暗殺の日に埋葬してしまうという慣例無視についても，日本書紀には群臣から批判が出たとか，反抗されたとかはいっさい書かれていないことである．有力諸臣が大軍を率いて筑紫へ行っていたという事情があったとしても，これは異常なことである．

このことは，当時，馬子がたとえ天皇を暗殺し，慣例を無視して殯もせずに即日に埋葬してしまっても，群臣からは批判も言えないような絶対的な権力を馬子が握っていたことをはっきりと示している．日本書紀による限り，この点にあいまいさはない．

すなわち，この馬子の絶対的な独裁体制が推古朝発足時の実態である．坂本太郎氏は [坂本②]，「王権の衰退ここにきわまった」，黛弘道氏は [黛③]，「（馬子が）崇峻天皇暗殺後は皇室の存立にもかかわる絶大な影響力を行使し得る立場にあった」と指摘されるが，その通りである．天皇の権威は地に落ち，皇室は存亡の危機にひんしたのである．この点をはっきりさせておかなければならない．関晃氏も [関①] また，「最後に蘇我氏が朝廷の全権を握るに至ったというのが，六世紀末に至るまでの政治過程であって……皇室の地位が上昇してきていた様子はほとんど窺われない」と指摘される．その通りであろう．

以上のように，推古天皇即位時の客観的な状態は大臣の馬子が絶対的な権力を握っており，「王権の衰退ここにきわまった」状態であった．これが推古政権出発時の初期条件である．この点をはっきりと確認する必要がある．

(d) 崇峻 5 年（592年），推古天皇即位

崇峻天皇暗殺の後，天皇となったのが推古天皇である．日本書紀は崇峻5年（592年），

「群臣……（敏達天皇の）皇后額田部皇女に請して践祚さしめまつらむ（即位してくださるよう請うた）」，

として推古天皇が即位したと書く．「群臣」が推薦したと書くが，実質は馬子の意思であることははっきりしている．馬子の意志に逆らえるような群臣はいない．馬子の傀儡が推古天皇である．

推古天皇即位に至る以上の経過を踏まえると，推古朝開始時点では以下の2点が重要である．

第1点は，推古天皇である．
　推古朝が発足した時点で，馬子が絶対的な権力を握っていたという点には疑問の余地はない．推古天皇は馬子の意思により即位したことは明白であり，推古天皇が馬子の傀儡であることも明白だ．推古天皇自身が馬子の姪である．馬子は自分の甥である崇峻天皇を暗殺している．そのことをみんなが見てきた．誰も馬子の行為を批判できなかった．推古天皇は馬子の単なる操り人形の域を出なかった．それ以外ではあり得ない．
　第2点は，聖徳太子である．
　推古元年（593年）の日本書紀は以下のように書く．
「厩戸豊聡耳皇子（聖徳太子）を立てて皇太子としたまふ．仍りて録摂政らしめ，
　万機を以ちて悉に委ぬ（いっさいの政務を執らせて，国政をすべて委任された）」．
この記述に，推古2年（594年）2月の，
「皇太子と大臣とに詔して，三宝を興隆せしむ」，
を加えれば，聖徳太子は馬子と仏教興隆で連携しつつも，推古朝の全権を握って政治を行ったことになる．
　しかし，推古天皇即位に至る経過を見れば，推古朝初期，絶対的な権力を握っていたのはあくまでも大臣の馬子であって，推古天皇でも聖徳太子でもないことは明白だ．そもそも実績は馬子が圧倒しており，聖徳太子を含めて皇子たちや群臣の中に馬子を批判できるような人は1人もいない．完全に圧倒されている．それは崇峻天皇の暗殺や殯抜きの埋葬に対して何の批判も出ていないことから明白だ．しかも，聖徳太子が皇太子になることも馬子の承認なしにはあり得なかったと考えられる（もっとも「皇太子」がこの時期にすでにあったのかどうか問題があるが）．さらに，推古天皇は馬子の姪であって，聖徳太子にとって馬子は舅である．どんな点から見ても，若い（当時，20歳と言われる）聖徳太子に「録摂政らしめ，万機を以ちて悉に委ぬ（いっさいの政務を執らせて，国政をすべて委任された）」という状態ではない．逆に，馬子の承認なくしてはいかなる決定もその実行もできないという状態だったはずである．はっきりいえば，推古天皇も聖徳太子も，馬子に手も足も出ず，まったく頭が上がらないというのが実態で，すべて馬子の意のままであったというのが事実であったと考えられる．すなわち，推古元年（593年）の日本書紀の「万機を以ちて悉に委ぬ」という記述は事実ではない．聖徳太子が推古朝初期に，全権を握って腕を振るったというのは単なる日本書紀の粉飾と考えなければならない．
　以上の推古朝発足時点の権力状況を要約すると以下の2点となる．

① 馬子が絶対的な権力を握っていた．推古天皇も，聖徳太子も，馬子に対抗できるような状況ではなかった．少なくとも，馬子の賛成なしには何事も推し進めることはできなかった．
② 推古元年（593年）の皇太子の聖徳太子に「万機を以ちて悉に委ぬ（いっさいの政務を執らせて，国政をすべて委任された）」という日本書紀の記述はまったく信用できず，後世の粉飾であって，事実ではない．

以上の点にあいまいさはないと思う．形式的には推古天皇の下に，皇太子の聖徳太子と大臣の馬子が並立して推古天皇を支える形であるが，それは単なる形式に過ぎず，大臣の蘇我馬子が絶対的な権力を握っていたというのが推古朝発足時の実態である．

3 輝かしい推古10年代の事績と聖徳太子

日本書紀によれば，推古朝出発から10年を経た推古10年代は輝かしい時代である．

日本書紀は，新羅征討軍派遣（推古10年〔602年〕），冠位十二階制定（推古11年〔603年〕），十七条憲法（推古12年〔604年〕），丈六の仏像完成（推古14年〔606年〕），遣隋使派遣（推古15年〔607年〕，16年〔608年〕）と，画期的な新事業を記録している．10年にも満たない短期間に圧倒的な実行力で，重要な新政策が次々に実施され，活気に満ちた輝かしい時期である．

普通はこれらは聖徳太子が主導した事績であり［坂本②］，聖徳太子が「皇室に拮抗しようとする蘇我氏の専横を抑えて，皇室の地位を確かにし，天皇こそこの国の主権者であるということを，思想の上，制度の上に確認すること」［坂本②］を綱領として，大臣の馬子に対抗し，「天皇権力の確立」［黛①］を目指して多方面にわたる活躍を続けたと理解されている．もしもそうであれば，聖徳太子は馬子に対して正面から渡り合い，天皇の権威・権力の強化に努め，画期的な実績を積み上げたことになる．

しかし，聖徳太子の推古10年代の数々の事績への寄与・関与を正確に読み取ることは容易ではない．なぜなら，日本書紀が聖徳太子を「聖人」として異常に持ち上げているからである．日本書紀は，聖徳太子に関して，一度に10人の訴えを間違いなく聞き分けたとか（推古元年〔593年〕），いくつかの聖人談（推古21年〔613年〕12月，推古29年〔621年〕2月）を書いている．従って，日本書紀が書く聖徳太子の事績は，記述に粉飾があることに注意し，あくまで冷静に客観的に判断しなければならな

ない.

　以下, 推古10年代の輝かしい事績に関して, 推古天皇・聖徳太子と馬子の相対的な権力の視点から検討する.

(a) **遣隋使派遣** (推古8年〔600年〕, 推古15年〔607年〕, 推古16年〔608年〕)

　遣隋使は聖徳太子が派遣し, 大国隋に対して画期的な対等外交を開いたとされている〔坂本②〕. 確かに, 聖徳太子が積極的に関与して遣隋使を派遣し, 隋から先進文化を導入しようとしたであろうことは想像できる. しかし, 日本書紀と隋書倭国伝の遣隋使に関するかなり量の記述の中に, 聖徳太子が主導して遣隋使を派遣し, 隋からの先進文化導入を推し進めたことを示す点はいっさい書かれていないのである. そもそも遣隋使に関する日本書紀の記述の中に聖徳太子は一度も登場しない.

　遣隋使派遣について馬子の立場はどうだったのだろうか. 遣隋使派遣の重要な目的の1つである先進仏教導入については, 馬子にとっては望ましいことであり, 反対する理由はない. むしろ, 大和政権の仏教隆盛をもたらしてきたのは馬子であって, 聖徳太子よりもはるかに巨大な実績を残している. 馬子なくして7世紀初頭の仏教隆盛はなかったと言っても過言ではない. 馬子が隋から先進仏教を導入することに反対する理由は何もない.

　従って, 遣隋使派遣に関して, 聖徳太子と馬子の間に見解の対立はなかったと推定される. 馬子に対抗して（反対を押し切って）聖徳太子が遣隋使を派遣したというようなことは考えられない.

(b) **来目皇子の新羅遠征軍** (推古10年〔602年〕)

　来目皇子が率いる新羅征討のための遠征軍である. 来目皇子は聖徳太子の弟である. 王族が大将軍となった軍は他にはなく, その点で画期的なできごとである. また, この軍は,「諸の神部と国造・伴造など, 幷せて軍衆二万五千人」という構成の軍であって, 崇峻4年（591年）の紀男麻呂宿禰や推古8年（600年）の境部臣の軍などのように中央豪族の寄せ集め軍ではない. 神部・国造・伴造などの軍であって, いわば「天皇家の軍」である.

　これらの点から, この来目皇子を将軍とする大軍派遣は聖徳太子が主導した事績であると判断される. すなわち, この新羅征討軍は聖徳太子が「皇室の指導的地位を確立し, ひいては天皇権力の確立をはかる」〔黛①〕ための積極的対外政策の1つと判断できる事績である.

　しかし, この新羅征討軍は来目皇子の病死などで中止となり, 竜頭蛇尾で, 成果を挙げることはできなかった. また, その後, 中央豪族ではなく, 天皇家が中心と

〔別章〕冠位十二階は大和政権の冠位制度ではない　　501

なるような軍はまったく登場しなくなることを考えれば，来目皇子の新羅遠征軍がその後の推古朝の政治に大きい影響を与えたとは言えず，聖徳太子の業績として高く評価することも難しい．

(c) **冠位十二階**（推古11年〔603年〕）

冠位十二階は天皇の権威・権力を高め，相対的に馬子の権力が低下するという性格を持つことははっきりしている．もしも，聖徳太子が馬子を押さえて制定したとすれば，それは画期的なことであって，推古天皇・聖徳太子の権力が馬子に匹敵，あるいは凌駕するほどに大きくなったことの証拠となり得る．

しかし，大和政権の冠位十二階は制定直後から機能不全に陥っており，推古天皇・聖徳太子の権力強化に寄与することはほぼなかった．期待した成果は上がらず，冠位十二階制定は失敗だったと言うべきであろう．

(d) **十七条憲法**（推古12年〔604年〕）

日本書紀は「皇太子，肇めて（初めて）憲法十七条を造りたまふ」と書く．すなわち，十七条憲法は聖徳太子が「造りたまふ」と明記されている．

十七条憲法の政治的に重要な条項は「君は天なり．臣は地なり……君言ふときは臣承る」（第3条）や「国に二君なく，民に両主無し」（第12条）にある．すなわち，天皇こそが唯一の「王」・「君」・統治者であるという点である．坂本太郎氏が「憲法で最も重く説かれていると見られるものは，君臣上下の分を正すということ」〔坂本③〕，あるいは，黛弘道氏が「内容の核心は……君臣の別を確立し，皇室を中心とする中央集権国家樹立への足固めをめざしているところ」と指摘される通りである〔黛①〕．従って，憲法十七条は聖徳太子が天皇権力の強化を推し進めたことをはっきりと示す画期的な事績のように見える．

しかし，ことはそう簡単ではない．そもそも，推古12年（604年）の時点で，聖徳太子がこんなにはっきりと明言できたのかどうか，きわめて疑わしい．「国に二君なく，民に両主無し」をもっとも明確に否定し，「君臣上下」を踏みにじったのは馬子による崇峻天皇暗殺である．その天皇暗殺の馬子に対して聖徳太子が面と向かって「国に二君なく，民に両主無し」（第12条）とか，「詔を承りては必ず謹め」（第3条）とか「君言ふときは臣承る」（第3条）とか明言できたのだろうか．もしもそれが事実であれば，十七条憲法は天皇権力確立の輝かしい金字塔であろう．しかし，それは疑わしい．圧倒的な権力を持つ馬子に対して聖徳太子がそのようにはっきりと言えたとは思えないし，もしも言ったとすれば，何らかの軋轢なしには済まないはずである．しかし，そんな軋轢は何も書かれていない．そもそも，推古天皇が即

位して12年，その間に馬子の絶対的権力が大きく低下したことを示すようなことは日本書紀には見当たらない．また，日本書紀が聖徳太子を美化していることは，よりいっそう十七条憲法の信憑性を損なっている．

日本書紀が書く十七条憲法は日本書紀の編著者が8世紀に造作したもの，あるいは原本に大幅に手を加えたものと考える．憲法十七条は天皇の権威・権力を高めようとする意思が聖徳太子にあったことを示しているが，馬子の権力弱体化を示すものではない．坂本太郎氏は［坂本③］，「発布と実行とは自ら別であり，これら条項の実行はかならずしも当時十分な成果を挙げ得たとはいわれなかった」と指摘され，黛弘道氏は［黛①］，「内実は馬子との利害の対立に悩まされたのであり，そのために憲法にもられた太子の理想は，これを実行する基盤を持たず，結局，それは……太子の理想の観念的表出に終わらざるを得なかった」という．それが実態に近いと考える．

いずれにせよ，日本書紀が書く十七条憲法を聖徳太子が実際に推し進めた事績とすることは難しいし，聖徳太子の権力が馬子を凌駕した証拠と見ることもできない．そもそも，これを公布したことは書かれておらず，正式に発布・施行されたものではないと思う．

(e) 丈六の仏像建立などの仏教隆盛（推古14年〔606年〕）

推古13年（605年），日本書紀は，

「天皇，皇太子・大臣と諸王・諸臣に詔して……始めて銅・繡の丈六の仏像，各一軀を造る」，

と書く．鞍作鳥がこの仏像を造り，翌年に法興寺の堂の中へ無事に入れた．これらの功績によって鞍作鳥が大仁の冠位を授与された．その他，皇太子が天皇に勝鬘経を講義したとか載っている．いろいろな仏教隆盛の事績は，聖徳太子の事績でもあろうが，馬子の業績でもある．仏教隆盛については聖徳太子の寄与を大きく見がちであるが，全体として見れば，馬子こそが日本仏教隆盛のために長年戦ってきた主役である．聖徳太子はその一翼を担ったというのが正確な実態と考えられる．

以上のように，日本書紀が書く推古10年代の数々の画期的な事績の中で，聖徳太子が主導して推し進めた事績であると問題なく認められるのは推古10年（602年）の新羅征討軍として来目皇子を派遣した点だけである．しかし，新羅遠征は来目皇子の病死などで中途半端に終わっている．冠位十二階は機能しておらず，憲法十七条は日本書紀が書く内容のままで実際に発布されたとは思えない．遣隋使派遣と仏教隆盛は聖徳太子と馬子の共同事業であって，聖徳太子が馬子を押さえて主導した

ことを示す証拠は見当たらない．

　以上を要約すれば，推古10年代のたくさんの画期的な事業の中に推古天皇・聖徳太子の権力が馬子を圧倒したというような点は見られないというのが結論である．もしも，日本書紀が書く十七条憲法の「国に二君なく，民に両主無し」がはっきりと打ち出され，それが諸臣に受け入れられたのであれば，聖徳太子が馬子を押さえて権力を握ったと言えるだろう．しかし，そのようなことはうかがえない．聖徳太子が「天皇権力の確立」に努力したことは認められるが，画期的な実績は見当たらず，推古天皇・聖徳太子の権力が馬子の権力を凌駕したような点は見当たらないというのが妥当な結論である．

4 推古10年代，衰えない大臣馬子の権力

　推古10年代の推古朝の権力構造を表す日本書紀の記事がある．それは，推古22年（614年）8月の，
「大臣，病に臥す．大臣の為に，男女拼わせて（あわせて）一千人，出家せしむ」，
という記事である．この記事はどこまで事実なのかという信憑性の問題がある．私見では，「一千人」という数字そのものの信憑性は低いと思う．日本書紀は，10年後の推古32年（624年）の時点で，「僧816人，尼569人，あわせて1385人」と書いているから，日本書紀の数字に基づけば，推古22年（614年）8月の時点で僧は400人くらいになる．馬子の病気回復祈願のために，当時の僧・尼の総数の2倍以上の膨大な人数の僧・尼を出家させたことになる．これはさすがに多過ぎるだろうから，「一千人」という数字の信憑性は低い．

　しかし，「一千人」という数字は別として，多数を「出家せしむ」というのは事実ではないかと考える．なぜならば，馬子が大和政権における仏教隆盛の最大の功労者であることははっきりしているからである．推古・聖徳太子にとっても仏教隆盛は非常に重要な事項であり，その仏教功労者の病気回復を願って出家させるというのはあり得ることである．

　そうすると，この記事は推古22年（614年）当時の馬子の権力を表すものとして重要になる．この記事は，当時，馬子が推古政権においてきわめて重要な人物であったことを示しており，推古22年（614年）時点で馬子が強い権力を維持していたことをはっきりと示している．

　これに対して，7年後の推古29年（621年）に聖徳太子が死去した際には，「諸王・諸臣と天下の百姓」が悲しんだこと，および，高麗の僧慧慈の話が載っているが，

どちらも聖徳太子聖人化の色合いが濃く，その信憑性に問題がある．それよりも重要なことは，日本書紀には，聖徳太子の病気回復（法隆寺の釈迦三尊像の光背銘には闘病過程が詳しく書かれている）のための読経が行われたとか，多数を出家させたとかの具体的なことが何も書かれていないことである．

このように，馬子の病気に対する 1000 人の出家という記事は，推古 10 年代においても，馬子が強い権力を維持していたことを示しており，当時の実質的な最高権力者は馬子であったことを示唆している．すなわち，関晃氏が [関①]，「太子が実際の政治にあたって，馬子の意向を無視した独自の政策を行うというようなことはほとんどあり得なかった」と述べておられるように，推古 10 年代に至るまで，推古朝における実権は馬子が握っていたと考えられる．

5 要約：推古朝における推古天皇・聖徳太子と大臣馬子の相対的な権力関係

以上の検討を要約すれば下記のようになる．

① 推古朝発足時の馬子の絶対的な権力

馬子による崇峻天皇暗殺で，天皇の権威・権力は地に落ち，大臣の馬子が絶対的な権力を握っていた．「天皇」は存亡の危機に直面していたのであり，推古天皇・聖徳太子が馬子に対抗できるような状況ではなく，少なくとも，馬子の賛成なしには何事も推し進めることはできなかった．これが推古朝開始時点の状態である．

② 輝かしい推古 10 年代の聖徳太子の事績

冠位十二階，十七条憲法，遣隋使派遣など，日本書紀には推古 10 年前後の輝かしい施策が記されている．しかし，それらが聖徳太子の事績であり，推古天皇・聖徳太子の権力が馬子を凌駕したというような点は見られない．

③ 推古 10 年代の大臣馬子の権力

推古 22 年（614 年）の馬子病気の際の大量の出家は，推古 10 年代になっても，馬子が強大な権力を維持していたことを示唆している．

以上の諸点から，推古 11 年（603 年）の冠位十二階制定の時点でも，大臣の馬子は推古天皇・聖徳太子よりも強大な権力を維持していた．これが合理的な結論である．

6 馬子が冠位十二階の制定を認めるという矛盾

以上のように，冠位十二階制定の推古 11 年（603 年）の時点では，馬子の大幅な権力低下を示す点は見当たらず，馬子の権力が推古天皇・聖徳太子の権力を凌駕し

ていたと考えられる．

　とすれば，馬子と冠位十二階との関係は微妙な問題となる．なぜならば，冠位制度は，あくまで王（推古天皇・聖徳太子）の権威・権力を強化し，相対的に馬子と蘇我一族の権力低下をもたらすという本質があるからである．

　馬子は自らと蘇我一族の権力低下をもたらす冠位十二階制定を阻止できたはずである．宮田俊彦氏は「蘇我氏，如何に強勢であろうとも，官吏たる身分を現わすこの冠を進止することは出来ない」と指摘されるが〔宮田④〕，そうは思えない．逆であって，冠位十二階制定を阻止することは，馬子にとってそれほど難しいことであったとは思えない．

　にもかかわらず，日本書紀は推古11年（603年）の冠位十二階制定を書く．このことは馬子が冠位十二階の制定に賛成した（せざるを得なかった）ことを示している．推古10年代の推古政権の相対的な権力関係からは，馬子が反対するのに，冠位十二階が新設されることはあり得ない．すなわち，日本書紀の「冠位を行ふ」（推古11年〔603年〕）という日本書紀の記述による限り，馬子は賛成した（せざるを得なかった）という結論になるほかない．

　しかし，いかに形式的であっても，冠位はあくまで推古天皇が授けるものである．冠位制度新設とそれに基づく冠位授与が推古天皇の権威・権力を高めることは明白であり，馬子自身と蘇我氏の権威・権力の相対的な低下をもたらすこともまた明白である．そのことを馬子が理解できなかったとは思えない．当面は仏教功労者と遣隋使という特殊な場合に限られるとしても，将来，蘇我権力の中枢にも天皇による冠位授与者が拡がり，じわじわと蘇我一族の権威・権力が侵食されていくことを（馬子の死後，実際にそうなった），百戦錬磨の馬子が見抜けなかったとは思えない．そうすると，自らと蘇我一族の権威・権力の低下につながる冠位制度の新設を馬子がなぜ認めた（認めざるを得なかった）のだろうかという重要な疑問が生じるのである．

　実際に，馬子が冠位十二階に積極的でなかったことは，日本書紀に登場する馬子周辺のたくさんの有力な諸臣（大夫）はすべて無冠位で，誰一人として冠位を授与されていないことが証明している．馬子は，その意思があれば，ほぼ自在に冠位授与の対象を決めることができたはずである．もしも馬子が冠位十二階の制定に賛成であったのであれば，本来，まっさきに冠位を授与されるべきは馬子周辺の大夫たちである．しかし，実際には馬子の周囲に冠位を授与された大夫は誰一人としていない．大夫たちへの冠位授与に推古天皇・聖徳太子が反対することは考えられず，馬子に冠位授与の意思がなかったことをはっきりと示している．

馬子が冠位十二階制定を認めた（賛成した，あるいは，反対しなかった）ことと，自分の周囲の大夫たち（それは大和政権中枢の諸臣である）に冠位を授与していないという事実は矛盾している．この矛盾をどう理解するかが大和政権の冠位制度に関する1つの鍵である．
　以上の議論に基づけば，下記のような重要な問題点があることが分かる．
　〈問題点P〉大臣馬子は冠位十二階制定を阻止できるだけの権力を握っていた．
　① それなのに，馬子と蘇我一族の権威・権力の相対的な低下をもたらす冠位十二階の新設をなぜ馬子は認めた（賛成した，あるいは，反対しなかった）のか．
　② 馬子は冠位十二階の制定を認めたにもかかわらず，自分の周囲の大夫たちに冠位を授与しなかったのはなぜか．
　この点に関連して，上野利三氏は［上野］，「推古－太子－大臣の三者は」，「お互いにミウチ意識が強く，また仏教の信仰・興隆という点で一致を見ていた」し，「隋から礼式を重んじる国であるとの認証を得ることが必要」という点で一致していたから，それを実現するために「冠位十二階の制定に関しては合意し，対立らしいことはなかった」と指摘される．
　しかし，仏教の信仰・興隆は冠位十二階とは直接関係しないし，「ミウチ意識」で国策が決まるとも思えない．あくまで自分自身と背後にある勢力の利益によって政策への対応は決まるものではなかろうか．また「隋から礼式を重んじる国であるとの認証を得ることが必要」と認識していたのであれば，なぜ隋皇帝国書提出儀式や新羅・任那の使者の謁見儀式に登場するたくさんの臣下の誰も冠位を授与されていないのだろうか（事実C'）．

仮説A：大和政権には官位・冠位制度は存在しなかった

1. 合理的に理解すべき諸問題と諸事実
2. そもそも大和政権に冠位十二階が存在したのかという疑問
3. 仮説A：大和政権には官位・冠位制度は存在しなかった
4. 仮説Aによって諸問題点は合理的に理解できる
5. 日本書紀はなぜ冠位十二階を造作しなければならなかったのか
6. 仮説A：大和政権には官位・冠位制度は存在しなかった，に関する議論の要約

1 合理的に理解すべき諸問題と諸事実

以上の議論 A～D に基づき，大和政権の冠位十二階について考える．

大和政権の冠位十二階に関して合理的に理解すべき問題点を順に整理すると以下のようになる．

〈問題点 F〉倭国伝が書く倭国の官位十二等と日本書紀が書く大和政権の冠位十二階の官位・冠位名が一致することをどう理解するのか．

〈問題点 H'〉官位十二等と冠位十二階の官位・冠位名が一致すること（事実 A）は，日本書紀の冠位十二階に相当するのは，隋書倭国伝の官位十二等，あるいは，改正された冠位十二等であることを示している．しかし，冠位十二階は，①官位十二等とは冠の有無が一致しないし，②冠位十二階とは冠や冠位の貴賤の表現が一致しない．また，③制定年次は官位十二等とも冠位十二階とも一致しない．これらをどのように合理的に理解するか．

〈問題点 I'〉冠位十二階の前半期（制定から聖徳太子の死までの約 20 年間），日本書紀に登場するたくさんの臣下の中で，冠位が授与されたと確認できるのは仏教功労者と遣隋使の 3 名だけで，他の諸臣には冠位は授与されていないという冠位十二階の異様な機能不全をどう理解するのか．

〈問題点 K'〉日本書紀はなぜ冠位十二階の機能不全を隠蔽し，正常に施行されているかのように装わなければならなかったのか．

〈問題点 L（問題点 13）〉倭国伝と日本書紀が書く裴世清を出迎えた臣下の官位の有無はどう理解すべきか．

〈問題点 M〉同じ遣隋使なのに，推古 22 年（614 年）の第六次遣隋使の犬上御田鍬・矢田部造だけ冠位が授与されていない（書かれていない）のはなぜか．

〈問題点 N〉大和政権が冠位十二階を制定した目的は何か．

〈問題点 O〉大和政権においては，冠位制度の背景となる官司制度・身分秩序がまだ整備・確立されていないのに，なぜ，冠位十二階だけが突出して制定された（できた）のか．

〈問題点 P〉馬子は冠位十二階制定を阻止できるだけの権力を握っていた．

① それなのに，馬子と蘇我一族の権威・権力の相対的な低下をもたらす冠位十二階の新設をなぜ馬子は認めた（賛成した，あるいは，反対しなかった）のか．

② 馬子は冠位十二階の制定を認めたにもかかわらず，自分の周囲の

大夫たちに冠位を授与しなかったのはなぜか.

これらの問題点に加えて,以下の事実がある.
　〈事実A〉　隋書倭国伝の官位十二等と日本書紀の冠位十二階の官位・冠位名が一致する.
　〈事実B'〉　冠位十二階制定後の約20年間,日本書紀に登場するたくさんの臣下の中で,冠位が授与されているのは仏教功労者と遣隋使の計3名だけである.
　〈事実C'〉　隋皇帝国書提出儀式と新羅・任那の使者の謁見儀式という外交の場に参加する有力諸臣すらも冠位が授与されていない.

以上の諸問題点と諸事実をいかに合理的に理解するかが課題である.

2 そもそも大和政権に冠位十二階が存在したのかという疑問

(a) 冠位十二階の根本に関する諸問題

　問題点はいろいろあるが,問題の質や重要度は同じではない.そこで,まず,大和政権の冠位十二階の根本に関わる重要な問題点を考えてみる.それは以下の問題点であると思う.
　〈問題点I'〉冠位十二階の前半期(制定から聖徳太子の死までの約20年間),日本書紀に登場するたくさんの臣下の中で,冠位が授与されたと確認できるのは仏教功労者と遣隋使の3名だけで,他の諸臣には冠位は授与されていないという冠位十二階の異様な機能不全をどう理解するのか.

　冠位を授与された大和政権の臣下は3人だけで,本来,まっさきに冠位を授与されるべき大夫だけでなく,他の諸臣には誰も冠位は授与されておらず,大和政権の冠位十二階は制定された時点から正常に機能していない(事実B').その結果,冠位制度の本来の目的である豪族社会の身分秩序の再編成も,諸臣を王(天皇)の下に身分秩序の中に組み入れることもできていない.
　〈問題点N〉大和政権が冠位十二階を制定した目的は何か.

　冠位制度制定の目的は,諸豪族を新たな身分秩序に組み込み,官僚・臣下として組織し,王(天皇)の権威・権力を高め,統治・支配を強化することにある.しかし,冠位十二階は機能しておらず,日本書紀に登場するたくさんの臣下の中で,冠位を授与されたのはわずか3人だけである.これでは何の目的で冠位十二階を制定したか分からない.また,国際関係の必要による国内での礼秩序の確立が目的という見方も可能であるが,隋皇帝国書提出儀式や新羅・任那の謁見儀式に登場するたく

さんの臣下すらも誰も冠位がなく（事実C'），国内の礼制の確立が冠位十二階の制定目的とは言えない．要するに，大和政権の冠位十二階制定の目的があいまいである．

〈問題点O〉**大和政権においては，冠位制度の背景となる官司制度・身分秩序がまだ整備・確立されていないのに，なぜ，冠位十二階だけが突出して制定された（できた）のか．**

6世紀後半の百済では，中央にはたくさんの行政・統治の部局が整備され，地方は方領－郡将という統治体制が確立し，同時に，左平－達率－恩率－……という16等級の冠位制度があった．そして，冠位を授与された諸臣はそれぞれの部局に分かれ，政務を分担し，統治制度と冠位制度が一体となって運用されていた．しかし，大和政権では百済のような整備された行政組織はほとんど何も見えない．また推古朝においては，身分秩序は，ほぼそれまでの氏姓制度のままで，推古朝になって生まれてきた「大夫」という新しい身分階級は，推古朝末期に至っても，まだ確立していない．冠位制度の背景となる行政・統治制度や身分秩序が未整備なのに，冠位十二階だけが突出して制定されるという異様な状態になっている．

〈問題点P〉**馬子は冠位十二階制定を阻止できるだけの権力を握っていた．**

　① **それなのに，馬子と蘇我一族の権威・権力の相対的な低下をもたらす冠位十二階の新設をなぜ馬子は認めた（賛成した，あるいは，反対しなかった）のか．**

冠位十二階はあくまで推古天皇・聖徳太子の権威・権力を強化し，その統治・支配を強化する制度である．このことは大臣馬子と蘇我一族の権威・権力が相対的に低下することを意味する．それなのに，推古11年（603年）当時，実権を握っていた馬子はなぜ冠位十二階制定を認めたのか．

以上の諸問題点を1行で要約すれば以下のようになる．

① 冠位十二階は制定した時から正常に機能していない（問題点I'，事実B'）．
② 大和政権の冠位十二階制定の目的があいまいである（問題点N，事実C'）．
③ 背景となる行政・統治制度や身分秩序が未整備・未確立なのに，冠位十二階だけが突出して制定されている（問題点O）．
④ 馬子は実権を握っていたのに，自分の権力を低下させる冠位十二階制定をなぜ認めたのか（問題点P）．

(b) **根本的な諸問題に基づく推定**

以上の諸問題点は，そもそも大和政権に冠位十二階が存在していたのか，という素朴で重大な疑問を呼び起こす．すなわち，以下のような推定である．

大和政権において，冠位十二階の制定目的があいまいで（②），冠位十二階は制定直後から正常には機能しておらず（①），冠位十二階制定の頃（推古11年〔603年〕頃），推古政権において実権を握っていた大臣の馬子が自らの権力を低下させる冠位制度の新設を認めることはかなり考えにくいこと（④），そして，そもそも冠位制度が成立するための背景である統治制度や身分秩序が整備・確立されていない状況（③）を素直に考えれば，大和政権の冠位十二階は実際には存在していなかったことを示唆しているのではないか．

　以上の推定に，下記の事実A，
　⑤ 冠位十二階と倭国伝が書く倭国の官位十二等の官位・冠位名が同じである（事実A），
を加え，さらに，官位・冠位制度以外の検討から得られた以下の結果，
　⑥ 「多利思比孤≠推古天皇」の可能性がある，
　⑦ 日本書紀の記述には，造作・偽装が疑われる記述がいくつかある（隋皇帝国書提出儀式，「東天皇」国書），
を加えれば，上の推定は以下のように続くことになる．

　「多利思比孤≠推古天皇」の可能性がある（⑥）とすれば，隋書倭国伝が書く官位・冠位十二等はあくまで倭国（「倭国≠大和国」）の制度であって，大和政権の官位・冠位制度ではない可能性がある．もしもそれが正しければ，日本書紀の編著者はどうしただろうか．倭国伝が書く「倭王」多利思比孤の官位・冠位制度を大和政権の冠位制度であるかのように偽装しようとしたのではないか（⑦）．その結果，あたかも倭国伝の官位・冠位十二等であるかのように日本書紀の編著者が造作・偽装したものが冠位十二階ではないか．官位十二等と冠位十二階の官位・冠位名が一致すること（事実A）はその結果ではないか（⑤）．

　以上のような推定が成立する余地があるのではなかろうか．荒唐無稽の推定と思われるかもしれないが，検討の余地はあると考える．

3 仮説A：大和政権には官位・冠位制度は存在しなかった

　そこで以上の推定に基づいて，以下の仮説Aを設定してみる．

　〈仮説A〉　隋書倭国伝の倭国は日本書紀の大和国とは異なる別の国（「多利思比孤≠推古天皇」）であって，7世紀初め，大和政権には官位・冠位制度は存在しなかった．

　　　　　そこで，日本書紀は，あたかも倭国の冠位十二等（*1）であるかのよ

うに冠位十二階を造作し，この冠位十二階によって大和政権の諸臣に冠位を授与したかのように偽装した．

仮説 A は一見，荒唐無稽の仮説に見えるかもしれない．しかし，重要なことは，官位・冠位十二等と冠位十二階に関連する諸問題をこの仮説によって合理的に理解できるかどうかである．もしも今まで指摘してきた諸問題点を合理的に理解することができれば，そのことはこの仮説が正しいことを示すのであり，理解できなければ，この仮説は間違いと見なすか，修正されなければならないのである．これは実証科学の原則である．

以上の仮説に関連して，井上光貞氏は［井上⑧］，「大化前代の国制について，確実にその制度の存在を確認できるものは少ない……が，……推古朝に……（冠位十二階が）制定されたことは全く疑いを入れる余地はあるまい」として，日本書紀が書く冠位十二階は，その制定年次はさておくとしても，事実であるとされる．そして氏は，その根拠として隋書倭国伝と「法王帝説」の記述を挙げられる．

井上氏の指摘は説得力があって，常識的には大和政権に官位・冠位制度はなかったというのはあり得ないように見える．しかし，そんなことはない．制定されたばかりの冠位十二階で冠位を授与された臣下がわずか 3 人だけで，機能不全に陥っているという異常な実態 1 つを見ても，大和政権の冠位十二階が確固とした存在ではないことは明らかである．従って，一見，荒唐無稽に見える上記の仮説も，決してあり得ない仮説ではない．

*1　官位十二等を冠のある冠位制度へと改正したもので，冠位名は官位十二等の官位名を踏襲したと考えられる．

4 仮説 A によって諸問題点は合理的に理解できる

以下，仮説 A に基づいて，日本書紀のいろいろな諸問題を合理的に理解できるかどうか，検討する．

〈事実 A〉　隋書倭国伝の官位十二等と日本書紀の冠位十二階の官位・冠位名が一致する．

➡仮説 A に基づけば，日本書紀が書く冠位十二階は，倭国の冠位十二等であるかのように日本書紀が造作・偽装したものであって実際には存在しなかった．造作の際，日本書紀の編著者は当然冠位十二等と同じ冠位名を造作することになる．冠位十二等の冠位名は官位十二等の官位名をそのまま継承しているので，倭国伝が書く官位十二等の官位名が，日本書紀によって造作された冠位十二階の冠位名と一致

したのである．このように，冠位十二階そのものが存在しないのであり，官位・冠位名の一致は日本書紀による造作の結果である．

要するに，倭国伝の官位十二等と日本書紀の冠位十二階の官位・冠位名の一致という事実Aは，日本書紀が倭国の冠位十二等であるかのように冠位十二階を造作した結果であって，官位・冠位名の一致という事実はなかったと理解される．

〈問題点F〉倭国伝が書く倭国の官位十二等と日本書紀が書く大和政権の冠位十二階の官位・冠位名が一致することは「多利思比孤＝推古天皇」を強く示唆しているが，他の事項が示す「多利思比孤≠推古天皇」との矛盾をどう理解するのか．

➡この点は事実Aと同様に理解される．もしも官位十二等と冠位十二階の官位・冠位名が一致することが事実であれば，「多利思比孤＝推古天皇」であることを強く示唆する強力な証拠である．しかし，冠位十二階の冠位名は日本書紀があたかも倭国の冠位十二等であるかのように造作した結果であり，実際には冠位十二階は存在しなかった．従って，官位十二等の官位名が冠位十二階の冠位名と一致すること（事実A）は，日本書紀による造作の結果であって，事実ではない．従って，事実Aは「多利思比孤＝推古天皇」を示しているのではなく，他の事項から得られる「多利思比孤≠推古天皇」とは矛盾しないのである．

〈問題点H'〉官位十二等と冠位十二階の官位・冠位名が一致すること（事実A）は，日本書紀の冠位十二階に相当するのは，隋書倭国伝の官位十二等，あるいは，改正された冠位十二等であることを示している．しかし，冠位十二階は，①官位十二等とは冠の有無が一致しないし，②冠位十二等とは冠や冠位の貴賤の表現が一致しない．また，③制定年次は官位十二等とも冠位十二等とも一致しない．これらをどのように合理的に理解するか．

➡仮説Aに基づけば以下のように理解される．

① 「冠」の有無という官位十二等と冠位十二階の不一致

倭国伝には冠のない官位十二等は明記されているが，官位十二等を改正した冠位十二等については「隋に至り，その王始めて冠を制す」だけであって，はっきりとは書かれていない．このことを利用したのが日本書紀の編著者であって，冠のない官位十二等ではなく，冠のある冠位十二等であるかのように冠位十二階を造作し，「冠」について詳しく書いた．その結果，官位・冠位名の一致は「官位十二等＝冠位十二階」を強く示唆するのに，冠の有無は「官位十二等≠冠位十二階」を示すと

いう矛盾が生じた．

　このように，倭国伝の官位十二等と日本書紀の冠位十二階の冠の有無の差は，日本書紀が偽装を隠すために，官位十二等ではなく冠のある冠位十二等であるかのように冠位十二階を造作した結果であると理解される．

　②冠位十二等と冠位十二階の「冠」や冠位の貴賤の表現が一致しない

　冠位十二階と隋書・唐書が書く倭国の冠位十二等では，「冠」そのものと，冠位制度にとってきわめて重要な冠位の貴賤の表現が一致しない．なぜ一致しないのだろうか．

　日本書紀が偽装した倭国の冠位十二等の「冠」については，隋書倭国伝の「錦綵を以てこれを為り，金銀を以て花を鏤め（ちりばめ）飾りとなす」という簡単な描写があるだけで，「冠」の詳細は分からず，冠位の貴賤（高下）がどのように表現されるかは何も書かれていない．日本書紀の編著者は，唐書が書く冠位十二等の「冠」も冠位の貴賤の表現に関する記述も知らずに偽装した（日本書紀が完成されたとき，唐書はまだ書かれていない）．その結果，「冠」や貴賤の表現に関して，隋書倭国伝との食い違いが生じたと理解される．

　実際には，日本書紀の編著者は手元にある大和政権の冠位十三階の資料を転用した（この点は後述）．冠位十三階では「衣服」の「色」の差によって冠位の貴賤が表現されるが，日本書紀の編著者は「衣服」を「冠」に替え，「冠の色」の差があたかも冠位十二階の冠位の貴賤の表現であるかのように造作した．その結果，冠位の貴賤の表現という冠位制度の要となる重要な点で，倭国の冠位十二等との矛盾（倭国の冠位十二等では腰の銀花であるのに，日本書紀の冠位十二階では冠の色）が生じたと理解される．

　すなわち，冠位十二等と冠位十二階で生じた「冠」と冠位の貴賤表現の矛盾は，日本書紀の編著者が唐書（特に，新唐書日本伝）が書く冠位十二等の「冠」や冠位の貴賤が腰の銀の花で表されることを知らないままに偽装したために生じた，と理解される．

　③冠位十二階と官位十二等・冠位十二等との制定年次の矛盾

　冠位十二階は官位十二等ではなく改正した冠位十二等であるかのように，造作・偽装された．従って，冠位十二階と官位十二等の制定年次が一致しないのは当然である．

　一方，冠位十二階と冠位十二等の制定年次の矛盾は以下のように理解される．

　日本書紀の編著者は，11世紀に完成された新唐書日本伝を読んでない．その結果，官位十二等が冠のある冠位十二等へと改正されたのが，隋皇帝煬帝が錦綾冠などを

賜った結果であり，608年（以後）であることは知らなかった．

そういう状態で，日本書紀の編著者が造作する際に，冠位十二階の制定年次に関して判断材料とした諸点は以下の3点であったと推定される．

① 600年当時，倭国では官位十二等が施行されていた（隋書倭国伝）．
②「隋に至り，その王始めて冠を制す」（隋書倭国伝）．
③ 606年に鞍作鳥に大仁の冠位が授与されている（日本書紀）．

倭国の冠位十二階の制定年次を示唆する点は，「隋に至り，その王始めて冠を制す」だけである．冠位十二階の制定（「制冠」）はあくまで「隋に至り」であって，第一次遣隋使よりも後というだけである（隋書倭国伝）．日本書紀の編著者は新唐書を読んでいないので，冠位十二階への改正（「その王始めて冠を制す」）は隋皇帝煬帝が錦綾冠などを賜った608年（以後）であることは知らない．従って，日本書紀の編著者から見ると，造作する冠位十二階の制定年次は，「隋に至り」，すなわち，第一次遣隋使（600年）以後であれば，隋書倭国伝と矛盾することはないのである．

もう1つ考慮すべき点は，606年の鞍作鳥の冠位である．従って，冠位十二階は606年よりも前に制定・施行されていなければならなかった．

結局，第一次遣隋使派遣の600年よりも後で，鞍作鳥の606年よりも前であれば，造作する冠位十二階の制定年次はいつでもよかったのである．すなわち，日本書紀が書く推古11年（603年）という冠位十二階の制定年次は確実な史料に基づく根拠ある制定年次ではなく，600～606年の間に適当に決めた制定年次なのである．

このような経過で，冠位十二階の推古11年（603年）という制定年次は造作された年次であるから，それが冠位十二等の制定年次（608年以後）と一致しないことは当然であって，問題とするに値しないのである．

以上を要約すれば，
① 冠の有無という官位十二等と冠位十二階の矛盾は，日本書紀が官位十二等ではなく冠位十二階であるかのように偽装したために生じた．
②「冠」の内容と冠位の貴賤の表現の矛盾は，日本書紀の編著者が唐書（特に，新唐書）の記述を知らないままに造作したために生じた．
③ 冠位十二階の制定年次が第一次遣隋使の時点ですでに施行されていた官位十二等と一致しないのは，冠位十二階は官位十二等ではなく，冠位十二階であるかのように偽装したためである．また冠位十二等の制定年次と一致しないのは，日本書紀の編著者が新唐書を知らずに冠位十二階の制定年次を造作したからである．そのため，冠位十二階の制定年次は第一次遣隋使（600年）以後

で，鞍作鳥の冠位（606年）以前であれば，いつでもよかった．このように推古11年（603年）という冠位十二階の制定年次は適当に造作した年次であるために冠位十二等の制定年次との矛盾が生じた．

以上のように，問題点 H' は無理なく合理的に理解される．

〈研究者の批判①（第1節）〉官位十二等の制定年次

問題点 H' の冠位十二階の制定年次の問題は，第1節で指摘した冠位十二階の制定年次に関する研究者の倭国伝批判①：冠位十二階の制定は日本書紀が書くように推古11年（603年）であるのに，隋書倭国伝は600年にすでに官位十二等が施行されていたかのように書いている，に端を発する問題である．

この研究者の批判①は，仮説 A に基づけば，以下のように最終的に解決されることになる．

① 冠位十二階は，官位十二等ではなく，冠のある冠位十二等であるかのように造作されたのである．従って，冠位十二階と官位十二等の制定年次が一致しないのは当然であって，倭国伝の記述が間違っているわけではない．

② 大和政権の冠位十二階は日本書紀が造作したものであって，冠位十二階は存在しなかった．従って，603年という制定年次そのものが造作であって事実ではなく，そもそも比較の対象とはならない．

結局，日本書紀の冠位十二階と倭国伝の官位十二等の制定年次の不整合は，隋書倭国伝の信憑性を疑う理由とはならず，信憑性が問われるのは，隋書倭国伝ではなく，冠位十二階を造作した日本書紀である．

以上が倭国伝の官位十二等と日本書紀の冠位十二階の制定年次の不一致に関する本拙論の最終的な結論である．

〈問題点 I'〉冠位十二階の前半期（制定から聖徳太子の死までの約20年間），日本書紀に登場するたくさんの臣下の中で，冠位が授与されたと確認できるのは仏教功労者と遣隋使の3名だけで，他の諸臣には冠位は授与されていないという冠位十二階の異様な機能不全をどう理解するのか．

➡これは大和政権の冠位十二階に関するもっとも根本的で重要な問題点であるが，仮説 A から直接的に理解できる．

大和政権には官位・冠位制度は存在せず，日本書紀が書く冠位十二階は，倭国（≠大和国）の冠位制度を大和政権の冠位制度であるかのように偽装したものである．とすれば，有力諸臣である大夫を始め，大和政権のほとんどすべての臣下に冠位が授与されていないことは当然である．冠位を授与するということは，王が自分の臣

下・官僚とすることである［黛①，武光］．従って，冠位は王が自分の政権の臣下に授与することが原則であって，相応の理由がないのに，他の政権の「諸臣」に冠位が授与されることはない．従って，冠位十二階制定後の20年間，日本書紀に登場するたくさんの大和政権の臣下の中で3人しか官位が授与されていないことは，別に驚くことではなく，当然のことであって，問題とはならないのである．

日本書紀の記述通りに，冠位十二階が大和政権の制度であるとすれば，冠位を授与された臣下が3人だけであることは，冠位制度が正常に機能していない異様な機能不全として問題となる．しかし，日本書紀が造作したものが冠位十二階（仮説A）であれば，冠位十二階の"機能不全"は問題とはならないのである．

以上のように，重要な問題点である冠位十二階の機能不全は問題なく理解できる．

逆に，小野妹子などの3人になぜ他政権の官位が授与されているのか，という点が問題となる．仮説Aが正しければ，「多利思比孤≠推古天皇」（すなわち倭国≠大和国）であって，冠位十二階は倭国の冠位十二等を偽装した制度であり，大和政権には官位・冠位制度は存在しない．であれば，3人だけとはいえ，異なる政権の臣下である小野妹子などの3人になぜ官位が授与されているのだろうか．すなわち，以下の新たな問題点が生じるのである．

〈問題点Q〉仮説Aに基づけば，大和政権には冠位制度はなく，倭国伝が書く官位十二等は大和政権の官位・冠位制度ではない．それなのになぜ遣隋使などの大和政権の臣下3人に官位が授与されているのか．

この問題点は仮説Aでは合理的に理解できない．なぜならば，仮説Aは倭国の官位・冠位制度と大和政権の関係を含まないからである．従って，この問題は後で検討する（後述の仮説B）．

〈問題点K'〉日本書紀はなぜ冠位十二階の機能不全を隠蔽し，正常に施行されているかのように装わなければならなかったのか．

➡仮説Aに基づけば，大和政権には官位・冠位制度は存在しなかった．しかし，日本書紀は大和政権が冠位十二階を制定したと造作し，倭国の冠位十二等をあたかも大和政権の冠位制度であるかのように偽装した．

日本書紀はこの造作・偽装を隠し，事実であることを示さなければならなかった．そのためには冠位十二階が正常に施行され，たくさんの臣下に冠位が授与されていなければならなかった．大和政権のたくさんの臣下へ冠位が授与されていれば，造作した冠位十二階は大和政権の冠位制度として正常に機能していることになるからである．そこで，諸臣への冠位授与を何度も強調し，あたかも大和政権内で冠位十

二階が正常に機能しているように見せかけようとした．換言すれば，日本書紀は冠位十二階を造作・偽装したが故に，諸臣への冠位授与を強調しなければならなかったのである．

要するに，日本書紀が何度も「諸臣に冠位を賜ふ」などと強調したのは，倭国の官位・冠位制度をあたかも大和政権の冠位制度であるかのように偽装したことを隠蔽しなければならなかったからである．諸臣への冠位授与を何度も強調することは，逆に日本書紀による偽装を示唆する結果となっている．

なお，議論Ａでは"大和政権の冠位十二階の機能不全を隠蔽しようとした"と理解したが，仮説Ａに基づき，一歩進めて，冠位十二階の造作・偽装の結果として生じた冠位十二階の機能不全を隠蔽し，あたかも正常に機能しているかのように偽装したと理解される．

〈問題点Ｌ（問題点13）〉倭国伝と日本書紀が書く裴世清を出迎えた臣下の官位の有無はどう理解すべきか．

➡裴世清の出迎え・歓迎について，出迎え・歓迎者の名前が一致しないなどの不一致があるが，もう１つのはっきりした不一致は官位の有無である．

倭国伝は最初の出迎えについて，「倭王，小徳阿輩台を遣わし……」と書き，日本書紀は「中臣宮地連烏磨呂・大河内直糠手・船史王平を以ちて掌客とす」と書く．倭国伝の阿輩台には「小徳」という高位の官位が明記されているが，日本書紀の３人には誰も官位が授与されていない．また，都の郊外での出迎えについても，「大礼哥多毗を遣わし……」（倭国伝）と「額田部連比羅夫，以ちて礼辞を告す」（日本書紀）と，やはり官位の有無が一致していない．

この官位の有無という不一致は以下のように理解される．仮説Ａに基づけば，倭国伝が書く倭国と日本書紀が書く大和国は別の異なる国である（「多利思比孤≠推古天皇」）．隋書倭国伝が書いているのは多利思比孤の裴世清出迎えであり，大徳阿輩台と大礼哥多毗は多利思比孤の臣下である．倭国伝によれば，倭国では600年時点ですでに官位十二等が実施されていた．従って，608年に裴世清を出迎えた阿輩台と哥多毗に，「小徳」と「大礼」という官位があるのは少しも不思議なことではない．

一方，日本書紀が書いているのは推古天皇による裴世清出迎えであって，多利思比孤による出迎えではない．仮説Ａによれば，日本書紀が書く推古11年（603年）の冠位十二階の制定は造作・偽装であって，実際には大和政権に冠位制度は存在しておらず，冠位授与者は小野妹子などの３人に限られていた（後述の仮説Ｂ）．その

ため，日本書紀が書く裴世清を出迎えた諸臣には冠位は授与されていなかった．従って，日本書紀が書く裴世清の出迎え・歓迎者には冠位はなかったのである．

　要するに倭国伝が書く裴世清出迎えはあくまで倭国の多利思比孤の出迎えであり，日本書紀が書く出迎えは推古天皇による出迎えである．両者は別の国の異なる出迎えである．倭国には官位十二等があったが，大和政権には官位・冠位制度はなかった．その結果，裴世清出迎え者の官位の有無という結果になったのである．このように問題点 L（問題点 13）は，仮説 A によって無理なく合理的に理解できる．

　〈問題点 N〉大和政権が冠位十二階を制定した目的は何か．

　➡仮説 A に基づけば，冠位十二階は大和政権の冠位制度ではなく，あたかも倭国の冠位十二等であるかのように大和政権の冠位制度を造作・偽装したものである．そのため，冠位を授与された臣下はわずか 3 名だけとなり，隋皇帝国書提出儀式や新羅・任那使者の謁見儀式という外交の場ですら，登場する有力諸臣に冠位がない（事実 C）などの不正常な状態になった．その結果，冠位制度の目的であるはずの豪族を官僚として把握すること［黛①］も，「身分秩序の再編成」［井上⑧］もできず，本来の冠位制度の目的から見ると筋の通らぬものとなり，冠位十二階の制定目的を疑問視される問題点 N が生じたと理解される．

　すべては，大和政権には冠位制度はなかったのに，あたかも冠位十二階があったかのように造作・偽装したために生じたことであって，実際には冠位十二階は存在しなかったから，問題点 N そのものが消滅する．

　〈問題点 O〉大和政権においては，冠位制度の背景となる官司制度・身分秩序がまだ整備・確立されていないのに，なぜ，冠位十二階だけが突出して制定された（できた）のか．

　➡推古朝の大和政権では官司制度・身分秩序の進展・確立という客観的な背景はなかった．しかし，日本書紀が，あたかも倭国の冠位十二等であるかのように大和政権の冠位十二階制定を造作・偽造した結果（仮説 A），官司制度・身分秩序の客観的な状況とは無関係に，冠位十二階だけが制定されたことになった．冠位十二階が突出しているように見えるのは，8 世紀，日本書紀の編著者が 7 世紀当時の官司制度や身分秩序の実態とは無関係に冠位十二階を造作したからである．

　大化の改新によって，行政制度も，身分秩序も，地方統治制度も，急速に整備が進み，その結果，大和政権においても冠位制度を制定する客観的条件が整備され，大化 3 年（647 年）に冠位十三階が新設され，大化 5 年（649 年）に冠位十九階へと改正されたと無理なく理解できる．

〈問題点P〉馬子は冠位十二階制定を阻止できるだけの権力を握っていた．
① それなのに，馬子と蘇我一族の権威・権力の相対的な低下をもたらす冠位十二階の新設をなぜ馬子は認めた（賛成した，あるいは，反対しなかった）のか．
➡仮説Aに基づけば，大和政権では冠位十二階を制定していないのだから，馬子が冠位十二階の新設を認めるかどうかという事態そのものが生ずることがなく，問題点P①そのものが問題点とはならない．

以上のように，仮説Aによって，事実A，問題点F，研究者の冠位十二階の制定年次に関する隋書倭国伝批判①，問題点H′，I′，K′，L，M，N，O，P①が合理的に理解できる．このことは仮説Aが正しいことを強く示唆している．

5 日本書紀はなぜ冠位十二階を造作しなければならなかったのか

以上のように，仮説Aに基づき，大和政権には官位・冠位制度はなく，日本書紀が冠位十二階を造作したとすれば，多くの問題点を合理的に理解できる．

しかし，そもそも，なぜ日本書紀は冠位十二階を造作しなければならなかったのかという仮説Aによって生ずる疑問がある．倭国伝が書く倭国の官位・冠位十二等をあたかも大和政権の官位・冠位制度であるかのように，そのままの形で日本書紀に取り込めば，それでいいはずで，必ずしも冠位十二階を新たに造作する必要はなかったのではないだろうか．しかし，実際には倭国伝の官位十二等・冠位十二等は日本書紀では無視され，新たに冠位十二階が造作されている．それはなぜだろうか．この疑問は以下のように考えられる．

まず，日本書紀に倭国の官位・冠位十二等が無視され載せられていないのは，「多利思比孤≠推古天皇」であるためである．倭国伝が書く官位・冠位十二等はあくまで倭国の制度であって，大和政権の官位・冠位制度ではなかった．そのため，日本書紀は倭国伝の官位十二等や冠位十二等を大和政権の官位・冠位制度として書くことはできなかったと理解される（*1）．

では，なぜ，日本書紀は冠位十二階を造作したのだろうか．

それは，大和政権の諸臣にも倭国の官位・冠位制度に基づいて官位・冠位が授与されていたからである．大和政権には官位・冠位制度はなく（仮説A），前半期，大和政権の諸臣の官位は倭国の官位十二等に基づき，「倭王」多利思比孤によって授与された官位である（後述の仮説B）．日本書紀が書かれた8世紀の大和政権の歴史観に基づけば，大和政権の諸臣の官位・冠位は，あくまで大和政権の官位・冠位制度に基づき，大和政権の君主によって授与された官位・冠位でなければならないので

ある．そのためには大和政権自身の官位・冠位制度が存在していなければならなかった．その結果，あたかも大和政権の冠位制度があったかのように，倭国伝が書く官位・冠位制度をもとに造作されたのが冠位十二階である．倭国伝が書く倭国の冠位制度であるかのように偽装するために同じ冠位名にしたと理解される．

また，倭国伝に明記されている官位十二等ではなく，なぜ官位十二等を改正した冠位十二階であるかのように冠位十二階を造作したのだろうか．それは冠位十二等については「隋に至り，その王始めて冠を制す」としか倭国伝に書かれておらず，造作・偽装を隠すためには適しているからである（日本書紀の編著者は唐書の記述を知らない）．また，後半期には冠位十二等に基づいて大和政権の諸臣に冠位が実際に授与されている（第3節）．それらの結果，冠位十二階は冠位十二等を想定して，偽装されたと考えられる．

*1 なぜ，倭国の官位十二等・冠位十二等がまったく無視されているか，なぜ冠位十二階を造作したか，については，日本書紀編纂方針の観点から，第4章「『倭王』多利思比孤と日本書紀の編纂方針」で，もう少し詳細に議論している．

6 仮説A：大和政権には官位・冠位制度は存在しなかった，に関する議論の要約

(a) 大和政権の冠位十二階の根本に関する主要な問題点を以下の諸点に集約した．
① 大和政権の冠位十二階は機能していない（問題点I'，事実B'）．
② 大和政権の冠位十二階制定の目的があいまいである（問題点N，事実C'）．
③ 客観的条件が整備されていないのに冠位十二階だけが突出して制定されている（問題点O）．
④ 実権を握っていた馬子が冠位十二階制定を認めることは考えにくい（問題点P）．
⑤ 冠位十二階と倭国伝の官位十二等の官位・冠位名が同じである（事実A）．
⑥「多利思比孤≠推古天皇」の可能性がある．
⑦ 日本書紀の遣隋使に関する記述には，造作・捏造・偽装を疑われる点がいくつかある．

(b) 以上の諸点に基づき，以下の仮説Aを設定した．
〈仮説A〉　隋書倭国伝の倭国は日本書紀の大和国とは異なる別の国（「多利思比孤≠推古天皇」）であって，7世紀初め，大和政権には官位・冠位制度は存在しなかった．
そこで，日本書紀は，あたかも倭国の冠位十二等であるかのように

冠位十二階を造作し，この冠位十二階によって大和政権の諸臣に冠位を授与したかのように偽装した．

(c) 仮説Aに基づき，諸事実と諸問題点を検討した．その結果，仮説Aにより，事実Aと多くの問題点（問題点F, H', I, K', L, N, O, Pなど），および，仮説Aによって生じる日本書紀が冠位十二階を造作した理由はすべて合理的に理解できることを示した．

仮説B：推古天皇は倭国の多利思比孤に遣隋使の冠位授与を要請した

1. 大和政権の諸臣の官位・冠位に関する諸問題
2. 倭国の官位十二等と大和政権の関係を示す仮説B
3. 仮説Bに基づく諸事実と問題点の理解
4. 第六次遣隋使の犬上御田鍬・矢田部造だけ冠位がないのはなぜか
5. 要約：仮説Bによって大和政権の官位を合理的に理解できる
6. 仮説A・仮説Bを否定する「法王帝説」の記述
7. 要約・結論：仮説A・仮説Bによって，冠位に関するすべての諸事実と問題点を合理的に理解できる

1 大和政権の諸臣の官位・冠位に関する諸問題

仮説Aによって主要な問題点のかなりは合理的に理解できることが分かった．残っている事実と問題点は大和政権の官位・冠位に関する以下の諸点である．

〈事実B'〉　冠位十二階制定後の約20年間，日本書紀に登場するたくさんの臣下の中で，冠位授与が授与されているのは仏教功労者と遣隋使の計3名だけである．

〈事実C'〉　隋皇帝国書提出儀式（裴世清"朝貢"儀式）と新羅・任那の使者の謁見儀式という外交の場に参加する有力諸臣すらも冠位が授与されていない．

〈問題点M〉同じ遣隋使なのに，推古22年（614年）の第六次遣隋使の犬上御田鍬・矢田部造だけ冠位が書かれていない（授与されていない）のはなぜか．

〈問題点P②〉馬子は冠位十二階の制定を認めた（賛成した，あるいは，反対しなかった）にもかかわらず，自分の周囲の大夫たちに冠位を授与しなかった

のはなぜか．

〈問題点 Q〉仮説 A に基づけば，大和政権には冠位制度はなく，倭国伝が書く官位十二等は大和政権の官位・冠位制度ではない．それなのになぜ遣隋使などの大和政権の臣下 3 人に官位が授与されているのか．

以上の事実と問題点は，倭国の官位十二等・冠位十二等と大和政権はどのように関わっているのかという問題である．この点を以下に検討する．

2 倭国の官位十二等と大和政権の関係を示す仮説 B

7 世紀初め，大和政権に官位・冠位制度は存在せず（仮説 A），倭国伝が書く官位・冠位制度はあくまで倭国の制度であって，大和政権の官位・冠位制度ではない．従って，大和政権と倭国の官位・冠位制度とは直接的な関係はない．しかし，大和政権が倭国の官位・冠位十二等と無関係ではないことをはっきりと示すのが，日本書紀が記す仏教功労者の鞍作鳥と遣隋使の小野妹子・吉士雄成の計 3 人の官位という事実 B′ である．確かに冠位十二階の前半期の約 20 年間に限れば，これらの 3 人だけだが，後半期には推古 31 年（623 年）の 9 人の豪族に対する徳冠を始め，冠位を授与された多くの臣下が登場する．遣隋使に関する日本書紀の記述には造作や偽装があって，その信憑性は高いとは言えないが，官位・冠位に関係するこれらの記述のすべてが造作・捏造ということはあり得ない．大和政権が倭国の官位・冠位十二等と深く関係していることは明らかだ．

では倭国の官位・冠位十二等と大和政権はどのように関係しているのだろうか．

この点を理解する鍵は，本来ならばまっさきに官位が授与されるべき有力諸臣である大夫たちではなく，鞍作鳥と遣隋使の 3 人にだけ官位が授与されたという事実 B′ にあるのではないだろうか．

官位を授与されている 3 人に共通する点は「仏教隆盛」である．鞍作鳥が仏教隆盛に寄与した仏教功労者であることははっきりしている（そのことは日本書紀が詳細に書いている）．では，遣隋使はどうか．遣隋使派遣はいろんな目的があっただろうが，推古天皇の場合も（倭国伝には倭王の仏教への思いが書かれているが，それはあくまで倭国の多利思比孤の思いであって，推古天皇の思いではない），遣隋使派遣の重要な目的の 1 つが仏教を先頭とする先進文化の導入にあったことは確かである．そのことを示しているのが，推古天皇が派遣した 8 人の留学生である．半数の 4 人が学生（学芸を学ぶ者）で，半数が学問僧（仏教を学ぶ僧）である．推古天皇が遣隋使を派遣した大きい目的の 1 つが，隋の先進文化，とりわけ仏教の摂取であったことは間違いないだろう．

600年に多利思比孤が隋へ第一次遣隋使を派遣した結果，多利思比孤の倭国では仏教隆盛を推進している隋から先進文化，特に仏教を直接導入する道が開け，たくさんの沙門（僧）を留学生として受け入れてもらえることになった．そのことを知った推古天皇は，大和政権としても遣隋使を派遣し，隋の先進文化・仏教を導入し，留学生を送る道を開きたいと考えた．そこで多利思比孤の次の第二次遣隋使派遣に際して，推古天皇の遣隋使を同道させてもらうことを多利思比孤に要請し，多利思比孤は快く了解したと考えられる（以上のことは第4章の「隋書倭国伝と日本書紀の整合と不整合」の部分ですでに述べた）．

　遣隋使派遣にあたって，推古天皇は，隋による遣隋使の扱いの点でも，倭国の使者との比較においても，派遣する遣隋使が官位なしでは具合が悪いことを理解した（中華思想の「礼」の観点からは遅れた蛮夷の国と見なされる）．しかし，当時の推古天皇は，大和政権で官位・冠位制度を制定できるほどの強い権力を握ってはいなかったし，馬子が官位・冠位制度の新設に賛成するとも思えなかった．そのために，推古天皇は，多利思比孤に対して大和政権の遣隋使への官位授与を要請したと考えられる．その際に理由とされたのが「仏教隆盛」ではないかと推定される．

　馬子が反対するのに官位が授与されることは考えにくいから，馬子は推古天皇による遣隋使の共同派遣と，遣隋使への官位授与，という多利思比孤への要請を承認したのである．官位授与が馬子の権力の相対的低下をもたらすことと一見矛盾するようだが，これは馬子の立場からはさほど矛盾なく理解できる．

　仏教隆盛は推古天皇・聖徳太子はもちろん，大臣の馬子にとってもきわめて重要な課題である．馬子は，かつて閉塞状況にあった大和政権の「仏教」を打開し，仏教導入に反対する大連の物部守屋を打倒し，法興寺を建て，大和政権の仏教を先頭に立って牽引してきた人物である．馬子がいなければ推古朝での仏教隆盛はなかったと言っても過言ではない．従って，遣隋使を送って，先進仏教を隋から直接導入することは馬子の切望するところでもあっただろう．

　派遣する遣隋使に官位が必要なことは馬子にもじゅうぶん理解できる．遣隋使の官位はあくまで少数の特殊な例外である．例外が馬子の権力低下への蟻の一穴となることへの危惧はあっただろうが，遣隋使に官位が授与されることは許容範囲であっただろう．

　結局，馬子は，倭国の多利思比孤による大和政権の臣下に対する官位授与は望ましくないと思いつつも，「仏教隆盛」を理由に掲げる推古天皇・聖徳太子に対して，反対はできなかったのではなかろうか．その結果，遣隋使に限って，特殊な例外と

して，官位を要請することを認めたのではないだろうか．

一方，倭国の多利思比孤から見ると，小野妹子などは他政権の臣下ではあるが，日本全体で仏教隆盛を進める点では倭国の多利思比孤も大和政権の推古天皇と同じ立場であった．従って，多利思比孤は遣隋使の共同派遣にも，遣隋使への官位授与にも異議はなく，推古天皇の要請を快く了承した．その結果，多利思比孤は第二次遣隋使を推古天皇との共同派遣とし，遣隋使小野妹子に大礼の官位を授与したと推定される．そして，第四次遣隋使（608年9月）の吉士雄成の官位は第二次遣隋使における小野妹子が前例となって，妹子と同じ理由で官位が授与されたと考えられる．また，鞍作鳥の官位も同じように「仏教隆盛」を名目として，官位が授与されたと推定される（*1）．

以上の推定から，倭国の官位十二等と大和政権の関係について，以下の点を仮定する．

〈仮説B〉　大和政権の推古天皇は，仏教隆盛を理由として遣隋使と仏教功労者に限って官位授与を倭国の倭王多利思比孤に要請し，多利思比孤は3人に官位を授与した．

という仮説を加えてみる．

*1　日本書紀は，鞍作鳥の大仁の官位授与は推古14年（606年）5月と書くが，元興寺縁起では，丈六の仏像が完成し元興寺に安置したのは609年と書いている．おそらく元興寺縁起の方が正確であろう［若月①］．すなわち，推古天皇はまず「仏教隆盛」という趣旨で遣隋使の小野妹子の官位を多利思比孤に申請し，その後，同じ趣旨で鞍作鳥の官位を申請したのであろう．

3 仮説Bに基づく諸事実と問題点の理解

仮説Aに仮説Bを加えることによって大和政権の官位に関する諸問題は以下のように理解できる．

〈問題点Q〉仮説Aによれば大和政権には冠位制度はなく，倭国伝が書く官位十二等は大和政権の官位・冠位制度ではない．それなのになぜ遣隋使などの3人に官位が授与されているのか．

➡この問題に対する回答は，ほぼ仮説Bそのものである．大和政権には官位・冠位制度はなかったが，推古天皇は遣隋使派遣に際して，「仏教隆盛」を理由に大臣の馬子の賛成を得て，多利思比孤に小野妹子への官位授与を要請し，多利思比孤は了承して官位を授与したと理解できる．この小野妹子への官位授与によって，遣隋

使への官位授与が前例となった．その結果，その後の第四次遣隋使（608年9月）の吉士雄成にも官位が授与されたと考えられる．また同じく「仏教隆盛」を理由として，鞍作鳥の官位が授与されたと考えられる．以上のように問題点Qは無理なく理解できる．

　〈事実B'〉　冠位十二階制定後の約20年間，日本書紀に登場するたくさんの臣下の中で，冠位授与が授与されているのは仏教功労者と遣隋使の計3名だけである．

➡官位を授与された大和政権の臣下が非常に少なく，3人だけなのは，冠位十二階が造作されたものであって，大和政権には官位・冠位制度がなかったこと（仮説A）に根本的な原因がある．

　加えて，馬子の反対が原因である．馬子は，「仏教隆盛」を掲げる推古天皇・聖徳太子に反対できず，また，遣隋使に官位が必要であることも理解していたから，多利思比孤に遣隋使と鞍作鳥の官位授与を申請することに賛成した．しかし，あくまで遣隋使など3名は特殊な例外である．馬子には，官位・冠位制度そのものが自分と蘇我一族の権威・権力を相対的に低下させるものであることはじゅうぶん分かっていた（馬子の死後，実際にそうなった）．そのため，それ以外の諸臣へ官位授与が拡大していくことは許容できなかった．その結果，推古天皇が，多利思比孤に対してそれ以外の臣下への官位授与を要請することには反対した．推古天皇・聖徳太子はそういう馬子の反対を乗り越えるほどの実権はなかったし，大和政権独自の官位・冠位制度を制定するほどの権力もなかった．そのため，大和政権の諸臣への官位授与は3人以外には拡がらなかったと理解される．

　〈問題点P②〉　馬子は冠位十二階の制定を認めた（賛成した，あるいは，反対しなかった）にもかかわらず，自分の周囲の大夫たちに冠位を授与しなかったのはなぜか．

　〈事実C'〉　隋皇帝国書提出儀式（裴世清"朝貢"儀式）と新羅・任那の使者の謁見儀式という外交の場に参加する有力諸臣すらも冠位が授与されていない．

➡馬子が冠位授与に反対であったために，遣隋使など3人以外に冠位が授与されることはなく，本来，まっさきに冠位が授与されるべき有力諸臣である大夫たちにも，冠位が授与されることはなかったと理解される．また，隋皇帝国書提出儀式と新羅・任那の使者の謁見儀式という外交の場ですらも，官位がある諸臣は登場しないのも同じである．換言すれば，有力大夫たちに官位がないことは馬子が官位授

与に反対であったことの証拠なのである．遣隋使と鞍作鳥はあくまで特殊な例外である．

　〈問題点M〉同じ遣隋使なのに，推古22年（614年）の第六次遣隋使の犬上御田鍬・矢田部造だけ冠位が書かれていない（授与されていない）のはなぜか．
➡この問題点も仮説Bで合理的に理解できるが，少し長くなるので別項として以下に議論する．

4 第六次遣隋使の犬上御田鍬・矢田部造だけ冠位がないのはなぜか

日本書紀は，推古22年（614年）6月，以下のように書く．
「犬上御田鍬・矢田部造を（名を闕せり）大唐に遣わす」．
このように日本書紀には第六次遣隋使の冠位は書かれていない．

この問題点について考える前に，第六次遣隋使に関する日本書紀と「先代旧事本紀」の記述の食い違いを処理する必要がある．先代旧事本紀には，同じく推古22年（614年）6月，
「大仁矢田部御嬬連公に詔して姓を改めて造に命じた．そして大唐の使者として派遣した．また大礼犬上君御田鉏を小使として派遣した」，
と書いてある［安本・志村］．冠位に関しては，日本書紀では犬上御田鍬も矢田部造も冠位はないが，先代旧事本紀では大礼と大仁の冠位があるという矛盾がある．

(a) 先代旧事本紀の記述の信憑性

この矛盾については，まず先代旧事本紀の記述の信憑性が問題となる．この点について坂本太郎氏は［坂本⑥］，「書紀とは別の遣隋使関係の記録などをその材料の一つとしたのではなかろうか」と推定され，「旧事本紀編者の架空な造作がここに及んでいるとは考えられ」ないと，この記述の信憑性が高いと指摘される．

しかし，私見ではそうは思えない．それは以下の諸点による．
① 小野臣妹子は日本書紀でも先代旧事本紀でも「大礼」で一致しているから小野妹子の冠位は「大礼」と見なすことができる．そうすると，推古15年（607年）の第二次遣隋使の小野妹子が大礼で，7年後の推古22年（614年）の第六次遣隋使の矢田部造が2段階も高い「大仁」は考えにくい．北康宏氏は［北①］，「推古朝段階の使者は大礼相当であり，舒明朝以降の大仁相当を任命することが例となる段階の知識が投影している可能性もある」と指摘される．
② 「臣」の小野妹子は「大礼」であるのに，「造」の矢田部造が「大仁」となること自体が考えにくい．

③ 先代旧事本紀は，第四次遣隋使（608年9月）の吉士雄成を「小仁」としているが，日本書紀は「大礼」である．小使の吉士雄成が「小仁」で，大使の小野妹子がそれよりも低い冠位の「大礼」はおかしい．日本書紀の「大礼」が正しく，先代旧事本紀の「小仁」は間違い，あるいは造作であることを示唆している．

④ 先代旧事本紀は 9 世紀前半に，官人の興原敏久が最終的に編纂したものである．安本美典氏によれば〔安本②〕，先代旧事本紀の「最終編纂者は興原敏久で，最終編纂時は，八二三から八三四年ということになろう」であり，「編纂時まで，存在した諸文献を物部氏の家記編纂という立場から，まとめなおした本というような形」の史書である．これらを考えると，正史で，それよりも早く編纂された日本書紀の方が全体的な信憑性は高いと判断される．

以上の諸点から，第六次遣隋使の冠位に関する先代旧事本紀の記述は間違い（あるいは造作）であって，日本書紀の記述が信用できると考える．後世に先代旧事本紀の「序および目録」を付け加えたと推定されている矢田部公望（矢田部造は「物部系」）が〔安本②〕，おそらく日本書紀の矢田部造に「大仁」の冠位を書き加え，正使と書き直し，それに応じて小使とした犬上御田鍬を「大礼」の冠位としたのであろうと推定される．

以上の検討から，「先代旧事本紀」の第六次遣隋使に関する記事の信憑性は低いと判断される．そこで，以下，日本書紀の記述に従って検討する．

(b) 第六次遣隋使だけ冠位がないのは大和政権の単独派遣であるため

第六次遣隋使だけ官位・冠位がない点を理解するには，六次にわたる遣隋使全体，さらに遣隋使に続く遣唐使の官位・冠位を見ることが必要となる（第六次遣隋使については，実際に派遣されたのかなど種々の見解があるが〔増村④，氣賀澤④〕，ここではそれには立ち入らない）．

第二次遣隋使の大和政権の遣隋使である小野妹子に「大礼」という官位が授与されていることは，仮説 B から直接的に理解される．

次に，第四次遣隋使（608年9月）の吉士雄成（乎那利）について，日本書紀は，推古16年（608年）に筑紫に着いた隋の使者裴世清に対して「難波吉士雄成（乎那利）を遣して，大唐客裴世清等を召す」と書いており，この時点では雄成は無官位である．同年 9 月の裴世清帰国に際して，推古天皇は「東天皇」国書を送る．その国書の中に，「大礼蘇因高・大礼乎那利（おなり）等を遣して往かしむ」と書いてあり，「大礼乎那利（おなり）」に変わっている．多利思比孤は遣隋使となった吉士雄成に官位を授与したと考えられる．このように遣隋使にはほぼ自動的に「大礼」の官位が与え

られるように見える.

　しかし,事はそう単純ではない.それが,第六次遣隋使(614年)の犬上御田鍬と矢田部造である.犬上御田鍬も矢田部造も冠位は書かれておらず,無冠位なのである.このことは,遣隋使だからといって無条件に冠位が与えられるわけではないことを示している.

　その後,推古朝が終わった2年後の舒明2年(630年)8月の第一次遣唐使について,日本書紀は,「大仁犬上君三田耜・大仁薬師恵日を以ちて,大唐に遣す」と,「大仁」犬上君三田耜と冠位を書く.犬上君三田耜と犬上御田鍬が同一人物であることは間違いないだろうから,犬上御田鍬は第六次遣隋使では無冠位だったが,第一次遣唐使で「大仁」という冠位を授与されていることが分かる.さらに,第二次遣唐使以後も遣唐使には冠位が明記されている.このように,遣隋使や遣唐使となれば確かにほぼすべて冠位を与えられているのだが,第六次遣隋使だけは冠位が授与されていないことは明らかだ(なお,第三次遣隋使〔608年3月19日〕と第五次遣隋使は,使者名の記載はない).

　この点をどう理解すべきだろうか.遣隋使・遣唐使に冠位がないのは第六次遣隋使(614年)だけである.このことは,第六次遣隋使だけが他の遣隋使・遣唐使と何かが違っていたからだと理解される.第六次遣隋使のどんな点が他の遣隋使・遣唐使と違ったのだろうか.

　それは「多利思比孤≠推古天皇」であって,第六次遣隋使(614年)が大和政権だけの単独派遣である点にあると理解される.

　第二次遣隋使(607年)は倭国の多利思比孤と大和国の推古天皇がそれぞれ蘇因高と小野妹子を派遣するという共同派遣である.第四次遣隋使(608年)に関しては,日本書紀は裴世清の帰国に際して小野妹子と吉士雄成を「唐客に副えて遣わす」と書いており,一方,倭国伝も多利思比孤が「使者をして清に随い来って方物を貢せしむ」と書いているから,倭国の多利思比孤も裴世清の帰国に際して送使を送ったことが分かる.従って,裴世清の隋への送使である第四次遣隋使(608年9月)もまた倭国と大和国の共同派遣と考えられる.隋は618年に滅び,その後,唐王朝が引き継いだ.第1回目の遣唐使(第一次遣唐使)は,630年に派遣された.この第一次遣唐使派遣は日本書紀にも旧唐書倭国伝にも記載されているから,倭国と大和政権の共同派遣であることが確認できる.

　では第六次遣隋使(614年)はどうか.第六次遣隋使は日本書紀には派遣が記載されているが,隋書(倭国伝にも帝紀にも)には何も書かれていない.このことを考える

[別章] 冠位十二階は大和政権の冠位制度ではない　529

と，第六次遣隋使は多利思比孤と推古天皇が共同で送った遣隋使ではなく，推古天皇だけが単独で派遣した遣隋使であると考えられる（中国史書は蛮夷の国の統治・支配政権と認めた政権〔多利思比孤の倭国〕との交流だけを書くのが原則である）．

以上のように，第六次遣隋使が他の遣隋使・第一次遣唐使と異なっているのは，多利思比孤と推古天皇による共同派遣ではなく，推古天皇による単独の遣隋使派遣である点である．この点を考慮すれば，問題点 M は以下のように理解される．

〈問題点 M〉同じ遣隋使なのに，推古 22 年（614 年）の第六次遣隋使の犬上御田鍬・矢田部造だけ冠位が書かれていない（授与されていない）のはなぜか．

➡多利思比孤が隋に使者を派遣するとき，推古天皇との共同で使者を派遣する場合であれば，推古天皇の要請に応えて多利思比孤は推古天皇の使者にも冠位を授与しただろう（仮説 B）．しかし，第六次遣隋使は推古天皇だけの派遣であって，多利思比孤は関係なかった．単独派遣であるために，推古天皇は犬上御田鍬・矢田部造への冠位授与を多利思比孤に要請できなかったし，大和政権には冠位制度はなかったから（仮説 A），推古天皇は犬上御田鍬・矢田部造に冠位を授与することはできなかった．その結果，犬上御田鍬・矢田部造は無冠位のまま派遣されたと理解される．このように，問題点 M の第六次遣隋使だけ冠位が授与されていないことも仮説 A・仮説 B で合理的に理解できる．

以上のように，仮説 A に仮説 B を加えることによって，大和政権の官位に関する事実 B'，C'，および，問題点 M，P ②，Q を合理的に理解でき，これですべての事実と問題点を理解できたことになる．

5 要約：仮説 B によって大和政権の官位を合理的に理解できる

仮説 B に関する以上の議論を要約すれば以下のようになる．

(a) 仮説 B の設定：仮説 A には大和政権と倭国の官位・冠位制度との関係は含まれていない．実際には大和政権の遣隋使などにも官位が授与されている．そこで，倭国の官位十二等と大和政権の関係について以下の仮説 B を加えた．

〈仮説 B〉　**大和政権の推古天皇は，仏教隆盛を理由として遣隋使と仏教功労者に限って官位授与を倭国の倭王多利思比孤に要請し，多利思比孤は 3 人に官位を授与した．**

(b) 仮説 A に仮説 B を加えることによって，大和政権の官位に関する事実 B'，C'，問題点 M，P ②，Q を合理的に理解でき，指摘したすべての事実・問題点を理解できたことになる．

6 仮説A・仮説Bを否定する「法王帝説」の記述

一方，仮説A・仮説Bを否定し，大和政権の冠位十二階の存在を示す史料がある．それは日本書紀ではなく，「上宮聖徳法王帝説」(以下「帝説」と略記)の以下の記述である．帝説は，推古天皇の世に，

「上宮厩戸豊聡耳命，嶋大臣と共に天下の政を輔けて，三宝を興隆し，元興・四天皇等の寺を起つ．爵十二級を制す」，

と書く．また，推古13年 (605年) 5月，

「聖徳王と嶋大臣と，共に謀りて仏法を建立し，三宝を更に興す．即ち五行に准じて爵位を定むる也」，

と書く [東野②]．これによれば聖徳太子と大臣の馬子が，冠位十二階を制定したことになり，仮説Aと矛盾することは明らかである．実際，井上光貞氏は [井上⑧]，制定年次の点は差しおくとしても「推古朝に……十二の冠位が制定されたことは全く疑いを入れる余地はあるまい」として，隋書の記載と並んで，この法王帝説の記載を挙げておられる．確かに帝説のこの記述は仮説A・仮説Bと矛盾しており，大和政権の冠位十二階の存在を示している．

しかし，帝説のこの記述の信憑性には問題があると考える．それは以下の諸点である．

第1に，聖徳太子と大臣馬子が共同で冠位十二階を制定したと書いている点である．

もしもこれが正しければ，馬子が冠位十二階制定を推し進めたことになる．しかし，馬子が自らと蘇我一族の権威・権力を相対的に低下させる冠位十二階制定に賛成することはきわめて考えにくいことであり，あり得ないことであろう．実際に馬子が冠位を好ましく思っていなかったことは，馬子周辺の大夫たちには誰も冠位が授与されていないことから明らかである．

また，帝説の記述通り，聖徳太子が制定したとすれば，冠位十二階の制定は大失敗である．たくさんの諸豪族の中で冠位を授与した (家臣，臣下に位置づけることができた [黛②，武光]) のはわずか3人で，有力諸豪族の誰にも冠位を授与できなかったのである．天皇の権威・権力を強化するどころか，天皇の権威を失墜させたのである．帝説は聖徳太子の業績であるかのように書くが，業績どころではない．

以上のように，帝説の聖徳太子と馬子が冠位十二階を制定したという記述の信憑性は低いと考えられる．

第2に，帝説が書く推古13年（605年）という年次が，日本書紀の推古11年（603年）と一致しないことである．さらに，冠位十二階に限らず，他の事項についても，日本書紀が書く年次とかなり一致しない．帝説が記す仏教伝来，難波の堀に仏像が棄てられた事件，十七条憲法の年次は，すべて日本書紀が書く年次と一致しない．すなわち，重要な事項の年次がこれほど一致しないことをどう考えるかという問題がある．これは帝説と日本書紀全体の信憑性に関わる問題である．

　帝説に対する研究者の信頼は厚いようだが，重要事項の年次に関して，天皇の命で編纂された正史の日本書紀よりも帝説の方が信憑性が高いと言えるのだろうか．日本書紀が諸件の年次を造作する特別な理由も考えられず，常識的には，いろいろな史料に基づいている正史の日本書紀の方が正しいはずである．

　第3に，聖徳太子の聖人化の影響である．帝説の成立年次ははっきりしていないが，冠位十二階制定から1世紀以上後のことと推定されている．この1世紀の間に，冠位十二階が倭国からの借用である点は忘れられて大和政権の冠位制度として定着した可能性がある．なぜならば，日本書紀が冠位十二階制定を明記しているし，推古31年（623年）以後，大和政権の天皇が冠位十二階（実は倭国の冠位十二等）の冠位を授与するようになった（後述）からである．そして，同時に，この1世紀は聖徳太子の聖人化が進んだときでもある．

　これらを考慮すれば，推古朝のいろいろな重要施策が聖徳太子の事績とされていった可能性を否定できないし，冠位十二階もその1つである可能性が高い．要するに，帝説が成立するまでの1世紀の間に聖徳太子の業績になってしまった可能性がある．そもそも，日本書紀による限り，冠位十二階が聖徳太子によって推し進められた事業であることを示す点は何もないのである．

　第4に，すでに指摘したように，そもそも大和政権の冠位十二階の制定そのものが疑われることである．大和政権においては，冠位制度の背景となる統治制度や身分秩序が整備されていない状態で，冠位制度だけが突出して制定できたとは考えにくい．

　以上の諸点を考慮すれば，帝説の記述をそのまま事実と判断することは難しく，仮説A・仮説Bを否定するほどの強い根拠とはなり得ないのは明らかであるように思われる．

7 要約・結論：仮説A・仮説Bによって，冠位に関するすべての諸事実と問題点を合理的に理解できる

以上の仮説Aと仮説Bに関する議論の要約と結論は以下のようになる．

(a) 大和政権の冠位十二階の諸問題を理解するために以下の仮説A・Bを仮定した．

〈仮説A〉　隋書倭国伝の倭国は日本書紀の大和国とは異なる別の国（「多利思比孤≠推古天皇」）であって，7世紀初め，大和政権には官位・冠位制度は存在しなかった．

そこで，日本書紀は，あたかも倭国の冠位十二等であるかのように冠位十二階を造作し，この冠位十二階によって大和政権の諸臣に冠位を授与したかのように偽装した．

〈仮説B〉　大和政権の推古天皇は，仏教隆盛を理由として遣隋使と仏教功労者に限って官位授与を倭国の倭王多利思比孤に要請し，多利思比孤は3人に官位を授与した．

(b) 仮説Aと仮説Bにより，冠位十二階の前半期に関する諸事実と指摘したすべての問題点を合理的に理解できる．

(c) 上宮聖徳法王帝説は大和政権で冠位十二階が制定されたと明記しており，仮説A・Bとは矛盾する．しかし，その信憑性は高いとは言えず，仮説A・仮説Bを否定するほどの強い根拠とは思われない．

(d) 結論：冠位十二階に関して指摘した諸事実と諸問題のすべてを合理的に理解できることは，仮説A・仮説Bは正しいことを強く示唆している．具体的には以下の諸点である．

① 「多利思比孤≠推古天皇」であり「多利思比孤＝推古天皇」ではない．
② 大和政権には官位・冠位制度はなかった．
③ 日本書紀は，倭国の冠位十二等であるかのように大和国の冠位十二階を造作・偽装した．
④ 推古天皇による遣隋使などへの冠位授与の要請に応じて多利思比孤は冠位を授与した．

大和政権の冠位十二階を支える日本書紀の記事と仮説A

1 大和政権の冠位十二階を支える日本書紀の5つの記事
2 課題：冠位十二階を支える諸記事を仮説Aの観点から合理的に理解できるか
3 冠位十三階に基づいて造作された推古16年（608年）の隋皇帝国書提出儀式

の記事
　　4 仮説Aから無理なく理解できる隋皇帝国書提出儀式の記事
　　5 推古19年（611年）と推古20年（612年）の菟田野の薬猟
　　6 推古12年（604年）正月，「始めて冠位を諸臣に賜ふ．各差有り」
　　7 推古11年（603年）の「始めて冠位を行ふ．大徳・小徳……」
　　8 要約・結論：冠位十二階を支える日本書紀の5つの記事

　大和政権の冠位十二階に関して指摘した諸事実と諸問題点は，日本書紀によって造作されたという仮定A・Bによって，すべて合理的に理解できる．このことは，法王帝説の件があるとはいえ，仮説Aと仮説Bが正しいことを強く示唆している．しかし，それだけで，仮説A・Bが正しいと結論することはできない．なぜならば，大和政権の冠位十二階を支える日本書紀の諸記事については，素直に読めば，問題点として受け取れないために，検討対象としてこなかったからである．

1 大和政権の冠位十二階を支える日本書紀の5つの記事

　大和政権の冠位十二階を支える諸記事とは，以下のⒶ〜Ⓔの5記事である．まず推古11年（603年）12月の冠位十二階制定の記事である．
　　Ⓐ「始めて冠位を行ふ．大徳・小徳・大仁・小仁・大礼・小礼・大信・小信・大義・小義・大智・小智，幷せて（あわせて）十二階，並に当色の絁を以ちて縫へり．頂は撮り総て囊の如くにして，縁を着く．唯し元日にのみ髻華着す」．
　この一文が大和政権の冠位十二階に関する根本である（以下，これを記事Ⓐとする）．この記事Ⓐは大和政権に冠位制度はなかったという仮設Aを正面から否定している．

　冠位十二階が実際に実施・施行されたことを示すのが，推古12年（604年）正月の以下の記事である．
　　Ⓑ「始めて冠位を諸臣に賜ふ．各差有り」．
　そして，冠位十二階の実態を具体的に示したものが，以下の3記事である．まず，推古16年（608年）8月の隋皇帝国書提出儀式の，
　　Ⓒ「皇子・諸王・諸臣，悉くに（ことごとくに）金の髻華を以ちて著頭にせり（金の挿頭を頭に挿した）．亦（また）衣服は皆錦・紫・繡・織と五色の綾羅（薄い絹織物）とを用ゐたり．一に云はく，服の色は，皆冠の色を用ゐたりといふ」．
である．さらに推古19年（611年）5月と推古20年（612年）5月の菟田野の薬猟に

関する以下の記述，
- Ⓓ「諸臣の服の色，皆冠の色に随ひ（従い），各髻華を着せり．則ち大徳・小徳は並びに金を用ゐ，大仁・小仁は豹尾を用ゐ，大礼より以下は鳥の尾を用ゐたり」．
- Ⓔ「薬猟す．羽田に集ひて，相連りて朝に参趣く．其の装束，菟田の如し」．

である．記事ⒺはⒹと実質的に同じである．

以上の5つの記事は一体であって，大和政権の冠位十二階は，冠位十二階制定を書く記事Ⓐを根本としてⒷ～ⒺがⒶを支え，逆にⒶに基づいてⒷ～Ⓔが成立するという相互に依存する関係になっている．

大和政権の冠位十二階を肯定し，支えているのがこれらの5記事である．冠位十二階を否定する仮説A・仮説Bとは正反対であって，これらの5記事と仮説A・仮説Bは鋭く対立し矛盾している．この矛盾をどう理解するのか，大和政権に冠位十二階が存在したのか（記事Ⓐ～Ⓔ），しなかったのか（仮説A・仮説B），はっきりさせなければならない課題である．

2 課題：冠位十二階を支える諸記事を仮説Aの観点から合理的に理解できるか

今まで，これらの記事Ⓑ～Ⓔについては，問題点Kとして，なぜ日本書紀は何度も「諸臣」への冠位授与を強調し，念押ししなければならなかったのかと指摘し，すでに議論Aで，大和政権における冠位十二階の機能不全を隠蔽するために造作されたのではないかと述べた．そして，さらに日本書紀はなぜ冠位十二階の機能不全を隠蔽し，正常に運営されているかのように装わなければならなかったのかと指摘し（問題点K'），仮説Aに基づいて，倭国の官位・冠位制度をあたかも大和政権の冠位制度であるかのように偽装したことを隠蔽しなければならなかったからではないかと指摘した．

これらの指摘が間違っていたというのではない．ただ，以上の指摘はあくまで記事Ⓑ～Ⓔをひとまとめにして，全体としてそのように結論したのであって，個々の具体的な記述内容については立ち入った検討はしていない．

従って，大和政権の冠位十二階を支える5個の記事は，冠位十二階の存在そのものを否定する仮説Aと矛盾しないのか，あるいは，仮説Aによって，どのように矛盾なく合理的に理解できるのかという点を正面から取り上げ，内容に立ち入って，はっきりさせなければならない．もしも合理的に理解できなければ，仮説Aそのものが疑われることになる．そこで，改めて，以下に大和政権の冠位十二階を

支える5つの諸記事について個別にその内容を検討する．

3 冠位十三階に基づいて造作された推古16年 (608年) の隋皇帝国書提出儀式の記事

　冠位十二階を支える5つの記事は互いに関係し，相互に支え合っているが，推古16年 (608年) の隋皇帝国書提出儀式の際の記事ⓒは，これらの記事に共通するある問題点を提起しており，それが全体を理解する鍵となると考える．そこで最初に以下の記事ⓒついて検討する．

　　ⓒ「皇子・諸王・諸臣，悉くに（ことごとくに）金の髻華を以ちて著頭にせり（金の挿頭を頭に挿した）．亦衣服は皆錦・紫・繡・織と五色の綾羅（薄い絹織物）とを用ゐたり．一に云はく，服の色は，皆冠の色を用ゐたりといふ」．

　この記事ⓒは，隋皇帝国書提出儀式に参加し，儀式を見守っていた皇子・諸王・諸臣の冠や服装について述べたものである．多くの研究者の隋書倭国伝への不信の理由（第1節）ともなっている重要な記事である．まず，仮説Aは脇に置いて，記事ⓒの内容について検討する．

(a) 記事ⓒに関する研究者の諸見解

　この記事ⓒは，理解困難で素直には理解できない．最大の困難は「衣服は皆錦・紫・繡・織，及び，五色の綾羅とを用いたり」にある．この特異な文をどのように合理的に理解するかが最大の課題である．衣服が「皆錦・紫・繡・織（「皆錦紫繡織」）」というのも難解だが，「五色の綾羅（薄い絹織物）」も合理的な理解が難しい．冠位十二階の冠の色はそれぞれの冠位に応じた色である（記事Ⓐ）．「服の色は，皆冠の色を用ゐたりといふ」と書くが，冠位十二階の冠は「当色の（その位に対応する色の）」冠である．従って，「五色が入り交じった綾羅」ではなく，「それぞれの冠位の色の綾羅を用いた」と理解される．しかし，冠位十二階は「徳」・「仁」・「礼」・「信」・「義」・「智」の6冠からなるから，これだけでもう「五色」には収まらない．さらにこれに皇子・諸王の冠，および，大臣の冠を加えると「五色の綾羅」という記述と整合させることはさらに難しくなる．

　これらの点について，石田一良・関晃氏の見解がある［石田，関①］．そしてかなり異なる見解として若月義小氏の見解がある［若月①］．

　まず，石田一良氏の見解では［石田］，「皇子・諸王・諸臣……衣服は皆錦・紫・繡・織と五色の綾羅を用ゐたり」を，皇子は錦冠，大臣は紫冠，諸王は繡冠，徳位は織冠，仁・礼・信・義・智の5位は仁冠以下の5色の冠であって，一連の序列をなしていたと，冠位十二階の冠位について徳冠と他の冠を区別して理解される．関

晃氏は［関①］，石田氏の見解を支持し，さらに「錦冠が徳位の冠であることはほぼ間違いない」し，「錦冠が大臣の冠である紫冠の上に位するとは考えられない」と，「錦・紫・繡・織」の順は逆で，「織と繡はそれぞれ，皇子と諸王に配当すべきもの」と指摘される．要するに，皇子・諸王・大臣・徳冠・仁冠以下の衣服が，それぞれ織・繡・紫・錦・5色の綾羅に対応するという見解である．

石田・関氏の見解は説得力があると考えられるが，いくつかの難点がある．それは，

①　冠位が授与された皇子・諸王は，冠位十二階の全期間を通じて1人も確認できないし，推古16年（608年）の時点では，徳冠を授与された臣下も確認できない．

②　冠の色が全部で9色になるが，冠位十二階の「色」はあくまで6色である．

次に，若月義小の見解については［若月①］，難解で分かりにくい点もあるので誤解しているかもしれないが，私見では，以下の諸点が重要であると思う．

第1に，記事ⓒの「『皇子・諸王・諸臣』は大小徳位以上に限定される」，すなわち「諸臣」には仁冠以下の諸臣は含まれていない，とされる．

第2に，「錦紫繡織」を「錦の紫地の刺繡した織物」と解釈される．

第3に，「『五色綾羅』を『仁・礼・信・義・智』の冠位に対応する色の綾羅で製した衣服と解釈する説は誤り」と，「五色」は「当色」ではないと否定される．そして「五色綾羅」については，「綾羅は五色の柄を織り出した薄ものであり，公服としてふさわしくない．服の付属部分の素地とみるべきもの」であって，「（推古13年〔605年〕の）褶（平帯）」であろうとされる．

以上の氏の見解はあり得る見解であるとは思うけれども，「錦紫繡織」を「錦の紫地の刺繡した織物」と解釈される点はいかがであろうか．「衣服は皆錦紫繡織……を用ゐたり」であるから，皇子・諸王・諸臣が「皆」同じ衣服という不自然なことにならないだろうか．また，上野利三氏も「錦以下が単語の羅列であり，それぞれに意味をもっている点は留意」する必要があると指摘される［上野］．小島憲之氏なども，宇治谷孟氏［宇治谷①］も，それぞれの「日本書紀」で，「錦・紫・繡・織と五色の綾羅」と読まれている．

また，「五色の綾羅」を「綾羅は五色の柄を織り出した薄物」と理解されるが，「服の色は，皆冠の色を用ゐたり」というのだから，やはり冠と同様に，服も冠位によって色の区別があったはずである（冠位十二階では冠位の貴賤は冠の色で表される）．冠位の当色である五色の綾羅（模様のある薄い絹織物［新漢語林］）であったと考える方が妥

当であると思われる．

さらに，「五色の綾羅」が当色でないとすれば，冠位の貴賤の差がどのように明示されていたのかが問題となる．氏によると『『皇子・諸王・諸臣』は，大小徳冠以上に限定される」のであり「紫は……王族・大臣，および大夫の当色として相応しい」のであるから，服の色は「紫」の1色だけである．氏は，「大小徳冠と大臣・王族との間には紫地に深浅の差があり，錦・繡・織の配分についても可視的相違が設けられていた蓋然性が高い」とされる．しかし，日本書紀が書く冠位十二階の冠位の差は「当色の絁（で作られた冠）」（推古11年〔603年〕12月）だけであって，「徳冠と大臣・王族の間に紫地の深浅の差がある」ことも，「錦・繡・織の配分についても可視的相違が設けられていた」ことも，それらを支持する記述もなく，氏の推定の域を出ていない．冠位十二階ではあくまで冠位の差は冠の当色（それぞれの冠位を表す色）で区別されているのである．

以上のように，若月氏の見解も，記事ⓒを合理的に理解する見解としては説得力ふじゅぶんなように思われる．

(b) **記事ⓒに深く関係する冠位十三階**

では，どのように理解するか．私見では，その手がかりは記事ⓒの最大の特徴である「衣服は皆錦・紫・繡・織及び五色の綾羅」という独特の表現にあると思う．この「錦・紫・繡・織」は，記事ⓒが，冠位十二階ではなく，大化3年（647年）に制定された冠位十三階と関係していることを強く示唆している．関氏の「順序は逆」という見解に基づけば［関①］，「織・繡・紫・錦」である．そうすると，これは冠位十三階の上位4冠位，織冠，繡冠，紫冠，錦冠，という冠位名と一致している．私見ではこれを偶然の一致と見ることはできないと思う．若月義小氏は［若月①］，「（冠位）十三階冠位……と直結して考える必要はないであろう」と指摘されるが，「衣服は皆錦・紫・繡・織……を用ゐたり」という特異な記述は，記事ⓒが冠位十三階と深く関係していると見るのが正しいと思う．

とはいえ，記事ⓒでは「錦・紫・繡・織」はあくまで衣服であって，冠位十三階の「織・繡・紫・錦」という冠位名とは異質のものである．しかし，実は「錦・紫・繡・織」は絹の等級でもある．そのことは日本書紀の冠位十三階に関する大化3年（647年）是歳の記述から分かる．例えば，「織冠」については「（冠は）織を以ちて為り（つくり），繡を以ちて冠の縁を裁れたり（仕立てる，縫う）」とし，「紫冠」については，「紫を以て為り，織を以ちて冠の縁に裁れたり」と書く．すなわち，「織・繡・紫・錦」は絹の等級でもある．

表7：冠位十三階の冠位，冠と冠の縁の絹，および，服の色
（冠位十二階と冠位十三階の冠位の対応は，武光誠［武光］・増田美子［増田］による）

冠位十三階				冠位十二階
冠位	冠の絹	冠の縁の絹	服の色	冠位
織冠	織	繡（織）	深紫	－
繡冠	繡	繡		－
紫冠	紫	織（紫）	浅紫	－
錦冠 大／小	大伯仙の錦／小伯仙の錦	織（大伯仙の錦）／大伯仙の錦	真緋	大徳／小徳
青冠 大／小	青絹	大伯仙の錦／小伯仙の錦	紺	大仁／小仁
黒冠 大／小	－（黒絹）	車形の錦／菱形の錦	緑	礼冠・信冠／義冠・智冠
建武	黒絹	紺	－	

　日本書紀が大化3年（647年）是歳に書く冠位十三階の各冠位の「冠」と「冠の縁」の絹の材料，服の色を表7に示す．

　表7によると，冠の絹の等級として上位から，織，繡，紫，錦，青絹，黒絹があり，錦には大伯仙，小伯仙，車形，菱形という等級があることが分かる．そして，冠位十三階の冠位名は冠の絹の等級名がそのまま転用されているのである（日本書紀には黒冠の絹は欠けているが，黒冠という冠位名と建武の黒絹を考慮すれば，黒絹であろう）．であれば，記事Ⓒの「衣服は皆錦・紫・繡・織」というのは，衣服が「錦・紫・繡・織」の等級の絹で作られたという意味だと受け取ることができる（この場合の「紫」は色ではなく，あくまで絹の等級を示すものである）．以上のことは，記事Ⓒが冠位十三階と深く関係していることを強く示唆している．

　ただ，検討を先に進める前に処理しなければならない点が2点ある．

　1点は，絹の等級である．冠位十三階の冠位の順が織冠・繡冠・紫冠・錦冠であるから，絹の等級も第1等級の絹が「織」で，以下，繡，紫，錦の順であろう．従って，関晃氏が指摘されるように［関①］，記事Ⓒの「錦・紫・繡・織」は上下逆で，「織・繡・紫・錦」であろう．そこで以下，「織・繡・紫・錦」として議論する．

　もう1点は，表7の「冠の縁の絹」が「繡・繡・織・織」になっていることである．冠位十三階は「（冠の）縁と鈿（うず）とを以ちて其の（冠位の）高下を異にする」というのであるから，「冠の縁」は重要である．ところが，「冠の縁」の絹は，織冠以下，「繡・繡・織・織」となっていて，冠位の高下と一致していない．この理由は

分からない．しかし，「冠の縁」が「繡・繡・織・織」では冠位の高下の表現としてはおかしいから，「繡・繡・織・織」は間違いで，表に括弧書きで示したように，「織・繡・紫・錦」が正しいと考えられる．実際に「冠の絹」はこの等級になっている．そこで表7の中の括弧内に示したように，冠の縁の絹は冠の絹と同じで，織冠以下は「織・繡・紫・錦」と仮定する．

これらの2点を仮定して以下の議論を進める．

(c) 要となる「衣服は皆錦・紫・繡・織及び五色の綾羅」という特異な文章

記事ⓒの「衣服は皆織・繡・紫・錦（原文は錦・紫・繡・織）と五色の綾羅（薄い絹織物）とを用ゐたり」を合理的に理解する鍵は「錦」と「五色の綾羅」にある．

まず，第1に「錦」である．

注目するのは表7の冠の縁の「錦」である．冠位十三階の錦冠，青冠，黒冠の冠位の冠の縁は，大伯仙の錦，小伯仙の錦，車形の錦，菱形の錦である．「錦」にはこれらの等級があって，冠位の等級に応じた錦の等級になっている．ここで重要なことは，錦冠以下の冠の縁はいろいろな等級の差はあっても，すべて「錦」であることである．すなわち，錦冠・青冠・黒冠の細かい差には触れず，「錦」でひとくくりにすることが可能である．

そうすると，冠位十三階では，最低冠位の建武を除くと（＊1），織冠から黒冠まで，冠位の高下を表す冠の縁の絹の等級は，織・繡・紫・錦の4種類である．「織・繡・紫・錦」は，記事ⓒの「皇子・諸王・諸臣……衣服は皆織・繡・紫・錦」の「織・繡・紫・錦」と一致している．従って，記事ⓒの「衣服は皆織・繡・紫・錦……を用ゐたり」という特異な記述は，冠位十三階において冠位の高下を反映する冠の縁の絹を，皇子・諸王・諸臣の衣服に対応させたものと理解するのは強引過ぎる理解ではないであろう．

すなわち，記事ⓒの「皇子・諸王・諸臣……衣服は皆織・繡・紫・錦」というもっとも難解な部分は，冠位十三階に基づいて，以下のように理解できる．それぞれの衣服の絹は，皇子は織，諸王は繡であり，諸臣は紫と錦の等級の絹である．諸臣の中で，大臣（冠位十三階を改正した冠位十九階では大臣の冠位は紫冠）は紫で，錦冠以下の諸臣については，錦冠と大青冠は大伯仙の錦，小青冠は小伯仙の錦，大黒冠と小黒冠は車形の錦と菱形の錦である．このように錦にはいろいろな等級があるが，記事ⓒでは錦冠以下を「錦」で一括したのである．このように考えれば，「皇子・諸王・諸臣……衣服は皆織・繡・紫・錦」というもっとも難解な部分は冠位十三階に基づいて書かれているとして，無理なく理解できるのである．

第2に,「五色」の綾羅である.

冠位十二階では冠位の貴賤は冠の色で表される. であるから,「服の色は, 皆冠の色を用ゐたり」という衣服の「五色の綾羅」の「五色」は, あくまで冠位の貴賤を表す色と考えるのが妥当である. 冠位十三階の冠位の貴賤の区別は服の色で表現され, それらは表7に示すように, 深い紫（織冠, 繡冠）, 浅い紫（紫冠）, 真緋（錦冠）, 紺（青冠）, 緑（黒冠）の五色である. これは記事Ⓒの「五色の綾羅」の「五色」と一致する. すなわち, もしも記事Ⓒが冠位十三階に基づいて書かれていたとすれば, 冠位十三階の冠位の色を逐一記さず,「五色の綾羅」としてまとめて書いたとして, 無理なく理解できる. すなわち, 皇子・諸王・諸臣はそれぞれの冠位に対応する色の綾羅（若月氏は綾羅は平帯と推定される）でもって, それぞれの冠位を表したのである. このことは記事Ⓒが冠位十三階に基づいて書かれていることを強く示唆している.

要するに, 記事Ⓒの「皇子・諸王・諸臣の衣服は皆織・繡・紫・錦（原文は錦・紫・繡・織）および五色の綾羅」は, 冠位十三階を表8のように対応させて書かれているのである. すなわち,

① 冠位十三階の織冠は皇子, 繡冠は諸王, 紫冠以下はすべて「諸臣」として対応させる.
② 冠位十三階の「冠の縁の絹」を記事Ⓒの「服の絹」に対応させる. 諸臣の服の絹は「紫」と「錦」であるが, 大臣が「紫」で, それ以外の諸臣はすべて「錦」である. 錦冠, 青冠, 黒冠の錦には大伯仙, 小伯仙, 車形, 菱形の区別があるが, すべて「錦」であって, 記事Ⓒでは「錦」とひとまとめにしたのである.
③ 冠位十三階の冠位の貴賤を表すのは衣服の色である. 冠位十三階の「服の色」

表8：冠位十三階と記事Ⓒの対応

冠位十三階				記事Ⓒ		
冠位		冠の縁の絹	服の色	身分	服の絹	綾羅の色
織冠		織	深紫	皇子	織	五色の綾羅
繡冠		繡		諸王	繡	
紫冠		紫	浅紫	諸臣	紫	
錦冠		大伯仙の錦	真緋		錦	
青冠	大	大伯仙の錦	紺			
	小	小伯仙の錦				
黒冠	大	車形の錦	緑			
	小	菱形の錦				

を記事Ⓒの「五色の綾羅」に対応させる．冠位十三階の服の色は，深紫（織冠・繡冠），浅紫（紫冠），真緋（錦冠），紺（青冠）および緑（黒冠）の5色である．記事Ⓒではこの5色を「五色の綾羅」とひとまとめに書いた．

以上のように，記事Ⓒの「皇子・諸王・諸臣（の）……衣服は皆錦・紫・繡・織，及び，五色の綾羅（薄い絹織物）とを用ゐたり」という特異で難解な部分は，日本書紀の編者者が冠位十三階の織冠と繡冠を皇子と諸王に擬し［関①］，表8のように対応させて書いたとすれば，無理なく理解できるのである．

このことは，記事Ⓒが冠位十三階に基づいて書かれたことを強く示唆している．

(d) 記事Ⓒが冠位十三階に基づくことを示す衣服の色と髻華

記事Ⓒが，冠位十二階ではなく，冠位十三階に基づいて書かれていることを支持する点は他にもある．

第1に，衣服の色である．そもそも冠位十二階では冠位の貴賤（高下）と衣服の色は関係ないのである（服の色だけでなく，衣服そのものが冠位とは関係ない（記事Ⓐ））．しかし，記事Ⓒでは，「五色の綾羅を用ゐたり」，「服の色は，皆冠の色を用ゐたり」と衣服の色が強調されている．冠位十二階と異なり，冠位十三階では衣服の色は冠位の貴賤（高下）を表す重要な点である．このことは，記事Ⓒが冠位十二階ではなく，冠位十三階に基づいて書かれたことを強く示唆している．

第2に，髻華である（髻華というのは花などを髪に飾ること）．記事Ⓒには「皇子・諸王・諸臣，悉くに（ことごとくに）金の髻華を以ちて著頭にせり（金の挿頭を頭に挿した）」と書かれている．

髻華・鈿（うず．髪飾り）について，冠位十二階は「元日にのみ髻華着す」と明記しており（記事Ⓐ），外国使者の儀式などは含まれない．従って，記事Ⓒの髻華に関する記述は冠位十二階とははっきりと矛盾していることは明らかである．

一方，日本書紀は，冠位十三階の鈿（うず）について「大会・饗客，四月・七月の斎時に着る所なり」と書く（大化3年〔647年〕，是歳）．裴世清の国書提出儀式は「饗客」，すなわち，「外国の使臣の接待［書紀註］」に準ずると理解できる．従って，記事Ⓒの髻華の「悉くに金の髻華を以ちて著頭にせり」という記述は，冠位十二階とは整合しないが，冠位十三階とはそれなりに整合すると理解できるのである．

このように，「皇子・諸王・諸臣，悉くに金の髻華を以ちて著頭にせり（金の挿頭を頭に挿した）」という一文は，冠位十二階とははっきりと矛盾するが，冠位十三階とはそれなりに整合しているのである．

なお，髻華の内容について，冠位十二階については具体的には書かれておらず

(記事Ⓐ)，まったく不明である．一方，冠位十三階の場合は，「小錦冠より以上の鈿（髻華．冠の飾り物）は金・銀を雑へて（交えて）為り（作り），大小青冠の鈿は銀を以ちて為り，大小黒冠の鈿は銅を用いて為り，建武は鈿無し」と書く．錦冠以上の冠は金銀の混ざった髻華であって，記事Ⓒの「皇子・諸王・諸臣，悉くに金の髻華」と一部は一致するが，多くは一致しない．しかし，若月義小氏が指摘されるように[若月①]，皇子から諸臣の最下位まですべて同じ「金の髻華」はあり得ないことである．それでは冠位の貴賤は示せない．冠位十三階では鈿（髻華）は冠位の高下を示すものである．であるから，この文は，細かく書かず，もっとも目立つ「金」だけを書いたと理解すべきであろう．

(e) 要約：記事Ⓒは冠位十二階ではなく，冠位十三階に基づいて書かれている

以上の記事Ⓒに関する議論を要約すれば，以下の点が指摘される．

① 「服は皆錦・紫・繡・織」という特異で難解な文章は冠位十二階ではなく冠位十三階に基づいて書かれたとすれば，合理的に理解できる．
② 「五色の綾羅」は冠位十三階に基づく記述として無理なく理解できる．
③ 記事Ⓒは冠位十三階を表8のように対応させて書かれている．
④ 記事Ⓒが冠位十三階に基づいて書かれていることを支持するのが，衣服の色と髻華である．
 • 衣服の色は冠位十三階では重要であるが，冠位十二階では冠位と衣服は関係がない．
 • 隋皇帝国書提出儀式で参加者が「髻華」を着けることは，冠位十二階とは矛盾するが，冠位十三階ならば相応に整合している．

以上の諸点から，記事Ⓒ：「皇子・諸王・諸臣，悉くに（ことごとくに）金の髻華を以ちて著頭にせり（金の挿頭を頭に挿した）．亦（また）衣服は皆錦・紫・繡・織と五色の綾羅（薄い絹織物）とを用ゐたり」は，冠位十二階ではなく，冠位十三階に基づいて書かれた可能性が高いと結論される．

(f) 記事Ⓒは冠位十三階に基づき日本書紀が造作した可能性が高い

この結果は重要な問題点を提起する．冠位十三階が制定されたのは大化3年（647年）である．記事Ⓒは推古16年（608年）の隋皇帝国書提出儀式の記事である．当時の大和政権の冠位制度は冠位十二階であって，冠位十三階はまだ制定されていない．まだ制定されていない冠位十三階に基づいて記事Ⓒが書かれていることは何を意味するだろうか．それは，記事Ⓒは日本書紀によって8世紀に造作された記事ではないか，ということである．この推定を支持するのは以下の諸点である．

第1に，上述のように，記事Ⓒの「衣服は皆錦・紫・繡・織，及び，五色の綾羅（薄い絹織物）とを用ゐたり」という中核部分が冠位十三階に基づいて書かれていること自体である．記事Ⓒは，あくまで，推古16年（608年）の国書提出儀式に参加している皇子・諸王・諸臣の様子を書いた記事である．日本書紀によれば，この時点では，冠位制度は冠位十二階である．冠位十三階が制定されたのは約40年後の大化3年（647年）なのである．従って，冠位十二階ではなく冠位十三階に基づいて書かれたこと自体が，記事Ⓒは日本書紀の編著者によって造作されたことを強く示唆している．

　第2に，皇子・諸王である記事Ⓒは「皇子・諸王・諸臣，悉くに（ことごとくに）……衣服は……服の色は，皆冠の色を用ゐたり」と，諸臣だけでなく，皇子，諸王も冠位に応じた服装で隋皇帝国書提出儀式に参加していたかのように書いている．しかし，冠位十二階の冠位授与の対象はあくまで「諸臣に賜ふ」（記事Ⓑ）であって，皇子・諸王の王族は冠位授与の対象ではない．実際に，日本書紀も含めて，すべての史料で，冠位十二階の冠位が授与されたことが確認できる皇子・諸王は1人もいない．それなのに，日本書紀はあたかも皇子・諸王に冠位が授与されていたかのように書いている．このことは記事Ⓒが日本書紀の編著者によって造作されたことを示唆している．

　第3に，外交の場である．記事Ⓒは隋皇帝国書提出儀式という重要な外交の場に参列した皇子・諸王・諸臣について書いた記事である．外交儀式では，参加する諸臣の冠位は非常に重要であって，冠位を授与された諸臣が中心になって遂行されるべきものである．しかし，記事Ⓒでは，儀式の進行を担う諸臣は誰も冠位がなく，髻華・冠・衣服については一言も触れないのに，ただ儀式に参列しているだけの"見学者"であるたくさんの臣下には冠位が授与されていて，きらびやかな金の飾りの髻華，冠位に応じた色の冠と絹の衣服が強調されている．しかし，それは逆であって，儀式を進めている諸臣にこそ，冠位があって，冠位に相当する色のきらびやかな冠や絹の衣服が描写されるのでなければいけないのである．

　第4に，隋皇帝国書提出儀式それ自体が造作された儀式という点である．すでに示したように（第4章），推古天皇が上位で，隋皇帝が推古天皇への朝貢使を送ってきたかのように書かれている日本書紀の国書提出儀式そのものが，事実ではあり得ず，日本書紀によって造作・捏造された可能性が高い．であれば，造作された国書提出儀式の記事の一環である記事Ⓒもまた造作された可能性は高いと判断される．記事Ⓒの「衣服は皆錦・紫・繡・織，及び，五色の綾羅（薄い絹織物）とを用ゐたり」

という特異な文章はその象徴である.

　以上の議論を要約すれば以下のようになる.

① 記事ⓒがまだ制定されていない冠位十三階に基づいて書かれている.

② あたかも皇子・諸王に冠位が授与されていたかのように書かれている.

③ 儀式の進行を担う諸臣には誰も冠位がなく, ただ儀式に参列しているだけのたくさんの臣下に冠位が授与されているという不正常.

④ 隋皇帝国書提出儀式それ自体が造作された儀式と考えられる.

　以上の諸点に基づき, 記事ⓒは, 冠位十二階ではなく, 冠位十三階に基づいて, 日本書紀の編著者によって8世紀に造作された可能性が高いと結論される (＊2).

(g) 記事ⓒに関する議論全体の結論

　以上の記事ⓒに関する議論全体の結論は以下のようになる.

① 「皇子・諸王・諸臣……衣服は皆錦・紫・繡・織, 及び, 五色の綾羅 (薄い絹織物) とを用ゐたり」 という特異で難解な記述は, もしも記事ⓒが冠位十三階に基づき, 表8のように対応させて書かれたとすれば無理なく理解でき, 記事ⓒは冠位十二階ではなく, 冠位十三階に基づいて書かれている.

② 記事ⓒは推古16年 (608年) の隋皇帝国書提出儀式の記事である. 当時の大和政権の冠位制度は冠位十二階であって, 冠位十三階はまだ制定されていない. 従って, 記事ⓒは8世紀に日本書紀によって造作された記事である可能性が高い.

＊1　冠位十三階のうち「建武」だけは鈿 (髻華. 冠の飾り物) がなく, 上位十二階とは違う扱いになっている. また, 建武冠は冠位への"入門"という位置づけで「副えた」という冠位であるようだ [黛③]. 武光誠氏も「特殊な冠位」と指摘される [武光]. 諸研究者も冠位十二階と冠位十三階の比較の際,「建武冠」は対象から外されている [黛③, 武光, 増田]. そこで, 本議論でも, 以下, 建武冠は除外して検討する.

＊2　この結果に基づけば, 隋書倭国伝が書く冠は, 隋皇帝国書提出儀式で裴世清が見た冠であるという研究者の批判④ (第1節) [宮田①, 上田①, 若月①] は, あたらないことが分かる. 倭国伝が完成した636年の時点で, まだ冠位十三階は制定されていない. まだ存在していない冠位十三階が隋書倭国伝に反映されることはあり得ない.

4 仮説Aから無理なく理解できる隋皇帝国書提出儀式の記事

　以上のように, 推古16年 (608年) の隋皇帝国書提出儀式の記事ⓒは事実ではなく, 日本書紀の編著者によって8世紀に冠位十三階に基づいて造作された可能性が高いと考えられる. この結果は, 仮説Aに基づけば, 以下のように理解される.

(a) 日本書紀はあたかも冠位十二階が大和政権に存在したかのように造作した

　仮説Aによれば，「多利思比孤≠推古天皇」(「倭国≠大和国」)であって，隋書倭国伝の倭国は日本書紀の大和国とは異なる別の国である．倭国伝は，倭国において第一次遣隋使の時点で冠のない官位十二等がすでに施行されていたと書き，遣隋使派遣後に冠のある冠位十二等へと改正したと書いている．しかし，倭国伝が書く倭国の官位十二等や冠位十二等はあくまで多利思比孤の倭国の官位・冠位制度であって，大和国の官位・冠位制度ではなかった．そのため日本書紀に載せることはできなかった．

　しかし，倭国伝が書く官位十二等・冠位十二等を無視することもできなかった．なぜならば，倭国の官位・冠位十二等に基づいて，遣隋使などの大和政権の諸臣にも官位・冠位が授与されているからである (前半期は官位十二等，後半期は冠位十二等)．官位を授与された大和政権の諸臣は，前半期は遣隋使などの3名だけであるが，後半期には新羅征討軍の将軍たちを先頭に，かなりな数の臣下に冠位十二等によって冠位が授与されている (第3節で後述)．従って，日本書紀は倭国の官位・冠位制度を日本書紀に載せないというだけで済ませることはできなかった．

　そこで日本書紀の編著者はどう対応しただろうか．仮説Aに基づけば以下のように対応したと考えられる．

　日本書紀は，大和政権には官位・冠位制度はないという実態をそのまま書くことはできなかった．しかし，官位・冠位制度を無視することもできなかった．そこで大和政権に冠位制度が存在したかのように冠位十二階を造作したのが「始めて冠位を行ふ」という記事Ⓐである．日本書紀は，推古11年 (603年)，大和政権に冠位十二階が制定されたと記事Ⓐを造作し，大和政権の諸臣の官位・冠位は，倭国伝が書く倭国の官位・冠位十二等によるものではなく，大和政権自身の冠位制度である冠位十二階によって，大和政権の君主である推古天皇が自分の臣下に授与したかのように造作し，偽装したのである．

　しかし，実際には冠位十二階は日本書紀が造作したものであり，大和政権には官位・冠位制度は存在しなかった．そのため，前半期，官位・冠位を授与された臣下は3人だけで (3人だけとはいえ，大和政権の臣下に冠位があることは仮説Bによって理解される)，外交の場である隋皇帝国書提出儀式と新羅・任那使者の謁見儀式に登場する有力諸臣にすらも1人も冠位が授与されていないという冠位制度としてはあり得ない異常な状態になった．

　そういう冠位十二階の機能不全の状態では，日本書紀が冠位十二階を造作したこ

とが疑われる．それを避けるためには，冠位十二階は大和政権において正常に機能していなければならなかったのである．そこで，あたかもたくさんの臣下にいろいろな冠位が授与されたかのように造作されたのが「始めて冠位を諸臣に賜ふ．各差有り」（記事Ⓑ）である．この記事Ⓑによれば，たくさんの臣下に徳冠から智冠までのいろいろな冠位が授与されたことになる．そして実際に冠位がたくさんの臣下に授与されているかのように具体的に造作されたのが記事Ⓒ〜Ⓔである．記事Ⓒは日本書紀の造作・偽装を具体的に"多くの臣下にたくさんの冠位が実際に授与されている"という観点から支えるために造作された記事である．

以上のように，記事Ⓒは8世紀に日本書紀の編著者によって造作・捏造された可能性が高いという結果は，仮説Aから無理なく理解される．

(b) **記事Ⓒはなぜ冠位十三階に基づいて造作されたか**

では記事Ⓒは，なぜ冠位十三階に基づいて造作されたのだろうか（記事Ⓒだけでなく，記事Ⓐ〜Ⓔのかなりが冠位十三階に基づいて造作されていることはこの後に示す）．この点は以下のように理解される．

造作する際，日本書紀の編著者が持っていた倭国の官位・冠位十二等に関する史料は隋書倭国伝の記述だけである（唐書はまだ書かれていない）．その結果，日本書紀による造作のための具体的な史料は，倭国伝が書く官位十二等の官位名と，遣隋使派遣によって冠のある冠位十二等へと改正したという「隋に至り，その王始めて冠を制す」という記述，および，簡単な冠の説明，だけである．それ以上のことは分からない．

しかし，それだけでは造作・偽装するための材料としてはふじゅうぶんである．そこで日本書紀の編著者は大和政権の初めての官位・冠位制度である冠位十三階の史料に基づいて造作したと考えられる．冠位十三階に関しては，はっきりした史料があるし，冠位十二階を引き継いだ形になるのだから，冠位十三階を利用して造作しても問題はないだろうと考えたのではないだろうか．その結果，冠位十三階の内容に基づいて造作されたのが記事Ⓒであると理解される．

冠位十三階に基づいて記事Ⓒを造作したために生じたのが冠位の貴賤（高下）の表現に関する冠位十二階との矛盾である．

第1に，冠位の貴賤が「冠の色」で表現される（冠位十二階：記事Ⓐ）のか，「冠と衣服の両方の色」で表現される（記事Ⓒ）のか，という矛盾である．記事Ⓒでは，冠位十三階に基づいて，衣服の「織・繡・紫・錦」という絹の差が強調され，「五色の綾羅」と衣服の色が強調された．そして，衣服の色と冠の色の両方で貴賤が表現さ

れるとされた（「服の色は，皆冠の色を用ゐたり」）．しかし，冠位十二階では（記事Ⓐ），冠位による衣服の区別はなく，衣服の色の差もない．あくまで衣服は冠位の貴賤の表現とは関係がないのである．その結果，冠位十二階の冠位の貴賤の表現という冠位制度において根幹となる重要な事項が，「冠」の色だけで表されるのか（記事Ⓐ），「衣服と冠」の両方の色（および衣服などの絹の差）で表されるのか（記事Ⓒ）という矛盾が生じた．冠位の貴賤の表現は冠位制度にとって重要事項であり，「冠」の色なのか，「冠と衣服」の色なのかは無視できない差であって，どうでもいいことではない．

第2に，冠位の貴賤を表す色が，6色なのか（冠位十二階．「当色の絁」：記事Ⓐ），5色なのか（冠位十三階による記事Ⓒ）という矛盾が生じた．

また，日本書紀の編著者は，記事Ⓒが冠位十三階に基づいて造作されていることを隠蔽しなければならなかった．そのために，記事Ⓒでは以下のような造作が加えられたと考えられる（その結果，記事Ⓒの理解がより困難になった）．

① 本来あるべき順「織・繡・紫・錦」を逆の順序「錦・紫・繡・織」で書いた．これは，冠位十三階に基づいて造作したことを分かりにくくするために，意図的に逆の順序に書き換えられたことを示唆している．

② 造作に際して冠位十三階の内容を簡略化して，「諸臣」，「錦」，「五色の綾羅」と一括して，冠位十三階に基づいて造作したことを分かりにくくした．

③ 冠位十三階の場合，冠位の貴賤は，「衣服の色」で表現され，冠位十二階の場合は，「冠の色」で表現されるのである（記事Ⓐ）．そこで記事Ⓒに「服の色は，皆冠の色を用ゐたりといふ」を加えることで，冠位十三階に基づく造作であることを分かりにくくし，記事Ⓒと冠位十二階（記事Ⓐ）との矛盾をなくそうとした．

このように，記事Ⓒは日本書紀の編著者が8世紀に冠位十三階に基づいて造作したものであって，事実ではないことを，無理なく理解できる．

以上から，日本書紀の記事Ⓒは仮説Aに基づいて合理的に理解でき，仮説Aと記事Ⓒは矛盾することはないと結論される．

5 推古19年（611年）と推古20年（612年）の菟田野の薬猟

次に推古19年（611年）の菟田野の薬猟の記事Ⓓについて検討する．

Ⓓ「諸臣の服の色，皆冠の色に随ひ，各髻華を着せり．則ち大徳・小徳は並びに金を用ゐ，大仁・小仁は豹尾を用ゐ，大礼より以下は鳥の尾を用ゐたり」．

(a) 薬猟の記事は造作された可能性が高い

この記事Ⅾについて指摘されることは，記事Ⅾもまた造作された可能性が高いことである．そのことを示すのが以下の諸点である．
　第1に，冠位授与の実態と合致しないことである．
　推古19年（611年）の時点で，徳冠を授与された臣下は誰一人として確認できない．もちろん，日本書紀には登場しない徳冠の臣下がいなかったと断定はできない．ではあっても，前半期，最高冠位である徳冠の臣下が日本書紀に1人も登場しないことは，徳冠の臣下がいなかった可能性が高いことを強く示唆している．しかし，記事Ⅾでは「大徳・小徳は並びに金を用ゐ」と大徳・小徳が薬猟に参加したかのように書かれている．このことは記事Ⅾは造作された可能性が高いことを意味する．
　また，同様に，「大仁」は鞍作鳥，「大礼」は小野妹子・吉士雄成がいるだけで，「小仁」も「大礼より以下」も，大礼を除き，冠位を授与された臣下は1人も確認できず，事実とは考えにくい．そもそも，官位を授与された多数の臣下が参加したかのように書いているが，官位を授与されている臣下は3人だけである．
　第2に，記事Ⅾは，徳冠・仁冠などの高位の諸臣が薬猟に参加したと書いていることである．しかし，その場合，それらの高位の諸臣は，薬猟には参加したが，隋皇帝国書提出儀式，新羅・任那の使者の謁見儀式，堅塩媛の改葬儀式という重要儀式には，誰も出席しなかった，あるいは，出席しても，誰も重要な役割を果たさなかったことになる．
　しかし，それは，あまりに不自然であろう．薬猟ではなく，重要儀式こそが，徳冠や仁冠という高位の冠位を授与された主要な諸臣が参加し，重要な役割を果たさなくてはいけない場であるはずである．国書提出儀式，新羅使者の謁見儀式，堅塩媛の改葬儀式は大和政権にとって重要な公式行事である．それなのに，徳冠（大徳・小徳）や仁冠（大仁・小仁）の臣下は誰一人としてそういう重要儀式には登場せず，薬猟には参加したというのは，信じがたいことであり，記事Ⅾそのものが疑わしいことを示唆している．
　第3に，「髻華」である．「髻華を着せり」と書いているが，記事Ⅾは薬猟の記事である．本来，冠・髻華は儀式などに着けるものであって，薬猟という場は冠や髻華を着ける場としてふさわしくないのではなかろうか．実際に，冠位十二階の場合，「元日にのみ髻華着す」（記事Ⓐ）と元日のみであって，薬猟は髻華を着ける場ではない．冠位十三階でも薬猟は髻華を着ける場合には含まれていない．
　第4に，「諸臣の服の色，皆冠の色に随ひ」と書くが，記事Ⓒと同じく，冠位十二階の冠位の貴賤（高下）はあくまで「冠」の色で表現されるのであって（記事Ⓐ），

［別章］冠位十二階は大和政権の冠位制度ではない　　549

"衣服および冠"の色ではない．「諸臣の服の色，皆冠の色に随ひ」という文は，冠位十三階に基づいて造作されたことを強く示唆している．

以上の諸点は，記事Ⓓ全体が，事実ではなく，造作された可能性が高いことを示している．

(b) 薬猟記事もまた冠位十三階に基づいて書かれている

そして，記事Ⓒと同じく，記事Ⓓも冠位十三階に基づいて造作されたと推定される．そのことを示唆するのが以下の点である．

第1に，「服の色」によって冠位の貴賤が表現されるのは，冠位十二階ではなく，冠位十三階である．

第2に，諸臣の髻華が徳冠，仁冠，礼冠以下の3段階に区別されていることである．冠位十三階の鈿（髻華）も3段階に区別されている．冠位十三階の髻華の3段階での区別は，錦冠以上，青冠，黒冠の3段階である．武光誠・増田美子氏によると［武光，増田］，これらに相当する冠位十二階の冠位は，表7に示すように，徳冠以上，仁冠，礼冠以下であり，この記事Ⓓの区分とぴったり一致している．冠位十二階で髻華が3段階に区別されていることはこの記事Ⓓ以外になく，この記事Ⓓの3段階の区分は冠位十三階によって書かれたことを示唆している．

第3に，冠位十三階の髻華は，「小錦冠以上の鈿（髻華）は金・銀を雑えて為り（作り）」，大小青冠の鈿は銀を以ちて為り，大小黒冠の鈿は銅を以ちて為り，建武冠は鈿無し」と書かれている．記事Ⓓの「大徳・小徳は並びに金を用ゐ」は，冠位十三階の「金銀」と半分は一致している．仁冠の豹尾と大礼以下の鳥の尾は，冠位十三階の銀・銅とは一致しない．

以上のように，主要な点は冠位十三階と一致する．

一方，記事Ⓓが冠位十三階と一致しない点は，大徳以下の冠位名と，仁冠と大礼以下の髻華が銀・銅（冠位十三階）ではなく，豹尾・鳥の尾（記事Ⓓ）という点である．もしも，日本書紀の編著者が造作したとすれば，冠位十三階の冠位名を使うことはあり得ないから，冠位名の不一致は，造作ではないことの証拠とはならない．結局，大仁以下の髻華の飾りが豹尾，鳥の尾であることが，冠位十三階と一致しない点である．かといって，冠位十二階と一致しているとも言えない（冠位十二階の髻華の具体的内容は不明）．

以上の諸点は，推古19年（611年）の菟田野の薬猟の記事Ⓓも，記事Ⓒと同じく，日本書紀の編著者が冠位十三階に基づいて造作した記事であって，冠位十二階の事実を書いたものではないことを強く示唆している．

この検討結果を仮説Aの観点から見ると，記事Ⓒの場合とほぼ同じである．日本書紀の編著者が冠位十二階を造作したことを分かりにくくするために，あたかも冠位十二階が機能しているかのように，冠位十三階に基づいて造作したのが記事Ⓓであって，冠位十二階の事実を書いたものではないと，無理なく理解できる．なお，以上の議論は推古20年（612年）の菟田野の薬猟（記事Ⓔ）でもそのまま当てはまる．

6 推古12年（604年）正月，「始めて冠位を諸臣に賜ふ．各差有り」

次に，推古11年（603年）12月の冠位十二階制定を受けて，冠位十二階が実施されたという，

記事Ⓑ「始めて冠位を諸臣に賜ふ．各差有り」，

について考える．この記事Ⓑは，推古11年（603年）12月に冠位十二階が制定された翌月の推古12年（604年）正月の記事である．すなわち，12月に冠位十二階が制定され，翌年の正月に，それぞれに応じた冠位がたくさんの臣下に授与されたことになる．

しかし，この記事は疑わしい．なぜならば，この記事Ⓑによれば，たくさんの臣下に冠位が授与されたことになるが，推古12年（604年）正月に冠位を授与されたはずの臣下が1人も確認できないからである．

日本書紀によれば，最初に冠位を授与されたのは仏教功労者の鞍作鳥である．鞍作鳥の冠位授与は推古14年（606年）5月である．ついで推古15年（607年）7月，遣隋使の「大礼小野妹子」が日本書紀に書かれている．いつ小野妹子に大礼が授与されたか，日本書紀は書いていないが，小野妹子に大礼が授与されたのはあくまで遣隋使に任命されたためと理解できるから，607年であろう．もう1人の吉士雄成は推古16年（608年）4月に初めて登場するときは冠位は書かれておらず，9月に裴世清を隋へ送る遣隋使の国書で大礼雄成となっているから，608年である．

このように，冠位授与が確認できるのは606年以後であって，日本書紀の推古12年（604年）正月の冠位授与を裏付ける事実はない．日本書紀が造作・捏造をする場合があることを考慮すれば，この記事も造作された可能性が高い．黛弘道氏が［黛③］，「『始めて冠位を諸臣に賜ふこと，各差あり』とはあっても，決してこのとき一斉に施行されたとは考え難い」と指摘され，若月義小氏が［若月①］，「推古紀編者の手になる文と見なすべき」と指摘されるが，両氏の言われる通りであろう．

要するに，記事Ⓑは裏付けのない記事であって，記事ⒸⒹと同じく，造作した冠位十二階が正常に施行されているかのように，日本書紀の編著者が造作した可能性

が高い，というのが記事Ⓑに関する結論である．この結果は，記事ⒸⒹと同じく，仮説Aと一致し，矛盾はしない．

7 推古11年（603年）の「始めて冠位を行ふ．大徳・小徳……」

以上の議論をもとに，大和政権の冠位十二階に関してもっとも基本的で中核を為す推古11年（603年）12月の記事Ⓐについて考える．

Ⓐ「始めて冠位を行ふ．大徳・小徳・大仁・小仁・大礼・小礼・大信・小信・大義・小義・大智・小智，幷せて（あわせて）十二階，並に当色の（いずれもその位に対応する色の）絁（あしきぬ）を以ちて縫へり．頂は撮り（つまんで）総て嚢（袋）の如くにして，縁を着く．唯し（ただし）元日にのみ髻華着す」

この記事Ⓐは大和政権において冠位十二階を制定したという記事であって，大和政権の冠位制度の根幹をなす記事である．この記事は，冠位十二階は日本書紀が造作したものであるという仮説Aと正面から対立している．仮説Aの立場から，この記事Ⓐを矛盾なく合理的に理解できるかが，課題である．その点を以下に検討する．

記事Ⓐは5つの部分からなる．①推古11年（603年）12月，②「始めて冠位を行ふ」，③「大徳・小徳・大仁……小智，幷せて（あわせて）十二階」，④「並に当色の（いずれもその位に対応する色の）絁（あしきぬ）を以ちて縫へり．頂は撮り（つまんで）総て嚢（袋）の如くにして，縁を着く．⑤唯し（ただし）元日にのみ髻華着す」である．

以下，それぞれの部分について検討するが，今までの議論のつながりの関係から，まず④の「冠」に関する事項から検討する．

(a) 冠位十二階の「冠」の内容

冠に関する④「並に当色の（いずれもその位に対応する色の）絁（あしきぬ）を以ちて縫へり．頂は撮り（つまんで）総て嚢（袋）の如くにして，縁を着く」という記述の中で，冠位十三階と一致している点は，冠があること，冠の布が絹（記事Ⓐでは「絁」，冠位十三階では「織」などの絹），そして，冠の「縁」があることである．また，当色（位に対応する色）で冠位の貴賤（高下）が表現されることも，冠位十三階と同じである．これらの諸点は記事ⒸⒹと同様に，記事Ⓐの部分④も冠位十三階に基づいて造作されたことを示唆している．

「当色」は，冠位十三階では「衣服の色」であり，冠位十二階では「冠の色」という差がある．この点は，造作したことを疑われないように，冠位十三階の当色の「衣服」を冠位十二階では当色の「冠」へと書き換えたと見ることができる．

一方，冠位十三階にない点は「頂は撮り総て囊の如くにして（頂はつまんで袋状にして）」である．しかし，これは冠位十三階ではなく冠位十二階に特有のことというほどの内容ではない．明記されていないが，冠位十三階の冠も同じようなものであろう．

　次に，部分⑤の「元日にのみに髻華」は，冠位十三階の「大会（即位・元日の儀などをいうか［書紀註］）・饗客，四月・七月の斉に着る所」という記述の一部である．

　すなわち，記事Ⓐの「冠」に関する記述（④⑤）は，記事ⒸⒹと同様に，冠位十三階に基づいて書かれたと推定することができる．換言すれば，日本書紀の編著者によって造作された可能性が高いことを示唆している．従って，④⑤の部分は，記事ⒸⒹと同じように，仮説Aとよく整合し矛盾しない．

(b)「大徳……小智，并せて（あわせて）十二階」

　冠位名の部分③は，倭国伝が書く倭国の官位・冠位十二等と，官位・冠位名が同じである（冠位十二等の冠位名は官位十二等の官位名をそのまま引き継いだと考えられる）．仮説Aに基づけば，日本書紀の冠位十二階は倭国の冠位十二等であるかのように造作・偽装したのである．であれば，日本書紀の編著者は冠位十二等と同じ冠位名で冠位十二階を造作しなければならないのは当然である．このように仮説Aに基づけば，官位・冠位名の一致は当然である．

(c) 制定年次

　記事Ⓐで，冠位十三階でもなく，倭国伝の官位・冠位十二等でもなく，はっきりと冠位十二階に独自のものといえる記述は何だろうか．それは①の推古11年（603年）に初めて冠位を制定したという制定年次である．

　記事Ⓐの603年という制定年次については，すでにで詳述したように（仮説Aの問題点H'の項），日本書紀の編著者は冠位十二等への改正は608年以後という新唐書の記述を知らずに造作した．そのために，造作した冠位十二階の制定年次は，第一次遣隋使派遣の600年よりも後で（「隋に至り」），鞍作鳥の606年の冠位授与よりも前であればいつでもよかったのである．推古11年（603年）は，その範囲で適当に造作された制定年次であって，根拠のある制定年次ではない．従って，603年という制定年次は日本書紀が新唐書を知らずに適当に造作した年次として無理なく理解できるのであって，仮説Aとは矛盾はしない．

(d)「始めて冠位を行ふ」

　記事Ⓐの②「始めて冠位を行ふ」は，大和政権において初めて冠位制度が制定・施行されたことを意味する冠位十二階の根幹をなす記述である．しかし，この記述

②「冠位を行ふ（冠位十二階を施行した）」は疑わしい．それは以下の諸点による．

　第1に，冠位を授与された臣下が3人しか確認できないことである．制定から2年間，冠位が授与された臣下は日本書紀による限り1人も見いだせない．また制定後20年間に拡大しても3人だけである．冠位制度は多くの臣下に授与されて初めて意味を持つ制度なのであって［北①］，3人だけでは「冠位を行」ったとは言えない．しかも，3人は仮説A・仮説Bに基づけば，冠位十二階ではなく，倭国の官位十二等によって授与された官位である．制定後，冠位授与が3人しか確認できないことは，冠位十二階が制定され，「行ふ（施行された）」こと自体が疑わしいことを示している．

　第2に，そもそも大和政権に「冠」・「冠位」があったのかという点である．冠位十二階の「冠」・「冠位」が書かれているのは，記事Ⓑ～Ⓔだけである．しかし，今まで議論してきたように，記事Ⓑは裏付けのない記事であり，記事ⒸⒹⒺは冠位十三階に基づいて造作された可能性が高い記事である．要するに，記事Ⓑ～Ⓔは「始めて冠位を行」ったことを支持する根拠としての説得力に欠ける．

　また，実際に「冠位」を授与されたと日本書紀が書く3人について，鞍作鳥に授与されたのは「大仁の位」であって「大仁の冠」とか「大仁の冠位」ではない．小野妹子も，吉士雄成も単に「大礼小野妹子」，「大礼乎那利」と書くだけで「冠」とか「冠位」を授与されたとは書かれていない．要するに，鞍作鳥に大仁の"緋色の冠"を授与したとかの，冠位十二階によって「冠」・「冠位」が授与されたことをはっきり示す記述は見当たらない．

　以上の諸点は，「始めて冠位を行ふ」という記述②が，確固とした根拠に立つものではなく，逆に，疑わしいことを示唆しており，冠位十二階が日本書紀によって造作されたものという仮説Aと矛盾しない．

(e) 記事Ⓐの議論の要約と結論

以上の記事Ⓐに関する議論を記述順に要約すると，以下のようになる．

① 推古11年（603年）という冠位十二階の制定年次は，新唐書の記述を知らずに日本書紀が造作した年次であって，冠位十二階は日本書紀が造作したものであるという仮説Aと矛盾しない．

②「始めて冠位を行ふ」については，制定後の2年間，冠位十二階による冠位授与は1人も確認できない．20年間に拡げても3人だけであるが，これらは倭国の官位十二等によって授与されたと理解される（仮説B）．また，冠位十二階の「冠」・「冠位」の存在を示すのは記事Ⓑ～Ⓔだけであるが，いずれも日本書

紀の編著者が造作した可能性が高い．これらの点は，「冠位を行ふ（冠位十二階を施行した）」こと自体が造作された可能性が高いことを示している．
③ 大徳以下の冠位名が官位十二等・冠位十二等と一致することは，仮説Aの"倭国の冠位制度の偽装"という観点からは当然である．
④ 記事Ⓐが書く「冠」・「冠位」・「当色」・「冠の縁」など，および，⑤の「元日にのみに髻華」は，冠位十三階と一致し，冠位十三階に基づいて日本書紀の編著者が造作した可能性が高い．

以上の諸点は，大和政権の冠位十二階の根本をなす「始めて冠位を行ふ」という記事Ⓐもまた造作されたことを強く示唆している．この結果は，「あたかも倭国の冠位十二等であるかのように冠位十二階を造作し」たという仮説Aとよく整合している．

坂本太郎氏は［坂本④］，「推古十一年の冠位十二階の記事（記事Ⓐ）は……あとからなんらかの知識によって挿入したと疑ってもよい分子を多分にもつ」と指摘されるが，氏の直感は正鵠を得ていると思う．

8 要約・結論：冠位十二階を支える日本書紀の5つの記事

(a) 大和政権の冠位十二階の根幹をなす推古11年（603年）の「始めて冠位を行ふ……」などの5つの記事Ⓐ〜Ⓔの検討結果は以下のように要約される．

① 推古16年（608年）の隋皇帝国書提出儀式の皇子・諸王・諸臣の記事（記事Ⓒ），および，推古19年（611年）と推古20年（612年）の菟田野の薬猟の記事（記事ⒹⒺ）は，日本書紀の編著者が，主に冠位十三階に基づき造作した可能性が高い．

② 推古12年（604年），「始めて冠位を諸臣に賜ふ．各差有り」（記事Ⓑ）については，推古12年に冠位が授与された事実は確認できず，造作された記事であろう．

③ 推古11年（603年），「始めて冠位を行ふ．大徳・小徳……」（記事Ⓐ）については，制定年次は日本書紀の造作であり，大徳以下の冠位名は造作の対象である倭国の冠位十二等の官位・冠位名を転記したもの，「冠」の描写と髻華は冠位十三階に基づき日本書紀によって造作されたと考えられる．また，「始めて冠位を行ふ」については，冠位授与は制定後の約20年間でも3人しかいないなど，この点も造作であろう．以上のように，記事Ⓐも造作された可能性が高い．

以上から，日本書紀の冠位十二階を支える記事Ⓐ〜Ⓔは冠位十三階などに基づき，日本書紀の編著者によって造作・偽装された可能性が高い．
　(b) この結果は，仮説 A の「日本書紀は，倭国の冠位十二等であるかのように冠位十二階を造作し，冠位十二階によって大和政権の諸臣に冠位を授与したかのように偽装した」とよく整合し，矛盾はしない．
　(c) 結論
　　① 冠位十二階を支える日本書紀の5つの記事は，主に冠位十三階に基づき造作された可能性が高い．
　　② 冠位十二階を支える日本書紀の5つの記事は仮説 A によって，無理なく合理的に理解できる．
　　② このことは，仮説 A が正しいことを強く示唆している．

前半期の要約・結論：日本書紀は大和政権の冠位十二階を造作した

　1 倭国伝と日本書紀の官位・冠位制度に関するいくつかの議論
　2 冠位十二階の本質に関わる重要な問題点
　3 冠位十二階の諸問題点を理解するための仮説
　4 仮説 A・仮説 B の真否の検証
　5 結論：大和政権の冠位十二階は日本書紀が造作したものである

　大和政権の冠位十二階に関して，推古11年(603年)の制定から推古29年(621年)の聖徳太子の死までの約20年間の前半期について検討した．全体の要約と得られた結論は以下のようになる．

1 倭国伝と日本書紀の官位・冠位制度に関するいくつかの議論

　倭国伝と日本書紀が記す官位・冠位制度に関してはたくさんの問題点がある．そこでまず，重要な問題点について議論を深め，大和政権の冠位十二階の実態を明らかにした．
〈議論 A〉大和政権の冠位十二階の機能不全
　① 日本書紀で官位・冠位が書かれていない臣下にはその時点では官位・冠位は授与されていない．

②官位を授与された臣下は日本書紀では3人だけで，有力諸臣にも官位・冠位は授与されていない．

③冠位十二階は制定当初から機能不全に陥っている．

〈議論B〉冠位十二階の機能不全を合理的に理解できない研究者の見解

　研究者は冠位十二階の機能不全（冠位授与は3人だけ，大夫に冠位が授与されていない）を合理的に説明できない．

〈議論C〉冠位十二階制定の背景の未発展

　官司制度や身分秩序の進展がない中で，なぜ冠位十二階だけが突出して制定されたのかという重要な問題点がある．

〈議論D〉大臣馬子と冠位十二階の制定

　実権を握っていた馬子は自らの権力低下をもたらす冠位十二階制定になぜ賛成したのかという疑問がある．

2 冠位十二階の本質に関わる重要な問題点

　大和政権の冠位制度に関する問題点はたくさんあるが，冠位十二階の本質に関わる重要なものとして，以下の問題点と事実を抽出した．

①冠位十二階の前半期，冠位十二階は機能していない．

②大和政権の冠位十二階制定の目的があいまいである．

③背景となる統治制度や身分秩序が確立していないのに冠位十二階だけが突出して制定されている．

④実権を握っていた馬子が冠位十二階制定に賛成することは考えにくい．

⑤大和政権の冠位十二階と倭国伝の官位十二等の官位・冠位名が同じである．

⑥「多利思比孤≠推古天皇」の可能性がある．

⑦日本書紀の記述には，日本書紀が造作・捏造・偽装したと疑われる記述がある．

3 冠位十二階の諸問題点を理解するための仮説

　上記の①〜⑦の諸点に基づき，本拙論では以下の仮説を設定した．

〈仮説A〉　隋書倭国伝の倭国は日本書紀の大和国とは異なる別の国（「多利思比孤≠推古天皇」）であって，7世紀初め，大和政権には官位・冠位制度は存在しなかった．

　そこで，日本書紀は，あたかも倭国の冠位十二等であるかのように

冠位十二階を造作し，この冠位十二階によって大和政権の諸臣に冠位を授与したかのように偽装した．

〈仮説B〉 大和政権の推古天皇は，仏教隆盛を理由として遣隋使と仏教功労者に限って官位授与を倭国の倭王多利思比孤に要請し，多利思比孤は3人に官位を授与した．

4 仮説A・仮説Bの真否の検証

以上の仮説A・Bが正しいかどうかを以下の2点から検証した．

(a) 冠位十二階に関する諸事実と諸問題点を合理的に理解できるか．

冠位十二階に関して指摘した諸事実と諸問題はすべて仮説A・仮説Bから合理的に理解できることを示した．一方，上宮聖徳法王帝説の記述とは矛盾するが，帝説の記述はその信憑性に問題があり，全体を否定するほどの矛盾ではない．

(b) 冠位十二階を支える日本書紀の諸記事を矛盾なく合理的に理解できるか．

大和政権の冠位十二階を支える日本書紀の冠位十二階の制定記事（推古11年）など5つの記事（Ⓐ～Ⓔ）について具体的内容を分析した．その結果，冠位十二階を支える日本書紀の記事Ⓐ～Ⓔは日本書紀によって造作された可能性が高く，仮説Aと矛盾しないことを明らかにした．

5 結論：大和政権の冠位十二階は日本書紀が造作したものである

主要な結論は以下の諸点である．

① 「多利思比孤≠推古天皇」であり「多利思比孤＝推古天皇」ではない．

② 7世紀初め，大和政権には官位・冠位制度は存在しなかった．

③ 大和政権の冠位十二階は，倭国の冠位十二等であるかのように日本書紀によって造作・偽装されたものである．

④ 推古天皇による遣隋使などの3人に対する官位授与の要請に応じて多利思比孤は官位を授与した．

第3節
大臣蘇我馬子の深謀遠慮の対策，将軍たちへの大量の徳冠

- 後半期：推古29年（621年）の聖徳太子の死以後の問題点
- 推古31年（623年）の新羅征討軍の将軍への大量の徳冠
- 議論E：新羅征討軍の将軍9人への徳冠がもたらした異様な矛盾
- 議論F：大臣馬子が冠位授与を推し進めるという矛盾
- 新羅征討軍の将軍たちへの大量の徳冠と仮説C
- 推古天皇の冠位授与権を骨抜きにした馬子の深謀遠慮の対策
- 推古31年（623年）の大量の徳冠に関する要約と結論
- 大和政権の冠位十二階施行の正常化
- 後半期の要約・結論：大量の徳冠と大和政権の冠位制度の正常化

官位・冠位制度に関する日本書紀の記述は，推古11年（603年）の冠位十二階制定から推古19年（611年）の菟田野の薬猟まではたくさんの関連記事があるが，それ以後の約10年間，関連記事はなくなる．そして推古31年（623年）に徳冠という最高の冠位を授与された9名の豪族たちが登場する．それまで，日本書紀に登場する諸臣で冠位を授与されたのは遣隋使の大礼小野妹子などの3人だけだったのに，9名という大人数で，しかもすべて最高冠位の徳冠（大徳・小徳）である．この突然とも思える大量の徳冠授与をどのように理解するかは，大和政権の冠位十二階を考える上で難しい問題である．

後半期：推古29年（621年）の聖徳太子の死以後の問題点

1 冠位十二階制定の20年後，新羅征討軍の将軍に大量の徳冠
2 皇極元年（642年），大和政権の有力諸臣に初めて冠位授与
3 皇極4年（645年）の乙巳の変と冠位制度
4 大和政権の新しい冠位制度，冠位十三階

5 要約：後半期：推古31年（623年），新羅征討軍将軍への大量の徳冠以後の問題点

　大和政権の冠位十二階の後半期は大量の徳冠の少し前，推古29年（621年）の聖徳太子の死から，大化4年（648年）の冠位十二階の廃止までの間である．まず，後半期の問題点を指摘する．

1 冠位十二階制定の20年後，新羅征討軍の将軍に大量の徳冠
(a) 特異な大量の徳冠
　大和政権の冠位十二階後半期の最初の問題は大量の徳冠である．日本書紀は推古31年（623年）是歳，

「天皇，新羅を討たむとし，大臣に謀り，群卿に詢ひたまふ（諮問された）」

と，推古天皇が任那を占領した新羅を討とうとして大臣に謀り，群卿に諮問したと書く．まず使者を派遣して実態を視察することになり，使者が新羅と任那へ派遣された．しかし，まだ使者が帰国していないのに，数万の新羅征討軍を送る．その征討軍の将軍について，日本書紀は，

「大徳境部臣雄摩侶・小徳中臣連国を以ちて大将軍とし，小徳河辺臣禰受・小徳物部依網連乙等・小徳波多臣広庭・小徳近江脚身臣飯蓋・小徳平群臣宇志・小徳大伴連名を闕せり・小徳大宅臣軍を以ちて副将軍とし，数万の衆を率て，新羅を征討つ」，

と，新羅征討軍の9人の将軍たちの冠位を書く．大徳は大将軍の境部臣雄摩侶の1名で，小徳が大将軍の中臣連国と副将軍の8名の豪族たちである．最高冠位の徳冠を授与された臣下の日本書紀初登場である．この記事によって，推古31年（623年）までに9名の諸豪族へ最高の徳冠の冠位が授与されていたことが確認できる．

新羅征討軍の9人の将軍たちの冠位は以下のような特異な特徴がある．
　①それまでの20年間，冠位を授与されたと日本書紀が記すのはたった3名だけだったのに，9名という大量の冠位授与であり，すべて最高冠位の徳冠である．
　②徳冠という最高冠位を授与された臣下が9名もいるのに，この記事以外にはどこにもまったく登場しない．

　このように，推古31年（623年）の将軍たちへの冠位授与はかなり特異である．この突然の大量の徳冠授与は，直前の聖徳太子の死と関係がある可能性がある．すなわち，以下の問題点が指摘される．

〈問題点R〉推古31年（623年），新羅征討軍の将軍たちへの冠位授与に関する特異な問題点をどう理解するか．
　① それまでの約20年間，冠位を授与された臣下は合わせて3人に過ぎなかったのに，なぜたくさんの臣連へ冠位が授与されたのか．
　② それまでは大仁，大礼だけだったのに，なぜ，徳冠という最高冠位なのか．
　③ 9人もの徳冠，特に大徳は1人だけなのに，他ではどこにも登場しないのはなぜか．
　④ 唐突とも見える大量の徳冠は，直前の聖徳太子の死とどのように関係するのか．

(b) **大量の徳冠の後，諸臣への冠位授与が急増したわけではない**

　推古31年（623年）に9人の新羅征討軍の将軍たちに冠位が授与されたことは，初めての大量の徳冠授与という画期的なできごとである．このことによって大和政権の冠位十二階はどう変わっていっただろうか．

　推古31年（623年）の大量の徳冠の後，皇極元年（642年）の3人の徳冠までの約20年間，日本書紀が記す冠位授与は以下の通りである．

　舒明2年（630年）8月：「大仁犬上君三田耜・大仁薬師恵日を以ちて，大唐に遣す」．

　舒明9年（637年）是歳，「蝦夷叛きて朝ず（参朝しなかった）．即ち大仁上毛野君形名を拝して，将軍として討たしむ」．

　皇極元年（642年）正月：「百済使人大仁阿曇連比羅夫，筑紫国より駅馬に乗りて来て……」．

　これらの冠位の中で，外国への使者については，遣隋使への冠位授与が前例となり，上毛野君形名への「大仁」授与は，推古31年（623年）の新羅征討軍の将軍たちへの大量の徳冠が前例となり，冠位が授与されたと理解される．

　すなわち，大量の徳冠授与によって，他の諸臣への冠位授与が拡がるかと思えるが，実際には冠位授与の対象に「将軍」が加わっただけで，外国への使者と将軍以外には拡がっていない（＊1）．

　すなわち，推古31年（623年）の新羅征討軍の将軍たちへの大量の徳冠授与は大和政権の冠位に関してかなり画期的な冠位授与であるのに，その後の約20年間は，大きい変化はないという問題点がある．

〈問題点S〉推古31年（623年）の大量の徳冠という画期的な冠位授与の後も，他

の諸臣への冠位授与が拡がっていないのはなぜか.

*1 皇極元年（642年）8月,「百済の質（人質）」である「達率長福」に小徳を授与し,中客以下に位一級を授けたことが日本書紀に載っている.しかし,百済の質などへの冠位授与は大和政権内の豪族への冠位授与とは別問題として,本拙論では議論の対象とはしない.

2 皇極元年（642年）,大和政権の有力諸臣に初めて冠位授与

有力な諸臣に冠位が授与されていないという冠位十二階のこの不正常な状態がはっきりと変化したことを示すのが,日本書紀が記す皇極元年（642年）12月の以下の記事である.

「初めて息長足日広額天皇（舒明天皇）の喪を発す.是の日に,小徳巨勢臣徳太,大派皇子に代りて誄たてまつる.次に小徳粟田臣細目,軽皇子に代りて誄たてまつる.次に小徳大伴連馬飼,大臣に代りて誄たてまつる」.

舒明天皇は当時の皇極天皇の夫であり,前天皇である.すなわち,舒明天皇の喪は当時の大和政権にとってはきわめて重要な公式儀式である.その重要儀式で小徳巨勢臣徳太,小徳粟田臣細目,小徳大伴連馬飼が,それぞれ大派皇子（舒明天皇の叔父）,軽皇子（後の孝徳天皇）,および,大臣蝦夷,という当時の最重要の皇子や大臣に代わって,誄（故人を偲んで述べる言葉）を奉っている.こういう重要な公式行事で,皇子や大臣に代わって誄を奉るような臣下は大和政権の有力諸臣である.

この記事は,大和政権の重要行事に,冠位を授与された有力諸臣が日本書紀に初めて登場した記事である.それまでは,大和政権の重要儀式などに登場する有力諸臣はすべて冠位がなかったのに,ここに登場した巨勢臣徳太,粟田臣細目,大伴連馬飼はすべて小徳が明記されている.3人の中で,巨勢臣徳太と大伴連馬飼は7年後にそれぞれ左大臣と右大臣になる.すなわち,皇極元年（642年）の時点で政権中枢の有力諸臣に冠位が授与されていたことを初めて確認できる.このことは,大和政権の冠位十二階に関する大きい変化である.

〈問題点T〉皇極元年（642年）に政権中枢の有力諸臣に初めて冠位が授与されたことをどう理解するか.

3 皇極4年（645年）の乙巳の変と冠位制度

皇極元年（642年）の3人の有力諸臣の徳冠で,他の諸臣への冠位授与はどうなっただろうか.大和政権の冠位授与に変化が見られるだろうか.

日本書紀が冠位授与を書くのは,まず,皇極2年（643年）11月である.大臣の蘇

我蝦夷の子入鹿が山背大兄王を斑鳩宮に襲い，自殺に追い込む．そのときに襲撃した将軍の1人について「大仁土師娑婆連を遣りて……」と書く．大仁の冠位が土師娑婆連に授与されていることが確認できる．他にもたくさんの臣下が登場するが，冠位は明記されていない．次に出てくるのは，乙巳の変の後である．

山背大兄王が蘇我入鹿に殺された翌々年の皇極4年（645年）6月，中大兄皇子は蘇我入鹿を斬り殺し，蝦夷を自殺させ，蘇我氏を滅ぼす．いわゆる乙巳の変である．蘇我氏を滅亡させ，権力を握った中大兄皇子は新政権を作る．乙巳の変によって，大和政権の冠位制度は大きく変貌していく．

皇極4年（645年）6月の孝徳天皇即位前紀で，日本書紀は，

「中大兄を以ちて皇太子とす．阿倍内麻呂臣を以ちて左大臣とし，蘇我倉山田石川麻呂臣を右大臣とす．大錦冠を以ちて中臣鎌子連に授け，内臣とし……．沙門旻法師・高向史玄理を以ちて国博士とす」，

と書く．それまでの大臣は廃止されなかったが，左右の大臣に分かれている．政権の最高幹部である大臣はそれまでと同じ扱いで，冠位はない．

「冠位」への姿勢が変わったことを示すのが，中臣鎌子（後の藤原鎌足）の「大錦冠」である．「大錦」は冠位十二階の冠位ではなく，冠位十三階の冠位であるが，重要なことは，「内臣」に任命された中臣鎌子に冠位が授与されたことである．中臣鎌子は中大兄皇子政権の実質的な最高幹部であり，新設された「内臣」という職位である．実質的な最高位の「内臣」を「大錦」という冠位に結びつけ，あくまで天皇が冠位を授与する臣下であり，冠位制の中に組み込むという姿勢を明示したのが，内大臣中臣鎌子に対する「大錦」冠の授与である．冠位制度が本来あるべき形にはっきりと一歩進めたことを示している．

4 大和政権の新しい冠位制度，冠位十三階

乙巳の変で中大兄皇子が権力を握った後，中大兄皇子の冠位制度への意思がはっきりしたのが，大化2年（646年）8月の詔，

「咸（みな）聴聞るべし．今汝等を以ちて仕へしむる状は，旧職を改め去りて，新に百官を設け，及．位階を著して，官位を以ちて叙けたまはむ」，

である．そしてそれが実現したのが，大化3年（647年）是歳であって，日本書紀は，

「七色の十三階の冠を制る．一に曰く，織冠……，繍冠……」，

と書く．それまでの冠位十二階に替わる冠位十三階の制定である．冠位名は，大織，小織，大繍，小繍，大紫，小紫，大錦，小錦，大青，小青，大黒，小黒，建武の

13階級である．推古朝の冠位十二階は大化3年（647年）に冠位十三階という新制度となることによって事実上終了したことになる．日本書紀は翌年の大化4年（648年）4月に「古き冠を罷む（廃止した）」と，それまでの冠位十二階は正式に終了したと書く．従って，大和政権の冠位十二階は大化4年（648年）までの約半世紀続いたことになる．

5 要約：後半期：推古31年（623年），新羅征討軍将軍への大量の徳冠以後の問題点

大和政権の冠位十二階の後半期の問題点は以下のようになる．

〈問題点R〉推古31年（623年），新羅征討軍の将軍たちへの冠位授与に関する特異な問題点をどう理解するか．

① それまでの約20年間，冠位を授与された臣下は合わせて3人に過ぎなかったのに，なぜたくさんの臣連へ冠位が授与されたのか．
② それまでは大仁，大礼だけだったのに，なぜ，徳冠という最高冠位なのか．
③ 9人もの徳冠，特に大徳は1人だけなのに，他ではどこにも登場しないのはなぜか．
④ 唐突とも見える大量の徳冠は，直前の聖徳太子の死とどのように関係するのか．

〈問題点S〉推古31年（623年）の大量の徳冠という画期的な冠位授与の後も，他の諸臣への冠位授与が拡がっていないのはなぜか．

〈問題点T〉皇極元年（642年）に政権中枢の有力諸臣に初めて冠位が授与されたことをどう理解するか．

推古31年（623年）の新羅征討軍の将軍への大量の徳冠

1 日本書紀が書く推古31年（623年）の新羅征討軍
2 日本書紀の新羅征討記事の信憑性
3 境部臣雄摩侶・中臣連国などは，新羅征討軍の将軍として徳冠を授与された
4 要約：異様な推古31年（623年）の大量の徳冠

大和政権の官位・冠位制度の後半期で，もっとも重要で目立つのは以下の問題点Rである．

〈問題点R〉推古31年（623年），新羅征討軍の将軍たちへの冠位授与に関する特異な問題点をどう理解するか．
　①それまでの約20年間，冠位を授与された臣下は合わせて3人に過ぎなかったのに，なぜたくさんの臣連へ冠位が授与されたのか．
　②それまでは大仁，大礼だけだったのに，なぜ，徳冠という最高冠位なのか．
　③9人もの徳冠，特に大徳は1人だけなのに，他ではどこにも登場しないのはなぜか．
　④唐突とも見える大量の徳冠は，直前の聖徳太子の死とどのように関係するのか．
まず，この問題点Rについて考える．

1 日本書紀が書く推古31年（623年）の新羅征討軍

　大量の徳冠が授与されたと書かれているのは新羅征討軍の将軍たちである．従って，まず新羅征討軍派遣の記事をはっきりさせる必要がある．日本書紀は推古31年（623年）是歳の項で，
　「新羅，任那を伐つ．任那，新羅に附きぬ．是に天皇，新羅を討たむとし，大臣に謀り，群卿に詢ひたまふ（諮問された）」，
と，新羅が任那を奪ったために，新羅を討とうとして推古天皇は大臣の蘇我馬子に謀って群卿を集めて会議を開いたことを書く．会議では，田中臣の，
　「急に討つべからず．……試に使を遣して其の消息を覩しめむことを（その現状を視察させて下さい）」，
という意見と，中臣連国の，
　「戎旅を戒め（軍の準備をして）新羅を征伐ちて，任那を取り百済に附けむことを」，
という意見が対立する．結局，田中臣の意見が採用され，
　「則ち征つことを果たさず（それで征討は止めになった）」．
　その結果，新羅と任那に使者を派遣して「任那のことを問はしむ」ことになった．新羅へやってきた使者に対して，新羅王は8人の高官を遣わして，新羅・任那のことを報告し，
　「任那は小国なれども，天皇の附庸なり（属国です）．何ぞ新羅輙く有むや（どうして新羅が容易に領有することなどできましょうか）．常の随に（今まで通り）内官家と定め，願わくは煩ふこと無けむ」，

[別章] 冠位十二階は大和政権の冠位制度ではない　　565

と答えた．そして新羅の奈末智洗遅と任那の奈末遅を使者として大和政権の使者に副えて，「両国の調を貢る」，すなわち，新羅王は任那奪取の意思はなく，天皇への調を持たせて派遣することにした．問題は解決の方向へ向かい，新羅への使者は順調に使命を果たしていた．

「然るに（しかるに），磐金（推古天皇の使者）等，未だ還るに及ばずして（まだ帰国しないうちに），即年に（その年に），大徳境部臣雄摩侶・小徳中臣連国を以ちて大将軍とし，小徳河辺臣禰受……を以ちて副将軍とし，数万の衆を率て，新羅を征討つ」．

と，天皇は突然，新羅征討軍を送る．この新羅征討軍の大将軍である境部臣雄摩侶に大徳，中臣連国に小徳，7人の副将軍に小徳の冠位が明記されている．

新羅征討軍は磐金（推古天皇の使者）らが日本に帰るために港で「風波を候（うかがう）」っているときに到着した．磐金らといっしょだった新羅・任那の使者がくぜんとして「還り留る（引き返して国に留まった）」．磐金などは「是を以ちて，任那の事今し亦（また）成らじ（今回もまた成功しないであろう）」として帰国した．

渡海した将軍たちは「新羅を襲はむとす」．それに対して新羅王は，

「予め慴ぢて服はむと請す（恐れをなして事前に降伏を願い出た）」．

「（将軍たちは）共に議りて上表る．（推古）天皇，聴したまふ（お聞き入れになった）」．

一方，新羅・任那に派遣された使者は，

「11月に，磐金・倉下等，新羅より至る．時に大臣，其の状を問ふ（かの国の情況を尋ねる）」．

そうしたら，使者は，

「新羅，命を奉りて，驚き懼る（驚き恐れる）．則ち並に専使を差して（特使を指名して），因りて（よって）両国の調を貢る．然るに（しかるに），船師の至るを見て，朝貢使人，更に還れるのみ（また引き返してしまいました）」．

と答える．これを聞いた大臣の馬子は，

「悔しきかも，早く師を遣しつること」，

と大軍派遣を悔やんだと書いてある．そして，

「時人の曰く『是の軍事は，境部臣・阿曇連，先に多に新羅の幣物を得し（以前に新羅から多くの賄賂をもらった）が故に，また大臣を勧む．是を以ちて，使の旨を待たずして，はやく征伐ちつらくのみ（早まって征討しようとしたのだ）』といふ」．

以上が，日本書紀の推古31年（623年）の新羅征討軍派遣の主要な内容である．

2 日本書紀の新羅征討記事の信憑性

　この記事には，新羅征討軍の将軍たち9名への徳冠が書かれていて大和政権の冠位制度から見るときわめて重要なのだが，議論の前に，この記事の信憑性について問題があることを指摘しなければならない．

　第1に，三国史記新羅本紀・百済本紀との不整合である．

　日本書紀の新羅征討の記事は，冒頭に「是の歳（623年）に，新羅，任那を伐つ．任那，新羅に附きぬ」と書く．このために，「天皇，新羅を討たむ」として新羅征討問題が始まっている．しかし，任那はずっと前に新羅によって占領されていたのではないだろうか．

　それはさておくとしても，三国史記百済本紀にも新羅本紀にも623年に「新羅，任那を伐つ」に相当する記述は見当たらない．また，大和政権が623年に新羅征討軍の大軍を送り，新羅王が降伏したことも書かれていない［林］．三国史記には500〜660年の間，倭国に関連する記事はすっぽりと欠落しているから，史料欠損のせいなのかもしれない．

　しかし，三国史記は623年の前後，百済と新羅の激しい攻防戦を記録しているのである［林］．その最中に，倭国が大軍を送り，新羅を降伏させたのであれば，百済と新羅の戦いに大きい影響を与えたはずである．にもかかわらず，そのような影響は三国史記にはまったく見えないし，新羅征討軍の大軍も，新羅王の降伏も書かれていない．倭国とのやりとりは痕跡すらもない．これは，さすがにおかしいだろう．

　第2に，新羅征討軍によって新羅王が降伏して「任那」はどうなったのかという点である．

　日本書紀によれば，「新羅，任那を伐つ．任那，新羅に附きぬ」という事態になったから，「天皇，新羅を討たむ」というのがすべての始まりである．従って，征討軍派遣の目的は「任那」である．征討軍を見ただけで新羅王は「懼ぢて服はむと請す（恐れをなして事前に降伏を願い出た）」．推古天皇は「天皇，聴したまふ（天皇はこれをお聞き入れになった）」という．新羅王は「（任那について）常の随に（今まで通り）内官家と定め」というのであるから，新羅から任那を取り返したはずである．それが，そもそもの目的であったのである．欽明天皇の「新羅を打ちて，任那を封建すべし（任那を建てよ）」という遺言を実現したのであり，長い間の大和政権の悲願をついに達成できたのである．画期的な大戦果である．

　しかし，日本書紀は「任那」がどうなったか一言も書いていない．それはおかし

［別章］冠位十二階は大和政権の冠位制度ではない　　567

い．このことは，新羅から任那を取り戻すというようなことはなかったことを示唆している．日本書紀の記述は造作の可能性が高い．

以上のように，この記事全体に重要な点で問題がある．他にも同じ年の7月の奈末智洗爾の記事との重なりという問題もあり［井上⑥］，記事全体が造作された可能性がある．では，すべて造作された記事なのかというと，この記事全体を日本書紀が造作する必要性も考えにくい．また一方では，7月の新羅による使者派遣も含めて，会議の様子，使節の新羅派遣，新羅の対応，馬子の対応などはきわめて具体的にリアルに書かれている．もちろん，具体的でリアルであるから造作ではないとは言えないのだが，この記事全体がどこまで事実で，どこがどう造作されたのかが分かりにくいのである．

推古31年（623年）の大量の徳冠は，大和政権の冠位制度の観点からは無視できない重要事項であるが，困ったことに「大量の徳冠」はこういう信憑性を疑われる記事の中に明記されているのである．大量の徳冠授与そのものが造作された可能性を否定することはできない（9人の徳冠の将軍たちは以後どこにも登場しない）．しかし，造作されたとしても，日本書紀がなぜ大量の徳冠を造作しなければならないのかという理解困難な問題が生じる．8世紀の日本書紀の史観から見て，有力ではない9名もの豪族たちに最高冠位の徳冠を造作しなければならない合理的理由があるとは思えないのである．

以上のように，新羅征討軍の記述に関しては信憑性に問題がある．しかし，官位・冠位制度の観点からは推古31年（623年）の大量の徳冠は重要であって無視できない．また，日本書紀の造作として大量の徳冠を否定している研究者の論文は見かけないこと（私が見落としている可能性は否定できないが）も考慮し，本拙論では，"新羅征討軍の将軍たち9名に徳冠が授与されたという日本書紀の記述に基づけば，この大量の徳冠はどのように理解されるか"を以下に議論する．もしもこの記事が造作であれば，以下の議論は造作内容によってかなり異なるものとなる．

■3 境部臣雄摩侶・中臣連国などは，新羅征討軍の将軍として徳冠を授与された

議論を進める前に，いつ，どんな理由で新羅征討軍の将軍達たちに徳冠が授与されたのかという点を確認しておく必要がある．この点について，日本書紀は明記しないが，新羅征討軍の将軍に任命されたことを理由に冠位を授与されたと判断される．そう判断する根拠は以下の2点である．

第1に，もしもそれまでに徳冠を授与されていたとすれば，いろいろと登場し

そうであるが，9人の豪族たちは，誰一人としてどこにも登場しない．従って，推古31年（623年）よりも前に徳冠を授与されていた可能性は低く，新羅征討軍の将軍になったから徳冠が授与されたと考える方が自然である．

第2に，大将軍の1人である中臣連国である．中臣連国は推古天皇の諮問に応えて是非を検討するという有力大夫であるが，検討会議の時点では中臣連国に冠位は授与されていない（書かれていない）．新羅へ使者が派遣され，使者がまだ帰国しないのに新羅征討軍が派遣された．この軍を率いる大将軍として「小徳中臣連国」と，初めて「小徳」が明記されている．

要するに，中臣連国に冠位が授与されたのは中臣連国が大夫であったからではなく，新羅征討軍の大将軍に任命されたからであり，冠位を授与されたのは推古31年（623年）である．他の8人の徳冠もまた同じであろう．これらの点は他の問題とも関係するから，きちんと確認しておきたい．

4 要約：異様な推古31年（623年）の大量の徳冠

推古31年（623年）の新羅征討に関する推古天皇の諮問とその結果について以下の点が指摘される．

(a) 日本書紀の新羅征討に関する記事全体に問題があって，造作された可能性がある．従って，「大量の徳冠」も造作の可能性がある．しかし，大和政権の冠位制度の観点からは無視できない重要事項である．そこで本拙論では，日本書紀の記述に基づけばどのように理解されるかを考える（もしも造作であれば，どの点がどのように造作されたかによって，議論はかなり異なったものとなる）．

(b) 境部臣雄摩侶など9名の豪族たちに徳冠が授与されたのは，推古31年（623年）であり，新羅征討軍の将軍になったからである．また，中臣連国が冠位を授与されたのは大夫であるからではなく，新羅征討軍の将軍に任命されたからである．

議論E：新羅征討軍の将軍9人への徳冠がもたらした異様な矛盾

1 徳冠を授与された豪族たちは最有力の諸臣ではない
2 最有力の大夫たちには冠位がなく，有力でない豪族たちが徳冠という異様な矛盾

新羅征討軍の大量の徳冠について考える際、議論を深めておくべき点が2点あると思う。第1に、大量の徳冠の実態と、それがもたらした結果である。第2に、馬子の矛盾である。馬子は積極的に徳冠を授与したように見える（馬子が主導したという点については次項で述べる）。しかし、それはおかしい。馬子は今まで冠位授与を阻止してきたはずである。馬子の征討軍将軍たちへの徳冠授与の推進は、今までの馬子の方針と矛盾している。従って、なぜ馬子が冠位授与推進へと方針が変わったのかが新しい問題点となる。そこで以下議論Eと議論Fでこれらの点の議論を深めたい。まず第1の大量の徳冠の実態について以下に考える。

１ 徳冠を授与された豪族たちは最有力の諸臣ではない

推古31年（623年）に、徳冠という最高位の冠位を授与された9人の豪族たちは、以下に示すように、徳冠にふさわしい最有力の豪族たちとは言えないという驚くべき特徴がある。

冠位を授与されている将軍たちは、大将軍である大徳境部臣雄摩侶と小徳中臣連国、副将軍である小徳河辺臣禰受などの7名である。彼等について少し詳しく検討すると以下のようになる。

(a) 大徳境部臣雄摩侶

日本書紀全体を通じて、大徳という冠位十二階の最高冠位を授与されたと記されているのは、この境部臣雄摩侶が1人だけである。

境部臣は蘇我氏の一族であるが、境部臣雄摩侶は、日本書紀では、他にはどこにも出てこないような人物である［坂本・平野］。そして重要なことは、当時の境部臣には摩理勢という有力な重要人物がいたことである。摩理勢について、日本書紀は馬子の墓造成の際に「墓所」に宿っていたと書いてある。また、聖徳太子伝には、「蘇我蝦夷の叔父」と書かれており、蘇我稲目の子で馬子の弟と見られている［坂本・平野］。

境部臣摩理勢が馬子に近い存在であり、実際に有力者であったことは日本書紀の以下の記述が示している。

① 推古20年（612年）、堅塩媛（推古天皇の母）の改葬の際、「大臣（馬子）、……境部臣摩理勢を以ちて、氏姓の本を誄まおさしむ」と書く。すなわち、大臣の馬子は、蘇我一族も含む氏族全体の代表として摩理勢に誄（貴人の死を悼み生前の徳などを追憶して述べる詞）という大役を担わせている。

② 推古 36 年（628 年），蘇我馬子の後を継いだ大臣蝦夷は，推古天皇の皇位継承問題の際，群臣に先立ち摩理勢の意見を聞いている．摩理勢は別格の存在であったことが分かる．摩理勢は蝦夷の意思に反して山背大兄王を推薦する．翻意を促すも同調しなかった．蝦夷と対立した摩理勢は馬子の墓造営からも撤退し，最後は蝦夷に殺されたと日本書紀は書く．

これらを考えれば，蘇我一族の中でも境部臣摩理勢が大臣の馬子や蝦夷に次ぐ有力者であったことは明らかである．すなわち，境部臣の中での最有力者は一貫して摩理勢であって，雄摩侶ではない．しかし，日本書紀の記述からは，推古 36 年（628 年）の時点でも摩理勢は無冠位であることが確認できる．

このことは奇妙な矛盾を露呈させる．それは，境部臣で最有力者である摩理勢は無冠位であるのに，明らかに最有力とは言えない雄摩侶が最高冠位の「大徳」という大きい矛盾である．黛弘道氏は，雄摩侶について「新羅征討の大将軍たるに過ぎず」とか，「境部雄摩侶の如き，さして貴姓とは思われない」とか，露骨に書いておられるが［黛②］，日本書紀による限り，大臣に次ぐ第 2 位の「大徳」にふさわしいのは摩理勢であって，雄摩侶ではないことは明らかである．

(b) **小徳中臣連国**

中臣連は有力な中央豪族の 1 つであるが，中臣連には，当時，中臣連弥気（御食子）という有力な人物がいた．中臣連弥気は，中臣連国の兄であって［坂本・平野］，後に乙巳の変で中大兄皇子を助け，大化の改新を推し進めた中臣鎌子（後の藤原鎌足）の父である．

中臣連弥気については前にも触れたが（第 2 節，議論 B），もう少し詳しく述べれば以下のようになる．

① 推古 36 年（628 年），山背大兄王が崩御寸前の病床にある推古天皇に呼ばれて参内し，宮門のほとりに控えていた．そのとき，「天皇の命を以ちて喚す（天皇からお召しになるとのお言葉です）」と伝えたと書かれているのが中臣連弥気である．すなわち，弥気は推古天皇の側近の 1 人であったことが分かる．
② 大臣の蝦夷が推古の後の天皇を誰にするかと聞いたとき，中臣連弥気は大伴鯨連らとともに田村皇子を推薦した．すなわち，推古天皇の皇位継承に参画するような有力大夫であった．
③ 日本書紀にはっきりと名前が明記されているのは上の 2 点であるが，詳細に書かれている推古の皇位継承問題で，大臣の蝦夷，山背大兄王子，境部臣摩理勢という当時の大和政権中枢の 3 人の間で使者や説得者として諸臣が活躍

する．その諸臣の中に「中臣連」がいる．この一連の記事では弥気の他に「中臣連」はいないので，この「中臣連」も弥気であると推定される．すなわち，弥気（御食子）は大和政権の中枢にいて，皇位継承などの重要問題に実際に深く関わっている．

　このように中臣連弥気が，推古36年（628年）当時，大和権力の中枢である推古天皇や大臣蝦夷の周辺の有力大夫の1人であったことは明白である．

　一方，中臣連国は推古31年（623年）の新羅討伐の記事以外にはまったく登場しない．それ以前のいろいろな儀式などにも，推古36年（628年）の推古天皇の後継天皇選考にも，舒明4年（632年）の唐の使者高表仁関係の記事にも登場しない．これらのことを考慮すれば，中臣連の中では兄の弥気（御食子）の方が弟の国よりも大和政権中枢にいる，より有力な人物だったことは明らかだろう．しかし，日本書紀による限り，弥気は無冠位なのである．すなわち，中臣連の中で，最有力の弥気（御食子）は無冠位で，最有力ではない国が最高の徳冠（小徳）という，大徳境部臣雄摩侶の場合と同じ矛盾が生じている．

　なお「大中臣延喜本系」には「小徳冠前事奏官兼祭官中臣御食子（弥気）大連」と書かれており，中臣連弥気（御食子）は「小徳」であったという．しかし，推古36年（628年）の時点では弥気の冠位はなく，国に小徳が授与された推古31年（623年）の時点でも弥気には冠位はなかった．弥気に徳冠が授与されたのはずっと後である（議論B）．

(c) 他の7名の小徳

　日本書紀は，他に7名の小徳の将軍たち，河辺臣禰受，物部依網連乙等，波多臣広庭，近江脚身臣飯蓋，平群臣宇志，大伴連，大宅臣軍を記している．これらの7名は中央豪族の臣連ではあるが，平群臣と大伴連以外の5名は大和政権の有力な氏族とはいえない．また，すべてこの新羅征討軍の将軍として出てくるだけで，日本書紀の他の場面ではどこにも登場しない（名前が不明な大伴連を除く）．要するに，小徳という大徳に次ぐ高位高官であるはずなのに，他には出てこないという，あまり有力とは言えない豪族たちである．むしろなぜ「小徳」という高位高官なのかと問うべき豪族たちではなかろうか．

　以上のように，推古31年（623年）に徳冠を授与されている9人の豪族たちは，全員，臣連ではあるが，その中では有力な「諸臣」ではないことが確認される．それなのに徳冠という最高の冠位を授与されている．

　また，有力な諸臣である「大夫」という観点から見ると，大夫としての働きが見

えるのは中臣連国だけである．推古天皇の「新羅を討たむとし……群卿に詢ひたまふ（諮問された）」のに対して，新羅征討の是非を論じていることは明らかだから，中臣連国は大夫の1人であることが分かる．しかし，それ以外の8人は誰もそのような場面はなく，大夫であることを確認できない．あまり有力な諸臣ではないことを考えれば，9人の豪族たちの中で有力な「大夫」と言えるのは中臣連国だけであろう．

しかし，これは驚くべきことである．あくまで徳冠は冠位十二階の最高冠位である．世襲制の大臣は長い歴史があり，推古政権の臣下では第1位の特別な地位である．冠位十二階の徳冠はあくまで大臣に次ぐ推古政権第2位である．大臣と徳冠の間に「大夫」というような位階や官職が存在したわけではない．従って，徳冠はあくまで大臣に次ぐ正式の第2位の位階であり地位である．

このことを考えれば，すでに指摘した「それまでは大仁，大礼だけだったのに，なぜ，徳冠という最高冠位なのか」（問題点R-②）にとどまらず，以下の重要な問題点があることが分かる．

〈問題点U〉推古31年（623年）に徳冠を授与された豪族9人は「特に有力な諸臣」とは言えないのに，最高の徳冠を授与されたのはなぜか．

2 最有力の大夫たちには冠位がなく，有力でない豪族たちが徳冠という異様な矛盾

推古31年（623年）に徳冠を授与されている9人の豪族たちが，あまり有力な諸臣ではないことは，冠位十二階にきわめて重大で不可解な矛盾を生じさせた．

同じ境部臣の中でも，境部臣雄摩侶よりも明らかに境部臣摩理勢の方が有力であり，同様に，中臣連国よりも中臣連弥気（御食子）の方が有力であることは明らかだ．また推古天皇の皇位継承者を決める過程で，阿倍麻呂臣を先頭にたくさんの有力な「諸臣」（大夫）が登場する．彼等は大和政権中枢で大臣に次ぐ有力な大夫たちであることは明らかだろう．しかし，彼等はすべて無冠位なのである．推古16年（608年）の隋皇帝国書提出儀式や推古18年（610年）の新羅・任那使者の謁見儀式における有力諸臣（大夫）に冠位が授与されていないこと（事実C）を考えれば，大夫たちに冠位が授与されない状態は冠位十二階制定以来ずっと続いていたことになる．一方，徳冠が授与された9人の豪族たちは他にはどこにも誰も登場しないのである．はっきり言えば，単に新羅征討軍の将軍というだけの有力とは言えない豪族たちである．

すなわち，有力とは言えない9人の諸臣に，大臣に次ぐ第2位の「徳冠」が授与

されたのに，彼等よりも有力であることが明らかな境部臣摩理勢と中臣連弥気（御食子）だけでなく，阿倍麻呂臣を先頭とする有力な大夫たちには冠位がないという異様な矛盾・逆転状態が生じていることを意味する．

　冠位制度の目的は，本来，諸臣をその功績や有力さに応じて序列づけ，王（天皇）による統治・支配体制の中に取り込み，王（天皇）による権威・権力を強化することにあるはずである．であれば，第1位の大臣に次ぐ第2位の大徳には境部臣摩理勢や阿倍麻呂臣などの最有力の大夫をあて，それに次ぐ大夫たちには小徳を授与し，諸臣には順次，仁冠，礼冠……を授与するのが当然であろう．日本書紀自身が，冠位十二階を初めて実施した際（推古12年〔604年〕正月）に書くように，「各差有り（それぞれに応じた冠位であった）」でなければならないのである．

　それまでに冠位を授与された3人，鞍作鳥，小野妹子，吉士雄成は，仏教功労者と遣隋使という特殊な存在である．彼等は大和政権の中枢に属する諸臣とは言えず，彼等に冠位が授与されても，あくまで特別な分野の特殊な存在であり，"諸臣の序列"を乱すものではなかった．しかし，推古31年（623年）に冠位を授与された9人の豪族たちはそうではない．同列に並ぶ「臣連」の豪族たちである．そういう豪族たちに冠位を授与する場合，有力さをも考慮した冠位が授与されなければならない．そうでないと諸臣の間の不和・対立の原因となり，天皇による統治・支配体制は強化されるどころか，逆にきしむことになる．明らかに冠位制度の目的に反した結果をもたらす．

　にもかかわらず，現実には，有力とは言えない9人の諸臣に徳冠という最高冠位が授与されている．その結果，大和政権中枢にいるもっと有力な諸臣（大夫）には冠位がなく，有力ではない豪族たちに最高冠位の徳冠という異様な逆転状態が現実のものとなった．冠位制度としてはあってはならない異常事態なのである．これが新羅征討軍の将軍9名への徳冠がもたらした結果である．どうしてこんな不可解で異様な事態となったのか，はっきりさせなければならない重要な問題点なのである．すなわち，以下の問題点が指摘される．

　〈問題点Ⅴ〉**推古31年（623年）の9人の諸臣（豪族たち）への冠位授与によって，政権中枢のもっとも有力な大夫たちには冠位がなく，あまり有力でない豪族たちが最高の徳冠を授与されるという異様な事態となった．この異常な矛盾・逆転現象をどう合理的に理解するか．**

　これが，推古31年（623年）の豪族たちへの大量の徳冠がもたらした重要で特異な問題点である．

議論F：大臣馬子が冠位授与を推し進めるという矛盾

1 馬子は必要もないのに新羅征討軍の将軍たちへ大量の徳冠を授与した
2 大量の徳冠は馬子の権力低下の反映か
3 聖徳太子の死と「葛城県」が示す推古政権の権力
4 馬子が自らの権力低下をもたらすはずの冠位授与を推し進めたという矛盾

1 馬子は必要もないのに新羅征討軍の将軍たちへ大量の徳冠を授与した

それまで1人も授与されていない最高冠位の徳冠が9名もの将軍たちに授与されたのはきわめて異例のことであるが，彼等の徳冠には大臣馬子が深く関わっている．それは以下の点である．

第1に，新羅征討軍の将軍たちに冠位を授与するかどうかは馬子の意志次第という点である．

冠位は，もちろん，形式的には推古天皇が授与するものである．しかし，「天皇，新羅を討たむとし，大臣に謀り，群卿に詢ひ（問う）たまふ」というのであるから，馬子がこの新羅・任那の問題について推古天皇から処理を任されていたことは明らかだろう．従って，馬子は将軍たちに冠位を授与するかどうかという実質的な冠位授与権限を握っていたと考えられる．馬子は，新羅征討軍の将軍たちへ冠位を授与することも，しないこともできたはずである．

第2に，新羅征討軍の将軍たちの冠位に関しては，そもそも冠位を授与する必要があったのかという疑問がある．それは以下の2点である．

1つは，冠位十二階制定後の約20年間，冠位を授与されたのは仏教功労者と遣隋使の3人だけという点である（事実B')．この3人はあくまで特殊な例外である．将軍たちに冠位を授与された前例もなく，馬子は冠位を授与しなくても何も問題はなかったはずである．

もう1つは，新羅征討軍の士気である．新羅征討軍の将軍たちへ冠位を授与する理由は何だろうか．一般的に言えば，将軍たちに冠位を授与するのは，その軍の士気を高めることが目的であろう．しかし，日本書紀が書くように，大将軍に任命された境部臣雄摩侶自身が新羅征討軍を送るように馬子へ勧めているし，中臣連国も"新羅を征伐せよ"と主張している．大将軍自身が軍派遣を望んでいたことは，軍の士気が高かったことを示唆している．また，大和政権軍は新羅軍を圧倒してい

た．そのことは，軍が到着しただけで新羅王が「予め慴ぢて服はむと請す（恐れをなして事前に降伏を願い出た）」ということから分かる．すなわち，士気向上のために将軍たちに冠位を授与する必要はない状況だった．少なくとも冠位を授与して士気向上を図らなければならないという状況にはなかったことは明らかだ．にもかかわらず，馬子は冠位を授与したのである．

第3に，徳冠である．それまでの冠位は大仁と大礼であって，最高冠の徳冠は1人も授与されたことはない．冠位を授与するにしても，最高の徳冠を授与する必要はない．そもそも，新羅征討軍の将軍に任命されただけで，格別の功績があったわけでもないのに，最高の徳冠は違和感がある．

以上のように，新羅征討軍の将軍たちについて，
① 馬子は，新羅征討軍の将軍たちへ冠位を授与することも，しないこともできた．
② 軍の士気は高く，馬子は将軍たちに冠位を授与する必要はなかった．
③ 授与するにしても最高の徳冠である必要はなかった．

にもかかわらず，馬子は新羅征討軍の将軍9名へ徳冠を授与したのである．馬子は，嫌々ながらやむを得ず授与したわけではない．逆に，必要もないのに，最高の徳冠を，9人もの将軍に，授与したのである．馬子自身が積極的に徳冠授与を推し進めた結果と見るほかない．すなわち，意外なことではあるが，馬子は新羅征討軍の将軍9名に徳冠という最高冠位を授与したかったのだ，というのが素直な結論である．

しかし，これはすっきりしない．なぜならば，それまで馬子は自分と蘇我一族の権力の相対的な低下を危惧して，冠位授与に反対だったはずだからである．そのことは馬子の周辺の大夫たちに冠位が授与されていないという事実がはっきりと示している．要するに，馬子による将軍たちへの冠位授与はそれまでの馬子の対応と矛盾しているのである．

2 大量の徳冠は馬子の権力低下の反映か

なぜ，馬子はそれまでの冠位授与反対の姿勢に反して，積極的に将軍たちへの冠位授与を推し進めたのだろうか．冠位授与が馬子と蘇我一族の相対的な権力低下をもたらす点は少しも変化していない．にもかかわらず，馬子が冠位授与を積極的に推し進めたのは，普通に考えれば，馬子の置かれた客観的状況が変化したためである．

客観的状況の変化として考えられるのは，第1に，諸臣の冠位授与への要求が

強まり，馬子はそれを押さえられなくなった可能性である．そして第2に，冠位授与を推し進めたい推古天皇の権力が馬子の権力を凌駕し，馬子は推古天皇の冠位授与を拒否できなくなったという可能性である．

しかし，第1の諸臣の要求を押さえられなくなったために，新羅征討軍の将軍たちへの大量の徳冠授与となったとは言えない．なぜならば，その場合，有力大夫たちを先頭に他の有力諸臣への冠位授与が続くはずであるが，そのような冠位授与の拡がりは少しも見えないからである．

第2の推古天皇の権力が馬子の権力を凌駕し，推古天皇の冠位授与の要求を拒否できなくなったという可能性は否定できない．新羅征討軍の将軍たちへの徳冠は馬子が積極的に冠位授与に動いた結果のように見えるが，実は，そうではなくて，権力を強化した推古天皇（日本書紀によれば聖徳太子は2年前に死去している）が馬子の反対を押し切って，豪族たちへの冠位授与を強行した結果なのだろうか．あるいは推古天皇の強い要求に押されて馬子はしぶしぶ冠位授与を承認したのだろうか．その可能性は否定できない．新羅征討軍の将軍の大量の徳冠について考える際，その点ははっきりさせておかなければならない．そこで，推古31年（623年）当時の大和政権内の権力状況はどうなっていたのかを以下に検討する．

3 聖徳太子の死と「葛城県」が示す推古政権の権力

問題となる推古31年（623年）の9人の豪族たちへの冠位授与については，特に直前の推古29年（621年）の聖徳太子の死（法隆寺の釈迦三尊像の後背銘は622年とする）と，直後の推古32年（624年）の「葛城県」の件が重要になる．

(a) 推古29年（621年）：聖徳太子の死

すでに述べたように，推古朝初期は馬子の権力の方が圧倒的に強かったことは明らかだ．その後，馬子の権力は相対的に少しずつ低下していったと推定されるが，かといって，推古天皇・聖徳太子の権力が馬子の権力を逆転して上回ったことを示すようなことは書かれていない．その後も馬子の権力はじわじわと低下していったと思われるが，急速な権力低下を示す点はなく，馬子優位の状態は続いていたと考えられる．

その状態で推古29年（621年）に聖徳太子が死去した．推古天皇はもっとも重要な同志を失った．そのことによって，推古天皇の権力が大きい打撃を受けたことは明らかだ．それまでも，推古・聖徳太子の権力に比べて馬子の権力の方が相対的に強かったと推定されるが，聖徳太子の死はよりいっそう馬子優位を進めたはずであ

る．聖徳太子の後を継ぐような有力な臣下の登場は見られず，大臣馬子の権威・権力が強くなり，逆に，推古天皇の権力は相対的に低下したことは明白だろう．

(b)「葛城県」の件が示す推古朝の権力の実態

一方，葛城県の件は推古 31 年（623 年）の大量の徳冠の直後であり，当時の馬子と推古天皇の相対的な権力を知る上で，きわめて重要である．日本書紀は，推古 32 年（624 年）10 月，

「大臣，阿曇連・阿倍臣磨侶，二臣を遣して，天皇に奏さしめて曰さく『葛城県は，元臣が本居（私が生まれた土地）なり……常に其の県を得りて（永久にその県を授かって），臣が封県とせむ（私の封県としたい）と欲ふ』」，

と書く．要するに，大臣の馬子は，天皇（あるいは朝廷）の領有する土地である葛城県［書紀註］を自分の領地にしたいと推古天皇に要求した．それに対して推古天皇は，自分は蘇我の血を引き，馬子は自分の舅であると言った後，次のように続ける．

「故，大臣の言は，夜に言さば夜も明さず（夜であれば夜の明けぬうちに），日に言さば日も晩さず（朝であれば日の暮れぬうちに），何の辞（言葉）をか用いざらむ．然るを，今し朕が世にして，頓に是の県を失ひてば……」，

とのたまい，自分も大臣の馬子も後世の批判を免れないとして，はっきりと，「聴したまはず（許さなかった）」と明記している．

この記事は推古 32 年（624 年）当時の推古天皇と大臣馬子の相対的な権力を表す貴重な記事である．この記事から分かることは，

① 馬子は推古天皇に対して露骨に「天皇または朝廷の領有する土地」である葛城県を自分の領地にしたいと要求できるような状況にあった．

② 推古天皇は，それまでは大臣（馬子）の言うことは，「夜に言さば夜も明さず（夜であれば夜の明けぬうちに），日に言さば日も晩さず（朝であれば日の暮れぬうちに），何の辞（言葉）をか用いざらむ」という状態であった．すなわち，それまで馬子の言うことは，すべてそのまま受け入れ，すぐに実行してきた．換言すれば，それまでは，馬子の主張が通らないことはなかったし，馬子の意思に反することが行われることはなかったと，推古天皇自身が言う．

③ しかし，推古 32 年（624 年）には，馬子の理不尽な要求に関しては，推古天皇は突っぱねることができた．すなわち，馬子の権力はその程度に低下し，相対的に推古天皇の権威・権力はその程度まで上昇していたことが分かる．

(c) **推古 31 年（623 年）当時，馬子は将軍たちへの冠位授与を拒否できる権力を握っていた**

以上の諸点を考慮すれば，推古31年（623年）の時点での推古天皇と大臣馬子の相対的な権力関係が推定できる．重要な判断材料となるのが，推古天皇の「夜に言さば夜も明さず（夜であれば夜の明けぬうちに），日に言さば日も晩さず（朝であれば日の暮れぬうちに），何の辞（言葉）をか用いざらむ」という言葉である．この言葉から，葛城県の問題が出てくるまで，推古天皇は馬子の主張は，少なくとも重要な問題について，すべて受け入れ，拒否するようなことはなかったことが分かる．このことと直前の聖徳太子の死を考慮すれば，推古31年（623年）の時点においては，推古天皇の権力が馬子を凌駕するというようなことはなく，馬子は自らの権力を揺るがす豪族たちへの冠位授与を拒否することができたのである．このことは明らかであろう．

　関晃氏は［関①］，「冠位の形式上の授与者はいうまでもなく天皇であり，それを代行するのが摂政としての聖徳太子であったが，授与を実際に決定する実権者は蘇我大臣であったとみるべきだ」と指摘されている．その通りであろう．関氏の指摘は推古朝全体の権力について述べているのだが，推古31年（623年）当時にも当てはまると考えられる．

4 馬子が自らの権力低下をもたらすはずの冠位授与を推し進めたという矛盾

　であれば，推古31年（623年）の9人の豪族への徳冠授与は，推古天皇（聖徳太子は2年前に死去している）が馬子の反対を押し切って強行したのではなく，あるいは，推古天皇の強い要求に押されて馬子がしぶしぶ承認したのでもなく，あくまで馬子自身が推し進めたと判断される．もしも馬子の反対を押し切って推古天皇が冠位授与を強行したとすれば，推古天皇は翌年の推古32年（624年）に，馬子について「何の辞（言葉）をか用いざらむ（どのような言葉も聞き入れてきた）」とは言えなかっただろう．あくまで葛城県の問題が起こるまで，推古天皇は馬子の言い分をすべて認めてきたというのがこの推古天皇の言葉なのである．すなわち，馬子の反対を押し切って，推古天皇が9人の豪族たちへの冠位授与を強行したのではなく，やはり，馬子は冠位授与を拒否できる実権を握っていたにもかかわらず，自ら積極的に冠位授与を推し進めたというのが事実であることを示している．

　以上のように，推古31年の時点でも馬子は推古政権の実権を握っていたにもかかわらず，自らの不利益になるはずの新羅征討軍の将軍たちへの冠位授与を積極的に推し進めたのである．これは奇妙なことと言わざるを得ない．すなわち，以下の問題点が指摘される．

〈問題点 X〉聖徳太子の死（621 年）によって推古天皇の権力は馬子に対して相対的に弱まり，推古 31 年（623 年）の時点で，馬子は冠位授与を拒否できるだけの権力を握っていた．それなのに，馬子は自らと蘇我一族の権威・権力の低下をもたらす新羅征討軍の 9 名の将軍たちへの冠位授与をなぜ積極的に推し進めたのか．

新羅征討軍の将軍たちへの大量の徳冠と仮説 C

1️⃣ 推古 31 年（623 年）の豪族への大量の徳冠授与に関する問題点
2️⃣ 大量の徳冠授与に関する研究者の見解
3️⃣ 推古 31 年（623 年）の大量の徳冠と仮説 A・仮説 B
4️⃣ 後半期の冠位は推古天皇が自らの意思によって授与した
5️⃣ 仮説 C：聖徳太子の死によって，倭国の多利思比孤は推古天皇に冠位授与の権限を与えた
6️⃣ 新羅征討軍の将軍たちへの大量の徳冠と仮説 C に関する要約

1️⃣ 推古 31 年（623 年）の豪族への大量の徳冠授与に関する問題点

以上の議論に基づいて，推古 31 年（623 年）の豪族への大量の徳冠授与の件に関する問題点を再整理すると以下のようになる．

〈問題点 R〉推古 31 年（623 年），新羅征討軍の将軍たちへの冠位授与に関する特異な問題点をどう理解するか．
　① それまでの約 20 年間，冠位を授与された臣下は合わせて 3 人に過ぎなかったのに，なぜたくさんの臣連へ冠位が授与されたのか．
　② それまでは大仁，大礼だけだったのに，なぜ，徳冠という最高冠位なのか．
　③ 9 人もの徳冠，特に大徳は 1 人だけなのに，他ではどこにも登場しないのはなぜか．
　④ 唐突とも見える大量の徳冠は，直前の聖徳太子の死とどのように関係するのか．

〈問題点 S〉推古 31 年（623 年）の大量の徳冠という画期的な冠位授与の後も，他の諸臣への冠位授与が拡がっていないのはなぜか．

〈問題点 U〉推古 31 年（623 年）に徳冠を授与された豪族 9 人は「特に有力な諸臣」

とは言えないのに，最高の徳冠を授与されたのはなぜか．

〈問題点Ⅴ〉推古31年（623年）の9人の諸臣（豪族たち）への冠位授与によって，政権中枢のもっとも有力な大夫たちには冠位がなく，あまり有力でない豪族たちが最高位の徳冠を授与されるという異様な事態となった．この異常な矛盾・逆転現象をどう合理的に理解するか．

〈問題点Ⅹ〉聖徳太子の死（621年）によって推古天皇の権力は馬子に対して相対的に弱まり，推古31年（623年）の時点で，馬子は冠位授与を拒否できるだけの権力を握っていた．それなのに，馬子は自らと蘇我一族の権威・権力の低下をもたらす新羅征討軍の9名の将軍たちへの冠位授与をなぜ積極的に推し進めたのか．

2 大量の徳冠授与に関する研究者の見解

どういうわけか，研究者が推古31年（623年）の大量の徳冠の問題について取り上げた論文はあまり見かけないのだが，冠位十二階に関して詳細な研究をされた黛弘道氏は検討過程の中で，以下の点を指摘された［黛②］．

推古31年（623年）の9人の豪族たちの性格について，実際に冠位を授与された人から見て「十二階冠位は或る特定の族姓者にのみ授けられたのではなくて，各種の族姓のそれぞれ或る範囲の氏（というより人）に授けられたもの」とされる．そして，「或る範囲の氏々人々，とはいかなるものであろうか」と提起され，その1つに「（聖徳）太子がその養成を念願したであろうところの新たな官僚群」を指摘される．氏は「新たな官僚群」として，遣隋使などの海外遣使と並んで，「征韓の将軍たる境部，河辺，波多，平群，大伴，中臣，物部，依網等の諸氏」を挙げておられる．

この「征韓の将軍」というのは明らかに推古31年（623年）の新羅征討軍の9人の将軍であるが，彼等を「新たな官僚群」というのはかなり抵抗がある．彼等が「官僚」として活躍した場面と言えば，中臣連国が新羅討伐に関し推古天皇の諮問に応えて議論している場面ぐらいで，他の8人は新羅征討軍の将軍であるだけで，「新官僚」と言うほどの活躍は何も書かれていない．そもそも，推古31年の新羅征討の記事以外の日本書紀にはまったく登場しない．また，聖徳太子の念願というが，「征韓の将軍」に冠位が授与されたのは聖徳太子の死後である．彼等とは対照的に，「新たな官僚」と考えられるのは，推古18年（610年）の新羅・任那の使者の謁見儀式や推古36年（628年）の推古天皇の皇位継承問題に登場する大夫たちであろう．しかし，彼等はすべて冠位がないのである（事実C）．これらの点を考えれば，新羅

征討軍の将軍たちは，黛氏の「(聖徳)太子がその養成を念願したであろう新たな官僚群」にはあたらないと思われる．

次に，徳冠が9人という多人数である点に関連して，黛氏は以下のように述べる［黛②］．「推古卅一年紀によれば，当時少なくとも大徳一人，小徳八人，都合徳冠が9人居たことになるが……一時に一位のものが九人居たという，後世の令制施行期の常識では想像もつかない結果となる．このこともまた徳冠が一位に相当するという旧説の成立を困難ならしめる」．このような不可解な結果も「徳冠を公卿クラスの二位，三位に比定する」と「極く自然に解釈できるであろう」と，徳冠が第1位の冠位ではなく，第4冠位であるから，多数の大徳や小徳がいてもおかしくないのだと指摘される．

しかし，すでに述べたように（議論B），徳冠が第4位というのは誤解である．推古朝においては，徳冠はあくまで大臣に次ぐ第2位の最高冠位であることに疑いはない．あまり有力でない諸臣が，制度上明確に位置づけられている冠位十二階の最高位の徳冠であるのに，もっと有力な諸臣（大夫）が，制度的には何の裏付けもない"その他大勢"の無冠位状態にいるという逆転現象が生じていることが問題なのである．

あるいは，黛氏自身が指摘されるように「冠位を授与するということは，豪族を官僚として把握することとほぼ同義」とか，「大和朝廷における官僚としての序列は新冠位（冠位十二階）によって明示される」のであれば（これらの指摘は正しいと考えるが），有力ではない9名もの諸臣が，冠位十二階の序列最高位である徳冠の官僚として把握されているのに，もっと有力な諸臣（大夫たち）は大和朝廷の官僚として把握すらもされていないことになる．要するに，有力とは言えない9名もの諸臣が徳冠を授与された結果，「不可解な結果」が生じてしまったのであって，この「不可解な結果」をどのように理解するのかが問われているのである．

推古31年（623年）の大量の徳冠は大和政権の冠位十二階の重要な問題であると思われる．しかし，多くの研究者は境部臣雄摩侶を先頭に9名の将軍たちへの徳冠を単に事実として引用されるだけで，問題点Rで指摘した具体的な問題点をどのように理解するのか，黛氏以外の見解は見当たらない（私の史料収集能力の低さによって，見落としている可能性があるが）．

3 推古31年（623年）の大量の徳冠と仮説A・仮説B

大和政権の冠位十二階の後半期の諸問題を考える際，前提がある．冠位十二階の

前半期の諸問題点は，仮説Aと仮説Bによってすべて合理的に理解でき，仮説A・仮説Bは正しいと結論したことである（第2節）．従って，後半期の推古31年（623年）以後の大和政権の官位・冠位制度の理解についても，当然，仮説A・仮説Bとの整合性が要求される．具体的には，仮説A・仮説Bの以下の3点である．
　①「多利思比孤≠推古天皇」であって，「多利思比孤＝推古天皇」ではない．
　②冠位十二階は，あたかも倭国の冠位十二等であるかのように大和政権の冠位制度を造作・偽装したものであって，大和政権には官位・冠位制度はなかった．
　③前半期の小野妹子など3人の官位は推古天皇の要請によって倭国の多利思比孤が授与したものである．
　これらの3点の中で，まず①の「多利思比孤≠推古天皇」は動かせない．後半期になれば変化するようなことではない．
　次に②の大和政権には官位・冠位制度はなかったという点については，大和政権が倭国の冠位十二等を偽装した冠位十二階とは別に，新たな冠位制度を制定し，新しい冠位制度に基づいて推古31年（623年）に冠位を授与したという可能性が問題となる．
　しかし，それはあり得ない．その理由は以下の2点である．第1に，日本書紀には倭国の冠位十二等を偽装した推古11年（603年）の冠位十二階制定が書かれているだけで，大化3年（647年）の冠位十三階以前には，新しい冠位制度の制定は書かれていない．そして，第2に，もしも大和政権が倭国の官位・冠位十二等とは異なる別の冠位制度を制定する場合，同じ官位・冠位名にすることは考えられない．実際に，大和政権が独自の冠位十三階を制定したとき，倭国の官位・冠位十二等とはまったく異なる冠位名にしている．推古31年（623年）に授与された官位・冠位は大徳・小徳である．これは倭国の官位・冠位十二等の冠位名である．従って，大和政権に官位・冠位制度がないという点は変わっていない．
　以上の2点は，推古31年（623年）の大量の徳冠だけでなく，冠位十三階制定まで（後半期）の冠位も，あくまで倭国の冠位十二等（＝日本書紀の冠位十二階）によって授与されたものであり，大和政権が新たに制定した別の冠位制度に基づいて授与された冠位ではない．この点ははっきりしている．

◢ 後半期の冠位は推古天皇が自らの意思によって授与した

　次に，③の推古天皇の要請に応じて多利思比孤が冠位を授与したのかという点に

ついて考える．推古31年（623年）に推古天皇が9人の新羅征討軍の将軍たち（豪族たち）への冠位授与を要請し，倭国の多利思比孤が要請に応じて授与したのだろうか．

しかし，そのようなことは考えられない．なぜならば，多利思比孤と推古天皇が友好的な関係にあったことは確かであろうが，かといって，推古天皇が，自分の新羅征討軍の将軍に対する徳冠授与を他政権の多利思比孤に要請することはあり得ないからである．大和政権の一般豪族に多利思比孤が冠位を授与することは，それらの豪族たちが倭王多利思比孤の官僚・臣下になるという意味である．少なくともそういう一面を持つことは明らかだ．

しかし，さすがにそんなことを推古天皇も馬子も許容するはずはない（聖徳太子は621年に死去している）．仏教功労者と遣隋使の3人はあくまで特殊な例外である．一般豪族への冠位授与とは異質のものである．新羅征討軍の徳冠だけでなく，さらに皇極元年（642年）の舒明天皇の喪葬の際の3人の小徳なども，他政権の王が冠位を授与するようなものではない．

すなわち，前半期の小野妹子などの3人と異なり，推古31年（623年）の豪族9人を始めとする後半期の諸冠位は，あくまで推古天皇（と，その後の舒明，皇極天皇など）の意思によって，推古天皇自身が自分の臣下に冠位を授与したと判断しなければならない．後半期には途切れがちではあるが，前半期よりは多くの豪族たちへの冠位授与が続く．それらはあくまで推古天皇などの大和政権の君主が自らの意思によって授与したものであって，多利思比孤ではないと判断しなければならないのである．

すなわち，前半期と異なり，推古31年（623年）以後の後半期に関しては，冠位を授与したのは倭国の多利思比孤ではなく大和政権の天皇が冠位十二等（＝冠位十二階）に基づいて，その臣下に冠位を授与したのである．

そうすると，冠位十二等（＝冠位十二階）は倭国の制度なのに（大和政権が新たに冠位制度を制定してはいない），なぜ大和政権の天皇が自分の臣下に冠位を授与できるようになったのかという点を合理的に理解できなければいけないのである．要するに，大和政権の後半期の冠位について考えるとき，推古天皇はなぜ倭国の冠位十二等（＝冠位十二階）に基づいて大和政権の諸臣に冠位を授与できるようになったのか，という点をはっきりさせなければならない．

5 仮説C：聖徳太子の死によって，倭国の多利思比孤は推古天皇に冠位授与の権限を与えた

なぜ，推古天皇は自分の臣下に自らの意思で冠位を授与できるようになったのか，これは難しい問題であって，説得力のある回答は容易でない．なぜならば，この点を判断するための直接的な判断材料がほぼ何もないからである．従って，判断材料がきわめて少ない状態で，いかに合理的に推定するかということになるのである．その推定が正しいかどうかは，指摘してきた諸問題が合理的に理解できるかどうかで判断するほかない．

　私見では，この点について以下のように推定する．

　大量の徳冠はそれまでの冠位十二階の施行とはまったく異なっている．前半期の問題点はなぜたったの3人しか官位が授与されていないのかという点にあった．後半期では，逆に「なぜ9人もの将軍に冠位が授与されたのか」（問題点R）と，正反対の問題点になったのである．また前半期には最高冠位の徳冠は1人もいなかったのに，なぜ9人もの余り有力ではない豪族が徳冠なのか．推古31年の大量の徳冠の前に，大和政権の冠位十二階に関して何か大きな変化が起こったことを示している．

　その大きな変化とは，大量の徳冠の直前の推古29年（621年）の聖徳太子の死ではないだろうか（法隆寺の釈迦三尊像の銘文では推古30年〔622年〕となっており，622年の方が有力である）．聖徳太子の死が冠位十二階の施行に，何らかの変化を呼び起こした可能性を示唆している．

　聖徳太子の死は推古朝に何をもたらしただろうか．推古朝の権力は推古天皇・聖徳太子と大臣の馬子が中核である．全体として馬子の権力の方が強い状態であるが，推古天皇・聖徳太子の権力も相応に強いという状態でバランスしていた．しかし，高齢の馬子ではなく，若い聖徳太子の方が先に死んでしまった．これは想定外のことであっただろう．聖徳太子に代わって馬子に対抗できるような有力な臣下はいなかった．そうでなくても馬子の権力の方が推古天皇の権力を上回っているのに，聖徳太子の死によって，推古天皇の権力は馬子の権力に比べてさらに低下したはずである．推古朝の権力バランスは崩れ，再び馬子の権力が推古天皇の権力を大きく凌駕するようになった．

　第二次・第四次遣隋使の共同派遣に見られるように，倭国の多利思比孤と大和政権の推古天皇は友好・協力関係にあった．多利思比孤は，馬子・蘇我一族の権威・権力が再び推古天皇・天皇家の権威・権力を圧倒することを恐れた．その結果，推古天皇の権威・権力を強化するために，冠位十二等（＝冠位十二階）に基づく大和政権の豪族たちへの冠位授与権を推古天皇に与えたのではないかと推定される．

多利思比孤が推古天皇に対して，大和政権の豪族たちへの冠位授与権を認めると申し出たとき，推古天皇は喜んだだろう．馬子が実権を握っている限り，推古天皇は大和政権独自の冠位制度を制定することはできないが，自ら諸臣に冠位を授与できるようになれば，推古天皇は自分の意思で自らの権威・権力を強化する手段を得ることになる．

　一方，馬子は逆に好ましくないことと思っただろう．自らと蘇我一族の権力が相対的に低下することは明らかである．それはもちろん馬子が望まないことである．

　しかし，もしも推古天皇が多利思比孤の申し出を受け，冠位授与権を希望するのであれば，馬子は反対しにくいことであったと推定される．あくまで推古天皇自身が大和政権の豪族たちへ冠位を授与する権利を得るのであって，多利思比孤が大和政権の豪族に冠位を授与するわけではない．また，馬子自身も賛成して，遣隋使などの冠位授与を多利思比孤に要請してきたという経緯もあった．そのため，馬子は推古天皇の希望を拒否できず，推古天皇の豪族への冠位授与権を認めるという多利思比孤の申し出に反対できなかったのではないかと推定される．こうして推古天皇は諸臣への冠位授与権を得たと推定される．

　ただし，以上の推定はあくまで推定の域を出ず，その客観的根拠はふじゅうぶんである．というか，聖徳太子の死からの推定であって，それを支持する直接的な証拠はない．特に，いかに友好的関係にあったとしても，倭国の多利思比孤が大和政権の推古天皇の権力強化になぜ協力するのかという点がはっきりしない．残念ながら，倭国と大和国の関係についての客観的史料はほぼ見えず，両国の関係が分かりにくい．官位・冠位制度については，日本書紀は同じ官位・冠位名を書くことによって，倭国の官位・冠位十二等が大和政権の冠位十二階であると主張するだけで，それ以外は倭国の冠位制度との関わりを示すことをいっさい何も書いていない．そもそも，日本書紀はあくまで大和政権以外の政権を認めず，倭国に関することは何も書いていない．そのために判断材料がきわめて限定され，きちんとした根拠に基づく議論ができないのである．

　以上のように，推古天皇の冠位授与権の理解は強固とは言えないのであるが，聖徳太子の死と直後の大量の徳冠授与には何らかの関係があることは確かだろう．

　以上の議論から，以下の仮説Cを仮定する．

〈仮説C〉　聖徳太子の死によって，大臣馬子の権力が再び推古天皇の権力を圧倒することを危惧した多利思比孤が，推古天皇の権力強化のために，大和政権の諸豪族に倭国の冠位十二等（＝冠位十二階）に基づく冠位を

授与する権利を推古天皇に与えた．

仮説Cの根拠は確固としたものとは言えないが，仮説Cが正しいかどうかは，推古31年（623年）の豪族たちへの冠位授与などが示すたくさんの不可解で異常な問題点，および，その後の大和政権の冠位に関する諸問題点を合理的に理解できるかどうかで判断されなければならないと考える．いずれにせよ，倭国の多利思比孤ではなく，大和政権の天皇が冠位授与権を行使したのでなければ，大量の徳冠を始めとする後半期のいろいろな冠位授与の理解は難しいのである．

6 新羅征討軍の将軍たちへの大量の徳冠と仮説Cに関する要約

以上の議論を要約すれば以下のようになる

(a) 議論Eと議論Fによって，推古31年（623年）の新羅征討軍の将軍9人への大量の徳冠に関する諸問題点を，問題点R，S，U，V，Xとして整理した．

(b) 後半期の大和政権の冠位は，推古天皇（大和政権の天皇）が自らの意思によって授与したものであって，倭国の多利思比孤が授与したものではないと判断しなければならない．

(c) 以上に基づき，以下の〈仮説C〉を設定した．

〈仮説C〉　聖徳太子の死によって，大臣馬子の権力が再び推古天皇の権力を圧倒することを危惧した多利思比孤が，推古天皇の権力強化のために，大和政権の諸豪族に倭国の冠位十二等（＝冠位十二階）に基づく冠位を授与する権利を推古天皇に与えた．

推古天皇の冠位授与権を骨抜きにした馬子の深謀遠慮の対策

1 大量の徳冠は馬子による深謀遠慮の対策
2 馬子は新羅征討軍の将軍たちを最大限に利用した
3 馬子の深謀遠慮の対策がもたらした歪み
4 馬子の深謀遠慮の対策の要約・結論

大和政権の諸臣に対する冠位授与権を得た推古天皇はどうしただろうか．大和政権の諸臣それぞれにふさわしい冠位を幅広く授与し，自らの権力・権威を強化しようとしただろう．それに対して，馬子はどのように対応しただろうか．一言で言えば，推古天皇が得た冠位授与権を骨抜きにし，冠位十二階を再び機能不全の状態に

戻すことであったと考える．それが推古31年（623年）の新羅征討軍の将軍たちに対する大量の徳冠ではないだろうか．

1 大量の徳冠は馬子による深謀遠慮の対策

　冠位授与権を得た推古天皇の冠位授与のもっとも重要な対象は有力な諸臣たち（大夫）だったはずである．しかし，それは馬子が強く拒否したと推定される．大夫たちは大臣馬子の統制下にあって，馬子の権力の源泉である．冠位授与によって，大夫たちが推古天皇の直属になれば，馬子の権力は低下せざるを得ない．馬子の反対を押し切るだけの権威・権力は推古天皇にはなかった．

　馬子の反対にあって，推古天皇はどうしただろうか．おそらく，ふじゅうぶんではあっても豪族たちへの冠位授与の実績を作ることを重視したのではないかと推定される．そこで特定の臣下を指名せず，何しろ，諸臣の中の臣連への冠位授与を馬子に要請したのではなかろうか．馬子は，豪族たちへの冠位授与そのものを全面的には拒否できず，やむをえず容認せざるを得なかった．その結果，新羅征討軍の将軍9人への冠位授与が実施されたのではないだろうか．

　しかし，諸問題点を考えると，そう単純ではないことが分かる．すでに指摘したように（議論F），推古31年（623年）の新羅征討記事に基づけば，馬子は新羅征討軍の将軍たちについて，

　① 冠位を授与することも，しないこともできた，
　② 将軍たちに冠位を授与する必要はなかった，
　③ 授与するにしても最高の徳冠である必要はなかった，

からである．しかし，実際には馬子は9名に最高冠の徳冠を授与している．馬子は，やむを得ず徳冠を多数の将軍たちに授与したわけではなく，何らかの意図があってあまり有力ではない新羅征討軍の将軍9名に徳冠という最高冠位を授与したのである．

　馬子の意図とは何か．馬子は多利思比孤による推古天皇の冠位授与権承認によってよみがえろうとする冠位十二階を再び機能不全にすることによって，豪族たちへの冠位授与がもたらす馬子自身と蘇我一族の権威・権力の低下を阻止しようとしたのではないだろうか．その結果が具体的に現れたのが，推古31年（623年）の境部臣雄摩侶を始めとする9人の豪族たちに「徳冠」という最高冠位を授与したことではないだろうか．すなわち，新羅征討軍将軍たちの大量の徳冠は，冠位十二階を再び機能不全に戻すための馬子による深謀遠慮の対策ではないだろうか．そのように

考えると大量の徳冠が示す奇妙な諸問題点を合理的に理解できると思われる．そのことを以下に指摘したい．

(a) 徳冠の権威を貶める

馬子の深謀遠慮の対策の中核は境部臣雄摩侶の「大徳」である．

境部臣雄摩侶は新羅征討軍の大将軍になったというだけの人物である．「大徳」という最高冠位にふさわしい輝かしい業績はなく，また，臣連の中で最有力の人物の1人でもなく，すでに述べたように（議論E），境部臣の中ですらも最有力の人物ではない．黛弘道氏が「境部臣雄摩侶のごとき，さして貴姓とも思われない」[黛②]と言われるように，境部臣雄摩侶は大徳にふさわしい人物ではない．

そういう誰の目から見ても最高冠位の「大徳」にはふさわしくない人物に「大徳」という最高冠位を与えることによって，馬子は"大徳という冠位はこの程度の臣下にふさわしいもの"という実績を提示し，「大徳」の権威を貶めた．さらに，大将軍だけでなく，副将軍を含めた8名に，大量の「小徳」をばらまいた．彼等の多くもまた余り有力な諸臣ではないことは明らかだった．彼等に「大徳」に次ぐ「小徳」という徳冠を授与することもまた，徳冠の権威を下げた．冠位十二階の権威を貶めるためには，最高の徳冠でなければならず，少人数よりも多人数の方が効果は大きい（問題点R-①②）．

このように，馬子はあまり有力ではない臣連に最高位の徳冠をたくさんばらまくことによって，冠位の価値を貶め，推古天皇が授与しようとする冠位の権威を貶めた．すなわち，あまり有力でない豪族たちに最高冠位の徳冠を授与したのは，冠位の権威を落とすことが目的である（問題点R-①②）．

このように考えると，徳冠を授与するのは，有力ではない豪族たちでないといけないことが分かる（問題点U）．なぜならば，徳冠ではなく，仁冠や礼冠の場合，むしろ彼等にふさわしい冠位であって，冠位を貶めることにはならないからだ．有力でない諸臣に徳冠という冠位十二階の最高冠位を授与することで，初めて，徳冠は"その程度のもの"となり，徳冠，ひいては冠位全体の権威・価値が下がるのである．すなわち，「あまり有力とは言えないのに，最高の徳冠を授与された」（問題点U）のではなくて，「あまり有力でないからこそ，最高冠の徳冠を授与された」のである．馬子の意図から言えば，有力ではない豪族に最高の徳冠を授与するからこそ，冠位を貶めることになるのである．

(b) 冠位十二階を機能させないことが馬子の真の狙い

しかし，馬子の真の狙いは冠位の権威を貶めることではない．推古天皇が得た冠

位授与権を骨抜きし，冠位十二階を再び機能不全の状態に戻すことこそが真の狙いである．その中心はやはり境部臣雄摩侶への「大徳」である．

「大徳」という冠位十二階の最高冠位は，あくまで大臣に次ぐ有力者に与えられるべき推古朝第2位の位階である．それには大和政権第2位の有力大夫こそがふさわしい．日本書紀に登場する人物で言えば，境部臣摩理勢がその最適任者であろう．あるいは，大臣の蝦夷が推古天皇の皇位継承問題で前もって「議し」たという阿倍麻呂臣も適任者であろう．他に大伴連嚙も適任であるが，推古18年（610年）の新羅・任那の使者の儀式以後，日本書紀には登場しない．おそらく推古31年（623年）頃にはすでに死去していたと推定される．「大徳」はそういう大臣に次ぐ有力な豪族こそがふさわしい冠位である．

しかし，馬子は彼等よりも明らかにランクが下の境部臣雄摩侶に「大徳」を授与した．その結果どうなったか．境部臣雄摩侶よりも有力な境部臣摩理勢や阿倍麻呂臣にふさわしい冠位がなくなった．彼等は境部臣雄摩侶よりも上位の冠位がふさわしいが，大徳よりも上位の冠位は存在しないからである（大徳よりも上位の位階は大臣であるが，大臣は1人だけで蘇我氏宗家の世襲制である）．従って，境部臣摩理勢や阿倍内麻呂に冠位を授与するという道そのものがふさがれてしまったことになる．馬子は境部臣雄摩侶に大徳を授与することによって，推古天皇の冠位授与そのものに反対することなく，境部臣雄摩侶よりも有力な諸臣，すなわち，境部臣摩理勢や阿倍内麻呂，さらに有力な他の大夫たちへの冠位授与を阻止し，冠位十二階が正常に機能することを封じてしまった（問題点V）．これこそが馬子の真の狙いだったのではなかろうか．

また同じことは「小徳」についても言える．あまり有力ではなく，本来ならば仁冠・礼冠がふさわしい豪族たち8人に「小徳」を授与することによって，本来ならば小徳に相当する有力諸臣の冠位がふさがれてしまった．8人の豪族たちよりも有力な他の豪族たちとはたくさんの大夫たちである（中臣連国は大夫の1人と見なせるが，他の8人で大夫と見なせるような有力豪族はいない．また，すでに述べたように，中臣連国が小徳を授与されたのは新羅討伐軍の将軍となったからであって，大夫であるからではない）．最有力ではない一般の大夫たちには小徳がふさわしいのだが，彼等には，結局，大徳しか冠位がなくなった．しかし，大徳という冠位十二階の最高冠位は，あくまで推古朝の第2位の位階であって，本来大臣に次ぐ最高実力者の冠位であり，一般の大夫にふさわしい冠位ではない．このことは乙巳の変で蘇我氏を打倒した後，臣下の中で実質的な最高権力者である中臣鎌子（後の藤原鎌足）が大徳に相当する大錦の冠位

であることから分かる．多数の大夫たちへ「大徳」という第2位の冠位を授与することは，冠位十二階という制度全体をゆがめることである．さらに，大夫たちへの大量の大徳は彼等よりも有力な境部臣摩理勢や阿倍内麻呂などの無冠位という矛盾をより先鋭化させる．そもそも馬子は大夫たちへの冠位授与に反対している．馬子の反対を押し切って冠位を授与するほどの権力は推古天皇にはなかった．

結局，推古天皇が有力諸臣（大夫）へ冠位を授与することは難しくなった．その結果，余り有力ではない8名の豪族たちが第3位の小徳で，彼等よりも有力な大夫たちは無冠位という異様な逆転現象が生じた（問題点V）．

このように，冠位十二階を機能不全にするという馬子の狙いから見ると，「有力でない」，「たくさんの」豪族へ授与する冠位は徳冠でなければならなかったのである（問題点R－②，U）．仁冠や礼冠ならば，逆に，境部臣摩理勢を先頭にたくさんの大夫たちに徳冠が授与され，推古天皇の望み通り，冠位制度が正常に機能するようになるのである．

こうして，推古天皇は豪族たちへの冠位授与権を得たのに骨抜きにされてしまい，冠位十二階の運用はきわめて不正常な形になり，再び機能不全の状態に戻ってしまった．これは推古天皇の冠位授与権に対する馬子の深謀遠慮の対策の結果であり，馬子から見れば大きい成果だったのではないだろうか．

(c) **有力でない豪族たちへ最高位の徳冠を授与することが意味すること**

以上はあくまで推定であるが，必ずしも的外れでないことは，そのように推定すると，いろいろな問題点を以下のように，合理的に理解できることが示している．

〈問題点R－①〉 それまでの約20年間，冠位を授与された臣下は合わせて3人に過ぎなかったのに，なぜたくさんの臣連へ冠位が授与されたのか．

〈問題点R－②〉 それまでは大仁，大礼だけだったのに，なぜ，徳冠という最高冠位なのか．

➡推古天皇が諸臣にふさわしい冠位を授与し，冠位十二階を健全に機能させようとしたのに対して，馬子の狙いは，正反対に，冠位十二階を再び機能不全にすることだった．そのために，誰が見ても最高の冠位の大徳にふさわしくはない境部臣雄摩侶に大徳を授与した．そうすることによって，冠位十二階の最高冠位の大徳は「この程度の豪族にふさわしい冠位である」と冠位の権威を貶め，境部臣雄摩侶よりも有力な境部臣摩理勢・阿倍麻呂臣や有力大夫たちにふさわしい冠位を実質的になくしてしまった．

小徳の8人の臣連は本来は仁冠や礼冠がふさわしい豪族たちである．それなの

に小徳を授与することによって徳冠の権威を貶め，大夫たちにふさわしい冠位を大徳だけにした．しかし，最高位の大徳がたくさんの臣下に授与されることは，冠位制度としては異常である．また，馬子は大夫たちへの冠位授与に反対している．

その結果，大臣に次ぐたくさんの大夫たちの冠位授与の道はふさがれ，馬子は冠位十二階を再び機能不全にしてしまった．

冠位十二階を機能不全にするためには境部臣雄摩侶の冠位は最高冠位の大徳でなければならなかった．もしも小徳であれば，境部臣摩理勢や阿倍麻呂臣などが大徳になり，冠位十二階は機能不全にはならない．また，8人の臣連の冠位は大徳に次ぐ小徳でなければならなかったのである．本来彼等にふさわしい仁冠や礼冠では，彼等よりも有力な一般の大夫たちは小徳になり，冠位十二階は正常に機能し，機能不全にはならないのである．

要するに，冠位十二階を機能不全にするには彼等に授与する冠位は最高冠位の徳冠でなければならなかったのである（問題点R－②）．また，小徳の冠位は一人二人ではなく，たくさんの方が機能不全にするにはより効果がある．そのためにたくさんのあまり有力でない臣連に小徳が授与されたのである（問題点R－①）．

〈問題点R－④〉唐突とも見える大量の徳冠は，直前の聖徳太子の死とどのように関係するのか．

➡多利思比孤は，聖徳太子の死によって，推古天皇の権力が低下し，馬子の権力が推古天皇を再び圧倒することを恐れた．そこで多利思比孤は推古天皇が冠位十二等（＝冠位十二階）によって大和政権の諸臣へ冠位を授与する権利を認め，推古天皇の権力強化に協力した．そのことによって，推古31年（623年）の大量の徳冠を始めとする後半期の諸冠位が授与されたと推定される．

〈問題点U〉推古31年（623年）に徳冠を授与された豪族9人は「特に有力な諸臣」とは言えないのに，最高の徳冠を授与されたのはなぜか．

〈問題点V〉推古31年（623年）の9人の諸臣（豪族たち）への冠位授与によって，政権中枢のもっとも有力な大夫たちには冠位がなく，あまり有力でない豪族たちが最高の徳冠を授与されるという異様な事態となった．この異常な矛盾・逆転現象をどう合理的に理解するか．

➡最高冠の徳冠にふさわしくない，あまり有力ではない新羅征討軍の将軍たちに最高位の徳冠を授与することによって，冠位を貶め，本来徳冠にふさわしい有力諸臣（大夫）の冠位をなくし，冠位授与が機能することを妨げることが馬子の目的だった．であるから，特に有力な諸臣とはいえないのに，最高の徳冠を授与されたので

はなく，有力な諸臣でないからこそ最高の徳冠を授与されたのである（問題点 U）．

　その結果，冠位十二階は再び機能不全に陥り，有力な臣下に冠位がなく，あまり有力でない臣下に徳冠があるという逆転現象が生じた．すなわち，逆転現象は，馬子が冠位十二階が機能しないように意図的に作り出したものであり，それが馬子の狙いそのものである（問題点 V）．

　以上のように，冠位授与権を得た推古天皇による冠位十二階の正常化，諸臣への冠位授与という方針に対して，馬子は，冠位十二階を再び機能不全にするために，あまり有力でない諸豪族に，最高冠位の徳冠を授与した．この馬子の深謀遠慮の対策がもたらす結果として，問題点 R－①②④，問題点 U，問題点 V は，無理なく理解できる．

2 馬子は新羅征討軍の将軍たちを最大限に利用した

　以上のように考えると，馬子は推古天皇を凌駕する権力を握っていたのに，自らの権威・権力の低下をもたらすはずの大量の冠位授与（新羅征討軍の将軍9名）を，拒否するのではなく，逆に，なぜ積極的に推し進めたのかも理解できる．

　馬子は多利思比孤から推古天皇への冠位授与権の貸与を拒否できなかったが，有力ではないたくさんの臣下に徳冠という最高冠位を授与すれば，冠位授与の機能を実質的に停止できることに気づいた．そのためには新羅征討軍9名の将軍たちは，あまり有力でない点でも，あわせて9名という大人数の点でも，絶好の対象だった．馬子は，新羅征討軍の将軍たちを利用したのである（あるいは，意図的に9名という大人数の将軍を任命した可能性もある）．

　馬子は新羅征討軍の将軍たちに冠位を授与したかった（しなければならなかった）．そのためには授与の名目が必要だった．それが新羅征討軍の将軍の派遣だったのではないだろうか．"境部臣雄摩侶などの強い要請に押されたからやむをえず"という形を取って派遣された推古31年（623年）の新羅征討軍派遣は，推古天皇が得た冠位授与権を骨抜きするための馬子の深謀遠慮の対応策だったのではないだろうか．馬子は任那を取り戻すための征討軍を実際に派遣することによって，冠位授与の名目を作ったのである．馬子が強引に征討軍派遣を進めたのは，彼等への冠位授与の名目を確固としたものにすることが目的である．

　馬子は，たくさんの臣連に冠位を授与するようにという推古天皇の要請に応えるかのように装いながら，実は逆手にとって，徳冠にふさわしいとは言えない将軍たちに最高の徳冠を授与することによって，推古天皇の冠位授与権を無力化したので

ある．

　要するに，推古 31 年（623 年），馬子が強引に新羅征討軍を派遣し，冠位を授与する必要もないのに大量の徳冠を将軍たちに授与したのは，推古天皇が得た冠位授与権を骨抜きし，冠位十二階を再び機能不全にするという馬子の深謀遠慮の対策であったと理解される．以上のように考えると問題点 X も無理なく理解できる．

〈問題点 X〉聖徳太子の死（621 年）によって推古天皇の権力は馬子に対して相対的に弱まり，推古 31 年（623 年）の時点で，馬子は冠位授与を拒否できるだけの権力を握っていた．それなのに，馬子は自らと蘇我一族の権威・権力の低下をもたらす新羅征討軍の 9 名の将軍たちへの冠位授与をなぜ積極的に推し進めたのか．

　➡推古天皇が得た冠位授与権によって馬子と蘇我一族の権力が低下することを防ぐために，馬子は推古天皇が得た冠位授与権を無力化し，冠位十二階を再び機能不全にする必要があった．新羅征討軍の将軍たちのようなあまり有力でない諸臣は馬子の深謀遠慮の対策に最適だった．そのためには彼等に徳冠を授与して実際に新羅へ征討軍を派遣し，"新羅征討という実績"を挙げてもらう必要があった．その結果，新羅征討軍は強引に派遣された．馬子は，冠位授与反対の方針を転換したのではない．馬子の冠位授与反対の方針は一貫しており，冠位十二階が正常に機能することを阻止するために，新羅征討軍の将軍たちへの冠位授与を推し進める必要があったのである．

　そういう真の狙いを覆い隠すために，馬子は「悔しきかも，早く師（軍）を遣しつること」と煙幕を張ったのである．また，新羅征討軍派遣の狙いは将軍たちへの冠位授与であって，任那奪還は重要な目的でなかったために，新羅王が降伏したはずなのに，任那がどうなったかはあいまいになり，日本書紀は何も触れていないのではないだろうか．そもそも新羅王が戦いもせずに，簡単に降伏し，「任那を伐」って，手に入れたはずの任那を「任那は小国なれども，天皇の附庸なり．なんぞ新羅たやすく有むや（任那は小国ではありますが，天皇の属国です．どうして新羅が容易に領有することなどできましょうか）」と，簡単に放棄するとは考えられない．日本書紀のこの記述は造作であろう．

3 馬子の深謀遠慮の対策がもたらした歪み

　この馬子の深謀遠慮の対策はかなり強引な方針であって，歪みが生じざるを得ない．実際にはどんな歪みをもたらしただろうか．

(a) 徳冠の諸臣と推古天皇の皇位継承問題

馬子は推古34年 (626年) に死ぬ. 追いかけるかのように, 推古36年 (628年) の3月に推古天皇が崩御する. そして, 推古天皇の皇位継承が問題になったと日本書紀は詳しく書く. この皇位継承の場は馬子の深謀遠慮がもたらした歪みを象徴する場である.

馬子の対策によって生じた歪みは, 以下の2点に表れている.

第1に, 今まで何度も指摘してきたように, 登場するたくさんの有力諸臣 (大夫) の誰にも冠位が授与されていないことである. これは馬子の深謀遠慮の対策の直接的な結果である. 大夫は大臣に次ぐ徳冠がふさわしいが, 境部臣雄摩侶などの徳冠によって, 大夫にふさわしい冠位はなくなってしまった.

第2に, 徳冠を授与された9人の将軍たちが推古天皇の皇位継承の場に登場しないことである.

日本書紀に登場する徳冠を授与された諸臣は新羅征討軍の将軍9人しかいない. 特に大徳は境部臣雄摩侶だけである. 徳冠は大臣に次ぐ第2位の正式の位階である. であれば, 大徳の境部臣雄摩侶を先頭に, 8人の小徳の豪族たちは, 皇位継承という大和政権の最重要の問題において, 何かと登場して多方面に活躍して皇位継承問題を円満に解決するのが当然であろう.

そもそも大臣の蝦夷がまず相談する相手は第2位の大徳の境部臣雄摩侶であるはずである. しかし, 蝦夷は境部臣摩理勢と阿倍麻呂臣には事前に相談したが, 大徳境部臣雄摩侶は無視されている. また, 阿倍麻呂臣を先頭にたくさんの臣下 (大夫) が登場し活躍するのとは対照的に, 大徳・小徳の新羅征討軍の将軍たち9名は誰も登場しない. 皇位継承という重要問題の場に, 大臣に次ぐ第2位の大徳や第3位の小徳が誰一人として関与しないのは異常であろう.

また, この皇位継承問題はこじれて, 最後には蘇我一族の有力者の境部臣摩理勢が大臣の蝦夷によって攻め殺されるという悲惨な結果をもたらした. 大徳の境部臣雄摩侶は同族の境部臣摩理勢が蝦夷に殺されたのに, 「大徳」としても, 同族としても, 何の役割も果たしていない. これもまた異常なことである (*1).

皇位継承問題に限らず, 大臣の馬子が認めた「大徳・小徳」として, 大臣を補佐するような重要な役割を果たし, いろいろな場面に何かと登場して当然だろう. しかし, 大徳の境部臣雄摩侶も小徳の8人もまったく登場しない.

このように, 推古31年 (623年) に徳冠を授与された9人が本来果たすべき役割を果たしていないのはなぜか. 馬子は, 大量の徳冠をあまり有力でない豪族たちに

授与することによって，推古天皇の冠位授与権を無力化し，冠位制度を機能不全に陥らせるのが真意であった．従って，馬子には，最初から大徳の境部臣雄摩侶や他の小徳たちを重用する意志はなく，徳冠にふさわしい重要な役割を求める意志がなかったのは当然だろう．皇位継承問題に9人の徳冠の豪族たちが登場しないのは，こういう馬子の真意の反映と理解できる（＊2）．このように，推古天皇の皇位継承問題の場などに大臣に次ぐ最重要の冠位である徳冠9名が登場しないことは，推古31年（623年）の大量の徳冠が，実は冠位十二階を機能不全にするという馬子の深謀遠慮の対策であったという観点から無理なく理解できる．

以上の観点から，問題点R－③は以下のように理解できる．

〈問題点R－③〉9人もの徳冠，特に大徳は1人だけなのに，他ではどこにも登場しないのはなぜか．

➡馬子が徳冠を授与した将軍たちは，彼等が徳冠にふさわしいからではなく，単に自分の権力低下を防ぐための対策の道具に過ぎなかった．従って，徳冠の諸豪族にふさわしい働きを期待していないし，働きをさせる気もなかった．その結果，境部臣雄摩侶は日本書紀が記す唯一の大徳なのに，皇位継承の場だけでなくどこにも登場することはなく，何の働きも見えないのである．また8人の小徳も同じように，どこにも登場しない．推古36年（628年）の推古天皇の皇位継承という大和政権の重要な場に，徳冠の新羅征討軍の将軍9人が1人も登場しないことがその象徴である．

＊1　この時点で境部臣雄摩侶はすでに死亡していた可能性もあるが，皇位継承問題は，雄摩侶が大将軍として新羅へ渡った623年の5年後のことである．それほど老い衰えていたとは考えにくい．

＊2　皇位継承問題の時点では馬子はすでに死んでいるが，徳冠の9名に対する馬子の扱いは蝦夷も継承していたと見るのは強引ではないだろう．

(b) 冠位授与が拡がることはなかった

馬子の深謀遠慮の対策の結果である推古31年（623年）の大量の徳冠以後，大和政権の「冠位」はどのように展開しただろうか．

推古31年（623年）に9人もの豪族に徳冠が授与された．一般豪族への初めての冠位授与であるだけでなく，それまでの"前半期全体で3人だけ"に比べると，この豪族たちだけでも3倍という大人数の冠位授与である．このことによって大和政権の豪族たちへの冠位授与の道が開け，その結果，たくさんの豪族たちへの冠位授与が続くかのように思える．

しかし，実際には，大量の徳冠以後，皇極元年（642年）の3人の小徳までの間，豪族たちへの冠位授与が拡がることはなかった．推古31年（623年）の徳冠の後の約20年間（642年の3人の小徳まで），冠位が授与されているのは，舒明2年（630年）の第一次遣唐使の大仁犬上三田耜・大仁薬師恵日，舒明9年（637年）の蝦夷討伐軍の大仁上毛野君形名，皇極元年（642年）の百済使人大仁阿曇連比羅夫の4人だけである（推古天皇の冠位授与権は舒明・皇極天皇にも引き継がれたと考えられる）．

　遣唐使2名と百済への使者は，外国への使者（遣隋使）への冠位授与という前例がある．また，「新羅征討軍の将軍」が前例となって，「蝦夷討伐軍の将軍」である上毛野君形名に冠位が授与されたと理解することができる．

　それ以外の諸臣，例えば，唐の使者高表仁との外交の場では冠位を授与された諸臣が登場することが期待されるが，関係する大和政権の7名の諸臣には冠位はない．すなわち，たくさんの一般豪族に冠位授与が拡がることはなかったというのが現実である．

　要するに，新羅征討軍の将軍への大量の徳冠以後も，冠位授与が目立って拡がることはなかった．これは馬子の深謀遠慮の対策によって，冠位十二階が再び機能不全に陥った結果である．

　以上から，問題点Sは以下のように理解される．

〈問題点S〉推古31年（623年）の大量の徳冠という画期的な冠位授与の後も，他の諸臣への冠位授与が拡がっていないのはなぜか．

　➡推古31年（623年）の新羅征討軍の将軍たちへの大量の徳冠は，推古天皇の冠位授与権を封じ，正常な冠位授与を防ぐための馬子の対策だった．その結果，あまり有力でない諸臣に徳冠が授与されたのに，有力大夫たちへの冠位はないという異常な逆転状態になり，冠位十二階は機能不全に陥った．馬子の死後もそういう状態は打開されず，一般の諸臣への冠位授与もまた進まなかったと理解できる．一言で言えば，有力諸臣（大夫）に冠位がなく，一般諸臣への冠位授与が拡大しなかったのは，馬子の深謀遠慮の対策がもたらした歪みである．

4 馬子の深謀遠慮の対策の要約・結論

　以上の馬子の深謀遠慮の対策を要約すれば以下のようになる．

① 馬子は多利思比孤が冠位授与権を推古天皇に与えることは阻止できなかったが，冠位十二階（＝冠位十二等）が正常に機能することによって生じる自分と蘇我一族の権力低下を防ごうと深謀遠慮の対策を実施した．それが，推古31年

(623年)の有力ではない新羅征討軍の将軍たちへの大量の徳冠授与ではないか．
② 有力でない諸臣に最高の徳冠が大量に授与されたために，有力な諸臣（境部臣摩理勢や大夫たち）への冠位授与の道がふさがれ，推古天皇の冠位授与権は骨抜きとなり，冠位十二階は再び機能不全に陥った．
③ この観点から関連する諸問題点（R, S, U, V, X）はすべて合理的に理解できる．諸問題点を合理的に理解できることは，仮説Cと馬子の対策が的外れではないことを示唆している．
④ 馬子の対策の結果を象徴するのが，推古36年（628年）の推古天皇の皇位継承問題の場であって，登場する有力大夫たちは誰も冠位がなく，9人の徳冠の諸臣はどこにも登場しないことである．
⑤ 冠位十二階は再び機能不全に陥ったために，冠位授与が拡大することはなかった．

以上のように，推古31年（623年）の新羅征討軍の将軍たちへの大量の徳冠に関する諸問題点は，大量の徳冠は冠位十二階を機能不全にするための馬子による深謀遠慮の対策の結果であるという仮説Cの観点から，すべて無理なく理解できる．

⑥ 結論：大量の徳冠に関する諸問題点を合理的に理解できることは，仮説Cが正しいことを示唆している．すなわち，「新羅征討軍将軍たちの大量の徳冠は，冠位十二階を機能不全にするための馬子による深謀遠慮の対策ではないか」というのが結論である．

推古31年（623年）の大量の徳冠に関する要約と結論

1 推古31年（623年）の新羅征討軍の将軍9人への徳冠に関する問題点
2 大量の徳冠は大臣馬子の深謀遠慮の対策
3 推古31年（623年）の大量の徳冠に関する結論

大量の徳冠に関する議論全体を要約すれば以下のようになる．

推古31年（623年）の日本書紀の新羅征討軍の記述は造作の可能性がある．しかし，大和政権の冠位十二階における大量の徳冠の問題はきわめて重要である．この点を考慮し，"新羅征討軍の将軍たち9名に徳冠が授与されたという日本書紀の記述に基づけば，この大量の徳冠はどのように理解されるか"を検討した．

1 推古31年（623年）の新羅征討軍の将軍9人への徳冠に関する問題点

大量の徳冠に関する問題点を，具体的に以下の問題点R，S，V，Xとして再整理した．

問題点R：①なぜ9名という大人数なのか，②なぜ，徳冠という最高冠位なのか，③9人もの徳冠なのに，なぜ他ではどこにも登場しないのか．④大量の徳冠は，直前の聖徳太子の死とどう関係するのか．

問題点S：大量の徳冠という画期的な冠位授与の後も，冠位授与が進んでいないのはなぜか．

問題点U：（新羅征討軍の9人の豪族は）特に有力な諸臣ではないのに，なぜ，最高の徳冠が授与されたのか．

問題点V：政権中枢のもっとも有力な大夫たちには冠位がなく，有力でない豪族たちが最高位の徳冠という異様な逆転現象をどう合理的に理解するか．

問題点X：馬子は自らと蘇我一族の権力低下をもたらす冠位授与をなぜ積極的に推し進めたのか．

2 大量の徳冠は大臣馬子の深謀遠慮の対策

(a) 大量の徳冠を考える際に考慮すべき点

① 前半期の検討で設定した仮説Aと仮説Bとの整合性は保たれなければならない．

② 後半期の官位授与は多利思比孤によるものではなく，あくまで推古天皇自身が大和政権の諸臣に冠位を授与した．

③ 直前の聖徳太子の死．

(b) 仮説Cの設定

諸問題点を合理的に理解するために以下の仮説Cを設定した．

〈仮説C〉　聖徳太子の死によって，大臣馬子の権力が再び推古天皇の権力を圧倒することを危惧した多利思比孤が，推古天皇の権力強化のために，大和政権の諸豪族に倭国の冠位十二等（＝冠位十二階）に基づく冠位を授与する権利を推古天皇に与えた．

(c) 大臣馬子の深謀遠慮の対策

① 馬子は多利思比孤が冠位授与権を推古天皇に与えることは阻止できなかったが，冠位十二階（＝冠位十二等）が正常に機能することによって生じる自分

と蘇我一族の権力低下を防ごうと深謀遠慮の対策を実施した．それが，推古 31 年（623 年）の有力とは言えない新羅征討軍の将軍たちへの大量の徳冠授与である．

② 有力でない諸臣に最高の徳冠が大量に授与されたために，有力な諸臣（境部臣摩理勢や大夫たち）にふさわしい冠位がなくなり，実質的に冠位授与の道がふさがれた．その結果，推古天皇の冠位授与権は骨抜きにされ，冠位十二階は再び機能不全に陥った．

③ この観点から，推古 31 年（623 年）の大量の徳冠に関する諸問題点はすべて合理的に理解できる．

(d) 再び機能不全に陥った冠位十二階

馬子の深謀遠慮の対策の結果，冠位十二階は再び機能不全に陥った．機能不全を象徴するのが，推古 36 年（628 年）の推古天皇の皇位継承問題の場である．

3 推古 31 年（623 年）の大量の徳冠に関する結論

以上のように大量の徳冠に関する諸問題を合理的に理解できることは，仮説 C と馬子の深謀遠慮の対策が正しいことを示唆している．すなわち，以下の結論を示唆している．

① 聖徳太子の死によって，倭国の多利思比孤は推古天皇に大和政権の諸臣への冠位授与権を与えた．

② 新羅征討軍将軍たちの大量の徳冠は，冠位十二階を機能不全にするための馬子による深謀遠慮の対策である．

大和政権の冠位十二階施行の正常化

1 画期的な 3 人の有力大夫の徳冠：皇極元年（642 年）の舒明天皇の喪
2 645 年の乙巳の変と大和政権の初めての冠位制度，冠位十三階
3 大化 2 年（646 年）の薄葬令が示す冠位のない大夫たち
4 冠位授与は一般諸臣へ拡大した
5 大和政権の冠位制度が確立した冠位十九階
6 要約：機能不全に陥った冠位十二階が正常化する過程

1 画期的な 3 人の有力大夫の徳冠：皇極元年（642 年）の舒明天皇の喪

冠位十二階の機能不全の状況がはっきりと変化したことを示すのが皇極元年（642年）の舒明天皇の喪という儀式に関する日本書紀の記事である．日本書紀は皇極元年（642年）12月，以下のように書く．

「初めて息長足日広額天皇（舒明天皇）の喪を発す．是の日に，小徳巨勢臣徳太，大派皇子（敏達天皇の皇子）に代りて誄たてまつる．次に小徳粟田臣細目，軽皇子（舒明天皇の甥．後の孝徳天皇）に代りて誄たてまつる．次に小徳大伴連馬飼，大臣に代りて誄たてまつる」．

　ここには，舒明天皇の喪という重要儀式で，小徳の冠位の諸臣3名が誄を述べたと明記されている．これは大和政権の冠位十二階の観点から見ると画期的なことである．それは以下の諸点による．

(a) 一般豪族への初めての冠位

　第1点は，小徳の3人が，仏教功労者でも，外国への使者でも，将軍でもなく，一般豪族であるという点である．前半の約20年間，冠位を授与されたのは仏教功労者と外国への使者（遣隋使）の3名である．推古31年（623年）に初めて9人の豪族に徳冠が授与されたが，それは新羅征討軍の将軍としてであり，馬子による冠位十二階を機能不全に戻すための深謀遠慮の対策の結果であった．結局，冠位授与は仏教功労者，外国への使者，および，将軍の3種類であって，それ以外の一般豪族への冠位授与はなかった．

　しかし，この小徳の冠位を授与された3人の豪族は，これらのいずれでもない一般豪族である．冠位授与が特殊な場合ではなく，一般豪族に授与された点で皇極元年（642年）の3人の小徳は画期的な意義がある．

(b) 有力大夫への初めての冠位授与

　第2点は，小徳を授与された3人は有力諸臣，大夫と見られることである．

　単に一般豪族に冠位が授与されるようになったというだけではない．皇極元年（642年）の舒明天皇の喪において，皇子や大臣に代わって誄を述べた3人は，以下に示すように，有力諸臣であり，「大夫」と呼ぶべき重要人物たちである．そういう大夫に冠位が授与されたことを確認できる点で，皇極元年（642年）の舒明天皇の喪の記事は重要な意義がある．

〈小徳巨勢臣徳太〉

　巨勢臣徳太の事績に関して日本書紀は以下のように書く．

- 皇極元年（642年）：大派王（敏達天皇の子）に代わって舒明天皇の喪の際に誄を述べた．

- 皇極2年 (643年)：蘇我入鹿に命じられて山背大兄王子を襲撃した．
- 皇極4年 (645年)：乙巳の変で，蘇我入鹿が中大兄皇子に殺されると，中大兄皇子に対抗しようとした軍を説得して解散させた．
- 大化元年 (645年)：高麗の使者に詔を示した．
- 大化5年 (649年)：冠位「小紫」から「大紫」に昇進し，左大臣に任命された．
- 斉明4年 (658年)：左大臣のまま死去．

　これらの経過を見ると，巨勢臣徳太は当時の権力の中枢にいた大夫の1人であることが分かる．

　注目に値するのは，蘇我入鹿の命に従って，山背大兄の王子を襲撃している点である．日本書紀は皇極2年 (643年) 11月，「蘇我臣入鹿，小徳巨勢徳太臣・大仁土師娑婆連を遣りて，山背大兄王等を斑鳩に掩はしむ (不意打ちした)」と書いている．このことは，巨勢臣徳太が蘇我氏にきわめて近い有力大夫であったことを示している．一方で，皇極4年 (645年) に中大兄皇子が乙巳の変で蘇我入鹿や蝦夷を滅亡させた時点では，「中大兄，将軍巨勢徳陀臣をして……賊党を説かしめたまひ……」と中大兄皇子の陣営の先頭に立っている．すなわち，中大兄皇子にも近い関係であって信頼を得ていた人物である．要するに，大臣の蝦夷だけでなく，中大兄皇子とも近い人物であって，大和政権中枢の有力大夫の1人であったことが分かる．

　そして，中大兄皇子の信頼が厚かったことは，中大兄皇子の権力がしっかりと確立し，新政権を発足させた大化5年 (649年) には小紫から大紫の冠位 (大化3年〔647年〕に制定された冠位十三階では，紫冠は冠位十二階の徳冠よりも上位の冠位とされている) へと昇格し，左大臣になっていることから分かる．

〈小徳粟田臣細目〉

　推古19年 (611年) の菟田野の薬猟の「前の部領 (先隊の長)」であり，皇極元年 (642年) の舒明天皇の喪では軽皇子 (孝徳天皇) に代わって誄するなど，大夫の1人と見られる．ただし，菟田野の薬猟から約30年を経ており，舒明天皇の喪の時点ではかなり高齢の長老の大夫だったのではなかろうか．推古19年 (611年) には無冠位なのに，皇極元年 (642年) には小徳になっており，この約30年の間のどこかで小徳という高位の冠位を得たことになる．しかし，この間，粟田臣細目の記事はなく，いつ冠位を授与されたかは分からない．おそらく舒明天皇の喪で誄する際に3人同時に小徳を授与されたのであろう．

〈小徳大伴連馬飼 (馬養，長徳)〉

　日本書紀が記す大伴連馬飼の記事は以下のようになっている．

- 舒明 4 年（632 年）：唐の使者高表仁を難波津に迎えた．
- 皇極元年（642 年）：舒明天皇の喪で大臣の蝦夷に代わって誄を述べた．
- 皇極 3 年（644 年）：珍しい百合の花を献上した．
- 皇極 4 年（645 年）：孝徳天皇即位の式で，「金の靱を帯びて，壇の左に立つ」．
- 大化 5 年（649 年）：中大兄皇子を頂点とする新政府で，小紫から大紫へと昇格し，右大臣になった．

大伴連馬飼は舒明 4 年（632 年）の時点では無冠位であるが，皇極元年（642 年）には小徳，大化 5 年（649 年）には小紫から大紫へと昇格し，右大臣になっている．大伴連馬飼は舒明天皇の喪で大臣の蝦夷に代わって誄しているから，彼もまた蝦夷にかなり近い人物だったことが分かる．同時に，中大兄皇子の信頼をえて，右大臣となっている．彼も権力中枢に近いきわめて有力な大夫の 1 人と見ることができる．この点は巨勢臣徳太と同じである．

以上の小徳巨勢徳太と小徳大伴連馬飼の事績から，皇極元年（642 年）の時点で，2 人が当時の大和政権の中枢にいる大夫であったことは明らかだ．舒明天皇の喪から 7 年後には，小紫巨勢徳太と小紫大伴連馬飼は左右大臣となり大紫の冠位を授与されている．642 年に小徳，649 年に小紫から大紫へと急速に冠位が上昇し，大和政権全体の大夫の中でももっとも有力な大夫の 1 人になった．

以上のように，重要な大夫たちに小徳の冠位が授与されていることは，冠位十二階の施行の観点から見ると画期的なことであって，それまでの"大夫には冠位はない"という不正常な状態ではなく，冠位制度として本来あるべき正常な施行がなされるようになったことをはっきりと示している．推古 36 年（628 年）には有力諸臣たちがすべて無冠位であったことを考えれば，権力中枢の有力大夫に冠位が授与されたことは，冠位十二階の正常な施行において，きわめて重要なことである．

(c) 有力大夫への冠位を認めざるを得なくなった大臣蝦夷

第 3 点は，冠位を授与された大夫たちが，大臣の蝦夷に近いことである．

上に述べたように，巨勢臣徳太と大伴連馬飼は蘇我氏に近い有力大夫である．このことは，皇極元年（642 年）の時点で，大臣の蝦夷が自分の周辺の有力大夫たちへの冠位授与を認めざるを得ない状態にいたことを示している．馬子は自分の周囲の有力大夫たちには冠位を授与することをすべて拒否したが，子の蝦夷にはそのようにできる権威・権力はもはやなく，皇極元年（642 年）には蝦夷周辺の有力大夫に冠位が授与されるようになったという変化をはっきりと示している．

推古 31 年（623 年）の大量の徳冠以後も，馬子の深謀遠慮の対策によって冠位十

二等の正常な施行は阻止され，有力な諸臣（大夫）には冠位がなく，余り有力でない豪族に徳冠という異常な状態が続いてきた．しかし，馬子の後を継いだ蝦夷の権威は馬子に比べてずっと低く，大夫たちの無冠位状態を続けることは次第に難しくなった．そして，ついに大夫たちへの冠位を拒否できなくなったのが皇極元年（642年）の舒明天皇の喪における3人の有力大夫への冠位授与であると考えられる．有力大夫には冠位がなく，あまり有力でない豪族たちに徳冠という異常な逆転状態は馬子の強大な権力があったからこそ可能であったが，蝦夷ではそのような無理は続けられなかったことを裏付けている．

あくまで，冠位は天皇が授与するものであり，天皇への服従を表すものである．蝦夷周辺の有力大夫たちへの冠位授与は，天皇の権威・権力が相対的に強くなり，大臣蝦夷の権威・権力が相対的に低下したことをはっきりと示している．大臣の周辺にまで天皇の影響力が及んだ結果である．

以上のことから，問題点Tは以下のように理解できる．

〈問題点T〉皇極元年（642年）に政権中枢の有力諸臣に初めて冠位が授与されたことをどう理解するか．

　➡馬子は彼自身の実力と圧倒的な実績で，生涯，高い権威と強い権力を維持し続けた．大夫たちの不満は抑えられ，大夫たちは冠位なしに甘んじてきた．しかし，推古34年（626年）に馬子が死に，実績のない蝦夷が大臣職を継ぐと，大臣の権威は低下した．推古36年（628年）の推古天皇の皇位継承問題の不手際は蝦夷の権威低下をよりいっそう進めただろう．大臣蝦夷の権威低下によって，舒明天皇・皇極天皇およびその周辺の大夫たちは，冠位十二階の施行を正常化し，大夫への冠位授与という要求を次第に強めていったと考えられる．蝦夷には，大夫たちへの冠位授与を阻止するような権威も権力ももはやなく，認めざるを得なくなったのではないだろうか．それが表面化したのが皇極元年（642年）の舒明天皇の喪における3名の小徳であると理解される．

以上のように，問題点Tは馬子の強大な権力と，その死後，後継者の大臣蝦夷の権威・権力の低下によって合理的に理解できる．換言すれば，推古31年（623年）以後も，冠位十二階の正常な施行ができなかったのは，やはり馬子が冠位制度の正常な運用を阻害してきたためであったことを示している．馬子が死んで，初めて冠位十二階は正常な施行へと進んだことを示すのが，皇極元年（642年）の舒明天皇の喪に登場した3人の小徳の有力大夫である．

2 645年の乙巳の変と大和政権の初めての冠位制度，冠位十三階

　皇極4年 (645年)，中大兄皇子と中臣鎌子 (後の藤原鎌足) が中心になって策略を巡らし，6月12日に皇極天皇の前で蘇我入鹿を斬り殺し，蝦夷も自殺し，蘇我氏は滅亡した．いわゆる乙巳の変である．乙巳の変によって天皇の権力が確立したことは大和政権の冠位制度にきわめて大きい影響を与えた．

　皇極4年 (645年) 6月14日，乙巳の変の翌々日，中大兄皇子は新政権を発足させ，阿倍内麻呂臣を左大臣，蘇我倉山田石川麻呂臣を右大臣とした．中大兄皇子は蘇我氏宗家を滅ぼしたとは言え，乙巳の変で協力してもらった蘇我倉山田石川麻呂臣をむげには扱えなかったことを示している．そして，「内臣」という官職を新たに設けて中臣鎌子をあて，やはり新設の国博士に沙門旻法師と高向史玄理をあてた．左右大臣は有力大夫たちに対する配慮であるが，内臣と国博士が中大兄皇子の真意と見ることができる．

　冠位制度の観点から見ると，以下の2点が重要である．

　まず大臣を左右に分けた．これは大臣が2人へ増えたのではなく，それまでの大臣の権力を2人に分散し，大臣の権力を弱めたと受け取るべきであろう．2人の大臣に冠位は記載されておらず，大臣は冠位十二階の枠外という扱いはそれまで通りである．

　もう1つは，内臣の中臣鎌子に大錦冠を授与したことである．このことは，冠位と政権の重要位階とが初めてつながったことを意味しており，「冠位制度」の観点からは画期的な前進であった．

　ついで，冠位十三階を制定した．日本書紀は大化3年 (647年) 是歳，

　「七色の一十三階の冠を制る．一に曰く，織冠．大小二階有り．織を以ちて為り，繡を以ちて冠の縁に裁れたり．服色は並びに深紫を用ゐる．繡冠……．紫冠……」，

と，十三階の冠位のすべてについて詳細に書いている．

　冠位十三階によって，それまでの倭国の冠位十二等の借用ではなく，大和政権の天皇はついに自分自身の冠位制度を持ったことになる．中大兄皇子と中臣鎌子が，乙巳の変の後，改新の詔を次々に提起し，国の変革を図り，それが少し落ち着き始めた時点ですぐに新たな冠位制度を定めたことは，中大兄皇子が自分自身の冠位制度を持つことの重要性をはっきりと認識していたことの表れと受け取るべきであろう．

3 大化 2 年（646年）の薄葬令が示す冠位のない大夫たち

　大和政権の冠位十二階に関わる重要事項として大化 2 年（646年）3 月のいわゆる薄葬令について考える．薄葬令に深く関わるのが，大夫の冠位と礼冠以下の冠位である．

　日本書紀は大化 2 年（646年）3 月の詔で，近頃，民が貧困であるのはひとえに墓の造営のためであるとして以下のように書く．

　　「王より以上の墓は，其の内の長さ九尺，濶さ（広さ）五尺，其の外域は，方，九尋，高さ五尋，役一千人，七日に訖らしめよ（終わらせよ）……．上臣の墓は……．下臣は……．大仁・小仁は……」．

　すなわち，王以上，上臣，下臣，大仁・小仁，大礼より以下小智より以上，庶人，の 6 段階に分けて墓の石室，墳丘の大きさ，役夫の人数，墓作りのための時間，葬送具について詳しい詔を出している．これがいわゆる薄葬令である．

(a) なぜ「大徳・小徳」ではなく「上臣・下臣」なのか：薄葬令に関する研究者の見解

　冠位十二階の観点から見た場合，この薄葬令の第 1 の問題点は，王以上，上臣，下臣，大仁・小仁，大礼〜小智，庶人という分類である．

　この分類では，「大仁・小仁，大礼〜小智」の部分は冠位十二階の冠位に沿っているのに，その上の「大徳」・「小徳」に相当する部分が「上臣」・「下臣」となっている．なぜ徳冠以上が「上臣」・「下臣」なのかという点が第 1 の問題点である．それ以下が冠位十二階の冠位によって区分されている以上，何か合理的な理由がなければならない．

　この疑問については「上臣を群臣の上として左右大臣・内臣にあて，下臣を大徳・小徳に当てる」というのが多数の研究者の見解である．これに対して北康宏氏は［北①②］，「冠位十二階の徳冠は，大臣・大夫といった議政官に賜与された冠であり，かつ王族までもが賜与の対象とされていた」として，「大徳」・「小徳」にあたる部分は「王以上」・「上臣」・「下臣」であって「王以上」も含むとされ，「特別な葬制の伝統を引く『大徳小徳の王以上の営墓基準』を『大徳小徳の諸臣の基準』と一律に規定することができなかった」ために「大徳」・「小徳」ではなく，「王以上」・「上臣」・「下臣」と分けられたと指摘される．

(b) 「上臣・下臣」という区分が示す馬子の深謀遠慮の対策

　この点について，私見では以下のように考える．日本書紀によれば，推古朝における臣下の格付けは，第 1 位が大臣で冠位十二階の枠外にある別格の位階である．

薄葬令が出された時点では，冠位十二階以外の臣下の位階はない．従って，第2位は冠位十二階の徳冠である．第3位以下は仁冠・礼冠……智冠である．それ以外の臣下の地位・位階はない．従って，推古政権の臣下の序列は，大臣－徳冠－仁冠－……小智であって，これ以外に例えば「大夫」という位階はない．

臣下の最高位は乙巳の変までは「大臣」だけだったが，乙巳の変後の政権では，それまでの大臣は左右大臣に分けられ，中大兄皇子の腹心の中臣鎌子を「内臣」としている．「内臣」が実質的な臣下の最高位だろう．さらに，2人の国博士をおいて，計5人を最高指導部とした．ただ，国博士は少し異質で顧問・相談役のように見えるから，一応外せば，臣下のトップは左大臣，右大臣，内臣である．大臣には冠位十二階の冠位はない．また，内臣の中臣鎌子は日本書紀によれば大錦冠である．このような諸点を考えれば，臣下のトップグループを「大徳・小徳」と表現することはできず，「上臣」と分類されたのは，多くの研究者が指摘されるように，左右の大臣と内臣であろう．徳冠ではなく，「上臣」と書かれたことは合理的である．

では，臣下第2位の「下臣」はどうか．大臣に次ぐのは徳冠である．第3位が「大仁・小仁」であり，第4位が「大礼以下，小智以上」と冠位十二階に沿っているのだから，第2位は「大徳・小徳」相当と見るのが妥当であろう．では「大徳・小徳」でなくなぜ「下臣」となっているのだろうか．それは「大夫」の存在によるものではないだろうか．

すでに述べてきたように，推古朝では「大夫」というたくさんの有力諸臣が登場する．推古朝において，大夫は大臣に次ぐ有力諸臣であることは明らかだ．

大夫の冠位に関して，関晃氏は［関②］，大夫の「確かな実例」として，中臣連弥気子（御食子），中臣連国，そして大伴連囓の徳冠を挙げ，「わずか三名にすぎないが，これらはすべて大徳・小徳のものが『大夫』になっている」，「『大夫』の地位は，大徳・小徳のものによって占められていたと考えて大きな誤りはないであろう」と指摘される．しかし，大夫と見られる諸臣の中で関氏が挙げられた3名以外の多数の大夫たちには冠位は確認できないのである（繰り返すが，冠位が書かれていないことは冠位が授与されていないことである）．従って，「大徳・小徳」と分類してしまえば，馬子の深謀遠慮の対策によって冠位を授与されなかったたくさんの大夫たちは除かれてしまう．そのために，「大徳・小徳」とできず，「下臣」としたと理解される．要するに，「下臣」とは大夫たちと「大徳・小徳」である．「大徳・小徳」では，大臣に次ぐ地位にある多数の大夫の存在を除外してしまうために「下臣」としたと考えられる．

以上のように，薄葬令の「上臣」・「下臣」という分類は，

「上臣」：左右大臣，内臣，

「下臣」：大夫，大徳，小徳，

として，無理なく理解できる．なお，「王以上」は「上臣」・「下臣」という分類とは関係がない．

大化2年（646年）3月の薄葬令の「上臣」・「下臣」という分類は，冠位十二階が大和政権においては正常に機能しておらず，大夫たちには，本来は大臣に次ぐ地位の「徳冠」が授与されるべきであるのに，冠位が授与されていなかったことを示す1つの証拠ではないだろうか．換言すれば，薄葬令は，馬子の深謀遠慮の対策による冠位十二階の機能不全によって大夫たちには冠位が授与されていなかった，という理解が正しいことを支持している．

4 冠位授与は一般諸臣へ拡大した

(a) 大礼以下の冠位が授与されるようになった

薄葬令の第2の問題点は，「大礼より以下小智より以上」と分類していることである．しかし，日本書紀によれば，大礼〜小智の冠位を授与されたのは遣隋使の小野妹子と吉士雄成の2人だけである．遣隋使の時に壮年であったと推定される大礼の小野妹子と吉士雄成が，40年後の薄葬令が出された大化2年（646年）当時に生存していた可能性は高くはない．すなわち，646年時点で，大礼〜小智に相当する諸臣は，日本書紀による限り，ほぼいないのである．

しかし，生存していたかどうかも怪しい2人を含めてほんの数人のために，薄葬令でわざわざ「大礼より以下小智より以上」と分類したとは考えにくい．そうではなく，薄葬令の記述は，実際には大礼以下の冠位がもっとたくさんの臣下に授与されていたことを強く示唆しているのである．

冠位十二階の施行が正常化したのは皇極元年（642年）の舒明天皇の喪の3人の徳冠であると考えられるから，これを先頭として，それ以後に，大礼以下の冠位がたくさん授与されるようになったのではないだろうか．実際に，皇極2年（643年）以後，たくさんの臣下への冠位授与が拡大したことを示唆する記述が日本書紀にある．

第1に，皇極2年（643年）10月の，

「群臣・伴造に朝堂の庭に饗へたまひ賜ふ．而して（そうして）授位けむ事を議りたまふ」，

という記述である．群臣・伴造に冠位を授与したとは明記されていないが，天皇が

冠位授与を「議」したというのであるから，群臣・伴造に冠位を授与することになった可能性が高い．

第2に，大化元年（645年）8月，東国などの国司に対する詔の，

「介（次官）より以上……法に違はば爵位を降さむ」，

という記述である．ほぼ同じ内容の詔は大化2年（646年）3月の東国の国司への詔でも書かれている．従って，大化元年か2年かは別として，この記述の信憑性は高いと考えられる．冠位が授与されていないのに「爵位を降」すことはできないから，この記述は国司と介（次官）には冠位が授与されていたことを示している．東国の国司と介を任命して，同時に彼等に冠位を授与したと理解するのが妥当であろう．彼等に授与された冠位は明記されていないが，礼冠かそれよりも低い冠位であろう．

以上の点はたくさんの臣下に礼冠〜智冠の冠位が授与されたように読めるが，さらに，以下の点も指摘される．日本書紀は大化3年（647年）是歳の項に，

「礼法を定めたまふ．その制に曰く，『凡そ（およそ）位有てる（冠位のある）者は，要ず（必ず）寅時に，南門の外に，左右に羅列り（列をなし），日の初めて出づるときを候ひて，庭に就きて……」，

と書く．「位有てる（冠位のある）者」が「羅列り（列をなし）」というのであるから，たくさんの冠位のある諸臣がいたことになる．しかも，徳冠や仁冠という高位の冠位の諸臣が列をなして並んだとは考えにくいから，この「位有てる（冠位のある）者」はあまり高くない冠位，おそらく礼冠〜智冠の諸臣を表しているだろう．従って，この記述はあまり高位でない冠位の諸臣がかなりいたことを示唆している．

(b) **しかし，大礼以下の冠位は日本書紀には書かれていない**

以上の日本書紀の記述は640年代になってたくさんの臣下に冠位が授与されたように読める．ところが，皇極元年（642年）の舒明天皇の喪の3人の徳冠以後，実際に冠位を授与されたと確認できるのは，皇極2年（643年）11月の「大仁土師娑婆連」と大化2年（646年）の新羅への使者の小徳高向玄理だけであって，他には1人も確認できないのである．特に，礼冠以下の授与は1人も確認できない．

その象徴は東国の国司である．上述のように，大化元年（645年）8月に東国などの国司に派遣された国司と介（次官）には冠位が授与されていたと見られる．しかし，彼等の冠位が確認できないのである．

日本書紀は翌年の大化2年（646年）3月，朝廷に集まった東国の使者や国造たちに「若し（もし）誨ふる所に違はば（この教示に違反すれば），次官より以上は其の爵位を降し……」とのたまい，国司は任地で，教示したことを遵奉しているかと尋ねる．

そうすると朝廷に集まった使者たちは,
　「穂積臣咋が犯せる所は……，其の介富制臣・巨勢臣紫檀二人が過（過失）は……」，
　「巨勢徳禰臣が犯せる所は……．其の介朴井連・押坂連，二人は……」，
などと，国司とその介（次官）による勅への違反を次々に申し立てる．
　この記事にはたくさんの国司や介が登場する．しかし，誰も冠位が書かれていない．その冠位は高くはないとはいえ，国司や介は冠位が授与されているはずである．それなのに，冠位が書かれた国司や介は1人も登場しないのである．すなわち，皇極2年（643年）10月の記述などは，たくさんの臣下への冠位授与を示唆しているのに，実際に冠位を授与された諸臣を確認できないのである．要するに，たくさん授与されたのか，されなかったのか，日本書紀でははっきりしないのである．

(c) 小礼以下の冠位授与は日本書紀には書かれなかった

これはどう判断すべきであろうか.
今まで述べてきたように，日本書紀には，以下のような冠位に関する記述がある．
① 群臣・伴造に対して「授位けむ事を議りたまふ」（皇極2年〔643年〕10月）．
②「介（次官）より以上……法に違えば爵位を降さむ」（大化元年〔645年〕8月，大化2年〔646年〕3月）．
③ 薄葬令の「大礼より以下小智より以上の墓」の区分（大化2年〔646年〕3月）．
④ 大化3年（647年）是歳の「礼法」が示唆するたくさんの冠位授与.

　これらをすべてを間違いとすることは難しい．おそらく，皇極元年（642年）の有力な3人の徳冠を先頭として，大和政権において冠位十二階の機能不全はかなり解消されて正常に機能するようになり，諸臣に礼冠以下の冠位もたくさん授与されるようになっていったというのが事実と考えられる．

　日本書紀に冠位が書かれていないのは，実際に冠位は授与されたが，低い冠位は日本書紀が意図的に記載しなかったと理解するのが妥当ではないだろうか．

　以上の一般諸臣への冠位に関する議論は以下のように要約される．
① 皇極元年（642年）の舒明天皇の喪の3人の徳冠以後，大和政権の冠位十二階の施行はかなり正常化し，伴造，国司とその介（次官）など，一般諸臣にもいろいろな冠位（おそらく多くは礼冠以下）が授与されるようになったと推定される．
② しかし，日本書紀はそれらの冠位授与を書いていない．日本書紀は低い冠位について意図的に記載しなかったと考えられる．

5 大和政権の冠位制度が確立した冠位十九階

(a) 中大兄皇子の新政権の確立

冠位十三階を制定してわずか2年後，冠位十九階へと改正する．日本書紀は大化5年（649年）2月，

「冠十九階を制る（つくる）．一に曰く（いわく），大織．二に曰く，小織．三に曰く，大繡……」，

と冠位十九階へと改正したことを書く．第1・第2・第3冠位の織・繡・紫冠は冠位十三階と同じであるが，第4冠位の錦冠以下は冠位名が変わり，すべて上下に分けられている．

冠位十九階は，中大兄皇子が名実ともに天皇（彼自身が実際に即位するのは後であるが）による専制的な統治・支配権を確立したものといえる．その新政府について，日本書紀は大化5年（649年）4月，

「小紫巨勢徳陀古臣に大紫を授けて左大臣とし，小紫大伴長徳連に，字は馬飼，大紫を授けて右大臣とす」，

と書く．すなわち，巨勢臣徳太と大伴連長徳（馬飼）は小紫という冠位であったが，大紫に昇格させ，左右大臣とした．

(b) 新政権によって確立した大和政権の冠位制度

大化5年（649年）の新政権発足記事は，冠位制度の観点からは以下の諸点で重要な意味を持つ．

第1点は，それまで冠位制の枠外にあった大臣を冠位十九階の中にはっきりと組み込んだことである．

日本書紀に基づけば，推古朝での冠位十二階以来，大臣だけはずっと冠位制の外にあり，臣下第1位の特別な位階として位置づけられていた．しかし，大化5年（649年）の新政権発足によって，左右大臣に「大紫」という冠位を授与することによって，大臣を冠位制度の中にはっきりと組み込んだ．このことは井上光貞氏が指摘されるように「大臣の地位につく貴族は，官僚として位置づけられた」ことを意味する［井上⑧］．すなわち，大臣が臣下の中の最高の位階であることに変わりはないが，大臣を「臣下」として冠位制度の中にあいまいさなく明瞭に位置づけたのである．

第2点は，大臣職の世襲制を否定したことである．

実際に，左右大臣が世襲でなくなったことは，巨勢臣徳太の死によって，彼の子が大臣職を継いでいないことから分かる．それまで大臣は基本的に世襲で，天皇が自由に任命することはできなかったが，以後，他の臣下と同じ扱いになった．

第3点は，左右大臣に授与した「大紫」の冠位が示すことである．
　大化5年（649年）4月，新体制確立にあたって，左右大臣の巨勢徳陀古臣と大伴長徳連に大紫を授けたが，「大紫」は最高冠位ではない．冠位十九階では，冠位は，織，繡，紫，花，山，乙，立身となっており，「紫冠」の上位に「織冠」と「繡冠」がある．「紫冠」は第3冠位なのである．すなわち，臣下の最高の職位である左右大臣に「紫冠」を授与することによって，それまで別格であった「大臣」を第3位の冠位である「紫冠」相当と位置づけた．
　この点に関して，すでに述べたように，井上光貞氏の重要な指摘がある［井上⑧］．氏は推古朝での冠位十二階と大化後の冠位十三階・十九階の間には原理の相違があるという．それは，大化後の冠位制度の第1冠位の織冠と第2冠位の繡冠の存在であって，「織冠や繡冠は故意にこれを授与せず，最高の官職をおびる大臣にさえせいぜい紫冠を授けるにとどめた」という点であると指摘される．
　氏の指摘どおり，「紫」の上の「織」と「繡」という冠位は，通常，空位である．日本書紀が記す「織冠」を授与された臣下は，中臣鎌子（後の藤原鎌足）だけで，他には百済王子豊璋だけである．鎌子（鎌足）は天智天皇の長年の腹心であるが，彼にすら，死の間際まで「織」や「繡」の冠位は与えられず，第4冠位の「錦冠」の「内大臣」であった．日本書紀は天智8年（669年）10月，鎌子の死の前日，天智天皇が「大織冠と大臣の位を授く」と書いている．最高の大織冠と臣下の最高の位の大臣を授与して，鎌足の長年の功績に報いたのである．鎌子以外には「織冠」の臣下はいない．また，百済王子豊璋について，日本書紀は，斉明7年（661年）9月，「織冠を以ちて百済の王子豊璋に授け」百済に送り返したと書く．織冠という最高冠位ではあるが，百済王となる豊璋をあくまで「臣下」と見なして冠位を授与したのである．
　また，繡冠については，授与された者は日本書紀には登場しないが，続日本紀（神亀元年6月）に左大臣巨勢臣徳多が「大繡」であったと書かれている．おそらく，これは徳多の死後に贈られた冠位であろう．
　要するに，実質的には「織冠」と「繡冠」の臣下はいない．この点について，井上氏は［井上⑧］，遣唐使を通じて唐の官品制に接することによって，唐の制度との整合性が考慮された結果と理解されている．唐では正一品・従一品には実官はなく，「官にしてはじめてあらわれるのは正二品から」である．氏は，この唐の官品制との対照に「（織冠・繡冠という）最上位の冠位は闕位（欠位）とする……根拠があった」と指摘される．

そのことを否定するわけではないが，「織」と「繡」という最上位の冠位を設け，意図的に織冠・繡冠を臣下の誰にも授与されない冠位とし，左右大臣に第3冠位の紫冠を授与したことは，冠位を授与する天皇を，臣下の最高位である大臣と比べてもかけ離れた権威ある存在と位置づけることが目的であったのではないかと推定される．このことは臣下とは隔絶した天皇の絶対的権威を確立するという中大兄皇子の意図を示しているように思われる．冠位十九階が大和政権の冠位制度として実施され，定着していったことは，大和政権の君主が諸豪族を超越した絶対的存在である「天皇」へと変化していったことを示すものではないだろうか．私見では大和政権の「大王」が，乙巳の変で実権を握り，諸豪族を超越した絶対的な存在［西嶋④］である「天皇」へと変貌しつつあることをはっきりと示すのが，大化5年（649年）の左右大臣の第3冠位の紫冠であるように思われる．

　第4点は，冠位授与が地方豪族にも拡大している点である．

　黛弘道氏は［黛②］，和気氏系図の分析などから「大化五年制定の冠位（冠位十九階）が広く地方豪族にも与えられた」とし，「広範な官僚群出現」と指摘される．冠位十三階から冠位十九階へ改正されるとき，第4冠位の錦冠以下は冠位名の改正とともに，すべて上下に分けられているが，黛氏が指摘されるように［黛②］，このことは諸臣への冠位授与が拡大し，細分化する必要が生じたためであろう．この点でも冠位十九階によって真の「大和政権の冠位制度」が確立されたことが分かる．

　以上のように，乙巳の変で権力を握った後，中大兄皇子は確実にひとつひとつ実行し，大和政権自身の冠位制度を確立し，本来あるべき冠位制度として正常化させたことが分かる．

(c) 倭国の冠位制度と大和政権

　大和政権は，冠位十二階として約半世紀の間，倭国の冠位十二等を"借用"してきたが，大化3年（647年），大和政権の初めての冠位制度として冠位十三階が制定された．冠位十三階はあくまで過渡的な冠位制度であり，大化5年（649年），冠位十九階へと改正され，やっと大和政権の冠位制度は，大和政権の君主の統治・支配体制を強化する冠位制度として正常な姿で運用されることになった．そのことをはっきりと示しているのが大化5年（649年）4月の新政権発足人事である．冠位の観点から見ると，中大兄皇子は，皇極4年（645年）の乙巳の変で権力を握り，大化5年（649年），冠位十九階を確立することによって，最終的に天皇を頂点とする統治・支配体制を完成させたと理解される．

　推古11年（603年）に制定されたと日本書紀が書く大和政権の冠位十二階は日本

書紀による造作であり，大和政権には冠位制度はなかった．大和政権は冠位十二階として，倭国の官位・冠位制度を"借用"してきたが，皇極元年（642年）の3人の大夫への徳冠授与によって正常に施行されるようになるまで，ほとんどの期間，冠位十二階が正常に機能することはなかった．冠位十二階は，冠位制度として本来あるべき姿で正常に運用されることはほとんどなく終わってしまったということである．

　以上で，大和政権の冠位十二階に関する主要な点については，大筋で理解できたと考えられる．

6 要約：機能不全に陥った冠位十二階が正常化する過程

　以上の馬子の深謀遠慮の対策によって再び機能不全に陥った大和政権の冠位十二階が乙巳の変後に正常化していく過程を要約すれば以下のようになる．

(a) 推古31年（623年）の大量の徳冠以後の推古朝と舒明朝の全期間，政権中枢の大夫たちには冠位が授与されないという不正常な状態はなお続いた．

(b) 皇極元年（642年）の舒明天皇の喪という重要儀式で，初めて小徳の冠位を持つ有力大夫3名が登場し，冠位十二階施行の正常化が始まった．これは馬子の死と後継者の大臣蝦夷の権威・権力の低下によってもたらされた．

(c) 皇極4年（645年），乙巳の変で中大兄皇子が権力を握ることによって成立した新政権において，内臣の中臣鎌子（後の藤原鎌足）に大錦冠を授与し，政権の重要官職と冠位が初めてはっきりと結合した．

(d) 冠位授与の範囲が礼冠以下にも拡大した．

(e) 大化3年（647年），冠位十三階を制定することによって，中大兄皇子は倭国の冠位制度の借用を脱却し，初めて大和政権自身の冠位制度を創設した．

(f) 大化5年（649年），冠位十九階へ改正することによって以下のことが実現した．
　① 左右大臣に「大紫」の冠位を授与して，それまで冠位制度の枠外にあった「大臣」を冠位制度の中にはっきりと組み込んだ．
　② それまでの大臣の世襲制を否定した．
　③ 冠位制度に第1・第2冠位の「織冠」と「繡冠」を設け，通常は意図的に空位とし，第3冠位の「紫冠」を左右大臣に授与することによって，天皇の隔絶した権威を確立しようとした．
　④ 地方豪族など，諸臣への冠位授与が幅広く拡大した．

後半期の要約・結論：大量の徳冠と
大和政権の冠位制度の正常化

(a) 推古 31 年（623 年）の新羅征討軍の将軍たちへの徳冠
  ① 大量の徳冠を書く新羅征討記事は日本書紀による造作の可能性があるが，大量の徳冠の重要性を考慮し，"日本書紀の記述に基づけば" どう理解できるかを検討した．
  ② 推古 31 年（623 年）の大量の徳冠に関する以下のような特異な問題点を明らかにした．大量の徳冠，あまり有力でない諸臣へ最高位の徳冠，有力な諸臣（大夫）は冠位がなく，有力ではない将軍たちに徳冠という異常な逆転現象，馬子が積極的に冠位授与を推し進めたこと．
(b) 仮説 C
聖徳太子の死によって，馬子の権力が推古天皇を圧倒することを危惧した倭王多利思比孤が，推古天皇に大和政権の諸臣への冠位授与の権限を与えたと仮定した．
(c) 馬子の深謀遠慮の対策
  ① 馬子は自らの権力の低下を防ぐために，冠位十二階を機能不全に戻そうとした．
  ② 新羅征討軍の将軍たちへの徳冠は，馬子による深謀遠慮の対策である．
  ③ 馬子の対策の中核は，有力でないたくさんの臣下に徳冠という最高冠位を授与し，その結果，彼等よりも有力な大夫たちに授与すべき冠位をふさいでしまうというものだった．
  ④ 将軍たちへの大量の徳冠によって，冠位十二階は再び機能不全に陥った．
  ⑤ 以上の観点から，大量の徳冠に関する諸問題は合理的に理解できる．その結果，馬子の深謀遠慮の対策は正しいと結論した．
(d) 馬子の深謀遠慮の対策がもたらした結果
  ① 有力でない新羅征討軍の将軍の徳冠と有力諸臣（大夫）の無冠位という矛盾が生じた．
  ② 冠位十二階は再び機能不全に陥り，冠位授与が拡大することはなかった．
(e) 大和政権の冠位制度の正常化・確立
  ① 馬子を引き継いだ大臣蝦夷の権力弱体化によって，皇極元年（642 年）以後，冠位十二階の正常化が進んだ．

②乙巳の変後，大化3年（647年），大和政権は初めての冠位十三階を制定し，冠位十二階は終了した．
　　③大化5年（649年）の冠位十九階で大和政権の冠位制度が確立した．
　（f）後半期：推古31年（623年）の大量の徳冠以後の主な結論
　　①聖徳太子の死による推古天皇の権力低下を危惧した倭王多利思比孤が推古天皇に大和政権の諸臣に冠位を授与する権限を与えた．
　　②推古31年（623年）の新羅征討軍の大量の徳冠は，馬子が，自身の権力低下を防ぐために，冠位十二階が正常に機能することを阻止しようとした深謀遠慮の対策である．
　　③冠位十二階は再び機能不全に陥ったが，皇極元年（642年）の3人の小徳授与によって大和政権における冠位十二階の正常化が進んだ．
　　④大化3年（647年），大和政権は初めての冠位制度である冠位十三階を制定し，冠位十二階は終了した．
　　⑤大化5年（649年），冠位十九階へ改正することによって本来あるべき冠位制度が確立した．

結論

倭国と大和政権の官位・冠位制度

1 隋書と唐書が書く倭国の官位・冠位制度
2 冠位十二階の前半期（制定から聖徳太子の死まで）：大和政権には冠位制度はなかった
3 冠位十二階の後半期（推古29年の聖徳太子の死以後）：大臣馬子の深謀遠慮の対策

　本別章では隋書・唐書が書く倭国と，日本書紀が書く大和政権の官位・冠位制度について検討した．日本書紀が推古11年（603年）に制定されたと書く冠位十二階は，大化3年（647年）の冠位十三階制定までの半世紀近く実施されたが，その実態と施行については，前半と後半の2つの時期で，大きい相違がある．そこで前半期と後半期に分けて議論・検討した．隋書倭国伝・新唐書日本伝と日本書紀が書く

倭国と大和政権の官位・冠位制度に関する主な結論は以下の通りである．

1 隋書と唐書が書く倭国の官位・冠位制度
(a) 第一次遣隋使が派遣された600年時点で，倭国ではすでに冠のない官位十二等が施行されていた．
(b) 隋皇帝煬帝が「錦綾冠を賜」うことによって，多利思比孤は608年（以後）官位十二等を冠のある冠位十二等へと改正した．

2 冠位十二階の前半期（制定から聖徳太子の死まで）：大和政権には冠位制度はなかった
(a) 大和政権の冠位十二階には，制定当初から正常に機能していない，馬子がなぜ冠位十二階制定を認めたのか，冠位制度を制定するだけの背景がない，などの問題点がある．
(b) 冠位十二階に関する諸問題を理解するために以下の仮説を設定した．
　① 「多利思比孤≠推古天皇」である．
　② 大和政権には官位・冠位制度はなかった．
　③ 日本書紀の編著者は倭国の冠位十二等であるかのように大和政権の冠位十二階を造作・偽装した．
　④ 遣隋使などの3人の官位は推古天皇の要請に基づき，倭国の多利思比孤が授与した官位である．
(c) 仮説Aと仮説Bに基づけば，大和政権の冠位十二階に関する諸問題はすべて合理的に理解できる．
(d) 推古11年（603年）の「始めて冠位を行ふ……」など，大和政権の冠位十二階を支える5つの記事は冠位十三階をもとに造作されたものであり，仮説Aと矛盾しない．

以上から仮説は正しいと結論した．

(e) 主な結論
　① 日本書紀の冠位十二階は，あたかも倭国の官位・冠位制度（具体的には冠位十二等）であるかのように大和政権の冠位制度を造作・偽装したものであって，大和政権には冠位制度はなかった．
　② 大和政権の3人の官位は推古天皇の要請に基づき，多利思比孤が授与したものである．
　③ 「多利思比孤≠推古天皇」である．

3 冠位十二階の後半期（推古29年の聖徳太子の死以後）：大臣馬子の深謀遠慮の対策

(a) 大量の徳冠が書かれている新羅征討の記事は日本書紀による造作の可能性があるが，大量の徳冠の重要性を考慮し，"日本書紀の記述に基づけば" どう理解できるかを検討した．

(b) 聖徳太子の死によって，馬子の権力が推古天皇の権力を圧倒することを恐れた多利思比孤は，推古天皇に大和政権の諸臣への冠位授与権を認めたと推定した（仮説C）．

(c) 推古31年（623年）の新羅征討軍の将軍9人への徳冠．
　① 馬子が自身と蘇我一族の権力低下を防ぐために，冠位十二階が正常に機能することを阻止しようとした馬子の深謀遠慮の対策である．
　② 馬子の対策によって，冠位十二階は再び機能不全に陥った．
　③ たくさんの異常な問題点は馬子の深謀遠慮の対策の結果として合理的に理解できる．

(d) 皇極元年（642年），大臣蝦夷の権力低下によって，3人の一般豪族に小徳が授与され，大和政権における冠位十二階は正常化した．

(e) 大和政権は大化3年（647年），大和政権として初めての冠位制度である冠位十三階を制定し，冠位十二階は終了した．

(f) 後半期の主な結論は以下の点である．
　① 聖徳太子の死により，多利思比孤は推古天皇に大和政権の諸臣への冠位授与の権利を与えた．
　② 推古31年（623年）の大量の徳冠は，冠位十二階を機能させないための馬子の深謀遠慮の対策である．
　③ 乙巳の変で中大兄皇子が実権を握った後，冠位十三階・冠位十九階が制定され，大和政権は初めて自分自身の冠位制度を確立した．

（以上）

参考文献

❶ 基本文献

本拙論における最も重要な基本文献として以下の2つを参考とした．

「日本書紀」：小島憲之・直木孝次郎・西宮一民・蔵中進・毛利正守校注・訳「日本書紀」1・2・3（「新編日本古典文学全集」2・3・4，小学館，1994・1996・1998年）．

「隋書倭国伝」：石原道博編訳「新訂 魏志倭人伝・後漢書倭伝・宋書倭国伝・隋書倭国伝」（「中国正史日本伝」1，岩波文庫，岩波書店，1985年）．

❷ 古典的史書

本拙論で参照した他の古典的史書をまとめて記すと以下のようになる．

「古事記」：山口佳紀・神野志隆光校注・訳「古事記」（「新編日本古典文学全集」1，小学館，1997年）．

「風土記」：植垣節也校注・訳「風土記」（「新編日本古典文学全集」5，小学館，1997年）．

「日本書紀」：宇治谷孟訳「日本書紀 全現代語訳」上・下（講談社学術文庫，講談社，1988年）．

「続日本紀」：宇治谷孟訳「続日本紀 全現代語訳」上・中・下（講談社学術文庫，講談社，1992・1995年）．

「上宮聖徳法王帝説」：東野治之校注「上宮聖徳法王帝説」（岩波文庫，岩波書店，2013年）．

「先代旧事本紀」：安本美典監修・志村裕子訳「先代旧事本紀 現代語訳」（批評社，2013年）．

「善隣国宝記」：田中健夫編「善隣国宝記　新訂続善隣国宝記」（「訳注日本史料」，集英社，1995年）．

「旧唐書倭国伝」：石原道博編訳「新訂 旧唐書倭国日本伝・宋史日本伝・元史日本伝」（「中国正史日本伝」2，岩波文庫，岩波書店，1986年）．

「新唐書日本伝」：藤堂明保・竹田晃・影山輝國訳註「倭国伝－中国正史に描かれた日本－」（講談社学術文庫，講談社，2010年）．

「梁書」・「周書」・「隋書」・「旧唐書」・「新唐書」の百済(国)伝・高(句)麗(国)伝・新羅(国)伝：井上秀雄他訳注「東アジア民族史　正史東夷伝」1・2（東洋文庫，平凡社，1974・1976年）．

「三国史記」新羅本紀・高句麗本紀・百済本紀：林英樹訳「三国史記」上・中（三一書房，1974・1975年）．

「三国史記列伝」：井上秀雄・鄭早苗訳注「三国史記」4（東洋文庫，平凡社，1988年）．

「翰苑」：竹内理三校訂・解説「翰苑」（吉川弘文館，1977年）．

❸ 辞書・辞典

坂本太郎・平野邦雄監修「日本古代氏族人名辞典」（吉川弘文館．1990年）．

鎌田正・米山寅太郎「新漢語林（第2版）」（大修館書店，2011年）．

❹ 論文など

石井正敏

「『日本書紀』隋使裴世清の朝見記事について」（「藝林」61，p43-76，2012年）．

石田一良

「日本古代国家の形成と空間意識の展開」（「日本文化研究所研究報告」2，p85-153，1966年）．

石母田正

「国家成立史における国際的契機」（「日本の古代国家」，岩波書店，2001年）．

石原道博

① 石原道博編訳「新訂 旧唐書倭国日本伝・宋史日本伝・元史日本伝」（「中国正史日本伝」2，岩波文庫，岩波書店，1986年）．

② 石原道博編訳「新訂 魏志倭人伝・後漢書倭伝・宋書倭国伝・隋書倭国伝」（「中国正史日本伝」1，岩波文庫，岩波書店，1985年）．

井上秀雄他

井上秀雄他訳注「東アジア民族史 正史東夷伝」1・2（東洋文庫，平凡社，1974・1976年）．

井上光貞

①「日出ずる国の天子」（「日本の歴史3　飛鳥の朝廷」，小学館，1974年）．

②「日本古代国家の成立－推古朝の意義－」（「古代史研究の世界」，吉川弘文館，

1975年).
③「国県制の存否について」(「日本古代国家の研究」, 岩波書店, 1965年).
④「国造と屯倉」(「日本の歴史3　飛鳥の朝廷」, 小学館, 1974年).
⑤「推古朝の国制とその発展」(「日本古代国家の研究」, 岩波書店, 1965年).
⑥「推古朝外交政策の展開」(「井上光貞著作集5　古代の日本と東アジア」, 岩波書店, 1986年).
⑦「日本古代の政治形態の変遷」(「日本古代国家の研究」, 岩波書店, 1965年).
⑧「冠位十二階とその史的意義」(「日本古代国家の研究」, 岩波書店, 1965年).

岩井大慧
「支那史書に現はれたる日本」(「岩波講座日本歴史」, 岩波書店, 1935年).

植垣節也
植垣節也校注・訳「風土記」(「新編日本古典文学全集」5, 小学館, 1997年).

上田正昭
①「中国史籍における倭人風俗」(「日本古代国家論究」, 塙書房, 1968年).
②「国県制の実態とその本質」(「日本古代国家成立史の研究」, 青木書店, 1959年).

上野利三
「冠位十二階に関する新説について」(「藝林」61, p153-164, 2012年).

宇治谷孟
宇治谷孟訳「続日本紀 全現代語訳」上・中・下(講談社学術文庫, 講談社, 1992・1995年).

梅村喬
「天皇の呼称」(「講座 前近代の天皇」4, 青木書店, 1995年).

榎本淳一
①「『隋書』倭国伝について」(大山誠一編「日本書紀の謎と聖徳太子」, 平凡社, 2011年).
②「比較儀礼論」(荒野泰典・石井正敏・村井章介編「日本の対外関係2　律令国家と東アジア」, 吉川弘文館, 2011年).

大津透
「天皇号の成立」(「古代の天皇制」, 岩波書店, 1999年).

小田富士雄
「考古学から見た磐井の乱」(田村圓澄・小田富士雄・山尾幸久「古代最大の内戦磐井の乱」, 大和書房, 1985年).

鐘江宏之
「隋人がみた倭の風景」(氣賀澤保規編「遣隋使がみた風景－東アジアからの新視点－」, 八木書店, 2012 年).

金子修一
「東アジアの国際関係と遣隋使」(氣賀澤保規編「遣隋使がみた風景－東アジアからの新視点－」, 八木書店, 2012 年).

木下礼仁
「鉄剣銘文字に見る朝鮮との関係」(井上光貞他「シンポジウム 鉄剣の謎と古代日本」, 新潮社, 1979 年).

川勝守
「聖徳太子と隋帝国」(「聖徳太子と東アジア世界」, 吉川弘文館, 2002 年).

河上麻由子
「遣隋使の派遣－「菩薩天子」への朝貢－」(「古代日中関係史－倭の五王から遣唐使以降まで－」, 中公新書, 中央公論新社, 2019 年).

川本芳昭
① 「隋書倭国伝と日本書紀推古紀の記述をめぐって－遣隋使覚書－」(「史淵」141, p53-77, 2004 年).
② 「遣隋使の国書」(氣賀澤保規編「遣隋使がみた風景－東アジアからの新視点－」, 八木書店, 2012 年).

氣賀澤保規
① 「序章：東アジアから見た遣隋使－概説と課題－」(氣賀澤保規編「遣隋使がみた風景－東アジアからの新視点－」, 八木書店, 2012 年).
② 「『隋書』倭国伝からみた遣隋使」(氣賀澤保規編「遣隋使がみた風景－東アジアからの新視点－」, 八木書店, 2012 年).
③ 「倭人がみた隋の風景」(氣賀澤保規編「遣隋使がみた風景－東アジアからの新視点－」, 八木書店, 2012 年).
④ 「アジア交流史からみた遣隋使」(氣賀澤保規編「遣隋使がみた風景－東アジアからの新視点－」, 八木書店, 2012 年).

岸俊男
「朝堂の初歩的考察」(「日本古代宮都の研究」, 岩波書店, 1988 年).

喜田新六
「位階制の変遷」(「令制下における君臣上下の秩序について」, 皇学館大学出版部,

1972年).

北康宏
① 「冠位十二階・小墾田宮・大兄制－大化前代の政権構造－」(「日本史研究」577, p14-41, 2010年).
② 「国制史からみた聖徳太子－聖徳太子否定論の本質とその再検討－」(「藝林」61, p21-42, 2012年).

熊谷公男
「王権の転機」(「日本の歴史3　大王から天皇へ」, 講談社学術文庫, 講談社, 2008年).

栗原朋信
① 「日本から隋へ贈った国書－とくに『日出処天子致書日没処天子』の句について－」(「上代日本対外関係の研究」, 吉川弘文館, 1978年).
② 「東アジア史からみた『天皇』号の成立」(「上代日本対外関係の研究」, 吉川弘文館, 1978年).

河内春人
① 「推古朝における君主号の定立」(「日本古代君主号の研究」, 八木書店, 2015年).
② 「遣隋使の『致書』国書と仏教」(氣賀澤保規編「遣隋使がみた風景－東アジアからの新視点－」, 八木書店, 2012年).

高寬敏
「倭隋外交をめぐる諸問題」(「東アジア研究」29, p55-69, 2000年).

高明士
「隋唐使の赴倭とその儀礼問題」(「アジア遊学」3, p145-150, 1999年).

小島憲之
「書紀の素材－文選・史記・漢書・後漢書との関係－」(「人文研究」2, p699-719, 1951年).

佐伯有清
「推古朝の対外政策と文化」(「古代史選書6　日本の古代国家と東アジア」, 雄山閣出版, 1986年).

坂本太郎
① 「『日本書紀』と『隋書』」(「坂本太郎著作集2　古事記と日本書紀」, 吉川弘文館, 1986年).
② 「聖徳太子と飛鳥時代の文化」(「坂本太郎著作集1　古代の日本」, 吉川弘文館,

1989 年).
③「聖徳太子の新政」(「坂本太郎著作集 6　大化改新」, 吉川弘文館, 1988 年).
④「古代位階制二題」(「坂本太郎著作集 7　律令制度」, 吉川弘文館, 1989 年).
⑤「附載 冠位十二階補遺」(「坂本太郎著作集 6　大化改新」, 吉川弘文館, 1988 年).
⑥「冠位十二階の一問題」(坂本太郎著作集 7　律令制度」, 吉川弘文館, 1989 年).

坂本太郎・平野邦雄
坂本太郎・平野邦雄監修「日本古代氏族人名辞典」(吉川弘文館. 1990 年).

坂元義種
①「遣隋使の基礎的考察－とくに遣使回数について－」(井上薫教授退官記念会編「日本古代の国家と宗教」下, 吉川弘文館, 1980 年).
②「『隋書』倭国伝を徹底して検証する」(「歴史読本」41, p168-185, 1996 年).

徐先堯
「隋倭国交の対等性について」(「文化」29, p247-278, 1965 年).

篠川賢
「『隋書』倭国伝の『軍尼』と『国』」(「日本歴史」665, p85-87, 2003 年)

関晃
①「推古朝政治の性格」(「関晃著作集 2　大化改新の研究 下」, 吉川弘文館, 1996 年).
②「大化前後の大夫について」(「関晃著作集 2　大化改新の研究 下」, 吉川弘文館, 1996 年).

高橋善太郎
①「遣隋使の研究－日本書紀と隋書との比較－」(「東洋学報」33, p44-68, 1951 年).
②「隋書倭国伝と日本書紀」(「愛知県立女子短期大学紀要」4, p104-142, 1954 年).

高田貫太
「王権の興亡と関係の再編－五世紀後半～六世紀前半－」(「海の向こうから見た倭国」, 講談社現代新書, 講談社, 2017 年).

竹内理三
竹内理三校訂・解説「翰苑」(吉川弘文館, 1977 年).

田中健夫
田中健夫編「善隣国宝記　新訂続善隣国宝記」(「訳注日本史料」, 集英社, 1995 年).

武光誠
「冠位十二階の再検討」(「日本歴史」346, p20-36, 1977 年).

田島公
「外交と儀礼」(岸俊男編「日本の古代7 まつりごとの展開」, 中央公論社, 1986 年).

津田左右吉
① 「用明紀から天智紀までの書紀の記載」(「日本古典の研究」下, 岩波書店, 1950 年).
② 「天皇考」(「日本上代史の研究」, 岩波書店, 1947 年).

鄭孝雲
「遣隋使の派遣回数の再検討」(「立命館文学」559, p39-66, 1999 年).

藤堂明保・竹田晃・影山輝國
藤堂明保・竹田晃・影山輝國訳註「倭国伝－中国正史に描かれた日本－」(講談社学術文庫, 講談社, 2010 年).

直木孝次郎
① 「聖徳太子の立場」(「日本の歴史2 古代国家の成立」, 中公文庫, 中央公論新社, 1973 年).
② 「日出ずる国からの使者」(「日本の歴史2 古代国家の成立」, 中公文庫, 中央公論新社, 1973 年).
③ 「大王から天皇へ」(「日本古代国家の成立」, 講談社学術文庫, 講談社, 1996 年).
④ 「古代史のなかの江田船山古墳」(「古代日本と朝鮮・中国」, 講談社学術文庫, 講談社, 1988 年).

中田興吉
「冠位十二階の制定とその特質」(「日本歴史」821, p1-16, 2016 年).

西嶋定生
① 「序説 中国古代帝国形成史論」(「中国古代国家と東アジア世界」, 東京大学出版会, 1983 年).
② 「遣隋使と国書」(「倭国の出現」, 東京大学出版会, 1999 年).
③ 「倭国の形成とその国際的契機」(「日本歴史の国際環境」, UP 選書, 東京大学出版会, 1985 年).
④ 「隋と日本の関係」(「古代東アジア世界と日本」, 岩波現代文庫, 岩波書店, 2000 年).
⑤ 「遣唐使と国書」(「倭国の出現」, 東京大学出版会, 1999 年).
⑥ 「対隋外交の背景」(「日本歴史の国際環境」, UP 選書, 東京大学出版会, 1985 年)

⑦「冊封体制と日本」(「古代東アジア世界と日本」, 岩波現代文庫, 岩波書店, 2000年).

林英樹
林英樹訳「三国史記」上・中（三一書房, 1974・1975年).

林部均
「遣隋使と飛鳥の諸宮」(氣賀澤保規編「遣隋使がみた風景－東アジアからの新視点－」, 八木書店, 2012年).

東野治之
①「日出処・日本・ワークワーク」(「遣唐使と正倉院」, 岩波書店, 1992年).
② 東野治之校注「上宮聖徳法王帝説」(岩波文庫, 岩波書店, 2013年).

廣瀬憲雄
「『東天皇』外交文書と書状－倭国と隋の名分関係－」(「日本歴史」724, p1-17, 2008年).

藤井功・亀井明徳
「歴史の都市大宰府」(「西都大宰府」, NHKブックス, 日本放送出版協会, 1977年).

古田武彦
①「『隋書』俀国伝の示すもの」(「失われた九州王朝」, 朝日文庫, 朝日新聞社, 1993年).
②「推古朝の対唐外交」(「古代は輝いていた3　法隆寺の中の九州王朝」, 朝日文庫, 朝日新聞社, 1988年).
③「律令体制の国家」(「古代は輝いていた3　法隆寺の中の九州王朝」, 朝日文庫, 朝日新聞社, 1988年).
④「隋朝の南北統一と俀国」(「古代は輝いていた3　法隆寺の中の九州王朝」, 朝日文庫, 朝日新聞社, 1988年).

堀敏一
①「中華的世界帝国－隋唐(一)　興隆期－」(「中国と古代東アジア世界」, 岩波書店, 1993年).
②「隋代東アジアの国際関係－冊封体制論の検討－」(「東アジアのなかの古代日本」, 研文出版, 1998年)
③「日本と隋・唐両王朝との間に交わされた国書」(「東アジアのなかの古代日本」, 研文出版, 1998年)

増田美子

「冠位制の変遷と位冠の性格について」(「日本歴史」491, p19-32, 1989 年).
増村宏
① 「隋書と書紀推古紀 − 遣隋使をめぐって − 」(「鹿児島大学法文学部紀要　文学科論集」4, p71-105, 1968 年, および, 5, p27-64, 1969 年).
② 「日出処天子と日没処天子 − 倭国王の国書について − 」(「史林」51, p30-57, 1968 年).
③ 「徐先堯教授の『隋倭邦交新考 − 倭使朝隋, 並非所謂対等外交』, 及び『隋倭国交の対等性について』を読む」(「鹿大史学」16, p19-28, 1968 年).
④ 「隋書と日本書紀の遣隋使記事 − 宮田氏の隋書に対する問いかけについて − 」(「鹿児島経大論集」13, p43-83, 1973 年).
黛弘道
① 「推古朝の意義」(「律令国家成立史の研究」, 吉川弘文館, 1982 年).
② 「冠位十二階考」(「律令国家成立史の研究」, 吉川弘文館, 1982 年).
③ 「冠位十二階の実態と源流」(「律令国家成立史の研究」, 吉川弘文館, 1982 年).
宮田俊彦
① 「天皇号の成立は推古天皇十六年(六〇八, 隋大業四年)である」(「日本歴史」268, p115-118, 1970 年).
② 「聖徳太子とその時代」(「歴史教育」2, p20-31, 1954 年).
③ 「『治天下』と『御宇』天皇 − 上代金石文に関する二三の問題 − 」(「茨城大学文理学部紀要　人文科学」1, p138-165, 1951 年).
④ 「聖徳太子御伝私記」(「茨城大学文理学部紀要　人文科学」6, p11-38, 1956 年).
本居宣長
「馭戎慨言」(「本居宣長全集」8, 筑摩書房, 1972 年).
森浩一
「古墳研究と継体大王」(「語っておきたい古代史」, 新潮文庫, 新潮社, 2001 年).
森公章
「倭国から日本へ」(森公章編「日本の時代史 3　倭国から日本へ」, 吉川弘文館, 2002 年).
安本美典
① 「九州王朝説への反証」(「古代九州王朝はなかった − 古田武彦説の虚構 − 」, 新人物往来社, 1986 年).
② 「今なぜ『先代旧事本紀』を読むか」(安本美典監修・志村裕子訳「先代旧事本紀

現代語訳」，批評社，2013年）．

安本美典・志村裕子

安本美典監修・志村裕子訳「先代旧事本紀 現代語訳」（批評社，2013年）．

山尾幸久

①「『大化前国造制』の批判」（『日本古代国家と土地所有』，吉川弘文館，2003年）．

②「文献から見た磐井の乱」（田村圓澄・小田富士雄・山尾幸久「古代最大の内戦磐井の乱」，大和書房，1985年）．

山口佳紀・神野志隆光

山口佳紀・神野志隆光校注・訳「古事記」（「新編日本古典文学全集」1，小学館，1997年）．

山田英雄

「内容（二）巻一七（継体）より巻一九（欽明）」（「日本書紀の世界」，講談社学術文庫，講談社，2014年）．

吉田孝

「『史記』秦始皇本紀と『天皇』号」（「日本歴史」643，p94-96，2001年）．

吉村武彦

①「女帝の誕生」（「集英社版 日本の歴史3 古代王権の展開」，集英社，1991年）．

②「新たな古代王権の成立」（「集英社版 日本の歴史3 古代王権の展開」，集英社，1991年）．

李成市

「高句麗と日隋外交－いわゆる国書問題に関する一試論－」（「古代東アジアの民族と国家」，岩波書店，1998年）．

若月義小

①「推古朝の冠位制の創設」（「冠位制の成立と官人組織－東アジア史の視点から－」，吉川弘文館，1998年）．

②「朝鮮三国の官位制と冠位制」（「冠位制の成立と官人組織－東アジア史の視点から－」，吉川弘文館，1998年）．

渡辺茂

「古代君主の称号に関する二，三の試論」（「史流」8，p1-21，1967年）．

おわりに

　私は，定年になって時間ができたら，日本古代史を勉強したいと思ってきた．卑弥呼や平原王墓の時代も興味があるが，当面は判断材料が少ない4世紀以前ではなくて，おおざっぱに言って5世紀以後である．

　10年前に定年になって，最初は「日本歴史」の類いを読んだのだが，どうしてそう言えるのだろうかと欲求不満がたまる．結局，一般向けではあるが，論文に近い単行本をいくつか読み，その参考文献の論文を読んだ．論文はやっぱり面白いし，刺激的で，教えられることが多い．結局，研究者の論文を集めてあれこれと読んだ．特に，自分が疑問に思っている点をテーマとしている論文は面白くて熱心に読んだ．もっとも，議論する相手もおらず，基礎知識はゼロで，漢文もろくに読めない素人，というのが私の実態であるから，論文を理解するのはかなり苦労した．

　一通り5世紀から7世紀の歴史を勉強し，その中から最初に課題としたのが「遣隋使」である．「遣隋使」が日本歴史で重要な事項であることが基本的な理由ではあるが，隋書倭国伝という日本書紀とは異なる史料があって，しかも，倭国伝と日本書紀が書く「遣隋使」にあまりにも不一致・不整合が多すぎると思ったからである．

　実際に「遣隋使」を課題にして，どう合理的に理解するのかが分からなくて，もっとも苦しんだのは，官位・冠位制度である．遣隋使に関する他の事項の検討から「多利思比孤≠推古天皇」ではないかという点にはかなり確信が持てるようになっていたのだが，日本書紀が書く大和政権の冠位十二階と隋書倭国伝が書く倭国の官位十二等の官位・冠位名が一致することが「多利思比孤≠推古天皇」であることを厳しく拒絶している．異なる王朝の官位・冠位制度が同じ官位・冠位名ということはあり得ないからである．官位・冠位名が一致することは，倭国の王多利思比孤の王朝は，日本書紀の推古天皇の王朝であること（「倭国＝大和国」，「多利思比孤＝推古天皇」）を意味する．「多利思比孤≠推古天皇」という他の事項の結論となぜ一致しないのか，厳しい障壁となった．

　大和政権の冠位十二階には不可解な問題点が多い．それが私にとっては重要な「実験事実」である．なぜ冠位のある臣下はたった3人しか書かれていないのか，有力諸臣（大夫）にはなぜ冠位が授与されていないのか，実質的な最高権力者の大臣蘇我馬子はなぜ自分の権力を相対的に低下させる冠位十二階制定に賛成したのか，

なぜ冠位十二階というくっきりとはっきりした制度だけが突出して制定されたのか，など，あれこれ考えて，やっとたどり着いたのが，大和政権の冠位十二階は日本書紀が造作したものではないかという点である．大和政権の官位・冠位制度に関する根本的な否定である．しかし，もしもそうであれば，冠位十二階のたくさんの問題点のすべてをほぼ合理的に理解できる．

　私は，現役時代には，物理学（物性物理）の実験的研究を専門としていたが，物理学では，実験事実が示すいろいろな矛盾を合理的に理解できるモデル（見解）であれば，それがどんなにあり得ないように見えても，それは真理なのである．実際に現代科学・現代工学の確固とした基礎・基盤となっている量子力学は，常識ではとうてい理解できない原理・原則に基づいている．それが真理であるのは，矛盾する実験事実を合理的に理解できるからである．それに励まされて，大和政権の冠位十二階は日本書紀が造作したものであって，実際には存在しなかったと結論づけた．本拙論ではその考えを書いている．

　本拙論では冠位制度も含めて，「遣隋使」に関する諸記述・諸問題全体は「多利思比孤＝推古天皇」ではなくて，「多利思比孤≠推古天皇」であることを示していると結論している．この見解は昔から指摘されてきたことであり，最近でも古田武彦氏の九州王朝説がある．本拙論は「遣隋使」に関する日本書紀と隋書倭国伝の主要な記事と主要な問題点の合理的な理解に基づいて，「多利思比孤≠推古天皇」を論証したものであって，従来の見解を強化したものと考えている．

　「多利思比孤≠推古天皇」ということは，7世紀初め，大和政権の大和国以外に多利思比孤の倭国が日本のどこかに併存していたことを意味する．私見では，倭国は，6世紀前半，磐井－継体戦争でその姿を現した筑紫国であると考える．しかし，大和国と筑紫国の併存は，大和国しか存在しないという日本書紀の記述とは根本的に対立・矛盾しており，日本古代国家形成に関する基本的な問題点である．「多利思比孤≠推古天皇」が正しいかどうかは「遣隋使」以外の事項も含めて総合的に判断されるべきであろう．

　苦しくも，楽しく勉強して，「遣隋使」に関して私なりの全体像ができた．今まで未解決であった問題点のいくつかも，自分の見解でそれなりに理解できると思った．そうなると，自分なりの検討結果を公表したくなる．しかし，今までにない新しい独創的な見解でないと公刊する価値はない．それは物理学であっても，歴史学であっても同じである．そうすると，ある問題が生じる．それは，まだ誰も公表していない新しい見解であると思っていても，どなたかがすでに公表している可能性があ

ることである．すでに公表されている見解を，あたかも自分が初めて提示する新しい見解であるかのように公表することはもちろん避けなければならない．
　それまでは，入手した論文とその参考文献を中心に，研究者の論文を読んできたのだが，公表となると，他の研究者が今までにどんな見解を発表しておられるかをチェックし，取り入れなければならない．そう思って努力したのだが，それが容易でないことはすぐに分かった．
　関連する文献を知るには，単行本などからなにしろ関係する論文を見つけて，その論文に引用されている論文，さらにそれらの論文の引用文献と，芋ずる式に調べる方法がある．それは関連分野が狭い場合には堅実で有効な方法である．しかし，「遣隋使」の関連分野は相当に多様であって多岐にわたる．
　一般的には CiNii という文献検索サイトを通じて関連論文を探すことになる．CiNii で，例えば，「遣隋使」で検索すると約 100 編の文献が出てくる．100 編ならば，すべてをチェックすることは不可能ではない．しかし，検索された約 100 編の論文で「遣隋使」の関係論文が尽きているのではない．「遣隋使」に深く関係するが「遣隋使」という検索ワードではひっかからない論文は他にたくさんある．そこで例えば「倭国」で検索してみれば約 500 編が出てくる．「遣隋使」でも重要な問題である「天皇」の場合は，約 3 万編となり，「天皇，古代」と絞っても約 1800 編である．こうなると，もはや全論文を集めて読むということは不可能である．
　しかし，実は多くの論文は直接的には関係がない．そこで読むべき論文をもっと絞ることになる．しかし，絞った結果，反映されるのは基本的に論文題名である．そうすると，どうしても必要な論文が見逃される．一見関係なさそうな題名に見えても実は深く関係している重要論文がたくさんあるからである．実際に，本拙論で引用した参考文献には，私が思いつくどういうキーワードでも引っかからないだろうと思える題名の重要論文がいくつもある．
　関連する論文が分かっても，その後も容易ではない．その論文が単行本に収録されていて，近くの市民図書館にあれば一番簡単である．福岡市東図書館にはずいぶんお世話になったが，市民図書館には専門書は多くはない．あるいは通販システムを通じて全国の古本屋を調べる．安い場合はそれを買うのだが，高価で手が出ない場合の方が多い．もう 1 つは大学図書館である．近隣の大学の図書館も利用させていただいたが，必ずしも利用しやすくはないし，本や論文誌がそろっているとも言えない．最後の手段は，国立国会図書館にコピーをお願いすることである．国立国会図書館では，研究論文であれば，どんなに古い論文でも手に入る（古い論文は日

本語そのものの理解にも苦労する）．しかし，時間と経費がかかる．私は市民図書館経由で論文題名から重要と思える論文コピーをお願いしたが，題名に惹かれてコピーをお願いした論文も，実際に入手して読んでみると，題名から私が期待した内容とは違っていてがっかりする割合はかなり高い．

　結局，必要な文献を過不足なく入手することはかなり困難になる．さらにまた，特に，研究機関に所属していない在野の研究者の論文の場合，専門研究者の論文に引用されることはほとんどない．どんな方がどのような見解を発表しておられるのか，正確に把握することは難しい．

　要するに，関係する文献を正確にかつ幅広く取り入れることは，はっきり言って難しいのである．とうとう諦めて，本拙論は従来の諸氏の研究成果をきちんと調べて取り入れた上での見解ではなく，私の独善的な見解である，と割り切ることにした．本拙論で，文献を引用することもなく，あたかも私が初めて提起する新しい独創的な見解であるかのように書いている部分が，すでに，どこかでどなたかが公表済みの場合も多々あるのではないかと思う．その点に関しては，どうぞ失礼をご容赦いただきたい．

〈謝辞〉
- 日本史の研究者であり，友人でもある九州大学名誉教授の高野信治氏には，「史学」についていろいろと教えていただきました．氏の指導と激励に感謝いたします．
- 福岡市東図書館の諸氏には文献検索など，たいへんお世話になりました．記して感謝いたします．
- 海鳥社の田島卓氏には，私の原稿をいろいろとチェックしていただき，悪文を是正していただきました．記して感謝いたします．

久保英範（くぼ・ひでのり）
1942 年　岡山県生まれ
1965 年　大阪大学基礎工学部電気工学科卒
1968 年　大阪大学基礎工学研究科物理系博士課程中退
1969 年　九州大学工学部電子工学科助手
1985 年　福岡工業大学工学部電子工学科助教授
1987 年　福岡工業大学工学部電子工学科教授
2013 年　同，定年退職．福岡工業大学名誉教授
1974 年　理学博士（九州大学理学部）
主な著書：「わたしの有機無農薬栽培」（農文協，1999 年）
　　　　　「電子回路の基礎」（愛智出版，2002 年）
　　　　　「私の異文化交流記」（愛智出版，2004 年）

倭国の遣隋使
倭王多利思比孤は筑紫国王である

2024 年 9 月 10 日　第 1 刷発行

著　者　久保英範
発行者　杉本雅子
発行所　有限会社海鳥社
〒812-0023　福岡市博多区奈良屋町 13 番 4 号
電話 092(272)0120　FAX092(272)0121
印刷・製本　大村印刷株式会社
ISBN978-4-86656-171-4
http://www.kaichosha-f.co.jp
［定価は表紙カバーに表示］